意識(의식)의 進化(진화)

序文(서문)

　지금 지구는 인간이라는 동물들에 의해 병들어 늙어가고 있다. 原始林(원시림) 벌목으로 인하여 지구의 허파가 다 잘려나가고 3분의 1쯤 남았으며, 오존층은 파괴되어 직사광선을 그대로 받아야하니 여기 그럴싸한 속임수로 20%의 태양열을 차단시켜 인류를 보호한다는 명분으로 세계 기상협회에서는 거대조직의 음모에 따라 매일 하늘에 독극물 '켐트레일'을 뿌려대고 있다.

　농작물은 탄저병으로 말라죽어가고 가축들도 질병으로 떼죽음을 당한다. 백신을 개발해도 소용없음은 하나의 바이러스가 잡히는가 하면 또 다른 세균이 새로 배양되어 뿌려지니 아무 의미 없다. '에이즈 균'도 인간이 만들어 뿌려 同性愛者(동성애자)들에게 덮어 씌웠고, 코로나19도 만들어 살포한 것이 인간이다. 20년 전부터 떠도는 음모의 흘림은 더 이상 헛소문이 아니었던 것이다.

　지구 인구를 5억으로 줄인다는 그림자 정부의 음모, 강대국들의 으르렁대는 무역전쟁 혹은 실제전쟁, 무기전쟁, 무기장사, 백신장사, 과학이 발달하여 하늘을 날 긴 하나, 결국은 자기 무덤을 파는 오늘의 공해 문명은 평균수명이 늘었다 하나 수백 종의 癌病(암병)에는 여전히 속수무책이다. 인간 속에 서식하는 파괴적인 악마의 유혹은 날로 상승하는데, 인간의 意識(의식)은 날로 다운되어 점차 동물농장으로 변하고 있다.

인류 역사를 우선 가인의 시대부터만 계산해보자. 유대 전쟁사는 960여 회, 구약성경은 전쟁 百科事典(백과사전)이며 유대인의 사촌격인 기독교 역시 예수의 사랑보다는 전쟁부터 배워 종교라는 이름으로 원주민 학살과 십자군 전쟁을 포함 8억 명을 죽였다. 1917년 볼셰비키 혁명 때, 2,300만 학살을 시작으로 러시아에서는 1억 명에 가까운 사람이 죽었다.

　　자연계 IQ는 1억이 넘는데 인간의 IQ는 평균 100정도이다. 돌고래보다 낮고 멧돼지나 풍산개 수준보다 낮은 상태다. 자연계와 만물은 지구를 더럽히지 않으며, 스스로 수효를 조절해가며 섭리에 따른다. 바다의 생명체는 지난 50년 사이에 60여 종이 사라지고 정수하지 않은 물은 이제 마실 수 없게 되었다. 파란 하늘은 보기 어렵고 산성비가 내려 모든 농작물은 탄저병을 이겨낼 도리가 없다. 正義(정의)로운 사람들, 진실한 사람들은 모두 우울증을 앓고 있다.

　　킬리만자로의 만년설이 다 녹아내려 지금 양파와 감자농사를 짓는 현실을 다큐멘터리로 방영하였고 히말라야가 녹아내려 해수면은 40㎝ 상승하고 남태평양의 섬들이 매년 사라지고 있으며, 90억 인구가 생산하는 쓰레기는 바다를 죽이고 있다. 세상에 존재하는 모든 宗敎(종교)는 하나의 시대적 문화일 뿐 아무런 힘도 없고 오히려 무신론자들만도 못한 도덕정신으로 호구지책을 삼아, 근근이 세인의 지탄을 어지간히도 받아가며 명분만 유지하고 있는데 그나마 끝에 이르렀다. 오늘을 살아가는 현대인의 意識水準(의식수준)은 극소수의 현자들 말고는 거의가 진돗개 수준을 넘지 못하고 있다. 사자도 하이에나나 개들, 맹수도 同族(동족)을 잡아먹지는 않는다. 오직 인간만이 약자를 죽이고 빼앗는 악마로 돌변해가고 있다.

　　그나마 내가 생각하는 靈感(영감)으로는 그동안 우주의식을 가진 靈性家(영성가)들과 그리스도 의식을 가진 사람들의 에너지로 지구는 지탱해왔다. 그런데 이 가난한 知慧者(지혜자)들의 소리에 귀를 기울이는 이가 없으며 그들의 진실이 신청되지 않아, 지구촌 성벽이 포위를 당하고 위기에 놓여있다. 전도서 9장 14~16절 지혜가 힘보다 귀하지만 지혜자들이나 성인의 말씀이 멸시를 받고 그 지혜를 따르지 않으니 결국은 뻔하다.

　나는 1%의 희망을 갖고 아내의 권고로 이 글을 남기려 한다. 이제라도 의식이 확장 進化(진화)된다면, 내 이웃을 내 몸처럼 여긴다면, 세계 지구촌 인류가 相生(상생)의 法則(법칙)을 깨달아 이제라도 대대적으로 사랑의 靈親(영친)운동에 가담하여 혁명의식으로 거듭난다면, 낙원을 회복할 수도 있을 것이다. 지금처럼 무기천국, 공해, 미세먼지, 쓰레기 창고, 그리고 전쟁 준비를 그치지 않는다면 인류는 멸망할 것이다.

　조금 더 살면서 할 일이 있어 목숨을 지키려고 세계 그림자정부와 유대인들의 음모론 이야기는 최소화하여 절제하도록 하고, 내가 토하는 이야기들이 몇몇의 독자들에게 공감을 일으킨다면 더 바랄 것이 없을 것이다. 현재로서는 나의 소망은 사실상 原始的(원시적)이다. 강 건너 양지마을에 사는 친구를 만나러 종선을 타고 찾아가서 낚싯대를 드리우고 소달구지 타고 읍내 장에 나가서 시장 구경을 하고 마을 이장들끼리 정보 교환을 하고 친목을 도모하며 담 너머로 쑥떡을 나눠먹는 상상이 나의 종교이며 천국이다. 인류를 죽음으로 몰고 가는 오늘의 과학이나 사람이 몇 만 명, 몇 십만 명씩 모아 축복왕국을 만들어 비만해지는 종교들은 잘못 발달하였다. 이제라도 정신 차리고 어머니인 지구와 바다 그리고 아버지이신 하늘을 살리고 전쟁을 포기하고 핵을 없애 의식을 상승시켜야 天罰(천벌)을 면할 것이다. 그러므로 생명의 진화는 인류의 宿題(숙제)이다.

★ 生命(생명)의 進化(진화) 단계

　畜生(축생) 인간 : 사람의 형상을 옷 입었으나 맹수 근성으로 머물러 진화 없는 인간으로 아직 사람이 되지 못한 상태를 의미한다.

　1. 濕生(습생) 2. 卵生(난생) 3. 胎生(태생)으로 나눠지는데 본서에서는 축생 중 인간의 의식 차원을 조명하려는 의도로 人格(인격)의 상승과 차원을 오리엔트 문명의 발상지인 우리 선조들이 古典(고전)에 남긴 기록을 열거해 본다.

① 俗人(속인) : 학문이 없고 말이 안통하고 풍류를 모르는 지극히 평범 이하의 인간의 형체만 갖고 있는 사람들.

② 凡人(범인) : 평범한 범부를 말함.

③ 小人(소인) : 활동 범위나 도량이 적은 인격을 의미한다.

④ 大人(대인) : 인격적으로 그릇이 크고 學識(학식)이나 관직이 높은 이를 말함.

⑤ 賢人(현인) : 어질고 착하고 才智(재지)가 있고 덕행이 뛰어난 아름다운 사람.

⑥ 哲人(철인) : 사물의 이치에 밝고 명석한 사람.

⑦ 超人(초인) : 보통사람보다 뛰어난 능력으로 道德(도덕)을 초월하고 인간적인 가능성을 극한까지 실현한 이상적인 인간형.

⑧ 道人(도인) : 도를 깨우친 道士(도사), 철학적 이치와 인간의 길과 모든 종교적 과거 현재 미래에 대한 이치를 확철하게 밝히는 깨달은 사람.

⑨ 聖人(성인) : 智慧(지혜)와 덕이 뛰어나서 길이길이 우러러 받들어 본받을 만한 성자(聖子)로 덕과 진리의 방면에 대하여 더할 나위 없이 뛰어난 인격의 소유자.

⑩ 眞人(진인) : 모든 진리를 깨달아 아라한의 경지에 이른 자를 가리키는데 아라한은 번뇌를 실제적으로 없애고 인과의 법에 매이지 않는 상태, 더 이상 갈고 닦고 할 필요마저 없는 경지에 이른 참 사람을 말한다.

⑪ 神人(신인) : 신과 같이 숭고한 사람으로 입으로 말한 대로 事物(사물)이 혹은 物質(물질)이, 어떤 사건이 창조되며 하늘과 땅, 모든 만물

이 그에게 복종하며 마치 그를 위해서 존재하듯 형통한 경지를 품은 그리스도 같은 인격으로 우리가 원하는 차원상승(次元上昇)의 마지막 단계이며, 불교적으로는 해탈하여 붓다 의식의 단계다.

  이 글은 기독교인의 指針書(지침서)나 성서 해석이 아니며, 說敎(설교)도 아니다. 그러므로 성경은 간혹 인용할 것이나 종교 서적 또한 아니다. 어디까지나 의식의 진화를 설명하려고 심혈을 쏟으려한다. 현재 한국 교회 성직자들의 의식수준을 1000을 기준으로 간주할 때 180~230을 넘는 이가 드물다. 어마어마한 능력과 잠재의식의 寶庫(보고)를 가지고 태어났는데 어느 날부터 로마 황제 신들의 세뇌교육을 수입한 뒤부터는 의식수준이 200을 넘지 못하고 있다. 신천지 교주나 기타 기도원 교주들은 의식수준이 20~30 선이다. 궁금한 독자들은 인터넷 검색으로 의식수준 체크 圖表(도표)를 검색하여 스스로 측정해보길 바란다. 세계적인 학자 데이비드 호킨스(David Roman Hawkins) 박사의 연구 자료다. 참고해 보고 스스로 맥을 짚어보시길 권한다.

  의식의 진화를 위해 정진하여 神의 성품에 참여하시는 독자들 되시기를 기원한다.

차례

서문   3

1장

1. 차원상승이란?   14
2. 영장의 주권   32
3. 에너지의 밀도   47
4. 헤르메스의 7가지 원리   55
5. 힉스 입자   69
6. 주파수 영역   76

2장

1. 神의 오케스트라   84
2. 善惡(선악)의 양 極端(극단)   96
3. 의식 에너지와 物質(물질) 에너지   102
4. 3차원 세상의 人類(인류)   110
5. 善의 기준이 낮은 지구   119

3장

1. 냉엄한 우주의 法則(법칙)   130
2. 지성과 영적 신비   158
3. 나를 유혹하는 것을 끊어라   174
4. 오컬티즘(Occultism)   181

4장

1. 意識 擴張(의식 확장)   196
2. 겉치레종교 행위   206
3. 量子力學(양자역학)의 신비   215
4. 個人主義(개인주의)에서 이웃사랑으로   221

5장

1. 음식과 에너지 생성	240
2. 3차원 지구의 철없는 인간들	256
3. 치트키가 만연한 시대	280
4. 거짓이 싫어지는 단순한 삶	298
5. 창조주는 인간을 간섭하지 않는다.	315
6. 인간의 意識進化(의식진화)	325

6장

1. 過半數(과반수)이상의 지구인이 짐승이다.	338
2. 의식의 진동수를 높이라	364
3. 인생의 숙제들	384
4. 지구가 천국이며 동시 낙원이다.	403
5. 六識(육식)에 대하여	417

7장

1. 허무의 붓다들   436
2. 착각하는 聖者炳(성자병)   443
3. 깨달음이란 무엇인가?   462
4. 인류의 宿題(숙제)   469

8장

1. 印度(인도)의 주인 없는 철새 영혼들   486
2. 성자가 따로 없다   501
3. 邪敎王國(사교왕국) 흠모   508
4. 성자병에 걸린 사람들   520
5. 기원정사의 공중부양   532
6. 意識(의식)의 進化(진화)란 무엇인가   548

후기   582

1장

意識(의식) 차원상승

1. 次元(차원) 上乘(상승)이란?

次元界(차원계) 상승이란 더 나은 세계를 바라보며 비상을 꿈꾸던 그 꿈을 실현시키기 위해 의식을 키우고 성숙을 향하여 진보하는 개혁정신이 어느 깨달음의 세계로 입문하여 초월의식으로 다차원을 살아가는 과정을 말한다. 성경은 이 원리를 하나님의 나라라고 비유한다.

"또 가라사대 하나님의 나라는 사람이 씨를 땅에 뿌림과 같으니 저가 밤낮 자고 깨고 하는 중에 씨가 싹이 나고 자라되 어느덧 그렇게 된 것을 알지 못 하느니라. 땅이 스스로 열매를 맺되 처음에는 싹이요 다음에는 이삭이요 그 다음에는 이삭에 충실한 곡식이라 열매가 익으면 추수 때가 이르러 알곡이 되어 천국곡간에 들어가느니라."(막 4:25~28)

사람의 육체와 영혼도 이와 같은 성장과정을 거쳐 영장 주권을 회복하여 그리스도 의식에 들어가 신의 성품 즉, 하나님의 아들이 되어 세상과 우주의 주인이 되어 모든 비밀과 감춰진 印封(인봉)이 다 떨어지고 하늘의 뜻과 섭리적 이치를 깨닫는 것을 기준으로 한다. 농부가 잘 영근 곡식을 수확하기 위해서는 열심히 땀 흘려 준비하고 24절기와 우주만물의 순환의 과정을 진지하게 따르고 순응해야 함은 물론이다. 하루에 두 세끼 음식을 먹듯 영혼도 비운 마음으로 질량 있는 자양분을 흡수하기 위해 깨어있어야 하는데 이때의 영적 양식은 삼라만상의 우주에너지다.

이 순환의 이치는 어린아이가 성장함과 같이 거듭 태어나서도 실로 말로 다할 수 없는 수련과 경험들을 몸소 겪으며 넘어지고 일어서고 굴러 떨어지고 모진 바람과 기근, 흉년, 전쟁, 기아 등을 수도 없이 겪는다. 그러므로 영적인 특전사가 되었던 사도바울처럼 죽음 앞에서도 초연한 초월자가 되어 다차원의 영계를 오르락내리락 하는 것이 次元上乘(차원상승)이다.

意識(의식)이 잠든 사람들

앞글에서 언급했듯 과정을 밟아 깨어서 성장하는 사람은 의식의 振動數(진동수)가 다르다. 푸성귀 야채도 묘목 장에서 농부가 볼 때에는 떡잎부터가 다르고, 사람의 의식구조도 그 사람의 몇 가지만 보면 즉시 알 수 있다. 그러나 교육이라는 범주의 테두리는 한계가 있는데, 그것은 인격을 다루는 문제에 있어서 너무나 민감하여 Ego를 버리지 않으면 절대로 영성생활을 할 수 없는 것이다.

간혹 신앙상담이나 영적인 문제를 질문하는 사람 중에는 군중을 데리고 와서 자기자랑만 늘어놓고 몇 시간씩 말들을 토하는 사람이 있다. 나는 그에게 이렇게 한 마디 한다.

"힘드시겠네요!" 그가 반문한다. "왜요?" "혼자 있기도 불편하고 힘든데 가슴속에 머릿속에 그렇게 많은 군중들을 데리고 다니려면 얼마나 헷갈시겠습니까?"

상담을 하러 온 사람 대부분은 자기 이야기만 실컷 늘어놓고 돌아간다. 결국 아무런 문제도 해결 받지 못하고, 瞑想(명상)이란 단어의 뉘앙스도 모르는 채 의식은 더욱 더 좁혀져 화석이 되어 돌아간다. 그들은 대개 마음속으로 이렇게 말한다. '간판만 걸려있지 별 볼일 없군! 대체 뭘 가르친단 말인가. 저토록 평범해서야 누가 따르고 배운단 말인가?' 병을 즉각 고치는 것도 아니고 공중부양이나 물 위를 걷는 기적도 어떤 특별한 특징이 아무것도 없는 것에 대한 실망이 크다.

그들은 물론 다시는 연락이 없다. 한때 편지와 시를 주고받고 음식을 먹고 형제처럼 왕래하던 사람들도 내가 머물지 않고 변화무쌍한 삶을 정함 없이 칠면조처럼 바꿔가며 사는 것이 마음에 거슬릴 것이다. 어떤 사람은 불교미술작품인 玄奘法師(현장법사) 초상화 그림을 보고 시비를 걸 듯 "왜?" 예수를 따르는 사람이 불교를, 혹은 "왜?" 머리를 스님처럼 밀었느냐? "왜?" 여자처럼 귀고리를 했느냐? 언어에 불교 용어가 자주 등장한다는 등 마치 못 볼 걸 봤다는 식으로 심정이 흐트러져 돌아간다. 대개 교인들이다.

여기에 내가 무슨 말을 할 것인가?

나는 어떤 대답도 들려줄 수 없다. 내가 30대 때에는 이런 질문을 받으면 물 만난 고기처럼 거품을 물고 승부를 가리고 전투적으로 변호하였다. 그러나 지금은 시간이 없다.

틀에 박힌 종교인들은 마치 좀비 비슷한 결속력으로 알지 못하는 것을 훼방하고 구약이라는 율법의 사슬에 自繩自縛(자승자박)으로 묶여 헤매다 돼지 떼에 들어가 비탈길 낭떠러지에 굴러 떨어져 몰살당하고(마8:31~34), 콜럼버스가 선두 지휘하는 피에 주린 특전사들과 프로테스탄트의 배경을 자랑 삼는 마피아들, 新約(신약)의 약장사들에게 걸려 영혼을 저당 잡히고 뱀파이어들에게 노예생활을 하다 급기야는 이방인들의 심판을 맞았다. 예수께서는 당시의 군중들을 무덤 속에 잠든 영혼으로 묘사했다(요5:28). 입으로는 큰 소리로 기도하고 뭔가를 열심히 떠드는데 울림이 없는 말들이며 사람을 고단하게 하는 말들과 투쟁이나 승부를 가르는 말들, 자기주장이나 자랑을 일삼고 의미 없이 혼자 떠드는 말들은 개구리 영들이며, 속살거리는 귀신의 영들이다.(계16:13, 사8:18, 사29:4)

말은 많이 한다고 진리가 아니며, 복잡한 이론은 더욱 아니다. 진리는 "예!" "아니오!"로 쉽고도 간결하다. 일평생 혹은 몇 십 년 씩 동굴에 들어가 또아리를 틀고 벽만 쳐다보는 것도 아니다. 진리란 영혼의 평화와 함께 근심 없는 삶을 사는 일이며 이웃과 더불어 상생의 세계를 살아가는 사랑을 준행하며 살아가는 삶이다.

사람의 형상으로 살아가는 인간을 두 가지 부류로 나눠어 관찰해보면 산자와 죽은 자, 깨어있는 자와 잠자는 자로 구별할 수 있다. 일반적으로 우리는 이성 없이 輕擧妄動(경거망동)하며 실수 많은 사람들을 훈계할 때 혹은 충고할 때 무슨 말을 하는가? 폐 일언하고 "이 사람아! 정신 차려!"라고 말할 것이다.

정신 줄을 놓고 사는 인생은 잠자는 인생이다. 특별히 道(도)를 닦는 구도자들에 있어서는 夢中一如(몽중일여)가 기본이다. 농부 이사야는 시대적인 대 선지자였다. 神政國家(신정국가)와 선민의식을 자랑하며 교만한 유대민족들의 두꺼운 그들의 '카르마'를 저주상태로 예언했는데, 이 예언은 오늘날 겉치레 종교인들에게 불편한 소식을 전해주는 경고다.

"대저 하나님이 그들에게 깊이 잠들게 하는 신을 부어 주사 너희의 눈을 감기셨으니 눈은 先知者(선지자)요 너희 머리를 덮으셨으니 머리는 선견자라 그러므로 모든 默示(묵시)가 너희에게는 봉한 책의 말이라 그것을 유식한 자에게 주며 이르기를 청하노니 이를 읽으라하면 대답하기를 봉하였으니 못하노라 할 것이요 또 무식한 자에게 주며 읽으라하면 나는 무식하다 할 것이라(사29:10~11).

의식이 잠든 사람들은 자기존재의 차원 말고는 아예 생각조차 불허한다. 세상의 次元界(차원계)는 마음먹기에 따라 달라지며 마음먹기에 따라 신분과 명예, 부귀공명과 생사문제가 결정되며 억만장자와 노숙자도 미녀나 거지도 用心法(용심법)에 따라 판가름 난다.

마음이 한 번 결정을 하면 즉시 에너지 화되어 물질로 변형된다. 음식이나 건물들, 사과나무도 보이는 물질은 그 물질이 생겨나기 이전에 창조자의 마음에 먼저 설계가 있었고 그 다음으로는 에너지가 물질화 되어 나타나는 것이다. 정신세계의 선지자들은 마음을 개혁시키려고 혹은 끌어올리려고 畜生界(축생계)에 머무는 동물세계에서 여러 모양으로 의식을 계몽하여 인습에 젖어 구태의연한 오랜 유전과 앉은뱅이를 만드는 보수적인 전통으로 다차원의 세계를 안내하는 것이다(히1:1). 산과 들, 강과 바다, 수천 종의 동식물의 조화로운 생태계를 우리는 수용하며 이용하고 상호작용으로 보존

1. 차원상승이란?

하며 자연계의 혜택으로 우리 인류는 생명을 이어간다. 그러나 인간은 조화를 깨뜨리기 시작했다. 그 원흉은 종교인들이었다. 종교인들의 독선은 살인을 일삼는 인간병기들로 변하여 원주민 학살과 유일신 사상을 빙자하여 자신들도 믿지 않으면서 토속 주민들을 죽이고 피로 물들인 십자가를 세웠다. 살인마의 총사령관은 '콜럼버스'였고 그 다음은 로마교회였다. 오늘날의 맹수는 그림자 정부, 일루미나티, 프리메이슨, 기타 여기에 머리 숙이며 표를 받는 666신도들이다. 모두가 깊이 잠든 사람들이다.

잠을 깨우는 사람들

잠에서 깨어난 사람들은 항상 생명에 위협을 받으며 고독한 선구자 역할을 한다. 아브라함 링컨, 루터 킹 목사, 만델라, 켐트레일 반대 운동을 하다 실종된 미국 FBI국장, 암 치료 전문가 버진스키 박사, 슈퍼 옥수수 할아버지, 그림자 정부를 폭로하며 프리메이슨의 실체를 폭로하자 방송이 중단된 유튜버 스피커 수 양이 있다. GMO식품과 켐트레일 반대 등 기후전쟁에 반대하며 고독한 투쟁을 하는 김국일 작가, 의식을 일깨우는 일감스님, 전 세계에서 투쟁하며 목숨을 걸고 싸우는 환경운동가들과 정신문화운동에 의식을 끌어올리려 애쓰는 의인들과 선지자들의 기운으로 우리 지구는 지금 지탱하고 있다. 지구촌 구석구석에는 주인의식으로 사람의 본분을 다하며 환경을 살리려 노력하는 이들이 여전히 이름 없이 헌신하며 수고를 아끼지 않고 있다.

그 중에 몇몇을 기록해 본다.

✱ 제인 구달(Jane Goodall)

제인 구달은 케임브리지 대학교, 대학원을 거쳐 동물행동학 박사학위를 받았고 훈장을 받기도 하였고 1977년 연구소를 설립하고 40여 년 동안 침팬지에 대한 연구를 위해 애쓴 영국의 인류학자다. 숲을 파괴하면 여러 동물들이 영역 없이 가까이 살 수밖에 없고 이렇게 시간이 지나면 나중에는 동물들에 의한 바이러스로 인해 예기치 않는 전염병이 생긴다고 그는 예언적인 말로 설득하였다. 아프리카와 기타 아시아 일부와 중국에서는 온갖 야생동물들을 사냥하여 육류시장에 내다 거래하는 것을 제인 구달은 비판하였다. 그녀는 필요 없는 사냥은 해서는 안 된다고 계몽하였다. 침팬지를 40여년 연구하며 느낀 것은 그들은 도구를 사용할 줄 알며 모성애를 느끼며 생활환경이 인류와 비슷하여 만일 침팬지가 살 수 없는 곳은 인간에게도 치명적일 것이라는 결론을 연설하였다.

* 레오나르도 디카프리오(Leonardo DiCaprio)

미국인 영화배우로 활약하며 환경운동가로 노력하는 사람이다. 그는 오스카상 수상식에서 분위기에 걸맞지 않게 환경운동의 연설을 하여 유명하다. 오존층 파괴의 심각성과 온난화 문제의 위협을 일깨우는 호소를 하였다. 그는 환경 보호에 대한 경각심을 늘 알리고 환경보호를 위해서 私備(사비)를 들여서 섬을 매각할 정도로 남다른 지구촌 살리기 운동에 열중하였다. 그는 수입을 환경운동에 기부하며 그리고 동물애호가로서 환경다큐를 제작하여 홍보하였다. 그는 환경이 오염되는 것을 극도로 반대하며 우리 돈으로 178억의 재산을 털어 지구촌 살리는데 심혈을 기울이고 있다.

* 왕가리 마타이(Wangari Muta Maathai)

1940년 케냐의 여성 환경운동가로 아프리카 그린벨트운동을 창설하여 아프리카의 생태계 보존과 사회 경제 문화의 발전을 이끌어 낸 선구자로 그 공로가 인정되어 그녀는 노벨 평화상을 수상하였다. 우리 교과서에도 수록된 그녀의 본질은 인간의 행복과 이익을 위해서라도 우리는 환경 운동을 계속해야 하며, 지속적으로 반복 교육해야 한다고 말했다. 처음에는 한 그루의 나무를 심는 것으로 출발 했던 운동은 지난 30여 년 동안 4천만 그루의 나무를 심어 숲을 가꾸기도 하였다. 자연을 보호하는 길만이 삶의 질을 향상 시킨다고 하여 그의 업적은 케냐의 국민을 감동 시키고 세계적으로 칭송을 받으며 영향을 끼쳤다.

★ 그레타 툰베리(Greta Thunberg)

그녀는 2003년생인 스웨덴의 소녀다. 기후 보호 특별상을 받았으며, BBC 켄벨키언 인도주의 상 수상자로 선정되어 받은 우리 돈 13억 8천만 원을 모두 환경운동에 기부한 소녀다. 인스타그램, 페이스 북에서 활동하는 그녀는 청소년 환경운동가로서 세계적인 상징 인물로 떠올라 많은 젊은이들에게 감동을 주고 있다.

이 소녀는 지구 온난화를 위한 1인 시위를 2년동안 계속해서 17세때 노벨 평화상 후보에까지 오를 정도로 유명해졌다. 그레타 툰베리의 활동은 세계적인 파장이 되어 2018년 12월 폴란드 카토비체에서 열린 제 24차 UN 기후변화 협약 당사국 총회에서 주류 정치인들과 기득권층을 향해 "당신들은 자녀를 가장 사랑한다 말하지만 기후변화에 적극적으로 대처하지 않는 모습으로 자녀들의 미래를 훔치고 있다."라고 일침을 가하는 연설을 하였다. 뉴욕에서 열린 UN기후 행동 정상회의에 참석하여 세계의 지도자들 앞에서 기후변화 대책에 대한 문제점을 지적하여 학교 대신 스웨덴 국회 의사당으로 용감하게 향해 피켓을 들고 항거하며 '미래를 위한 금요일'이라는 세계적인 환경운동으로 이어지게 되었다. 결국 국회의원들과 그들에게 투표한 시민들, 의식 있는 사람들이 환경 문제에 관심을 갖도록 하였다. 특별히 지난 몇 년 동안 환경 문제에 책임이 있으면서 아닌 것처럼 행동하던 세계의 주요 정치인들에게 이 문제를 심각히 고민하도록 파장을 일으켰으며, 이 소식이 뉴스와 인터넷을 통해 전 세계에 알려졌다.

그레타 툰베리는 11세에 아스퍼거 症候群(증후군) 진단을 받았는데 어린 나이에도 본인이 옳다고 생각하는 것은 행동으로 옮기는 용기 있는 그녀를

2019년 뉴욕 타임지는 가장 영향력 있는 사람으로 선정했다.

★ 레이첼 루이스 카슨

Rachel Louise Cason은 펜실베니아 피츠버그 인근에서 1907년에 태어나 자연을 사랑하는 부모의 슬하에 태어나 자연 친화적인 분위기 속에서 자랐다. 음악을 좋아하는 부모님과 언니 오빠와 개와 고양이를 기르며 화목하게 살았으며 글쓰기를 좋아하고 작가를 꿈꾸며 성장하였다. 그는 존스 홉킨스 대학에서 生物學(생물학)을 공부하며 생태계 유전과 환경에 큰 관심을 갖고 연구하였다. 대학원시절 1929년 대공황이 시작되어 미국인들의 삶은 흔들렸다.

그들은 볼티모어로 이주하여 셋방을 살며 일자리를 찾아야 했다. 연구를 하며 학생들을 가르치며 틈틈이 잡지사에 글을 기고하여 꾸준히 호소력 있는 글을 썼다. 1941년 그녀는 〈바닷바람 아래서〉라는 책을 출판하였다.

그 후로 그는 海洋生物學(해양생물학)에 관심을 가지며 〈우리를 둘러싼 바다〉를 출간하여 생물학자이자 작가로서 인정을 받기 시작하였다. 뒤이어 그녀는 〈침묵의 봄〉을 출간하였고 그 즈음 조류학자 올가 허킨스로부터 인간이 만든 殺蟲劑(살충제)로 인하여 새들이 떼죽음을 당하는 사실에 대하여 이야기를 전해 듣고 맹독성 살충제의 위험성에 대하여 절감하고 그 외에도 많은 사람에게 이 위험을 알리려 노력하고 힘썼으나 여간 어려운 일이 아니었다. 그녀는 많은 도서관을 발이 부르터지는 줄도 모르고 찾아다니며 관련 자료를 모았다.

그리고 그녀는 비장한 준비를 마치고 이제 행동할 때가 되었다고 생각하였다. 그해 12월 자상한 친구 같은 어머니가 세상을 떠났다. 가슴이 쓰라린 슬픔에 잠기면서도 그녀는 어떤 사명감에 붙들려 슬픔에 잠겨 있을 수만은 없었다. 그녀의 책 〈침묵의 봄〉은 이렇게 기록하고 있다. '낯선 정적이 감돌았다. 새들이 도대체 어디로 가버린 것일까? 오늘날 미국의 수많은 마을에서 활기 넘치는 봄의 소리가 들리지 않는 것은 왜일까?' 이 책은 살충제의 무시무시한 화학약품이 도대체 무엇으로 어떻게 만들었기에 생태계를 이렇게 황폐화 시키는가를 고발하고 있다. 당시 60만부가 팔려 베스트셀러가 됐지만 살충제 공장들의 공격과 위협은 무서울 정도였고 분쟁에 휘말려 매일 협박 전화에 시달렸다. 소송도 누차 겪어야만 하였으며, 1964년 4월 그녀는 무거운 스트레스에 시달리다 유방암과 심장질환으로 세상을 떠났다.

그녀는 죽기 얼마 전까지도 비행기를 타고 다니며 살충제의 위험과 환경오염의 심각성을 알리는 강연을 멈추지 않았다. 그녀가 세상을 떠날 때 쯤 이 책은 100만 부가 팔렸고 전 세계의 수 많은 사람들이 이 책을 통해 환경문제의 심각성을 자각하게 되었고 도화선이 되었다. 1969년에는 국가 환경정책법이 제정되었고 이듬해 4월 22일 지구의 날이 제정되었다. 1980년 지미 카터 대통령은 그녀의 영전에 고개 숙여 기도하고 자유메달을 내렸고 20세기를 움직이는 책 10권에 선정되기도 하였다. 그녀는 온갖 협박과 음모의 고통과 스트레스, 병마로 부대끼면서도 굴복하지 않고 혼신을 불태워 생명이 꺼지는 순간까지도 지구촌의 환경을 위해 힘쓰다 눈을 감았다. 지난 60년 동안 바다 생명체는 600여 종이 사라진 오늘의 환경을 비춰볼 때에 그녀의 미래를 내다보는 통찰과 비난을 두려워 않고 계몽하던 열정은 우리의 모델이 충분하며, 사람으로서의 자질과 정의와 용기를 우리에게 보여주고 그녀는 떠났다.

★ 세번 컬리스 스즈키(Severn Cullis-Suzuki)

그녀는 캐나다 밴쿠버 출생의 소녀로 아버지 데이비드 스즈키, 어머니 타라 엘리자베스 스즈키 사이에서 1979년 11월 30일 태어났다. 스즈키는 1992년 열린 리우 회의에서 12살 나이에 환경 문제에 대한 연설을 하여 주목을 받은 소녀 환경운동가이다. 리우회의(Rio Summit) 또는 지구 정상회의(Earth Summit)는 1992년 6월 3일부터 14일까지 브라질 리우데자네이루에서 열린 국제회의로, 전 세계 185개국 정부 대표단과 114개국 정상

및 정부 수반들이 참여하여 지구환경 보전 문제를 논의한 회의이다. 이 회의에서는 선언적 의미의 '리우선언'과 '지구 온난화방지협약' '생물 다양성보존협약' 등이 각각 수십 개국에 의해 별도로 서명됨으로써 지구환경보호 활동의 수준이 한 단계 높아지는 성과를 낳았다.
　아래는 12세 소녀 세번 컬리스의 연설문을 기록해본다.

　안녕하세요? 저는 세번 컬리스 스즈키입니다. 저는 애초 ECHO 환경을 지키는 어린이 대표로 여기에 저희들은 12살에서 13세 사이의 캐나다 아이들로서 무언가 변화에 기여하려는 모임을 만들었는데 바네사 수티, 모건 가이슬러, 미셸퀴그, 그리고 제가 회원이예요. 어른들에게 살아가는 방식을 바꾸지 않으면 안 될 거라는 말씀을 드리기 위해 6천 마일을 여행하는데 필요한 경비를 저희 스스로 어렵게 모금하여 준비해서 이곳에 왔습니다. 친애하는 여러분! 저는 미래의 모든 세대들을 위해 여기에 섰습니다. 저는 세계 전역의 굶주리는 아이들을 대신하여 여기에 섰습니다. 저는 이 행성 지구별에서 죽어가고 있는 수많은 동물들을 위해 여기 섰습니다. 저희는 이제 말하지 않고는 그냥 있을 수 없고 견딜 수 없게 되었거든요.

　저는 오존층의 구멍 때문에 햇볕 속으로 나가기가 두렵습니다. 저는 아빠와 함께 벤쿠버에서 낚시를 즐겼습니다. 그런데 바로 몇 해 전에 암에 걸린 물고기 여러 마리 발견했습니다.

　그리고 지금 우리는 날마다 動植物(동식물)의 種(종)이 사라지고 있다는, 그것들이 소멸되고 있다는 소식을 듣고 있습니다. 저는 언제나 야생동물들의 무리를 보고 싶었고 새들과 나비들로 가득 찬 정글과 열대숲을 보기를 꿈꾸며 살지요. 그렇지만 제가 엄마가 되었을 때 저희 아이들이 볼 수 있도록, 그런 것들이 세상에 과연 존재할지 모르겠다는 생각이 듭니다. 여러분은 이런 소소한 것에 대해서 제 나이 때 걱정해 보셨습니까? 이 모든 것이 실제로 우리 눈앞에서 일어나고 있는데도,

1. 차원상승이란?

우리는 마치 충분한 시간과 해결책을 가지고 있는 것처럼 안일하게 행동하고 있는 어른들을 이해하기 어렵습니다.

저는 어린이일 뿐이고 따라서 해결책을 가지고 있진 않습니다. 저는 여러분에게 과연 이 문제의 해결책을 갖고 있으신지 묻고 싶습니다. 여러분은 오존층에 난 구멍을 수리하는 방법, 사라져버린 동물들을 되살릴 방법을 알고 있나요? 강으로 연어를 올라오게 하는 방법을 저는 알지 못합니다. 그리고 저희 어린이들은 이미 사막이 된 곳을 푸른 숲으로 되살려 놓을 능력도 없습니다. 여러분이 돌이켜 고쳐놓을 방법이 없다면, 제발 이제라도 그만 망가뜨리시기 바랍니다.

여러분은 정부의 대표로 기업가로 기자나 정치가로 여기에 와 계실 것입니다.

그렇지만 여러분은 그 이전에 어머니와 아버지, 형제와 자매, 아주머니와 아저씨들이며 그리고 여러분 모두 누군가의 자녀들입니다. 저는 지금 어린아이일 뿐입니다. 그렇지만 저는 우리가 모두 35억 명으로 된 가족, 아니 삼천만 종으로 된 한 가족의 일부라는 사실을 알고 있습니다. 우리는 모두 공기, 물, 흙을 나누어 가지고 있으며 정부와 국경이 감히 그것을 변경하지 못할 겁니다. 저는 어립니다. 그렇지만 저는 우리가 모두 하나의 목표를 향해 행동해야 한다는 것만은 알고 있습니다. 저는 분노하고 있지만 눈이 멀어있지는 않습니다. 저는 두려워하고 있지만 제가 어떻게 느끼는지 세상에 말하는 것을 망설이지 않을 것입니다. 우리나라 사람들은 너무 많은 쓰레기를 산더미처럼 만들어냅니다.

우리는 사고 버리고, 사고 버리고 또 삽니다. 그러면서도 가난한 사람들과 나누려 하지 않고 있습니다. 우리는 필요한 것보다 더 많이 가지고 있으면서도 조금도 잃고 싶지 않고 나누어 갖기를 두려워합니다. 저는 이틀 전 여기 브라질에서 큰 충격을 받았습니다. 저희는 길거리에서 살고 있는 몇몇 아이들과 얼마동안 시간을 보냈습니다. 그 중 한 아이가 저희에게 이렇게 말하더군요.

"부자가 되었으면 좋겠어! 만약 내가 부자라면 나는 거리의 모든 아이들에게 음식과 옷과 빵과 집 그리고 사랑과 애정을 줄 수 있을텐데…"

아무것도 가진 게 없는 거리의 아이가 기꺼이 나누겠다고 하는데, 모든 것을 다 가지고 있는 우리는 어째서 이리도 인색할까요? 저는 이 아이들이 제 또래라는 사실을 자꾸 생각하게 됩니다. 어디서 태어났는가 하는 사실이 굉장한 차이를 만드는 것, 저도 리우의 빈민가 파벨라스에 살고 있는 저 아이들 중 하나임을 생각하지 않을 수 없습니다.

저는 소말리아에서 굶주려 매일 몇 백 명씩 죽어가는 한 어린아이일 수도 있었고, 중동전쟁의 희생자 또는 인도의 거지일 수도 있었습니다.

여러분 저는 아이입니다.

그렇지만 전쟁에 쓰이는 모든 비용의 큰돈이 빈곤을 해결하고 환경문제를 해결하는데 쓰인다면, 이 지구가 얼마나 멋진 낙원으로 바뀔 것인지 알고 있습니다. 학교에서도, 유치원에서도, 어른들은 서로 저희에게 싸우지 말라고 서로 사랑하라고 가르칩니다. 어른들은 서로 착한 사람이 되라고 가르칩니다. 그리고 지구촌은 모두 하나라고 가르치십니다. 저도 그렇게 배웠구요. 그리고 아껴 쓰며 절약하고 존중하며 몸과 마음을 가꾸고 다른 생물들을 해치지 말며 보호하고 자연을 사랑하라고 가르칩니다.

그런데 어째서 여러분 어른들은 저희에게 하지 말라고 가르치신 바로 그런 행동을 서슴없이 하십니까? 여러분이 이 회의에 참석하고 계신 이유가 무엇이며 누구를 위해서 이런 회의를 열고 있는지 잊지 말아주세요! 저희는 여러분의 아이들입니다. 여러분은 저희가 앞으로 어떤 세계에서 자라날지 결정하고 계신 것입니다. "모든 일이 잘 될 거야.

우리는 최선을 다하는 중이고, 세상의 종말은 오지 않을 거야."라고 부모님들이 자녀들을 안심시킬 수 있어야만 합니다. 그렇지만 여러분은 그런 말을 저희에게 더 이상 할 수 없을 것 같아 보입니다. 도대체 어린이들이 여러분이 하고 있는 회의에 우선순위에 올라있기나 하는가요?

저희 아빠는 항상 말씀하십니다.

"너의 말이 아니라 행동이 진짜 너를 만든다."

하지만 여러분의 행동은 밤마다 저를 울게 합니다. 저는 이 문제를 생각하면 도저히 잠을 잘 수 없습니다. 여러분은 항상 저희를 사랑한다고 말하십니다. 저는 이 자리에서 여러분에게 간절히 호소합니다. 제발 저희의 바람이 어른들이신 여러분의 행위에 반영이 되도록 힘써 노력해주시기를 진심으로 부탁드리면서 이만 줄이겠습니다.

이상은 '세번 컬리 스즈키' 소녀가 세상의 모든 어버이들께 보내는 것으로 세계 정상회의에 참석하여 원고도 없이 즉흥 연설로 참석자들을 6분 동안 숨죽이는 흥분과 감동을 던진 내용이다.

★ 조너선 리(Jonathan Lee)

한국계 미국인인 조너선 리 청소년은 현재는 성인이 되어 환경운동가 겸 동화 작가로 활동하는 중이다. 어린 시절 빙하가 녹아내리는 다큐멘터리를 시청한 뒤 큰 충격을 받고 이렇게 가다가는 지구의 운명이 위태롭다는 결론에 부딪히자 그는 큰 관심을 갖고 인터넷에 환경관련 판타지 동화(童話) 〈고 그랜맨〉을 연재하기 시작하며 사람들의 주목이 되기 시작했다. 일면에 세계 어린이 한 명 당 한 그루 나무 심기 운동, 패스트푸드 레스토랑 재활용 캠페인과 같은 대안적인 환경운동을 실천하며 펼치기 시작하였다.

조너선 리는 12살이 되던 해에는 세계 청소년 환경연대(I See Hope)를 설립하였다. 사용하지 않는 물건을 기부 받아 필요로 하는 곳에 전달하고 남북 어린이 교류를 위한 어린이 평화 숲 만들기 운동, 등 다양한 환경운동을 펼쳤다. 또한 사막화 방지에 일반인의 관심과 참여를 호소하는 다양한 활동을 선보이고 세계 각국 정상에게 사막화 현실을 담은 편지를 전달하는 등 폭 넓은 환경보호 활동을 해왔다.

최근 조녀선 리는 국제관계 분야의 전문가라는 본인의 꿈을 따라 조지 워싱턴 대학교 국제관계학과에 진학 했으며, 최근에는 서울대학교에서 수업을 수강하고 있다. 그의 주장은 '환경운동이란 아주 사소한 것부터 실천하는 것'이라며 하나하나 일상 속에서 관심을 잃지 않고 실천해나가면 이제라도 지구의 고통을 막을 수 있다고 주장하며 뜻을 펼치고 있다.

★ 리시프리야 칸구잠

위 소녀는 청소년 환경운동가로 9세의 최연소 어린 소녀다. 그녀는 매주 다른 플랜카드를 들고 인도의 의회 앞에서 모디 총리를 향해 환경 정책의 중요성을 알리는 행동으로 인도의 툰베리로 불리기도 한다. '리시프리야'는 2018년 몽골에서 열린 UN재난 컨퍼런스에 참여한 직후 지구온난화로 많은 어린이들이 가족을 여의고 가난에서 벗어나지 못하고 있다는 사실을 알고 본격적으로 환경운동에 뛰어들었다.

대기오염이 심각한 인도에서 정부가 대기 오염도를 줄일 수 있는 방법을 적극적으로 만들고 학교에서는 기후변화 수업을 의무화해야 한다는 주장을 강력하게 외치며 굳은 각오로 펼치고 있다. 어른들이 병들어가는 지구를 바라보며 불구경하듯 하는 걸 보며 이 소녀는 애가 타서 눈물로 호소하며, 지구를 지키자고 가는 곳마다 외치고 다닌다.

'아동 운동(Child Movement)' 단체를 설립한 리시프리야는 '기후변화와 재해를 해결해 지구를 보존하자'는 슬로건을 걸고 활동하고 있다. 그녀는 어린 나이에도 1인 시위도 마다하지 않고 미래의 '생존을 위한 키트'라면서 식물이 자라는 화분을 이용한 산소 호흡장치 '수키푸(SUKIFU)'를 직접 디자인하여 부착하고 다니며 다양한 활동을 펼치고 있다.

이 소녀의 꿈은 우주에서 실험하는 科學者(과학자)라로 환경오염에 멍든 지구 대신 달이나 화성에서 식물이 자랄 수 있는지, 깨끗한 물과 공기를 만들 수 있는지 연구하는 것이라고 하였다. 이렇게 세계 각국 마다 환경을 위해 노력하는 청소년 운동가들이 수백 명이 넘는다. 여기에 소개한 몇몇 소년소녀들은 공중파 뉴스에 이미 보도된 바 있는 대표적 모델로 소개하였다.

★ 보얀 슬랫(Boyan Slat)

보얀 슬랫은 네덜란드의 21세 청년이다. 그는 1997년에 발견된 태평양의 거대한 쓰레기 섬을 방영하는 다큐를 보고 충격을 받고 고심하던 끝에 전 세계 어느 누구도 꿈도 못 꾸는 비상한 관심으로 비영리 단체인 '오션클린업(Ocean clean-up)을 창립했으며 CEO이기도 하다. 그는 바다 스스로 쓰레기를 청소하게 하는 머신을 개발하여 해류를 이용하여 원형으로 순환하는 소용돌이를 이용해 플라스틱을 한 곳으로 모으고 모여진 쓰레기를 수거하는 간접 청소방법을 택하는 원리를 통해서 고민하는 것보다 쉬운 원리로 청소를 할 수 있다고 말했다. 지난 서울 디지털포럼에서 슬랫은 이 아이디어가 2016년에 실행 가능하다고 밝혔다.

1997년 요트 항해사 찰스 무어에 의해서 발견된 거대한 태평양 쓰레기 섬은 여의도 광장의 열 배도 넘는 섬이 산을 이루고 있다. 이 쓰레기 때문에 지금도 하와이 섬에는 주변의 새들이 플라스틱 가루를 먹이로 착각하며 먹고는 소화불량으로 매일 죽어가고 있다.

보얀 슬랫은 지금도 바다 청소 작업을 하며 기본 방식보다 7900배나 빠른 방법과 속도를 입증했고 자랑하였다. 쓰시마 섬에서도 그는 시범을 보였다. 이 청년의 확신에 찬 이론은 앞으로 몇 년 이내에 태평양 섬의 거대한 쓰레기의 절반은 사라질 것이라고 말했다. 보얀 슬랫, 이 젊은이에 대한 유튜브를 참고 해보시기 바란다. 쓰레기 문제로 인류가 고민하며 이로 인한 유독가스로 동식물의 생태계와 바다 생명체가 죽어가는 것은 인간의 의식이 쓰레기가 되었기 때문이다.

★ 의식의 警覺心(경각심)

이상 소개한 사람들은 나이 어린 청소년임에도 의식의 떡잎이 남다른 상록수들로 장차 지구를 지킬 천사들의 대표들이기에 그중 몇몇을 언급하였다.

이는 차원 상승이 과연 무엇을 말하는가를 아주 쉽게 설명하고자 첫 단추를 쉽게 끼울 수 있도록 첫 장을 환경문제부터 다루게 되었다. 환경이 악화되면 모든 인류문화와 정치, 종교 역시 다 멸망하게 된다. 공룡이나 맘모스가 왜 멸망했는가는 구태여 말하지 않아도 잘 알지 않는가? 앙코르와트가 왜 멸망했는지 마야문명이 왜 사라졌는지 우리는 귀가 따갑게 들어왔다. 환경이 얼마나 중요한가는 이제 서서히 멸망의 서곡의 前奏曲(전주곡)을 알리고 있다. 불편하고 두려운 시기에 우리는 서 있다. 지금은 우리가 정말 뭔가를 해야 한다. 목마른 사람이 샘을 파듯 의에 주린 사람들이 항상 앞장서서 뭔가를 시작하여 인류문화를 이끌어 왔다. 선지자들과 先覺者(선각자)는 늘 어깨가 무거웠다.

백발에 턱수염이 수북한 사람이 비싼 양복을 입고 몇 억짜리 차를 타고 차창너머로 불붙은 담배꽁초를 던지고 맥주 캔을 던지는 사람이 다수다. 이들의 정신연령은 0세 정신장애 아이들이다. 이 불구자요, 정신병 환자들은 인간쓰레기들이다. 이들은 귀신의 후예들이며 지구 어머니를 병들게 하는 사생아들이다.

유치원생들은 교사한테 배운 대로 행동한다. 그런데 고등교육을 받은 사람들이 지구를 병들게 하고 있다. 그러나 아무리 학위를 즈네끼리 주고받고 잘난체 해봐야 환경을 병들게 하는 인간들은 악마들이며 정신병자들이다. 지구 어머니 품에서 숨 쉬고 먹고 살면서도 말이다. 이런 모순이 또 어디 있을까? 지금 지구의 몸살은 심각하다. 어느 날 갑자기 파멸할 수 있는 위기

직전이다. 북극의 석유개발, 광산개발, 생활매연, 8가지 독극물을 매일 공중에서 뿌려대는 켐트레일 미세먼지는 머지않아 인류를 멸망시킬 것이다. 이제부터라도 정신을 차리고 10여 년만 노력하고 의식이 진보된다면 지구는 새로운 천년왕국을 맞이할 것이며 환경문제를 극복할 것이다. 강과 숲은 우리 몸의 허파와 똑같다. 그나마 전기 자동차를 선보임은 고무적인 사실이다.

위에 언급한 소년소녀들은 환경을 다루는 다큐멘터리를 시청하다 충격을 받고 어린 나이에 환경운동에 뛰어들게 된 것이다. 이토록 경각심은 삶을 변형시킨다. 그런데 늑대 소년 같은 무감각하고 배불떼기 느끼한 기성세대들은 이미 마음이 쇠가죽 같고 능구렁이가 되어 웬만한 뉴스와 웬만한 소리에는 콧방귀를 뀐다. 자기무덤을 파면서도 말이다. 이미 충분히 무디어져 충격을 받거나 경각심을 느낄 공감이나 여유, 순수가 남아있지 않다.

폼페이를 멸망시킨 베수비오 산(Vesuvius Mt.)의 화산이 터지기 전날까지 그들은 먹고 마시고 스와핑하고 男色(남색)을 하였다. 설(說)에는 그들을 경고하던 3명의 선지자들이 있었다고 한다. 한 사람은 불 심판이 내릴 것이라며 절제를 권하고 여러 차례 충고했으나 모두가 비웃고 돌려 쳐서 죽게 했고 한 사람은 혀를 잘랐다.

선지자들은 애타도록 강권하며 모두가 도시를 떠나야 한다고 목청을 돋우어 외쳤으나 소돔 고모라 때처럼 아무도 그들의 말을 믿지 않았다. 그런데 정확하게 선지자의 말대로 대화산이 폭발하여 갑자기 순식간에 종말을 맞이하였다.

죽음이 두려워서 환경을 생각하는 것이 아니다. 우리는 우리가 딛고 사는 이 성스럽고 신비한 어머니이신 지구를 사랑해야하고 후손에게 물려줄 이 땅을 지켜 가꾸는 것은 우리의 기본적인 도리이기 때문이다. 그러므로 우리가 신경 쓰는 이 환경운동은 결코 성스러운 일이 아니며 떠벌리고 자랑할 일도 아니다. 자신의 얼굴이나 몸을 씻고 방을 청소하고 쓸고 닦듯 하는 것이다. 우리가 神(신)으로부터 創造主(창조주)로부터 물려받은 생명의 터전이기 때문에 우리는 의무적으로 이 땅을 천국으로 가꿔야 한다.

2. 令長主權(영장주권)

人間論(인간론)

　인간은 모든 살아있는 만물 중 두 발로 걸으며 머리를 하늘로 두고 고개를 돌려 東西南北 前後左右 上下를 돌아보며 팔다리 四肢(사지)를 사용한다. 머리를 쓰고 가슴으로 느끼며, 喜怒哀樂(희노애락)을 느끼며 언어와 문자를 만들고 모든 동물을 길들이며 사회를 이루어 집단생활을 하고 種族(종족)을 보존하며 가족을 거느리고 살아가는 창조주의 걸작품인 令長(영장) 중 으뜸이다. 하나님의 형상(形像)대로 지음을 받은 지구의 주인이며 영장들이다. 지구의 주인인 인간이라면 먼저 조화를 배우고 더불어 사는 것과 이웃과의 관계를 유지하며 사랑하며 생활할 수 있는 인격인 陶冶(도야)를 반드시 확장해야 한다. 참다운 人間論(인간론)은 그렇다. 조화로운 존재의 연쇄를 파괴하여 질서를 어지럽히고 이웃과의 불편한 관계를 초래하며 신뢰를 무너뜨리는 것을 경계해야 한다. 지구촌은 사계의 섭리와 宇宙(우주)의 질서로 인하여 만물은 자연계 속에서 生成消滅(생성소멸)하며 평온을 유지해나가고 있다.
　인간은 그 造化(조화)를 보며 그 조화로움을 파괴하지 않고 순응하며 사는 것이 원칙이며 도리다.
　결국 우주의 조화로움과 神(신)의 창조 섭리의 완벽한 은혜를 수용하며, 정해진 위치와 인생의 날들을 합당하고 보람 있게 自然界(자연계)의 혜택을 잘 빌려 쓰고 누리다가 後世(후세)에게 물려주고 신에게, 조상에게 감사하고 떠나는 것이 가장 바람직한 삶일 것이다.

宇宙(우주)앞에서의 人間

우주는 광대하면서도 단단하고 조밀하고 結束力(결속력) 있는 입자로 창조 구성되어 있다.

그러나 이 우주를 확대하면 별들의 거리는 수 백 광년씩이나 떨어져 있다. 그러면서도 거미줄 같은 인드라 망으로 상호 연결되어 한 몸을 이루고 있어 마치 인간의 인체와도 같다. 대 우주 차원에서 본다면 지구라는 별 하나 없어지는 것은 마치 수명을 다한 머리카락 한 올 없어지는 것처럼 아무 지장 없는 미립자에 불과하다. 그러나 한 알의 모래알이 모여 백사장을 이루고 한 포기 풀과 한 그루 나무들이 모여 숲을 이루듯 마치 인체의 60兆(조) 세포가 밀도 있게 연합되어 한 몸을 이루듯 우주는 粒子(입자)로 연결되어 있다. 상호 적절한 차등과 상호 의존 및 협력관계를 유지하고 있으므로 우주의 일부분인 인간은 자신이 미립자에 불과한 미약함을 탓할 것이 아니라, 이를 인정하고 수용하며 겸손하게 심신을 상승시켜 次元界(차원계)를 변형시킬 준비를 해야 한다. 그러나 뭘 좀 안다하여 뭔가 좀 지혜로운 듯하여 우쭐댈 수는 없는 것이다.

아무리 총명하고 유식한 사람도 내가 우주의 法界(법계)를 다 깨닫고 계시를 받아 모든 것을 다 깨달아 통달했다고 우쭐대서는 안 된다. 설사 이렇게 큰소리치고 우쭐한 교주들이 더러 있다 해도 그들의 미혹을 따라서도 안 된다. 知性人(지성인)은 본시 말이 적고 근본적으로 겸손하다.

대 우주의 법계(法界)란 인간이 다 알아냈다 할 정도로 좁지 않아 인간의 두뇌로서는 도저히 측량할 수가 없다. 大道(대도)를 깨달은 사람은 복희 님과 邵康節(소강절) 선생이다. 그는 별들의 운행과 수명 계절의 섭리를 잘 관찰하여 절기 표를 만들고 4라는 숫자를 가지고 우주 만물을 헤아리고자 하였는데 예컨대 元會運世(원회운세) 歲月日辰(세월일진) 등인데, 辰(진)은 시간의 가장 작은 단위로 삼아 12진을 하루(一日)이라 하여 30日을 1개월로 하며 12개월을 한 해(歲)로 정하여 1년으로 계산한다.

이렇게 계산한다면 한 해는 12개월 360일 4,320辰이 된다. 이와 같은 시간의 계산은 우리의 일상생활에서 흔히 경험하는 계산법이다. 소강절 선생은 우리의 일상적인 경험을 넘어 우주만물의 변화와 별들의 운행을 측정하며 깊은 학식으로 준비된 사람이었으나 남들을 가르치는 것을 조심하였고 꺼려하였다.

그는 시간의 법칙과 우주의 나이를 측정하여 우주의 1년은 129,600년임을 말했다.

가장 짧은 찰나로부터 4,320,830년에 이르기까지를 하늘과 땅이 한차례 새롭게 되는 과정으로 본다면 129,600회의 새롭게 되는 계절의 변화를 겪어야 하는 원리다.

邵康節(소강절) 선생은 太極(태극)으로부터 만물이 나타난다고 하였는데 태극의 가장 바르고 가장 중심이 되는 心法(심법)이 태극이라 하였다. 곧 사람의 마음이 있으므로 하늘과 땅과 만물이 있게 되며, 따라서 우주의 법칙은 인간의 마음이기도 하다는 것이다. 만물의 영장인 인간 중 학식과 의식수준이 이토록 高尙(고상)한 大人(대인)도 겸손하여 끝까지 배우는 자세로 살다가 조용히 눈을 감을 때 몇 말씀 후세에 남겨 달라 했으나 끝내 손을 저으며 유언을 거절하며 조용히 생을 마감하였다.

오늘날 우리 주변에서 뉴스를 장식하는 사람들 중 一家(일가)를 이루었다는 이들은 모두가 교주들이다. 신도를 모으고 사원을 건축하고 천문학적인 돈을 거두고 여러 처첩을 거느리고 앞뒤도 안 맞는 교리를 만들고 죄를 덮어씌운다. 눈물을 강요하고 신의 이름으로 惑世誣民(혹세무민)하고 더러 병을 고치고 대학을 세우고 병원을 세우고 선한 일을 하는듯하나 결과론적으로 보면 자신들의 명성이나 유익을 구하는 사람들이 대부분이다. 우주 앞에서의 인간의 도리는 첫째로 오만을 버리고 겸손해야 한다.

우주의 진리는 압도적이기 때문에 인간이 잠시 눈짓으로 감당할 수 있는 정도가 아니며, 인간이 아무리 영감이 발달하고 총명하다하나 미래를 거울 보듯 환히 알 수 있는 사람은 드물다. 그러므로 미래를 다 알 수 없어도 겸손하게 여기고 감사하며 서로 사랑하고 더불어 살아가는 이 한 가지만으로도 얼마든지 행복하게 주인으로 살 수 있는 것이다. 우주의 주인으로 이 지구에서 추방당하지 않고 살아가려면 신의 섭리를 반드시 깨달아 우주만물의 적절한 차등의 원칙을 지키며 서로의 선을 넘지 말고 조화롭게 살아가는 것이다. 자신이 가진 것에 만족하고 정도이상 갈망하는 오만을 버리고 자연계를 절대로 훼손시키지 말아야할 것이다.

지금 지구는 늙어간다. 병 들었고 분노하고 있다. 쌀을 버리고 살육당한 고기를 밥 대신 먹고사는 인간들에게 억울하게 죽어간 동물들의 기운이, 동물농장들의 메탄가스들이 땅위의 바람 잡는 천사들에게 권한을 주었다. 악하고 헐은 데가 땅에 거하는 인간들에게 재앙을 일으키게 된 것이 細菌戰爭(세균전쟁)이다.(요한계시록16:2) 그림자 정부의 졸개들이 흰 가운 입고 연구실에서 배양을 했던 박쥐 몸에서 기생했든 관계없이 이것은 인간이 자연을 훼손시킨 대가이며 공짜로 살면서 감사하지 않고 자연에 도전한 인간들에게 내리는 천벌임에 분명하다.

自然界(자연계) 앞에서의 인간

얼마 전 SBS 뉴스보도를 보았다. 코로나 사태로 인간들이 자취를 감춘 세계 곳곳에 환경오염도가 크게 줄고 야생동물들이 무리를 지어 출몰하는 등 자연이 다소 회복되었다는 소식이었다. 이렇게 현실에서는 인간과 자연의 공존이 위협받고 있을 때 영장이라는 인간들이 조금만 노력하고 직장이나 가정, 학교, 군인, 공무원들 모두 매주 철저히 환경교육을 받고 실천하며 강대국들의 武器(무기) 생산비용을 중단하고 환경운동을 위해 쓴다면 지구의 자연계는 이제라도 회복될 수 있다. 그러므로 자연을 깨달아 아는 것은 이 땅에 존재하는 동안 인간으로서의 가장 바람직하고 기본적인 知覺(지각)이다. 자연을 알면 한 마디로 유익한 것이며, 과거가 존재한 것과 똑같이 미래도 지금처럼 존재할 것이기 때문이다. 그러나 유익하지 않은 사실이 있다면 그것은 단 하나, 그 속에서 인간이 역할을 지나치게 확신하여 자연을 소홀히 대하는 愚(우)를 범하는 것이다. 자연과 인간은 같은 생명체이다. 물과 공기, 숲은 인간의 생명을 연장해주는 원천이며 근원이다. 그러므로 자연을 알면 자연을 두려워할 줄 알 것이다.

자연을 알면 자연을 통해 의식주를 얻으며 엄청난 이익을 얻는다.

자연을 알면 자연스럽게 살게 된다. 자연스럽게 살다보면 시간의 分節(분절)이란 인간들이 만들어낸 지극히 作爲(작위)적인 어리석은 개념이라는 사실을 알게 된다. 365일과 일 월 화 수 목 금 토의 날짜가 없이도 하루 24시간의 개념이 없이도 인간이 살아가는 데에는 지장이 없다. 60분이라는 1시간의 개념이 없어도 생존 그 자체만은 문제없다. 다만 해가 뜨고 해가 서산으로 기울고 밤이 오고 낮이 오는 것을 통하여 무언가 관통해 지나가는 것을 느낄 것이다. 무언가의 모습은 과거와 크게 다르지 않고 지나갈 것이다. 인간의 존재가치와 여부는 자연과의 밀착된 관계 속에서만 빛나는 것이다. 따라서 자연이 늙으면 인간은 더 빨리 멸망할 것이다. 이쯤 되면 어떤 결론의 퍼즐이 맞아 들어가지 않는가? 이 중대한 문제는 호모 사피엔스의 숙제이며, 영장주권의 열쇠이다.

氣候變化(기후변화)의 逆襲(역습)

기후변화의 역습은 100% 인간이 만든 재앙이다. 자연 앞에 감사하며 잘 보존하며 겸손한 사람들은 자연으로부터 무한한 생명의 에너지를 얻고 풍요로워지지만, 자연을 함부로 하고 훼손하면 결국 목숨을 앗아가는 재앙으로 던져주는 역습으로, 인류를 파멸시키며 하루아침에 알거지를 만들고 지옥을 안겨주는 것을 우리는 뉴스를 통하여 수도 없이 정보를 접해 왔다.

　메르스, 싸스, 에이즈, 코로나19, 홍역, 천연두, 독극물 켐트레일은 엉뚱한 이론을 가진 루시퍼의 후예들이 배양하여 살포하는 세균전쟁의 기초로서, 세계정부와 더불어 공존하는 상위 1%의 영혼 없는 인간들의 정치 놀음이다. 전 세계 왕들이 그 앞에 경배하고 종노릇하며 일급비밀로 뉴스를 속이고 인류를 속이고 있다. 모든 백성들은 파란 하늘을 보지 못하며 잿빛 하늘의 초 미세먼지의 나노 입자를 들이마시고 서서히 폐와 장기가 석회화되고 부식되기 시작한다.

★ 생태환경의 주범은?

　① 건조함이다. 이 건조함은 인간이 만든 문명 때문이다. 건조함의 원인은 농작물과 농토를 사막화시키며 땅과 숲을 파괴시켜 땅의 濕氣(습기) 부족으로 대형 산불이 자주 발생하고 물 부족으로 고통 받는 지구촌의 인류는 수십억에 이른다. 물은 생명이다. 모든 생명체는 물이 원료다. 건조하면 질병이 猖獗(창궐)하는 것이다. 자연을 생성하는 핵 원료는 물과 바람의 조화다.
　이와 같이 모든 생명은 물에서 시작되고 물로 보존되며 물이 마르면 생명은 죽는다. 도시가 세워지려면 반드시 강물이 흐르는 곳이어야 했던 것이 바로 이런 원리이다.
　물은 생명을 공급하고 바람은 벌 나비를 불러들여 이끌고 꽃가루를 날리며 씨방을 영글어 생명을 유전하며 種(종)을 보존한다. 자연의 생명은 땅(흙)과 만나 탄생하고 흙과 물이 만든 땅의 습기로 생명을 살리고 생명이 살 수 있는 터전이 생태 환경을 만들어 주는 것이다. 이 습기는 토양 미생물들을 배양하고 자연 항산화 습기로 자연을 치유하는 지구의 생명 에너지이다. 인간의 면역체계를 지배하는 것이 바로 물이다. 물은 생명의 근원이다.

② 罪惡의 도시개발

　도시가 개발되어 외관상 찬란하면 최고의 도시인가? 인류는 지난 50년 동안 급속도로 産業革命(산업혁명)에 눈이 뜨이면서 아무 생각 없이 땅과 숲을 파괴시켜 도시화를 시도하였다. 산업단지와 문화시설, 필요 없는 공원, 필요 이상 개발되는 골프장, 거미줄 같은 도로들, 땅의 습기를 머금고 있는 곳들을 어지간히도 파헤치며 시멘트, 아스팔트의 확장으로 생태환경을 정화시키는 기술보다는 생태환경을 파괴시키는 일을 수십 년 동안 쉬지 않고 진행하였다. 온갖 독을 품은 도시의 습기가 독가스로 변하여 뿜어 나오게 되어 물을 보유하는 지하수까지 오염되어 심각하며, 숲은 날이 갈수록 사라지고 첨단 문명의 발달을 자랑질하는 先進國(선진국)이라는 나라일수록 생태환경은 빠르게 악화되고 있다.

　지금 창궐하는 코로나19 균만 해도 그렇다. 미국이나 영국 등 유럽의 선진국이라는 나라들이 김치 된장 먹는 우리나라보다 束手無策(속수무책)으로 당하며 자기네들이 만들어 배양한 연구실에서 태어난 세균들의 밥이 되어 가는 것만 해도 여실히 입증되고 있다. 지금 전 세계는 原始林(원시림) 벌목으로 사람의 허파에 해당하는 숲이 한쪽 폐의 면적이 완전히 사라졌고 그 하나 남은 허파마저 3분의 1이 잘려졌다. 킬리만자로의 만년설은 다 녹아내려 현재 감자농사를 짓고 있으며, 히말라야 萬年雪(만년설)이 지금도 녹고 있어 태평양의 군도 섬들이 매년 사라지고 있는 현지 모습을 영상으로 제작하여 다큐멘터리 방송을 보도한 적이 있다. 현재 해수면이 급속도로 증가한다. 인류는 지금 하나를 얻고 또 다른 것을 두 개 이상 잃고 있다. 교통수단이 발달하여 편리한 만큼 한 정거장도 걷지 않아 온갖 질병에 시달리고, 고층빌딩의 화려함 속에는 시멘트 독과 양잿물 중독으로 인하여 아토피가 급속도로 발생하며, 시멘트의 딱딱하게 굳는 기운으로 암환자가 70년대보다 무려 4배나 증가했다. 과학이 겉으로는 발달했지만 공해문제와 생태계 파괴문제가 해결되지 않으니 나 같은 촌부는 차라리 원시 시대를 그리워한다. 앞으로 10년 뒤에는 현재의 지구인구가 절반은 없어질 것이다. 자연계보다 연약한 인간의 수효가 차라리 줄어드는 것이 지구의 유익이기 때문이다.

③ 쓰레기 문제 해결해야 산다.
생활 쓰레기는 자연의 天敵(천적)이다. 식물성 부스러기는 철저히 분리하여 얼마든지 퇴비를 만들 수 있는데 아직도 국민 절반 이상이 이 일에 협조를 하지 않는다. 내가 사는 이 지리산 국립공원 주변에도 팬션들과 행락객들이 마구잡이로 싸잡아 버린 봉지들을 길고양이나 까마귀들이 냄새를 맡고 봉지를 뜯어 발려 흩어놓아 여간 지저분한 게 아니다. 골짝마다 비닐꽃은 춤을 추고, 패트 병들은 주워도 주워도 끝이 없이 나뒹군다. 나는 손님들이나 방문객들이 빈손으로 방문하기를 호소하고 있다. 음료수 박스, 유리병은 대개의 약간의 설탕물에 과실원액 1% 정도 희석하여 판매하는데 사실 병 값이며 박스포장 값이지 영양분은 맹물만 못하다. 분리는 가능하지만 쓰레기 잔류가 더 골칫거리이며 부담스럽다.
비닐봉지 줄여야 하며 플라스틱 용기도 줄여야 한다. 이왕이면 식탁에도 질그릇이나 사기그릇, 도자기 그릇을 사용하고 플라스틱은 사용하지 않도록 할 것이다.
우리 집은 아내의 철저한 감시 하에 완벽한 분리와 시장 장바구니를 휴대하고 다니는 것이 습관화되어 있다. 쓰레기를 최소화할 수 있는 의식운동은 끊임없이 귀가 따갑도록 계몽함이 시대적으로 꼭 필요하다. 너무 많은 양이 배출되는 이 악마의 쓰레기는 대개 매립을 하고 있으니 두려운 일이다. 전국 곳곳에서 매립지 반대운동으로 투쟁이 끊이지 않고 있다.
1960~70년대식 成長主義(성장주권)와 주민의 생존권의 폭발적으로 충돌하면서 주민의 희생을 통해서만 문제를 해결하려 했던 후진적이고 퇴행적인 환경정책은 실패한 것이다.
예컨대 전태일이 몸에 휘발유를 붓고 죽은 다음, 비구니스님의 장기간 금식으로, 노동자들이 몸을 던져 죽은 다음에야 비로소 손톱만큼 관심을 갖는 이 세상은 국회와 고위 공무원들이 밥값을 못 하는 것이 분명하다. 환경 문제는 생명과 직결된 일이니 합리적인 문제해결을 위한 실질적인 정책이 매우 중요한 정부의 역할임을 공직자들은 그 심각성을 깨달아야 한다.

국민들 역시 애국애족은 주방에서부터 시작되어야함을 절감하고 단결된 힘이 민주주의의 주요한 근간임을 자각해야 한다. 쓰레기 하나 관리 못하고 내 집에서 청소도 못하는 사람이 무슨 민주주의를 말하며, 차창 너머로 담배꽁초를 버리는 미친 짐승이 무슨 자유를 어디서 찾는단 말인가. 자기가 버린 담배꽁초로 화재가 발생하여 불에 타 죽어도 그런 사람은 원인을 남의 탓으로 돌리고 재수가 없었다며 내가 왜 죽는지도 모르고 끝까지 남의 탓 아니면 나라 원망을 한다.

쓰레기를 버리는 사람들

지난여름 2020년, 54일의 장마 끝에 큰 비가 내려 내가 살고 있는 지리산 자락 화개천이 강물의 범람으로 불어나 단군역사 이래 가장 큰 홍수가 내렸다. 섬진강이 도로를 삼키고 구례읍을 삼키고 화개면을 삼켜 천문학적인 재산피해와 상처를 안고 사람들은 망연자실이었다.

이런 와중에 기가 막힌 소식을 들었는데, 한 사람이 말하길 불어나는 계곡물들이 엄청나 집에 있는 못 쓰는 냉장고, 전기밥통, 온갖 의자들, 안 쓰는 그릇들, 쓰레기 될 만한 박스들, 안 쓰는 물건들은 모조리 집어던지니 흔적도 없이 깨끗이 떠내려가는 걸 보니 속이 시원하더라는 얘기였다. 인도코끼리 대표 금채 선생과 나의 아내와 나는 치가 떨렸고 기가 막혀 심장에서 쏴한 고동소리가 들렸다.

유튜브 환경 다큐를 보면 우리가 생각하며 바라보는 바다는 상상이상 훨씬 오염되었고 잠수부들이 말하는 영상은 우리에게 할 말을 잃게 한다. 인가주변은 온갖 생활쓰레기가 몇 미터씩 쌓여 있고 고기잡이로 출항하는 선원들은 온갖 생활쓰레기를 바다에 나가서 던진다고 하였다.

이것이 낡은 그물, 기타 어망, 등 온갖 것들을 다 던져 버리는 지구 인간들의 의식들이다.

最惡(최악)의 환경호르몬 다이옥신(dioxin)

인간이 만들어낸 물질 중 가장 위험하고 무서운 毒劇物(독극물) 다이옥신은 주로 석탄, 석유, 담배 등을 태우거나 농약, 등 化學物質(화학물질)을 만드는 공장에서 발생하는데 청산가리보다 1만 배나 강한 독성을 가지고 있다. 그런데 이러한 물질 중 석유성분의 변형이긴 하나 가장 무서운 독성은 플라스틱이나 비닐 등을 소각했을 때 발생하는 다이옥신이다. 이 다이옥신이 인체에 흡수되면 반영구적으로 縮積(축적)되어 기형아 출산과 암 발병의 가장 큰 원인이 되는 것으로 현대 의학은 결론 내렸다. 1999년 벨기에산 닭과 돼지 사료 등이 다이옥신에 오염된 것으로 밝혀져 이를 먹고 사육된 돼지고기 등을 회수하는 이른바 다이옥신 파동이 일어난 적이 있다. 지금은 그때보다 수십 배가 넘는 다이옥신 천국인데도 사람들은 이미 감각이 무디어져서 몇 달만 지나면 다 잊어버린다.

베트남 전쟁에서 미군이 사용하여 기형아 출산의 원인이 된 고엽제 후유증도 역시 다이옥신 독극물 때문이다. 폐기물의 소각, 염소(Cl)를 함유한 물질을 태울 때 또는 공장에서 나오는 매연에서 발생하여 공기 중에 방출되는 劉錡鹽所(유기염소)가 결합된 지방 친화적인 유기 화합물질로 토양과 식품을 통하여 인체에 쉬지 않고 들어오는 과정에서 체지방과 가장 많이 축적되는 기관이 肝腸(간장)이다. 물론 다른 장기에도 축적되며 혈액과 뇌에도 축적된다.

다이옥신은 지구상에 존재하는 모든 독극물중 가장 무서운 물질로써 고농축 시키면 제초제로도 쓰이는 것이다. 그 유독성분은 오랫동안 殘留(잔류)하며 인체 면역계에는 두말할 것도 없이 치명적인 손상을 끼쳐 發育低下(발육저하), 생식능력, 無精子(무정자) 등에 악영향을 크게 끼치는 것으로 인류의 가장 큰 적이다.

부평 美軍基地(미군기지) 고농도 다이옥신 오염

　2020년 9월 6일 연합뉴스 자료에서는 아래와 같이 보도한 바 있다. 환경부는 한미 협의에 따라 미군기지 오염실태를 공개하였다. 캠프마켓 토양 최고 오염도는 일반지역에 비해 4000배가 넘어 사실상 살 수 없는 땅이며 주민 건강에 무서운 영향을 미치는 것으로 결론 내렸고 오염 치유 책임을 놓고 논란이 일고 있다.
　한미 두 나라 사이에 반환 협상이 진행 중인 인천 부평 주한미군기지 캠프 마켓의 고농도 다이옥신으로 오염된 지역은 A구역이다. 인천시 부평구에 있는 반환 예정 미군기지인 캠프마켓의 토양이 다이옥신과 피시비를 비롯한 고독성 발암물질과 유류, 중금속 등으로 심각하게 오염돼 있는 것으로 확인됐다. 지하수도 석유계 총탄화수소와 '트리클로로에틸렌'으로 크게 오염돼 사람이 마실 수 없는 물로 변해 있었다. 환경부가 주한 미군과 반환 협상을 진행하면서 주한미군 지위협정(SOFA) 공동 환경 평가절차에 따라 2015년 7월 20일, 2016년 6~9월과 2017년 3월에 각각 실시한 현장 조사 결과, 이 구역의 33개 조사지점에서 모두 무서운 다이옥신이 다량 검출됐다. 이 가운데 최고 농도는 1만 347kg이 검출되었다. 일반 토양 지역의 4000배가 넘어 사람이 마실 수 없는 상황이다.
　유류 계 오염물질로는 석유계 총 탄화수소가 최고 농도 2만 4904mg/kg, 벤젠이 최고농도 1.6mg/kg, 크실렌(xylene)이 최고농도 18.0mg/kg까지 검출되고 중금속으로는 구리, 납, 비소, 아연, 니켈, 카드뮴, 구리, 수은 등의 오염이 확인되었는데 이 가운데 납은 최고농도 5만 1141.6mg/kg을 기록했고 구리는 최고 농도 2만 9234.3mg/kg을 기록했다. 미군들은 남의 나라에 주둔하면서 온갖 오염물질을 마음껏 무분별하게 방출하였으나 우리 정부는 그 누구하나 미국이 무서워 벌벌 떨며 말 한 마디 못하고 주변의 땅들을 죽음의 도시로 만들었다. 이나마 환경단체들이 정부의 미움을 받아가면서 끊임없는 노력으로 소송을 통하여 일부 공개된 것이다.

④ 가축의 死體(사체)들

해마다 무더기로 웅덩이를 파고 중장비로 매몰시키는 돼지 떼, 소, 닭 등 수만 마리를 땅에 묻음으로 지하수가 오염되어 물에서 악취가 나고 섞은 핏물이 새어나오는 뉴스를 여러 차례 접했을 것이다.

2020년 9월 22일 뉴스는 성주 야산에 동물 사체 수백 톤을 불법으로 매립하였고 경기도 안산, 충남 논산 등에서 연이어 용역업체에게 맡겨 불법으로 멸균처리 과정을 거치지 않고 대충 매립하여 환경에 심각한 문제를 일으켰다. 이런 현상은 늘 있는 일이었고 뉴스 보도는 일부분일 뿐이며 미친 짓이다. 중장비 사용하는 돈으로 사체들은 소독 처리하여 산에, 나무 밑에 한 마리씩 묻어주면 나무도 자라고 오염도 막을 수가 있는데 상식적으로 무지한 행동들을 지방자치에서 실행하고 있다. 만사에는 대책이 있어야 평정을 유지하는 법인데 단 5년 앞을 내다보지 못하는 나라 살림꾼들이 안타깝다. 나는 아무리 인정 많고 학식 있는 사람이라도 쓰레기 버리는 사람은 하등 동물들이라고 생각한다. 意識(의식)이 上昇(상승)된 사람들의 공통적 사고는 환경을 반드시 개선하려 애쓰며 계몽하며 동물을 사랑하고 금연을 하는 사람들이다.

⑤ 인간이 부른 氣候災殃(기후재앙)

군더더기 없이 팩트의 줄기만 기록하려 한다. 귀가 따갑도록 말해도 콧방귀도 안 뀌며 오히려 비웃는 조소를 들을 때에는 그 멸시 받는 모멸감이 전쟁고아 심정보다 씁쓸하다.

부디 관심을 갖고 신경을 좀 쓰면서 하늘을 보고 살자. 무분별한 무관심이 무법천지를 만들어 기후 재앙이 지금 지구를 강타하고 있다.

지구의 온난화

지구 온난화 문제로 중국의 황하가 말라 사막화되고 있어 13억 명을 먹여 살리던 농사가 흉작으로 위기를 맞아 값싼 중국 농산물이라는 말은 이제

옛말이다.

　미 대륙의 건조기는 매년 대형화재를 일으키고 강물과 저수지가 말라 농작물 피해가 이만저만이 아니며, 지하수 아끼기 캠페인을 벌이고 있다. 전 세계를 주름잡던 캘리포니아 농업은 큰 위기를 맞고 있다. 말라붙은 옥수수밭은 저주의 참사다. 지표면의 온도 문제다. 수증기가 공중으로 올라간 뒤 내려오지 않는 것이 문제다.

氣候對策(기후대책)이라는 모순

　오존층을 막아보겠다고 기존 태양빛을 20% 遮陽(차양)하여 지구의 습도를 조절한다는 이론은 일부 일리는 있지만 그 햇볕을 가리는 인공구름이 문제다. 매일 蒼空(창공)에 거미줄을 치듯 켐트레일을 뿌려대지만 그 누구 하나 한 마디 언급이 없는 참으로 놀라운 일이다.

　볕을 차양하는 그 인공구름의 原料(원료)가 무엇인지 왜 뿌리는지 어떤 기자하나 정치인 하나 관심이 없다. 도대체 왜 얼마나 무서워서 남의 나라 영공에 무서운 맹독성 물질을 뿌려대도 입도 뻥긋 않는단 말인가? 구리, 납, 알루미늄, 니켈, 바륨, 스트론튬, 미세먼지의 주범인 이 화학물질은 중국에서 날아온 것이 절대 아님을 우리는 알고 있다. 10여 년 전만 해도 중국산 미세먼지는 황사의 피해 정도였다. 그때는 하늘에 비행기가 뭘 뿌리는 일은 없었다. 최근의 미세먼지 농도는 시골이라 하여 예외는 아니다. 우리나라에서 가장 심한 곳은 서울이 아니라 전라북도 장수와 지리산 일대, 제주도, 등이다. 어느 때엔 앞산의 나무들이 보이지 않을 때도 있다.

　무식한 시인들은 철딱서니가 없어 안개인줄 알고 예찬하는 사람들도 있다. 안개는 대체로 해가 떠오르면 오전 10시 즈음 수분이 마르며 대개 걷힌다. 빌 게이츠는 기후대책에 관한 연설을 한 뒤 켐트레일 살포를 언급하였다. 현재로서는 각종 呼吸器(호흡기) 병을 유발하는 이 중금속 독극물 살포를 그 누구도 막을 수 없는 것은 이미 정부가 기후연합에 가입을 했기 때문이다.

고위 정치인들과 세계 1%의 재벌가들과의 계약이다. 청와대 청원도 여러 차례 시도해 봐도 동참하는 사람은 몇 천 명에 불과하다. 그들의 이론은 그렇다. 이 중금속 초 미세먼지 독극물은 수증기와는 달리 무게가 있어 공중을 여러 시간 떠돌다가 다음날 쯤 천천히 아래로 내려와 곡식과 과일, 채소, 인간의 호흡기로 들어가 질병과 온갖 암에 걸리게 하는 것이다. 실례로 서울 아산병원에서는 2012년 현재 호흡기환자 수가 지난 5년 전에 비하여 4배로 늘어났다고 발표하였다.

물 부족으로 농산물 생산이 크게 줄었다.

전 세계는 현재 물 부족으로 사막이 늘어가며, 농산물 생산이 크게 줄고 있다.

아랄 해는 1960년부터 줄어들기 시작하다 이제는 150㎞ 전방이 사막이 되었다. 이 항구의 배들은 녹이 슬어 사막화된 땅에 흉물스럽게 서 있다.

해운대 해수욕장은 모래사장 면적이 약 100m 이상 줄었다. 1983년 내가 해운대구 우2동에 살 때는 해수욕장 모래사장 면적이 150m정도였다. 그러나 지금은 모래면적이 30m 정도로 줄어들었다. 전 세계 저수지와 강줄기들이 말라가고 나일강도 말라가고 있다. 반면에 해수면이 방파제를 넘어 농부들은 토지를 빼앗기고 있으며, 농작물은 지금 30%로 급감하고 있다. 태양의 온도가 1도 올라가면 7%의 수분이 증발하며, 2도가 올라가면 15%의 수분이 증발한다. 이 사실이 심각한 가뭄을 불러오자 고안한 생각이 인공구름을 만들어 뿌리자는 머리를 썼으니 이 초미세먼지는 햇볕을 막아주는 역할은 하지만 人口減縮(인구감축)에 더 의미를 두는 인공재앙으로 사실상 종말의 시간들이 카운트다운에 들어갔다. 전 세계가 대대적으로 총화단결하여 계몽하지 않으면 자연은 더 크게 분노하여 돌이킬 수 없는 재앙을 초래할 것이다.

이러한 고민거리는 인류가 인종만 퍼뜨렸지 지구의 주인의식을 버리고 지난 100년 동안 어지간히도 파헤치고 절단 내며 함부로 버리고 오염시켰다. 만물보다 심히 부패한 것이 인간의 마음이라는 선지자 예레미아의 외침이 틀린 말이 아니니 사람의 의식이 짐승만 못한 것이 환경 문제로 여실히 드러나고 있다.

3. 에너지의 密度(밀도)

 모든 에너지는 振動(진동)한다. 진동한다는 것은 바로 주파수를 가지고 있기 때문이다. 모든 물질은 저마다 고유한 진동수를 가지고 있으며 인간이 살고 있는 3차원 세계는 낮은 주파수 공간에 머무르고 있는 것이다. 과학에서는 차원계를 시간과 공간적인 개념으로 분류하지만 영적인 면에서는 차원이란 에너지의 밀도 차이라고 보면 될 것이다.

 밀도가 높다는 것은 에너지가 낮은 상태이다.

 라디오나 음향기계, 전기 배터리에도 Hz가 있듯 인간의 삶에는 저마다의 에너지 밀도가 있으며 그 에너지의 힘으로 吉凶禍福(길흉화복)을 창조하며 살아간다. **에너지의 밀도는 쉬운 말로 實速(실속)있는 삶이다.** 실속은 삶의 열매다. 마음을 추슬러 이완 긴장을 병행하며 깨어있는 의식으로 초년에 세운 인생의 꿈을 향하여 10년, 20년 불굴의 의지로 도전하는 사람들은 시대적으로 저명한 인사가 되었다. 원치 않는 名譽(명예)와 부귀까지 주어져 이웃을 도와가며 생을 가치 있게 살아가는 航海士(항해사)들이 셀 수 없이 많다.

 오늘날의 문명은 그렇다. 외형상으로는 100년 전에 비하여 衣食住(의식주)가 넘쳐나고 눈이 부시게 찬란한데 정신문명을 훨씬 퇴화되었다. 쓸데없는 전쟁, 근심, 필요 없는 건물들, 플라스틱 문명은 결국 인구가 破滅(파멸)을 기다리는 결과를 가져왔다. 종교나 교육철학도 實在(실재)가 아닌 추상적이고 아리송한 말들로 모자이크된 수많은 말들은 그 부피가 높고 많아

4년~7년씩 신학대학에서 공부를 하고 哲學(철학)에서 동서고금을 종횡무진 배운 사람들도, 禪房(선방)에서 10여년씩 벽면수행을 하는 선승들도 많다. 그러나 결국 자기도 모르는 말만 더 많이 늘어놓아 정답 없는 삶을 나그네처럼 고뇌하며 살아간다. 학식이 많고 아무리 지혜로운 賢者(현자)라 해도 나라가 어지럽고 환경이 악화되어 전염병이 돌고 기근과 지진의 대참사가 일어나고 전쟁이 발발하여 아수라장이 된다면 무슨 의미가 있는가? 의식의 진보란 자연과 더불어 공존하는 가운데서 생명이 탄생됨을 우선 자각하고 중시 여겨야 하는 것으로 자연계에 대한 의식진보보다 더 나은 공부는 없으니 자연은 우리의 어머니이며, 생명의 터전이기 때문이다.

어떻게 에너지(Energy) 密度(밀도)를 채울까?

精神的(정신적) 에너지

사람은 빵만으로 살 수 없는 고등동물이다. 어찌 보면 고등 동물일수록 사회생활이 더욱 힘들고 고달프다. 다른 동물에 비하여 의식주 염려를 해야 하고 경쟁하며 고상하게 품위를 유지해야 하고 저마다 자기 이상과 의식수준이 마음속으로 정해져 있다. 아무리 차별을 넘어선 사람이라도 내면으로는 선이 그어져 있다. 모든 이론과 복잡한 이론을 타파하려면 정신이 성숙해야 한다. 下學(하학)적인 교육을 잘못 받으면 인간의 에고가 짐승의 의식이 되기 십상이다. 나와 내 가족이 우선이다보니 불가피 경쟁하여 남의 의자를 빼앗고, 우쭐대며 군림하고, 조금 힘을 키우면 갑질해야 하는 것이 동물농장의 삶이다. 간디는 이 문제를 고민하던 중 러시아의 문호 톨스토이의 여러 글을 읽다가 〈신의 왕국〉을 정독하고 그의 내면에서 어떤 에너지가 끌어 올랐다. 50kg의 왜소한 체구였으나 설득력 있는 그의 연설에 무지했던 수억의 인도 군중들은 감동하여 하나로 뭉쳤다. 그의 비폭력 저항운동은 영국군의 총칼을 물리쳤고 지긋지긋한 식민통치에서 자유를 얻었다. 나는 간디의 생가와 그의 방을 견학한 적이 있다. 지팡이 하나와 낡은 안경, 겉옷과 낡은 침대 등 간소한 살림과 소지품만으로도 그의 청빈하고 검소한 에너지가 전달되었다. 사람은 질량 있는 음식도 좋지만 고도의 정신을 충전 받으면 생의 가치관이 바뀌며 운명이 뒤집어지는 것이다.

삶의 에너지

에너지의 질량이란 사전적 의미로는 物理媒質(물이매질)속의 부피당 에너지, 단위는 J/m3이다. 천지 만물에는 각각 에너지가 충전되어 있다. 사실상 우주 에너지라는 말은 너무나 광대하고 편만한 언어이기 때문에 얼핏 느낄 때는 공허한 뉘앙스를 느끼게도 한다.

필자가 이러한 極小的(극소적)이고 낯선 언어들을 細分化(세분화)하여 나와 같은 의심 많고 끝을 향해 도전하는 이들을 위하여 구분하여 기록해보는 것이지만, 학식 있는 전문가들이 보면 틀림없이 비웃을 수도 있다. 그러나 그래도 나는 뭔가를 해야 할 것 같아서 내 속에 꿈틀대는 에너지의 흐름을 따라 비록 한 방울의 입자라도 우주와 연합하려는 歸巢本能(귀소본능)으로 나의 등불을 밝혀 동구 밖에 걸어두는 것이다.

인간의 에너지는 저마다 타고난 생명력의 씨앗으로 이미 유전적으로 내재된 神의 선물이다. 세계를 움직인 에디슨, 아인슈타인, 칼 융, 데이비드 호킨스, 프로이드 같은 사람들의 정신 에너지는 그들의 에너지 창고인 뇌 기능에서 겨우 10%를 끌어내어 현실로 옮겨놓은 것이다. 그들의 10% 에너지가 세상을 움직이며 영향력을 크게 끼치고 있다. 이것이 바로 에너지의 밀도인 것이다.

삶에서 편견, 선입견, 비관, 후회, 죄책감, 경멸, 옹졸함, 분노, 복수심, 지나친 경쟁, 보여주기 위함, 우쭐함, 위선, 과장, 타인에 대한 간섭, 작심삼일, 긴장, 강박관념 등은 鬼神(귀신)의 에너지이다. 이런 사념들은 생명을 해치는 것들이니 깨어있는 의식의 自由意志(자유의지)로 미련 없이 내려놓아야 한다. 앵무새처럼 말로만이 아니라 다만 100일 동안만이라도 놓아버려라.

이러한 단어들을 통해서도 물론 30%정도 확률을 가져다주는 경우는 있다.

컴퓨터가 다양한 정보를 가지고 빅데이터화 하듯 우리에게도 천성적으로 타고난 빅데이터화 기술로 확률분포를 나누기도 한다. 그러나 이러한 狀況倫理(상황윤리)는 다음에 결정하고 우선 성숙한 마인드로 빅데이터로 전향하기 전까지는 학원생들처럼 100일 이상 마음 다스리는 에너지를 내면으로 귀결시키는 수련을 하는 것이 의식혁명의 업그레이드 작업이니 잊지 말라. 그것으로 어떤 형언할 수 없는 深淵(심연)에서의 황홀한 경험을 맛볼 것이다. 그 100일에서 1년, 2년 지나면서 實在(실재)를 경험해나가는 삶에서 경험하는 內工(내공)이 바로 에너지의 밀도인 것이다.

에너지 밀도가 높은 사람들은 삶에서 거품이 없고 진지하지도 심각하지도 않으며 두렵지도 않다. 왜냐하면 확실한 경험으로 얻어진 정보들이기에 빌려온 것들이나 어디서 인용한 것들이 아닌 자신의 가슴에서 샘물처럼 느껴지는 것들이기에 의심의 여지가 없는 것이다.

5살짜리 아이들도 자신이 경험한 것들을 통하여 상황을 빅데이터화 시킨다. 이러한 영적인 안테나를 이용하여 상황을 신속히 예측하며 결정에 영향을 끼친다.

인간의 변화는 항상 미지의 세계를 향하여 전진 또는 도전한다. 변화는 누구에게나 때로는 부담이고 두렵다. 그러나 이러한 것들을 능동적으로 받아들일지 외면할지는 각자 자유의지에 맡길 일이지만 나는 도전적인 삶을 그리고 변화를 꿈꾸는 삶을 택하였다.

나는 유년시절 9세 되던 해에 어머니와 이별하고 10세 되던 해에 아버지를 잃었다. 꿈을 꾸기도 전에 꿈의 뿌리가 뽑혔다. 엄마를 찾아 3만 리를 헤매던 善財童子(선재동자)가 되어 헤매다 족보의 집성촌인 고향으로 여러 날을 걸어서 찾아갔다. 큰어머니 댁에서 한동안 지내다 이곳저곳 떠돌며 풀 머슴으로 밥을 얻어먹었다.

17세가 되던 해 어느 날부터 독서를 시작하였다. 여러 책들을 닥치는 대로 빌려다 읽기 시작하였다. 내가 무엇을 어떻게 해야 앞으로 살아남을 것인지 결정을 내릴 수가 없었다. 집도 없고 낡은 꺼먹 고무신과 입은 옷가지 외에는 아무것도 가진 게 없었다. 그러다 눈에 뜨인 의식은 톨스토이의 명언으로 '죽음만이 위대한 醫師(의사)'라는 결론에 도달하였다. 오늘날에 와서 생각하면 책을 내 방식으로 잘못 읽은 것이다. 신세를 한탄하는 비극적인 환경에 눈이 뜨인 것이다. 厭世主義(염세주의)를 뛰어넘지 못하면 삶은 살아있어도 그것은 결국 죽음과 비극뿐이다.

당시 상황이 나에게는 그러했다. 동서남북 어디를 바라봐도 뾰족한 수가 없었기 때문이다. 땅 한 평도 없고 등짐 질 지게 하나도 없었고 양말 한 짝도 없어 겨울에 종이나 마른 잔디를 뜯어 신발 속에 깔고 다녔었다. 나의 소유라곤 낫 한가락도 없었다. 가진 것은 주머니 속에 몽당연필 한두 개가 유일한 소지품이었다. 그것은 내 이름이라도 잊지 않으려고 종이가 생기면 글씨를 쓰기 위함이었다. 3년 동안 풀 머슴을 살던 부잣집 황 종하라는 주인은 10원도 주지 않고 나를 맨몸으로 쫓아냈다.

식구 많은 큰댁에서 며칠 지내다가 농약 '스미치온' 한 병을 슬쩍 훔쳐 주머니에 넣고 아버지 산소에 올라가 때 이른 벌초를 하고, 그리운 아버지의 뒤를 곧 따르겠다 하며 눈물로 인사를 한 뒤 다랭이 논이 겹쳐져 있는 개울 창을 찾아 병뚜껑을 열고 막 마시려는 순간 누군가가 "석열이 아니냐?"하고 내 이름을 불렀다.

집안 어른 장 두희 씨 촌수로 祖父(조부)뻘 되는 분이 물고 보러왔다가 해질녘에 개울가에 쭈그리고 있는 내가 눈에 띄었던 것이다. 나는 얼른 약병을 옆으로 감추려다 떨어뜨렸다. 돌 틈 사이에 감춰두고 딴전을 부리려다 병이 깨어지니 웅덩이의 물이 순식간에 밀가루를 풀어놓은 것처럼 희고 뿌옇게 변하였다. 이 광경을 목격한 이 어른은 눈이 휘둥그레지면서 "지금 자네 뭔 짓을 하는가?"라며 다그쳤다. 웅덩이에 놀던 죄 없는 중태기라는 물고기 여러 마리가 물위로 떠올라 입을 벌름거리며 자맥질을 한다. 나는 버벅거리며 고기를 잡으려고 어쩌고 둘러대는데 이 분이 나의 손목을 잡고 길가로 끌어내었다. 눈치 빠른 어른은 내 표정을 읽은 듯하다. 그분은 나를

3. 에너지의 밀도

앞세워 해가 저무는 원통 골이라는 고향 산길을 내려왔다.

이 조부님의 어린 시절 배고프고 어려웠던 이야기, 왜놈들에게 놋그릇이며, 벼농사지어 빼앗긴 이야기, 凶年(흉년)이 들어 소나무 껍질 벗겨 먹은 일, 아카시아 꽃으로 연명한 이야기 등을 들으며 그날 밤 다슬기 국을 얻어 먹고 마음을 돌렸다.

그해 늦가을 어느 날 도토리를 따러 간다고 자루를 들고 나와 벼랑에서 몸을 날렸다. 무슨 조화인지 갑자기 거센 바람이 골짜기에 불어 닥쳤다. 40㎏이 안 되는 나의 몸은 예상 밖의 장소로 날아가 다래 넝쿨에 걸려 다시 튕겨 나와 참나무 가지에 옆구리가 걸려 풀 섶에 굴러 떨어졌다. 왼쪽 정강이의 살점이 찢겨나가고 뼈가 드러났다. 멍하게 앉아 헐떡이는데 옆에 누가 서 있다. 마을에 사는 장 상호씨 외할아버지가 내가 떨어지는 것을 발견한 것 같았다. 이 할아버지는 윗입술이 언청이였는데 자비심이 많고 젊은 날에 不老草(불로초)를 캐먹고 힘이 장사가 되어 한 손으로 쌀가마를 들어 올리는 장사였다. 나를 보더니 혀를 끌끌 차며 발목에서 댓임을 풀어 다리를 묶어 지혈을 하고 쑥을 바위에 찧어 즙을 상처에 뿌렸다. 왜 위험하게 바위 난간을 올라가서 災難(재난)을 청하냐고 훈계하시는데 다래가 열렸나 보려다가 헛디뎠다고 얼버무렸다. 자비로운 노인의 도움으로 지팡이를 짚고 쩔뚝거리며 산을 내려와 마을 입구에 들어서려니 또 막막하였다.

가난한 큰댁에 사촌 형제들도 5명이나 있었는데 병약하여 힘없는 군입이 보태줄 것은 신세를 지는 것 외엔 아무것도 할 수가 없다. 그저 큰아버지께서 목수 일을 하는데 연장이나 날라주고 잔심부름을 하는 게 다였다. 농토도 몇 마지기 안 되어 일거리도 없고 소 한 마리 기르는 것이 유일한 재산이었다. 백부님과 큰어머니는 내가 안쓰러워 늘 연민의 눈으로 다독이며 힘을 주셨으나 내가 미안하여 견딜 수가 없었다. 다리를 치료하고 나서 지게로 땔감을 해 나르는 정도로 그 해 겨울은 더부살이로 지냈다. 겨울이 지나고 봄이 되었다.

몸은 아프고 희망은 絶壁(절벽)이고 오라는 곳도 갈 곳도 없는 신세라 차라리 산토끼가 부러웠다.

　이듬해 먼 친척 되는 장 인천 씨 댁으로 연봉 쌀 두 가마니를 받기로 하고 정식으로 머슴살이를 시작했다. 주인의 인심이 황 서방네 집과는 비교할 수도 없이 넉넉하여 방을 한 칸 차지하는 나만의 공간이 생겨 우선 스산한 마음이 안정되어 지낼만하였고 음식을 잘 먹을 수 있어 건강도 점차 좋아졌다.

　12년이라는 세월을 머슴살이로 지내며 두 번 정도 飮毒(음독) 自殺(자살) 시도가 있었는데 누군가에게 들켜 번번이 실패하였다. 중간에 애란이라는 기생 천사의 사랑, 복만이라는 마을 형님의 사랑, 머슴대장 이 광우 형님의 의리, 신앙의 동지 장 석칠, 생명의 은인 인수 씨, 김 길영, 장 영옥님과 대원고등학교 교사였던 임 병순 씨의 권고로 신앙생활이 시작되었다. 나를 사람으로 대하여준 이웃들의 힘은 내게 용기를 북돋워주었다.

　〈聖經(성경)〉,〈天路驛程(천로역정)〉,〈톨스토이 인생론〉,〈잠 못 이루는 밤을 위하여〉, 박 계형의 〈밤에도 뜨는 태양〉,〈별을 보며 산다〉,〈썬다싱의 생애〉 등은 내 인생에 변화를 안겨준 책들이었다. 불과 3~4년 사이에 나의 의식은 대학생이 된 듯 하였고 두려움이 변하여 희망이 되었고, 어둠이 변하여 빛나는 태양이 되었다. 슬프고 애잔한 트로트 이별곡 대신 '복의 근원 강림하사' '태산을 넘어 험곡에 가도' 등 찬송가를 부르며, 나의 意識(의식)은 마치 죽은 나무에 싹이 나듯 復活(부활)하기 시작하였다. 허물어져 가던 인생으로 죽음만이 의사요, 치료약이라 생각하던 인생이 변하여 생명의 복음으로 100% 거듭 태어나 가상세계의 천국이 현실로 변화되어 言語道斷(언어도단)의 시간 속으로 돌아왔다. 眞理(진리)의 밀도는 그렇다. 의식수준의 눈높이에 따라 나타나는 현상계는 그 저울추가 바로 자신의 내면을 지배하는 '一切唯心造(일체유심조)'라는 여섯 글자를 앞세워 그 밀도를 마무리하고 싶다. 왜냐하면 천국도 지옥도 빛 된 생활도 어두운 생활도 사회성도 인간관계도 부귀영화도 모두가 나의 정신과 의식의 用心法(용심법) 여하에 달려 있기 때문이다.

에너지(Energy)의 質量(질량)

사람의 마음 씀에 따라 지옥이 되기도 하고 천국이 되기도 한다. 단위 무게나 또는 단위의 부피당 에너지의 양, 영양학적으로 식품의 일정량에 들어있는 열량과의 관련은 에너지의 밀도가 높은 식품의 섭취는 조금만 먹어도 질량적으로 살이 찌고 힘이 된다. 이렇듯 음식도 질량과 부피가 있고 곡식도 그렇다. 귀리 백 가마보다는 쌀 열 가마가 낫고, 설탕물 한 드럼 보다는 벌꿀 한 되가 낫다.

이렇듯 언어에도 전기 에너지에도 돈에도 학식에도 글에도 에너지의 밀도가 있다. 보릿겨 100가마보다는 찹쌀 한 가마가 낫고, 100대의 채찍보다는 '용서한다.','사랑한다.'라는 말 한 마디는 의식의 振動數(진동수)를 높이는 것이며, 주변을 밝게 하고 평화를 창조하는 것이다. 조약돌 한 트럭보다는 금화 한 잎이 가치가 있는 것처럼 인생의 삶이라는 것도 보다 더 가치 있는 삶이 분명히 있다.

이 갈림길에서 인간은 선택해야 한다. 인간의 自由意志(자유의지)는 이때 비로소 가치를 부여한다. 그러므로 허송세월로 100년을 사는 것보다 보람차고 가치 있는 10년의 시간이 밀도 있는 영광의 시간일 것이다.

4. 헤르메스의 원리

　제우스의 아들 헤르메스는 낙원 아르카디아 남쪽에 있는 킬레네 산 동굴에서 태어났다. 수많은 염문을 뿌리고 다니는 제우스는 티탄 아틀라스의 딸 마이아를 사랑한다. 제우스는 해라의 눈을 피해 한밤중에 마이아를 자주 찾아간다. 그들의 사랑의 결과로 헤르메스가 태어났다.
　헤르메스는 태어난 날부터 조숙하고 민첩하여 예사롭지가 않았다. 그는 태어나자마자 요람에서 기어 나와 마게도니아의 피에리아로 간다. 아폴론이 목동으로 일하고 있는 곳으로 가 밤 어둠의 틈을 타서 '도둑의 신'답게 아폴론의 소떼를 펠레본소스 반도의 알페이 소스 강가에 있는 필로스 동굴로 끌고 가 그중 몇 마리를 올림푸스의 신들에게 바친다. 그리고 아무 일도 없다는 듯이 킬레네 동굴로 돌아가 요람에 다시 얌전히 눕는다. 한편 소떼가 없어진 것을 눈치 챈 아폴론은 사방을 헤매다 킬레네 동굴로 간다. 아폴론은 태평스럽게 요람에 누워있는 헤르메스에게 자신의 소를 돌려줄 것을 요구하지만 헤르메스는 끝까지 아무것도 모른다고 발뺌을 한다.
　결국 제우스가 이 분쟁의 중재자로 나서게 된다. 제우스는 당장 소를 돌려주라고 명령하였다. 곤경에 처한 헤르메스는 '상업의 신'다운 기지를 발휘하여 동굴 입구에서 만난 거북이 등껍질로 만든 악기를 아폴론에게 화해의 선물로 내놓았다. 헤르메스와 아폴론 사이의 흥정이 이루어진다. 음악의 신 아폴로의 아름다운 리라(lyra,하프와 비슷한 현악기) 소리에 마음이 풀렸다. 리라 소리에 매료된 아폴론은 리라와 소떼를 교환하고 헤르메스와 화해를 하였다. 그리고 아폴론은 헤르메스에게 날개 달린 지팡이를 선물하였다.

헤르메스는 여행자, 목동, 도둑과 거짓말쟁이, 상업의 신, 체육, 웅변 등의 이름을 갖고 있다. Herma 낱말 어원은 경계석, 경계점 등인데 고대 그리스인들은 건너서 넘어감이라는 개념의 신이었다. 마치 출애굽의 유월절과도 방불하다. 이밖에도 헤르메스는 신의 뜻을 전하는 사자, 제화의 교역, 언어의 해석, 의미와 정보의 전달, 웅변술, 死後世界(사후세계)의 영혼을 제대로 인도하는 가이드 등과 관련된 의미의 神(신)으로 헤르메스는 지상에서 지하까지 가지 못할 곳이 없다. 그는 신의 세계와 인간의 세계, 지하의 세계를 자유자재로 넘나든다.

唯心論(유심론)의 원리

"디 올(The All)은 인간의 마음이며, 우주는 마음 작용(mental) 우주 만물이 디 올 안에 있기도 하나 이 양면성을 이해하는 사람에게 위대한 지식이 다가온다." -키발리온-

키발리온(Kybalion)은 1912년에 고대 헤르메스 마스터들 중 익명의 공저자들이 헤르메스 사상의 핵심을 간추려 묶어 오래 전에 남긴 글이다. 키발리온에는 헤르메스 사상을 응축한 격언들이 자주 나온다. 우주가 살아있는 인간의 속성을 띠고 있다고 느끼며 깨닫고 이해하는 사람은 인격이 고도로 상승된 사람으로 자기완성의 길로 나아가는데 크나큰 지침이 될 것이며, 이 원리는 동양의 현자들이나 禪僧(선승)들 원효대사나 도연명, 칼릴 지브란, 老子(노자), 장자 등과 맥이 통하는 하나의 원리로 만나진다. 우주와 온전한 하나이며 내 몸의 形質(형질)을 이루고 있는 현상은 지수화풍의 4원소라는 불변의 진리를 깨닫고 宇宙市民(우주시민)으로 한걸음씩 나아갈 때 비로소 의식이 한 단계씩 진화하는 것이다.

우주 가운데서는 아무리 작은 소립자라도 고유하며 그 나름대로 존재의 가치가 있는 것이고 한 알의 모래가 모아져 사막을 이루고 한 방울의 이슬

방울이 모아져 바다를 이루니, 결국 내 자신이 없으면 神(신)도 우주도, 지구별도 없는 것이다. 그러므로 나는 신과 함께였고 우주와 더불어 존재하는 유심의 원리를 깨달은 사람은 우주의 市民權(시민권)을 가질 수 있는 주인인 것이다.

相應(상응)의 원리

상응의 원리란 여러 存在界(존재계)와 생명의 세계에 작용하는 법칙과 현상의 사이에는 늘 相應性(상응성)이 존재한다는 것을 보여준다. "위와 같이 그렇게 아래는 같고, 아래와 같이 그렇게 위는 같고 영적인 법칙은 물질법칙과 같고 우주신은 소우주인 인간과 같다는 의미를 담고 있다." 여기서 같다는 말은 양자 간에 질적으로 차이는 있으나 전개방향은 유사하다는 의미이다. 우주의 縮小版(축소판)인 소우주 인간을 신성한 존재로 부르는 이유가 그것이다.

헤르메스의 가르침은 지상의 모든 신비의 가르침의 근간이 되는 것으로 상위 철학에서 공통적, 합의적으로 생각하는 분야다. 이와 같이 세월의 흐름 속에서 내용이 다소 변하고 다른 내용이 첨가됐어도 본질은 변하지 않았으며, 거기에 담겨져 있는 근본적 가르침은 헤르메스의 뿌리의 견고함을 지금까지 보여주고 있다.

이렇듯 헤르메스 철학은 신비의 문을 열 수 있는 만능열쇠처럼 작용하는 것이다. 모든 원인에는 결과가 따르고 모든 결과에는 원인이 있는 법이다. 모든 것은 법칙에 따라 일어난다.

원인 없는 결과란 있을 수 없는 것이다. 偶然(우연)이라는 것도 우리가 아직 인식 못한 법칙의 또 다른 이름인 것이다. 많은 단계의 원인이 있고 어느 누구도 이 법칙에서 벗어날 수는 없다. -키발리온- 존재를 구성하는 최소 단위를 모나드(monad)로 사용한 哲學者(철학자)들이 있는데 플라톤과 피타고라스와 같은 사람들이 처음 사용하였고, 독일의 철학자이며 자연과학자이고 수학자인 라이프니츠(Leibniz)가 체계화시켰다. 그 후 라이프니츠 사상의 고유브랜드처럼 인식되고 있다. 모나드는 單一性(단일성) 또는 하나를 의미하는 희랍어 모나스의 어원에서 유래한다. 모나드가 하나를 의미한다고 해서 숫자 1이나 0같은 개념이 아니다.

1은 0.5로 나눌 수 있으나 모나드는 그렇지가 않다. 더 이상 쪼갤 수 없는 최후의 단일성이 모나드이며, 완벽하게 하나가 된 實體(실체)를 모나드라 한다. 우리말로는 이 모나드를 單子(단자)라고 번역되는데 세밀히 분석해보면 이 말은 오해 요지를 남길 수 있는 단어다.

왜냐하면 물질의 최종적인 구성단위인 原子(원자) 또는 文理學(문리학)에서 말하는 粒子(입자)와 같은 맥락으로 해석할 수 있기 때문이다. 그러나 라이프니츠가 말하는 모나드는 원자입자와 근본적으로 다른 개념이다. 원자나 입자는 물질이기 때문에 이론상 계속해서 더 쪼개질 수 있다.

그러나 모나드는 물질적인 개념이 아니기 때문에 더 이상 쪼갤 수가 없다. 모나드는 단순한 실체, 生命體(생명체), 영혼과 정신처럼 더 이상 나눌 수가 없다. 상응의 원리는 궁극적으로 하나의 共鳴(공명)으로 화합하는 것을 합일점으로 본다. 종소리가 울리는 곳을 찾아가면 동구 밖에 교회나 사원이 나온다. 오묘한 소리와 진동의 共鳴(공명) 상태는 순산된 마음을 순수로 되돌려주며, 바쁘고 어수선하고 삶에 찌들인 속인의 마음을 순간이나마 정화시켜준다.

瞑想(명상)의 기운이나 기도와 호흡도 비슷하다. 우리가 공명을 느낄 수 있는 것은 우주인의 생명체는 振動數(진동수)나 周波數(주파수)가 비슷하여 서로 동조되는 현상을 의미한다.

宇宙(우주) 가운데의 모든 것에는 주파수가 있다. 이 주파수는 서로 진동수가 맞으면 우주전체의 흐름을 느낄 수 있고 읽어낼 수도 있게 된다. 영적인 사람들은 서로 간에 주파수를 즉시 느껴 순간적으로 간파하는 경우가 많아 서로가 기운을 교감하거나 느낄 수 있다. 이렇게 전달되는 이치를 동기야 어쨌든 상응의 원리라고 할 수 있는 개념이다.

예컨대 모유를 먹이는 엄마들이 느끼는 것인데 아기에게 모유를 줄때쯤 되면, 유방선에 전기가 통하듯이 찌르르 하는데 신기하게도 이때쯤 아기는 수유시간을 엄마에게 알리며, 가성으로 울기 시작한다. 부모 자식 간에도 서로에 대한 꿈을 꿀 수 있다. 태몽이나 길몽, 흉몽 등으로 그 안위를 예측하기도 하며, 서로 간의 遺傳子(유전자)가 같은 진동수를 지니기 때문에 얼마든지 상응하며, 공명을 느낄 수 있는 것이다. 더 나아가서는 가축이나 동물들과도 80%이상 교감이 가능하며 곡식이나 채소 화분의 꽃들과도 가능하다. 동물이나 식물은 말은 못하지만 가능하다. 동물들은 주인의 눈을 들여다보며 표정을 짓고 소리의 뉘앙스를 경우마다 달리 보내며 신호한다. '배설하고 싶어요.' 혹은 '산책하고 싶어요.' '관심주세요.' '배고파요' 소리가 다르다.

돌고래는 남극과 북극에서 서로 상응하며 교신한다. 시간과 공간이 각각 다른 차원에서 서로 연결되어 있는 것 같으면서도 서로 상통하는 원리가 카오스 이론이다. 천리밖에 사는 친구가 마음을 모아 명상하면 초보자라도 3일 혹은 24시간 안에 꿈속에서 얼굴이 보이는 것이나, 白頭山(백두산)에서 기도한 숨결로 서울의 상공에서 소나기가 내리는 것도 가능한 상응의 원리가 될 수도 있다.

萬物(만물)은 서로 相應(상응)한다.

이러한 원리는 식물도 看過(간과)할 수 없다.

화분은 물이 필요할 때 혹은 햇볕이 필요할 때 잎사귀 상태가 다르다. 그러므로 누구든지 좀 진지하게 깨어있는 의식이 되면 만물과 상응 상통하게 되고 鑛物質(광물질)과도 가능하며 자동차나 기계와도 대화가 가능하다.

사람과 사람 사이에 주파수가 서로 통하면 친밀감이 작용하고 행복지수가 높아진다. 의식의 진동수가 발달하면 앞일이 어느 정도 예측되며 예지를 점칠 수 있다. 우주라는 위대한 周波數(주파수) 속에 고도로 집중된 共鳴(공명) 상태로 들어가 우주의 기운과 우주의 엄청난 흐름을 스스로 인지하게 되어 직관력이 크게 상승하는 것이다.

소위 말하는 豫知力(예지력), 혹은 触(촉)이 발달함과 직관이 밝아짐이며 텔레파시가 가능하게 되기도 한다. 곤충이나 동물들도 생존을 위해 필요한 것을 직관적으로 알게 되고 산사태나 둑방의 붕괴 조짐이 있을 시에는 수천 마리의 개미떼가 이사를 가는 것을 시골에서는 종종 볼 수 있으며, 쓰나미나 지진을 먼저 예측하는 동물들은 사람보다 아이큐가 수백 배 높아 재난을 피한다. 이러한 공명 상태를 직관으로 느끼는 것은 마음이 맑고 찌꺼기가 없는 깨끗한 안테나를 갖고 있는 사람이어야 가능하다.

모든 자연과 그 안에 있는 개개의 것은 靈的(영적)인 상응을 가지고 있으며, 인간의 육체에 있는 하나하나 그리고 모든 것들도 마찬가지다. 그러나 지금까지 상응이 무엇인지 알려지지 않았다. 그것이 태고 시대에는 아주 잘 알려져 있었는데 그때 살던 사람들에게는 상응에 관한 지식이 모든 지식 중의 지식이었고 그 상응의 지식이 널리 퍼져서 그들의 모든 책들이나 저서들이 상응의 원리에 의해서 씌어졌었다. 구약성경 욥기는 相應(상응)으로 가득 차 있다.

'성프랜치스코'는 동식물과 늘 교신하고 여우와 늑대와도 상응하며 대화가 가능하였으며, 그의 영적 안테나는 깨끗하였고 채널링은 건전하였다.

이집트인들의 상형문자와 고대의 이야기들은 상응 이외의 다른 것이 아니었다. 모든 고대 시대의 교회들은 영적인 것들을 표징적으로 나타내었다. 그들의 예식, 그리고 예배를 제정하는 법규가 순수한 상응으로 형성되었다. 같은 식으로 이스라엘 백성들 가운데 성전에 관한 것들 번제, 제물, 소제물, 제사장, 그리고 이들에 따르는 각가지 사항들은 모두가 상응들이었다. 또 그 성전과 그 안에 들어있는 모든 것들과 축제, 무교병, 성전 축제, 첫 열매 축제, 그리고 아론반차의 레위 성직, 그들의 예복, 그리고 그 외의 그들의 예배와 생활에 관련된 모든 법규들도 상응이었다. 祭司長(제사장) 혼자의 생각으로 제단을 돌보는 게 아니었고 모세를 통하여 啓示(계시)와 응답 음성을 듣고 상응했던 것이다.

그래서 신성한 것들이 이 세상에서 상응에 의해서 자체를 나타내기 때문에 로고스는 순수한 상응에 의해서 쓰여졌다.

振動(진동)의 原理(원리)

'현 상태에서 머무는 것은 아무것도 없다. 모든 것은 움직이고 진동한다.' -키발리온-

진동의 원리는 헤르메스의 세 번째 원리인데 이것은 우주만물이 운행하고 있으며 멈추어있는 것은 없고 만물은 저마다 진동하고 움직이고 있다는 것이다. 이 원리를 알고 있던 초기 헬라의 철학자들은 자신들의 사상체계에 이 원리를 구체화하기도 하였다.

모든 것은 二重的(이중적)이고 극성을 지닌다. 모든 것은 자신의 반대 쌍을 가진다. 좋음과 싫음은 같다. 반대되는 것은 속성은 같으나 그 정도가 다를 뿐이다. 兩極端(양극단)은 만나고 모든 진리는 반만이 진리이고 모든 역설은 조화롭게 조율될 수 있는 것이다.

그리스 철학의 代父(대부) 탈레스는 物活論(물활론)을 주장했는데 이 말을 분석하면 '만물은 살아 움직이다.'는 이론이다. 맘모스에서 작은 하루살이까지 모래 먼지에서 암석까지 모든 것은 진동하며 운행한다. 식물도 움직이며 바람을 타고 성장한다. 진동이 높을수록 높은 위치에 있는 것이다. 영적인 진동은 강렬하고 빨라서 바퀴가 마치 움직이지 않는 것처럼 느낀다. 선풍기가 빨리 돌 때에는 마치 바퀴가 정지한 것 같이 보이는 것처럼 말이다. 이 진동등급의 다른 끝에는 진동이 너무 낮아서 정지하고 있는 것처럼 보이는 물질이 있는 것이다. 이들 극성 사이에는 진동등급이 다른 무수한 많은 진동이 있다. 전자와 원자 그리고 분자에서부터 우리가 사는 세상과 우주까지 모든 것은 진동하는 움직임 속에 있다. 쌀 한 톨 한 톨이 움직여 양식이 되어 입으로 들어가 생명을 만들고 씨앗의 원천을 만들고 생명의 원료를 만든다. 이러한 진동수의 원리를 이해하고 느끼고 깨달아 터득한 사람은 시대적인 마스터들도 마치 제왕이 芴(홀)처럼 황홀경에 입문하는 것이다.

極性(극성)의 원리

우주 만물은 상대적 존재계로 채워져 있으며 지구촌 자연계 역시 음양의 양극단으로 창조, 運行(운행)되어 돌아간다. 모든 것이 이중적이다. 밤은 낮의 짝이며, 東은 西의 짝이고, 南은 北의 짝이다. 이렇듯 만물은 極性(극성)을 지니고 있는 것이다. 서로 반대되는 쌍을 갖고 있으며 같음과 다름이 동일하고 반대되는 것은 속성상 같으나 그 정도에 있어서 다르며, 이렇게 兩極端(양극단)은 만난다. 모든 진리는 반만이 진리이다. 모든 역설은 조화롭게 조정될 수 있다.

지구촌의 창조원리는 상대적인 양극단의 비밀이 깊고 심오하다. "땅이 존재하는 동안에는 심음과 거둠과 추위와 더위와 여름과 겨울과 낮과 밤이 쉬지 아니하리라."(창8:22) 하였는데 이를 河圖洛書(하도낙서)라 한다. 이 상대적 극성의 원리는 동양철학의 아버지인 복희씨의 하도낙서의 근간이 되기도 하였다.

우리의 삶을 조금만 이완하고 찬찬히 관조해보면 만물의 실체를 얼마든지 들여다 볼 수가 있다. 뜨거움과 차가움, 검은 것과 하얀 것, 단단함과 부드러움, 날카로움과 무딤, 시끄러운 것과 조용함, 높은 것과 낮은 것, 긍정과 부정, 사랑과 미움, 선과 악의 차이, 이들은 같은 것이지만 정도가 다를 뿐임을 알 수 있다.

헤르메스 주의자들은 이 극성의 법칙을 이용하여 악을 선으로 미움을 사랑으로 변화시키는 기법을 알고 있다. 이 '極性化(극성화) 기법'은 정신적인 연금술의 한 과정이며 단계인 것이다.

일찍이 지혜의 왕 솔로몬은 이 극성의 법칙을 본인 인생론의 서곡으로 깨달아 전도서 3장에 기록하기를 천하의 범사에는 期限(기한)이 있는 법이라고 자기의 경험론적이 철학을 노래하였는데 모든 일에는 정해진 율법이 따로 있는 것이 아니고 모두가 無常(무상)하며, 恒常(항상)한 것은 없으며, 시절인연과 기한이 있음을 상대적으로 노래하였다.(전3:1~8) 이 극성의 원리란 사전적 의미로는 하나의 사물이 서로 대립하는 2개의 극을 향하여 분열하거나 또는 서로 대립하는 것이 통일을 회복하고자 힘쓰는 법칙이라고 論題(논제)하고 있다.

자연현상을 이와 같은 법칙에 따라서 설명하려는 태도는 독일의 시인 괴테의 경우에도 뚜렷하다. 자연철학에서는 이것을 더욱 발전시켜 磁氣(자기)나 전기의 현상을 지배하는 법칙을 자연 전체의 근본 법칙이라고 파악하였다.

동일한 철학 속에서도 우주 전체가 實在的(실재적)인 것과 觀念的(관념적)인 것을 양극으로 하나의 磁石(자석)과 같은 것이라고 생각하고 유한한 사물은 모두 이러한 구조를 지닌 상대적 통체(統體·줄기)로서 기둥과 같은 존재로 설명한다. 극성의 다른 뜻으로는 地學(지학)에서의 분자 내 電荷(전하) 간의 무게 중심 불일치와 物理學(물리학)에서의 전극의 양극과 음극, 자석의 남극과 북극, 헤겔 철학에서의 극성에 대한 생각, 技術(기술)에서 직류 아크 용접의 접속 방법 등이다.

리듬의 원리

우주 가운데 모든 존재는 바람, 천둥, 폭포, 파도, 곤충들, 동물들, 산새들, 심지어 개구리 떼들까지도 음의 長短(장단)이나 强弱(강약) 따위의 규칙과 시기와 기한이 있다. 매미와 쓰르라미, 候鳥(후조)의 울음소리도 시기와 때가 있고 리듬이 있으며 철새들의 群舞(군무)에도 리듬이 있다.

'키발리온'은 이렇게 말한다. "모든 것은 들어오고 나가는 움직임이 있고 상하 움직임이 있다. 이처럼 모든 것에는 각자 나름의 흐름이 있다. 모든 것에서는 추의 움직임이 나타나고 오른쪽으로 움직인 만큼 왼쪽으로 움직인다. 이처럼 리듬은 서로 보상한다. 이 원리는 모든 것의 두 극성 사이에는 움직임과 흐름이 있다."

헤르메스 주의자들은 정신 상태에서 일어나는 이 원리에 대한 이해를 가장 重視(중시)한다. 헤르메스 마스터는 정지하기를 바라는 지점에 자신을 극성화 시켜서 자신을 다른 극으로 운반하는 추의 리듬운동을 중립화 시킨다. 마스터는 의지를 사용하여 의식적으로 이것을 행하여 시계추처럼 이리저리 고유한 개성 없이 움직이는 대중에게는 거의 불가능한 평온함과 확고부동함을 얻는다.

原因(원인)과 結果(결과)의 원리

콩 심으면 콩 나고 팥을 심으면 팥이 나는 것은 自然法則(자연법칙)이며, 옆 사람에게 따뜻한 미소만 보내도, 한 번 잡아준 손길도, 할머니의 시장바구니 한 번 들어준 것도, 우주 가운데에 편만한 법칙 가운데에서는 원인과 결과의 원리로 작용한다.

세상의 모든 吉凶禍福(길흉화복)은 일체의 모든 순환의 원리와 결과의 법칙에 의하여 運行(운행)된다. 이러한 원리로 인하여 영(Spirit)은 에너지로 변화하고 물질에도 작용한다. 그리고 다시 물질로 에너지로 에너지가 영으로 변화 작용한다. 영혼이 잘돼야 인간적인 사회성이나 크고 작은 일들이 원만하게 진행되며 열매로 나타난다.

콩과 콩깍지는 따로따로가 아니듯이 모든 것은 유기적으로 연결되어 있으며, 영혼 없는 육체는 살아있는 존재가 아니다. 이 심은 대로 거두는 자연법칙을 납득하게 되면 인간의 생각과 마음작용, 의식과 삶, 그리고 사람 그리고 물질에 영향을 즉시즉시 끼치는 것을 알게 된다. 그러므로 우리가 이러한 원리를 바탕으로 선한 생각과 온유한 마음, 순전한 의식을 가지고 좋은 원인과 좋은 일을 실행한다면 그 결과가 우리에게 풍요로운 봄바람을 몰고 다가오는 것을 내가 현재 숨 쉬고 있는 현생에서 경험하게 될 것이다.

과거에는 因果應報(인과응보) 법칙의 결과로 100년이 소모되었다면 末法時代(말법시대)인 오늘날에는 10년으로 줄어들었다고 보면 된다. 요즘은 매 순간 우리가 만드는 생각이 마음, 의식에 의해서 그 결과가 거울 속에 비춰듯 우리의 삶에 즉시 투영되어 선악 간에 즉시즉시 결과가 나타나는 것을 우리는 뉴스를 보며 즉시즉시 느낄 수 있다.

지난 2020년 1년 가까운 시간 속에서 미투(Me Too) 운동, 개인의 부도덕한 일들로 인하여 사형선고 같은 죽음을 산채로 경험하는가 하면 일부 목숨을 끊기도 한 예술가들의 카르마와 兒童(아동)을 학대하던 죄인들이 당대에 審判(심판)을 받는 일들을 봐도 구태여 다음 생까지 생각할 여지가 없는 것이다. 우리는 이러한 결말을 거울로 들여다보며 매 순간 삶을 변화시키는 것이 가능하다. 이러한 변화의 흐름과 그 反響(반향)을 즉시 감지하여 거울삼는 것이 사람의 도리다.

이것은 사람으로서 최소한의 도리다. 원인과 결과를 매순간순간 즉각적으로 감지할 정도로 발전하여야 만이 의식이 자라며 진동수가 상승된다. 지금 직면한 인간의 숙제들을 깨달아 삶을 변화시키기 위해서 새로운 씨앗을 즉각 뿌리는 훈련도 필요할 것이다. 제반의 방법들은 그렇다. 이러한 과정들을 미루지 말고 신속하게 순환시키는 부지런함이 곧 修行法(수행법)이라며, 자신의 현재 삶을 빠르게 주조하는 방법이고 자신의 시크릿(secret)을 빠르게 구현하는 방법이고 주변에서 일어나는 풍문이나 성스럽지 못한 일들을 신속히 해체하는 방법이며, 우리가 원하는 세상을 위해 에너지를 모아 계몽하며, 혹은 공유하고 전달하는 것이다.

그러므로 수행이란 어떤 특정한 도인만이 하는 것이 아니라 우리 모든 사람은 지구촌의 모든 인류는 주인의식으로 더 나은 행복을 위해 더욱 건강한 삶을 위해 더 나은 삶을 위하여 더 배우고 익히기 위해서 성장, 성숙해야 함은 우리가 가져야 할 준비자세인 것이다.

"모든 원인에는 결과가 따르고 모든 결과에는 그 원인이 있다. 모든 것은 법칙에 따라 일어난다. 우연도 우리가 인식 못한 법칙의 또 다른 이름이다. 많은 단계의 원인이 있고 어느 누구도 이 법칙에서 벗어나지 못한다." -키발리온-

헤르메스 주의자들은 결과에 종속되는 대신 원인의 주도자가 될 수 있는 높은 단계로 올라가서 원인과 결과의 일상적인 단계를 넘어서는 방법을 알고 있다. 마스터들은 자신을 둘러싸고 있는 환경뿐만 아니라, 자신의 기분, 기질, 특성, 그리고 힘을 지배하며, 장기판의 卒(졸)대신에 그 졸을 움직이는 사람이 된다. 그들은 다른 사람의 의지나 환경에 조종되어 이리저리 움직이는 대신에 인생이라는 게임을 주도한다.

性(성)의 원리

천지만물의 生成(생성)원리 중 성의 신비보다 큰 비밀은 없다. 東洋醫學(동양의학)에서는 남성을 하늘, 여성을 땅으로 승화하여 우주의 신비와 생성을 한다. 남성인 하늘이 비를 내리며 씨앗을 뿌리면 땅의 상징인 여인이 밭에 씨앗을 받아 생명을 잉태하는 신비는 창조 원리 중 최상의 신비다.
'옴마니 반메훔'이나 陰陽(음양)의 합일론이나 상대성 통일 원칙이나 河圖洛書(하도낙서)나 밤과 낮이나 빛과 그림자, 사랑과 미움, 이외에 모든 신비는 성적인 예술과 성의 鍊金術(연금술)을 설명하기 위한 피상의 단어들이다. 우주 가운데 모든 만물은 인간을 비롯하여 동식물까지 성이 존재하고 있다. 남성 에너지와 여성 에너지로 작동한다는 결론이다.

이 원리는 물질계에서만이 아니라 멘탈계와 영계(靈界)에서도 마찬가지이다. 3차원인 물질계에서는 Sex로 나타나고 4차원계 상위계에서는 더 높은 형태로 변형한다. 그럼에도 불구하고 이 원리는 늘 같다. 이 원리 없이는 물질적으로 정신적으로 혹은 영적으로 創造歷史(창조역사)가 일어나지 않으며 생명의 탄생이 불가능하다. 아무리 아름다운 여성도 혼자의 힘으로는 지구 종말이 와도 생명을 탄생시키지 못하며 항우장사의 힘을 자랑하는 골리앗 같은 사람도 여인이 없이는 절대로 아이를 생산할 수 없다. 이 한 가지만으로도 성의 신비와 경이로움은 성스러움 그 자체인 것이다. 성의 원리는 발생, 재생 그리고 창조의 방면에서 전형적으로 작동한다. 지구상에서 이 방법 외에는 생명을 탄생시킬 방법이 없기 때문이다. 모든 남성의 陽的(양적) 존재는 여성의 陰的(음적) 에너지를 끌어들이는 자생력을 지닌다. 성적인 꽃의 아름다움은 창조원리의 으뜸이다. 여기에 삶의 신비적인 연금술이 은닉되어있다. 헤르메스 철학에서는 이 부분의 원리를 부도덕하고 천하게 악용하는 자들에게 늘 경고를 한다.

성의 연금술은 헤픈 게임을 하듯 경솔히 여겨서는 안 되는 신의 영역 중 창조의 비밀이 숨겨져 있는 거룩한 행위이기 때문이다. 순수한 사람에게는 언제나 모든 것이 순수하지만 속된 사람들에게는 죽는 날까지 추하고 부자연스럽고 부끄러움으로 작용하기도 하는 것이기 때문이다.

> "모든 것에는 성이 존재하며 그것은 남성 원리와 여성 원리로 존재하며, 성은 모든 존재계에 현시한다." -키발리온-

성의 연금술

우주 가운데 가장 신비한 존재는 陰陽(음양)의 조화 속에서 탄생된 생명의 신비다. 성적인 분야를 말하려면 우리는 두 가지 뉘앙스 앞에 진실해야 한다. 첫째는 남녀의 결합에서 생명을 잉태 출산하는 생산적인 生育(생육)

과 더불어 가족과 집단을 이루어나가는 것과 더불어 아름다운 이성을 통해서 얻어지는 아름다운 감정의 밀착과 쾌락이다. 정상적이며 건전한 사람이 얻는 평범한 축복이며, 주권 회복이다. 성은 신비한 신의 선물이며 동시 로맨틱한 사랑의 결과다.

남녀관계가 달콤하며 무한한 자유가 보장되는 축복된 분위기속에서 잉태된 생명은 카르마 없는 영혼으로 대개 성숙하다. 中世時代(중세시대)의 금을 만들던 연금술사들도 결국은 금보다 소중한 인간의 탄생을 최고의 연금술로 묘사하였다. 그것은 사람이 금을 만들 수 있지만 금은 인간을 만들지 못하기 때문이다. 섹스는 섹스 자체가 아니라 사람이 사람을 만드는 연금술의 한 부분으로 생각함이 성스러움이다.

그러나 오늘날의 성 開政(개정)이 몰고 온 폭풍은 온 세상에 비극의 바람을 몰고 왔다. 이조시대의 여인들을 생각해보며, 과거와 현재 상황을 고려해본다 해도 오늘을 사는 현대인의 의식구조는 성 문제를 진지하게 다루지 않는 것이 분명하다. 오늘의 성행위에는 철학이 없으며, 그저 게임으로 전락하여 쾌락의 도구로 변해가고 있다. 드라마나 영화산업, 소설이나 만화, 어디에도 아이를 낳아 젖을 물리는 엄마의 성스러운 환경보다는 섹스는 마치 음식과 같은 것이어서 심각할 필요가 없는 것이다. 한국영화 '처녀들의 저녁식사'를 보자. 성은 朝鮮時代(조선시대)의 복잡한 이데올로기에 의해 좌우되어왔던 시대는 분명 있었다. 그때의 억압받던 여인들의 카르마의 바람이 치맛자락을 날리는 것도 사실이다. 성에 관한 철학적 반성은 그렇게 치우친 윤리교육에서 해부당해야 한다. 지나친 保守的(보수적) 통념이나 담 높은 도덕의식에 의해 구속할 필요도 없다. 인간에게 묻는 신의 질문이 있다. "그대들의 性은 무엇인가?"이다. 지구의 운명이 존속되는 한 이 성 문제는 늘 피부로 느껴야 하는 인류의 삶에 직접적인 문제인 만큼 중요한 원리인 것이다. 性은 성스러운 생명을 탄생하는 연금술이며 동시 쾌락의 도구로만 생각하여 함부로 대하면 생의 수레바퀴를 불사르는 미투 운동처럼 인생사에 독약을 뿌림과도 같다. 헤르메스 철학에서는 남녀 사랑이나 남녀의 관계를 마치 금을 만드는 연금술사들처럼 가장 성스럽고 신비한 행위로 간주한다.

5. 힉스 입자

힉스 입자를 예견하여 노벨 물리학상을 받은 사람이 있는데 그는 영국 에든버러 대학(The University of Edinburgh)의 피터 힉스(Peter Higgs) 박사다.

현재까지 과학은 세상에 네 가지 힘이 있다는 사실을 밝혀냈다. 질량을 지닌 물질이 서로 끌어당기는 힘인 '중력'과 전하에 의해 생기는 '전자기력' 원자핵을 만드는 '강한 핵력' 그리고 방사선 붕괴를 지배하는 '약한 핵력'이다.

그중 비본 입자 같은 微小(미소) 우주에서 작동하는 강한 핵력과 약한 핵력, 전자기력을 하나의 방정식으로 표현한 것이 바로 입자물리학의 가장 성공적인 이론인 표준 모형이다. 이 이론에 따르면 쿼크, 렙톤, 등과 같은 새로운 입자들이 있어야 하는데 단 하나의 입자를 제외한 모든 입자는 약 40년 전에 이미 모두 발견됐다.

그런데 끝까지 발견되지 않아 입자물리학자들의 속을 태운 그 입자는 바로 '신의 입자'로 유명한 '힉스입자'이다.

우주의 빅뱅 직후 모든 입자에 질량을 부여한 힉스 입자의 존재를 처음 예견한 것은 1964년에 발표된 두 편의 논문이었다. 프랑수아 앙글레르와 로베드 브라우는 새로운 특정입자가 존재해야만 자연계를 이루는 기본입자에 질량이 생길 수 있다는 연구 論文(논문)을 발표하였다. 그 논문이 발표된 직후 영국 에든버러 대학의 피터힉스는 그 과정을 구체화해 특수한 場(장)과 기본 입자의 상호 작용을 통해 질량이 생긴다는 내용의 논문을 유럽 입자물리연구소(CERN) 學術紙(학술지)에 넘겼다. 그런데 학술지 편집자는 물리학과 명확한 연관성이 없다는 이유로 논문의 게재를 거절하였다. 결국 피터힉스는 미국 물리학의 학술지인 〈피지거컬 리뷰 레터스〉에 그 논문을 발표하였다. 그로부터 48년이 흐른 지난 2012년 7월 CERN은 피터 힉스와 프랑수아 엥글레드 등의 노 科學者(과학자)들을 초청하였다. 앵글레드와 함께 논문을 발표했던 로베를 브라우는 이미 고인이 된 바람에 안타깝게도 그 자리에 참석하지 못했다.

다음해인 2013년 3월 유럽원자핵 공동연구소가 힉스 입자라고 공식 확인했으며, 그해 10월 4일에는 일본 도쿄대학과 고에너지가 속기연구기구 등의 국제연구팀이 힉스 입자의 질량의 분석을 통해 힉스의 발견을 확정했다. 같은 해 10월 8일 노벨위원회는 피터힉스와 프랑수아 앵글레드가 2013년 노벨물리학상 수상자로 선정됐다고 발표했다.

피터힉스는 1929년 잉글랜드 북동부 '뉴캐슬어폰타인'이라는 항만도시에서 BBC 방송국 음향 기사의 아들로 태어났다. 그는 부친을 따라 이사를 자주하고 기관지 천식이 심했던 탓에 어린 시절 학교를 다니지 못하고 홈스쿨링을 받았다. 그는 청소년기에 브리스톨의 코뎀 그래머 스쿨을 다니면서 그 학교 출신인 量子力學(양자역학)의 권위자 폴디렉의 영향을 받아 물리학자의 꿈을 갖게 되었다.

힉스입자란 무엇인가?

힉스장 안에서 일어나는 '양자 요동' 그것이 입자다. 힉스장이 양자화 한 것을 말하는 것이며, 에너지의 밀도가 매우 높고, 에너지가 매우 높은, 고밀도와 고 에너지의 양자 요동 상태를 힉스입자라고 과학에서는 말한다.

인류는 그동안 보수적인 교과서와 교과서 편찬 위원회에서 규정한 대로 배우고 익히고 그것을 지식의 尺度(척도)로 삼고 살아왔다. 고로 항상 새로운 연구 학설이 나올 때마다 어색함과 경이로움의 사이에서 '아날로그'와 '디지털' 사이를 왕래하며 인간의 의식과 지식의 지향이 나누어진다. 아직도 촛불을 고집하며 석유등잔을 이용한다 해도 사는 데에는 지장 없다. 우리는 눈으로 보고 만지는 것만 물질이라는 개념의 틀에서 살아왔고 살아가고 있다.

양자세계의 존재하는 물질은 눈으로 볼 수는 없고 만질 수도 없다. 잘 알려진 기본 입자로는 전자, 중성미자들과는 다르다. 이런 에너지들은 핵을 만들고 원자를 만드는데 쓰이는 직접적인 재료들이라고 할 수 있으며, 여러 종류의 쿼크들이 모여서 양성자나 중성자를 만든다. 그런데 그런 쿼크들을 달라붙게 하는 데에는 다른 입자가 필요하다. 말하자면 접착제 구실을 하는 글루온 입자가 쿼크들을 이어붙이는 역할을 한다. 힉스입자는 이것을 보존하게 하는 입자다. 그리고 힉스 질량은 종종 전자볼트라는 에너지 값으로 표현되기도 한다. 이는 에너지의 질량은 변환할 수 있다는 에너지 질량 등가의 원리에 따르는 것이다. 강한 양자 요동으로 존재하는 힉스는 질량이자 에너지를 지니는 물질인 것이다.

자연을 부르는 根本物質(근본물질)

자연과학을 처음 시작한 자연철학자들이 가장 관심을 가진 것은 만물을 이루는 근본물질을 찾는 것이었다. 그리스 철학의 대부 탈레스는 만물의 근원을 물이라고 주장한 바 있다. 그는 우리가 살고 있는 지구도 물위에 떠 있는 원반이라고 하여 우주가 근본적으로 물로 이루어져 있다는 생각을 가지고 있었다. 또한 땅 위에 자라는 모든 생명은 물 없이는 살아남을 수 없다는 궁극의 원리 앞에서 생명의 原泉(원천)은 당연히 물이라는 결론에 도달하였던 것이다.

이에 반해 아낙시메스(Anaximenes)는 공기만이 만물의 근원이라고 주장하였다. 그는 물도 공기가 변해서 만들어진다고 생각했던 것이다. 물을 끓이면 공기로 날아가는 것을 보고 그러한 증거를 삼았다. 반면 헤라클레이토스(Herakleitos)는 만물을 이루는 근본적인 요소는 불이라고 하였다.

4원소를 처음 주장한 사람

4원소를 처음으로 주장한 사람은 시칠리아의 출신 의사 엠테도클레스(Empedoklcles, BC483~435)이다. 그는 탈레스의 물, 아낙시메스의 공기, 헤라크레이토스의 불에 흙을 함께 묶어서 처음으로 4원소론을 주장했다. 이들 4원소는 서로 합쳐지고 분해되는 과정을 거쳐 여러 가지 물질을 만들게 되는데, 원소들 사이의 결합과 분리는 원소들 사이에 작용하는 사랑과 미움 때문에 일어난다고 하였다.

플라톤은 4원소가 정사면체로 이루어졌다고 생각했다. 불은 정사면체, 흙은 정육면체, 그리고 물은 정이십면체로 되어있다는 주장이었다. 플라톤의 제자였던 아리스토텔레스는 4원소설을 더욱 발전시켜 물, 불, 흙, 공기의 4원소와 함께 마름, 젖음, 따뜻함, 차가움이라는 네 가지 성질이 결합하여 물질을 만든다고 주장하였다. 이러한 4원소 설은 1808년 돌턴이 근대적인 원자론을 주장할 때까지 약 2천년 동안 물질의 성질을 설명하는 기본적인 이론이 되었다. 그는 지상의 물질이 물, 불, 흙, 공기의 4원소로 이루어진 것과는 달리, 천체는 제 5의 원소인 에테르로 이루어졌다고 생각하였다.

4원소와 鍊金術(연금술)

4원소 설은 물과 불, 흙, 공기를 적당한 비율로 배합하면 모든 물질을 만들어 낼 수 있다는 원리다. 따라서 만약 한 물질 속에 들어있는 원소의 비율을 바꾸면 한 가지 물질이 다른 물질로 변환될 수 있는 것이다. 이러한 추론이 연금술의 이론적인 기초다. 연금술은 값싼 금속을 금과 같은 귀금속으로 바꾸는 방법을 연구하는 것으로 17세기까지 널리 유행했다.

서양의 연금술은 주로 귀금속을 만드는 행위였던 반면에 동양에서는 주로 不老長生(불로장생)약을 만드는데 이용되었다. 그들이 시도하고 사용하던 화학적인 방법은 화학과 약학의 발달에 많은 공헌을 하였다. 東洋哲學(동양철학)은 인체의 신비구성을 地水火風(지수화풍)의 4원소로 구성되어있다고 여러 醫書(의서)와 한의학자들, 그리고 명상가들, 불교 철학자들은 공통적으로 뜻을 모아 합의한다.

데모크리토스(Democritos)의 原子論(원자론)은 그의 '4원소'설에 원자의 개념을 도입한 주장이 나오는데 세상은 우리 눈으로 볼 수 없는 작은 원자들로 구성되어 있다. 이러한 원자들은 결합하거나 분리되어 자연의 모든 변화가 일어난다고 주장하였다. 그런데 이러한 주장은 아리스토텔레스에 가려져서 세상에 펼쳐지지 않았다가 그 후 17세기에 와서야 그 사실을 알게 되었다.

우주 가운데는 인간의 눈에 보이는 것보다 보이지 않는 존재가 훨씬 많다. 우리 모임 장소는 반 지하실인데 기타, 드럼, 피아노, 아코디언 등 몇 종류 악기가 있다. 습도를 유지하기 위해 除濕機(제습기)를 사용하는데 정확히 하룻밤에 4리터 용기에 기체였던 수분이 액체가 되어 하수구에 쏟아버리는데 나는 여기서 次元界(차원계)와 에너지 밀도를 명상한다. 향수병을 열어놓으면 미량의 액체가 증발하면서 향기는 온 공간에 퍼진다. 냄새는 보이지도 만질 수도 없으나, 그것은 분명한 미립자다.

1964년 미국의 물리학자 겔만은 陽性子(양성자), 中性子(중성자), 전자보다 작은 쿼크라는 입자로 쪼갤 수 있다는 것으로 밝혀내게 되었다. 그리스 시대부터 믿어져오던 4원소 설과 비교하면 물질의 최소 단위라 할 수 있는 원소가족이 꽤 복잡해 보이기도 하지만 우주 가운데 원소 가족은 105가지로 이루어졌다고 한다. 필자는 지금 에너지의 입자와 밀도를 설명하는데 이해를 도우려다 입자물리학의 변두리를 서성이게 되었는데 인체의 四肢(사지)와 五臟六腑(오장육부)가 서로 상관있듯 우주 역시 다 연결되어 있어 나와 분리할 수 없는 유기체인 것이다.

東洋(동양)의 원소개념과 五行(오행)

동양에서는 4원소론이 나왔고 서양과학의 꽃인 현대 물리학이 발전하면서 힘의 종류로 4가지 힘이 알려지게 되었다. 앞에 기록한대로 중력, 전자기력, 약력, 강력이다. 3차원적인 공간론에서 시간까지 합쳐진 4차원의 개념이 시공의 기본으로 다시 4라는 숫자의 중요성을 보여주게 되었다. 4는 이런 특성 때문에 아마도 물질의 질서를 의미하는 숫자쯤으로 이해하게 되었을 것으로 생각이 든다.

동양에서는 五行思想(오행사상)이 있고 나중에는 性理學(성리학)이라는 철학이 발전하면서 五慾七情(오욕칠정)에서도 5의 숫자가 다시 등장한다. 물론 서양에서도 기하학적으로 5각형이 가진 특성에 매료되어 펜타그램(Pentagram)을 학파의 상징으로 이용한 피타고라스 학파도 있지만 그것은 논리적으로 설명되는 기본요소로써가 아닌 일종의 '비밀'을 지닌 상징으로써의 의미였고 따라서 5는 그런 비밀을 가지고 논리적으로 설명되지 않는 인간적인 요소를 지닌, 때로는 혼돈을 지닌 숫자로 많이 이용된다고 해석할 수 있을 것 같다. 동양의 현자들은 서양의 물리학자들보다 훨씬 심오하고 形而上學(형이상학)적인 영적 원리를 인간의 인체에 적용시켰다. 鍊金術師(연금술사)이며 의사였고 약초연구가, 선인이었던 抱朴子(포박자)는 인체를 완전한 우주로 설명하였고 화타, 편작, 藥王(약왕), 손 사막 역시 인간의 사지와 五臟六腑(오장육부)를 소우주로 해석하였고 道敎(도교)의 명상가들은 인체에 흐르는 12經絡(경락=경맥과 낙맥)을 발견하고 365穴(혈)을 발견하였고 각 혈 자리마다 森羅萬象(삼라만상)의 이름을 붙여 명명하는 小宇宙(소우주)임을 표현하였다.

  예를 들면, 合谷(합곡), 龍泉(용천), 氣海(기해), 丹田(단전), 巨闕(거궐), 百會(백회), 肩井(견정), 曲骨(곡골), 命門(명문) 등 혈 자리 이름들은 산과 들 강과 바다, 하늘을 종횡으로 왕래하며 이름을 붙였다.

  우리 동이의 후예들은 학문마저도 천자문을 비롯하여 명심보감, 논어, 주역까지 하나님에 관한 사상이며 우주와 자연 법칙을 망라한 학문이었다. 이 모든 동서양의 학설과 학문과 도덕 윤리를 응축하여 에너지를 모으면 우리 민족교육의 金字塔(금자탑), 敬天愛人(경천애인)으로 귀결한다. 聖經(성경), 佛經(불경), 道德經(도덕경), 論語(논어), 모두가 본질은 하나님을 사랑하고 사람을 사랑하자는 이야기 아닌가?

  더 이상 쪼갤 수 없는 입자를 원자라고 우리는 배워왔다. 그런데 앞에 서술한 힉스입자는 더 미세분자라는 것이다. 나는 物理學者(물리학자)도 아니고 물리학을 연구하는 석학도 아니다. 다만 우주상에 빅뱅 시대로부터 지금까지 편만한 모든 입자는 창조의 원리 안에서 가득 차 있으며, 눈에 보이는 3차원계인 삼라만상과 맘모스, 공룡에서 微粒子(미립자), 원자에서 힉스입자까지 존재하는 이 광대한 우주는 결국 인간이라는 존재가 있음으로 論(논)의 가치가 있는 것이기 때문에 思考(사고)하며, 思惟(사유)하는 인간이 살아가면서 발견, 알아내야 하는 場(장)일 것이다. 그래서 나는 우주와 모든 경전들과 학설들을 축소하여 인간의 내면으로 끌어당겨 하나의 에덴을 만들어 모든 이론을 타파하고 이 땅을, 내 마음을 장미가 우거진 낙원으로 회복하는 길을 닦는 중이다.

  단적으로 인간은 컴퓨터를 만들었고 인공지능 醫師(의사)를 만들어 표적치료를 하는 시대이기에 인간이 숭배하던 신도 발견해야 한다. 그것은 눈으로 볼 수 있든 없든 상관없다. 그것은 개념 정리와 자각의 문제인데 이는 상대의 의식차원과 이성적인 密度(밀도)의 질량과 깨달음에서 옥석이 가려질 것이다.

6. 周波數(주파수) 영역

사전적 의미로는 주파수라는 단어에 대하여 이렇게 설명하고 있다.

- 전파나 음파가 1초 동안에 振動(진동)하는 횟수
- 교류 전기에서 1초 동안에 전류의 방향이 바뀌는 횟수

얼핏 보면 이것은 전자공학의 전문용어이니 골치 아픈 말 같으나 인간의 의식이 진화되고 사고의 밀도가 높아지면 東西哲學(동서철학)이나 물리학, 수학, 전자공학 등은 모두 '인드라 망' 그물로 연결되어 자연히 상통하게 된다.

마치 세종대왕의 한글 모체가 산스크리트어의 靈感(영감)에서 출발했듯, 영어의 모체가 헬라어에서 시작되듯, 정상에 도달하면 용어상 문제지 에너지의 또 다른 이름으로 만나는 것이다. 의식을 개방하고 조금만 마음을 열어 시간영역과 주파수 영역을 자유로이 넘나들며 認知(인지) 간파하는 힘을 터득한다면 한층 새로운 靈眼(영안)을 가지게 될 것이다.

주파수 上昇(상승)

인간의 腦(뇌)는 신의 영역이다. 어떤 사고와 사유를 명상하느냐? 영적인 주파수에 얼마나 채널을 맞추며 에너지를 모아 뜻 깊은 호흡을 했느냐에 따라 거기 나타나는 파장이나 변화 혹은 에너지의 밀도와 凝縮(응축)된 언

어 능력이 현저하게 열매로 나타난다. 금세기에 지구인들 중 인간의 영혼을 도우며, 정신계에 도움을 주는 선지자들이나 영향을 끼치는 사람들은 불과 100인이 못 된다. 대개의 성직자들이나 승려들, 명상센터들은 여기저기서 모자이크식 귀동냥에 책 몇 권으로 리플리 증후군을 앓고 있으며, 비싼 돈을 받고 자기도 모르는 소리를 앞뒤가 안 맞는 소리를 하며 사람들을 유혹하여 황폐하게 만들고 있다.

의식이 진화되고 마음이 맑아 松科腺(송과선)이 발달한 사람들은 그나마 귀가 열리고 가슴이 열려 자기만의 골방에서 영적인 주파수가 점차 높아져 머지않아 신의 뜻과 창조의 원리와 그리스도의 인격, 붓다의 영역을 눈치채며 누가 뭐래도 결국 박애와 한없는 자비심을 품으며 평화의 사도를 꿈꾸게 되는 것이다. 진정한 명상인이나 구도의 절정에서는 평등과 박애를 공양하는 것만이 지구별에서의 첫 단계 수업이다.

내면의 빛

주파수가 높은 사람은 밤에도 태양이 빛난다. 빛의 근원이 내면에 있기 때문이다. 이 빛은 창조의 힘으로 창세기 1장 첫째 날 만든 생명의 창조 에너지이다. 이 영역을 반대할 어둠은 전혀 없다. 다시는 밤이 없으며 방황과 배신의 어둠이 나를 괴롭히던 陰濕(음습)한 부스러기들이 아예 문밖에서 서성이지 못함은 내게 유혹의 에너지가 추호도 남아있지 않기 때문에 귀신들이 손을 내밀 수 없는 것이다.

마치 꽃향기가 가득한 정원에는 벌 나비가 날아들고 술집에는 취객이 모여들고 잔치 집에는 길손이 모여들 듯 내가 창조자가 되면 모든 것이 一切唯心造(일체유심조)가 된다. 이렇듯 빛의 근원이 내면에 있기 때문에 우주의 식과 깨달음의 세계가 내 몸 밖이 아니라 내 腦(뇌)의 송과선 안에 존재하기에 밖에서 찾고 방황하던 속된 기도나 몸부림은 비로소 끝이 나고 모든 창조적 조절이 가능하며 비로소 시냇가에 심기운 나무처럼 목마름이나 가뭄 고통의 신음소리는 사라지고 새 하늘과 새 땅이 펼쳐지게 된다. 無知(무지)의 베일을 벗고 인간이 평범한 의식만 되어도 지옥의 어둠은 멀어진다.

그러나 지구촌의 지금 현실은 强者存(강자존)의 야쿠자 원리가 판을 치고 카인의 후예들이 권세를 잡고 있다 보니 우리는 선한 싸움을 불가피 하지 않을 수 없게 되었는데 그 싸움이 내면의 혁명을 이루어 빛의 갑옷을 입는 길이다. 우리 개개인을 이끄는 영적인 光線(광선)은 위에서 오는 선물이지만 이 참된 가치의 妙理(묘리)는 수행자 자신의 감각기관에 달려있다. 이 빛의 광선 역시 베일의 두께가 있고 KW(Kilowatt)가 있다. 초롱불과 천만 볼트가 넘는 번개와는 비교할 수 없듯 말이다. 神性(신성)의 부피와 정도에 따라 삶의 방식과 언어, 음식, 의상, 취미, 사고 영역이 다르다. 그러나 여기에 차별은 없다. 정원의 여러 나무들과 여러 종의 꽃들이 어울려 살 듯 여기는 빛과 사랑뿐이다.

주파수의 振動(진동)

창조주의 의지(Creators Will)는 직선으로 나타낸다. 자신의 영적 주파수가 진동할 때에 이 에너지 파장은 완벽하게 위와 아래를 가로지르며 진폭을 일으키는 파장으로 마치 자동차 정지선이나 건널목의 위치에서 교차하듯 주파수는 삶을 가동시키는 것이다. 이러한 영적인 선(Line)을 민감하게 통과할 때 경험은 영혼의 지식으로 叡智(예지)로 빛나며, 당신의 진폭은 더욱 뚜렷해지며 창조적인 삶에 달인이 되어감을 크게 느낄 것이다. 그리고 비로소 말로만이 아닌 천국의 시민 권한이 주어지는데 이것은 받은 자와 경험한 자만 아는 비밀이다.

이렇게 주파수가 더 높아질수록 창조의 원리와 생명력은 나의 의지와 일치하게 되고 신의 성품으로 변형된다.

주파수의 振動數(진동수)가 발달하면 사람의 마음을 100% 읽어낸다. 그 사람이 무엇을 요구하며 무슨 생각을 하는지 무엇을 먹고 싶어 하는지 마음 상태의 공허와 자만, 모든 것을 간파해버린다. 그러나 거기에 치우치지는 않는다. 지혜자들은 모른 체 그냥 지나가며 들키지 않고 조금씩 거리를 좁히며 친분을 유지하는 정도로 거리를 유지한다. 이런 걸 빙자하여 적은 능력의 교주로 타락하여 귀신의 靈(영)이 된 사람들이 특히 우리나라에는 대부분이며, 욕심을 부리다가 결국은 그러한 영 능력이 떠나버려 추하게 추락한 사람은 셀 수 없이 많다. 영적인 자유의 세계에서 빛의 일꾼들은 교주들의 횡포를 용납하지 않는다.

주파수를 발달시키는 수행

- 홀로 있기를 두려워 말고 연습하라. 어차피 인간은 홀로 와서 홀로 떠난다.
- 영적인 친구들을 한둘 곁에 두면 정신 건강에 좋다.
- 자신의 영성 생활의 적이 없도록 깨어 있으라. 중도에 무너지면 회복이 어렵다.
- 명상 중에는 TV, 라디오, 전화를 끄고 마태복음 산상수훈이나 금강경, 반야심경, 데이비드 호킨스의 저서 등을 한 시간씩 읽는 것도 좋다.
- 심호흡을 길들여서 가장 편안한 자세로 몸에 조이지 않는 간편한 옷을 입고 어깨를 펴고 바른 자세로 앉아 입을 다물고 코로 아주 깊숙이 숨을 들이 마신다. 3~4초 깊이 마시고는 2초 정도 머물다가 반드시 입으로 퓨~우! 하고 3~4초 내뿜어라. 인간의 폐에는 6천여의 산소 구멍이 있어 마치 스펀지 주머니처럼 만들어져 있다. 손으로 꼭 잡으면 한 주먹도 안 될 정도로 공기 탄력성이 높다. 해녀들이나 스쿠버다이버들은 약 5천여 개의 폐 구멍을 쓰며, 마라토너나 축구선수는 80%의 폐를 사용한다. 그런데 일반

직장인들 특히 술과 담배를 가까이 하는 사람들은 40~60%를 사용하지 못하고 있다. 명심하라. 이 호흡으로 나는 암을 극복하였고 9가지 질병을 이겨냈고 마음의 평정을 찾았다. 이 호흡은 신이 주신 에덴의 최초 호흡법이니 따로 단전호흡 배운다고 학원이나 무슨 도사들을 찾아다닐 필요도 없다. 이 호흡법이 몸에 배이면 근심이나 걱정이 사라지고 뇌가 맑아지니 삶의 전반사에 깨달음이 빠르며, 산소가 충만하니 면역력이 강화되고 잠을 조금만 자도 지치지 않고 피로회복이 아주 빠르다.

명상에 祕法(비법)은 따로 없다. 행법도 따로 없다. 편안하고 이완된 마음으로 온유한 심성을 꿈꾸며 규칙적인 생활을 하다보면 어느덧 內工(내공)이 생기고 지혜가 열린다.

여기저기 비싼 회비 내고 명상비법 배우러 다니는 사람들과 그들의 지도자들을 나는 수십 명 알고 있다. 90%가 돈 거둬들이는 사기꾼들이다. 사기꾼 알아보는 방법을 간단하다. 돈, 권위, 이성으로 혼합, 물건을 매매하는 행위, 교주 神格化(신격화) 등으로 회비가 월 수십만 원에서 수백만 원을 거둬들이는 곳은 위험하다. 모임 장소의 운영을 위해 약간의 전기세 정도는 이해한다해도 해도 너무하는 도둑떼들 조심하라. 기술자와 예술가가 다르듯, 구도자와 장사꾼이 다르다.

• 소리 내어 외치는 기도는 금물이다. 내면의 파도가 잠자면 비로소 안팎으로 소리가 들리기 시작한다. 진보된 상태의 수행자들은 頭蓋骨(두개골) 내부의 松科腺(송과선)에서 인당으로 연결된 제3의 눈이 열리기 시작한다. 이곳은 인간의 의식이 집결되어 휴식하는 의식의 倉庫(창고)이며 穹蒼(궁창)이다. 깊은 밤 꿈을 꾸거나 꿈속에서 사물을 보고 듣고 의식하는 것들은 모두가 이 3의 눈으로 경험하는 것들이다.

이 눈을 통해서 인간은 우주의식을 경험하게 되며, 사물의 실체를 通察(통찰)하는 지혜도 열려 자신의 주파수가 높아지는 것을 시간의 長短(장단) 여하에 경험하게 될 것이다.

일정한 밤 시간에 약 100일 정도만 수련해보면 처음에는 좀 힘들어도 습관이 되면 이보다 더 좋은 취미생활은 없을 것이다. 세상 즐거움을 어느 정도 맛보던 사람일수록 크게 변화된다. 왜냐하면 세속의 게임과는 비교할 수 없을 정도로 그 신비감을 말로 다 할 수 없기 때문이다. 독서를 많이 하는 사람들의 경우 관념적으로 가상적인 깨달음을 경험할 수도 있는데 이는 지식의 축적이지 진정한 깨달음이 아니다. 이런 경우는 대개 극적인 순간에 에고가 지체 없이 용수철처럼 튀어나와, 그 內工(내공) 없음이 허무하게 드러난다. 그러므로 지식과 수행은 기술과 예술처럼 다르다.

  아이들이 태권도나 미술학원, 음악학원 등을 다닐 때 100일 정도만 지나면 아이의 표정이나 마음상태 혹은 행위를 보면 그 가능성을 감 잡을 수 있듯 모든 교육이나 수련은 반드시 많은 날들의 반복되는 연습에서 內工이 생산되는 것이다.

2장
신의 오케스트라

1. 神의 오케스트라

藝術家(예술가)들의 造化(조화)

　세상에는 많은 주의와 주장들이 있고 단체와 조직이 많고 다양한 철학 사상이 유행하며 보수 진보를 넘나들며 군중을 지배해왔다. 정치, 종교, 예술, 군인, 철학사상, 과학, 농업 등 많은 단체들이 있다. 전쟁과 평화, 이념의 투쟁이 끝이없는 지구촌이다.

　여러 직업과 기술 중 예술가들의 내면이나 그들의 사상들은 적어도 사악한 사람이 별로 없었다. 평소에 다툼이 있는 이들도 무대에서 리허설을 하고 무대에 막이 오르면 그들은 언제 그랬느냐는 식으로 호흡을 맞추고 작품에 몰입한다. 인간이 살아가는 과정에서 부대끼고 부딪칠 수 있다. 그러나 순수한 사람들은 즉시 현실을 바라보며 자기의 상황을 만들어간다. 그리고 에고는 내려놓고 서로 화합을 도모하는데 노력을 한다.

　신의 오케스트라는 평화를 위한 合奏曲(합주곡)이다. 지휘자의 눈길을 살펴가며 자신의 재능을 힘껏 청중에게 아낌없이 쏟아내는 것으로 자신과 또는 상대의 예술혼이 빛난다.

　일반적으로 오케스트라(Orchestra)라는 말은 여러 기악 연주자들의 집합체라는 의미로 정의한다. 그런데 고대 그리스에서는 연극을 공연하는 무대 앞의 반원형 공간을 일컫는 말이었다. 오늘날의 경우와는 사뭇 다른 분위기였다. 당시에는 합창단이 노래하고 춤을 추었던 장소를 오케스트라라고 불렀다고 한다. 그러다가 16세기 말에 오페라가 발생하면서 악기 연주자들이 앉는 장소를 의미하게 되었고 그 후 시간이 지나면서 악기 연주자들의 집합 자체를 오케스트라라고 부르게 되었다. 그러나 악기를 아무렇게나 모아놓는다고 하여 모두가 오케스트라인 것은 아니다.

　대 편성 관현악곡을 연주하는 '심포니 오케스트라'는 그 나름의 체계를 갖추고 있기 때문이다. 악기 종류에 따라 현악기군과 목관악기군, 금관악기군, 타악기군의 네 가지 약 30여 가지의 악기 군을 갖추고 있어야 비로소 심포니 오케스트라라 명명할 수 있는 것이며 단원은 100~150여명까지 구성된 대규모 악단도 유럽에는 활동 중이다.

　이들 단원들은 저마다의 갈고 닦은 자기 악기를 마음껏 연주하며, 호흡을 다듬고 노련한 지휘자와의 눈길을 맞추며 섬세하고도 웅장한 소리를 연출하는 것이다. 이것이 인간이 만들어낸 예술가들의 소리다. 배우나 음악을 하는 사람들, 가수들은 선의의 경쟁을 하되 적대시하는 법은 없다. 합창단원이나 오페라단원들 모두 작품을 위해서는 서로 입을 맞추며 호흡을 다듬어야 조화로운 연기 연출을 창조하는 것을 그들은 기본적으로 알고 있다. 그러므로 그들은 작품은 위해서라도 자신의 사적인 감정을 조절하며 호흡을 다듬어 입을 맞추고 조화를 공유한다. 우리는 이들을 예술가들이라 하는데 기술자와 예술가의 구별이 바로 이것이다.

　아무리 재주가 뚜렷해도 造化(조화)와 공동윤리나 타인을 존중하며, 연합할 줄 모르는 괴팍하고 고집스럽고 망나니 같은 인격을 예술가라 부르지 않는다. '家', 이 글자는 집 '가'자인데, 자기 분야에 대한 집을 완성한 사람으로 一家(일가)를 이루었다는 성공적 의미를 부여하여 건축가, 예술가, 음악가 등으로 형용사를 붙여주는 것이다.

1. 신의 오케스트라

神을 버린 오늘날의 宗敎(종교)

平和(평화)는 인간의 기본욕구 중 하나의 소망이다. 누구나 생명을 가진 존재라면 평화로운 세상에서 자유를 갈망하며 또한 자유롭고 행복하게 살아가길 원한다. 그런데 지구촌의 현실은 전쟁의 바람이 잦아들지 않고 있다.

UN이라는 기구는 명분뿐 아무런 힘도 없으며 과거 한국전쟁을 비롯 강대국들의 전쟁을 막지 못한다. 중국은 3,000년 역사 중 1,100년 이상을 전쟁으로 얼룩졌고 로마제국의 역사도 절반 이상이 전쟁으로 점철됐다.

1776년 수립된 미합중국이 지금까지 전쟁을 벌인 시간은 100년이 넘는다. 그들은 베트남을 비롯하여 만만한 민족들을 어지간히 괴롭혔고 한반도 역사도 미국과 강대국들의 계략과 작전으로 희생제물이 된 것이다. 우리역사도 전쟁과 뗄 수 없는 受難(수난) 많은 민족이다. 외세 침략을 어지간히도 당하고 물리치기를 반복하며 지친 민족이다.

최근은 미국과 러시아의 합세로 남북이 휴전중이다. 지구촌은 지금도 포탄이 터지고 단말마의 죽어가는 신음소리가 골짜기에 퍼지고 있다. 왜? 인간은 역사상 한 번도 전쟁을 멈추지 않을까? 荀子(순자)의 性惡說(성악설)이 나올만하다. 도대체 왜? 무슨 귀신의 조화로 인간을 죽음과 희생이 자명한 전쟁터로 끊임없이 생명을 몰아넣는 것일까?

1204년 동로마의 제도 콘스탄티노플리스를 함락시킨 십자군 전쟁은 200년을 끌어오면서 지긋지긋하게 피를 흘렸다. 인간의 행복과 평화를 추구해야하는 그리스도인이라는 사람들이 宗敎(종교)라는 이름으로 聖戰(성전)을 일으켰다. 기독교, 이슬람교, 힌두교, 유교 등 어느 종교도 예외는 아니었다. 늘 손에는 무기를 잡고, 심장에는 道德的(도덕적) 우월감을 품은 채 상대를 겨냥하였다. 심지어는 종교가 같아도 우위를 점하기 위하여 內的(내적) 권력 다툼을 서슴없이 일으키는 판국이다. 서로 다른 분파끼리는 상호 적대하며 칼이나 총을 겨누고 사랑과 자비를 내세웠다. 여기에 무슨 神(신)이 존재할까? 이는 악마들의 미친 살생게임이며 동시에 피를 부르는 종교의 모순이 전쟁을 통해서 100% 드러났다. 이 죄악을 용서받을 길은 전혀 없다. 이들은 예수의 마태 산상수훈과는 전혀 관계없는 사람들이기 때문이며 붓다의 가르침과는 상관없는 이들이기 때문이다. 전쟁을 막을 방법은 아예 없다.

宗敎= 종교란 산마루 '종'자다. 산마루 높은 곳에서 내려다보며 드높고 고상한 지혜와 사랑과 자비를 전해야 할 사람들이 가장 낮은 아메바들만도 못한 죄악을 범하고 있다. 이곳에 神은 없다. 그들은 애시 당초 神을 버린 인간들이기 때문이다.

神의 슬픔과 忿怒(분노)

신의 음성을 듣는 사람을 알아보는 방법은 간단하다. 붓다를 따르는 사람은 싯다르타 비슷하게 살면 되고, 계급의식을 버리고 뭐질 하지 말고 사람을 귀히 여기고 만물 앞에 겸손하고 번뇌 만들지 말고 중도에 머물며 감사하며 이웃과 더불어 화목하게 살면 되는 것이다.

재물이 많아 여유 있거든 경주 최 부자처럼 좀 나눠주고 날 찾아온 사람들을 빈손 맨입으로 보내지 말고 콩 한쪽이라도 나누고 이웃의 도움이 필요할 때면 정중하고 간곡히 부탁하고 도움을 받고 은혜를 저버리지 않고 나도 언젠가 이웃에게 힘이 되는 삶을 살기 바라는 것, 이렇게 살기가 그리 어려운 일은 아니다. 우리 옛 조상들은 누가 시키지 않아도 그렇게 살았다. 그리하여 그들은 종교의 교리가 따로 필요 없었다.

舊韓末(구한말) 宣敎師(선교사)들이 조선에 내한하여 가장 놀랐던 것이 이웃끼리 화목하게 나누는 것을 자주 목격하며 놀라움을 금치 못했다는 것이다. 가난한 집도 이웃사랑은 넘쳤다. 하다못해 푸성귀나 산나물이라도 나눠먹는 것을 무시로 목격하며 이웃사랑의 정의에 대하여 그들은 고민했던 것이다.

누가 시키지도 않았는데 우리 조선인들은 마태복음 5~6장의 복음대로 살고 있었던 것이다. 이 순수하고도 아름다운 민심은 바로 弘益人間(홍익인간)의 숨결이었던 것이다. 1만년 이상을 이어온 하늘사상의 유전자는 혈액과 세포 깊이 침투되고 오장육부에 스며들어 체질화되고 民心化(민심화)되어 있었던 것이다.

마을에 사람이 죽어 세상을 떠나면 온 주민이 총동원하여 애도하고 장례를 치러주고 마을마다 대소상을 치룰 때는 집집마다 쌀과 보리를 한 되씩 추렴하여 흉년에도 일을 치루는 뜨거운 同胞愛(동포애)를 나눴다.

어느 날부터 저승사자 같은 검은 양복쟁이들이 초상집에 나타나면서 白衣民族(백의민족)의 순결은 짓밟히고 예수를 잘못 알고 우상 숭배하는 서양종교가 쳐들어와서 한민족의 혼불과 우리 고조선 檀君歷史(단군역사) 사상과 치우천왕의 기백을 귀신으로 몰아 짓밟아 버린 지가 120여 년 되었다. 고무적인 사실은 선거권, 아동복리, 문맹퇴치, 育英事業(육영사업) 의료혜택을 베풀어준 순결하고도 숭고한 정신으로 어렵게 터를 닦아놓은 선교사들의 공로위에 걸터앉아 어지간히도 축복타령을 하던 거지 떼들이 그리스도 인격은 전혀 갖추지 않고 축복이라는 약장수로 惑世誣民(혹세무민)하여 맘모스 교회를 세우고 많은 물위에 앉아 金盞(금잔)으로 독주를 마시며 인신매매로 사들인 바벨론 큰 성들이 그것도 대한민국 하늘 아래서 예비 심판으로 시작된 코로나19 명분은 천사들과 神將(신장)들의 프로젝트가 숨겨져 있다.

한국교회는 70~80년대에는 규모와 수효가 전 세계 1위였다. 2020년 10월 한국교회는 道德性(도덕성)과 교회 수효 분위기가 세계 46위로 하락하였다. 큰 성 바벨론의 끝이 가까웠다.

그동안 해도 해도 너무했었다. 나 자신을 나도 어쩌다 내가 여기까지 왔는지 매우 낯설고 어색하고 축복장사꾼들 부대를 보면 마치 좀비를 만난 듯 불편하다. 신천지 교인들 욕할 것 하나 없다. 그들도 잘 믿어보려다 찾은 곳이 新天地(신천지)였다. 기성교회에서 상처받은 영혼들이 음녀의 포도주 맛에 취하여 착각하는 곳이다.

조상의 무덤을 우상이라고 파헤치고, 단군 할아버지의 목을 치던 멸망의 가증한 저 잔악한 행위는 율법을 자랑하며 가나안 일곱 족속을 쳐 죽이고 나라를 빼앗은 저 이스라엘의 민족 신과 흡사하다. 나는 천사이고 너는 악마니까 죽여도 된다는 가인의 피는 유대의 사두개파들 사독 제사장의 후예들로서 오늘날 일루미나티, 프리메이슨, 예수회 집단과 100% 동맹을 맺고 근육에 감시 칩을 심고 영원히 노예 질을 할 것이다. 이는 화약을 지고 유황불로 들어가는 하루살이의 운명들이다. 腫處(종처)가 너무 심한 좀비 신앙들이라 회개는 어렵고 타작마당의 겨와 같아서 우주심판의 불을 견딜 수 없을 것이다. 구약성경 창세기 6:6에는 천지를 창조한 신께서 사람 지으심을 탄식하고 후회하셨다고 한다. 내 나이 70을 지나며 이젠 충분히 알 듯하다. 선지자 예레미아는 이렇게 말한다.

"만물보다 거짓되고 심히 부패한 것이 인간의 마음이라 누가 이를 알리요."(렘17:9~10)

그 대표적인 죄악은 아래와 같다.

- 헛된 것을 신앙하는 것과
- 우주를 창조하신 주인을 알지 못하는 무지와
- 동족끼리 싸우는 전쟁과
- 창조주께서 지으신 우주를 더럽히고 지구를 오염시키는 죄악과
- 원망하는 마음과 감사하지 않는 마음이다.
- 돈으로 사람을 사고 파는 인신매매의 거짓 예배 등이다.

신의 오케스트라

　創造主(창조주)께서는 창조 섭리의 계획에 따라 우주라는 거대한 무대에서 진정한 삶의 감사를 깨달은 사람을 모으고 있다. 무식한 짐승의 靈(영)들은 자기네 宗派(종파)에서만이 12지파의 14만 4천명의 印(인) 맞은 자들이 출현한다고 하더니 숫자가 14만 4천명이 넘으니까 이제는 영적인 숫자라고 변명하다 결국 감옥을 갔으며 그 외에도 교주들은 비슷한 유혹으로 주먹구구 해석으로 끝없이 헛다리를 집는다.

　요한계시록 14장에는 시온 산에 오른 사람들이 언급된다. 시온이란 나라 없는 에트랑제의 설움에 시달리던 고단한 영혼들 2천년을 방황하던 디아스포라(Diaspora)들이 되어 팔레스타인을 떠나 세계 각지에 흩어져 살면서 자신들의 규범과 생활습관을 유지 보존하며 정통성을 잃지 않은 유대인들은 발포어 선언으로 영국의 힘을 빌려 독립이 되어 이긴 자가 되어 나라를 기적적으로 찾은 것같이 영적으로는 시온의 영광이 빛나는 산꼭대기 정상에 올라 신의 형상을 회복한 이긴 자들, 여자로 더불어 더럽히지 않고 정조를 지키며 자아를 성숙시켜 이긴 자들이 각계각층에서 뽑혀 14만 4천의 오케스트라 단원이 되는 것이지 어느 특정한 단체에만 일부 국한되는 게 아니다. 지휘자는 이 모든 것을 연출하신 창조주이신데 이 오케스트라단원은 자기 분야에서 왕이 된 자들이며 最高峰(최고봉)에 오른 영적으로 메달리스트들이다.

　이 깨달은 자의 노래는 아무나 배울 수 없다. 춘향가 중에서 쑥대머리 한 소절도 쉽게 부를 수 없듯이 이 영적인 이 노래는 흉내 내거나 모방으로 가능한 것이 아니며, 많은 폭포소리 같기도, 거문고 울리는 소리 같기도, 큰 뇌성 같기도 하다. 그 이마에 印(인)을 맞았다함은 생각을 사로잡아 思想(사상)에 이마 인당 즉, 제3의 눈인 이마 松科腺(송과선)이 진리의 세계에 올인(all in)하여 영과 혼과 육체가 그리스도 化(화)하여 神性

(신성)의 빛이 되었다는 것이다. 이들은 농부이신 하나님의 곡식 밭 가운데서 처음 익은 열매로 땅에서 구속을 받은 그리스도의 人格體(인격체)들이다. 이 오케스트라 단원들은 직업, 교육, 종교, 국적이 초월이며 빛의 세계의 전 세계적인 일꾼들이며 처음 만나는 사람이라도 금방 알아볼 수 있으며 따라서 의식수준도 말이 필요 없고 금방 알아볼 수 있다.

이들은 여자(敎會,교회)로 세속적으로(약4:4) 더럽히지 않고 어린양처럼 창조주의 인도를 받은 영계의 일꾼들이다.

그 단원들은 돌아온 탕자, 수가 성 여인, 선한 사마리아 사람, 삭개오, 두 렙돈 과부, 술람미 여인, 요셉, 아브라함, 다니엘, 바울, 사도들처럼 삶이 전향된 사람들로서 자기만의 노래가 있어 요동치 않는 반석위에 집을 지은 지혜로운 사람들이다.

사람의 의식이 발달하면 스스로 영예의 정상으로 오르게 되며, 모든 훈련이나 답습, 연습을 넘어 존재의 정상인 어느 산에 오른다. 성경에는 시온 산으로 비유했을 뿐 저마다 자기의 산이 있어 꼭대기에 올라 노래를 부르고 자기만의 악기를 연주한다. 강 건너에서도 바다 건너에서도 서로 화답한다. 준비된 자들에게 지휘자가 나타난다. 이 노래는 평화롭고 아름답다.

> '末世(말세)에는 신의 처소가 높은 산꼭대기에 굳게 설 것이다. 그때에는 칼을 쳐서 농기구를 만들어 밭을 갈며, 총칼을 쳐서 낫과 호미를 만들고, 나라와 나라끼리 다시는 전쟁을 하지 않으며, 각 사람은 자기 포도나무 무화과나무 아래에 앉아 진리를 경청할 것이라.'(미4:1~4)

宇宙(우주)의 소리를 듣는다.

귀 있는 자는 우주의 소리를 듣는다. 일상에서 道通(도통)이라는 말대로 만물과 통하는 것이다. 동식물과도 광물질과도 통한다. '성 프랜치스코'는 들개와 늑대와도 대화가 가능했고, 元曉大師(원효대사)를 깨우친 대안대사는 늑대 새끼를 기르면서 그들과 대화하였는데 늑대 새끼들은 대안 스님의 말귀를 정확히 알아들었다.

나도 1980년대, 산에서 텐트 생활을 할 때에 산토끼와 대화가 가능하였다. 내가 해칠 마음이 없는 줄을 감지했는지 매일 텐트 주변에서 맴돌며 나의 말을 들었다. 앞발을 들어보라 하면 발을 들어보였고 여러 말로 실험하며 대화를 시도해 보았는데 대략 말귀를 알아듣는 듯 사람을 두려워하지 않았다. 그런데 이상한 일이 벌어졌다. 녀석을 가만히 잡아서 먹을까 하는 생각이 스쳤는데 이튿날에는 나타나지 않았다. 혹시 살기를 느꼈나하고 마음을 비우고 기다렸으나 나타나지 않았다.

지금 내가 거주하는 우리 센터 주변에는 들 고양이가 여러 마리 무리지어 살면서 채소밭에 피해를 주는데 신경이 쓰였다. 아내가 고양이 사료를 사와서 듣던지 아니 듣던지 나는 녀석들을 달래며 옛날 산토끼를 생각하며 규칙적으로 먹이를 주며 조용하고 따뜻한 언어로 달래며 그렇게 보름이 지나자 녀석들은 나의 말귀를 정확히 알아들었다. 두 마리를 길들여 지금은 만져도 가만히 몸을 맡기는 걸 보며 모든 만물은 기다리며 진지하고 뜻 깊으면 다 통한다는 것을 느꼈다. 우리 고양이들은 쥐를 잡아서 센터 앞에 세 마리를 물어다 놓으며 밥값을 한다는 것을 자랑하였다.

기타 줄이나 건반, 현악기, 사물악기 단소, 피리, 현악기 등도 안아주고 머리맡에 두고 수분을 조절해주며 대화를 나누면 신기하게도 고운 소리를 낸다. 화분의 선인장도 정원의 장미도 묘목장의 나무들도 사람의 말을 다 듣는다. 나는 자동차 트렁크에 항상 낫을 싣고 다니다가 칡넝쿨에 잠겨 죽어가는 나무를 발견하면 칡넝쿨을 잘라준다. 보름쯤 지나면 나무가 훨씬 건강해져서 나에게 반향을 보낸다.

孔子(공자)의 거문고

공자가 어느 날 제자들과 이웃나라에 여행을 하는 중 더위를 피하려 고목나무 밑에 잠시 여정을 풀고 쉬는데 시원한 바람이 한바탕 불어왔다. 공자는 거문고를 타려고 현을 어루만지는데 바람을 맞는 고목나무에서 형용할 수 없는 아름다운 휘파람소리가 들렸다.

공자는 기이하고 아름다운 소리를 귀 기울여 들으며 경탄하였다. 그리고 소리가 나는 방향을 자세히 살폈다. 그 소리는 고목나무 가지가 늙어 죽은 부분에 몇 군데 구멍이 나 있었는데 그곳에서 기이한 통소 소리가 났던 것이다. 공자는 제자들 앞에서 거문고를 한쪽으로 밀쳐 두고 말했다. "잘 들어봐! 저 소리가 바로 하늘이 만들어내는 신의 음률이니라."하였다.

1992년도에 개봉된 뮤지컬 멜로 로맨스 프랑스 영화 '세상의 모든 아침'이라는 작품이 있다. 17세기 중반의 프랑스는 루이 14세가 집정하고 있던 시기에 당시 잘 알려지지 않고 있던 비올라의 거장 쌩뜨 꼴롱브(Monsieurde Sainte Colombe, 쟝 피에르 마리엘 분)는 어린 두 딸과 함께 아내의 죽음을 맞게 된다. 아내의 죽음으로 인하여 충격을 받은 쌩뜨는 두 딸을 유일한 弟子(제자)로 삼으며 궁정에서 악사로 초빙을 제의하는 모든 부귀를 거절하고 자연 속에서 오두막집을 짓고 가난한 생활을 한다. 사회성이 떨어지고 말이 적고, 고독한 성격의 소유자인 그는 악기만을 만지며 거의 혼자 지내게 된다.

어느 날 두 딸 앞에 제자가 되기 위해 찾아온 마랭(Maring)이란 젊은 이가 찾아왔으나 그를 달갑지 않게 여겨 인정해주지 않는다. 구두 수선공의 아들인 마랭은 쌩뜨의 제자가 되기를 스스로 자청하여 여러 날 찾아다니며 허락을 어렵게 받아내고 음악의 대가 밑에서 성공을 꿈꾸며 교습을 받으러 다녔다. 그가 12번째 레슨을 받으러 갔을 때 스승의 딸

마들린(Madeleine)이 홍조 띤 모습으로 미소를 지으며 문을 열어줬다.
그녀는 세상에서 존재하지 않는 아름다움으로 청년의 눈에 비추어졌다. 청년은 어느새 마들린을 사랑하고 있는 자신을 발견하였다. 그러나 마랭이 궁중에서 음악을 연주했다는 것을 알게 된 쌩뜨는 마랭을 내쫓아 버렸다. 그러나 마랭은 자신을 헌신적으로 사랑하는 마들린에 의해 몰래 숨어서 쌩뜨의 음악을 들었다. 결국 마랭은 마들린을 버리고 화려하고 낭만적인 궁중 생활을 택하고 취직을 하여 떠났다. 쌩뜨는 점점 더 깊은 고독 속에서 자신만의 음악세계로 빠져들었다. 그 즈음 아이를 사산한 그의 딸 마들린이 외로움과 애인에 대한 그리움을 이기지 못하고 자살을 하여 쌩뜨의 슬픔은 더욱 깊어졌다. 어느 날 마랭이 스승의 집을 찾아 왔을 때 마들린의 동생 자매에게 근황을 들었다. 자기 언니가 마랭의 아이를 사산하고 마랭이 선물로 준 구두끈으로 목메어 목숨을 끊었다는 소식을 전해주며 그녀는 "너무 늦었어요."라고 말한다. 마랭은 때늦은 후회로 참회하며 마들린과 스승을 그리워하며 눈물을 흘리며 밤마다 숨어 들어와서 스승의 음악을 들으려 여러 날 달려왔으나 스승은 침거하며 손에서 이미 악기를 내려놓은 상태였다. 그러나 마랭은 매일 찾아왔다.
어느 비바람이 몰아치는 날 마랭은 스승의 오두막 방문 앞에서 혹시나 하는 심정으로 숨을 죽이며 서성였다. 그때 스승은 밖에서 들리는 인기척에 귀를 기울이며 "거기 누구요?"라고 창밖을 향하여 소리쳤다. 그때 창밖에서 소리가 들렸다. "지나가는 바람이요!" 스승이 다시 물었다. "음악이란 무엇이라 생각하오?" 마랭이 말했다. "음악은 슬픔이오!" "들어오시오!" 이렇게 운명보다 강한 두 음악의 天才(천재)들이 만났다. 두 천재는 또 다시 경이로운 만남으로 이들의 삶과 사랑, 슬픔을 合奏(합주)하며 밤을 보낸다. 그때 둘째 딸은 그들의 연주를 엿보며 감회에 젖는다. 스승이 말했다. "여보게! 잠깐! 저 소리 좀 들어봐!" 그때 회리바람이 늦가을 낙엽을 몰고 휘몰아쳐 불어왔다. 위대한 오케스트라 합주소리가 오두막집을 한참동안 덮었다. 스승이 말했다. "바로 저 소리야, 저 소리가 말이야 低音符(저음부)에서 들리는 스카타토야!" 두 천재는 눈을 감고 그 바람이 일으키는 우주의 오케스트라를 들으며 명상에 잠긴다.

  스승은 아주 오랜만에 비올라를 잡고 밖에서 들려오는 비바람에 맞춰 연주를 신들린 사람처럼 시작하며 영화는 끝이 난다. 이해를 돕기 위해 공자와 쌩뜨의 일화를 언급해봤다. 이와 같이 외부에서 일어나는 바람소리든, 파도가 부서지는 소리든, 뇌성의 부서지는 벼락소리든, 200여 명이 지휘에 맞춰 웅장하게 연출하는 관현악의 오케스트라든, 결국 귀 있는 자만이 들을 수 있는 것이며 가슴이 열려 여지가 있는 사람의 몫인데 이는 신의 축복이며 우주의 소리와 인간의 내면이 만나는 합일의 소리인 것이다.

  이 밖의 어떤 소리도 마찬가지다. 첫째로는 의식의 高低段階(고저단계)에 따라 나타나는 개개인의 메아리 파장이다. '명상은 이런 것이니 귀 있는 자는 어디를 가도 신의 음성을 듣는다. 들풀이 돋아나는 싹에서도 흔한 쑥부쟁이 꽃을 보면서도 시냇물소리 산새들 여울에 몰려 노니는 피라미 떼들을 보면서도 항상 신의 숨결을 느끼는 것이다. 이것은 괴변이 아니라 은혜로운 삶을 사는 사람들은 모두가 입을 모아 합의하는 찬송인 것이다. 이것이 神의 오케스트라인 것이다.

2. 善惡의 兩極端(양극단)

　인류가 살고 있는 3차원 지구촌은 에덴동산 때부터 선과 악이 공존하는 양극단에서 동등한 위치의 비율로 존재하며 아무리 교육하고 善行(선행)의 모범을 보여도 밤과 낮이 존재하듯 선악은 공존한다. 그러므로 내 스스로 의식을 확장하여 신성을 회복하여 잃어버린 낙원을 회복하기 전에는 삶이 힘들고 고통스러운 것이 이 지구별에 사는 인간의 숙명이다.

　오늘날의 지구촌에는 性善說(성선설)과 性惡說(성악설)의 양극단에서 끝없는 논쟁과 혈투가 벌어지고 있다. 정치인들은 말할 것도 없고 종교 역시 선악의 흑백주의를 초월하지 못하고 수천 년 동안 싸우고 있다. 선악의 개념이라는 것은 인간이 시대 상황에 따라 만들고 기득권자들의 역리목적에 따라 자주 바뀐다. 내일 어떤 법을 다시 만들어낼지는 미래의 시대분위기에 따라 좌우될 것이다. 선악이란 인류 역사상 그동안 동전의 양면과 같이 존재해왔다.

　生과 死, 슬픔과 기쁨, 밤과 낮처럼 질문과 답이 하나로 존재한다. 불교 교리에서는 煩惱(번뇌)를 菩提(보리)라고 말하듯 그것은 동시에 존재한다. 心法(심법)에서도 질문이 곧 답이듯 인간의 意識(의식)으로 구분지어 어떤 기준으로 선악을 구별하긴 하지만 그것은 하나의 시대상황으로 보는 영안(靈眼)이 필요한 것이지 인간제도의 선악개념이 절대기준의 법은 아니다. 左派(좌파)에서는 진보가 선이며, 보수가 악이다. 右派(우파)에서는 보수가 선이며, 진보가 위험한 악으로 규정하여 이들의 투쟁은 지구 종말이 와도 끝나지 않는다. 善惡果(선악과)는 인간이 만들어낸 개념의 현상으로 봐야지 이분법인 흑백논리로 결정짓고 휘둘리는 것은 자기가 만든 법에 붙잡히는 自繩自縛(자승자박)이며 무지이다.

신의 세계에서는 선악의 개념이 없는 중도이며 밤낮이 하나요, 선악에 이끌려 다니지 않는 平常心(평상심)의 중도가 좌우로 치우치지 않는 길이다. 선악의 개념 차이로 합의를 보지 못하고 화합하지 못하여 적을 만들고 전쟁도 하는 것이다. 히틀러, 무솔리니, 스탈린, 징기스칸, 나폴레옹, 알렉산더 등 자신이 極善(극선)이라고 생각한 것이 極惡(극악)이 될 수도 있듯, 종교나 철학 사상 세계에서도 극선이라 주장하는 것은 극악만큼이나 모가 나는 것이며 여기에 치우치면 해롭다.

평상심이란 휩쓸리지 않는 중도나 중용을 말하는 만큼 지혜로운 마음으로 양극단을 주시하며 선택하지 않음만이 자유인이다. 인간 제도의 善惡槪念(선악개념)은 시대의 풍조에 따라 선도 악이 될 수 있다. 선을 행하는 것은 가하나 선에 대한 집착은 기준을 만들어내고 그 기준을 법적으로 따르게 하고 하나의 제도가 될 때 또 하나의 시대적 善惡果(선악과)가 되는 것이다.

종교의 교리나 사상은 여과 없이 문자적으로 받아들여 신봉하게 되면 대다수 청맹과니가 되며 문자의 노예가 되기 쉽다. 선이란 자유자재의 본질이며 고정불변의 무겁고 어두운 존재가 아니다. 증명할 수도 없는 막연한 문자주의 신앙세계에서나 조직에서 선악을 구분 짓는 것은 無明(무명)의 소산이다.

일반적인 선의 기준은 상대를 이롭게 하는 이타적인 행위나 남을 돕는 일이나 양보하는 謙讓至心(겸양지심)에 의미를 둔다. 하지만 선악은 분명 체계가 있다. 흉년에 굶어 죽어가는 사람을 살리려 악한 부잣집의 창고를 열어 가난한 사람들에게 쌀을 한 가마씩 나누어준 홍길동이나 임꺽정은 관가에서는 죄인이었으나 가난한 서민들에게는 그들이 義人(의인)이 되었던 것이다.

인간의 입장에서 옳다고 하는 개념은 궁극적으로 사람을 살리는 생명과 직결시켜야 한다.

大義名分(대의명분)을 위한 상황윤리는 의식수준이 높은 사람이 쓸 수 있는 自由意志(자유의지)인 것이다. 앞에 말한 神(신)의 기준은 선악을 넘어 중도에 머무는 마음, 좌우로 치우치지 않는 마음을 선의 기준으로 보았는데 이러한 상학적인 것과 하학적인 것에 대한 것을 구분하는 것이 지혜인 것이다. 자기 딴에는 선한 일이라고 했는데 생명력을 갉아먹고 자유를 잃어버리는 결과를 초래하며, 몸과 마음을 망가뜨린다면 그것은 허울은 선일지 몰라도 악이다. 반대로 내 욕심으로 일을 하여도 사업이 확장되어 많은 일꾼을 고용하고 일터를 제공하고 나의 의지와는 상관없이 여러 사람을 돕는 경우가 되었다면 그것은 倫理的(윤리적)으로 선이 되는 것이다.

선과 악의 運用(운용)

운용이란 항상 지혜가 뒷받침해줘야 한다. 기름은 기름으로 씻어내고 오랑캐는 오랑캐로 잡듯, 악을 통해 선이 더 잘 드러날 수도 있는 것이다. 질병이 있어 시달리다가 질 좋은 처방이 나오듯이 사람이 당하는 고통이나 번뇌가 각을 더욱 드러나게 할 수도 있음을 말한다.

이 세상에서 해를 끼치기 위해 창조된 것은 없으며 인간을 파멸시키려고 일어나는 일은 결코 없다. 지금까지 인류는 지구 어머니 품에서 공짜로 잘 살면서 자유의지와 분별을 잘못 사용하고 욕망에 사로잡혀 자기중심적으로 멋대로 살며 令長(영장)의 도리를 못하고 선악의 개념이나 기준도 强者(강자)들의 의지대로 만들어냈다. 이러한 인간 제도의 율법들은 영원하지 못하고 시대에 흐름에도 맞지 않는다.

다만 건전한 영혼들은 주변에 일어나는 일들을 자신의 거울에 비춰

반영하며 자신을 일깨우는 훈련을 통하여 배운다. 사기를 당하거나 뭔가를 실망하게 될 때 영적인 사람들은 경찰서보다는 내가 어떠한 잘못과 부족함이 있기에 내게 이러한 현상이 일어날까 하며 원망보다는 자기의 부덕을 먼저 생각하며 內照(내조)하고 남의 탓을 하지 않는다.

내가 비판을 받으면 내가 욕을 먹은 만큼 잘못을 가르쳐주려고 잠시 탁한 영혼들이 스쳐간다는 원리다. 상식적으로 선과 악의 개념이란 타인에게 고통을 안겨주고 손해를 끼칠 때 작용하는 탁한 에너지가 윤리적으로 작용하여 선과 악이 되는 것이지 본시 선악은 절대 기준은 없는 것이다. 善惡은 인간이 스스로 사회생활을 통해 만들어낸 단어일 뿐이다.

일반적인 도덕성의 선악은 교육과 훈련을 통해서도 상당부분 정화될 수 있고 몇 년 정도 운동선수처럼 노력한다면 교양 있는 사람으로 변화될 수는 있다. 예컨대 '성 어거스틴'이나 노예선장이던 '존 뉴턴'이나 한국의 '김 익두 목사' 등 후천적으로 변화되어 인성 회복이 된 사람들은 셀 수 없이 많다. 그러나 이 역시 절대적이지는 않다. 조상의 유전자 밭과 태교, 양부모의 종자 세포, 빈부의 분위기와 의식주 등 작용하는 범위는 다양하다.

善惡을 넘어서

무엇이 선이고 무엇이 악인가 알고 싶으면 종종 재판하는 광경을 청취해보면 되고 종교적인 善惡이 궁금하면 교회를 몇 년 나가보면 알 수 있는데 아이들에게는 부모의 칭찬이나 훈계가 선악으로 작용하며 잘했다고 칭찬하면 선이고, 하지 말라 말리면 악으로 작용한다.

그러나 이런 것은 개인적인 가풍이나 가정교육이지 선악과는 아니다. 선악과는 그 구분이 대체로 종교적인 권위로부터 파생되었다. 어떤 이들은 선악의 구분이 우리의 양심에 의해 스스로 알 수 있다고 생각하기도 하는데 이것도 불확실한 게 양심의 척도 역시 그 기준이 사람마다 형편마다 서로 다르니 규정지을 수 없다.

나의 양심에 거리낌 없는 자유와 담력이 어떤 사람에게는 거리낀 부담으로 작용하니 말이다. 소위 말하는 인간의 상식수준에서 선악을 구별한다 해도 그것은 자신의 주관, 혹은 다수에 의한 기준일 뿐이며, 절대적인 기준이 될 수는 없다. 인간은 특별히 자신의 기준이나 판단여하에 대부분 사람들이 공감해주거나 격려하거나 하면 이에 과도한 확신을 갖는 오해가 발생하게 되는데 일반적인 선악의 기준은 각 나라마다, 지역마다 헌법이 다르고 풍속과 유전이 다르니 각 시대마다 율법이 다르다. 그런고로 선악의 기준으로 선을 말할 때 이타적인 행위와 상대방을 생각하여 도움을 주는 것을 기준으로 삼는 것을 기준으로 삼는 것이 무난하다.

악의 개념은 그렇다.

살인이나 도둑질, 분쟁을 일으키고 싸움을 붙이고 타인의 생존에 불이익을 끼치는 것은 분명한 악이다.

과거에는 위생개념이 부족하여 영아 사망이 많고 의료시설이 부족하여 생존이 어려웠던 시절에는 종의 번식을 위해 자식을 많이 생산하는 것이 선이요 아이를 생산 못하면 악이라고 했다. 아이를 만들지 못하는 同性愛(동성애) 같은 것은 있을 수 없는 해괴한 죄악이었다.

그러나 의학의 힘으로 평균수명이 100년 전보다 20년 이상 늘어난 지금 중국은 출산을 엄격히 제한하고 있으며 벌금을 부과하기도 한다. 인간제도의 선악은 이렇게 무시로 변하는 것이다. 생명의 실상보다 소중한 존재가 없다면 결국 생명을 파괴하고 국가의 생존을 위협하는 행위나 선악의 기준을 무시하고 질서를 파괴하며, 그릇된 자유의지로 이기적인 행위로 고집하는 것이 합리화되고 가는 곳마다 가인의 후예들이 날뛸 것이다. 이는 분명 시대적인 악이다.

孟子(맹자)는 인간의 慾望(욕망)을 선악의 갈림길이라 하였는데 대개 인간은 본래 선하게 태어났으나 사회제도와 후천적인 교육이나 주변 환경으로 인하여 자아가 크게 영향을 받는다는 것이다.

　욕망을 성취하지 못하면 조금 짜증을 내든가 목소리가 거칠어지던가, 포악해지는 경우가 많고 욕망이 넘치면 타락하는 경우가 허다하다. 이렇게 욕망이란, 소유하면 할수록 만족하지 않고 더 소유하려는 굶주린 짐승처럼 만족을 모르는 거지 鬼神(귀신)근성이 역시 인간의 심리에 작용한다. 욕망은 마치 수렁과도 같아 채울수록 그 무게에 눌려 더 깊이 빠져들게 된다. 사람은 대체로 선을 지향하고 좋아한다. 도움 받을 때보다 남을 도울 때 기뻐하며 즐거워한다. 맹자는 賢母(현모)의 슬하에서 密度(밀도) 있는 교육과 사랑을 받아 그 공력대로 교육 철학자가 되어 욕망을 제어할 줄 알았고 본성의 뿌리를 개종하여 선행의 모델이 된 것이다.

　그러나 명예나 욕망을 위해 인생을 걸면 중간은 없다. 대개 병들고 쇠고랑을 차는 이가 허다하다. 이들 속에서도 본성의 선한 씨앗은 있었다. 본성이 악해서가 아니라 악한 제도의 유혹에 이끌려 넘어간 결과인 것이다.

　미국의 정치가 프랭클린은 이렇게 말하였다. "욕망의 절반이 성취되면 고통은 두 배로 늘어나고 욕망이 100% 이루어지면 감옥행이다." 지옥은 만족할 줄 모르는 사람들이 사는 곳이며, 천국은 감사하며 만족할 줄 아는 사람들이 사는 곳이다. 이것이 선악의 갈림길이다.

3. 意識(의식)에너지와 物質(물질) 에너지

의식 에너지(Energy)

　의식 에너지는 내 스스로 만들어가는 창조의 도구다. 의식이 맑고 건강한 사람은 삶의 주변이. 건전하고 밝아 음습한 기운이 발붙이지 못한다. 내면이 알차고 단전에 힘이 있는 사람은 외부로부터의 자극에 유혹을 받거나 쉬 데미지를 입지 않는다. 그러나 훈련이 안 된 피라미 심장들은 작은 물결의 흔들림에도 끊임없이 반응하며 덫에 걸려 넘어진다. 늘상 외적인 바람에 끌려 다니느라 에너지를 낭비하게 되고 내면의 힘인 자기만의 의식 에너지를 키울 힘을 상실하고 진정한 내면의 힘인 주인 의식에너지를 전혀 알아채지 못하고 늘 밖으로 찾아다닌다.
　어디에선가 달콤새콤한 신정보를 들으면 한바탕 거기에 옮겨 메밀 가마에 쥐 옮기듯 들락거리며 충전을 하러 다닌다. 그러다가 또 다른 신규 에너지를 찾아 나서며 뉴 페이스를 만나면 또 잠시 첫 사랑 같은 사탕빨기를 하다가 또 다른 곳을 기웃거린다. 이러한 나그네와 행인 같은 떠돌이별들은 일평생 주인으로 살지 못한다. 그러나 의식의 씨앗이 영글어 충실한 사람들은 외부의 자극에 대한 반응을 넘어 바로 그 순간부터 내 심연의 무한한 의식 에너지를 새롭게 발전 가동시켜 또 다른 **新天地**(신천지)를 펼쳐나가기 시작하는 것이다.
　의식 에너지는 삶의 모든 면에서 그 영향력을 뚜렷이 느낄 수 있는 강렬한 힘이다. 인간의 의식 에너지는 나를 구성하고 있는 **精神界**(정신계)의 가장 중요한 요소이며 자아를 완성해가는 근원적인 원천이며 내 영혼의 운전사다.

이 의식의 자유의지에 따라 삶의 成敗(성패)가 결정되기도 한다. 부하들을 구하려 수류탄을 안은 강 재구 소령은 그 숭고한 정신에 모든 사람이 눈시울을 적시며 감사를 표시하지만 정인이를 때려죽인 여인의 의식은 구태여 설명하지 않아도 결말은 뻔하다.

萬有(만유)의 본질 에너지

에너지란 기본적으로 物理量(물리량)의 하나로 물체나 물체계가 가지고 있는 일을 하는 능력을 통틀어 이르는 말로 力學的(역학적) 일을 기준으로 하여 이와 동등하다고 생각되는 것 또는 이것으로 환산할 수 있는 것을 이르는 것이다. 구체적으로 에너지의 형태는 다양하게 나타난다. 태양에너지, 전기에너지, 음식으로 얻어지는 에너지, 가솔린으로 움직이는 기계 에너지 등… 사람이 생각을 하고 명상을 하고 눈을 감아도 의식 에너지가 소모된다.

생각이란 에너지는 끊임없이 시각적으로 이미지화 하려는 본성이 있다. 맑은 정신을 기르고 뜻을 세워 정신을 가다듬어 집중하여 창조된 것들이 물질계에 나타난 컴퓨터, 전기, 노래 아름다운 멜로디, 기타 창작물들이며 농산물, 기계, 악기, 기타 과학의 결과다. 이러한 에너지를 반복하여 뜻을 모아 집중하여 거듭 연습할수록 더욱 강한 에너지를 만들어내며 확실하고 분명한 현실 세계로 결과물이 나타난다. 흐르는 도랑물을 막아서 水路(수로)를 만들어 논에 물을 대주면 벼농사를 지을 수 있고 돋보기 렌즈를 이용하여 한 곳에 집중하면 종이에 불을 붙일 수 있듯이 생각을 맑은 정신으로 모아 집중력을 모아 명상하면 기적적인 영감을 받는 것이다. 精神一到何事不成(정신일도하사불성)이란 말이 여기에서 나온 말이다. 의식의 집중을 통해서 에너지를 훨씬 강하게 사용할 수 있다.

성공적인 삶의 변화를 원한다면 의식 에너지를 발전시켜나가는 것이 첫째 관문이다. 성격이 조급하여 조석으로 바뀌는 사람들은 대개 의식 에너지가 늘 방전 상태일 것이다.

자기 확신이나 깨달음의 소리가 없고 늘 객관적 입장이며 빌려온 뉴스 빌려온 사념으로 군중들을 떼거지로 몰고 다니며, 자기만족이나 자신감이 없으며 정신세계의 삶이 빈곤하다.

에너지의 자기장이 없으면 실패를 불러들일 확률이 높다. 내면의 자신감은 창조의 金杖裨(금장비)다. 도깨비가 방망이가 없으면 자격이 없는 것이다. 반복되는 수련을 통해 마인드 컨트롤을 하는 것은 말하지 않아도 알 것이다. 구구단을 달관하기까지는 쉼 없이 연습 삼아 하는 것이 당연하고, 즐거운 노래나 시 구절은 내가 익숙할 때까지 외우고 암송하듯이, 처음에는 에너지 운용에 유념하여 반복적인 연습으로 조절할 수 있으며, 마음먹기에 따라 보다 더 큰 현실 세계를 창조할 수 있는 것이다. 63빌딩도 마천루도 터미네이터도 인간의 에너지가 만들었으며, 우주선도 인공지능도 인간의 의식 에너지가 만든 것이다.

현실의 변화는 새로운 의식 에너지를 발전시켜 힘을 키운 뒤에만 가능하다. 나의 삶에 필요한 존재가 무엇인지 실현될 때까지는 의식 에너지를 집중시켜 나가면 반드시 원하는 대로 이루어진다. 내 마음속 깊은 곳 基底(기저)있는 間腦(간뇌)까지 도달하도록 의식 에너지를 규칙적으로 운용하는 것이 중요하다. 이는 사실상 특별한 행법이나 기적이 아니며, 이는 인간의 기본적인 자세인 것이다. 다만 이것을 이루기 위해 필요한 시간과 열정을 바치겠다는 나의 결심이 뒷받침만 되면 이러한 현실이 실제로 펼쳐지며, 의식 에너지가 어느 순간 물질 에너지로 나타남을 볼 것이다.

物質(물질) 에너지(Energy)

데카르트(Ren Descartes) 물심 二元論(이원론)
　思惟(사유)를 본성으로 하는 정신과 延長(연장)을 본성으로 하는 물질의 實在的(실재적) 구별이다. 이에 의해서 정신으로부터 독립한 객관적 자연의 존재가 승인되어 일체의 자연현상은 연장과 운동에서부터 기계론적으로 설명되고 정신(의식)은 인식 주체로서의 독자적 위치를 차지하게 되었다. 즉, 근대철학의 기본적인 틀이라고 할 수 있는 주관과 객관의 이원론이 확립된 것이다. 그러나 물심 이원론은 정신과 육체의 관계를 어떻게 설명할 것인가? 하는 문제에 만족할만한 해답을 찾지 못해 이원론 극복의 방법을 모색하고 있는 것이다. 결과적으로 데카르트의 이원론은 물질로부터 모든 정신적인 것을 흔적도 남기지 않고 잘라내 버렸으며 그에 따라 물질세계는 不活性(불활성) 물질 덩어리들의 무정한 충돌만이 존재하는 생명 없는 장소가 되고 말았다. 이것은 놀라울 만큼 황량한 자연관이었다. 단지 몇몇 사람들만이 데카르트의 形而上學(형이상학)을 전적으로 받아들였던 것이지만 17세기 후반의 모든 과학자들이 물체와 정신의 이원론은 여지가 없는 것으로 받아들였다. 근대 과학의 물리적 세계가 이렇게 태어난 것이다.

機械論的(기계론적) 物質論(물질론)

　세계의 일체 현상이 기계적 운동에 의해서 생긴다고 보는 세계관 유기적 생명계, 인간의 의식세계를 물리적 자연계와 같다고 보고 양자를 모두 역학적 법칙에 의하여 설명하며, 질적으로 다양한 事象(사상)을 물질의 역학적 운동으로 환원하려고 하는 유물론은 R. 데카르트, T. 홉스 등에도 보이나 가장 철저한 것은 18세기의 디드로 돌바크 등의 프랑스 유물론이다.

　이들은 이성과 과학의 입장에서 구 제도나 신학 또는 思辨的(사변적) 형이상학을 공박함으로써 프랑스 대혁명의 사상적 기초를 세웠다. 이것은 뉴턴에 의해 확립된 과학 철학 이론이다.

　오늘날의 문명 세계를 이룩하는데 절대적인 영향력을 행사하였다. 그러나 서구의 기계론적, 물질론적 이원론에 바탕을 둔 思考(사고) 체계는 오늘날에 와서는 마침내 한계에 부딪치게 되었다. 이러한 과정은 진화론적 입장에서는 불가피한 일일 수도 있지만 현대의 심각한 환경오염, 자원고갈, 급속도로 파괴되는 생태계 등의 돌이킬 수 없는 고질적 피해를 초래하였기 때문이다.

　이러한 지구촌의 위기를 이 과학자들의 이론 체계를 통해 극복한다는 것은 또 다른 모순에 빠질 것이며 극복할 수도 없다. 이야기가 본질에서 좀 빗나가는 것 같으나 우리는 여기서 에너지를 논하는 것이다. 나는 그렇다. 무슨 말을 시작했든 나의 종점은 통합이다.

　뉴턴이 떨어지는 사과를 보며 영감을 얻은 것도 磁氣場(자기장)의 에너지이며, 사과나무를 흔든 것도 바람의 에너지이고 거기 원자의 에너지가 작용했으며, 자동차를 운행하는 에너지 원료는 가솔린이고, 인간의 몸을 살리는 원소들은 地水火風(지수화풍)이며 구체적으로는 음식 에너지이며 음식은 동식물인데 이 동식물은 역시 지수화풍의 4원소가 길러 낸다. 그러므로 세상의 모든 동식물, 鑛物質(광물질)이 하나의 에너지에서 파생되었다. 인간의 마음이나 靈魂(영혼)마저도 에너지인 것이다. 마치 콩과 콩깍지의 관계처럼 말이다.

싸이매틱스(Cymatics)

　싸이매틱스라는 단어에 대한 사전적인 뜻은 그렇다. 소리가 어떠한 패턴과 형상을 가지고 있는지 그에 따라 어떤 과정을 생성하고 영향을 주는 쉽게 말해서 소리에 대하여 연구하는 분야다. 나는 이렇게 말하고 싶다. 쉽게 말해서 **소리의 에너지를 눈으로 볼 수 있다**는 것이다.

소리의 원형은 진동에너지다. 세상의 모든 소리는 진동수가 있다. 즉, 고유의 주파수를 지니고 있다. 우주의 시작은 소리로 시작되었다. '빛이 있으라!'는 소리로 빛이 창조되었으며, 우주의 빅뱅도 소리였다. 소리의 진동이라 할 만큼 중요하며 삶에 미치는 영향력이 크게 작용한다. 싸이매틱스를 통해서 우리는 모든 소리가 가지고 있는 에너지를 눈으로 측정할 수 있게 되었다.

물의 傳言(전언)

그렇다면 어떻게 소리의 에너지를 가시화하여 육안으로 볼 수 있을까? 과학적 증명으로는 절이나 명상센터에서 사용하는 (Singing Ball) 싱잉볼을 울릴 때 일어나는 파장과 그 놀라운 치유력이나 힘을 많은 사람이 경험하는 경우를 통하여 우리는 진동의 치유력을 인정하지 않을 수 없는 것이다.

소리의 에너지를 눈으로 보기

우선 진공 오디오 위에 검은 종이나 파란 종이를 깔고 깨끗하고 가는 모래를 얇게 깔고 모차르트의 곡이나 베토벤의 운명이나 슈베르트의 겨울 나그네, 등 기타 취양에 따라 볼륨을 조절해가며 음악을 들어보라.

당신이 상상할 수 없던 아름다운 소리가 그림을 그려내는 우주의 신비가 숨어있는 만다라와 아름다운 광경을 볼 수 있을 것이다. 점점 더 고주파가 될수록 패턴이 정교하고 복잡해지는 것을 볼 수 있다. 싸이매틱스는 그리스어로 kýma(파동)에서 유래한 말이며 진동이 어떤 패턴, 형상, 움직임으로 나타나는 현상을 의미한다.

물질의 최소 단위를 상식적으로 배울 때 원자에너지를 배웠을 것이다. 그러나 과학이 더 진보한 지금은 모든 물질의 최소 단위를 양자 입자이자 진동의 형태를 띠고 있다고 한다. **사람역시도 진동체**이며 세포역시 고유의 진동을 가지고 있으며 진동은 서로 共鳴(공명)하며 동조하는 특성을 가지고 있어 유유상종이 가능하고 결혼이 가능하고 사랑이 가능한 것이다. (※ 소리 에너지는 의식 에너지이며 모래는 물질 에너지이다.)

주파수 변화에 따른 진동으로 달라지는 모래의 모양
[자료출처] 유튜브 https://youtu.be/wvJAgrUBF4w

 ←싸이매틱스 유튜브 영상 보기

2) 소리의 힘

싸이매틱스는 그렇다. 즉, 맑고 아름다운 소리가 울리면 거기 만들어지는 만다라 창조도 아름답고 신비한 형체로 변하고 깨진 꽹가리나 흐트러진 리듬으로 소리를 내면 형체가 일그러진다. 인간역시도 그렇다. 고운 목소리로 인정을 담아 전하는 목소리에는 사랑의 에너지가 가득하니 그 소리는 곧 메아리가 되어 창조의 기적이 일어나고, 살인자나 주정뱅이의 고함소리에는 죽음의 그림자 파장이 나오는 것이다. 아름다운 노래, 조화로운 곡을 들으면 호흡이나 심장 박동, 뇌파도 동조되고 심신이 이완되어 피로가 회복되고 질병이 치유되는 것이다.

언어를 통한 에너지 전달은 인생의 갈림길을 제시할 정도로 그 결정적인 변화와 역할이 크게 작용하는 것이다. 우리나라의 소리꾼들은 물소리, 바람소리, 낙엽소리를 찾아 명산에 들어가 수련을 한다. 이는 산천초목이 주는 소리의 파장으로 인간의 腦波(뇌파)에 呼吸器(호흡기)에 精神界(정신계)에 動的(동적)인 에너지를 공급하며 氣(기)를 북돋운다. 결국 눈에 보이지 않는 것들이 에너지의 파장을 통하여 결과적으로는 눈으로 확인되는 것이다. 이러한 파동은 우리에게 영향을 줌으로 보이지 않는 질서와 보이는 질서의 우주적인 운행을 싸이매틱스를 통해 발견할 수 있다. 바람은 파도를 일으키고 폭풍우를 만들어 고목나무를 쓰러뜨리고, 슬픈 노래는 눈물을 강요하고, 得音(득음)의 소리는 사람의 마음에 쌓인 한을 끌어내어 해방시키고, 깨달은 성자의 설교나 법문은 구도자의 생사를 갈라주며 방황을 잠재운다. 소리를 눈으로 볼 수는 없으나 소리의 파장을 볼 수는 있는 것이 에너지의 작용인 싸이매틱스라 이해하면 될 듯하다.

4. 3차원 세상의 人類(인류)

　인간은 3차원계의 생명체다. 2차원 평면이라면 인간은 대사활동을 할 수가 없다. 오장육부와 소화기관을 갖춘 3차원 인간이라면 지속적인 생명의 조건을 만족시키기 위해서 시간이 포함된 4차원 시공간이 필요하다. 인간의 존재를 설명하기 위해서도 4차원이 필요한 것이다. 시간과 공간은 서로 상관없는 것들이 아니라 그림자처럼 시공간으로 통합되어 존재한다.

　대우주 차원에서 본다면 지구별은 좁쌀 하나보다도 작은 미립자에 불과하다. 우주에 비해 인간은 먼지 같은 입자들이지만 이런 인간의 눈으로 보는 세상은 한정되어있고 둥근 지면도 평평하게 보인다. 3차원의 건물이 직선으로 보이는 것처럼 우주는 무한 광대한 스케일로 펼쳐져있기 때문에 우리의 눈에는 4차원의 시공간처럼 보이는 것이다. 4차원을 살아가는 지구의 생명체들에게 경험할 수 없는 시공간은 분명히 존재한다. 인간이 기준이 된다면 4차원 공간이면 충분하다. 그러나 우리는 볼 수 없고 도달할 수도 없는 시공간이 존재한다. 프로메테우스가 지구를 떠받치고 있다고 믿는 그리스 신화도 있고, 태양이 지구를 돌고 있다고 생각하던 때도 있었다. 4차원 공간으로 설명되던 시절이 이제는 11차원으로 확장되고 있다.

　우리는 가만히 있는데 세상이 변하는 것인지 아니면 인간이 변하고 있는지 3차원에 살면서 의식이 진보하기는커녕 앉은뱅이가 되어가는 지구 어머니를 지금 죽이고 있다. 눈뜨면 아귀다툼 싸우고 속이고 빼앗고 사고팔고 축적하고 늘어가는 자살, 살인사건, 마약, 과학, 교육, 종교는 넘쳐나는데도 의식은 진흙탕 돼지, 하이에나, 독사, 맹수 의식이다. 지금은 보병궁시대에 접어든지 20여년이 지나고 있다. 잠에서 깨어나야 할 심각한 激變期(격변기)에 우리는 서 있다.

3差員(차원) 세상

차원계라는 것은 사실상 인간이 의식적으로 느끼거나 감지하거나 만져지거나 맛보거나 하는 물질계의 차원으로 인간이 발을 딛고 서 있는 이 땅 지구 어머니 품을 의미한다. 여기서 인류는 태어나고 죽고 사유하고 발달하고 한편으로는 퇴보하고 전쟁하고 사랑하고 죽이고 부대끼며 살아간다. 제한 받는 육체를 가진 인간은 아무리 기고 날고 몸부림쳐도 지구촌을 떠나서는 살 수 없다. 기껏 개발한 것이 하늘을 나는 비행기와 核武器(핵무기)를 만들어 공포를 조성하는 것이 고작이다. 글로벌 주의를 자랑하며 매일 국경을 날아다녀도 그 일이 인류를 위한 일은 별로 없으며 개인적인 비즈니스나 관광여행에 불과하다. 이것이 오늘을 살아가는 지성인들의 현주소다.

세계평화는 구호만으로 그치고, 강대국들은 약소민족의 피를 빼고 목을 조르고 평화주의자들이나 양심선언 하는 이들은 언제나 목숨이 위태롭다. 일루미나티나 그림자정부, 프리메이슨을 비판한 사람들은 하나같이 타겟(target)이 되어왔다. 그리하여 명상가들이 발견한 4차원의 세계가 있는데 그것은 화성이나 금성, 안드로메다가 아닌 마음의 深淵(심연)이다.

지나친 현실주의자들이 듣기에는 괴변 같고 웃기는 망상일 수도 있는 이 세계는 전부 唯心(유심)의 創造歷史(창조역사)다. 3차원 세상에서 준비해야 할 숙제는 차원을 상승할 수 있는 비법과 테크닉을 개발하는 것인데 이것은 최고의 鍊金術(연금술)이다. 간단한 예로 유치원생 어린아이를 일평생 내방쳐 둔다고 가정할 때 이 아이의 장래나 심신의 마인드 상태와, 정상적인 교육을 받으며 사랑과 칭찬, 채찍을 경험하며 성장한 아이와는 비교할 수 없는 현저한 차이가 생길 것이다. 차원상승이란 의식의 진화를 목표로 한다. 총명한 유전자를 갖고 태어나도 환경이라는 밭이 비좁고 거칠면 기대 밖으로 빗나가는 것이다.

우리는 정신세계를 중시 여기는 사람으로 이데올로기가 없으며, 빌 게이츠보다는 만델라나 간디를 원하며 교황보다는 성 프랜치스코를 원하며 핵물리학자들보다는 허준 선생을 원한다. 알렉산더나 징기스칸, 스탈린, 칼빈보다는 링컨을 원하며 슈바이처를 원한다.

의식의 상승은 첫째가 사랑과 博愛(박애)이며 둘째는 무지를 초월하는 길이며 셋째로는 더 나은 세계를 바라보는 것이다. 인간의 머리가 위를 향해 돋아난 것은 위를 바라보라는 것이다. 3차원 세상에서 인간이 할 일은 인간의 본질을 깨달아 사람답게 사는 것을 기준으로 한다.

세상에는 많은 주의 주장이 있고 여러 철학이 존재하지만 아무리 여러 부족들의 전통이나 율법을 비교해보아도 오리엔트 문명 중에서 弘益人間(홍익인간)의 가르침보다 나은 진리는 없다고 생각한다. 고조선 檀君(단군)의 율법은 上學(상학)과 下學(하학)의 본질을 잘 가르쳐주고 있으며 3차원 인류가 나아갈 길을 열어주고 있다.

따라서 3차원 세상의 인류는 두 개의 法(법) 범주 내에서 투쟁하는데 하나는 우주질서를 무시하고 가인의 피를 유전 받아 폭력으로 파괴하는 악의 뿌리를 안고 우는 사자처럼 종을 번식하는 편이고 하나는 영성을 개발하여 신성의 마인드로 우주의식을 탐구하고 기다리며 끝없는 우주와 나와의 관계를 하나의 有機體(유기체)로 느끼고 창조의 질서를 따라 자연을 신성으로 여기고 늘 교신하며 다차원과 교신하며 영감을 받는 빛의 일꾼들이다.

생명의 패러다임(Paradigm)

생명의 본질은 죽음이 없는 신성으로 창조 원천의 대명사다. 지구촌이 아름다운 것은 3차원 인류의 터전이며 존재의 숙소이기 때문에 우리는 더욱 집착하며 지구를 지키자는 슬로건을 부르짖는다. 과학이 아무리 발달해도 우주를 다 알아내지 못하며 인류는 자신의 고향이며 생명의 터전인 지구촌마저도 구석구석 다 알아내지 못하고 아직도 미지의 땅들이 많다.

과학의 발전 이면에는 그 근저에 기본이 되는 생각의 틀(Paradigm, 기본 사상세계관)이 있다. 자연현상에 접근하는 방법에 관한 정보만 해도 물질은 모든 분자, 원자 또는 소립자로 환원해서 생각할 수 있다는 요소 환원주의 또는 세계를 기계처럼 보는 기계론적 관점이 있다. 전통적인 서양의 사유구조 속에서 태어나 지금까지 이어져온 과학의 주류는 유대 헤브라이즘, 기독교적인 세계관위에 세워진 요소 환원, 기계론적인 패러다임이다.

1) 카오스(Chaos)와 질서

인간의 두뇌로 측량하는 세상은 그렇다. 이 세상에 존재하는 대부분의 물질은 불규칙적이며 안정되어있지 않고 늘 변화하며 무질서한 과정을 만들어내며 들끓고 있는 듯하다. 창세기 1장에도 혼돈이 있었고 그 다음으로 질서의 창조가 뒤를 따른다.

그러나 생명의 패러다임은 우열이 없는 상대적인 것이다. 전형적인 우주론은 생명론적인 세계관을 실감시키는 정보를 빅뱅(Big Bang)으로 시작되었다는 결론에 합의를 하였고 빅뱅을 야기한 것은 진공의 요동이라고 한다. 생명의 빅뱅은 인간의 인체에서도 일어난다.

인간이 유아기를 지나 청년기가 되면 생명의 律呂(율려)가 시작된다.

하나의 생명체가 탄생되기까지는 약 3억 개의 生命體(생명체)가 빅뱅으로 폭발한다. 이 생명체는 여인의 어두운 블랙홀에서 일정기간을 머물며 생명을 준비하다가 진공상태를 깨뜨리고 고통 속에서 대 폭발을 경험하며 하나의 은하계가 생성되는 것이다. 우주가 거대한 생명체이듯 인간의 몸을 통해서 생명의 행위를 전개하는데 태어난 모든 생명체는 한결같은 의미를 갖는 것이다. 습생, 난생, 태생, 기타 물질로 분류되는 것일지라도 서로 얽혀 다양한 생명체를 탄생시키는 요인으로서 존재한다.

마치 콩과 콩깍지처럼 하나의 생명체로 존재하는데 결국 혼돈은 곧 질서인 것이다. 생명의 패러다임에서는 전체적 양상을 파악하고 대상의 초점을 하나에 맞추지 않고 오히려 주변 영역과의 관련을 모두 중요시한다. 인류의 사회구성원은 사소한 요인이 새롭게 형성되는 질서의 양상을 전혀 다른 쪽으로 이끌어 갈 수 있음을 주목하고 자신의 행위를 돌아볼 필요가 있는 것이다.

2) 카오스 神話(신화)

인류의 조상들은 과학 수준이 일치하던 시절에도 이미 카오스의 생명력을 직관으로 인식하고 신화 형식으로 카오스를 설명하였다. 세계의 여러 고대 신화에는 태초에 카오스(혼돈)가 서서히 질서를 만들어 왔다는 줄거리가 자주 등장한다. 고대 이집트, 북미 대륙의 원주민, 중국, 일본의 天地創造(천지창조) 신화는 혼돈(카오스)로부터 비롯된 걸로 기록하고 있다. 창세기 1장에는 '땅이 혼돈하고 공허하며 흑암이 깊음 위에 있고 하나님의 신은 水面(수면)에 운행하시느니라. 가라사대 빛이 있으라 하시니 빛이 있었고' 우주의 질서는 '빛이 있으라.'로 상징되는 神(신)의 로고스 즉, 이성이 구현한 것으로 카오스에서 질서로 나타났다. 희랍 신화에는 하늘과 땅이 만들어지기 전, 세계는 오직 하나뿐이며 모양도 알 수 없는 카오스로 묘사되어있다.

그것은 어떤 형태도 없는 덩어리이며 엄청나게 무겁고 그 속에는 여러 종자가 잠자고 있었던 것이라는데, 내가 생각하는 과학자들의 새로운 발견은 근래에 있어서 快哉(쾌재)를 부르는 힉스입자가 생각이 난다. 힉스입자는 빅뱅이 시작되던 때로부터 오늘날에 이르기까지 모든 생명의 원천적인 에너지의 종자로 충만해 있으니까 말이다. 기원 전 8세기에 희랍의 시인 헤시오더스(Hesiodos)는 그 카오스에서 처음 탄생한 것이 大地(대지)의 여신이었고 그 여신으로 인하여 사랑의 신 에로스, 암흑의 신 에레포스, 하늘의 신 우라노스 등이 태어났다고 하였다. 이들 신화는 고대 문명이 절정에 달할 때 그간 거친 자연과 맞서 이룩한 문명에 대한 긍지이기도 하였다.

3) 無爲自然(무위자연)과 生命(생명)

'無爲(무위)'하면 동양의 고전을 잘 모르는 이들도 노자를 떠올릴 것이다. 워낙 많이 알려진 문구이기도 하지만 글쟁이들과 作家(작가), 칼럼리스트들이 즐겨 언급하는 글이기 때문이다.

老子(노자)의 우주관의 中心思想(중심사상)은 道(도)이다. 道德經(도덕경) 약 5,000자 81장 上下는 상편 37장의 내용을 道經(도경)이라 하며 44장의 내용을 德經(덕경)이라 하는데, 81장 전체를 간략히 말하자면 道(도)와 德(덕)의 결합이며 陰(음)과 陽(양)의 결합이고, 하늘과 땅의 이치를 말하는 동시에 이 우주관의 중심사상은 中道(중도)라 할 수 있다.

도는 一을 낳고, 一은 二를 낳고, 二는 三을, 三 은 만물을 낳는다고 하였다. 또한 만물은 陰을 업고 陽을 안으며, 陰陽(음양)의 조화를 이룬다는 것이다. 이것이 도의 기본 원리는 자연에서 시작된 것이며 산천초목처럼 눈에 보이는 것만이 아니라 보이지 않는 기운과의 조화 또는 도의 씨앗이다. 사람의 손으로 조작하여 人爲的(인위적)으로 만드는 것은 도가 아니다.

道(도)는 스스로 되어가는 無爲(무위)만이 자연이 만들어가는 도의 중심이다. 또한 천하의 '物(존재하는 것)은 有에서, 또한 有는 無에서 나온다.'고도 한다. 창조의 신비가 위대한 것은 그렇다. 창고의 쌀을 퍼다 밥을 짓는 일이 아니라 마른 땅에서 오곡을 만들어내는 일이 더 경이로운 일이듯 즉, 無에서 力動的(역동적)인 생명이 태어나는 것이 신령한 이치다. 힉스 입자에서 양자입자가 가득한 우주 가운데 지구라는 별에서 에너지 덩어리로 구성되어 창조된 나는 최고로 신비로운 생명의 주인이다. 아무것도 육안으로 보이지 않는 '프라나'를 마시는 호흡으로 나의 생명이 유지되고 아무것도 없는 상태에서 형태를 갖추게 될 때 무의 영역을 벗어나 빅뱅을 거쳐 有의 세계에 들어오게 되고 조화로운 合一(합일)의 冲氣(충기)는 생성발전의 신비적 形而上學的(형이상학적) 설명이라 하겠다. 그러나 노자의 三生萬物(삼생만물)의 구절을 지나치게 과장할 필요는 없다.

2,500년 전 천재의 직관에 경의를 표하지만 그것은 어디까지나 哲學的(철학적)인 내용이다. 그 후 중국의 대승 불교에서는 '無 = 空'으로 되어 대오의 경지를 나타내기도 했으나 노자의 無에는 모든 것이 태어난다는 무한의 포용력을 갖는다는 대지 어머니의 子宮(자궁)을 의미하기도 하였다.

4) 생명의 原型(원형)

인간은 환경의 동물이다. 자연과 분리할 수 없고 자연의 혜택과 밀착하여 살아가며 생명을 연장해나간다. 환경의 변화와 더불어 진화 혹은 퇴보, 재난, 멸망을 맞이하며 살아간다.

자연환경의 변화와 스스로가 개발한 생산 기술과 사회변화에 동조, 호응, 모방을 통해서 질서와 공동 윤리를 수용하며 집단생활을 영위한다. 인류는 하나의 種(종)인 호모 사피엔스에서 출발하였으나 그 능력으로 각 지역의 환경 조건에 어울려 다양한 문화를 이루며 지구촌 곳곳에서 정착 분포하고 있다. 태고부터 많은 進化(진화)의 힘은 다양한 문화를 만들며 존속되어 왔다.

인간은 풍토와 그 속에 서식하는 모든 生態的(생태적) 조건에 걸맞는 생업과 생활양식 그리고 사회적 성격을 자기 조직화로 구성 결정짓는다. 바닷가에서는 漁業(어업), 산간지대에서는 火田民(화전민), 사막에서는 오아시스 중심지에서 소 농업, 遊牧民(유목민)은 실크로드 기타 교환 무역으로 발전하며 살아가고 있다.

인간은 자연환경에 대응하기 위해 문명의 초기 단계에서 마을이라는 조직을 형성했다. 아무리 원시적인 마을이라 해도 생식, 사냥, 채집 등 종의 保存(보존)을 위한 기능을 지니고 있었다. 함께 어울려 살면서 도덕과 가치 기준을 세우고 관습, 도덕, 법 등을 세우며 공동체를 파괴하는 일, 근친상간, 살인, 먹거리 독점 등과 같은 것에 대한 금기사항 항목을 만들어 집단을 형성하고 가치관의 원형을 세우며 살았다. 이는 고조선 우리나라의 단군 후예들의 생활풍속이었다.

먼 옛날 형성된 마을들이 모여 나라와 민족을 이루고 각 족속들이 고유의 원형이 자기 조직화되는 것도 인간만이 가능한 자기 진화발전이다.

장자는 이렇게 말했다. "네 魂(혼)이 하늘로 올라가고 내 몸이 땅으로 돌아간다면 도대체 나에게는 남는 것이 무엇이 있을까?"라고 말했다. 장자의 이 고독한 독백의 답은 바로 원형이다. 원형은 원형에 편입된 지난 역사와 합일된 것이다. 저마다 혼과 육체가 하늘과 땅으로 돌아간 뒤에도 그의 행적이 그 집단의 마음에 정신에 영향을 남겨 되먹음 되어 그대로 남는 것이다. 라이트형제나 포드, 에디슨, 링컨, 슈바이처가 오늘날 우리 가슴에 남아있듯이 보잘것없는 사람마저도 그 후손들에게 생전의 그의 행적들이 원형에 편입되는 것이다. 소달구지에서 오늘날 고급 트럭이 생산되었듯 문화유산은 후세까지 배달되는 것이다. 이렇게 문화 형식은 나이테처럼 조상들의 행위와 유산을 여파로 형성되어 오듯, 오늘을 사는 현대인의 언어나 문화유산은 내일을 살아가는 젊은 세대들에게 원형을 꾸며주게 될 것이다. 그렇다면 우리 현재 인류는 과연 어떤 세계관을 후세에 심어줄 것인가. 목숨을 걸고 집 팔고 땅을 팔아 대학을 가르쳐서 겨우 쌈질해서 부자 되는 거 가르치고 경쟁하고 甲(갑)질하는 것 배우고 환경오염 시키는 일하다가 쓰나미 만나 죽는 꼴 보려고 그토록 경쟁하겠는가? 아니다.

   우리는 이 민족이 거대하고 위대한 홍익사상과 더불어 건전한 문화양식을 후세에 유산으로 상속시켜야 할 것이다. 태초에 창조의 빅뱅이 있었고 그 후 우주의 질서와 인류의 터전인 나라 조국이 있었고 조국 위에 조상이 있었고 그 조상들을 통하여 문화유산 그리고 교육 다음에 종교가 생겼다. 잊지 말아야 할 중대한 사실이다. 생명의 실상이나 패러다임(Paradigm)은 혼돈 속에서 질서를 찾아 위로 창조주를 예배 감사하며, 자신이 발 딛고선 땅에서 더불어 살아가는 사랑의 선구자가 되어 후세에게 아름다운 터전과 밝은 정신과 文化遺産(문화유산)을 남겨주는 것이며 이 부활의식을 다음 세대에게 물려주는 것이 인류의 숙제다.

5. 善(선)의 기준이 낮은 지구촌

아담과 가인이 정권을 잡고 피를 부르는 세상은 공의로운 선을 행하는 사람이 없다.

선의 기준은 여러 가지가 있다. 선의 기준은 각 나라 방언 족속들마다 다르며 개개인이 생각하는 선이 일반적인 사회도덕과 크게 어긋나지 않게 노력하는 것을 노력할 뿐이다. 각자 개인이 생각하는 주관적인 입장에서의 선은 주장할 수가 없는 것이다. 각 종교마다 선의 기준이 있고 각 나라와 種族(종족)들의 율법이 있고 풍속과 문화가 다르니 전 세계인이 선의 기준이 다를 수밖에 없다. 오늘날 세계는 헤브라이즘의 영향권 아래 있는 유대교와 기독교의 十誡命(십계명)과 불교의 십계명이 지배적인 나라가 많으나, 오늘날의 인류 道德性(도덕성)을 반영해볼 때 이러한 계명이나 종교적 율법은 지켜지지 않고 있으며 오히려 더 많은 살인과 강간 폭력을 일삼고 있으며, 오히려 폭력영화, 전쟁영화, 마약 밀매, 갱단, 조폭영화 등을 통해 문화의 흐름이라는 마귀의 속삭임을 장려하니 필설하지 않아도 뉴스가 매일 세계 구석구석을 보여주지 않는가?

宗敎的(종교적) 입장에서의 善

기독교적 善

성경을 예로 기독교 측면에서 보면 선의 기준에 대한 단계가 있다.

1단계 : 분이 올라와도 참는 단계. 오리를 가자하면 십리를 같이 동행해주는 단계. 이밖에도 참고 인내하라는 구절은 수백구절이 넘는다.

2단계 : 악을 악으로 대항하지 않고 마음으로 어떤 감정도 품지 않고 스테반, 폴리갑, 셀베드처럼 대하는 행위. 이 정도 인격체에서는 참는 단계가 아니라 속에서 올라오는 어떤 분노도 없는 변화체들이다. 이미 임신했던 마리아를 수용한 요셉의 경우도 이에 해당될듯하다.

3단계 : 악한 자에 대한 감정이 없으며, 오히려 그들에게 감화를 주는 절대 선이 나오는 것으로 원수였던 사울 왕을 감동시킨 다윗의 경우가 좋은 예다.

4단계 : 악한 자들을 위해서도 자기 생명을 내어줄 수 있는 선행의 차원이다. 모세, 그리스도, 사도 바울이나 오리겐, 폴리갑 같은 순교자들이면 적합할듯하다. 이 외에도 강도 만난 사람을 도와주던 사마리아 사람같이 조건 없이 베푸는 사랑이라면 기독교에서 말하는 선의 기준이 될 듯하다.

佛敎的(불교적) 선행과 孝(효)

의상대사의 제자 眞靜(진정)이라는 사람에 얽힌 孝善(효선) 이야기다. 진정은 경주지방 사람이었는데 대략 671년 당나라에서 귀국한 의상의 제자로 입문한 것으로 보아, 시기를 짐작할 수 있다. 가난한 노총각 진정은 연로한 홀어머니와 살고 있었다. 의상은 당시 文武王(문무왕) 대까지 불법을 펼치다 神文王 대에 들어 잠시 공백을 보였다. 671년경 진정은 나이는 알 수 없으나 결혼 적령기를 좀 넘긴 상태였고 근면하고 마음이 곧은 청년이었다.

당시 진정이 처했던 환경은 나당전쟁과 무관하지 않았다. 신라의 통일전쟁이 계속되던 수십 년 동안 신라 백성들의 생활은 이루 말할 수 없이 처참하였다. 백성들은 군량미와 무기를 조달하기 위해서 더 많은 세금을 내야했고 대부분의 젊은이와 장정들은 전쟁터에서 세월을 보내야 했다. 홀어머니를 모시던 진정도 군 복무를 피할 방법이 없었다. 다만 격전지였던 예성강과 임진강 일대로 파견되지 않고 집에서 출퇴근할 수 있었던 점이 그나마 다행이었다. 진정은 잠시라도 틈이 나면 논밭에 나가 품을 팔아 겨우 연명하였다. 형편이 풀릴만한 그 무엇도 없었다. 살림살이라고는 다리 부러진 무쇠 솥 한 개가 전부였다. 그들의 위로는 오직 독실한 불교 수행이었다. 이 시기는 貴族佛敎(귀족불교)에서 大衆佛敎(대중불교)로 전해지는 元曉大師(원효대사)의 포교가 퍼질 때였다. 진정과 노모도 신앙심으로 어려움을 극복하고 있었다.

재산목록 1호였던 무쇠 숱을 시주함

어느 날 승려 한 분이 가난한 진정의 집을 찾아 문 앞에서 예를 올리며 인근에 절을 짓는데 쇠붙이를 시주해달라고 청하였다. 불심이 깊었던 진정의 어머니는 시주할 것을 찾아 구석구석을 둘러보았으나 쇠붙이라고는 무쇠 솥 하나밖에 없었다. 노모는 그 밥솥을 시주하고 말았다. 스님이 돌아간 뒤 노모는 근심이 되었다. 아들 진정이 이 일을 알면 아무리 신앙도 좋지만 밥솥을 시주한 일에 대하여 상식적으로 이해가 안 될 것 같아 좀 부담스러웠다.

그러나 밖에서 돌아온 아들은 노모의 말을 듣고는 기쁜 기색을 보이며 우리가 그래도 시주할 것이 있어서 얼마나 다행이냐면서 도리어 어머니를 칭찬하였다. 그제서야 노모의 얼굴에서 화색이 돌았다. 진정은 질그릇 물동이에 밥을 지어 어머니를 봉양하였다. 좀 불편했으나 아끼던 재산을 시주함에있어 마음은 기뻤다.

이렇게 가난한 생활로 하루하루 연명할 즈음 진정에게 새로운 소식이 날아들었다. 당나라로 유학을 떠났던 의상이 돌아와 태백산에서 불법을 펼치며 사람들을 이롭게 하고 있다는 것이다. 의상은 전쟁이 끝난 676

년 소백산에 부석사를 창건하였는데 소식을 전해들은 진정은 당장이라도 달려가서 그의 제자가 되고 싶었다. 그러나 진정은 아직 군복무가 끝나지 않았고 어머니를 부양해야 한다는 의무감을 떨칠 수가 없어 고민에 빠졌다. 진정이 모든 것을 버리고 출가하여 태백산으로 들어간다면 그것은 불교적 선행을 실천하는 가장 확실한 방법이었을 것이다. 그러나 군복무를 무시함은 국가의 忠(충)을 버리는 행위였으니 충성이 불교적 선행보다 부모에 대한 효행보다 훨씬 중요하게 취급되어 어쩔 도리가 없었다.

孝(효)는 儒敎的(유교적) 善行(선행)

효도는 국가에 대한 충성과 함께 유교의 대표적인 덕목이다. 불교적 선행이 아무리 훌륭해도 노모에 대한 효도를 진정은 쉽게 포기할 수 없었다. 이것은 遵法精神(준법정신)에 의한 의무가 아니라 그가 느끼는 天心(천심)이었다. 불교는 세속을 도외시한 가르침이 우선이고 유교는 생활 속의 규범에 대한 가르침이니, 인간 세계에 살고 있는 우리는 당연히 그 영향을 무시할 수 없었던 것이다. 당시 유교와 불교를 대립적으로 여기는 시각은 아직 보편화되지 않았지만 국가적으로는 불교적인 선행보다는 유교적인 교훈이 더 중시했음을 역사는 기록하고 있다.

때문에 유교적 효행이나 선행은 일반인들에게도 일상화되었다. 진정이 고민했던 시기보다는 조금 뒤였으나 628년 설립된 國學(국학: 성균관의 옛 이름)에서도 孝經(효경)은 필수과목이었다. 효도는 불교 경전에서도 강조되는 덕목이었다. 〈화엄경〉에서는 항상 부모를 공경하고 마음으로 섬겨야 한다고 했고 〈盂蘭盆經(우란분경)〉에서도 효도보다 더 큰 복은 없다고 했다. 진정이 만일 출가를 한다면 그것은 유교적 가치관뿐만 아니라 불교의 가르침에도 크게 위배되는 일이었다.

진정은 이 충효의 덕목 앞에서 고뇌하였다. 그는 마침내 어머니 앞에서 고민을 털어 놓았다. 노모가 돌아가시면 그때 출가하여 의상대사의 제자가 되겠다고 말한 것이다. 그러나 노모의 대답은 뜻밖이었다. "불법이란 만나기 어렵고 인생은 너무 빠르니 네가 효도를 다 마친 뒤에는 너무 늦지 않겠느냐? 나는 내가 죽기 전에 네가 도를 깨달았다는 소식을 듣는다면 그보다 더한 기쁨이 없을 것이다. 어서 떠나거라. 네가 도를 깨닫는 것이 가장 큰 효행이다. 부디 주저하지 말고 떠나거라."

자식의 입장에서는 참으로 부모를 두고 떠나는 것이 분명 불효였다. 효가 우선이었지만 불교 신앙심이 각별히 깊었던 노모는 불교적 선행을 우선시하고 아들의 공부를 재촉하여 간곡히 떠나기를 당부하였다. 그러나 진정의 입장에서는 만년에 어머니를 돌볼 사람이 전혀 없기에 차마 생전에 떠날 수는 없는 입장이었다. 그러자 어머니는 다시 採根(채근)하였다.

"답답하구나. 나 때문에 출가를 늦추면 내가 지옥에 떨어질 듯 괴롭구나. 남의 집 문간에서 비럭질을 해도 네가 도를 깨닫는다면 나는 행복하다. 어서 떠나거라. 나는 타고난 運命(운명)대로 살 것이니 이 어미에게 효도하려거든 그런 말을 입 밖에 다시는 꺼내지 말거라." 날이 밝자 노모는 집안에 남은 쌀 일곱 되를 모두 털어 밥을 지었다. 그리고 진정에게는 한 됫밥을 먹이고 나머지 밥은 짊어지고 떠나게 하였다. 이는 하루라도 빨리 의상을 만나게 하려는 뜻이며, 떠나기 전에 배를 하루라도 든든히 채우라는 의미였고 여행 중에 음식을 사먹을 곳도 돈도 없으니 도시락을 미리 싸준 것이었다. 세 번이나 간곡히 사양하였으나 어머니의 고집을 꺾지 못하고 결국은 어머니의 뜻에 따르기로 결심하였다. 집을 떠난 지 사흘 만에 진정은 太白山(태백산)에 도착하였다.

진정은 예상했던 대로 小白山(소백산)에서 불법을 전하던 의상을 만나 머리를 깎고 제자가 되었다.

과묵하며 진지하고 적극적인 진정의 결심을 알아차린 의상은 좋은 재목감을 눈여겨 본 뒤 이때 진정이라는 法名(법명)을 내려주었다. 스승인 의상은 철저한 무 소유자였다. 얼굴을 씻고 수건을 쓰지 않고 바람에 그냥 말렸으며 법복 장삼 두 벌과 주발이 전 재산이었다. 진정은 스승의 기대에 어긋나지 않게 철저히 수행하였다. 고향에서 힘겹게 살아가는 어머니와의 약속인 만큼 반드시 해탈의 깨달음을 얻어야 했다. 어머니가 돌아가시면 극락세계로 왕생시킬 내공을 쌓았다. 그러기를 3년 결국 홀로 계시던 어머니가 돌아가셨다. 이 소식이 수행도량으로 訃告(부고)가 날아왔다. 진정은 만감이 교차하는 순간이었다. 냉정한 수행자였으나 효를 다하지 못하고 떠나온 그의 가슴이 내려앉았다. 진정은 가부좌로 앉아 선정에 들어 움직이지 않고 음식도 먹지 않았다. 그러기를 칠일 만에 그는 선정에서 깨어났다.

의상의 願力(원력)으로 진정의 모친 환생

선정을 끝낸 진정은 스승인 의상에게 어머니가 돌아가셨다는 소식을 알렸다. 이레 동안의 선정으로 최선을 다했으니 스승께서도 어머니의 극락왕생을 위해 기원해달라는 무언의 부탁이기도한 암시였다. 충직한 제자의 어머니가 각별한 사연을 안고 저 세상으로 가셨으니 왕생을 돕는 것이 스승으로서의 도리라고 생각한 의상은 제자들을 거느리고 소백산의 錐洞(추동)으로 갔다. 거기서 의상은 풀을 엮어 막사를 짓고 무리 3,000명을 모아 90일 동안 華嚴大典(화엄대전)을 강론하였다. 이 법회에서 의상은 불교신앙과 효도의 문제를 집중적으로 설명했다. 의상의 이러한 남다른 공력을 기울인 이유 중 하나는 그 역시 승려로서 효도를 실천하는 문제에 관심이 많았기 때문이다. 특히 불교가 현세를 외면하고 내세에 집착한다는 유학자들의 비판에 대응할 필요가 있었고, 당시 출가자의 고민으로 대두되었던 출가와 효도 사이의 딜레마에 대해서도 해명이 필요했다. 의상의 결론은 孝道(효도)와 출가가 조화를 이룰 수 있다는 것이었다.

그의 관점에서 진정은 효도에도 최선을 다했으며, 수행에도 모범을 보인 예였기 때문이다. 추동 법회가 끝난 뒤 진정은 꿈속에서 어머니를 분명하게 만났다. 어머니는 이미 하늘에 환생했다고 알려주었다. 진정의 선정과 의상의 법회가 영험을 발휘해 진정의 어머니는 이승의 외로움을 모두 잊고 극락세계에 왕생한 것이었다. 어머니의 **極樂往生(극락왕생)**으로 진정은 마음 한구석의 짐을 덜어내고 수행에 더욱 전념하여 마침내 의상의 10대 제자 중 한 사람이 되어 불법의 선지자가 되어 이름을 날렸다. 이로써 부모에 대한 효와 불교적 선을 행함으로 시비에 걸리지 않는 구도자의 자세를 본보였다. 어머니에 대한 끝없는 사랑과 집념어린 수행이 어우러져 어머니를 정법의 길로 인도했고, 진정은 효를 보다 높은 수준으로 승화시킨 것이었다. 진정의 효행과 수행은 오늘날 막행막식하며, 신도들의 피 묻은 돈을 물 쓰듯 하고 고래 등 같은 대궐에서 술과 고기 여인의 향기에 취하여 "여기가 좋습니다"라고 꿈꾸는 속인만도 못한 잉여 인간들은 상상도 불허하는 道人(도인)의 道力(도력)이라 아니할 수 없는 것이다.

선의 基準(기준)은 무엇인가?

플라톤은 선의 이데아(Idea)를 〈國家論(국가론)〉에서 太陽(태양)에 비유하였다.

태양은 천하를 비취는 빛의 본체요

만물의 실체를 드러내 보여주고

만물을 키워내고 그림자가 없으니

고대 이집트인들은 태양을 신으로 알고 숭배하였던 것이다. 성경에서도 하나님을 빛 혹은 태양으로 妙思(묘사)하였다. 존재하는 만물 중 태양 같은 절대적인 에너지를 나타내는 것은 없다. 그러므로 인류에게 있어 태양은 하나님의 제1의 신성인 것이다.

이 변치 않는 영원성은 바로 선의 基準(기준)이다. 인간제도의 율법도 변하고 선의 기준도 자주 바뀌고 변한다. 내일의 국회에서 어떤 법을 만들어 공개할지 모른다. 선의 기준은 인간을 이롭게 하고 살려내고 만물을 키우고 회전하는 그림자도 없는 절대적 가치를 보여주는 만천하의 인류가 매일 볼 수 있는 實在的(실재적)인 생명의 에너지인 태양만이 선이며, 영원불멸의 實在(실재)다.

그리고 우주만물을 창조하신 창조주만이 선의 기준을 태양에 비유함은 적당한 이론이다.

남을 해치지 말라는 黃金律(황금률)을 가진 각 종교들

현재 전 세계 종교인들의 수효는 이슬람 교인이 17억 천만 명쯤 되고 가톨릭 교인은 12억 3천만 명이며 힌두 교인이 10억 3천만 명으로 3위 수준이며 불교신자가 5억 2천만 명으로 4위 정도 되며 기독교 중 개신교(Protestantism)로 전 세계에 분포된 수효가 5억 6천만 명쯤 된다.

현재 한국 기독교는 1980년대 1300만 명에서 크게 줄어 967만 6천여 명으로 추산되며(19.7%)

불교는 761만9천여 명으로(15.5%)

천주교는 389만여 명으로(7.9%)

유교 7만6천여 명

천도교 6만6천여 명

대종교 4천여 명

기타 군소 종교가 13만 9천여 명 순으로 나타났다. 사람은 저마다 자기 취향대로 믿음과 종교관이 있으며, 각 종교마다 교리와 경전과 이론들과 자기들의 優越性(우월성)을 자랑하는 논리와 시비 등 사후세계와 축복에 대한 개념과 확신 등으로 포교를 하고 자부심을 갖고 때로는 온 몸을 던져 목숨을 걸고 선교를 한다. 때로는 종교로 인해 분열이 되고 국가관이 흔들리고 이로 인해 분열은 물론 서로 적대시하게 되고 자기네 종교의 본질적 의도에서 벗어나 이념의 분쟁으로 지구촌은 피 마를 날이 없는 현실이다.

현재 세계인구 수효는 80억 명이 넘으며, 수많은 종교와 더불어 60억 명에 가까운 신앙인들이 저마다 서로 사랑하라는 황금률을 외우며 기도하고 무릎을 꿇고 신의 이름을 빙자하여 신념으로 키 재기를 하고 있다. 우리나라만 해도 인구 절반이 넘는 수효가 종교를 가지고 있다. 이들은 可否間(가부간) 모두가 인간의 행복을 기원하며, 남북통일을 기원하며, 세계평화를 희구하며, 그리스도의 임재 혹은 (미륵불=메시아)의 재림을 구하며 부처님 혹은 상제님을 부르며 저마다 자비, 仁(인), 이웃사랑을 외치며 포교한다.

불교 지도자 '달라이라마'는,

"자신의 종교에는 신념을 他人(타인)의 종교에는 尊敬心(존경심)을!"

이란 명연설을 하여 불교 지도자다운 말을 남겼다. 그러나 불교방송에서 법문하는 스님들을 보면 우월의식에 잡혀 상당수의 승려들이 기독교를 비하하는 법문을 하고 있다. 불교에서 신처럼 떠받드는 스님들 대개가 기독교를 못마땅하게 생각했고, 묘허 스님은 정도가 심하다. 성철, 청화스님, 석지현, 종범스님 등이 열린 의식으로 수용적인 분들이다.

기독교는 또 어떠한가? 자기 조상 할아버지인 단군상의 목을 잘라 버리고 왜인 이마니시 류 교수와 우리의 배신자 이 병도의 친일로 교과서를 왜곡하고, 단군의 47대 실존역사와 18대 환웅의 역사를 신화로 만들어버리고 역사책 19만 여 권을 모두 빼앗아 불태우고 일부는 일본 황실 도서관으로 실어갔던 것이다. 지금도 수많은 교회가 법당에 마귀가 도사리고 앉아 있다는 둥 참으로 창피하고 부끄러워 어디 가서 말도 못할 어리석음을 범하는 이 初等學文(초등학문)의 유아기 신앙을 생각하면 정말 갈 길이 멀고 밤이 너무 깊기만 하다. 이웃사랑의 개념이나 자비나 어진 생활의 범위는 자기네끼리끼리보다는 시장, 직장에서 군대 또는 모임에서 공공석상에서 나타내는 넓은 가슴이며 베푸는 마음이다.

5. 선의 기준이 낮은 지구

3장
냉엄한 우주의 법칙

1. 冷嚴(냉엄)한 우주의 법칙

우주의 법칙이 냉엄하다는 것은 아주 쉽게 말해서 **심은 대로 거둔다**는 뜻을 보다 엄숙한 단어를 택해서 筆舌(필설)로 표현하는 것이다. 불타는 여름도 반드시 지나고 가을이 오고 겨울눈이 내리는 시기가 오고야 만다. 아무리 술객이 능한 재주가 많아도 우주의 섭리를 거스를 사람은 세상에 아예 없다. 종교인이던 일반인이던 관계없이 인간이라면 기본적으로 알아 둬야 할 일은 우선적으로 우주의 법칙은 냉엄하다는 것을 알아야 한다. 빵 하나 훔친 장발장은 12년 옥살이를 하였고, 자기를 죽이려는 사울을 살려준 다윗은 후일 왕이 되었다.

인간에게는 良心(양심)이라는 신의 선물이 있다. 여기서 말하는 양심은 인간제도의 율법이 만든 양심이 아니고 생명을 살리는 초월 양심을 말하는 것이다. 역경에는 積不善之家 必有餘殃(적불선지가 필유여앙)이란 구절이 어진 자, 선행을 쌓은 집안에는 자자손손 경주 최 부자의 300년 축복처럼 행복이 찾아온다. 그러나 不善(불선)한 집안에는 자자손손 재앙이 몰려온다는 조상들의 가르침이다.

선행을 좋아하는 사람들에게는 무엇보다도 행복한 마음의 여유가 생겨나고 마음은 더욱 풍요로워지고 신기하리만큼 가산이 불어나고 동식물의 농사도 잘된다. 그러나 행복이라는 보상을 기대하려면 평소의 행동을 조심해야 하며, 더욱 겸손하고 베푼다는 생각 없이 그냥 습관적으로 옳은 일이나 남을 돕는데 앞장서고 잊어버려야 한다. 또한 악행을 깨달았다면 궤도수정을 해야 한다.

因果應報(인과응보)의 원리는 전형적인 논리이며 신의 뜻이다. 요즘 상황 윤리를 남용하는 현실주의자들은 이런 사고방식을 거부할 수도 있을 것이다. 그러나 아무리 되새겨 명상을 해봐도 콩 심으면 콩이 나는 것보다 더 정확한 응답은 없다.

다윗의 시편은 이렇게 말한다.
남을 돕고 은혜를 베풀며, 꾸어주는 자가 받을 복, 선행을 베푸는 자가 받을 복은,

· 모든 일이 잘 된다.

· 의로운 사람으로 칭함을 받는다.

· 흔들리거나 요동치 않는다.

· 흉악한 소문에 두려워하지 않고 흔들리지 않는다.

· 마음이 견고하여 두려움이 없다.

· 그의 대적들이 벌을 받는 것을 두 눈으로 본다.(시편 112:5~8)

하늘의 法則(법칙)

하늘의 법칙인 天界(천계)가 냉엄한 메카니즘이라는 것은 바보가 아닌 이상 조금만 진지해도 누구나 아는 사실이다. 공장에서 화공약품을 방출하여 강물이 오염되어 고기가 떼로 죽고 地下水(지하수)가 오염되어 한 마을에서 비슷한 癌(암)환자가 수십 명씩 발명하는 사례를 우리는 뉴스 시간마다 귀가 따갑게 들어왔다. 칼을 쓰는 자 칼로 망하는 것이 우주의 법칙이다. 자연현상은 한 치의 오차도 없이 自動的(자동적)으로 결과가 나타난다. 영적으로는 땅을 지키며 땅 사방을 지키는 바람 잡는 천사들이 활동하고 있다. 썩어가는 인류의 버릇을 고치기 위해 하나님은 폭군들을 길들여 자연을 훼손하

며 신에게 도전하는 망나니 같은 인간들을 벌하시려 지금은 켐트레일, 溫疫(온역) 코로나19, 지진, 천재지변, 海溢(해일), 대 가뭄, 凶年(흉년), 기타 질병과 공포를 재앙으로 내리신다. 그러나 의인들은 머리카락하나 상하지 않고 100% 이 재앙이 지나간다.

실제로 경주 최 부잣집 사람들은 고뿔도 안하고 감나무와 대추나무가 해걸이도 없었다고 한다. 예삿일은 아니다.

하늘의 법칙은 내리 사랑이다. 高次元(고차원)은 低次元(저차원)을 항상 감싸고 사랑으로 지배한다. 하늘은 스스로 돕는 지혜로운 자 그리고 부지런한 자의 삶에 지혜를 주시고 결실을 맺도록 도우신다. 우주의 마음과 영적인 세계는 다시 말해서 냉엄하리만큼 오차 없이 진행 중이다.

쌍어궁 시대에서 보병궁 시대로 진입하면서 인류는 격변기를 맞고 있다. 큰 성 바벨로니즘이나 종교적인 조직들의 '치트키즘=거짓'은 벌을 받아 수많은 敎主(교주)들이 쇠고랑을 차거나 우매한 자들을 속이고 재산과 청춘을 빼앗는다. 마귀의 후예들은 형세에 지옥 불에 들어가고 극소수의 절대적인 사랑의 신을 의심 없이 사랑하며 순결을 지킨 사람들이 시온 산 하늘의 예루살렘에 올라 새로운 계시의 次元界(차원계)로 의식이 한 차원 상승되어 신성으로 신분이 바뀌는 시기이다. 지금은 거짓으로 속이고 오래된 일기책이나 古典文學(고전문학)이나 수천 년 전의 편지나 보수적인 역사의 사진수첩이나 필름들을 들여다보며 에너지를 허비할 때가 아니다.

농부는 風勢(풍세)를 살펴가며 씨를 뿌려야 한다. 가을볕에 씨를 뿌려도 볍씨는 발아한다. 그러나 그 씨앗의 새싹들은 무서리를 견디지 못하고 얼어 죽어 버린다.

격변기에는 아이 밴 자들과 젖 먹는 아이들, 외로운 과부, 초라한 고아들은 보병궁시대에 살아남지 못한다. 한없는 慈悲(자비)의 시대가 끝나고 영적으로 젊고 건강한 의식이 상승된 용병이나 귀족, 진리로 무장한 사람들만이 왕권으로 살아남는다. 이것이 우주의식이며 필연적인 배경이다.

이 격변의 프로젝트는 인간이 참견할 수 없는 분명한 우주의 질서로써 우주의 늦가을 추수시기의 기별이다. 인간의 죄 많은 타락이 이 시대를 빨리 몰고 왔음을 아는 이가 별로 없다.

지금의 인간들의 의식 수준은 1,000을 기준으로 삼을시 대한민국에 400이 넘는 사람이 1000명도 채 되지 않으며, 정치인 중에는 4~500이 넘는 이는 아예 없다. 유 시민 작가가 400정도, 성직자들은 180~200수준이다. 기가 막힌다. 이런 수준이니 어찌 의식 수준 6~700으로 끌어 올릴 수 있는 복된 소식을 전할 수가 있겠는가? 인터넷 검색으로 의식 수준 도표를 다운받아서 스스로 체크해 보시기 바란다. 프로이드의 제자인 세계적인 데이비드 호킨스 박사의 연구 자료이다.

우리는 그동안 필연적으로 연결되었던 의식의 상승 사닥다리를 오를 생각을 아예 접고 살아왔다. 前頭葉(전두엽) 송과선은 늘 닫혀있고 인류는 뇌 기능을 10~12%밖에 사용하지 못하고 있다. 밥과 술, 고기 먹고 예쁜 이성과 어울려 사랑하는 것이 최고의 축복이다 보니 지구촌의 복의 기준은 사고 팔고 시집장가 가는 것, 새 집 짓는 것과 재산 증식하는 것으로 축복은 막을 내린다.

그 이상의 것을 전하는 이는 욕을 바가지로 얻어먹든가 조금 더 나가면 버림을 받고 맞아 죽기도 한다. 아! 그러나 이것은 알 것이다. 볍씨를 개량해서 다수확을 얻고 문 익점 선생이 붓 대롱에 목화씨를 숨겨 와서 솜옷을 입었고 독립 운동가들의 피나는 애국심, 아인슈타인의 상대성 이론과 닐스 보어의 상보성 이론, 뉴턴의 萬有引力(만유인력) 정도는 객관적으로 흘러들고 안다. 그러나 군중은 그들의 터전 위에 얹혀 살면서 그들의 정신은 기리지 않는다. 면바지를 입으며, 문 익점을 생각하는 이가 몇이나 있을까? 한글을 읽으며 세종대왕을 생각하는 이가 얼마나 될까? 선구자가 무엇인가? 선구자는 군중을 위해서 자기를 헌신하여 대중의 유익을 위해 자기를 바치는 일이다. 이것이 사람이다. 예수 붓다가 바로 이러한 내어줌의 사랑이었다.

상위 차원으로 사닥다리를 스스로 옮길 수 있어야 시대의 징조를 볼 수 있는 것이다.

냉정한 宇宙(우주)의 사랑

　오래전 고향 마을에서 있던 일이다. 같은 날 이**형과 추**형이 군에 입대를 하였다. 마을 사람들이 나와서 잘 갔다 오라며 격려를 하고 용기를 주며 덕담을 건네는데, 추** 아버지가 갑자기 소리 내어 통곡을 하며 "박정희가 우리 아들을 데려가는 구나."라고 소리를 지르며 "내가 너를 보내고 어떻게 목구멍으로 밥을 삼키랴! 아이구, 내 신세야!"라고 울부짖으니 아들이 오히려 아버지를 위로하며 "아부지! 왜이래요? 내가 죽으러 가는가요? 왜 이래요. 기운 빠지게…!" 결국 아버지를 보며 어머니도 덩달아 눈물을 흘리며 손수건을 적셨다.

　반면에 이**형의 어머니는 아들 손을 잡으며 냉정한 덕담을 하였다. "이**야! 너는 울지 마라. 우리가 6·25 사변두 겪구 倭政時代(왜정시대)에 왜놈덜 횡포두 다 겪었어. 나라에서 밥 주구 옷 주구 휴가두 보내주던디, 뭘 그리 걱정여! 느 형들두 다 잘 댕겨왔으니 너두 잘 있다 와. 사내가 군인얼 갔다 오야지. 남자구실을 하는거셔. 어여 가, 우리 아덜 장정됐네." 이렇게 두 청년은 10리 길을 걸어 면 단위 간이 정류소에서 버스를 타고 논산으로 떠났다.

　추씨 아버지는 매일 술로 나날을 보내며 박정희를 욕하며, 아들 걱정으로 실성한 사람처럼 허공을 바라보며 어느 때는 한나절씩 헤매고 다녔다. 세월이 약이라고 시간이 흐르면 애착이 좀 사그라질 때도 되련만 추씨 아버지는 자나 깨나 아들 걱정의 강박관념에 늘 혼잣말을 하며 술로 세월을 보냈다.

　1년이 지났다. 이**형은 휴가를 두 번이나 다녀갔는데 추 씨 아들 추**형은 휴가를 오지 않았다. 아버지는 더욱 불안하여 실성한 사람이 되어 박정희 대통령이 아들을 데려갔다는 말을 입버릇처럼 달고 다니던 늦가을 어느 날 추**가 사망했다는 비보가 날아왔다.

　미군들이 시신을 싣고 고향 마을로 왔다. 마을 사람들은 코 큰 미군 병사들을 구경하며 골짜기로 몰려들었다. 추 씨 아버지는 맨발로 날뛰며 박정희를 저주하며 실신하였다.

미군들과 마을 사람들과 죽은 추 씨 형의 친구들이 모여 양지 바른 곳에 묻어주었는데 이듬해 봄부터인가 까마귀도 까치도 아닌 처음 보는 새 한 마리가 무덤 주변에서 아침저녁으로 울었는데 그 소리가 마치 사람소리를 방불케 하였는데 "형! 형!" 하는 소리를 내며 한두 시간씩 울곤 하여 마을 사람들은 죽은 군인 추 씨가 자기 큰형을 부르는 넋 새라고 하였다. 이 새는 그 뒤로 10여 년을 울다가 사라졌다. 금산군 부리면 어재리 마을에 가면 '원통골'이라는 골짜기가 있는데 이 새를 모르는 사람이 없다.

아버지의 **애착이 기도가 되어 현실을 창조**한 것이다. 우주법칙은 냉엄하다. 사랑과 진리는 메아리와 같다. 點(점) 하나 어긋나지 않고 共鳴(공명)한다. 위 두 부류의 父兄(부형)들은 그 뒤로도 집안 형편이나 환경이 현저하게 판가름 났다. 추 씨는 큰 아들도 50대에 세상을 떠나고 본인도 60을 못 넘기고 막내 동생은 나의 친구인데 대구에서 교도관으로 있다가 40대에 간암으로 세상을 떠났다. 그런데 이 씨 집안은 5남매의 자녀들이 형통하며, 아들을 군에 보내며 눈 하나 까딱 않던 할머니는 96세를 장수하며 죽기 한 달 전까지 12마리의 소를 길렀다. 만사의 吉凶禍福(길흉화복)은 신이 내리는 것이 아니며 이 세상의 주인인 내가 만들어간다는 것을 아는 것이 첫째 관문이다.

위 실화가 별것 아닌듯하나 잘 분석해보면 이 안에 길흉화복이 다 들어있다. 이 이야기는 일반인들을 대상으로 말하는 것이다. 영적인 세계도 이와 흡사하다. 깨달음도 지식도 지혜도 인품도 신성한 마음도 우주의식도 에너지 밀도 역시 自由意志(자유의지)를 어떻게 활용하는가의 與否(여부)에 달려 있다. 聖者(성자)가 되든가 罪人(죄인)이 되던가는 백지 한 장 차이다. 콩 심으면 콩 나고 팥 심으면 팥 나고 심지 않으면 거두지 않는다.

外界人(외계인) 믿지 말라.

　외계인이나 지구 규정 밖의 존재들의 존재가 지구인의 신앙의 대상은 아니다. 박혁거세나 고 주몽, 김 알지가 五龍車(오룡거)를 타고 하늘에서 내려와 우리 조상이 됐다 해서 신앙의 대상이 아니듯 우리 눈에 보여지고 만져지는 존재는 3차원이라는 것이다.
　나는 한때 영적 존재를 만난 적이 있다. 1985년 5월 중순쯤 부산 해운대 구 우 2동 1119번지에서 셋방살이를 하며 영적인 고뇌로 몸부림치던 시기였다. 당시 나는 가장 고독하고 외롭고 영적으로 성숙할 때였다. 막노동을 하며 용두산으로 해운대 백사장으로 놋 장대를 들고 다니면서 기독교 신앙에 불타면서도 한편으로는 敎權主義(교권주의)를 의심하며 부흥사들의 축복 팔아먹는 장사꾼 행위에 신물을 흘리던 때였다. 성불사라는 절에 약수를 뜨러갔다가 神人(신인)을 不可抗力的(불가항력적)으로 만나서 10여분 대화를 한 적 있는데 그 신인은 오늘날 UFO와 또 다른 영적 존재였다. 오늘날 세상 돌아가는 걸 보며 그분과의 대화가 맞아떨어지고 있음을 나는 느낀다. 지금 현존하는 지구촌에는 하늘의 사령부에서 보낸 빛의 일꾼들이 24명 정도 되고 거기에 속하는 속세를 초월하고 정신세계에 몰두하여 지구의 앞날을 염려하는 빛의 자녀들이 100명 정도 되고 영적으로 순결한 동정녀들이 14만 4천인이 있는데 그 수가 지금 채워지고 있는 것이다. 내가 만난 그분이 어떤 존재인지 모른다. 피부색은 격투기 선수 '마크헌트'와 비슷하고 키는 175㎝ 정도 부담 없는 모습에 인자하고 만물과 교통하는 듯한 통달한 영혼의 소유자였다.
　지금도 의문이 다 풀리진 않았다. 멜기세덱인지 하늘의 천사인지는 모르나, 지구를 순행하며 지키는 빛의 일꾼임에는 틀림없는 것 같은데 불과 몇 사람에게만 이런 간증을 흘렸다

나는 그 뒤로도 여자 先知者(선지자)와 指紋(지문) 없는 영인을 만났다. 나는 이상의 세 분한테 하늘의 입법부인 의인의 영들 총회에서 認准(인준)을 받고, 1975년 금산 원통골 광산 동굴에서 멜기세덱을 만나 제사장 옷을 입는 靈的司祭式(영적사제식)을 하여 족보 없는 길, 길 없는 길의 빛의 전도자가 되었다. 이분들은 요즘 말하는 외계인이 아니며, 영적인 스승들임을 나는 의심하지 않는다. 1974~85년 사이에 나는 가난과 싸우며 영적인 성장을 하였고 당시에 영감 받은 대로 지금의 세상은 돌아가고 있으며 거대한 기독교국의 바벨론에서는 술 취한 淫女(음녀)를 기르며 뱀을 배양하는 무서운 환상을 선명하게 보았고 그 날짜와 시간들은 성경표지에 메모해두었던 그대로 성취되고 있다.

UFO가 인류를 구해줄 수 있을까?

지금으로부터 22년 전 여수에서 자미두수를 연구하는 지인의 추천으로 UFO에 관한 책을 읽은 적이 있다. UFO 연구가가 저술한 〈한반도 UFO 프로젝트〉라는 상하권으로 엮을 책으로 조지 아담스키, 프랭크 스트랜지스, 스위스의 빌리 마이어, 김 도현 박사의 영향을 받은 박 찬호씨가 저술한 책으로 지금까지 떠돌던 여러 소문과 흐릿한 사진들과 비교해 볼 때 좀 더 신빙성 있고 많은 정보를 담고 있었다. 格庵遺錄(격암유록)이나 古朝鮮(고조선)의 예언서들, 고대 신하 속에 감춰진 메시지들을 이치적으로 풀어, 내 딴에 흥미이상 정독을 하였다. 해모수 이야기, 환웅 이야기, 헤르메스 신화 이야기 등 고대 외계문명 이야기를 신빙성 있게 언급하여 상하권을 3일 만에 읽었다.

나는 일단 외계문명도 믿고 지금 미 국방성에 활동하는 외계인도 믿는다. 그런데 외계인을 신앙의 대상으로 삼지는 않는다. 왜냐하면 인간의 눈에 포착된다는 것은 그들의 세계 역시 3차원이라는 결론이다. 미국이나 선진국들의 과학이 좀 더 발달하여 비행기나 기계문명이 월등하듯 같은 의미 아닐까? 지금까지 강대국들이 과학이 발달하였다 하여 후진국이나 약소민족을 도와주는 일은 없었다. 식량이나 초콜릿 좀 주고는 광산이나 벌목 등으로 빼앗아간 게 훨씬 많다.

한반도 프로젝트

종교와 UFO

다양하고 독립적인 小規模(소규모) 공동체들이 우주인의 존재들이 외계에 존재하며 지구인과 관계를 맺고 있다고 믿고 있다. 이 사실은 무시하기에는 이미 시기적으로 늦었다. 지난 수 세기동안 외계 생명체들에 대한 추론들이 있었지만, 1947년에 비행사였던 케네스 아놀드(Kenneth A. Arnold 1915)가 미확인 비행물체를 미국에서 목격하면서 크게 관심이 모아지기 시작하였다. 주요 UFO와 관련된 공동체로는

- 조오지 킹의 에테리우스회(Aetherius Society)
- 노만의 우나리우스 과학회(Unarius Academy of Science)
- 라헬의 라엘리안 운동(Raelian Movement)
- 애플 화이트의 천국의 문(Heaven's Gate) 등이 있다. 이 공동체들은 그 규모가 크지는 않지만 창시자의 지시와 우주인들의 계시에 적극적으로 헌신 활동하고 있다.

조오지 킹(George King, 1919~1970)은 1955년 런던에 에테레우스회를 설립하고 인류를 위한 봉사를 가르쳤다. 어머니 지구를 위대한 우주적 지성으로 간주하고 인류가 그 위에 거주하는 것을 허락하였다고 주장하였다. 그러므로 오랜 기간 동안 인류가 어머니로부터 가져간 에너지에 대한 보답으로 영적 에너지를 돌려드려야 한다고 설명하였다. 예수님, 부처님, 크리슈나 등 성인들은 태양계의 다른 행성들에게 온 우주적 아바타들로서 인류에게 진리를 가르쳤다는 것이다. 선지자들은 킹이 습득한 요가의 지혜와 외계의 존재들로부터 교신(Channelling)을 통해 받은 지혜들을 권위 있는 가르침으로 받아들인다. 그에게 최초로 명령을 한 천상의 존재인 스승 에테리우스(Master Aethrius)의 이름을 따서 단체의 이름을 지었다. 현재

영국, 포르투칼, 미국, 캐나다, 호주, 뉴질랜드, 가나, 나이지리아 등에 지부들이 운영되고 있으며, 2011년 일본 동북부의 대지진과 해일 피해를 돕기 위해서 영적인 에너지를 보냈다고 주장한다.

노만 부부(Ernest and Ruth Norman)가 설립한 우나리우스 과학회는 모든 것을 에너지의 변화로 설명한다. 카르마의 원리에 따라서 악행보다는 선행을 하려고 노력하며 4차원의 원리에 기초하여 다차원적인 생명에 대한 과학을 발전시키려 하는 건전한 공동체다. 우나리우스의 신자들은 미국, 캐나다, 나이지리아에 센터들을 세웠고 창시자, 교신자들, 부교신자들이 출판한 서적들에 권위를 부여하고 영혼불멸과 전생을 믿는다.

프랑스의 라엘이 이끄는 라엘리안 운동은 2002년 12월 26일에 최초의 복제인간 아기 '이브'를 만드는데 성공하였다고 발표하였다. 이 운동은 클로드 보리롱(Claude Vorilhon 1946)이 외계 생명체인 야훼 엘로힘을 만났다고 주장하면서 시작되었다. 이후 라엘로 이름을 바꾼 보리롱은 엘로힘이 4피트의 어두운 머리색과 아몬드형의 눈을 가진 올리브색의 피부를 가진 존재라고 묘사한다. 라엘에 따르면 엘로힘은 지구상의 모든 생명을 창조했는데 인류가 지금까지 그들을 신들로 오해해 왔으며, 이제 지구문명의 수준이 이러한 상황을 이해할 정도로 성숙했으므로 특별한 대사관을 지구 위에 만들어 직접 접촉할 것을 제안하였다. 그의 주장에 따르면 엘로힘은 미확인 비행 물체를 타고 나타났다고 전해진다. 그의 추종자들인 라엘리안들은 인간이 신에 의하여 창조된 것이 아니고 그렇다고 진화된 존재도 아닌 일군의 초월적 과학자들인 엘로힘이 자신들의 이미지에 따라 DNA를 가지고 창조했다고 믿는다.

그러므로 라엘의 미션은 세계에 참된 메시지를 제공함으로써 외계 생명체가 지구에 착륙할 수 있는 기지인 大使館(대사관)을 예루살렘 근처에 건설한다는 것이다. 라엘은 1975년 10월 7일에 우주인들이 UFO에 그를 태워 우주의 행성으로 데려갔다고 주장한다. 그는 클로네이드(Clonaid)프로그램을 통해 영생에 이르는 복제기술을 습득해야 한다고 믿는다.

스스로를 메시아로 여기는 라엘은 우주의 생명체들이 지금까지 동일한 메시지를 모세, 싯다르타, 마호메트, 예수 그리스도에게도 전달했다고 증언한다. 유대교와 기독교 전통에는 〈성서〉의 창세기에 등장하는 엘로힘을 신의 이름으로 간주하지만 라엘리안은 '하늘에서 내려온 자'로 보며 그들이 바로 고등 과학문명을 지닌 우주인들이라고 설명한다. 한국의 정부는 2003년 사회적 혼란을 이유로 '라엘'의 국내 입국을 금지하였다. 한국에는 현재 1만여 명의 회원들이 활동하고 있다.

UFO를 信仰(신앙)하는 사람들

1996년 11월 23일 중앙일보 남 재일 기자의 취재 자료를 근거로 기록해 본다.

서울 장안동의 한 무용학원 연습실에 30여 명의 사람들이 모였다. 대학 1학년 학생부터 70대 노인과 동네 이발사부터 서울법대 출신까지 다양한 군상들이 마루에 원을 그리고 앉았다. 그들은 무용을 배우러 온 사람들이 아니다. 그들은 瞑想(명상)을 끝내고 나서 편안한 자세로 둘러앉아 대화시간을 갖고 흩어졌다. 멀리서 보면 단전호흡이나 명상수련원을 연상시킬만한 풍경이었다. 같은 시간 대전에서는 300여 명이 참석한 증산도 주최의 세미나가 있었다.

증산사상 연구회가 定例的(정례적)인 논문발표회를 '개벽대회'로 개명하고 연 첫 행사였다. 한 날 한 시에 열린 이 두 모임, 그 사이를 이어주는 끈은 신도, 명상도, 수련도 아닌 미확인 비행물체(UFO)였다. 대전에서 열린 세미나의 주제는 'UFO와 宇宙文明(우주문명)'에 관한 메시지의 접목을 탐색하는 자리였다. 장안동의 모임은 우주인의 메시지를 전하는 운동을 벌여온 '라엘리안 무브먼트' 한국지부의 정기집회, 이 두 모임은 막 관심도가 높아가는 한국의 UFO 열풍을 상징적으로 보여준다. - 당시의 관계기사 38면 -

UFO에 관한 정보들

지금까지 국내에서도 1백 40여 건에 이르는 목격 사례가 뉴스에 보도되었는데 그 중 선명도가 높은 사진영상이 15건 정도이고 개개인이 目見(목견)하고 그냥 무시한 자료를 감안하면 수백 건에 이를 것이다. 그러나 여기에 대한 관심은 대개 일시적인 호기심으로 그쳤다.

그러나 지난해 1995년 선명도가 높은 UFO를 일간지의 사진기자가 포착해 대대적으로 보도하였다. 조 경철 박사가 출간한 〈우주인이 오고 있다〉를 비롯하여 지금까지 20여 종의 출간된 UFO 관련 서적의 절반 이상이 출간되어 팔려나갔다. '패닉'의 2집 앨범 밑에는 타이틀곡으로 'UFO가 떴다' 또 다큐멘터리 채널인 센추리 TV는 같은 해 9월 말에 5부작 비디오 'UFO 그 숨겨진 실체'를 내놓았다. 이런 분위기에 힘입은 이벤트 회사 캘리포니아 이벤트 그룹(ECG)은 같은 해 12월 21일부터 30억 원을 투입하는 대규모 외계문명전을 서울에서 열었다. ECG는 모두 30만 명을 동원해야 본전을 찾는 이 행사의 성공을 낙관하였다.

이처럼 UFO에 대한 관심이 꿈이나 전설이 아닌 세기말의 時代精神(시대정신)으로 다가오면서 최근 들어 관심도가 양적으로 확산되는 높은 추세를 보이고 있다. 그러나 이보다 더 흥미로운 건 사람들의 관심의 질이다. 과거의 SF적인 호기심이 科學的(과학적) 관심으로 깊어지고 일부에서는 종교적 믿음으로까지 깊어져 深化(심화)되어 가는 게 요즘의 추세다.

현재 이 운동의 회원들은 전 세계적으로 60여만 명 한국에는 약 3천여 명의 추종자들의 회원이 있는데 짜깁기와 신정보에 대한 접목의 달인 안 경전 씨의 우호적인 강의와 증산도의 개벽사상은 밀접한 관계를 스스로 내포하고 있어 나의 관점으로 볼 때 간접적으로는 아마 몇 십만 명이 넘을 것으로 추정된다. 한 가지 고려할 사실은 이 회원들의 경우 누구의 권면이나 전도나 강요와는 관계없이 출판물이나 뉴스 자료 등을 보고 스스로 찾아와 회원이 된 사람들이며 70%이상이 대졸의 고학력자들이었다. 이들은 인터뷰에서 "이 세상에는 신도 靈魂(영혼)도 없으며, 과학기술의 발전만이 人

類(인류)의 미래를 좌우하기 때문에 外界文明(외계문명)으로부터 그 기술을 전수받아야 한다."고 입을 모았다. 그들의 리더자인 최 사규 씨는 말했다. 자기들의 교주 "라엘이 외계에 다녀온 부분을 가장 황당하게 생각하여 믿지 못하는 사람이 많다는 것이다."

그러나 이들 단체는 비폭력과 평화를 사랑하고 전쟁을 반대하며, 과학에 의한 樂觀論(낙관론)을 펼치면서 이 운동의 취지를 공감해 찾아오는 사람들이라고 덧붙였다.

증산도의 UFO 관점

증산도처럼 多角度(다각도)의 관점에서 다가올 미래에 대하여 대책하고 구상하며 신 정보와 동서고금의 비서들과 역사성을 분해 분석하여 연구하는 단체는 우리나라에 없다고 나는 단언한다. 나는 증산도 교인은 아니다. 그러나 이분들의 민족성이나 신앙관에는 동조할 수밖에 없음은 단군님을 우리 조상으로 믿는 역사적인 관점에서 韓民族(한민족)의 뿌리상의 공통적인 同質感(동질감) 때문이다. 증산도에서 發提者(발제자)로 나섰던 경북대학교 경영학과 이 상환교수는 외계의 존재와 그 문명의 절대적 우수성을 확신하는 인물이다. 이 교수는 'UFO와 열린 우주'라는 제목의 논문을 통해 증산도의 경전인 〈道典〉에 수록된 예언과 사상이 우주인이 전하는 메시지와 너무 일치한다고 주장했다 예컨대 분열과 反目(반목)으로 경쟁하던 先天(선천)의 문명이 개벽을 맞으면서 조화와 통일의 後天仙境(후천선경)으로 이행한다는 증산사상은 우주인이 전하는 미래의 우주 대통합 문명과 그 성격이 같다는 것이다. 증산도가 외계문명의 존재를 사상에 끌어들이는 것은 이 교수 혼자만의 작업이 아니다. 다시 말해서 신 정보를 놓치지 않고 접목을 잘하는 이 단체에서 이슈는 외계문명이 가장 큰 관심사로 떠올랐다.

서구의 종교학자들은 과학의 시대에 교리에 과학성을 부여하려는 방편으로 UFO가 인용돼온 경향을 지적하고 있다. 증산도가 '천상문명'의 증거로 우주문명의 실체를 탐색하는 것과 반대로 '라엘리안 무브먼트'는 우주문명의 실존을 증명하기 위해 우주인의 메시지를 성경구절과 대비시키며 설명하고 있다. 학자들은 과학과 종교가 서로 파고드는 이런 현상이 UFO에 대한 과학적 규명이 이뤄질 때까지 계속될 것으로 내다보고 있다. 현대 과학적으로 설명되지 않는 고도의 과학을 종교의 발생요건인 공포와 경외심을 동시에 불러일으키기 때문이라는 것이다.

나의 관점

나는 외계 생명체와 문명의 존재를 믿는다. 그렇다 하여 그들이 신앙의 대상은 아니다. 그동안 정치나 종교나 현대과학 등은 UFO의 실체를 정확히 파악하지 못했고 파악할 수도 없다 사진자료는 충분하고 목격자들도 많으나 그 메시지가 지극히 개인적이며, 이슈가 될 만한 내용들이 전무하다. 내가 만났던 靈人(영인)도 지극히 나와의 개인적인 범주에 속하는 사실이기에 어디에다 舌戰(설전)을 벌일 일이 아니듯 지금까지의 UFO 목격담이나 사진자료들은 외계문명과 다른 어딘 가에도 생명체가 존재한다는 것 외에는 할 말이 없는 것이다. 미 국방성에는 1급 비밀로 UFO추락으로 그들의 시신이 냉동되어 있다는 설과 그들과의 기술교류와 정밀한 기술을 전수받았다는 이야기도 흘러 다닌다.

그리고 일부 終末論(종말론) 신앙자들은 그들이 지구를 구해주러 내려올 인류 구원의 메시아 재림과 함께 새로운 낙원이 도래할 것이라고 믿는 단체도 있다. 그러나 외계문명의 UFO나 그 기기를 타고 온 외계인은 우리보다 과학이 좀 더 발달한 존재들이지 그들이 우주를 창조한 神(신)이 아니며, 그들 역시 인간의 눈에 띄는 것은 거기 역시 3차원 물질계 세상이라는 것이다. 외계인들이 지구인을 도와 구한 예는 없으며 그러한 기사도 방송도 신문자료도 없다.

브라질의 드리오 씨가 낚시 중에 만난 외계인은 지구는 마치 물위에 떠있는 연꽃처럼 겉으로는 문화가 화려한듯하나 지구인들의 전쟁연습으로 지구의 운명은 매우 위태롭다며 경고를 하고 금속 물질을 선물로 주고 비행접시를 타고 사라졌다. 우리는 분명히 알아야 한다. 천사의 존재도 신의 존재도 외계인의 존재도 盲信(맹신) 대상이 아님을 명심해야 한다. 그들이 할 일없이 지구인을 구하러 내려오지 않는다. 내 집은 내가 지키고 내 몸은 내가 지키고 내 가족은 내가 지키고 내 나라는 내가 지키는 것이다. 지구촌의 과학은 한계에 부딪쳐 地球(지구) 溫暖化(온난화), 공해, 쓰레기, 전쟁, 기아, 질병문제를 해결 못하고 파멸을 향해 달리는 급행열차처럼 대책 없이 달리고 있다. 외계인과 UFO가 인류를 구해준다는 막연한 망상은 버려야 하며, 예수 그리스도가 再臨(재림)하여 세상을 심판하고 정결예식을 하여 新天地(신천지)를 만들어 百寶座(백보좌) 심판을 한다는 계시록은 상징적 비유다. 그런 일은 없다. 지금의 지구는 격변기에 접어들고 있는데 전 세계적으로 의식이 상승되어 지구 어머니를 생각하고 환경운동에 동참하고 공해문제를 뼈저리게 깨달아 전쟁을 중단하면 지구를 살릴 수 있으며 다시 회복할 수도 있으나 그렇지 않으면 우리는 앞으로 30년 이내에 지구인 수십억이 멸종할 것이다.

'一切唯心造(일체유심조)'만이 하늘이 내려준 비밀의 열쇠며, 축복의 잣대다. 외계인 믿지 말라. 거기 역시 3차원이다. 우리보다 과학이 좀 발달했을 뿐이다. 지구촌만 보더라도 답이 나온다. 科學(과학)이 앞선 선진국들이 후진국을 도와주는 걸 본적 있는가? UFO와 외계인들이 우리 눈에 띤다는 것은 앞에 말했듯 거기 역시 3차원이며 어쩌다 과학은 좀 더 발달했을지 몰라도 그들이 지구를 도와줄 것이라는 환상은 버려야 할 것이다. 지금 우리가 살고 있는 지구인들끼리도 서로 못 죽여서 안달이며, 서로 지배하려고 강대국들은 폭력을 쓴다.

이는 우리가 동물이나 가축을 대하는 것을 보면 알 수 있다. 저차원계의 동물들을 죽이고 학대하고 버리는 행위 지나친 육식으로 동물을 죽이는 행위를 보면 외계인이 의식이 낮고 어리석은 지구인을 도와줄 것이라는 생각보다는 인간이 손해를 볼 것은 뻔한 계산이다.

善을 가르치던 聖仁(성인)들의 최후

東西古今(동서고금)을 통해서 선을 가르치던 위인들이나 성인들은 삶이 평탄하지가 않았다.

1) 소크라테스(Socrates)의 최후

아테네 출신 소크라테스는 산파 어머니와 조각가인 아버지 사이에서 태어났다. 그는 생김새가 추남이라 전해지는데 얼굴은 보통사람보다 훨씬 큰 데다 키는 작고 통통하고 코는 유자 코에 뭉툭하고 눈은 두꺼비 눈처럼 불거지고 배가 나온 사람이었다고 전해진다. 그러나 체력은 좋았고 추위와 더위에 강했고 술을 마셔도 취하지 않는 등, 강 체질에 겨울에도 맨발로 얼음 위를 걸어 다니는 奇人(기인)이었다. 여러 차례 전쟁터에 참전하여 용맹을 떨쳤고, 두려움이 없는 사람이었으며 여름날에는 밤을 새워 사색에 잠기며, 해가 떠오르면 태양을 향해 감사 기도를 드린 후 자리에서 일어났다.

그는 아버지의 직업을 이어받지 않았으며 가족을 부양하는 일에 무관심하였고 제자들을 가르치는 데에 전념하였으며 가난한 탓에 옷차림은 남루하였으며 그리고 아테네 거리에서 주로 활동하며 여러 사람에게 늘 말을 걸어 행복이 무엇이냐고 물음으로 토론을 시작하였다. 그에게는 많은 제자들이 따랐고 상류층 사람들도 상당수가 끼어있었다. 그의 가르침에는 수업료가 없었고 제자들이 식사 한 끼 제공하는 것으로 만족한 사람이었다.

그러나 그의 아내 크산티페다는 남편의 哲學者(철학자)의 길을 막으며 온갖 방법을 동원하였다. 집에 돌아가면 아내의 박해가 말로 다할 수 없어 그럴 때마다 그는 뛰쳐나와 거리에서 제자들과 철학적 담론에 열정을 쏟았다. 결혼생활이 평탄치 못한 소크라테스를 보고 한 제자가 "선생님, 결혼을 하는 게 좋을까요? 안하는 것이 좋을까요?"라고 물었다. 그러자 그는 이렇게 대답했다.

"온순한 賢者(현자)를 얻으면 행복해질 것이고 사나운 여인을 얻으면 철학자가 될 것이니 결혼하게"

그의 敎育哲學(교육철학)은 이렇게 제자들과의 문답식으로 대화를 이끌어가며 拇指(무지)에서 탈출하도록 反語法(반어법)을 펼쳐나갔다. 그의 가르침은 심오하다. 산모와 산파의 비유는 격조 있는 비유다.

"산파가 옆에서 도와주되 결국 아이를 해산하는 것은 산모 자신의 몫이다. 아무리 고통이 크더라도 산모는 자신의 힘으로 아이를 낳아야만 하는 것이다."

無知(무지)는 가장 큰 罪(죄)다.

그의 가르침의 핵심은 바로 무지를 깨닫는 것이 가장 현명이라 하였다. 곧 자신이 모르는 것을 아는 것을 지식의 근본이라 하였다. 인간이 천지만물을 다 알았다 할 사람은 없다. 우주의 법계가 그렇게 좁지 않기 때문이다. 소크라테스가 40세가 되던 해에 그의 친구이자 제자였던 키이레폰이 神殿(신전)에 가서 아폴론 신에게 물었다.

"아테네에서 가장 현명한 사람이 누구입니까?"

그러자 신전의 무녀는

"소포클레스는 현명하다. 유리피테스는 더욱 현명하다 그러나 소크라테스는 모든 사람 중에서 가장 현명하다."

라고 대답했다. 소크라테스는 당대의 많은 현자들과 일일이 만나서 토론하며 느낀 것은 그들 중 다수가 자신이 많이 안다는 중독에 빠져있음을 보았다. 많이 안다고 자처하는 사람에게는 진리가 나타날 수 없다는 것을 그는 분명히 깨달았고 당대의 설전을 벌이던 사람들을 통해서 더욱 분명해졌다. 진리란 무지를 자각한 사람에게만 나타난다.

惡法(악법)도 법이다.

그는 두 가지 죄목으로 고소를 당하였는데 첫째로는 청년들을 부패하게 한다.

둘째로는 국가가 지정해준 신 외에 이상한 신을 믿는다는 것으로 고소를 당하였다. 청년들이 사색적 명상에 젖어 조용히 눈을 감는 모습을 마치 흐느적거리며 패기 잃은 모습으로 간주하여 죄를 덮어 씌웠다. 소크라테스는 신전에서 기도하는 것 말고는 평소에 인간은 良心(양심)의 소리에 귀를 기울여야 한다고 하였다. 그 양심의 소리가 신의 음성이라고 표현한 것이 무지한 시민들의 귀에는 그가 새로운 신을 믿는다고 매도하여 고소한 것이다.

서른 명으로 구성된 위원회에 끌려가서 '당신은 지금부터 교육을 그만두라.'는 경고를 받았다. 그는 죄를 지은 적이 없기에 양심의 소리에 따라 젊은 이들을 가르쳤다. 당시 아테네를 지배했던 야심가 정치인들에게는 소크라테스의 양심의 소리와 철학은 눈에 가시 같았다. 그는 다시 재판에 회부되었다. 재판당시 배심원들은 500명이었는데 신에 대한 불경죄를 죄목으로 유죄냐 무죄냐를 판결하였는데 결과는 280대 220이라는 근소한 차이로 유죄판결이 되었다. 다음에는 형량을 놓고 판결을 내렸다. 원고 측의 요구는 사형이었고 소크라테스 측은 가벼운 벌금형이었다. 플라톤 등이 설득하여 30므나로 벌금을 정했으나 소크라테스의 입장에서는 기가 찼다. 마침내 재판이 열렸다.

그러나 소크라테스는 재판정에서 누구에게 사과를 하거나 애원을 하지 않았고 오히려 시민들과 배심원들을 꾸짖으며 정의와 진리의 길을 설파하였다. 그는 청중을 향해 연설하였다.

"당신들의 지갑을 가능한 한 많이 채우고 명성과 존경을 받으려고만 노심초사하고 있구려. 더구나 그것을 부끄러워하지도 않고 도덕적인 판단과 진리, 그리고 당신들의 영혼을 개선하는 데에는 조금도 관심이 없으며 또 노력조차 하지 않으면서 말이오."

소크라테스는 너무나도 태연하였고 죽음에 대한 공포도 전혀 없었다.

그는 다시 말했다.

"우리는 죽음을 재앙이라고 생각하지만 죽음은 두 가지 가능성 가운데 하나입니다. 첫째로 죽음이 완전히 무로 돌아가는 것일 경우 모든 감각이 없어지고 꿈도 꾸지 않을 만큼 깊은 잠을 자는 것과 같은 것인데 그보다 더 즐거운 밤이 어디 있겠습니까?

둘째로 죽음이 이 세상에서 저 세상으로 가는 여행길과 같은 것이라면, 생전에 만났던 훌륭한 사람들을 다시 만나 볼 수 있으니 또한 얼마나 좋은 일입니까? 나는 죽음을 통해 귀찮은 일로부터 해방되는 것을 오히려 다행이라 여깁니다. 따라서 나를 고소하거나 유죄로 투표한 사람들에게 화를 내지 않습니다. 미안해하지 마십시오. 이제 내가 아테네를 떠날 시간이 되었습니다. 나는 사형을 받기 위해 여러분들은 살기 위해… 그러나 우리 가운데 어느 쪽 앞에 더 좋은 것이 기다리고 있을지는 神(신) 외에는 아무도 모릅니다."

그의 연설을 들은 사람들은 비위가 틀려 동정을 베풀었던 자들도 다시 사형을 지자하는 표를 던져 360대 140의 큰 표 차로 선고를 받았다. 당시 아테네 법률은 死刑宣告(사형선고)를 받으면 24시간 안에 처형을 받게 되어 있었다. 그러나 신에게 재물을 바치러 간 배가 돌아오지를 않아 집행이 연기되었다.

마침내 배가 들어오는 날 감옥에서 친구들이 입을 모아 말했다.

"돈이 얼마가 들던지 간에 우리들이 간수를 매수할 테니 도망치라."

고 설득하였다. 소크라테스는 말했다.

"내가 지금까지 아테네 법을 지키며 살아왔는데 나에게 좀 불리하다고 법을 어기는 것은 비겁한 일이다."

라고 탈출을 거부하였다. 그리고 목욕을 하고 아직 사형 집행시간이 남아 있는데도 독약이 첨가된 당근 즙 잔을 받아마셨다. 목욕을 미리 한 것은 여인들이 시신을 씻기는 고통을 없게 하기 위함이었다. 그의 유언은 아래와 같다.

①'惡法도 법이다.'

라는 유명한 그의 명언이 나온 것이다. 그는 독이든 잔을 간수에게 받아들고는 태연하게 기도를 드리고 조용히 마셨다. 그는 감옥 안을 거닐다가 다리가 무겁다고 하면서 반듯하게 누웠고 간수는 종종 그의 손과 발을 살펴보다가 꼭꼭 눌러보며 감각이 있느냐고 묻자 없다고 말했다. 간수는 몸이 점점 식어간다고 말했다.

두 번째 유언은 그가 하반신이 거의 식었을 때 얼굴에 가렸던 천을 재끼면서,

②"오! 크리톤, 아스클레피오스에게 닭 한 마리를 빚졌네. 기억해 두었다가 꼭 갚아주게나!"라고 부탁했고 이에 대해 크리톤은 "잘 알겠습니다. 꼭 그리 하겠습니다."라고 대답하며 "그밖에 할 말은 없습니까?"

③"자신들의 영혼을 잘 돌보라."는 당부를 하며 "괜찮냐?"라고 묻자 아무런 대답이 없었다.

毒藥을 마신 사람이 죽음 앞에서 이렇게 태연한 사람은 지구상에 없었다. 여기서 영향을 크게 받은 플라톤을 통하여 靈魂 不滅設(영혼불멸설)이 잉태되었고 결국 기독교에서도 이 교리를 직수입하였던 것이다. 소크라테스는 일반 철학자가 아니며, 그는 독실한 신앙인이었다.

'아스클레피오스(Ascleplus)'는 醫藥(의약)의 神(신)을 말한다. 당시에는 사람이 병이 들었다가 나으면 닭 한 마리를 신전에 바치는 예배 풍습이 있었다. 그러므로 소크라테스의 마지막 말은 **인생의 모든 병에서 또는 죽음이란 영혼이 육체로부터 해방되는 일**, 곧 치유의 일로 받아들였던 것이다. 독일의 철학자 야스퍼스(Karl Theldor Jaspers)는 말하길 소크라테스의 죽음은 비극이 아니라고 말하며 그는 죽음을 초월하고 있었다고 말하여 죽음이 결코 장애물이 아님을 변증하였다. 아! 그러나 죄 많은 群衆(군중)은 언제나 현자들을 죽여 왔다. 그는 결국 죽음이라는 병을 극복한 최초의 사람이었다.

2) 예수 그리스도의 最後(최후)

기독교의 성자 예수 그리스도는 유대교의 분열된 위선적인 종교관에 도전장을 던졌다.

구약성경이나 모세 5경을 강론하지 않고 자기의 영감을 전파하며 하나님의 계시와 새로운 복음을 전하여 새로운 교리를 전파하여 유대인의 미움을 샀다. 예수께서는 겟세마네 동산에서 기도를 마치고 로마 군인들에게 체포되어 유대인의 자치적 종교 기구인 산헤드린 의회에서 심문을 받았다. 로마 총독 '폰티우스 필라투스'에게 채찍으로 고난을 받으며 군중들의 데모로 십자가형을 받아 처형되었다.

이러한 수난에서 십자가형으로 인한 예수의 고통과 죽음은 신학적으로 구원론, 속죄론과 더불어 그리스도의 중대한 면모를 남겨주어 새로운 세상에 대한 격변을 일으켜 교회가 탄생하였으나, 당시의 유대교회와 로마의 식민주의자들은 예수가 로마 제국과 종교권력의 결탁에 의해 위험인물로 여겨져 자기들의 위치가 흔들릴까봐 예수를 처형하였다. 그러나 예수의 3일 부활 이후 4권의 복음서가 탄생하고 여러 믿을만한 便紙(편지)들이 편집되어 27권의 新約聖經(신약성경)이 출간되었다.

3) 孔子(공자)의 最後(최후)

공자는 春秋時代(춘추시대)말에 태어났다. 조상들은 송나라의 귀족이었으나 노나라로 망명을 하였다고 전해진다. 역사적으로는 그를 宋(송)의 後裔(후예)로 보는 것이 합당할 것이다. 아버지는 淑梁紇(숙량흘) 어머니는 안씨 집안으로, 이름은 徵在(징재)였다. 아버지는 제나라에서 군공을 세운 부장이었으나 공자가 3살 때 전사하였다. 그는 빈곤 속에서 많은 고생을 하며 살았다.

어린 나이에 그는 학문에 힘썼다. 그는 십오 세가 되어 학문에 뜻을 두었고 삼십이 되어 뜻을 세웠다.

50세가 지나면서 노나라의 定公(정공)에 重用(중용)되어 정치가로서의 탁월한 수완을 발휘하였다.

그의 여정은 이렇다. 19세 때인 BC.533년 노나라 계씨의 창고 관리인이 되었고 51세 때인 BC.501년 노의 정공에게 중용되었고 56세 대에 大司寇(대사구) 재상이 되었다. 그러나 노의 정치에 크게 실망을 느끼고 결국 벼슬을 버리고 자신의 경륜을 펼치기 위해 천하를 떠돌며, 소크라테스 비슷하게 제자들을 가르쳤다. 그는 제자들과 遊說(유세)를 계속하여 이상을 실현하고 전하였다. 그러나 사람들이 따라주지 않으니 理想世界(이상세계)를 펼치는 것이 불가능함을 알았다. 결국 고향으로 돌아가 제자들을 양육하는데 전념하였다. 제자들은 3,000명이었다.

孔子(공자)의 죽음

그는 정치적으로는 뜻을 펼치지 못했으나 제자들을 가르침에 있어서는 성공적으로 교육철학을 펼친 셈이다. 공자가 波瀾萬丈(파란만장)한 생을 마칠 때에 입을 열었다.

"나는 이제 입을 다물려 하노라."

자공이 말했다. "선생님께서 말씀을 하지 않으시면 저희들은 후세에 무엇을 전할 수 있겠습니까?" 이에 공자는 대답하였다. "저 하느님께서 무슨 말씀을 하시느냐?"

"四季節(사계절)이 運行(운행)하고 온갖 생명이 잉태되고 있지 않느냐? 들리느냐? 저 하느님께서 무슨 말씀을 하고 계시느냐?"

공자의 교육철학을 한 마디로 축소하면 하늘의 소리를 듣고 깨달아 순종하면 축복된 삶을 산다는 하늘사상이다.

4) 싯다르타의 最後(최후)

석가모니는 80세의 고령의 나이가 될 때까지 법을 펼쳤다. 제자 '파사시'

에게서 받은 음식이 잘못되어 심한 식중독을 앓았고 결국 고령인데다가 금식을 자주했던 까닭으로 위장이 약하여 일어나지 못하였다. 위독함을 스스로 깨달은 불타는 최후의 목욕을 마치고 숲속으로 들어가 북쪽을 바라보고 오른쪽으로 누웠다. 그리고는 밤중에 제자들에게 쉬지 말고 수행에 전념하라는 유언을 남기고 조용히 죽음을 수용하며, '쿠시나가라'에서 입멸하였다.

기원전 544년 2월 15일이었다. 遺骨(유골)과 사리는 왕후, 귀족들이 분배하여 각자의 나라에 가지고 가서 탑을 세우고 봉양하였다. 석가모니는 다른 성자와는 달리 스스로 고난을 택한 구도자였으며 왕족의 명예와 호화 생활을 버리고 진리를 찾아 나선 오랜 시간의 사투 끝에 무상한 만물 중에 오직 참된 자아를 깨닫는 진리만이 영원함을 설파하였다. 또한 바라문의 계급제도와 귀족들의 그릇된 사고를 타파하고 인류의 평등법계를 위해 일평생을 바쳤다. 드디어 큰 깨달음을 얻어 500번째의 살아있는 위대한 佛陀(불타)가 되었다.

이상 4인의 성자들 말고도 위인들은 선행을 중시여기는 황금률을 설파하였다. 슈바이처, 다미엔, 아브라함 링컨, 루터 킹, 스피노자, 테레사 수녀, 김 용기장로, 장 기려 박사, 기타 숨은 순교자들의 선행의 열매로 우리는 그나마 오늘날 이토록 복된 시간을 누리는 것이다.

오늘날 우리에게는 성인들의 황금률이 과잉상태다. 몰라서 못 하는 게 아니다.

대기업에 취업하는 것, 고시 합격하는 것, 고급 공무원이 되는 것은 성공인줄 알면서 마음 공부하여 하늘과 땅 그리고 우주만물과 통하는 진리를 알아 자유인이 되면 더 풍요로운 부의 가치가 있는데 이 비밀을 전해줄 수 없으니 슬플 뿐이다. 왜냐하면 精神世界(정신세계)의 축복은 금방 눈에 보이는 것이 아니기 때문이며, 보이지 않는 것이 더 영원하기 때문이다. 아무리 고상한 천국 티켓의 황금률이 있어도 오늘날 부뚜막의 소금이기에 아쉬움이 크다.

바로메타

Barometer는 기압계 온도계 등의 측량을 말한다. 이러한 측량 기계처럼 인간의 육체도 정신계도 바로메타가 있다.

1) 육체적 바로메타

- 건강한 사람은 우선 얼굴빛이 환하고 목소리가 맑고 기운차고 미소가 넘친다.
- 악수를 해보면 손이 따뜻하고 피부가 촉촉하다.
- 추위와 더위에 강하고 어떤 문제가 발생해도 흥분하지 않는다.
- 편식을 하지 않고 의식주가 바뀌어도 구애 받지 않는다.
- 면역력이 강하다.
- 환경이나 衣食住(의식주)에 끄달리지 않는다.

인간의 몸은 태초부터 여러 가지 리듬의 유전자 정보에 쌓여있다. 하루 약 24시간의 리듬을 '서커디언 리듬(circadian rhythm)'이라고 한다. 이 리듬 속에서 가장 중요한 것이 수면과 각성 리듬이 있는데 예를 들면 게으른 사람도 아침 해가 중천에 떠오르면 저절로 일어나듯 날이 밝으면 저절로 움직이는 것이다. 그리고 누가 시키지 않아도 스스로 조절하는 체온조절 리듬이 있는데 새벽 4시에서 오후 4~6시가 절정이다.

生體(생체) 시계에 의해서 자율신경 조절이 있는데 휴식 시의 交感神經(교감신경) 등이다. 건강한 사람은 이러한 생체리듬을 올바르게 하기 위하여 생체 리듬을 정돈하는 일을 필요로 한다. 이를테면 따뜻한 물로 씻고 목욕탕에 가서 담고 균형 있는 식사와 質量(질량) 있는 음료수나 수프 섭취, 적절한 스트레칭이나 조깅, 헬스 등으로 循環期(순환기)와 근육을 발달시키며 신체의 균형을 잡아간다.

나는 체질의 본바탕이 병약하고 호흡기가 약하여 달리기는 자신이 없다. 그러나 천천히 걷는다면 두 시간을 걸을 수 있다. 가끔씩 2~3킬로씩 걸으며 혈압을 조절하고 9kg 아령을 만지며 근육을 관리하고 간단한 스쿼트로 부상 입어 장애 판정을 받은 양다리의 근육을 적당히 보호하고 있다. 키169㎝, 체중 72㎏, 중병을 앓았으나 잘 조절하여 두려움 없이 활동하고 있으며, 내 몸은 내가 지키는 정도의 자신감으로 손수 음식을 저울에 달아서 먹듯 철저히 관리한다. 체질이 약하니 생명에 대한 愛着(애착)이 많아 永生(영생), 長壽(장수), 神仙道(신선도), 道術(도술), 그리고 宗敎的(종교적)인 문제와 정신세계에 관한 문제에는 보통사람들 이상 집착이 많아 시행착오도 많이 했으며 건강에 관한 정보나 의학 잡지를 많이 읽는 편이다. 그 덕으로 나이 60을 넘기고 1년 뒤면 70세가 되는데 내가 생각해도 나의 신념이 경이롭다.

무시로 아침볕을 팔 벌려 수용하여 받아들이는 瞑想(명상)으로 하루를 시작한다. 아침 일찍 햇볕을 받으면 생체리듬이 활력을 얻으며 희망이 솟구치는 듯 정신이 상쾌하고 하루해가 길게 느껴진다. 밤에는 인삼차 한 잔 물 한 잔을 매일 마시며 이변이 없는 한 3시간 이상 원고를 쓰고 독서를 한다. 그리고 주 2회 정도는 영화도 한편씩 보는 편이다. 그리고 밤 9시 이후에는 간식을 먹지 않는다. 낮에 육식을 한 날은 저녁에 약간의 채소 샐러드에 삶은 계란 하나를 잘라 곁들어 가볍게 먹으면 배가 나오지 않고 아침에 몸이 가볍다. 이러한 심신 사랑으로 28% 남은 폐 기능으로 깊은 深呼吸(심호흡)으로 하루하루를 연장하며 실감 나는 생명의 실상을 나는 덤으로 누린다.

2) 意識(의식)의 바로메타

육체의 바로메타는 앞에 기록했듯 원활한 바이오리듬이다. 맥박, 혈압, 체온, 神經組織(신경조직), 근육조직, 뼈 조직, 혈관조직(*동양의학의 경락조직) 등의 상태와 오장육부의 기능 상태를 기준하여 전문 의사들은 체크한다. 이러한 진단의 결과로 인하여 사람들은 이 육체적인 문제가 조금만 이상 신호가 나타나면 병원을 찾으며 비싼 현금뭉치를 들고 병원을 찾는다.

그런데 정신이나 의식의 문제를 가지고 개선하려는 사람은 매우 희소하다. 광기를 부리고 폭력적이고 분열증세가 심각해지면 그제야 병원을 찾아 안정제를 주사하고 뒤늦은 상담을 하며 치료시기를 놓쳐 대개 평생 시달린다. 意識(의식)의 바로메타(Barometer)는 六根(육근)과 五陰(오음)의 리듬이 관장한다. 인간의 六識(육식)이 개개인의 행불행의 분위기를 造作(조작)하고 결정짓는 것인데 대개 인간은 이를 의식 못하며 콩 심은데 콩 나는 것은 알면서 정신과 의식의 用心(용심)을 그 결과를 눈치 채지 못하고 있다. 육근과 오음(오음이란 生滅(생멸) 變化(변화)하는 모든 것을 종류대로 나눈 다섯 가지 색, 수, 상, 행, 식(色受想行識))이 육근과 오음이 조화롭지 못하면 뿌리 없는 나무처럼 행운이 떠나고 삶이 정처가 없게 된다. 현명한 사람의 의식은 어떤 일을 결정하는 데에 몇 날 며칠씩 걸리지 않는다. 어떤 일을 결정하는 데에는 찰나에 불과하게 비상하다. 마음이 가난하여 비움을 아는 사람은 불행을 택할 확률이 매우 적다. 그리고 선과 악에 대한 원근감이 없고 만지는 것마다 잡히는 것마다 생명의 실체들이다. 사람의 육체가 살아 움직이는 것이 五代組織(오대조직)의 리듬과 조화가 원활해야 운행되듯, 정신세계도 감정과 혼과 영이 어우러져 조화를 이룰 때에 교감을 통해서 意識世界(의식세계)가 밀도 있게 상승한다.

3) 영적인 바로메타

예수께서는 17년의 구도 여행을 마치고 유대 고향에 귀향하여 비장한 각오로 수천 년 동안 구태의연하고 지루한 유대교의 형식적인 제사와 10여 개로 갈라진 당파싸움과 기득권에 눈 멀고 타락한 종교 지도자들에게 흑백

논리의 독설을 퍼부으며 버림받은 갈릴리 출신들과 힘없는 군중들을 향해 새 소식을 전하려 준비한대로 요단강가에 나아가 洗禮者(세례자) 요한에게 세례를 받았다. 예수께서 신성을 자각하고 그리스도의 자격을 갖춘 것은 광야에서 악마의 시험을 끝내버리고 멜기세덱의 계열을 따라 하늘의 지성소에 들어갈 권세를 얻고 영원한 大祭司長(대제사장)이 되는 그리스도 의식을 몸소 행하신 비밀은 광야의 유혹을 물리쳐 이기신 것이다.

- 예수께서는 돌로 떡을 만드는 마술사가 아니다.

- 그리스도 의식은 명예, 권세, 부귀를 얻으려고 굽히지 않는다.

- 그리스도 의식을 높은 데서 뛰어내리고 박수 받고 명성을 얻는 길이 아니다.

세상 권세를 다 준다고 유혹한 악마는 붓다가 보리수나무 아래서 수도할 때에 사람의 피와 고기를 먹는 나찰이 나타나 위협하고 공포를 주고 악마 파순이 나타나서 그녀의 딸들을 보내서 붓다를 유혹한 일들이 이와 방불하다. 이러한 속세의 유혹이나 시험을 이기는 것은 수행자의 감각적인 심리작용의 단계일 것이다. 사도 바울이 뒤늦게나마 예수의 인격을 본받아 속세의 잔영들을 糞土(분토)같이 버렸다고 한 것이 바로 이런 경지의 상태다. 명상이나 기도상태가 존재 깊은 深淵(심연)에 이르면 이러한 잠재의식이 저절로 發現(발현)되는데 마치 입속의 혀처럼 자연스럽게 행으로 나타나는데 여기에는 계산이 없고 결정하는데 있어 즉흥적인 것처럼 찰나적으로 행이 뒤따르는 것이다. 대개의 경우 환상이나 靈夢(영몽)으로 나타난다.

그런데 힌두교에서는 우리의 현실 자체를 신의 꿈이라고 간주한다. 그렇다면 도대체 꿈이나 환상, 현실의 차이가 뭐란 말인가? 어쩌면 우리의 내면을 보다 더 깊이 통찰할 수 있을지도 모른다. 일상의식은 여러 가지 방어기제를 통해 우리 내면 깊은 욕망들을 숨기고 있지만 꿈이나 환상들은 이런 방어 기제들이 사라진 상태이기 때문에 서구의 정신분석에서도 꿈은 그 사람의 내면을 이해하는 아주 중요한 원천이 되고 있다. 예수께서 겪으신 마귀시험이나 붓다가 겪은 유혹들은 3차원의 물질계에서 여럿이 볼 수 있는 세계는 아니다. 그것은 구도절정을 경험하는 고차의 단계에 일어나는 마지막 영적인 아마겟돈 전쟁이다.

2. 知性(지성)과 靈的神婢(영적신비)

知性(Intellect)

지성이란 일반적인 개념은 사물에 대한 인식능력과 능동적인 상위 차원의 전반을 능동적으로 알아차리고, 아래로는 上位(상위) 인식과 사념들을 통찰하는 감성의 능력을 의미한다. 지성이란 책을 여러 권 읽었다 하여 붙여지지 않으며 명문대학을 졸업했다 하여 붙여지는 게 아니다.

그리스 철학에서는 그 순위를 사물에 대한 인식능력과 우주의식을 품은 사람들이 博愛精神(박애정신)을 갖고 자기 길을 찾아가는 것을 지성으로 알았다.

이들은 고대로부터 어떤 論題(논제)나 사물에 대하여 묻고 대답하는 진지함이 '탈레스'에 이어 '소크라테스', '플라톤'에 이르기까지 이어져왔으며, 그런 관점에서 보면 그리스인들은 '히포크라테스'의 두뇌정신을 비롯, 세심한 인체의 解剖(해부)와 더불어 플라톤의 靈魂不滅設(영혼불멸설)의 진지한 명상의 해부는 기독교에 큰 영향을 미쳤다. 그러므로 지성의 개념은 능력으로서의 지성, 포섭의 지성으로서의 判斷力(판단력), 추론의 능력으로서의 이성을 包括(포괄)한다.

여기서 상위 인식능력을 칭하길 '理性(이성)'이라고도 한다.

감성이 대상으로부터 촉발되는 것에서 直觀(직관)을 받아들이는 수용성인데 반하여 협의의 지성은 개념을 스스로 산출하는 자발성이다. 독일의 철학자 임마누엘 칸트(Immanuel Kant)에 의하면 지성과 감성은 經驗主義(경험주의)와 理性主義(이성주의) 쌍방의 견해와는 반대로 표상의 전적으로 상이한 원천이며, 나아가 인식은 본래 이 두 가지 이중적인 능력이 함께 일함으로써 비로소 성립된다.

知性(지성)의 궁극은 至性(지성)

인류는 상위 1%의 천재적인 魔王(마왕)들이 신의 자리를 점령하고 전 세계의 돈을 착취하고 전쟁을 마음대로 지휘하고 세균배양으로 인류를 위협하고 상류사회를 운영하며 세계 정치, 경제, 문화를 주무른다. 이 그림자 정부의 힘은 전능하신 신만이 간섭할 큰 성 바벨론이다.

상위 1%의 천재적인 사람들에 의해 신기술과 과학영농, 수소 자동차, 다수확 種子(종자)개량, 간편한 농기구 개발, 신약개발 등으로 인류에게 크게 이바지하여 유토피아를 건설해왔다. 어떤 사람은 상위층에서 인류를 위하여 이름 없이 헌신을 하고 사람을 이롭게 하는 至性人(지성인)이 있는 반면 명문대학은 물론, 大統領(대통령)에서 대학총장, 고위정치인들과 세계 재벌들, 최고의 연예인들 일부 상위 1%의 귀족 知性人(지성인)이라는 사람들은 지금 인류를 파멸로 몰아가고 있으며, 이에 맞장 뜰 개인이나 단체는 全無(전무)했고 앞으로도 이들을 대항할 조직은 없으며 신만이 이들을 천벌로 다스려 최후 아마겟돈 전쟁 때 저들은 스스로 멸망할 것이다. 내가 말하고자 하는 知性(지성)의 끝은 至性(지성)이다. 지성인의 마지막 계단은 相生(상생)의 터전에서 여러 종이 함께 어울려 호흡하는 것이다. 마치 숲과 나무들처럼 말이다. 결국 안다는 것은 어른이 되어 간다는 것으로 우리 정서에서는 말할 수밖에 없다. 아이들한테 총장명함을 내밀면 뭐하겠으며, 돌 지나는 아이가 할아버지 수염을 잡는다 하여 뭘 그리 자존심이 상할까! 참된 지성인의 극치는 나 자신이 헛갈리지 않음으로 내리사랑을 쏟을 수 있어 행복하며, 나를 필요로 하는 조국이 있어 감사한 것이다. 이러한 지성인은 남들이 몰라줘도 전혀 털끝하나 미동하지 않는다. 명예라는 허깨비는 사람을 추락시키는 악마의 絶壁(절벽)이다.

　명예를 좋아하는 사람들의 頂上(정상)은 항상 빙판길이 예비 되어 있다. 우리 주변을 몇 년 간 눈여겨 돌아보면 얼마든지 실례를 목격할 수 있다. 잊혀져가는 정치인들, 잊혀져가는 성직자들, 그러나 예수 그리스도, 슈바이처나 테레사, 독립투사들과 강재구 소령 등은 잊혀지지 않는다. 왜일까?

　이분들의 궁극은 사랑의 나눔을 몸으로 실천한 님들이기 때문이다. 지성의 궁극은 나를 내어주는 행위다. 지성의 동일한 성격이란 육체적으로 視空間的(시공간적)으로 혹은 인격적, 도덕적, 종교적으로 구별되는 여러 사람의 두뇌기능이나 활동과 더불어 지성의 기능이 작동한다 하더라도 그 방식이 보편성 테두리 안에서 말하는 것이다. 그러므로 이러한 점에서 지성인은 언제 어디서 누구에게나 동일한 기능방식을 갖되, 따라서 눈높이 형식을 능란하게 그리고 겸손하게 조절해 나가야만 그가 곧 지성인이다.

靈的神祕(영적신비)와 知性(지성)

　영적인 신비에 지성을 갖춘다면 요즘 젊은이들 용어로 끝내주는 사람이다. 근래에 있어 TV특강이나 You Tube 등을 통하여 많은 정보들이 홍수처럼 쏟아져 나오는데 거의가 쓰레기더미의 가짜들이 판치며 조회수 올리려는 욕심에 혈안들이다. 내가 선별한 지성인들은 손에 꼽을 정도다.

　독선적이긴 하나 강 상원 박사와 종범 스님은 존재계의 알파와 오메가를 아는 분들이다. 도올 김 용옥 교수는 민족주의자이며 중국고전에는 좀 박식하나 영적신비는 아예 없는 학자의 역할을 이어가는 사람이다. 나머지 학자들 모두는 그나마 남의 등 긁어주는 뜬 구름 잡는 사람들이며, 목회자들 중에는 영적이며 건전한 신비주의자들이 지금은 거의 없으며 수천 년 지난 편지 베껴서 축복 팔아먹다가 그 도가 지나쳐서 감옥 들어가고 미처 못 간 사람들은 뒷수습하느라 정신없고 깨달아 자기소리 하는 이는 거의 없고 神

人合一(신인합일)되어 실제로 동행하는 사람들 정말 드물다. 聖經(성경) 여러 곳과 法華經(법화경), 도교의 명상록 眞人(진인)이란 經(경)은 신비한 사건을 기록한 책들이다. 그러나 이 영적인 지식은 배워서 얻는 習得(습득)이 아니다. 영적인 신비를 마치 어린아이가 자라나는 과정을 겪고 청년기에 접어들면서 몸이 변형하는 시기를 경험하는 것과 방불한데 어느 날 초경을 치루고 목소리가 변하고 가슴이 솟아나고 턱수염이 자라고 골격이 바뀌고 키가 부쩍 자라나고 타인이 봐도 성숙한 청년이라는 것이 눈에 보이듯 영적인 사람은 이와 같이 성장한다. 아무리 학식이 많아도 우주의식이 없는 사람은 그의 학문이나 지식이 雜學(잡학)에 속하며 결국 形而上學(형이상학)적 인생을 이어가다 눈을 감는 것이다.

일반인은 혼과 육체만 가지고 살아간다. 靈(영)의 씨앗은 마음에 유전적으로 존재하나 개발되지 않아 대개 無精卵(무정란)으로 사그라지는 경우가 많은데 어쩔 수 없는 현실이다. 지구에서 일어나는 일들도 의식 못하며, 수증기도 못 보는 이들에게 힉스입자를 설명하려면 낙타와 바늘만큼이나 어려운 일이다. 나는 하늘에 뿌려대는 독극물 켐트레일을 알리고 계몽하며, 지난 5년 동안 1,200여 명에게 적어도 10여 차례 이상 거품을 물고 설명했다. 겨우 20명 정도 호응을 얻었다. 순간 나의 뇌리를 스치는 결론은 이렇게 진리를 전하기가 어려운데 영적인 神祕(신비)와 우주의식을 어찌 전하랴! 비밀리에 묻어두고 귀 있는 자들과 영의 씨앗이 있는 자들이 어느 날 홀연히 초경을 치르 듯 위에서 내리는 단비를 맞을 것이다. 스위든 보리나 바울의 묵시록만 보더라도 영적인 신비를 배워서 터득하는 것이 아니고 진지하게 구도의 길을 가는 이에게 어느 날 聖靈(성령)이 임하는 것이다.

저자들의 성격을 참고해서 감안하다 해도 상상하기에도 벅찬 신비스러운 내용들이 전반적으로 가득하다. 예수께서는 시대의 징조를 분별하라고 제자들에게 가르쳤다

오컬티즘(Occultism)

 오컬트의 원뜻은 '덮어 감추다'로 오컬티즘은 '감추어진 것', '비밀' 등을 뜻하는 라틴어 'Occultus'에서 유래한 말인데, 이는 보통 경험이나 사고로는 파악할 수 없는 신비적인 경험과 초자연적 현상을 믿고 존중하는 것을 말한다. 마술과 마법, 鍊金術(연금술), 점성학 등의 분야를 포괄하는 것으로 초자연적이며, 신비스러운 현상을 탐구한다. 1960년대 말에 세계적 규모로 유행했으며, 80년대까지 신지학, 영지주의, 요가, 티베트 명상, 히말라야 성자들의 삶 등이 동서 정신세계에 영향을 끼치고 뉴에이지 바람을 일으켰으며, 최근에는 근대 서양과학의 패러다임(Paradigm)이 동요되는 가운데, 신비를 인간지식의 본래의 구성요소라고 보는 관점이 퍼져 오컬트 붐을 이론적으로 뒷받침하고 있었는데 이러한 패러다임은 한 시대를 지배하는 科學的認識(과학적인식), 확실한 理論(이론), 관습, 思顧觀念(사고관념), 가치관 등을 총체적인 개념의 집합체로 정의할 수 있다. 인류사회는 어떤 주의주장이나 어떤 선풍적인 바람이나 혁명 의식 등이 소용돌이치고 지나가면 그 영향을 받지 않을 수가 없는 것이며, 아무리 옛것을 좋아하고 보수적인 틀을 지키고 싶어도 빈대가 기어 나오는 옛날 초가움막을 고집하는 것은 시대에 뒤떨어진 행위이며, 라이터를 두고 부싯돌을 고집함과도 같다. 패러다임의 본질은 자연과학적인 분야에서 출발하였으며, 문화 예술계에서도 예외 없이 이러한 오컬트적인 요소를 영화에 대입하여 여러 편의 영화를 제작하기도 하였고 검은 사제복을 입고 악령과 싸우는 여러 편의 영화가 TV로 선을 보이기도 하였는데 대개 음산하고 어두운 분위기로 작품을 몰고 감으로 지적인 신비감이 거세된 작품들이었고 따라서 영적인 신비감이 떨어지는 내용들로서 관객들의 정신문화에 영적인 신비감을 충족해주는 내용은 빈약한 편이다. 한국영화계에서도 '신과 함께-죄와 벌' 등 7편의 영화 드라마가 선보였다. 진정한 오컬티즘은 덮여있고 감춰있던 영적인 비밀이 啓示

(계시)로 드러나는 신비를 의미하는 것으로 바울이 손수건만 흔들어도 군중들이 산화질소가 폭발하여 병이 치유되고 감옥에 갇혔던 베드로의 옆구리를 치며 깨워 발에서 착고가 풀리고 철대문이 저절로 열려 무사히 벗어났다. 이런 기적 같은 신비가 실제로 지금도 일어나고 있으나 먹물마신 사람들은 대개 이런 걸 믿지 않는데 원인은 그들 자신의 지식을 믿기 때문에 신비한 영적세계는 관심 밖의 세계다.

業障(업장)과 유전자 정보

1) 業障(업장)

우선 業(업)이라는 한자의 뜻부터 사전적 의미로 알아보도록 한다.

- 生計(생계)를 유지하기 위하여 자신의 적성과 능력에 따라 일정한 기간 동안 계속적으로 종사하는 일

- 자신에게 부여된 科業(과업)

- 미래에 대한 善惡(선악)의 결과를 가져오는 원인이 된다고 하는 몸과 입과 마음으로 짓는 선악의 소행

이것이 사전적인 의미로 보는 業(업)에 대한 해석이다. 그러므로 업이란 어떤 일의 원인과 결과로 보면 합당할듯하다.

2) 障(장)

이 장 字는 가로막을 障(장) 자인데 장애물은 여러 가지가 있다. 지체가 부자유스러운 장애인도 있고 자유의지를 잘못 사용하여 감옥을 택한 사람도 있고 과도한 욕망으로 자기 그물에 自繩自縛(자승자박)으로 걸려 허우적대는 경우도 허다하며 이 業障(업장)은 크고 작은 것과 생사를 넘나드는

지옥 같은 결과를 남겨주는 파장도 있다.

예수께서는 이렇게 말씀하셨다.

"너희의 고통당하는 갈릴리 사람들이 다른 사람들보다 죄가 더 많은 줄 아느냐? 너희에게 이르노니 아니다. 너희도 돌이키지 않으면 이와 같이 망하리라. 실로암에서 망대가 무너져 열여덟 명이 치어 죽었다. 그들이 예루살렘에 거하는 사람들보다 죄가 많아서 인줄 아느냐? 너희에게 이르노니 아니다. 너희도 만일 悔改(회개)하지 않으면 이와 같이 망하리라."(눅13:1~5)

障礙人(장애인)으로 태어나는 것이 누구의 죄인가?

어느 날 예수께서 제자들과 함께 길을 걷다가 날 때부터 앞을 못 보는 맹인을 만났다. 그때 제자들이 예수께 물었다.

"선생님 이 사람이 소경으로 태어난 것이 누구의 죄입니까? 부모의 죄(業障)인가요 아니면 자기의 죄(業報)인가요?"

예수의 대답은 일반인의 상식을 깨뜨렸다.

"예수께서 가라사대 이 사람이 소경으로 태어난 것은 자신의 카르마도 아니고 그 부모의 업보도 아니며 그에게서 하나님의 하시는 영광스러운 일을 나타내려 하심이니라."(요9:1~7)

무슨 의미일까? 이 불편한 지체 장애인의 고통스런 삶을 두고 예수께서는 누구 약을 올리는 것인가? 이들을 통해서 神의 하시는 일이란 과연 무엇인가? 다른 聖經(성경)에서는 하나님의 영광을 위해서 저들이 장애의 몸으로 태어났다고 하였는데 이 문제를 좀 더 진지하게 풀어보면 이렇다.

10여 년 전에 한국을 다녀간 일본의 오토가끼 히로다이 청년을 잊을 수가 없다. 그는 사지가 없이 몸뚱이만 태어난 중증장애아로 날 때부터 苦難(고난)이었다.

병원당국의 간호사들은 아이를 일단 숨기고 고민하였다. 산모가 받을 충격에 몹시 염려하며 고민하다가 병원 측에서는 용기를 내어 아이를 보여주면서 안타까워하였다. 그러자 산모는 뜻밖에 "오! 나의 귀여운 아가야!"하면서 아이를 가슴에 안았다. 그녀는 아이를 잘 키워내었고 그 아이가 오늘날 장애인들의 우상이 된 젊은이 오토다끼 히로다이다.

그는 성장하면서 약간 돋아난 어깨와 다리로 걷는 연습을 하며 그 몸으로 축구도 하고 이것저것 못하는 것이 없었다. 그는 어느 곳이든 가서 절망과 고난에 처한 사람들에게 희망과 용기를 주는 전도사로 희망의 파편을 던지고 다녔다. 이 청년의 장애는 부모의 죄도 자신의 죄도 아니다. 부모 역시 장애 아이를 짐으로 여기지 않았고 인격적으로 잘 길러냈고 아들 역시 기죽지 않고 잘 극복하여 모델이 되었으니 그야말로 신의 영광을 드러내는 사람이 아닌가?

최근 인터넷과 유튜브를 뜨겁게 달군 모르핀 주사 같은 소식이 있다. 미국의 AGT 오디션은 올해 15회째로 기네스북에서 가장 성공한 리얼리티 TV 포맷으로 기록된 미 NBC TV의 최고 인기프로그램이 있다. 통상적으로 매년 5월부터 시작해서 9월에 우승자를 가리는 오디션 프로그램이다. 준준결승부터는 생방송으로 진행이 되는 이 프로그램에 2019년 5월 예선 때부터 비상한 관심과 화제를 불러일으킨 한국계 청년이 한 사람 나타났다. 결론적으로 이 프로그램에서 최종 우승을 한 청년은 Kodi Lee 한국 이름이 태현은 전 세계에 감동을 준 사람으로 1996년 미국에서 한국인 아버지와 흑인 혼혈 어머니를 둔 23세 청년이다. 그는 태어날 때부터 앞을 못 보는 시각장애자였고 4살 때부터 자폐증을 앓게 되어 고난의 연속 속에서 성장하는 중, 아들에게 약간의 음악적 재능이 있음을 발견한 어머니는 아들을 이끌어 음악을 취미 삼도록 힘을 기울여 도왔다. 아버지와 동생들도 하나같이 손발이 되어 도와줬다.

코디 리는 말도 어눌하였다. 그는 노래하는 것을 좋아하였고 가족들에게 노래로 보답하는 마음을 가졌으며 절대음감으로 악보를 기억하여 피아노를 연습하였다. 어느 정도 자신감을 갖게 되자, AGT 오디션에 참가하게 되었고 예선전에서 그는 'A Song For You(당신을 위한 노래)'라는 곡을 택하였고 20대의 카메라가 지켜보는 가운데 심사위원들은 이 노래를 듣자마자 전원 입이 벌어졌다. 코디 리가 부른 이 노래는 미국의 피아니스트이자 작곡가 레온 러셀(Leon Russel)의 노래로 많은 가수들이 리메이크했던 곡이었다. 그는 36명이 겨루는 준우승으로 직행하여 여기서 부른 노래는 한국인도 즐겨 부르는 '험한 세상에 다리가 되어(Bridge Over Troubled Water)'를 선곡하여 불렀는데 이 노래의 작곡자 폴 사이먼은 코디 리를 위해서 친히 편곡까지 맡아줬다.

코디는 이 노랫말대로 앞이 보이지 않는 험한 세상에서 어둡고 우울한 환경을 넘어 자신만의 바깥세상과의 다리가 되어 그는 세계로 비상하게 되었다. 그는 11명이 겨루는 결승전에서도 우승하여 상금 100만 달러 우리 돈 12억 원을 상금으로 받았다. 라스베이거스에서 열린 우승 공연에는 두 동생이 함께 무대에 서서 코디 리를 무대로 인도하고 다독이며 안심하고 노래를 부를 수 있도록 도왔으며 그의 어머니는 "너의 시간이다."라고 격려하였다.

이것이 승리의 생활이다. 누가 이 장애인들을 업보 혹은 카르마의 죄로 인하여 태어난 저주라고 단정 지을 것인가. 자기에게 주어진 달란트를 잘 활용하여 우주로부터 신으로부터 축복을 받은 사람들을 보라. 이런 용병들에게는 업보는 아예 없는 것이다.

얼마 전에 EBS초대석에 집게손가락 피아니스트 이 희아 씨가 초대되어 정 관용 진행자와 대담을 하는 장면을 시청한 바 있다. 그녀는 진행자의 질문에 또렷하고 분명한 어조로 부족함이 없는 지적인 대답으로 원고 없는 생방송을 진행하였다. 그는 양손가락 4개로 한계에 부딪치는 클래식 베토벤, 바흐, 모차르트를 연주하며 하루 종일 피아노 연습을 할 때 악보를 모르는 그녀를 바늘과 실처럼 붙어서 악보를 가르친 어머니의 크신 은혜를 감사한다 하였다. 그녀가 이곳저곳에서 공연을 하며 모은 돈을 털어 북한의 장애인들에게 휠체어 500대를 보내어 북한에서 잘 받았다는 감사의 글과 영

수증이 도착했다고 하였다. 어린 나이에 그녀는 민족의 분단과 그 아픔을 가슴으로 느끼는 듯 약간 흥분하기도 하며, 거제도에서 '統一音樂會(통일음악회)'를 열기도 했고 우선 북한과 문화통일부터 서서히 해야 한다는 소견과 의지를 밝혔다.

국회 신년회에 초대되어 그녀는 피아노 앞에서 'Amazing Grace'를 부르고 가요 '우리는 할 수 있어'를 불러 관객을 감동시켰다. 문재인 대통령은 단상으로 뚜벅 뚜벅 걸어 나와 그녀를 안아주며 격려하였다. 이것이 업장이며 죄를 받아서 태어난 형벌인가? 정말 카르마인가? 불교인들은 어떻게 대답할지 나는 모른다. 그러나 세상에는 수만 명의 장애인들이 정상인이 흉내도 못내는 곡예사처럼 기적을 일구며 살아간다.

요즘에 전 세계를 다니며 활동하는 '닉브이치치(Nick Vujicic)'는 팔다리가 없는 몸으로 태어나 나무토막 같은 몸뚱이로 수영을 하고 희망의 전도사가 되어 열강을 하고 다닌다. 중국의 농구공소녀, 헬렌 켈러나 몇 년 전에 세상을 떠난 스티븐 호킹 박사 외에 셀 수 없는 장애인들이 정상인이 꿈도 못 꾸는 용병처럼 살아가고 있다.

이외에도 처칠, 루즈벨트 대통령, 세계적인 스티비 원더, 자기가 작곡한 곡을 듣지 못하던 베토벤, 우리나라의 시작장애인 강 영우 박사, 에디슨, 양 손가락이 없는 피아니스트 알렉스, 시각장애인 천재 피아니스트 김 건호, 강 호동의 스타킹에서 사람들을 놀라게 한 맹인소녀 유 예은, 등 이들은 멀쩡한 사지를 두고도 비실거리는 인간들의 모델로서 인류를 지으신 창조주의 영광을 나타내려 존재하는 모델들인 것이다. 누가 이들을 전생의 업보라고 돌을 던지랴? 장애는 뛰어 넘지 못하는 것이 장애다.

내가 많은 장애물 중에 지체장애를 비중을 두고 말하는 것은 그만큼 지체는 중요하며, 날 때부터 가지고 나온 육신의 재산이기 때문이며 지체를 움직여 살아가야 하는 소중한 創造主의 선물이기 때문이다. 사지와 몸만 건강하면 무엇이든지 하고 싶은 일을 하면서 행복하게 살 수 있는데 지체가 부자연스러우면 일단 고통의 시작이다. 이러한 고난을 축복으로 바꾼 사람들이 지구상에는 수만 명이 넘는다. 그러므로 나는 지체장애를 업장으로 여기지 않는다는 것이다. 업장은 아래에서 논하려 한다.

業障(업장)이란 무엇인가?

인간을 한 그루의 과일나무로 예를 들어본다면 그렇다. 나무가 첫째로 옥토에 심겨져야 할 것이며 다음으로는 나무가 자라도록 환경을 만들어 줘야 할 것이며 거름을 주고 가지치기를 해주고 해충을 막아주고 가물지 않도록 살피고 열매를 맺도록 최선으로 돌보며 가꾸어야 비로소 어느 날부터 원하던 꽃이 피고 열매가 맺힐 것이다. 이 과정이 인간의 자유의지가 해야 할 일이다. 우리가 작은 텃밭을 가꾸는데도 상당한 관심과 부지런한 노력이 필요하다.

채소나 나무의 묘목을 심고 한 달만 돌보지 않으면 단 한 포기의 채소도 얻지 못하고 오이 한 개도 얻지 못한다. 매일매일 들여다보고 잡초를 제거하고 벌레를 잡아주고 물을 주고 사랑하고 대화하며 감사하고 만져주고 발자국 소리를 들려줘야 식물도 성장하며 수확의 기쁨을 안겨준다. 이러한 과정을 구태여 농부들은 노력이라 생각하지 않음은 당연한 일이기 때문에 그 누구도 농사를 지으며 불평하지 않는 것이다. 그런데 이와 반대로 나무를 심어놓고 돌보지 않는 사람이 허다하다.

땅은 사람을 속이지 않는다. 내가 40년간 농사를 지으며 배운 교훈이다. 부지런한 만큼 돌아본 만큼 수확을 안겨준다. 눈물을 흘린 만큼 고통의 땀을 흘린 만큼 기쁨으로 열매를 얻는 것이 하늘과 자연의 法則(법칙)이다.(시편126:5~6) 기독교인이라면 눈감고도 암송하는 달란트 비유는 深奧(심오)한 교훈이다.

어떤 사람이 외국으로 긴 출장을 갈 때에 자기 종업원들을 한 자리에 모아놓고 자기 재산과 소유를 맡기면서 각각 그 재능의 역량대로 한 사람에게는 금화 다섯 달란트를 맡겼고 한 사람에게는 금화 두 달란트를 맡기고 한 사람에게는 금화 한 달란트를 맡기며 이 금화를 잘 활용하여 利益(이익)을 남기라고 부탁한 뒤 떠났다. 그러자 다섯 달란트 받은 종업원은 곧바로 장사를 하여 다섯 달란트를 남겼고 두 달란트 받은 자도 열심히 장사를 하여 두 달란트를 남겨 이익을 얻었다. 그런데 한 달란트 받은 종업원은 그 한 달란트 금화를 땅을 파고 감추어두었다. 오랜 뒤에 주인이 귀국하여 종들과 주인은 會計(회계)를 하였다.

다섯 달란트 받은 종과 두 달란트 받았던 종은 그동안 배로 장사를 하여 이익을 남긴 것을 보여주며 계산하였다. 주인은 흡족하여 칭찬하며,

"잘하였도다. 수고 많았구나. 그대들의 작은 일에 충성하였으니 더 큰 일을 맡겨줄 것이며, 나와 함께 즐거움에 참예하자."

하며 큰 상을 내렸다. 그러자 한 달란트 받은 종업원은 주인에게 따지며 말했다.

"당신은 굳은 사람입니다. 심지 않은 데서 거두고 해치지 않은데서 모으는 사람인 줄을 나는 깨달았으며 나는 이 사실이 두려워 당신이 내게 준 금화 한 달란트를 땅속에 감춰뒀습니다."

라고 抗辯(항변)하며 금화 한 달란트를 주인 앞에 내어놓았다. 주인은 기가 막혀 이렇게 말하였다.

"이 악하고 게으른 종아, 나는 심지 않은데서 거두고 해치지 않은데서 모으는 줄로 네가 알았느냐? 그러면 네가 마땅히 내 돈을 은행이나 취리하는 사람들에게 맡겼다가 내가 오거든 본전과 변리를 받을 일이 아니더냐?"

하고 그 달란트를 빼앗아 열 달란트 가진 자에게 넘겨주며, 무릇 있는 자는 받아 더욱 풍성하게 되고 없는 자는 그 있는 것마저 빼앗겨 망하고 결국 어두운 지옥 불에 떨어져 거기서 슬피 이를 갈며 통곡할 것이니라.(마25:14~30)

우리는 예수께서 제자들에게 설교한 이 비유에서 무엇이 악이며 무엇이 업장이며 카르마인지 즉시 드러난다.

많은 사람이 가난을 원망하며 부자들을 이유 없이 증오하고 부모를 원망하고 자기 인생을 스스로 저주하며 생을 허비한다. 하늘은 인간 모두에게 각자의 역량대로 재능을 주셨다. 삶은 공짜로 얻어지는 거라곤 하나도 없다. 강을 건너려면 열심히 수영을 익혀 건너야 한다. 아니면 조각배라도 만들어서 노를 저어 건너야 하지 않겠는가? 누가 험준한 세파의 훈련장에서 업어다주랴? 내 갈 길도 바쁜데 공짜로 천국에 데려다주는 곳은 없다. 세상만사 모든 분야가 이와 같다. 다시 말해서 공짜는 없다. 적은 재능으로 앞길을 개척하여 內工(내공)을 기르고 힘을 기르고 지혜를 비축하여 홀로 성장하는 것이 어른이 되는 길이다.

業障(업장)의 分析(분석)

- 환경을 탓하는 것이 업장이다.

- 작은 재능이라도 있는데 감사하지 않고 虛慾(허욕)을 부리는 것이 카르마다.

- 심지 않고 거두려는 욕심은 악행이며 다음 생까지 이어진다.

오늘날 지겹도록 귀를 괴롭히는 이야기는 전생에 지은 업으로 이 세상에 태어나 장애를 받는다는 얘기인데 말하자면 어떤 일이 순탄하게 성립되지 않고 걸림돌이 많고 방해가 많을 때 이러한 장애를 불가에서는 업보로 간주한다.

초기 기독교에는 AD. 3세기 중간까지 환생과 輪回(윤회)의 교리를 자연스럽게 가르쳤으며, 靈知主義者(영지주의자)들과 유대 카발라파와 에세네파 일부에서는 윤회 환생의 교리를 신봉하였다. 그런데 로마 황제들이 기독교 내부 깊숙이 간섭하며 초대교회의 영적이며 신비스럽던 사상들이 크게 본질을 떠나 결국은 황제들의 권력이 망각하자 다시 박해시대가 올지도 모른다는 부담감으로 교회는 서서히 皇帝崇拜(황제숭배) 쪽으로 손을 잡는 수효가 많아져 환생이나 윤회 카르마의 법칙 등을 논하는 자들은 전부 이단으로 규정하여 破門(파문)을 당하고 죽임을 당하기도 하면서 결국 이러한 가르침의 원리는 전설처럼 되어버렸다. 그들의 이론은 그렇다. 윤회나 환생은 교리가 가져다주는 위험성이 있는데 그것은 자칫하면 오늘 일을 내일로 미루게 되고 사람의 정신이나 영혼이 게을러질 수 있다는 것이며, 몸살만 앓아도 전생의 업보로 돌려 버리는 터무니없는 시시콜콜한 처지로 추락할 수 있다는 것이다.

말하자면 윤회환생을 믿으면 사람이 게을러진다는 얘기다. 그러므로 이번 단 한 번의 생을 뜻 깊게 살아야 한다는 것이다. 이러한 이유에서라면 어느 정도 논리가 성립될 수도 있겠으나 성경을 편집하는 과정에서 빚어진 역사는 합의에 의한 평화적인 방법이 아니었다.

당시 의회에서 신약성서를 제정할 때에 종교적으로 이득을 취하는 사람들에 의해 성경이 편집되었다는 것이 나의 객관적 시각이다. 이 성경을 수집하고 어떤 책은 제외하고 빼버리고 하는 과정에서 허점이 많았다는 것이다. 단적으로 말해서 도마복음이나 빌립 복음, 마리아복음 외에 10여 권의 책들은 동시대의 글인데도 모두 제외시켰다. 왜 그랬을까? 소위 보수교회 단체에서 말하는 외경들의 내용 속에는 다분히 불교적 분위기 같은 전생 이야기들이 내포되어 있었기 때문이다. 그러나 이러한 이치는 인간이 없애버린다 하여 없어지는 것이 아니다.

과거 미래 현재는 영원한 자연법칙일 뿐만 아니라 진리이기 때문이다. 전생의 조상들이 있었고 지금의 나의 세상이 있고 後世(후세)에 나의 자녀들의 세상이 있는 것이다.

業障(업장)을 팔아먹는 종교 사기꾼들

불가에서는 업장을 소멸하는 방법이 수십 가지가 있다. 念佛(염불)이나

眞言(진언)을 열심히 암송하고 100일 기도 혹은 108배 절을 100일간 시행하는가 하면 3천배를 절하고, 金剛經(금강경)을 독송하고 불사나 시주를 큰 맘 먹고 하기도 하며, 光明眞言(광명진언)을 암송하고 법회에 참석하고 묵언 수행을 하기도 한다. 좋은 일이다. 이러한 행위는 경건의 모양이 되기도 하여 나쁠 이유가 없다. 그런데 업장을 소멸시켜준다 하여 그중에 나쁜 사람들의 장사수단으로 돈을 요구하여 인위적으로 만들어낸 前生論(전생론) 업보를 조금 어려운 일을 겪는 이들에게 뒤집어씌워 권위 있고 그럴듯한 이론으로 기도를 해주고 업장을 소멸해준다는 대가로 마치 중세시대에 베드로 성당 지을 때 免罪符(면죄부)를 팔아먹듯 그 대가를 요구하여 신도들은 없는 살림을 무릅쓰고 큰 절을 불사하게 하고 수억 혹은 수천 적게는 수백만 원을 바쳐야 한다. 나는 이런 말을 지어내는 것이 아니라 간접 혹은 전화, 직접 면담하여 상담을 통해서 얻은 정보들이다. 명단은 공개하지 않겠다.

속지 말아야 한다. 전생은 분명히 존재한다. 이 땅에 숙제가 있어서 다시 태어났다 하자. 그렇다면 열심히 정직하게 잘 살면 되는 것이며 어려움을 당할 때는 누구와 비교하지 말고 더 근검하게 일하며 장애의 몸을 받고 태어났다 해도 비교하지 말고 앞에 언급한 모델들처럼 스티븐 호킹처럼 위대한 정신력으로 신의 영광을 드러내라. 중증 장애 아이를 낳은 부모가 있다면 그것은 그대의 이번 생의 숙제이니 생을 다할 때까지 돌봐줘라. 전생의 업보 따위는 요단강에 던지고 운명이거든 받아들여야 성숙한 인간이다. 태어난 기억이 없으면 없는 것이다.

내가 가장 싫어하는 것이 예수쟁이들 중 불교의 깊이와 환생의 정확한 이치도 모르면서 꿈 몇 번 꾸고 전생을 운운하며 속살거리는 혼잡한 雜靈(잡영)에 치우쳐 차원상승을 못하는 사람들이다. 모르면 "모릅니다." 하는 것이 지성인이다. 참으로 한심한 사람들의 우매함으로 어마어마한 교회빌딩과 수많은 사원들이 지어졌다. 그러나 오늘날 돌아보라. 그 어마어마한 궁궐 속에서 승려들 몇 사람 혹은 한 사람 혹은 두 사람이 살고 있으며, 교회 역시 희생자들의 피로 얼룩진 건물들이 텅 비워지고 있다. 업장이라는 무거운 짐은 종교 이론가들이 만들어놓은 함정이다. 돈을 많이 헌금해야 죽어서 좋은데 가는 것이 아니다.

　전생후생을 따질 필요 없이 주어진 오늘을 최선으로 살며 서로 힘 있는 대로 돕고 살면 금생에 보람 있고 죽은 뒤에도 좋은 곳에 태어난다. 종교의 사기꾼들은 다단계처럼 속아 넘어 가다 결국 가족과도 서먹해지고 온 집안이 풍비박살 나는 경우가 수도 없이 많다. 절이나 교회는 법문할 공간과 설교하고 공부할 수 있는 적절한 공간만 있으면 되고 서로 사랑하며 욕심을 버리고 사는 마인드를 배우는 것이 하나님의 뜻이고 부처님의 가르침 아닌가? 업장을 초월하는 길은 정직하게 사는 것이다. 과거 생이 기억나지도 않는다면 어떤 도사가 아무리 유혹해도 넘어가지 말라. 自覺(자각)이 왜 중요한가? 대부분의 종교는 사기다. 이 땅에 속히 종교가 사라지고 사랑만 남아야 한다.

3. 나를 유혹하는 것을 끊어라.

악마와 귀신들은 인간을 유혹할 때 무시무시하거나 험상궂게 나타나서 유혹하지 않는다. 그토록 무섭고 혐오스럽고 꺼림칙하고 두려우면 누가 그 올무에 넘어가겠는가. 에덴동산에서 이브를 유혹하던 옛 뱀이 정말 징그러운 아나콘다나 독사였을까? 악마는 상징의 존재다.

적절한 비유를 위해 성경을 인용한다. 고기 잡는 어부에서 영적으로 전향하여 고난의 길을 택한 예수의 늙은 제자 베드로는 이 세상을 온통 마귀 소굴로 묘사했다.

> "근신하라 깨어라 너희 대적 마귀가 우는 사자같이 두루 다니며 삼킬 자를 찾나니 너희는 믿음을 굳건하게 하여 그를 대적하라. 이는 세상에 있는 너희 형제들도 동일한 고난을 당하는 줄을 앎이다."(벧전 5:8~9)

악마의 유혹은 개개인에게 미치는 파장이 다르다. 어떤 이에게는 별것 아닌 일이 혹자에게는 거침돌이 되기도 하니 사람의 根氣(근기)에 따라 다르다. 사탄은 어떻게 나타나는가? 구체적으로 말하자면 악마가 날카로운 이빨을 드러내고 음산하게 겁을 주며 나타나는 것이 아니라 사람의 피곤, 연약함, 질병, 가난, 그리고 신경쇠약 등을 통해서 자유의지를 목조여 나타나는 것이니 이것을 핑계 삼아 굴복하는 것이 마귀의 밥이 되는 것이다. 이런 것들은 단호히 죽을 각오로 끊어버리고 일어나야 한다.

예를 들기가 마땅치 않아 성경을 다시 돌아본다. 이 유혹들을 이긴 사람들이 많다. 모세, 아브라함, 야곱, 요셉, 다니엘, 죽음 직전에서 살아난 욥,

신약의 예수님의 광야 시험, 사도 바울과 베드로, 스테반, 폴리 갑 등 많은 사람이 목숨을 구걸하지 않고 악마의 시험을 이겼다. 악마의 시험을 이기면 결국 하나님의 시험을 이긴 것이나 마찬가지인 것은 악마도 신의 도구로 쓰시는 것을 우리는 욥을 통해서 알아차렸다.

사탄은 크고 작은 유혹을 통하여 나를 훼방하기 위해 계획한 것임을 눈치채는 것이 지혜다. 예수께서는 범죄 하는 손을 잘라버리라고 하였다. 인간의 자유의지는 모든 것이 가능하다. 그러나 모든 것이 유익하지는 않다. 아담은 달콤한 유혹에 넘어갔고 삼손은 아름다운 이방여인의 체취에 패망하였다. 그러나 달콤한 유혹을 단호히 물리친 요셉을 보라. 이방나라에서 국무총리에 올라 자기민족을 구해내는 성과를 얻었다.

무엇이 나를 끄달리게 하는가?

비만하다면 저녁시간에 치맥을 끊어라.
호흡기가 약하다면 담배를 당장 끊어라.
Me Too에 걸리지 않으려면 이성에 대한 욕심을 버려라.
시비에 걸리지 않으려면 늘 말조심하라.
병을 앓고 있다면 당장 술을 끊어라.
도박이나 게임중독이나 폭력의 습관은 목숨을 걸고 이생에 끊지 못하면 일평생 귀신의 종이 되어 결국 마귀의 제자가 되며 끝내는 矯導所(교도소)에서 생을 마감하는 것이다.

이 밖에도 무엇이 나를 끄달리게 하는가. 스스로 자기가 진단하여 과감히 끊어버려야 성공을 할 수 있다. 아름다운 몸을 원하는 사람이 배가 터지도록 먹고 또 먹고 맛 집 찾아다니고 매일매일 육식을 좋아하며 운동을 멀리한다면 죽는 날까지 꿈을 이룰 수 없다. 오늘날처럼 좋은 환경에서 꿈을 이루지 못하는 사람은 어느 새로운 별에 태어나도 마찬가지다.

나를 유혹하는 것들은 디지털 악마도 있고 명품의 유혹이 되기도 하며 술과 고기일 수도 있고 욱! 하는 분노나 의협심일 수도 있다.

부동산일 수도 명예일 수도 있고 무엇이든지 내게 주어진 형편에 맞는 환경과 처지 내에서 누려야 한다. 욕심이 잉태하면 죄를 낳고 죄가 장성하면 사망을 낳으니 육신의 정욕과 眼目(안목)의 정욕과 이생의 자랑으로 생명을 해치지말 것이다. 헤르만 헤세(Hermann Hesse)는 인간의 유혹을 이렇게 묘사하였다.

"모든 유혹 중에서 가장 강한 유혹은 요컨대 본래의 자기와의 아주 딴판인 것이 되고 싶다고 바라고 또한 자기의 도달할 수 없는 또한 도달해서는 안 되는 모범이나 이상을 좇는 일인데 이것이 유혹이다."

이 격변기에 미혹을 받지 않으려면 자신의 운명을 스스로 선택하려는 주체성이 있는가를 진단할 것이다. 정보가 홍수를 이루며, 현실감이 희박한 불균형적인 오늘의 상황 속에서 살아가는 우리는 과연 스스로 선택했다고 말할 수 있는 중도의 삶을 살고 있는지, 나는 과연 온전한 정신이 이끄는 곳으로 나의 삶의 방향이 운영되고 있는지, 머지않아 또 시행착오라는 전과를 잉태하는 것은 아닌지 정말 우리는 진지하고도 냉정한 대답을 해야 한다. 자신의 머리로 생각하고 느낀 체험만이 아니라 과거 역사에도 조명해보고 판단하고 냉철하고 과감하게 행동할 수 있는지 성숙한 결정을 해야 한다.

孔子(공자)는 40세에 세상 誘惑(유혹)이 끝이 났다고 말했다. 오늘의 世紀末(세기말)에는 이 물음이 꼭 필요할듯 하다.

"유혹을 이긴 사람보다 유혹에 超然(초연)한 사람이 더 훌륭하다."

故 오르 피크는 말했다. 많은 연단과 훈련을 받아 삶이 초연한 사람은 세월이 오는지 가는지 무엇이 좋은지 싫은지 여름이 오든지 겨울이 오든지 별 관심이 없고 보암직한 것도 탐스러운 것도 별로 없고 가슴 뛰는 일도 없으니 그를 유혹할 것은 없다. 40일을 굶주렸던 예수는 주린 배를 채우는 떡이 시험이었으나 예수께서는 떡보다 소중한 것을 아시는 분이시니 먹기 위해 사는 인생들의 유혹을 떨쳐버리셨다. 물질은 육체는 살릴 수 있으나 지나친 物質主義(물질주의)는 영성을 지닌 인간성을 죽인다.

어느 추운 겨울날 영국 런던 해안가에 갈매기들이 떼죽음을 당한 것이 뉴스에 보도되었다. 이유를 알아본 조류학자들의 결론은 추위도 문제였으나 죽은 갈매기들은 전염병도 아니었고 동사도 아니었으며, 이유는 관광객들의 발길이 끊어졌기 때문이었다. 관광객들이 주는 먹이를 의존했던 갈매기들은 사냥하는 법을 몰라 스스로 먹이를 구하기가 어려워지자 굶주리다가 강추위를 못 이겨 떼죽음을 당했던 것이다.

인간세계에도 이와 같은 잉여인간들이 많다. 매일 손을 벌리기를 부끄러워 아니하고 부자를 저주하고 욕하며, 툭하면 정부를 원망하고 멀쩡한 육신을 가지고도 노숙을 하고 땀 흘리기를 싫어하는 사람들이 허다하다. 나를 끄달리게 하는 것이 무엇인가? 내 자신은 내가 잘 안다. 나를 유혹하는 그 무엇을 끊어야 의식이 上乘(상승)된다. 이것이 인간의 자유의지에 대한 이 땅에서의 숙제이며 의식의 密度(밀도)가 상승되느냐, 동물의 감정으로 퇴화하느냐, 슈바이처가 되느냐? 쟝발장이 되느냐, 선택의 여지에 달려있는 생의 중대한 갈림길이 될 것이다.

宇宙(우주)의 스펙터클(Spectacle)

우리가 살고 있는 지구를 우주의 중심으로 여기던 적이 있었다. 그러나 오늘날 우리는 지구가 태양계를 구성하는 하나의 행성에 불과하다는 사실을 현대인들은 누구나 알게 되었다.

이제 인류는 과학기술의 힘을 빌려 지구를 넘어 저 머나먼 우주까지 시선을 넓혀가고 있다. 인간의 끝없는 탐구와 호기심이 미지의 세계인 우주에 과감하게 도전장을 내밀고 과학자들은 잠을 설쳐가며 탐구하고 있다. 지금까지 우주는 무수한 은하들이 모여 있는 은하단들이 그물처럼 얽혀있는 것으로 알려져 있다. 이것을 華嚴經(화엄경)에서는 인드라 망이라고 한다. 현재 관측된 은하들 사이의 거리는 서로 멀리 떨어지고 있는데, 이것은 우주가 팽창하고 있음을 의미한다고 한다. '허블의 법칙'에 따르면 天體(천체)의 後退(후퇴) 속도는 거리에 비례하여 빨라진다.

따라서 멀리 떨어진 천체일수록 더 빨리 멀어진다. 망원경을 이용하여 관측이 가능한 우주의 범위는 약 150광년이다. 이곳까지를 우주의 경계라고 한다면 우주는 150억 년 전에 생성된 것으로 현대 과학은 말한다. 관측결과처럼 우주가 팽창하고 있다고 할 때 가장 멀리 떨어진 우주의 경계지역은 최대의 빛의 속도로 멀어질 것이기 때문이다. 이 때문에 150억 광년의 경계부근에서 관측된 천체들은 우주탄생 초기의 모습을 그대로 간직하고 있을 것으로 보고 있다. 내가 우주를 스펙터클하다는 표현을 쓰는 것은 우주는 너무나 경이로워 다른 어떤 사전적인 용어로도 禮讚(예찬)이 부족하다. 인간이 만든 아름다운 음악도 유행이 있고, 영화도 빌딩도 그림도 조각품도 귀중한 보석도 불타 없어지고 아름다운 비잔틴 문화형식의 건축물도 궁궐도 유한하며 낡고 없어진다.

천재적인 과학자들이 수백 년을 끊임없이 연구해도 인류는 지구 궤도 밖의 대우주를 마음대로 遊泳(유영)할 수 없다. 어떤 이론을 어렵게 발표하면 또 다른 논문이나 이론이 뒤집고 창조주의 영역인 대 우주는 인간이 만든 망원경 하나로는 다 관측할 수 없다. 다만 그 아름답고 화려한 오색찬란한 銀河團(은하단)의 이미지만 언뜻 발견한 것만으로도 인간은 그 勞苦(노고)에 대한 보상이라 나는 생각한다.

靈感(영감)으로 본 우주

불교에서 말하는 우주의 인드라 망이나, 三千大千世界(삼천대천세계)는 우주를 약칭한 이론인데 소승불교의 논서인 〈俱舍論(구사론)〉에는 우주는 원반형의 風輪(풍륜), 水輪(수륜), 金輪(금륜)이 겹쳐서 공중에 떠있고 그 금륜 표면의 중앙에 수면에서의 높이가 8만 由旬(유순: 약 56만㎞)이나 되는 須彌山(수미산)이 있다. 그 수미산을 일곱 겹의 산맥이 각각 바다를 사이에 두고 에워싸고 있으며, 그 바깥에 네 개의 대륙(四大洲: 사대주 그 중 남쪽에) 인간이 살고 있다 하며, 또한 수미산 중턱에 四天王(사천왕), 동의 特國天王(특국천왕) 남의 增長天王(증장천왕) 서의 廣目天王(광목천왕) 북의 多聞天王(다문천왕)이 살고 있고 그 정상에는 帝釋天(제석천)을 비롯한 33의 天神(천신)이 살고 있는데 이곳을 三十三天(삼십삼천)이라 하고 또는 도리천이라고 한다. 수미산 상공에는 야마천, 도솔천, 낙변화천, 타화자재천이 있는데 이 여섯 천궁은 아직 도덕적으로 불완전하여 욕망이 남아있는 六欲天(육욕천)이라 한다. 다시 그 위에 형상을 갖추고는 있으나 욕망을 떠난 色界天(색계천)들이 있다. 이 세계에는 하나의 태양과 하나의 달이 있다고 한다. 그러므로 현대적인 의미에서는 太陽系(태양계)에 해당한다고 할 수 있다.

이 세계가 1,000개 모인 것이 小千世界(소천세계)인데 현대과학으로는 은하계에 해당한다고 보면 적절할듯하다. 소천세계가 1,000개 모인 것이 中千世界(중천세계) 그리고 중천세계가 다시 1,000개 모인 것이 대천세계다. 이를 삼천대천세계라고 한다. 후에 3,000을 의미하는 것으로 사용하였으나 그것은 그릇된 것이며, $1,000^3$으로 보는 것이 마땅하다. 말하자면 대천세계란 1,000의 3제곱으로 10억 개의 세계를 의미한다. 결국 우주를 가리킨 것인데 석가세존이나 송나라의 소 강절 선생, 히말라야 오지의 隱者(은자)들은 천체 망원경 같은 도구 없이도 우주를 유영하였다.

1999년 늦가을에 시작하여 죽염 한 봉지를 들고 대둔산 다릿골에서 100일 동안 나는 명상에 전념하여 창조의 섭리와 우주와 인간의 관계, 지구의 운명을 알아냈다.

내가 뭘 많이 알아서 터득한 게 아니고 모르기 때문에 목마른 자가 샘을 파듯 나는 나의 탐구심이 내 잔을 채우는데 성공하였는데 이것은 하늘의 뜻이고 모든 퍼즐을 맞춰주신 하나님의 은혜였다. 나의 명상일기에 공개한 우주의 인드라 망 그림이 죽염단식으로 명상에 전념할 때 64일 되는 날 靈界(영계)와 우주를 보고 그린 그림이다. 그 뒤 무사히 죽염단식을 마치고 허물을 마치고, 모든 묵시의 印封이 떨어지고 수수께끼가 다 풀어졌다. 거짓이 보이고 어릴 때의 기억력이 다시 살아나고 거짓 神學(신학)의 실체가 그냥 드러나고 웬만한 책은 제목만 보면 내용이 보였다. 교회는 유치원생 놀이터이며 사탕 팔아서 영혼을 拉致(납치)하는 곳이며 神學校(신학교)는 대개가 뱀을 배양하고 있다. 불교 역시 한 눈에 보인다. 허무한 붓다들의 위선이 보이지만 내가 어찌 해결해 줄 수 있는 문제가 아니니 남의 종교를 비난하지는 않으려 한다. 그러나 석가모니 부처님의 가르침과는 너무 멀리 떨어져있다.

부르주아를 꿈꾸는 기복잔치 속세의 욕망이 실제로 사라지지 않고는 우주는커녕 이생의 앞날도 보이지 않는다. 목이 마른 자들만 내게로 와서 마시라고 예수께서는 말씀하셨다. 그러므로 목마른 사람은 샘을 파고 산에 자주 오르는 사람은 산삼을 캔다. 타고난 저마다의 소질을 계발함은 고유한 집념이니 모르는 자는 아는 자를 비판하지 말고 아는 자는 모르는 이를 비판하지 말라. 우리가 안다는 것은 어느 분야든지 극히 우주에서 보면 먼지에 불과하며, 片鱗(편린)에 불과하다.

4. 오컬티즘(Occultism)

오컬티즘이란 사전적인 용어는 다음과 같다.

일반적인 현상을 넘어선 초월적인 현상이나 숨겨진 힘 따위를 추구하거나 연구하는 일 超能力(초능력), 降靈術(강령술), 借力術(차력술), 점성술, 예지력 등 -〈국어사전〉

오컬티즘이란 자연 또는 인간의 숨어있는 힘이나 현상을 연구하는 祕學(비학)의 총칭 및 그것을 실용적으로 이용하려는 태도나 움직임, 계몽, 隱祕學(은비학), 隱祕論(은비론) 등으로 번역된다.

1) 라틴어의 Occultus(감추어진 것)가 그 어원이다.

이 神學(신학)이란 과학적 연구방법으로 파악할 수 없는 超經驗的(초경험적) 여러 원리를 믿고 그것을 탐구하려고 하는 학문이다. 이것은 祕傳(비전)에 의해 한정된 사람들에게만 傳受(전수)되기 때문에 일반 사람들에게는 널리 알려지지 않는다는 것이 특색 있는 좁은 문이다. 여기에는 주로 연금술, 神祕術(신비술), 통찰력, 독심술, 降神術(강신술), 神智學(신지학)이나 靈知主義(영지주의)나 心靈術(심령술)이 포함된다.

이러한 신비의 능력들은 인간의 잠재의식 속에 감춰진 능력들이다. 이 숨은 잠재력을 10%도 끌어내지 못하고 요행만 바라보며 기적을 기웃거리며 내적인 鑛脈(광맥)의 잠재력을 지하 저장고에 묻어두고 마치 초라한 거지처럼 살아가는 것이 인간이다. 라이트형제는 하늘을 날았고, 장 기려 박사는 세계 최초로 간 이식 수술을 하여 지구촌을 놀라게 하였다. 김 대환 씨는 쌀알에 반야심경을 새겨 기네스북에 올랐다. 중국의 이 청운 씨는 병약한 몸을 잘 다스려 거인병을 신비의 약초로 고치고 道人(도인)의 지시를 잘 익히고 배워 256세를 장수한 세계적인 인물이 되었다. 짐 캐리는 무명가수 시절에도 희망을 버리지 않고 밝은 정신과 긍정의 마인드를 품으며 언젠가는 분명히 천만 달러의 페이(pay)를 받으리라고 입버릇처럼 말하자 주변에서는 자기 분수를 모르는 정신병자로 어지간히도 비난을 퍼부었으나 그는 초연하였다. 그는 결국 미국으로 건너가 백지수표를 사인하는 끌어당김의 법칙을 터득하여 꿈을 이루었다. 精神世界(정신세계), 物質世界(물질세계)를 막론하고 주인공은 신이 아니고 나 자신이다. 인간의 상식도 성장한 아들의 독립적인 사고방식에 간섭을 하지 않듯 창조주도 어떤 신도 인간의 잠재능력에 대하여는 구속하거나 간섭하지 않는다. 세상의 주인이며 왕인 내가 다스리고 개발하고 계발하고 내 속에 잠자는 거인의 Occultus를 끌어내어 다윗의 왕국 열쇠를 받는 것이다.

　東洋哲學(동양철학)과 易經(역경)에서는 卦(괘)의 형성과 같은 象徵(상징)은 직접적으로 지각할 수 없는 무엇인가의 의미를 특정한 형상으로 나타내는 것이다. 주역에서 64掛(괘)가 상징적 대상을 가리키는 동시에 그 의미와 내재된 實在(실재)를 드러내는 多重的(다중적) 표현 구조를 지닌다.

　이러한 복합성을 관통하는 인간의 영적인 사유로 直觀(직관)은 나열된 증거 또는 의식적인 추론 없이 대상의 실체를 현상을 통해 순간적으로 직접적으로 파악하는 것이다. 얽혀진 복합적 의미로 꽉 채워진 큰 상자 내부와 같은 오컬트 영역에 존재하는 진리를 구별해내려면 必然的(필연적)으로 명석한 直觀(직관)과 심오한 경험적 통찰력이 필요하다. 자기 자신의 본성이나 運命(운명)을 바라볼 때도 이와 같은 직관이 필요하다. 필요하기보다 필수적으로 갖춰야 할 덕목이다. 그리해야만 시행착오를 줄이고 여기저기 기웃거리지 않고 헷갈리지 않는 인생을 산다.

2) 鍊金術(연금술)(Alchemy)을 향하여

　연금술이란 이집트에서 시작하여 중도, 지중해 유럽에 널리 퍼졌던 신비적인 魔術的(마술적) 성격을 띤 화학과 물리학의 合成的(합성적)인 기술이다. 예를 들면 비금속을 값진 금속으로 만들려는 시도라고 보면 된다. 아리스토텔레스의 4원소 變換設(변환설)을 바탕으로 금을 만들려하여 화로를 만들고 용광로를 만들고 여러 기구를 만들어 끝없이 도전하였으나 실패하였다.

　중국에서 도교의 명상가들과 철학자이자 의사였던 抱朴子(포박자)는 연금술사였다. 그는 영감으로 여러 가지 단약을 만들었고 장수하다 尸解仙(시해선)을 하였다. 그는 저서를 여러 권 남겼다. 그들이 돌로 황금을 만들지는 못했으나 여러 가지 시험하는 도중 실패의 많은 과정을 겪으며 여러 가지 새로운 개발과 화학발전에 큰 공을 세운 영향은 크게 인류에게 작용하였다. 고대 선지자들이나 탈레스 같은 대 철인들은 돌로 떡을 만들라 하였으며, 노자는 제자들에게 돌로 금을 만드는 법을 설하였는데 그 깊은 말뜻을 알아먹는 이가 없었다. 이사야, 예레미야는 짐승이 사람 되는 것을 하나님의 은총이라 했고 다윗은 존귀한 삶을 깨닫지 못하는 사람을 두고 滅亡(멸망)하는 짐승이라 말했다.(시49:20)

연금술이란 무엇인가?

　아무리 굉장한 마술사도 돌로 황금을 만들 수는 없으며 사람을 원숭이로 만들 수 없다.

　예컨대 어떤 사물의 본질을 바꿀 수는 없다. 말과 당나귀로 노새를 만들 수는 있으나 노새로 진돗개를 만들 수는 없다. 인간의 의식과 기술의 진화는 한계가 있다.

　인간이 서 있는 위치의 軌道(궤도)에서 하늘로부터 부여받은 숨은 능력을 개발하여 황금보다 더 큰 백신이나 아스피린을 만들고 인류에게 유익한 新藥(신약)이나 농기구를 만드는 것이 더 큰 신의 선물이다. 그러나 잊지 말아야 할 것은 고대 연금술사들의 시행착오와 연구경험으로 오늘날 화학의 기초가 되어 그 공력은 어느 정도 빛을 남겼다. 그러므로 진정한 연금술이란 금보다 귀한 것을 만들어 인류를 질적으로 변화시키는 것이며 의식을 상승시켜 보다 나은 차원으로 상승하는 것보다 위대한 연금술은 없다. 오쇼 라즈니쉬는 사랑을 최고의 연금술로 보았다. 무엇이 사랑인가 오쇼는 인간이 잃어버린 神性(신성)을 깨닫는 것이라고 말했는데 신성을 발견한 사람의 삶은 혁명을 일으킨다. 그들은 이웃을 사랑하며 전쟁을 혐오하며 평화적으로 모든 것을 공유하며 국경을 초월하는 자유로운 새와 같다고 하였으며, 자연을 사랑하고 동물을 사랑한다. 이보다 큰 연금술이 있을까? 초기 기독교 영지주의(Gnosis)자들은 인간의 영혼이 하나님과 더불어 하나 되어 椄木(접목)되는 신비를 최고의 연금술이며 최고의 신비로 생각하였다.

동양의 연금술

인도의 유명한 연금술사로 '나가쥬르나'가 있다. 그의 영향은 중국에까지 알려졌다. 탄트라밀교에까지 그의 가르침은 영향을 끼쳤다. 그러나 귀금속이 발달되고 온갖 原石(원석)이 많이 생산되나 모래로 황금을 만들지는 못했다. 탄트라와 카마수트라, 의식에 접목을 하여 많은 왕족들에게 행해졌다. 왕들은 금잔에다 티베트산 朱砂(주사)를 구비하여 술에 희석하여 마시고, 젊은 미녀들의 손끝으로 새털 마사지를 받으며 喜樂(희락)하고 수명을 연장해갔다.

중국의 연금술

중국의 연금술은 抱朴子(포박자) 문헌 〈醫書(의서)〉에 비교적 상세하게 기록되어 있는데 금을 만드는 것을 주로 仙丹藥(선단약)의 원료로 이용하였다.

金丹(금단) 銀丹(은단) 供辰丹(공진단) 活命丹(활명단) 鍊金丹(연금단) 苣勝丹(거승단) 등 약 150여 가지의 丹藥(단약)의 金銀(금은), 銅鐵(동철), 朱砂(주사), 雲母(운모), 活石(활석), 赤石脂(적석지) 등의 50여 종의 금속과 광물질을 단약재료로 이용하였는데 오늘날의 청심환이나 공진단, 은단이나 기타 단약에 金箔(금박)을 입히는 것이 여기서 유래한 연금술이다.

금이나 辰砂(진사) 등에서 연금술적으로 不老不死(불로불사)의 仙丹(선단)을 만들어 복용하고 선인이 되어 장수를 꿈꾸는 생명에 대한 연장을 모색하고 無病長壽(무병장수)하는 것이 주목적이었다. 이것은 鍊丹術(연단술)이라고 한다. 구체적인 표현으로는 화학적인 수법을 이용하여 물질적으로 내복약을 얻으려는 外丹(외단) 술인데 금이나 은 주사나 赤石脂(적석지), 玉(옥)이나 雲母(운모)가 썩지 않고 찬란하게 빛나듯이 흙에서 온 인간의 몸에 이러한 썩지 않는 금속성분을 조금씩 복용하는 것은 인체의 기운을 맑게 하고 질병을 물리치고 근골이 강해지고 두뇌가 명석해지며 용기와 담력이 생긴다는 것을 道家(도가)의 명상가들과 포박자 외에 神仙錄(신선록)에 기록된 50여 명의 선인들의 경험담과 기록의 증언이다.

도가의 명상가들과 火山派(화산파) 수행자들은 지금도 단약을 복용하고 수련을 하며, 眞人(진인)의 주인공 '관사이홍'은 100m를 5초에 달리고 1시간에 백두산을 오르는가 하면 호수나 저수지에 들어가 잠겨 몇 시간씩 수련을 한다. 이런 능력은 신이나 귀신에게 받은 것이 아니고 氣(기)를 정리하여 고르고 호흡법과 심신을 이완하는 명상을 통하여 신체조작으로 기를 조절하여 단전에 힘을 비축하여 모으고 신비한 심신을 재창조하려는 手練法(수련법)이 동양의 연금술이라 생각하면 될 것이다.

서구 유럽에서는 연금술에 대한 비판도 끊이지 않고 있지만 3세기의 도미니크 수도회의 수사이자 의사였던 自然主義者(자연주의자) '알베르투스'는 광물을 가지고 자신이 직접 연금술을 시도해 보았으나 금, 은을 닮아 비슷한 금속에 지나지 않았다고 기록하여 금을 만드는 것에 대해 의문을 제기하였다. 그러나 이러한 작업을 통하여 후세에 몇 가지 검증으로 화학이 성립되었다.

科學(과학)과 연금술

현대인의 시각으로는 非金屬(비금속)을 純金(순금)으로 竝成(병성)하려는 연금술사들을 향하여 말도 안 되는 어리석은 짓이라고 조롱할 수도 있다. 그러나 역사를 거슬러 올라가보면 고대 그리스의 학문을 인용한 것이며, 그 시대에는 정당한 학문이었다. 그러니까 오늘날의 화학 공부였다 하면 가할 듯하다. 이 학문 역시 다른 학문처럼 여러 실험과 시도를 통하여 발전하여 각종 발명 발견을 경험하여 새로운 것을 낳았고 이 과학이 화학을 잉태한 것이다. 과거의 문헌에서는 연금술을 비과학적이라고 비난한 것이 아니라 오히려 양자가 공존하였음을 볼 수 있다. 여러 시행착오를 거친 연금술로 인한 다양한 분리 精製(정제)의 사례는 화학에 있어서 멋진 연구의 발판이 되었다.

그들은 아주 특이한 화로를 손수 만들어 온갖 광물들과 금속을 녹이며 때로는 식음을 전폐하고 밤낮으로 연구하였다. 순금은 못 만들었지만 놋쇠와 住錫(주석) 등 합금을 만들며 그 과정들을 기록하였다. 예컨대 萬有引力(만유인력)의 발견으로 알려진 아이작 뉴턴도 연금술에 깊이 빠졌던 사람으로 사물을 바라보는 시각과 사고가 세심하였던 것은 연금술과 무관하지 않다. 그런데 과학의 발달로 인하여 핵분열을 통하여 연금술의 목적 중 하나였던 '금의 생성'은 현재의 기술로 가능하게 되었다. 금보다 원자번호가 1 큰 水銀(수은: 원자번호 80)에 감마선을 쪼이면 원자핵 붕괴로 인해 수은이 금으로 바뀐다. 다만 충분한 양의 금을 얻으려면 오랜 시간과 막대한 에너지가 필요하다는 게 단점이다.

나의 연금술 의미

황토밭 100평의 흙속에서 호박고구마 400kg을 절골이라는 빌린 땅에서 수확을 한 적 있는데 자연주의자인 나는 아들과 이 고구마를 캐서 트럭에 싣고 오면서 피로를 잊었다. 여러 사람에게 나누어주고 인심을 쓰며 금을 캔 것보다 즐거웠다.

돈을 만든다는 의미에서 변하여 싼 자본으로 고액의 이익(이 시점에서 돈의 의미는 gold에서 money로 바뀌었다.)을 만드는 비즈니스모델, 투자나 자금 세정에 이권을 가리켜 연금술이라 칭하는 현대적인 경우가 있다. 동시에 그 고안자나 운용자를 연금술사라고 표현하기도 한다. 스티븐 잡스나 대만의 린 카싱 같은 재벌 등은 금을 만드는 연금술사들이다.

방법으로 성과를 거두어 각광을 받는 것과 사람을 이롭게 하며, 개인의 만족과 보람찬 기운을 창조한다면 이보다 더한 연금술이 있을까? 黃金萬能主義(황금만능주의)란 말이 생길 정도로 금은 제 2의 생명 같은 것으로 "돈과 금은 인간의 피요, 생명"이라고 '토머스 하리바든'은 말했다.

마이다스 왕은 금 그릇에 금 수저, 금 모자, 이부자리와 침대도 금으로 장식하였다. 그는 만지는 것마다 금이 되게 해달라고 기도하였다.

그러던 어느 날 충성스러운 신하 하나가 금보다 더 소중한 보석을 소유하고 있는 사람을 소개시켜 주겠노라며 왕을 모시고 하룻길 여행을 하자고 설득하였다. 금을 좋아하며 보석을 좋아하는 왕은 솔깃하여 평소에 충성심이 많은 신하와 여행을 하기로 하였다. 그러자 신하는 대신 조건을 걸었다. 세상에서 가장 큰 보석을 얻기 위해서는 호위병이나 기사들 없이 홀로 걸어야 된다는 것이었다. 황금과 보석에 욕심이 많은 마이더스는 신하를 따라 나섰다.

새벽부터 걷고 또 걸으며 해발 천 미터가 훨씬 넘는 어느 가파른 산 계곡을 따라 숨을 헐떡이며 올랐다. 그는 신하에게 물었다. "아직 멀었는가? 얼마나 더 가야 보석을 구할 수가 있겠는가?" 신하가 대답하였다. "예. 폐하! 앞으로 두어 시간쯤 오르셔야 보석 주인을 만날 수 있습니다." "아! 그런데 배가 몹시 고프군. 어디 먹을 음식을 구할 수가 없나?" "폐하! 보시다시피 여기는 인가도 없고 시장도 없어 음식을 구할 수가 없습니다. 조금만 힘을 내시어 목적지까지 가야합니다. 일어나십시오. 폐하!"

　마이더스 왕은 지칠 대로 지쳤다. 몇 번이나 땅바닥에 주저앉으며 가파른 계곡 울창한 숲길을 헐떡이며 오를 때 목구멍에서 훨훨 소리가 났다. 왕은 막 짜증을 내고 분노를 일으키다 주저앉아 푸념하며 아무래도 날 속이는 거 아니냐며 호통을 쳤다. 목은 마르고 배는 등가죽에 붙어 힘이 빠지고 몸에는 땀이 흥건하게 쏟아지고 어느 덧 정오가 훨씬 지나 오후 세시쯤 되었다. 신하는 조금만 더 가시면 엄청난 보물을 얻을 수 있다며 왕을 부축하여 걸었다.

　얼마를 더 올라가자 어디선가 닭 울음소리와 개 짖는 소리가 들렸다. "폐하! 저 소리가 들리십니까? 이제 거의 다 왔습니다. 힘을 내십시오."

　마이더스 왕은 그제서야 안심을 하고 힘을 내어 걸었다. 그는 난생 처음으로 이런 오지를 걸어 氣(기)를 다 쏟아 힘을 내고 있었다. 입술을 깨물고 보석이 눈앞에 아른거리는 광경을 상상하며 신하를 따라 어느 농막 집으로 들어갔다. 마당에 들어서자 맛있는 음식냄새와 향기로운 술 냄새, 과일 향과 온갖 싱싱한 채소가 주변 텃밭에 흐드러지게 널려 있었다.

　왕은 우선 물을 좀 달라하였다. 그때 농막주인인 노인이 안에서 걸어 나왔다. 신하가 노인과 왕을 번갈아 소개하며 가장 아름답고 값진 황금을 구하러 왔다고 하였다. 마이더스는 노인을 응시하며 "그런데 보석은 어디 있는 거요?"하고 물었다.

　"보석은 여기서 조금만 더 오르시면 고래실 논이 있는데 거기에 감춰뒀습니다. 어쩌시겠습니까? 지금 오르셔서 그 황금을 가져가시겠습니까? 황금은 공짜로 선물로 줄 수 있습니다. 그러나 음식이나 물을 드릴 수는 없습니다. 둘 중 하나를 선택하세요." 노인의 말을 들은 왕은 마음이 흔들렸다. 마이더스는 너무 목이 마르고 배가 고팠지만 황금을 택하기로 하고는 신하를 앞세워 보물을 감춰둔 곳으로 노인을 따라 올라가기 시작하였다.

　그러나 왕은 십분도 못 걷고 주저앉고 말았다. 신하는 왕을 일으켜 세워 부축하여 산을 올랐다. 그러나 목적지를 얼마 앞두고 왕은 지쳐 풀섶에 털썩 주저앉아버렸다. 노인은 왕을 물끄러미 바라보다가 주머니에서 조그마한 약병을 하나 꺼내어 왕에게 내밀었다.

"석청과 석류로 만든 술입니다. 기력을 회복하는데 도움이 될 것입니다. 왕은 약병을 빼앗다시피 하며 단숨에 마셨다. "으음! 맛이 깊군!" 왕은 순간적으로 시력이 많이 회복되어 일어섰다. "그럼 내가 음료를 마셨으니 약속을 어긴 셈인가?" "아닙니다. 폐하! 보석을 드리겠습니다. 어서 힘을 내어 조금만 더 올라 가십시오."

세 사람은 골짜기를 얼마쯤 더 올라가자 상당히 넓은 초원이 나왔고 맑은 물도 흐르고 고래실 논에서 벼가 누렇게 익어 연풍에 벼 이삭이 춤을 추고 이름 모를 새떼들이 줄지어 날아다니며 잔나비와 노루가 뛰놀았고 온갖 꽃들이 키 재기를 하며 피어나고 있었다. 하늘은 푸르고 높았다. 왕은 일찍이 느껴보지 못한 자연의 신비에 홀린 듯 빠져들었고 만물이 새롭게 보였다. 노인은 마이더스 왕을 원두막으로 인도하여 잠시 쉬게 한 뒤에 이곳에 묻힌 보석을 드리겠다고 나직이 말했다.

그러자 왕은 "보석은 어디 있는가?" 하고 물었다. 노인은 손가락으로 고래실논에서 자란 황금처럼 익어가는 다섯 마지기 벼를 가리켰다. "아니 그게 무슨 말이오? 나는 내 손으로 만지는 것마다 금이 되게 해달라고 기도를 올렸소. 나는 금을 보면 행복해지고 이 세상 아무것도 필요가 없소." 노인은 주문을 외우고 마법을 걸어 왕의 기도 소원을 이루어지게 하였다.

그러자 즉시 왕이 만지는 것은 전부 금이 되었다. 충성스러운 신하를 만졌는데 그 신하는 금으로 보였다. 원두막 기둥을 만지자 순간 금으로 변했다. 왕은 신기하고 경이로워 춤을 추었다. 그런데 여전히 배는 고팠고 해가 서서히 서산으로 기울었다. 왕의 기도가 응답되자 그는 혼잣말을 중얼거리며 들떠있었다. 노인은 아래 농막으로 가서 저녁 식사를 하자고 안내하였다. 온갖 과일과 칠면조 요리를 하여 왕에게 대접하였다. 그런데 왕이 음식을 먹으려 수저를 들자 수저가 금으로 변하였다. 밥을 뜨면 밥이 금으로 변하였다. 고기를 젓가락으로 집으면 금으로 변하였다.

노인은 온데 간데가 없었다. 이렇게 하룻밤이 지나고 이튿날 다른 기사들과 왕비가 말을 타고 나타났다. 충성스러운 신하가 왕을 깨우치기 위하여 미리 계획했던 것이다.

왕이 흠칫 놀라며 "어떻게 된 일이요?" 하고 묻자 왕비가 말에서 내려 왕 앞으로 걸어가자 마이더스는 왕비의 손을 잡았다. 그러자 즉시 왕비는 금으로 변해버렸다.

왕비가 타고 온 애마도 만지니 금이 되어 버렸다. 그즈음 농막주인인 노인이 산에서 내려왔다. 왕은 노인에게 "내게서 마법을 풀어 달라."고 말하였다. 그러자 노인은 마음을 바꾸지 않으면 마법이 절대로 풀리지 않는다고 말한 뒤 황금은 사람을 어둡게 하여 눈이 멀게 하지만 땅에서 나는 곡식 소산은 기력을 회복시켜주고 생명을 이어주는 황금보다 소중한 것이라고 왕에게 충고하였다. 왕은 자신이 어리석은 욕심에 잡혀있음을 깨닫자 노인은 주문으로 왕의 마법을 풀어줬다. 왕비도 충성스러운 신하도 애마도 다시 예전으로 돌아왔다.

왕은 거의 이틀 동안을 먹지 못하다 세상에서 처음으로 맛있는 음식을 먹고 가장 귀한 보석은 순간순간의 價値(가치)가 결정해주는 교훈을 얻었고 그동안 모아온 금을 다 나누어주고 남은 것으로 고래실 논을 사서 농사를 지으며 가끔씩 노인의 지혜를 배웠다. 충성스러운 신하의 현명으로 왕이 깨달았던 것이다.

현명한 신하의 깊은 충성은 욕망의 노예로 전락한 왕의 의식을 끌어올려 차원을 상승시키고 자연의 섭리를 깨닫게 하였다. 이것이 진정한 연금술이다.

통찰력과 오컬티즘(Occultism)

通察力(통찰력)이나 叡智力(예지력)은 선천과 후천의 양자사이의 50대 50이라 생각하면 좋을듯하다. 인간은 돌 지나기 전부터 떡잎이 다른 아이들도 많기 때문이다. 역사 속에 그러한 인물들은 셀 수 없이 많다.

예수님이나 붓다 기타 현자들의 誕生說話(탄생설화)가 그렇다. 신체가 건강하고 힘이 센 사람이 있듯이 영적으로 담대한 사람과 반대로 유약한 사람이 있는 것이다.

영적인 사람은 기도와 탐구라는 경험에 의지하여 보이지 않는 세계에서 에너지를 공급받으며 강해지고 균형을 이루고 지내며, 늘 자신의 위치를 돌아보고 낮에는 긴장하고 밤에는 이완하며 주변과 사물을 관찰한다. 이러한 깨어있음으로 인하여 어떤 일을 당해도 능히 감당하게 되고 지치는 법이 없다.

경험을 중시여기기 때문에 정신의 감흥이 민감하여 스스로 영혼을 키우고 상당부분 앞서 나가게 된다. 靈感(영감)은 예지에 가까워 실수가 별로 없다. 방향감각이 뚜렷하여 자신의 위치와 가고자 하는 길과 어디로 가고 있는지를 確哲(확철)히 알기 때문에 헛갈리지 않는다.

일찍이 다윗 왕은 이 신비한 오컬티즘을 수도 없이 경험하였다. "내 눈을 열어서 주의 법의 기이한 것을 보게 하소서"(시119:18) 솔로몬도 다윗왕도 다니엘도 이사야 예언자도 엘리야, 엘리사, 야곱, 요셉도 신비주의자들이다. 아들은 신의 이름을 의지하는 방향감각이 뚜렷하였고 영이 강하여 감정을 잘 다스려 곁길로 치우치지 않았다.

어떤 광야의 시험도 저들의 올무가 될 수 없었다. 이토록 올인 하는 가슴에는 시온의 大路(대로)가 열려 좁은 길이 변하여 넓고 평탄한 길이 나타난다. 통찰력이 있으니 안전하고 예측이 가능한 길로만 간다.

형식적인 기도 같은 것 다 끝이 나고 실존하는 하늘의 영광 안에서 관조한다. 나의 육신이 부모의 유전자 에너지를 받아 주어졌듯이, 나의 영혼이 어디로부터 비롯되어 성숙해 가는지를 알아내는 통찰은 반드시 필요한 탐구이다. 영적인 통찰을 통하여 이러한 근본적인 질문에 답을 얻게 되면 삶의 길이 보이게 되어 안전한 航海(항해)를 할 수 있다. 영적인 각성과 통찰이 없는 오늘의 지구촌은 내 몸, 내 가족, 내 나라 아니면 전부 적으로 대하는 어리석은 죄에 빠져 있다. 지구촌 곳곳마다 고통과 분쟁의 해결 방법은 사실상 간단한 문제다. 그것은 온 인류는 하나의 근원으로부터 비롯되어 창조되었다는 사실을 깨닫는 일이다. 이 자각을 통하여 서로를 이해하고 전쟁을 종식하고 봉사하며 인류애를 발현해야 하는 것이 인간의 도리이다.

소수의 사람들이라도 좋다. 몇몇 과학자들의 힘으로 인류가 혜택을 얻듯이 소수의 영적인 각성과 통찰력이 주변을 변화시킨다면 이러한 변화의식이 지구의 평화를 만들 수도 있다.

이러한 통찰은 直觀(직관)과도 밀접한 의미를 지니기도 한다. 직관이란 이성적으로 아는 것이 아니라 감성적으로 사물을 인식하는 능력으로 주로 여성적인 에너지가 강한 사람에게 더 많이 작용한다. 말로는 표현할 수 없어도 확신은 신기에 가깝다. 그것은 경험에서 내려지는 추론이다. 心理學(심리학)에서는 이를 가리켜 내면의 共鳴(공명)이라 한다. 텔레파시 역시 이에 속한다. 일반적인 사람들도 마음이 맑고 근심이 없고 중도에 머물 때 한두 번은 텔레파시를 경험했을 것이다. 관심 있는 사람이라면 그럴 때 조용히 마음을 고르고 뒤돌아보며 주변 조건과 분위기 등을 살펴보면 靈能力(영능력) 개발에 크게 도움이 되는 계기가 될 수도 있으나, 대개가 그냥 무시해버리고 우연으로 돌리고 지나친다. 보수적인 기독교인들은 이를 '영적충돌'이라 할 것이며 어떤 이는 덮어놓고 비판하며 뉴에이지 운동으로 싸잡아 심판해 버리기도 한다.

따라서 영적세계도 힘의 논리가 지배함은 마찬가지다. 그 힘을 남용하느냐 疑念(의념)으로 조용히 사용하느냐에 달려 있다. 고차원은 저차원을 압도하며, 약한 기운은 강한 기운에게 순종하는 것이다. 그러나 고정된 것은 아니다.

예수께서는 강한 자가 약한 자를 속박한다는 사실을 일깨워주고 있다.(마 12:29, 막2:27) 이 충돌로 인하여 내면의 흐름을 읽어내게 되는 것이다.

이것을 구체적으로 인식하지 못하고 막연하게 느끼는 것이 일반인의 감각과 직관이다. 영의 작용이 강해지고 영적지식이 갖추어지면 직관의 흐름을 제대로 이해할 수 있게 되는 것이다.

어떤 여인이 예수의 옷자락을 만졌을 때, 기의 흐름을 직관적으로 느꼈던 것을 기억하면 이해를 도울 수 있다. 이러한 영 능력 운동이 사실은 매일 일어나는 것은 어느 정도 느끼면서도 그것을 자연적인 어떤 작용이거나 물리적이며, 환경적으로 발생한 것으로 무시하고 넘어가는 수가 허다하다. 이러한 지혜의 영이나 계시의 영감은 창조주를 경외하며 늘 감사하는 자들과 자유의지를 남용하지 않고 스스로 절제하며 禁慾(금욕)할 줄 아는 경건한 이들에게 주시는 노력에 대한 선물이다. 프랜치스코(Francesco)는 隱庇論(은비론)의 대가였으나, 그는 늘 겸손하였고 모든 동물들과 나무들과도 소통하였다. 오늘날 이러한 신비적 능력이 있는 자들은 전부 종교 장사꾼으로 변하여 賣身行爲(매신행위)자로 전락하였다.

4장

의식확장

1. 意識擴張(의식확장)

　이 지구촌 인류는 아메바에서 靈長類(영장류) 그리고 神人(신인)과 빼어난 능력이나 탁월한 과학자 혹은 기술자, 의사, 치료사 등 인류에게 유익을 주는 선구자들이 어울려 살아간다. 이중에 빛의 천사들은 인간의 媒介體(매개체)가 되어 영적인 DNA를 이식시키는 일을 하고 있다. 소크라테스는 이렇게 말했다. "나는 인간과 神(신) 사이에서 産婆(산파)다." 산파는 아이를 만들어내는 노련한 사람이다. 오늘날 이렇게 확실하게 자기 위치를 확증한 사람은 없었다. 인류는 창세 이후로 신을 부르며 찾아왔으며 수천 개의 종교가 파생되었고 죄 많고 험준한 세상을 떠나 천국에 들어갈 것이라며 재산을 팔고 청춘을 팔아 천국 혹은 극락 티켓을 사서 모은다. 이 천국은 조건이 있다. 살아생전에는 종교 교리에 죽도록 충성하고 죽은 다음에는 천국에 들어가는 것이다. 조 희성 영생교인 30만 명, 이 만희 신천지 20만 명, 정명석 再臨主 약 10만 명, 기타 재림주 10여 명 교인들 약 5만여 명, 이단 등록에는 기록되지 않았으나 예수를 신으로 만들어 三位一體(삼위일체) 장사하는 프로테스탄트 8백여만 명들 전부 우물 안의 개구리 모임이다. 설사 뭘 좀 안다 해도 지극히 부분적인 지식의 조각들이다.

　인류 역사도 파악 못하고 지구본 하나도 파악 못하는데 어찌 영적인 세계를 입으로 설명할 수 있을까? 사도 바울의 침묵을 내 나이 60이 지나면서 납득이 간다. 오늘의 末法時代(말법시대)는 진짜 참신한 매개자가 필요할 때다.

　그런데 내 생각으로는 역시 매개자는 예로부터 세상을 권력으로 휘두르는 능력자들이 아니며, 조용한 지혜자들을 통해서 조용히 귀 있는 자들에게만 확장되어 나갈 것이다.

500명의 의원들 중 소크라테스의 마지막 연설을 이해한 사람은 단 열 명도 못되었다.

"나는 그대들을 신에게로 인도하는 産婆(산파)다."

마취 독을 섞은 당근 즙을 사형시간보다 몇 시간 앞당겨 마시고는 자기 죽음을 지켜보며 주변사람들에게 평소의 일상처럼 흐트러지지 않는 모습으로 신과 인간의 사이에서 탄생하는 영혼들의 매개자가 된 것이다. 무슨 말인지 주목하라. 3장에서 언급했듯 그리스에서의 종교문화는 사람이 어떤 병에 걸려 죽을 고비를 넘긴 사람은 신에게 감사의 뜻으로 닭 한 마리를 제단에 바쳤다. 그의 임종을 지켜보는 간수가 그의 허벅지를 꼬집어보며 감각이 있느냐고 묻자 없다고 하였다. 잠시 뒤에 가슴을 툭툭치며 감각을 묻자 감각이 있다고 태연하게 말했다

그는 지금 서서히 죽어가고 있는 자신을 의식적으로 보고 있는 것이다. 그런데 아직 살아있는 가슴과 그의 腦(뇌) 기능과 입술을 예지에 빛났다.

소크라테스는 스스로 상체를 일으키고 또렷하게 제자에게 말했다. "내가 신전에 닭 한 마리를 빚졌다. 영혼을 불멸한다네. 그대가 좀 잊지 말고 갚아 주길 바라네."

그는 가장 두려운 병인 죽음을 주시하며 사망권세를 이긴 자 즉, 죽음이라는 炳(병)에서 자유를 얻은 자로서 신전에 그 기념으로 닭을 드려 달라 했던 것이다. 창조역사 이래 이렇게 위대한 죽음은 없었다. 우리는 얼마나 죽음을 두려워했는가? 죽음 때문에 거짓 종교가 판을 치고 죽음이 두려워 거짓말하고 비겁하고 말이다. 간과하지 말자. 기독교는 그리스 선지자요, 대 스승이었던 소크라테스 哲學(철학)의 母體(모체) 위에서 탄생하였다. 어느 신학자도 이를 부인할 수 없다. 이렇게 하여 靈魂不滅設(영혼불멸설)은 소크라테스의 죽음을 지켜보던 플라톤에 의하여 체계화되어 모든 신흥 종교에 스며들어 오늘에 이르른 것이다.

사도바울은 신앙인의 최대의 적은 사망권세라고 요약하여 一喝(일갈)하였는데 파란만장했던 그의 삶은 결국 죽음이라는 달갑지 않은 암흑의 존재와 맞장을 겨루는 엄청난 골짜기에서 홀로 서서 아무도 도와주지 않는 낯선 로마의 싸늘한 독방에서 죽음을 저주하는 간증을 기록하여 고린도 교회를 격려하고 일깨웠다.(고전15:55~56) 인간의 의식수준이란 많이 배우고 못 배운 것으로 판단하는 것이 아니며 학식의 높고 낮음도 아니고 부자와 가난함으로 판단할 수도 없다. 인간은 그의 인격을 대변하는 의식의 투영으로 그의 영성을 분별할 수 있다. 앞서 그 행위의 결말을 지켜보며 죽음 앞에서도 초연한 十字架(십자가) 위에서의 그리스도와 소크라테스, 바울, 스데반 폴리갑, 그 외에도 수많은 증인들을 보면서 그들의 확장된 의식을 엿볼 수 있다. 인간의 존재 여부는 결국 살기 아니면 죽기다. 죽음을 이긴 의식을 우리는 부활이라고 명명한다.

의식의 振動數(진동수)와 共鳴(공명)

명상에서의 가장 기초적인 단계는 심신의 弛緩(이완)이다. 긴장했을 때와 이완했을 때의 의식의 변화를 지켜보는 결과는 파장이 현저한 차이가 있다. 긴장을 풀고 이완했을 때의 사람들은 궁극적으로 평화를 느낀다. 단체로 여행을 떠났을 때나 어떤 모임이나 축제에서 노련한 진행자의 능란한 말솜씨로 분위기를 만들어 긴장을 풀고 노래를 하며 박수를 치고 춤을 출 때 대개가 그 분위기에 공명하여 화합하며 거기에 모인 사람들이 하나로 연결되어 있음을 자연스럽게 인식할 수 있다. 혹여 몸이 아픈 사람이나 특별한 문제를 안고 있는 사람도 대부분 모든 것을 잊고 하나가 되려 애쓰는 것이 인간의 의식 진동이다. 이러한 마음은 그 사람으로 하여금 모든 것들을 진심으로 수용하고 축복된 순간이라 생각하고 감사하게 만든다.

왜냐하면 걸림 없는 마음이라야 행복지수가 上乘(상승)하기 때문이며 따라서 근심 없는 기쁨의 에너지가 바로 풍요를 기약하는 행복이기 때문이다. 우리의 存在界(존재계)는 에너지로 이루어져 있다. 육체도 정신도 에너지로 인드라 망을 이루고 있으며, 이 에너지들은 진동하며 상호 共鳴(공명)하는 성질을 가지고 있다.

이 에너지의 原泉(원천)은 '힉스입자'에서 산소, 수소, 地水火風(지수화풍) 원소 그리고 방금 전에 섭취한 음식 그리고 사랑의 눈짓, 격려, 로고스의 음성, 자유로운 영혼의 메아리, 森羅萬象(삼라만상)이 주는 자연의 풍성한 기운들, 성령의 단비, 사람들과의 평화로운 관계 등으로 얽혀있는 인드라 그물망 같은 에너지의 遍在(편재)들이다. 에너지의 진동은 주기적으로 움직인다. 어떤 특정한 기운이 얼마나 반복적으로 움직였는지 측정해보면 보이지 않는 부피를 진동수라고 명명한다. 그러나 인간 모두는 각기 다른 진동수를 가지고 있다. 모든 사람들의 에너지 수준이 다르기 때문이다. 똑같은 공간에서 같은 음식을 먹고 같은 놀이를 했다 하여 다 똑같은 진동수를 느끼는 것은 아니다. 이 의식의 진동수는 고정된 샘물이 아니며, 고정되어 있지도 않다. 인간의 의식은 귀로 듣는 것에서 혹은 뭔가를 만져봄으로 맛을 봄으로 경험함으로 어떤 내적인 동기유발이나 생각, 감정, 행동의 변화와 더불어 변화되는 것이다.

구체적인 설명으로는 이렇다. 예컨대 두려움이나 강박관념 혹은 수치심이나 창피함 등을 느끼는 것은 낮은 진동수를 발산하는 과정이다. 반면에 사랑이나 깊은 평화, 자신감과 용기가 솟구치는 상태는 높은 진동수를 발산하는 상태로 의식이 상승되는 과정이다. 내가 2016년 1월 16일에 이곳 智異山(지리산) 자락에 와서 머물면서 다양한 사람들의 에너지를 관찰하였다.

예의상 이름을 밝힐 수는 없다.

두려움이나 수치심을 느끼며, 경제적으로도 자신의 몸 하나를 간수하지 못하여 손을 벌리며 쩔쩔매는 사람들을 보면 그들의 공통적인 면이 있는데, 언행이 매우 부정적이며 매사에 소극적이며 차가운 인상을 주는 사람들이었으며 명분상으로는 종교를 갖고 있는 듯하나 신의 존재와 실체를 전혀 모르며, 기도나 명상은 소가 닭을 보듯 하였다. 삶은 늘 우울하고 외로워 보였다. 말을 할 때에는 혀끝에 칼이 있어 대화를 잇지 못하였다.

그리고 친구들이 별로 없는 게 그들의 특징들이었다. 반면에 물심으로 베풀어가면서 음악과 명상, 기도와 평화를 유지하며 사람을 초대하고 상당 부분을 나눔으로 즐거움을 삼는 사람들이 몇 있는데 그들의 삶은 풍요로웠다. 그분들은 언제나 밝은 얼굴로 생기가 넘쳤고 자녀들도 시냇가에 심기운 나무처럼 홀로 서서 잘 박힌 못처럼 에너지가 건강하였다.

나는 이 어두운 에너지의 몇 사람에게 여러 차례 부탁을 들어줘가면서 이 廣大(광대)하고 풍성한 명상세계의 자유를 권면하였다. 그러나 돈을 받는 것도 아니고 내가 선물을 줘가면서 권면해도 馬耳東風(마이동풍)이었다. 결국 오지랖을 안타깝게 접으며 내 속에 존재하는 해바라기 씨앗을 나눠줄 수 없는 한계를 느끼며 그들의 그 凄然(처연)한 모습과 심신으로 부대끼는 모습을 보며 인간의 의식혁명이 얼마나 어려운 십자가인지 재삼 느꼈다.

인간의 모든 에너지는 자신과 비슷한 것을 끌어당기는 스스로의 힘을 가지고 있다. 이것이 내가 늘 말하는 끌어당김의 법칙이다. 이것은 우리의 意思(의사)나 바람과는 상관없이 작용하며 언제나 존재하는 우주적인 섭리인 것이다. 그러므로 우리 앞에 펼쳐져 있는 우리의 현재의 삶은 선악 간에 내가 심고 내가 만들어낸 幻影(환영)의 수확들이며, 그것은 가장 정확한 意識水準(의식수준)의 거울이다. 인간의 의식수준이라는 열쇠가 그 사람의 삶을 구성하고 아주 분명하게 지배하기 때문이다. 그렇다면 어찌해야 하는가?

그것은 두말할 필요 없이 의식의 진동수를 높여야 하고 소쩍새와 뻐꾸기가 소리로 공명하듯 상위에너지 소유자와 교류하며 실제적으로 공명에 동참해야 그 의식이 성장한다.

헤모글로빈 수치가 매우 낮고 피가 부족하면 헌혈을 받든가 서둘러 영양식을 하든가 서둘러 처방을 받아야 한다. 뼈가 부러지고 장기가 손상되면 검사를 받고 병원을 찾을 줄 알면서 무지의 벼랑 끝에 살면서 격변의 종말을 의식 못하고 도무지 정보를 알려줘도 여전히 노골적으로 비웃으며 스스로 빗장을 채우는 사람들이나 나이나 지위고하 학연지연 기타 따지는 사람들은 아예 털끝도 건드리지 말아야 한다. 우리는 피상 세계와 존재계 사이에서 媒介者(매개자) 역할을 담당해보려고 많은 노력과 물질을 쏟아 부으며 힘써 보았으나 떡으로 사는 인간에게는 천국문서를 공짜로 들려줘도 농담으로 여기니 한두 번 권면한 다음에는 무슨 선교하듯 하는 집착을 버리는 게 좋다. 의식을 높이려거든 술 담배를 끊는 것들 몇 가지를 바꾸는 것도 좋지만 그보다는 전체적인 의식 상태를 아예 바꿔버리는 혁명이 필요하다.

슈바이처나 사도바울, 우찌무라 간조처럼 전향하는 것이다. 오해하지 말라. 이것은 금욕이 아니며 더욱 더 자유로운 세계가 우리를 기다리는 곳이다. 우리가 의식수준을 높이면 우리의 삶은 안팎으로 변화되어 반드시 물질과 聯動(연동)되어 운행된다.(엡4:27, 빌2:5) 그러므로 눈에 보이는 모든 만물은 진동한다. 진동은 바로 주파수를 가지고 있으며 만물은 공명한다. 명상은 의식의 확장과 동시 사물과의 에너지 파장을 공유하는 소통이며 유기적인 상생의 관계를 이어가는 인간 최후의 생명운동이다. 빈들의 초목들은 온갖 동물들을 살찌우고 동물들의 배설물은 거름이 되고 씨앗을 발아시켜 퍼뜨리고 소가 풀을 뜯어먹을 때 풀에 묻은 끈적한 침이 풀의 상처를 아물게 하고 신속하게 풀을 키운다. 山頂(산정)에 올라 야호하고 외치면 메아리가 되어 다시 야호 하며 반향으로 공명으로 돌아온다. 이렇듯 일상생활 중 무엇을 심든지 공명의 메아리가 돌아오는 것을 잊지 말 것이다. 좋은 음악을 들으면 우리의 세포들은 반향한다.

불쾌한 말을 들을 때도 거기에 反響(반향)한다. 그렇다면 내 마음의 상태와 의식수준의 상황을 내 자신이 가장 잘 안다. 인간의 몸은 70%가 물이다. 물은 파장을 느낀다. 몸이 죽어 호흡이 멈추면 아무런 파장도 전기장도 느끼지 못한다. 그러나 살아있으면 그 파장에 공명한다. 밝고 맑은 음악소리에 감정의 공명이 일어나듯 긍정의 마인드로 活氣(활기)를 창조하는 것이 공명하는 우주에 대한 예절이다. 식물이나 여러 동물들은 스스로 알아서 공명한다.

가시 없는 선인장을 만들어 화제를 일으킨 '루터 버벵크(Luther Burbank)'박사는 선인장에게 진정성 있는 설득을 하였다.

"내가 너를 해칠 마음이 없으니 구태여 무기를 만들지 않아도 돼~ 내가 너를 소중히 아끼고 보호해줄께!" 라고 말하며 신중하게 만지고 보호하며 길렀는데 신기하고도 경이로운 일이 일어났다. 그 뒤로부터 선인장은 서서히 가시가 사라졌다. 그렇게 하여 가시 없는 선인장이 수백 종이 태어나게 되었다. 그런데 인간은 왜? 언어의 칼을 갈고 사는가? 칼을 품던 사람들이 칼을 버리는 날 의식은 한층 더 상승할 것이다. 고통의 눈보라 긴긴 밤의 과정을 통해서 動植物(동식물)들은 진화해왔다.

니체는 이렇게 말한다. "20~30세기 살고 고통을 논하지 말라 적어도 1만년~2만년 이상 살아보고 말하라." 2014년 일본의 원전 사고가 난 곳에서 피신하지 않고 30마리 소를 돌보는 사람이 뉴스에 나온 적이 있는데 여기에 생명의 존엄과 실상이 있다. 그는 살아있는 소들을 버리고 홀로 피신할 마음이 없었던 것이다. 그는 함께 죽음으로 가고 싶다 하였으며 지금도 그 자리에서 오염된 소들과 함께 남아있는데 현재 그는 살아있고 소들과 지내고 있다. 가슴 아프고 슬프지만 이 또한 共鳴(공명)의 울림이 아닐 수 없다.

1) 感覺意識(감각의식)

일상 속에서 자주 접하는 전기 모터나 선풍기 등을 들여다보면 고단으로 작동했을 경우 마치 기계가 멎은 것처럼 육안으로 識別(식별)이 안 될 때가 있다. 그러나 탁자나 주변의 바람이나 울리는 진동을 통하여 움직임을 알 수 있다. 우리가 매일 접하는 가정용 전기는 교류 전류로 60kW의 주파수(진동수)로 가정에 흘러들어온다. 교류라는 것은 사실 계속 켜져 있는 것 즉, 직류가 아니고 껐다 켰다를 반복한다는 뜻이다. 또한 60kW교류 전기는 1초에 120회를 껐다 켰다를 반복한다는 뜻이다. 그러나 우리가 그러한 껐다 켰다를 시각적으로 인식하지 못하는 이유는 너무 빠르기 때문이라고 말할 수도 있겠으나, 사실은 우리의 시각적인 감각 주파수가 60kW에 미치지 못하기 때문이다. 전구는 우리 눈에 보기에는 항상 그냥 부드럽게 계속 켜져 있는 것처럼 보이는 것이다. 그러나 만일 우리의 시각적인 감각 주파수가 상승하여 60kW를 충분히 넘어서게 된다면, 분명히 껐다 켰다 하는 상황을 시각적으로 인식하게 될 것이며, 腦技能(뇌기능)으로도 입력될 것이다. 보통 사람에게는 찰나의 순간처럼 보이는 어떤 사물이 어떤 사람에게는 슬로우 비디오처럼 보이기도 하는 것이다. 인간의 의식진동수가 충분히 상승했을 때 視覺的(시각적)으로 겪게 되는 현상이 바로 이러한 현상이라 보면 된다. 주변이 천천히 느리게 보이고 동시에 뚝뚝 끊겨 보이는 것이다. 이렇게 의식의 진동수가 상승되면 주변은 점점 더 천천히 보이고 결국에는 모든 것이 멈추고 그 에너지만 남는 것이다.

옛날 전기장판은 스위치를 켜면 웡! 하는 소리가 들렸다.

그런데 최근 장판은 성능이 업그레이드되어 아무런 소리도 들리지 않는다. 그러나 거기에는 살아있는 에너지의 흐름이 있다.

2) 相應(상응)하는 腦神經(뇌신경)

인간의 모든 정신 활동에는 그에 상응하는 뇌 신경세포 활동이 있다. 화를 내거나 고통을 느끼거나 경치를 감상하거나 모든 뇌의 특수한 영역들의 활동을 동반한다. 다시 말하면 정신활동과 뇌세포의 활동 간에는 상관관계가 있다. 이러한 상관이 바로 의식의 신경상관이다. 의식과 신경활동이 상관관계가 있다고 해서 신경활동이 의식을 발현한다고 단언해서는 안 된다. 철학자들은 이러한 의식적인 사건과 뇌 사건이 연결되는 것을 수반 관계라고 한다.

이것은 의식과 뇌가 함께 변한다는 共變原理(공변원리)이다. 예를 들어 격렬히 논쟁을 하는 두 사람을 상상해보자. 그들이 논쟁하는 주된 주장이 의식적이라도 열변으로 토해내는 대부분 말들은 무의식적으로 하나하나 곰씹으며 말한다면 논쟁이 되지 않고 이성적인 대화가 될 것이다. 테니스나 배드민턴, 탁구를 할 때 날아오는 공은 일일이 의식하면서 플레이를 한다면 아마 경기를 망칠 것이며 마라톤을 완주하는 선수가 42.195km를 달리며 몇 걸음이나 될까하고 걸음수를 헤아리며 달린다면 중도에 지쳐 경기를 망칠 것이며, 1초에도 열 번 가까이 피아노 건반을 두드리는 음악인이 일일이 건반을 의식해야 한다면 연주회를 망칠 것이다.

그러므로 우리가 의식적으로 행한다고 생각하는 많은 행동도 대부분 무의식적으로 행해지며 이러한 무의식적 활동도 뇌의 여러 영역의 활동과 공명이 필요하다. 이러한 일방적 공변원리는 의식의 신경상관을 밝히는 연구를 어렵게 하는 하나의 원인이다.

일방 통행적 공변 원리는 또한 의식은 뇌 활동 없이는 존재할 수 없고 뇌 활동으로부터 자유로울 수 없다는 것을 의미한다.

3) 病變(병변)과 의식변화

인간의 의식은 腦(뇌)의 산물이다. 그러므로 뇌에 이상이 생기면 의식에도 이상이 생긴다. 대표적인 감각기관 중에서 의식이 신경과학에서 가장 많이 연구된 시각의식 속에서 우리가 대상을 단일한 실체로 보게 하는 시각의식이 單一化(단일화)되는 과정을 주시해보면 여러 유형이 있는데 날아오는 공을 볼 때 공의 색깔, 공의 모양, 움직임을 본다. 그러나 우리 뇌에서 공의 색깔과 모양과 움직임을 처리하는 부위는 모두 다르다. 전혀 다른 부위에서 처리하는 감각정보가 시간적 공간적으로 통일된 단일한 물체로 인식된다. 이것이 얼마나 대단한 뇌의 업적인지를 우리는 깨닫지 못한다. 그렇지만 뇌가 어떤 영역의 기능에 이상이 생겨 불가능해질 때 우리는 비로소 그것이 얼마나 중요하고 대단한지를 깨닫는다.

캐나다의 신경외과의사 팬 필드(Wilder Penfield)가 간질 환자를 상대로 뇌의 여러 부위를 전기 자극으로 실험하면서 환자의 반응을 살펴보았다. 환자가 어떤 반응을 보이고 무엇을 의식하는지 조사하였다. 그가 환자 側頭葉(측두엽)의 어느 부분을 자극했을 때 환자는 생생하게 기억을 회상하였다. 이는 의식이 신경활동이라는 사실을 처음 실증적으로 보여주었다는 점에서 의의가 크다. 신약성서 복음서에는 예수께서 수많은 병자를 고친 기록이 수십 차례 기록되었는데 여기에는 깊은 의미가 있다. 사람의 육체에 병이 들면 대개 의식이 함께 병이 들게 되어있다. Ego가 상처를 받으면 육체가 몸 져 누우며, 심하면 중병에 걸려 죽는 수도 있으며, 이를 치유하지 않으면 영혼까지 병이 들게 되어있다.

육신은 영혼의 집이기 때문이다. 인체의 신경(system)은 규칙적으로 상호 작용함으로 에너지 기능을 수행하기 위하여 유기적으로 작동한다. 진리를 찾고 영성생활을 추구하며 종교를 택하고 명상을 수련하는 것은 건강한 뇌와 맑은 정신과 안정된 영혼의 자유를 위하여 죽음을 초월한 건강한 삶을 누리기 위함이 목적이지 누군가에게 잘 보이려고 멋을 부리려고 무슨 裝飾品(장식품)을 전시하는 것이 아니다. 이렇듯 무슨 행법이나 이론들을 익힌 사람들이 극한 상황 속에서는 좀 더 유익하다. 수영을 못하는 사람보다는 익혀둔 사람이 유익하고 어학연수를 한 사람이 배우지 않아 모르는 사람보다는 낫다.

2. 겉치레 종교행위로 생을 낭비하지마라

오늘의 기독교는 蔽一言(폐일언)하고 로마교회와 그리스 철학, 이집트 호로스신, 태양의 아들 니므롯, 아침의 아들 루시퍼의 영향을 그대로 보유한 혼잡한 바벨론 역사 문화를 그대로 유지하며 그 基礎(기초) 위에다 예수 그리스도 이름만 살짝 올려놓아 접목하였다.

"너 아침의 아들 계명성이여! 네가 어찌 그리 하늘에서 떨어졌으며 너 모든 민족들을 뒤 엎을 자여 어찌 그리 땅에 떨어졌느냐?"(사14:12) 아침의 아들이란 태양의 아들을 말한다. 이는 하나님과 비교하여 높아지려고 뭇별 위에 자기 寶座(보좌)를 높이는 교만하고 사악한 적그리스도 우두머리들이다.

니므롯(Nimrod)을 시조로 시작한 오늘의 교회 역사

함의 자손 중 니므롯이라는 이 사람은 구스의 아들 니므롯이다. 니므롯이란 말의 뜻은 叛逆者(반역자)라는 말과 싸우는 자란 뜻이다. 아담을 통해 인류가 번성되던 시기 홍수 이후 노아를 통하여 인류가 번성할 때에 노아의 세 아들 중 야벳에게서 14명, 함에게서 30명, 셈에게서 26명, 도합 70명의 후손이 생산되었다. 성경대로 라면 약 70개의 나라 목록이라 말할 수 있다. 범죄 한 인간을 홍수로 심판하였으나 창조의 계획대로 여전히 생육번성은 계속되었다. 야벳의 아들은 고메와 마곡과 마대와 야완과 두발과 메섹과

디라스였는데, 이들로부터 여러 나라 백성으로 나뉘어서 각기 言語(언어)와 種族(종족)과 나라대로 바닷가의 땅에 머물렀다.(창10:2~5) 고멜은 키메르 족을 가리키고, 마곡은 오늘의 러시아, 야완은 그리스를 가리키며, 두발 메섹 디라스는 오늘의 터키에 해당한다. 야벳의 후손들은 흑해와 카스피해 연안은 물론 스페인 해안 지역으로 퍼져나갔다. 오늘날의 유럽과 터키지방이다

함의 아들 구스, 구스의 아들이 니므롯이다. 그는 세상에서 가장 뛰어난 사냥꾼으로 큰 성읍을 건설하였다. 그 도시가 바벨론 제국이다. 메소포타미아 지역은 본래 셈의 자손이 거주한 곳인데 그곳에 니므롯이 나라를 건설하였다. 니므롯은 세상의 번영과 성공을 추구하며 창조주 하나님을 잃었다. 그가 이룬 큰 나라는 노아가 이룬 하나님과 동행하던 것과 시절을 비교해보면 외관상 큰 업적을 이루었고 그는 스스로 힘을 길러야했기에 성을 쌓기로 마음먹고 공사를 진행한 것이 바벨탑이다. 명성은 떨쳤으나 그의 잘못된 꿈은 무너지고 말았다.

그들의 언어는 혼잡했으며 자신들까지도 알아듣지 못하는 불행한 悲劇(비극)으로 무너지고 말았다. 이것이 오늘날 영적인 생활을 포기하고 인간의 힘으로 성을 쌓는 겉치레 종교 역사이며 뿌리 채 뽑혀 멸망할 반역자들이 당할 개구리 같은 더러운 세 영들의 결말이다.

이 니므롯은 오늘날 太陽神(태양신)의 조상이 되어 이집트와 로마 전역에 자리 잡게 되었으며, 단적으로 결론을 말한다면 오늘날 로마의 인준을 받고 그들의 薦擧書(천거서)를 받은 교회들과 신학자들 예수를 신으로 숭배하는 자들은 전부 니므롯의 후예들이다.

오늘날 니므롯 배반자를 길러내는 큰 성 바벨론 교회들은 니므롯이 자기네 조상인지도 모르며 그 뒤를 바짝 쫓아가고 있다.

이 후예들은 겉치레의 화려함과 거대한 부동산과 전 세계를 맘대로 움직이는 선교를 꿈꾸며, 세상의 왕들을 손에 넣고 지배하며 보이는 문화형식에 초점을 맞추고 영 없는 마른 뼈와 해골들이다(겔37:2~6) 오늘날 전 세계적

으로 100층이 넘는 건축물들을 자랑하듯 세우고 교회역시 뒤질세라 하나님의 축복을 빙자하여 거대한 대형 건물을 자랑하듯 교인들의 피를 짜서 세우고 있다. 그러나 이 겉치레 문명은 큰 성 바벨론의 심판받은 배교자의 유산이다.

　홍수심판 이후 불과 3대 만에 니므롯은 대제국을 세울 때 모든 사람을 동원하여 자기사람을 만들어 바벨탑을 쌓았다. 아브라함은 멜기세덱의 권고로 하나님의 뜻에 순종하여 그곳을 떠나 가나안 땅으로 피신하였고, 소돔 고모라도시가 멸망할 때에 롯과 두 딸은 미련을 버리고 피신하였고 북이스라엘이 멸망하고 남쪽 유다 마저 타락할 때 다니엘과 거룩한 친구들의 씨앗을 구하신 것은 신의 은총인 것이다. 구약교회 종교 문화권아래에서 빠져나온 12제자들과 120문도를 기억하라. 눈에 보이는 저 화려한 문명세계를 부러워하지 말고 불타 없어질 큰 성 바벨론의 유적들을 부러워하지 말라(계18:4)

겉치레 행위들

　유마거사가 말했다.

　"衆生(중생)의 병은 無明(무명)에서 오고 보살의 병은 大悲(대비)에서 온다."

　예수께서는 이렇게 말씀하셨다.

　"너희가 하나님과 재물을 겸하여 섬기지 못하느니라."(마6:24~25)

　위 두 말씀은 우리시대의 모든 종파들과 신앙인들의 '불편한 話頭(화두)'가 되었다.

　사는 일이 각박해지면 마음의 여유가 없게 되고 사계의 아름다운 섭리와 변화를 놓치게 되며 흐르는 냇물에 발 한 번을 담그지 못하고 여름은 보내기도 한다. 그러다가 중년이 지나면서 자연에 눈을 돌리고 노년기가 되면 점차 자연주의자가 되어가는 것이 黃昏客(황혼객)들의 공통적으로 일어나는 현상이다. 본래 종교라는 것이 깊은 산에서 숲을 성전삼아 발전하였다.

사찰이나 교회, 성당은 밖에서 더 잘 보이는 법이다. 자신들보다 타인들이 내 모습을 바라보는 면이 잘 보이는 법이다. 인간이 스스로 속는 방법에는 두 종류가 있다.

하나는 사실을 믿는 것이고 또 하나는 사실을 믿지 않는 것이다. 종교인이 종교라는 궁궐에 익숙해지면 사실 아닌 것을 믿게 되고 종교 동굴에 갇히면 사실을 믿지 않는다. 종교란 씨앗 같은 것이지 보석 알 같은 것이 아니라는 함 석헌 선생의 隱喩(은유)가 생각난다.

보석도 만들어지려면 지층 속에서 고열과 고압을 견뎌야하지만, 세월이 아무리 흘러도 구슬에서 싹이 돋지는 않는다.

종교가 맨 먼저 할 일은 무엇일까? 먼저 헌신과 희생의 삶이 밑거름이 되어 삶의 터전에 뿌리를 내려 자란 꽃들이 오늘을 사는 너와 나의 생명임을 깨닫게 해주는 일이다.

둘째로는, 영글어가는 자기 생명에 감사와 긍지를 지니면서 동시에 자기는 뒤 따라오는 후손생명의 양식과 꿀이 되어주는 사닥다리임을 깨닫게 하는 일이다. 그 진실을 깨달으면 사람이 되는 것이고 아직 못 깨달으면 짐승의 상태와 다를 바 없는 것이다. 소위 말하는 가방끈 짧은 것은 문제가 되지 않는다. 옛날에는 농사 지으며 초등학교를 겨우 나오고 어떤 이는 그마저도 다니지 못한 우리 조상들이 얼마나 많았는가? 그분들의 윤리나 도덕정신과 나눔의 덕은 오늘날 고등교육을 받은 지식인보다 훨씬 앞서 있었다. 오늘날 먹물 세례 받은 잘난 인간들 소위 성공했다는 사람들은 조상들이 뿌리고 가꾸고 일궈놓은 터전에서 자신들이 존재하고 있음을 까맣게 잊고 지금의 자기가 잘나서 된 줄로 착각하고 있다.

이 건방진 세대들은 못 배우고 남루한 사람을 업신여기고 깔보는 법부터 배워 열매 없는 나무들이 되어 버렸다. 종교가 말과 입으로는 잘하는데 행동 면에서는 완전히 실패하였다.

큰 조직체를 가진 세계적인 종교일수록 오랜 전통의 保守的(보수적)인 가치를 마치 보석을 가득 담고 있는 궁궐로 생각하며 속세의 사람들을 우습게 보며 우월의식에 사로잡혀 있다.

종교는 뽕잎을 잔뜩 먹은 뒤 자기 몸에서 실을 빼내어 고치를 짓고 그 안에 들어가는 누에와 같다고 함 석헌 옹은 지적했다. 그는 퀘이커 교도였으며 독실한 신앙의 소유자였으며 기성교인들이 그를 달갑지 않은 시선으로 그는 무교회주의자라고 판단하는 것을 많이 들었는데 무교회주의자가 아님을 모임을 인도하며 모범을 보인 사람임을 나는 부산에서 장 기려 박사와 산정현 교회에서 매월 마지막 주 토요일에 씨알모임을 통해서 알게 되었다.

세계적인 대형교회 절반 이상이 한국에 버티고 서있다. 큰 것은 무조건 좋고 선한 것이라고 맹신하는 시대인지라 자랑스러울지는 몰라도 심층을 분석해볼 때 큰 누에고치 짓기에 불과할 수 있는 것이다. 時代精神(시대정신)에 해당하는 신선한 공기와 햇볕이 드나들지 않으면 누에고치는 나방으로 변신하지 못하고 결국은 번데기와 명주실 감 신세로 귀착되고 말 것이다. 오늘의 한국교회 90%이상 이 예수 그리스도 재림할 때에 죽은 자들이 무덤에서 復活(부활)하여 다시 살아난다는 신앙으로 아름다운 천국의 하늘 집을 목적삼아, 그야말로 동화를 믿는 어린아이처럼 순수한 신앙으로 예수님의 재림을 기다린다. 지난 반세기 동안 우리시대 종교들은 겉치레와 과시 경쟁이 더욱 심하게 나타났다.

벌과 나비가 스스로 날아드는 정원 같은 곳이 오늘의 교회나 사원이 돼야 할 텐데 저 행복한 사람들 좀 보라! 정말 부럽도다! 어찌하여 우리도 저들과 함께 할 수 없을까 라고 손가락으로 가리키는 모임이 돼야 성공적인 교회라고 생각한다. 수만 명에서 수십만 명의 신도를 동원하는 교세확장 그 자체에 목적을 두는 것은 의미 없다. 종교의 社會性(사회성)이 필요한 현대사회지만 과학자이자 '화이트 헤드(White Head)'는 영국 태생이며 노벨 문학상을 받은 사람으로 종교의 본질을 一喝(일갈)할 때 다음과 같이 말한다. "종교의 본질은 홀로 있음의 孤獨(고독)이다."라고 喝破(갈파)했다. 마치 法句經(법구경)에서 권하는 무소의 뿔처럼 말이다.

사람이 홀로 서고 홀로 있어야 하며, 홀로 탐구해야 하는 구도정신에서 회피하거나 건너뛰거나 한다면 그는 본질에서 벗어난 사람이다. 오늘날의 종교위기는 철저한 고독과 내면의 信實性(신실성)을 대신해주는 구원보장 보험회사가 되려는 유혹에서도 연유한다. 그 문이 크고 찾는 이가 많은 넓은 문은 결코 생명의 문이 아니라고 예수께서는 복음서에 언급하였다.

종교를 모르는 科學(과학)과 과학을 무시하는 종교는 둘 다 플라톤이 비유한 '洞窟(동굴)에 갇힌 노예들'이다. 최근의 한국교회의 형태는 용서와 사랑의 종교라고 알려진 예수의 복음과는 전혀 다른 모습이다. 기독교는 서구문명을 이끌어왔던 중요한 역할 중 하나로서 위대한 종교임은 틀림없다. 문맹퇴치, 人權運動(인권운동), 아동복리, 선거권, 의료문제, 여성운동, 민주주의, 남녀평등, 기타 큰일을 시작한 것은 분명하지만 아직도 하나님을 독점하고 예수천국 불신지옥 띠를 두르고 서울역을 자신의 개인 정원처럼 장악하고 외치는 공격적 행위는 기독교 동굴 안에 갇힌 행위이며 신앙을 가진 사람으로 도덕적으로 미안한 마음을 대신 느낀다.

바벨론 종교의 겉치레 痕迹(흔적)들

- 太陽神(태양신)과 혼합한 교회
- 성인숭배/이교도의 상징인 십자가 숭배(AD.3세기 이전에는 십자가를 교회 예배당에 세우지 않았음) 로마 가톨릭 교회 내에서는 십자가를 우상화 하는데 지금은 개신교도 교회당 꼭대기에 십자가를 가톨릭과 똑같이 세우고 숭배한다. 유래는 그렇다. 콘스탄틴과 그의 병사들은 로마에 이르렀을 때에 그들은 밀리안 다리전투(The Battle of Milvan Bridge)로 알려진

싸움에서 지쳐 기도할 때 십자가 환상을 보고 그 힘을 입어 승리하였다고 하였는데 그러나 여러 측면의 역사적인 면에서 콘스탄틴의 십자가 환상은 사실이 아니라는 결론이 인정되고 있다. 역사가들에 의해 그 이야기가 수집된 유일한 권위는 유세비우스(Eusebius)가 이사랴의 主敎(주교)로 콘스탄틴의 명을 받아 로마 안디옥에서 온 사본에는 손도 대지 않고 이집트의 왜곡된 사본을 사용하여 로마 가톨릭 교회를 위한 50여권의 성경을 만든 교회사다. 그러나 만약 콘스탄틴이 이와 같은 환상을 보았다면 우리는 영적인 측면에서 가슴이 답답해진다.

과연 사실이라면 그분이 정말 예수 그리스도였을까? 정말 그렇게 추론해야 하는가? 평화의 왕 그리스도 사랑의 救世主(구세주)께서 이교도 태양신의 아들 미트라 숭배자에게 십자가 軍旗(군기)를 하사하셔서 그 상징으로 정복하고 적군을 다 죽이도록 살인을 지시했단 말인가? 평화와 원수를 사랑하는 교리는 어디로 갔는가? 결과적으로 그들은 지금 큰 성 바벨론이 되어 세계 정복을 꿈꾸며 일루미나티, 프리메이슨, 켐트레일, 인구감축, 기후 조작 등 여러 측면에서 볼 때 과연 예수 그리스도께서 콘스탄틴 황제에게 십자가를 상징하는 군기를 하사하셔서 정복하라고 말했다는 근거는 전혀 거짓말이다. 만약 그 환상이 사실이라면 그는 바로 적그리스도의 환상을 본 것이라고 말할 수밖에 없다.

왜냐하면 여러 영적인 각도에서 조명해볼 때 그의 개종은 하나의 허울이며 의심스러운 연극임을 알 수 있기 때문이다. 그가 진정으로 改宗(개종)을 하여 그리스도의 종이 된 사람이라면 어찌 살인을 저지를 수가 있을까? 그는 개종했다 하면서 자기 부인을 목욕탕에 끌고 가서 끓는 물에 밀어 넣어 질식시켜 죽이고 그의 누이의 아들도 죽이고 그의 남편마저 목 졸라 죽이고 자기 아들마저 죽여 버렸다. 살인자는 그 속에 영생이 없는 것이다(요일3:15) 콘스탄틴이 기독인들에게 寬容(관용) 政策(정책)을 펼친 것은 사실이며 여러 혜택을 준 것은 사실이지만 거기에는 여러모로 자기의 허물을 덮으려는 약삭빠른 의도와 정치적인 속임수가 숨어있었다. 기독교는 그에게 하나의 수단이었지 신앙의 목적은 아니었다. 초기 기독교는 십자가를 숭배하지 않았다. 콘스탄틴 이후 십자가를 숭배하는 교회가 하나 둘 생겨나기 시작하여 오늘에 이른 것이다.

결국 迫害(박해)가 기독교 신앙을 파괴하지 못하자 콘스탄틴은 이 사실을 알고 있었다. 이교도들과의 끊임없는 갈등이 시작되자, 이 두 종교를 혼합시켜 통일된 조국을 만들어 태양신의 업그레이드된 종교제국을 만들기로 굳게 마음먹은 대로 일이 진행되어 결국 그의 뜻대로 大成功(대성공)을 거둔 것이다. 이리하여 미트라 십자가 군기는 기독교 십자가로 바뀌어 속임수의 덫에 걸려들어 教會堂(교회당) 꼭대기에 여인들 목걸이에 피 묻은 십자가 형틀이 걸려있는 것이다.

이리하여 십자가는 고난과 치욕, 사랑의 헌신보다는 마귀를 쫓고 병마를 고치고 적을 물리치는 부적의 상징으로 종교용품매장에서 판매되는 물건이 되고 말았다. 〈가톨릭 백과사전 중에서 일부 발췌〉

- 콘스탄틴의 속임수 계략을 예찬하는 오늘날의 聖職者(성직자)들의 어리석음과 무지

- 教皇崇拜(교황숭배), 성인숭배

- 宗教裁判(종교재판), 마녀사냥, 면죄부판매와 종교사기

- 성직자계급주의, 독신사제직

- 크리스마스 축제, 12월 25일은 미트라의 탄생일

- 三位一體說(삼위일체설) 신봉, 성직자의 권위의식

- 마리아 숭배, 교황 무오설

- 十字軍(십자군) 戰爭(전쟁) 200년 동안 약 1억 명 이상이 죽음

- 성경 편집과정의 문제들, 도마복음, 마리아복음, 바울묵시록, 빌립

복음서, 베드로복음 등을 제외시킴

- 예수를 믿지 않으며 당시 洗禮(세례) 의식도 받지 않은 황제들이 니케아 종교 회의를 주관하고 일일이 간섭하여 자기들의 太陽神(태양신) 종교로 끌어들여 접목을 시켜 혼합주의를 만들었음

- 混合主義(혼합주의) 신비가 정통으로 바뀜

- 목사의 권위의식, 기도원 운동의 문제점

- 大型敎會(대형교회)의 세습들, 돈벌이 부흥사들

- 구약의 節氣(절기)를 그대로 지키는 행위들(갈4:10~11)

- 러시아교회가 만들어낸 공산주의, 1917년 볼세비키 혁명 이후 국교였던 러시아교회는 8천여 명의 성직자와 2,300만 명의 교인이 재판에 넘겨져 죽음으로 교회는 피로 물 들었고, 일반인까지 계산하면 8천만 명 이상이 볼세비키 혁명에 처형되었다.

- 異敎徒(이교도)에서 스며들은 교리나 혹은 본뜬 행위는 선한 의도라 해도 예수 그리스도께서 가르치지 않은 것이나 성경이 명하지 않는 것들을 교회의 전통으로 지키는 것은 그릇된 오지랖이다.

지금까지 교회역사를 자세히 들여다볼 때 그들이 아무리 좋은 의도로 傳統(전통)들을 포장한다 해도 그것은 사람들을 이용하려고 동굴 속으로 끌어들이는 수법들이다.

그러므로 의식 있는 사람들이라면 이러한 수법에 마음을 뺏기고 속으면 안 된다. 바울은 이렇게 말한다. "그들이 너희에게 열성을 내는 것은 좋은 의도가 아니고 다만 너희를 떼어내어 너희로 그들에게 열성을 내게 하려함이니라."(갈4:17) "어리석도다. 갈라디아 사람들아 누가 너희를 꾀더냐? 너희가 성령으로 시작하여 육체로 마치겠느냐?"(갈3:1~2) 바울은 복음을 떠나 폐습을 좇는 사람들의 흔들림을 꾸짖었다.

3. 量子力學(양자역학)의 신비

나는 기독교에 몸을 담근 지 약 50여 년이 되는 시점에서 돌이켜보면 어지간히도 보수적으로, 우물 안에서, 동굴 속에서, 그물망 속에서, 철저히 율법 안에서, 한눈 팔지 않고 성경에 입각하여 숨도 제대로 못 쉬고 수십 년을 교회에서 목숨을 바치다시피 과잉 충성을 하며 살아왔다. 내 나이 서른세 살이 되던 어느 날부터 比較(비교) 宗敎(종교)에 눈이 뜨여 모든 종교를 기웃거리다 진정성 있게 연구하기 시작하였다. 般若心經(반야심경)과 法華經(법화경), 요가, 東洋哲學(동양철학), 서양철학의 대부 탈레스에서 소크라테스, 플라톤, 융, 프로이드, 니체, 老子(노자), 陶淵明(도연명), 韓非子(한비자), 뉴턴, 아인슈타인, 닐스보어, 오쇼 라즈니쉬를 지나오면서 인간의 영혼과 몸을 지탱하는 에너지의 4원소 地水火風(지수화풍)과 반야심경의 심오한 에너지와 에너지 입자에 대한 관심사는 이로 하여금 끊임없는 우주를 遊泳(유영)하도록 에너지의 부추김이 끈질기게 이끌었다.

그리하여 부족한 筆舌(필설)로 말을 만들어 내 안에서 꿈틀대는 정신세계의 에너지를 표현해보려고 습관을 좇아 또 붓을 잡아본 것이다.

양자란 에너지의 덩어리를 의미한다. 물리적으로 더 이상 나눌 수 없는 에너지의 최소 단위이기로 하다. 양자를 연구하는 量子論(양자론)은 에너지가 덩어리 혹은 알갱이로 존재한다는 개념에서 시작된다. 이러한 논리의 문을 연 과학자는 위대한 과학자 아인슈타인(Albert Einstein)이다. 아인슈타인은 기존에 뉴턴이 주장한 '빛은 알갱이'라는 가설을 규명하여 빛의 파동이자 입자라는 것을 밝혀냈다. 量子(양자)의 성질을 빛에서 찾아낸 것이다.

양자역학은 오랫동안 쉽게 예측할 수 없었다. 양자역학이 다루는 미지의 세계는 인간이 예측하기 어려운 불확정성이 존재하기 때문에 과학자들을 애먹인 분야이다. 光子論(광자론)으로 양자역학의 문을 연 아인슈타인조차 "神은 주사위 놀이를 하지 않는다."는 말로 양자역학의 불확정성을 인정하지 않았다. 양자역학을 이루는 중요한 축인 파동 방정식을 만든 이르빈 슈뢰딩거(Erwin Schrodiner)도 마찬가지였다. 그가 양자역학을 부정하기 위해 제시한 사고실험(고양이를 통하여) 아이러니하게도 양자역학의 重疊性(중첩성)을 설명하는 최적의 사례로 불린다. 천재들도 예상 못한 양자세계의 신비였다. 양자역학은 거의 모든 자연의 다양한 성질을 설명하며 현대 물리학의 기반을 마련하였다. 하지만 여전히 빛과 물질의 상호작용을 완벽하게 설명할 수 없었다. 양자역학의 결함을 보완한 것은 영국의 물리학자 폴 디랙(Paul Dirac)이다. 폴 디랙은 아인슈타인의 특수 상대성 이론과 양자역학을 결합시켜 전자의 움직임을 예측하는 방정식을 만든다. 디랙 방정식은 전자가 입자면서 동시에 파동이라는 것을 설명할 수 있다. 이로써 빛과 물질의 상호작용을 양자론으로 기술한 양자 전기 역학의 기틀이 마련된 것이다. 이처럼 양자 기술을 기반으로 한 미래는 이제와는 전혀 다른 새로운 세계가 펼쳐질 것이다. 양자 기술의 '마법'은 이제부터 시작이다. 지금까지 魔法(마법)이라고 생각했던 수많은 것들이 과학으로 실현된 것처럼 말이다.

量子力學(양자역학)의 應用(응용)

일반적인 기술자들과 마찬가지로 대부분 물리학자들도 量子力學(양자역학)이 자연의 이해와 관련해서 현대를 살아가는 우리에게 주는 진정한 의미가 무엇인가를 잘 생각하지 않는 편이다. 우리가 양자역학의 구조와 해석, 개념과 본질적 문제 등에 대하여 깊이 성찰을 해본다면 물리학을 따로 전공하지 않아도 양자역학을 누구나 이해할 수 있는 것이다.

그런데 우리가 얼마나 혜택을 받으며 살고 있는지 너무나 많은 사람이 자기 분야가 아닌 줄 알고 관심을 갖지 않는다. 매일 뉴스를 듣고 오디오 음악을 듣고 휴대폰을 들고 살면서도 이 어떤 과학적 기술로 우리가 어떤 혜택을 누리는지 관심 갖는 이가 매우 드물다.

컴퓨터를 포함한 모든 전자 기술에서 가장 중요한 요소가 반도체이다. 半導體(반도체)는 인간의 몸으로 비유하면 영혼이라 할 수 있다. 반도체가 없으면 전자기술이란 성립할 수가 없다. 이 시대에 없어서는 안 될 컴퓨터의 핵심 부품들은 모두 반도체로 만든 것들이다.

그런데 반도체가 어떻게 존재할 수 있느냐를 설명하는 것이 양자역학이다. 양자역학이 없으면 반도체를 전혀 이해할 수 없는 것이다. 반도체란 고전역학으로는 다룰 수 없고 양자역학 때문에 알게 된 것이다. 이같이 달라진 것은 자꾸 크기를 줄일 수 있었기 때문이다.

오디오 진공관(transistor)에서 다시 직접회로(IC: Integrated Circuit) 소자로 되면서 모래알 크기 정도로 되었다. 이런 식으로 소형화가 가능했기 때문에 개인용 컴퓨터를 생산할 수 있었던 것이다. 트랜지스터란 결국 전기신호를 제어하고 조절해서 여러 가지 원하는 작동을 할 수 있도록 한다. 이에 필요한 전기량을 점점 작게 해서 결국에는 전자 하나로 제어하는 것이 기술자들의 꿈인 것이다. 그것을 홀 전지 트랜지스터라고 부르는데 이것이 양자역학이다. 그러니까 컴퓨터나 휴대전화를 작게 만들려면 소자 자체를 점점 작게 만들어야 한다.

그러려면 궁극적으로 전자 하나를 제어할 수 있어야 하고 여기에 양자역학이 본질적인 한계를 주게 되는 것이다. 산업 전선의 기술자들과 마찬가지로 대부분 物理學者(물리학자)들도 양자역학이 자연의 이해와 관련해서 우리에게 유기적으로 꼭 필요한 부분을 연구 개발하고 이바지하여 유익한 세상을 만들어주는 천사들로 4차 산업혁명의 핵심 기술임을 지성인이라면 반드시 알아야 한다. 자기 분야가 아니라고 관심을 갖지 않는 것은 스스로 무지를 자랑함이다. 종교적 진리를 진정성 있게 연구하다 보면 누구나 초종교인이었던 슈바이처나 문학의 대가였던 톨스토이처럼 초종교인이 되며, 도올 김 용옥 교수처럼 되는 것이 과정이고 김 용기 장로, 나 운몽 장로, 강 원용 목사, 이 병창 목사, 신학대학을 나온 석 지현 스님 등처럼 되는 것이 과정이며 慧愷禪師(혜개선사)의 오도송 千次有路(천차유로)는 지극히 정상적인 것이다.

모든 학문이나 종교 과학은 모두가 정상에서 만나는 것이며, 유기적으로 인드라 망을 이루고 있다. 과학자들은 힉스입자를 일컫기를 '神의 입자'라고 불렀다.

밀가루처럼 가늘고 얇은 비닐 막 같은 반도체가 휴대폰이나 컴퓨터, 오디오 진공관을 살려낸다면 얼마나 경이로운 일인가? 이것이 창조의 원리인 신의 입자들이다. 1년 전, 이 세돌 바둑 9단이 알파고에게 패배한 이후 4차 산업이라는 단어를 쉽게 접하게 되었다.

4차 산업혁명은 인공지능, 빅 데이터, 나노물질 등을 포함한다. 셋이 동떨어진 분야 같지만 사실은 하나다. 알파고 같은 인공지능은 대용량 데이터를 처리하는 알고리즘을 이용한다. 그러기 위해서는 대규모 정보를 정리하고 분류하는 빅 데이터(Big Data) 기술이 필수다.

더해서 빅 데이터를 감당할 수 있는 저장매체 혹은 컴퓨터 하드웨어도 필요하다. 이들 하드웨어는 나노물질 등 신물질이 사용된다.

物理學(물리학) 등 기초과학은 소프트웨어 중심의 4차 산업혁명과 거리가 먼 것처럼 보이지만, 신물질의 관점에서는 비교적 가까이 있다. 물질 등과 관련된 기초과학은 정보 전달의 매체와 관련이 있기 때문이다. 정보는 결국 현실에 존재하는 매개체를 통해 이동하기 때문에 그 매개체를 다루는 기술과 무관하지 않다. 오늘날 이 정보전달매체는 대부분 전기를 이용한다.

컴퓨터, 휴대폰을 비롯한 다양한 회로들은 전기신호를 사용한다. 이 전기신호는 원자에 있는 '전자'와 관련이 있다. 모든 물질은 원자로 이루어져있고, 원자는 원자핵과 전자가 구성성분이다. 원자핵은 무거워서 움직이지 않지만 전자를 움직인다.

量子力學(양자역학)의 전형적인 革命(혁명)

양자역학은 1920년대의 혁명으로 시작하여 그 불길은 여전히 계속되고 있다.

인문학적인 문화혁명은 대개 세기의 유행을 타는 것이 역사의 흐름이었다. 그러나 양자역학의 연구와 혁명은 줄곧 머물지 않고 진전해 왔다. 특수상대성이론과 접목시킨 양자장 이론이 기본입자에 대한 이론으로 確立(확립)되었고 21세기의 첨단기술로 불리는 나노 기술도 그 근간에는 양자역학의 새로운 혁명이 깔려있다. 특히 양자계산의 개념과 이론적인 논의를 토대로 양자컴퓨터를 실험적으로 구현하려는 노력이 활발히 진행되고 있다. 이 양자역학은 이제 물리학의 가장 중요한 기둥으로 되어있다. 이를 통해서 반도체나 초전도체의 기본 '메커니즘'을 밝혔을 뿐만 아니라 나노기술이나 양자계산 등과 같이 새로운 방향의 발전이 이루어지고 있다. 또한 認識論(인식론)과 같은 철학 분야에서도 神祕主義(신비주의) 영성 신학 분야에까지 역할을 주고 있다. 양자역학은 문학과 예술 분야에까지 광범위하게 응용되어 퍼져나가고 있다.

과학자들의 놀라운 일들은 結合(결합)의 신비이다. 샛강과 도랑물이 합쳐지고 냇물과 강물이 만나고 강물이 바다와 연합하여 지구를 감싸고 다스리듯 현대 물리학은 아인슈타인의 상대성이론과 양자역학의 결합으로 광범위한 우주의식으로 大門(대문)을 연 것이다.

뇌성마비 환자였던 스티븐 호킹 박사는 나노미터(10억분의 1m) 크기의 매우 작은 블랙홀이 있다면 미량의 에너지가 블랙홀에서 새어나올 수 있다는 것을 수학적으로 증명해 'Hawking Radiation(호킹 복사 이론)'을 내놓았고, 이 논문으로 그는 일약 물리학계의 스타가 되어 새롭게 떠올랐다. 호킹 박사 이론이 나오기 전까지만 해도 일반상대성 이론과 정보가 소멸하지 않는다고 생각한 양자역학은 양립하기가 어렵다고 여겨졌었다. 호킹 박사는 **現代物理學**(현대물리학)의 근간인 일반상대성 이론과 양자 이론을 처음으로 결합했다는 측면에서 새로운 **地平**(지평)을 열었다고 말할 수 있다.

4. 個人主義(개인주의)에서 이웃사랑으로

우리 민족은 아주 예로부터 同胞愛(동포애) 사상이 넘치는 敬天愛人(경천애인)주의가 유전적으로 넘치는 選民(선민)들이다. 同胞(동포)란 말은 한 가지 同(동), 태 胞(포) 자인데 단군 할아버지의 한 핏줄, 한 탯줄에서 나왔다는 형제자매라는 깊은 뜻이 숨겨져 있는 말이다. 언제부터인가 서구 문명이 밀려오면서부터 사람들은 크게 변하였다. 물질 문명은 분명히 눈부시게 발전하였는데 정신세계와 윤리적인 부분은 크게 타락하여 패륜으로 치닫고 있다. 묻지 마 폭행, 묻지 마 살인, 성적 타락, 온갖 지능범들, 팽배한 개인주의, 부정부패, 불안한 국민의식, 극심한 빈부격차, 자살증가, 이혼증가 등 70년대보다 행복지수는 크게 다운되고 있다.

진정한 個人主義(개인주의)

윤리적 에고이즘은 도덕적 행위자가 자신의 이익에 봉사하는 행동을 해야 한다는 규범 윤리다. 이것은 사람이 자신의 이익에 부합하는 행동만을 한다고 주장하는 심리적 에고이즘과는 구별된다. 윤리적인 에고는 자신의 이익에 따라 행동하는 것이 합리적이라고 주장하는 합리적 에고이즘과도 다르다. 그런 교리들은 종종 윤리적 에고이즘과 혼합되기도 한다.

倫理的(윤리적) 에고는 도덕적 행위자가 타자에게 도움과 봉사를 제공해야 한다고 주장하는 윤리적 이타주의와는 대조된다. 에고이즘과 이타주의는 모두 功利主義(공리주의)와 대조를 이루는데, 공리주의는 그 자신(主體)을 타자보다 우선해서는 에고 주의가 그러하듯 안 된다고 주장하며 타자를 돕는 것이 그 자신의 이익(그의 욕망과 안녕)과 동등하지 않은 이상 자신을 희생(이타주의가 그러하듯) 하지 않아야 한다고 주장하기 때문이다. 에고, 공리, 이타주의는 모두 결과주의지만 차이점이 존재하는데, 에고주의와 이타주의는 행위자에 중심을 둔 결과주의인 반면 공리주의에서는 행위중심적인 존재라고 부르며 주체에게 特別性(특별성)을 부여하지 않기 때문이다. 이 에고이즘이나 공리주의에서도 나름대로 정의를 규정한 철학이 있고 국가관이 있는데 여기에서 파생한 것이 아나키즘(Anarchism)이다. 안 중근, 윤 봉길, 최 재영, 유 관순, 홍 범도 장군 등 수 많은 사람들이 無政府主義(무정부주의)로 왜인을 척결하였는데 도산 안 창호는 政府(정부)인 黨(당)을 중시 여겼다.

개인주의는 사회기관(국가, 종교, 도덕성 등)의 강제력에 맞서 개인의 자율권을 보호하는 것을 중시한다. 자유주의와 아나키즘은 개인의 자유를 강조하는 政治哲學(정치철학)이지만, 매우 다른 방식으로 서로 구별된다. 아나키즘은 개인적인 자유주의의 급진적 헌신을 공유하지만 자유주의의 경쟁적 소유관계는 거부한다. 고대 말기에는 디오게네스(Diogenes), 에피쿠로스(Epicurus)와 같이 정치적 지배의 가치를 인정하지 않는 개인주의 사상이 존재하였으며, 보다 유력한 것은 스토아학파에서 나온 자연법사상이나 '코스모폴리터니즘(Cosmopolitanism)'도 폴리스와 같은 정치적 단위를 상대화하는데 '아나키즘적' 사상의 중요한 원천이 된다. 기독교 내에서도 정치적 지배는 인간의 原罪(원죄)와 함께 발생한 필요악으로 역설적이지만 통치이전의 낙원생활을 이상세계로 꿈꾸는 계기가 존재하는 것이다.

한국에서의 個人主義(개인주의)

개인주의(Individualism)라는 단어의 사전적인 의미는 국가나 사회보다 개인의 존재와 가치를 중요시하는 사상과 태도, 개인의 존재와 가치가 국가와 사회 등의 집단보다 우선이라 생각하는 사고이며, 개인을 중심에 두고 모든 것을 규정하고 판단하는 사상이며 사고방식, 가치관, 신념, 태도, 기질을 말한다. 종교, 정치, 경제, 사회, 도덕 등 여러 영역에서 적용되는 철학으로 개인의 권리와 자유를 무엇보다 가치 있게 여기고 존중한다. 全體主義(전체주의), 集團主義(집단주의)와 대립되는 사상으로, 개인의 권리가 국가, 사회, 공동체, 조직 등의 통제나 간섭을 받는 것을 거부한다.

개인의 자율성과 독립성 자기결정을 중시하고 개인의 목적, 목표, 요구, 성취, 권리를 집단이 침해하는 행위에 반대한다. 기본적으로 개인은 그 자체로 존엄하고 理性的(이성적), 個性的(개성적)인 존재라 보며 인간 중심적 가치관을 바탕에 두고 있다.

우리나라에서는 개인주의나 이기주의에 대한 부정적인 인식이 강하다. 이는 20세기 초까지 존속했던 왕조체제, 性理學(성리학)적 세계관, 박 정희의 민족국가, 지상주의적 사고방식 등의 영향 등이다. 러시아계 한국인 학자 박 노자는 박 정희의 國家主義的(국가주의적) 사고방식, 帝國主義(제국주의)에 대한 패배의식, 개인주의에 대한 뒤틀린 인식 등 때문에 개인주의가 부정적인 것처럼 묘사되었다고 다음과 같이 주장하였다.

"제국주의에 대한 패배의식은 더 큰 문제를 몰고 왔다. 초기 開化派(개화파)들 가운데 일부는 인권과 자유와 평등, 등을 近代化(근대화)의 지표로 받아들였지만 이들의 관심은 곧바로 국가와 국민의 집단으로 기울었다. 제국의 힘에 대항하려면 국가의 힘을 키우고 국민을 훈육하는 '富國強兵(부국강병)'의 길밖에 없다는 생각이 자연스럽게 따라왔던 것이다. 그리하여 국민의 썩은 정신을 뜯어 고치지 않고는 독립도 자주도 없다는 이 광수 류의 민족개조로, 그러니까 끝내는 광적인 친일로 빠져들어 知的(지적) 사생아가 태어났다. 국가와 민족을 들먹이며 근대화 기수로 나섰던 박 정희의 국가주의적 사고방식이 여기에 속한다고 본다."

박 노자는 또한 左派(좌파)든 右派(우파)든 영향력 있는 주요 논객들은 개인주의를 비사회적이거나 반사회적인 현상으로 보는 것이 훨씬 일반적인 분위기였다고 말했다.

초기 '마르크스'주의자였던 시인 박 영희는 左翼的(좌익적) 잡지였던 〈開闢(개벽)〉의 1924년 7월호에 쓴 글에서 '개인주의를 극단적 이기주의, 反社會的(반사회적) 자가 중심주의와 동일시했다. 그에게 남편과 아이를 버리고 나간 〈인형의 집〉의 노래는 패륜의 대명사일 뿐이었다.'라고 말했다. 그리고 박 노자는 한국사회의 대표적인 개인주의자로 윤 치호를 지목했는데 일상 생활에서 개인주의를 존중했던 윤 치호 같은 開化派(개화파) 지식인들도 정치적 자유를 위한 싸움에는 무감각하였고, 결국에는 知識人(지식인)으로 전락했고, 이것이 어떤 유행병 같은 주의로 오인 받아 유행을 좇고 안일을 옹호하는 사이비 個人主義(개인주의)자들에게 자리를 내주고 말았다. 가나안 농군학교 김 용기 장로나 경주 최 부자 등처럼 좌익과 우익이 줄다리기 할 때에도 분명한 中道派(중도파)들이 있었고 흑백분쟁을 초월한 개인주의가 있었다. 나는 지금도 철저한 개인주의자다. 나라의 국적이 있으니 세금은 꼬박꼬박 내지만 그 누구의 간섭 없이 살아간다. 철저한 利己主義(이기주의)는 그 힘을 재산을 축적하는 데나 남을 지배하는데 쓰지 않으며 결국 그 힘을 나눔으로 분배한다. 방 한 칸도 없는 사람이 어찌 걸인을 돌보며 소달구지 하나도 없으며 봇짐 하나 메고 갈 힘도 없으며 내 앞길도 몰라 빈곤한 心身(심신)으로 어찌 이웃을 사랑할 수 있을까?

아나키즘(Anarchism)과 민주주의

우리나라에서의 아나키즘은 일제에 국가를 내어주고 피 끓는 애국에서 생겨난 돌연변이 애국자들이다. 돌연변이라는 말은 30년 이상을 왜인의 지배를 받으며 서서히 성씨개명, 교육, 일본 유학 등 언어, 檀君歷史(단군역사) 왜곡, 훼손, 신사 참배 등 터무니없는 압제에 목숨을 걸고 아무 정당도 없이 상해 임시정부의 지시나 윗사람의 어떤 지령도 없이 일어난 혁명가들로 이름도 빛도 없이 오직 단합을 해도 개체간의 자유로움의 존재로 싸웠는데 그들의 목표는 어느 정당이나 또 다른 국가권력의 목표가 아닌 잃어버린 조국을 되찾으려는 순수의도였다.

이들의 주장은 진정한 자유로움의 탄생이어야 했다. 좌익이나 우익사상에 비해 개인주의를 크게 내포하지만 조국이라는 土臺(토대)를 지키려는 보수적 경향은 소속 당원들보다 훨씬 뜨거웠다. 소속당원들은 정당을 유지하고 이끌어야하니 늘 투쟁정신이 그들의 뇌를 지배하여 애국보다는 늘 대립관계 속에서 흑백주의에 물들어 진흙탕의 개들처럼 싸움을 일삼느라 애국자가 될 수 없다.

정말 이름도 없이 비밀리에 싸우다 죽어간 사람들이 수도 없이 많다. 이 아나키즘은 개인적인 주관이 뚜렷한 사고만큼 타인의 자유와 인권을 존중한다. 혈액형이 다르고 성품이 다른 여러 다족의 동포들이 집단적으로 살되 권력이나 무력, 강요, 침해, 폭력을 멀리한다. 이것이 개인의 인권을 존중하는 民主主義(민주주의)인 것이다.

民主主義(민주주의)는 무엇인가?

우리 주변에는 익숙하지만 실체를 직접 보지 못하는 것들이 많다. 생명을 유지하는데 꼭 필요한 산소는 눈에 보이지 않고 소리는 볼 수 없고 사진으로 담을 수도 없다. 자식을 걱정하는 부모님의 마음, 道德觀念(도덕관념), 전통이나 국가관 같은 것은 감정의 변화로만 느끼는 것들이니 눈으로 볼 수 없는 존재에너지들이다. 이 민족의 민주주의 역시 익숙한 용어들이지만 현재의 삶을 사는 민주화 운동의 열매, 문민정부 이후 세대들은 민주주의가 없는 삶을 경험해보지 못하였고 최루탄을 마셔보지도 못했고 中央情報部(중앙정보부)에 끌려가는 이도 없고 통금시간도 모르고 머리를 맘대로 길러도 표현의 자유를 맘껏 누려고 잡아가는 이도 없으니 민주주의를 일궈내는 데에 얼마나 많은 수재들 5만 명 이상이 폐인이 되어가면서 5共和國(공화국) 시절 숨도 크게 못 쉬던 시절을 모르는 세대들은 투쟁을 해보지 않았기에 도무지 실감할 수가 없을 것이다.

民主主義(민주주의)란 무엇인가? 이 질문에 누구나 쉽게 민주주의의 범주를 대답할 사람은 흔치 않다.

수많은 학자들이 민주주의의 定義(정의)에 대하여 논쟁을 한다. 그럴 수밖에 없는 것이 대부분의 주의주장이 그렇듯 명확한 규정이나 범주를 가지고 있지 않기 때문이다.

- 인민 민주주의
- 자유 민주주의
- 참여 민주주의
- 사회 민주주의
- 숙의 민주주의

등으로 다양한 규정들을 정해놓고 논란이 이렇듯 이들 사이에서도 명확한 경계를 가지고 있지 않아 결론을 내린 사람은 없는 실정인데 비슷한 사람이 있었다.

예일 대학교 교수이며 미국의 정치학회 회장이었던 로버트 달(Robert Dahl, 1915~2014)은 평생 민주주의의 개념을 체계적으로 연구했던 정치학자였다. 그는 민주주의를 구성하는 최소한의 절차적 요건으로 다음을 정의하였다.

* 公職者(공직자)를 투표로 뽑을 것
* 자유 공직선거
* 包括的(포괄적)인 투표권

* 공직 출마권

* 表現(표현)의 자유

* 代案的(대안적) 정보

* 결사체의 自律性(자율성)

이것이 로버트 달의 민주주의 이론인데 대개 여러 나라에서 도입하여 운영하고 있다.

기독교에서는 兒童福利(아동복리), 女權伸張(여권신장), 言論(언론)의 자유, 集會(집회)의 자유 등을 민주주의의 요건으로 포함하고 있다.

로버트 달의 이론은 여러 국가들에게 꼭 필요한 요건들에 영향을 미쳤으며, 민주주의 국가가 되기 위해서는 어떤 점들이 부족한지를 스스로 판단할 수 있도록 하는 기준을 정립하였다.

우리는 일반적인 시각으로 북한은 비 민주국가로 바라보고 있다. 그러나 北韓(북한)은 스스로를 민주주의 인민공화국이라고 명명한다. 그들이 3대 세습의 獨裁者(독재자)라는 것을 세계가 알고 있지만 그들의 헌법에서는 인민의 권리를 보장한다고 말한다. 북한뿐만 아니라 독재기간을 겪고 지금은 민주주의 국가가 된 한국을 포함한 많은 나라들이 독재 기간 동안 스스로를 민주주의 국가라고 불러왔다. 로버트 달이 만든 민주주의의 조건 역시 한 개인이 만들어낸 조건이다.

다만, 북한의 민주주의와 차이가 있다면 더 많은 사람들이 同意(동의)하는 조건이라는 사실이다. 그러나 어떤 주의주장은 만장일치의 정의와 공감을 얻을 수는 없는 것이다.

민주주의를 모두가 원하고 동경하지만 어떤 것이 진정한 민주주의인지 아무도 선을 긋지 못하는 것이다. 우리나라가 몇 년 전에 전 국민이 촛불을 들었을 때, 직접 민주주의의 꽃이 피었다 하고 최 순실 씨와 박 근혜 대통령이 파문을 당할 때 政經癒着(정경유착), 積弊淸算(적폐청산), 등 문 재인 대

4. 개인주의에서 이웃사랑으로

227

통령이 등장하여 민주주의의 확장이 되는가 했으나 또 다른 사람들은 상당수가 태극기를 흔들며 지금의 민주주의는 빨갱이 간첩이라고 금방 변덕이 팥죽처럼 끓고 있다. 나는 개인주의자다. 국가에 세금은 충실히 헌납하고 政黨(정당)도 없다.

내손으로 일하고 작은 공장을 운영하지만 정부의 지원금 없이 운영하였다. 간섭받지도 간섭하지도 않으며 도 연명처럼 살아간다. 나는 신앙을 갖고 있으나 敎派(교파)에 소속은 없다.

틈틈이 시를 쓰지만 조직이나 단체는 없다. 별 아쉬움이 없으니 의미가 없다. 대한민국이 나의 조국이니 이주의 자유가 있으니 경기도, 전라북도, 부산, 지금은 경상남도로 흘러와 주변 사람들과 조용히 간섭 없이 살아간다.

擊壤歌(격양가)

아침에 밭에 나가 콩밭매고 저녁에 들어와

다리 뻗고 쉬네.

우물 파서 물마시고 농사지어 밥 먹고

바닷물 떠다 소금 만들고 초막 짓고 노래하니

임금님 없이도 만족하네.

이 격양가는 堯舜時代(요순시대)에 민간에 떠돌던 작자미상의 민요였는데 나라가 태평하여 민초들이 임금의 이름을 모르고 살던 때이니 오늘날의 이상국가가 아닐까.

중국의 三皇五帝(삼황오제)에 이어 요순시대로 이어지는 시기에 요임금과 순임금시대는 태평하여 나라가 임금 없이도 살 수 있다는 노래가 유행할 정도로 태평하였다. 推仰(추앙)을 받는 요임금은 聖君(성군)으로 훌륭한 자질을 지닌 임금이며 왕위에 있으면서도 아주 검소한 생활을 하였다. 민간에 전해지는 노래가 있는데, "초가집에 삼베옷 입고 푸성귀 국을 먹는 임금이라고"하는 노래가 유행하기도 하였다. 太平聖代(태평성대)라고 전해지나 최악의 상황이 벌어지기도 하여 사람들이 곤혹을 치루기도 하였다. 혹독한 가뭄으로 시달린 적도 있고 홍수로 시달린 적도 있으나 임금이 어질고 덕이 있고 백성들이 잘 따랐으니 모든 고난을 극복하고 마침내 태평성대가 도래하였다. 궁의 뜨락에는 도인의 눈에만 띄는 封港(봉항)새가 내려오는 상서로운 일이 일어났으며, 옥빛 구름이 궁을 덮었다. 고대 중국에서는 나라가 안정되고 정치가 안정되려면 하늘이 봉황새와 같은 신성한 길조를 보내 그 상서로운 징조를 나타내어 啓示(계시)하였다고 전해진다. 위 격양가는 임금을 몰라 무식한 촌부가 부르는 노래로 흘릴 수도 있겠으나 노인의 이 노래를 들은 요임금은 임금의 존재를 모르고도 잘 살고 있는 백성을 보며 만족하였다고 전해진다.

南風歌(남풍가)

훈훈한 마파람이여!

우리 백성들의 시름 없애주리

때맞춰 불어오는 마파람이여!

우리 백성들 풍족하여라.

검소한 생활습관과 백성들의 안녕을 위해 요임금과 그의 사위격인 순임금은 지극한 효심과 덕성으로 백성을 사랑하여 후세까지 그 이름이 빛나고 있음은 마땅하다.

중국역사상 가장 태평한 시기였다.

훗날 孔子(공자)는 이렇게 말했다.

"위대하도다. 요의 군왕다운 모습이여! 높고 크도다! 오직 하늘이 가장 위대하거늘, 오직 堯(요)만이 그 하늘을 본받았으나 너무나 넓고 넓어 백성 이 백성이 堯(요)의 공덕을 뭐라 형용하지 못하도다. 요의 아름다운 運命(운명)의 정치여!"

라고 찬탄하며 정치인 요의 성공적인 리더십을 칭찬하고 있다. 공자의 철학은 그렇다. "훌륭한 정치는 갈등을 잘 해결하는 게 아니라 애시 당초 갈등이 생기지 않도록 하는 것이 어진 정치"라 하였다. 공자는 다시 말했다. "선한 지도자가 백성을 7년 정도 교화시키면 그들이 자진해서 전쟁터로 나가게 될 것이다." 國家觀(국가관) 확립을 위해 의무교육 7년이 필요했던 것으로 당시 정치상황을 비교한 듯한 내용이다.

공자는 다시 이어 舜(순)임금을 예찬했다.

"아무런 간섭도 하지 않고 세상을 잘 다스린 사람은 순임금일 것이다. 순 임금은 어떻게 다스렸는가! 자신을 공손하게 낮추고 남쪽을 바라보며 백성들을 바라보며 늘 어버이 심정으로 사랑했도다!"

爲政者(위정자)가 백성을 사랑하고 검소하여 군림하지 않으니 백성들은 개인적으로 누리고 살 되 범죄자가 없고 無政府主義(무정부주의)나 마찬가지였으나 반란도 없었던 시기다.

이러한 개인이 모여 사회를 이루고 이웃을 저절로 사랑하게 되는 것이다. 인간의 마음의 여유가 생길 때 저절로 어진마음이 생긴다. 여유가 없는데 어찌 이웃사랑이 가능할까? 修身齊家 治國平天下(수신제가 치국평천하)라는 말처럼 우선 자기 개인의 몸을 먼저 닦고 안정시키는 것이 丈夫(장부)의 도리다. 그 다음에라야 이웃과 나라 걱정을 할 것이다.

진정한 이웃

이웃사랑에 대한 명언이나 여러 예화가 많으나 지구상에 스쳐간 어떤 위인보다도 분명한 획을 그어 진정성 있게 그것도 파라독스(Paradox)적으로 사랑을 전하고 실천하신 분은 예수 그리스도이시다. 예수 당시에는 "네 이웃을 사랑하고 네 원수는 미워하라"고 가르치는 율법의 한 宗派(종파)가 있었다. 그러나 예수께서는 이렇게 가르치셨다. "나는 너희에게 이르노니 너희 원수를 사랑하며, 너희를 핍박하는 사람을 위하여 기도하라. 이같이 한즉 하늘에 계신 너희 아버지의 아들이 되리니 이는 하나님이 그 해를 惡人(악인)과 善人에게 비취게 하시며, 비를 의로운 자와 불의한 자에게 내리우심이니라."(마5:43~45) 원수를 위해서 선한 일을 도모한다는 것이 얼마나 비논리적인가? 그러나 이것은 창조주의 뜻이며 그리스도의 뒤를 따르는 사람이라면 누구나 수용해야 할 격조 높은 숙제다. 오늘날 인류가 이 부탁만 실행한다면 전 세계의 평화는 문제없이 해결될 텐데, 극소수만이 이 지상명령을 준행할 뿐이다.

가인의 靈(영)이 충만한 이 시대는 원수를 사랑하기는커녕 날이 갈수록 그 행악의 수위가 더욱 높아지고 있는 실정이다. 사람들이 소유한 것에 대한 야망과 욕망과 교만을 과시하며, 더 큰 탐욕을 추구하기 때문에 아무리 대학을 많이 세우고 高學年者(고학년자)는 늘어나는데 인류의 불행은 줄어들지 않고 있다. 재물이나 명예의 성공은 일시적으로는 쾌락을 느낄 수도 있겠으나 지금까지의 통계학적인 측면으로 비춰볼 때 이는 오래가지 못했다.

수많은 박애주의자들과 자선 사업가들의 공통된 의식은 선행을 이름 없이 베풀며 이웃을 섬기며 도울 때에 보람차고 기쁨이 컸다고 입을 모았다. 초대교회 선교사들의 마인드는 실제로 고난 중에 그들은 환희를 느꼈다. 오드리 헵번이나 슈바이처, 이 태식 신부, 다미엔 등 삶을 엿보면 죽음의 순간에도 주변사람들을 끝까지 연민하며 사랑을 쏟아 붓고 떠났다. 나로 하여금 나의 귀한 것을 누군가에게 쏟아주고 싶은 마음을 주시는 이는 나를 지으신 창조주의 사랑을 실천하는 일이다. 山上垂訓(산상수훈)은 사랑의 핵폭탄을 인류에게 남겨준 위대한 선물이다. 이것이 神(신)의 왕국이며, 하늘

나라와 하나님의 義(의)를 구하는 길이며 十字架(십자가)의 본질이다.

왜 삶이 힘들까?

세상에는 두 종류의 인간이 살아간다. 삶을 재미있고 보람 있게 감사하며 살아가는 사람이 있고, 한 사람은 마지못해서 살아가는 재미없고 힘든 부류의 사람이 있다. 아무리 윤택한 환경에서 태어나 남 부럽지 않은 생활을 해도 마음으로 겪는 무게는 누구나 짊어지고 산다.

삶의 무게는 각 사람의 정신상태가 지배하는데 어떤 사람의 멍에는 가볍고 어떤 사람은 허우대는 건장하고 멀쩡한데 쉽게 지쳐 십리를 못 걷는 사람도 있고 義足(의족)으로 히말라야를 등반한 사람도 있고 양손을 잃고 발가락으로 그림을 그려 국전에 당선한 사람도 보았다.

삶이 힘든 것은 단적으로 말해서 내면의 滋養分(자양분)인 에너지의 결핍이다. 四季節(사계절)이 뚜렷한 우리나라 사람들은 전 세계 어딜 여행해도 풍토병에 강하다는 헬스잡지를 읽은 적이 있다. 환경이 제공해주는 계절의 섭리만 잘 수용해도 겨울과 여름은 잘 견딜 수 있으며 해외여행을 해도 잘 적응되는 것이다.

1) 생활은 인내심을 부른다.

인간은 홀로 살 수 없는 社會的動物(사회적 동물)로서 생산 잉태되는 과정부터 예사롭지 않은 경쟁과 부대낌 속에서 수억대 1로 어렵게 태어나 부대끼는 사회 속에서 살아간다. 일어서면 살고 쓰러지면 죽고 잊혀져간다. 가족이라는 구성에서 사회집단에서의 갈등과 모든 인연의 인드라 망은 인간이 홀로서기까지는 모두가 파수꾼이며 걸림돌이며 올무 같고 신경을 찌르는 채찍 같다. 절망을 모르는 인내심은 행복의 씨앗이다.

커넬 샌더스(Harland David Sanders)는 좌절을 모르는 이 시대의 常綠

樹(상록수)로 인터넷을 달군 살아있는 전설이다. 그는 프랜차이즈 업체 KFC의 대부로 위기 극복의 초인인데 대단한 인내심을 가진 사람으로 부와 명성을 동시에 누리는 능력의 사람이다. 그는 40세가 되던 해 경제 大恐慌(대공황)을 맞아 실직자가 된 뒤에 주유소에서 잡일을 하며 하루하루 고달픈 일과를 보내고 있었다. 그러던 어느 날 커넬 샌더스는 주유소에 들른 어느 손님이 이 마을에는 먹을 게 없다며 중얼거리는 말을 우연히 듣게 되었다.

그 말을 듣는 순간 아이디어가 떠올라 평소에 자신이 즐겨 만들던 닭튀김이 생각났다. 그는 주유소 창고 한 켠에 닭튀김 가게를 열었는데 그런대로 인기가 좋아 단골손님도 늘어나 가게가 성장하였다. 그러던 어느 날 1km주변에 고속도로가 생겨 손님이 뚝 끊어지고 말았다.

어렵게 알게 된 단골고객들은 개통된 도로 건너편에 살던 주민들로 도로가 막혀 건너올 수 없게 되어 찾는 이가 없어 결국 샌더스의 가게는 경매에 넘어갔고 그는 무일푼이 되어 정부가 주는 빈민수당으로 연명하였고 설상가상으로 사랑하는 아들을 잃고 아내마저 떠나고 말았다.

그의 나이 65세였다. 극심한 고통 중에 시달리다가 정신병원에 입원을 하기도 하였다. 그러나 그는 자리를 털고 일어나 낡은 트럭에 압력솥을 싣고 전국을 떠돌며 닭튀김을 팔러 다녔다. 처음에는 잘 팔리지 않아 허탕을 치며 미국전역을 떠돌았다. 그는 자신의 닭튀김 요리 노하우 레시피를 동시에 사줄 업체를 찾아 헤매게 되었다. 자신의 요리법을 주고 로열티(Royalty)를 받길 원했으나 어려웠다. 당시에는 프랜차이즈 개념이 없을 때라서 정신병자취급을 받으며 돌아다녔다. 그는 무려 1,009번을 거절당하며 전국을 떠돌았다. 그가 1,010번째 만난 식당 주인이 제안을 수락했을 때는 그의 나이가 76세였으니 3년간이나 전국을 떠돌아다닌 셈이다.

그의 닭튀김 한 조각 당 4센트 로열티(rayalty)를 받기로 약속하고 '켄터키 프라이치킨'이라는 이름으로 이름을 붙였다. 이렇게 시작된 닭 요리는 전 세계로 퍼져나가 지금은 1만 3천여 개의 매장을 가진 프랜차이즈 기업으

4. 개인주의에서 이웃사랑으로

로 성장하였다. 그가 세상을 떠난 지 20년이 흘렀지만 KFC는 신화로 남아 있고 매장 벽에 턱수염이 자란 인자하고 굳건한 의지의 신사노인이 자신감 있는 얼굴로 고객을 내려 바라보고 미소를 짓고 있다. 挫折(좌절)을 모르는 건강한 정신은 희망을 창조하고 絕望(절망)을 잠재운다. 그러므로 사람이 힘든 이유는 인내심 부족이다.

2) 욕망은 不幸(불행)을 부른다.

대개의 경우 불행하다고 느끼는 감정들을 들여다보면 젊은 세대들이 절대다수다.

2차 대전이나 일제의 압제나 6·25사변을 겪는 노인들이나 베트남전쟁에서 살아 돌아온 노익장들에게서는 오늘이라는 현실이 복에 겨운 천국이라는 것이다. 평균수명이 1960년대와 비교하면 20년이나 늘어났다. 몹쓸 병도 많으나 영양 상태나 복지시설, 의료시설, 과학의 발달 등으로 주거환경이 좋아졌고, 多收穫(다수확)재배가 가능하니 첫째로 식량이 남아돌고 육식이 늘어나고 교통수단 등의 혜택을 감사하는 세대들은 지금 60세가 넘는 노인 층들이다.

이들 세대들은 행복한 편이다. 문제는 보릿고개를 모르는 오늘의 10대들과 20대 30대들이 문제다. 이들은 불행한 시대에 태어난 영적으로 칠삭둥이들이다.

분단된 조국, 부담스러운 남북문제, 흔들리는 경제, 부족한 일자리 문제, 과소비, 개방된 성적유희, 과음, 과식, 유흥에 민감한 의식, 겉멋의 유혹, 감사 없는 마인드, 함부로 버리는 음식, 물건을 함부로 버리는 행위, 맛있는 것만 먹으려는 편식, 지나친 개인주의, 핵가족의 일반화, 쓸데없는 대학의 병폐, 운동부족, 광신도들의 가정파탄, 종교지도자들의 타락, 켐트레일의 음모, 공중에 살포하는 독극물 바이러스, 다이옥신 환경호르몬의 치명적인 데미지, 급속한 지구 온난화, 등은 인간을 불행하게 만드는 정보들이다. 그런데 위와 같은 문제들은 인간이 계몽하여 어느 정도 극복할 수 있는 문제들이지만 길들이기 가장 어려운 일이 사람의 마음조절이다. 사람이 가장 불행을 느낄 때는 내 몸 밖의 存在界(존재계)를 내 마음대로 휘두르지 못하거나 내 뜻대로 일이 안 풀릴 때 불행을 느낀다. 이런 못난 생각을 품은 사람들은 대개 인내심이 없는 젊은 층들이다. 전쟁과 기아, 기타 눈물의 밤을 지새운 사람은 지금 의식주문제를 해결하고 살아있는 것에 대한 감사만으로도 그들은 행복하다.

남자들은 군대생활을 통하여 잠시나마 자존심을 극복하는 데에 유익한 경험을 할 수도 있다. 자기 집에서 생각하던 습관, 학교 사회에서의 습관들은 일단 접어야 되기 때문이다.

그러나 제대를 하고나면 역시 옛날로 돌아간다. 욕망은 불행을 부른다. 그러나 환경을 탓하지 않고 극복하며 감사하는 사람은 행복을 부른다.

3) 나의 힘이 된 聖經(성경) 구절들

솔로몬의 箴言(잠언)은 이렇게 말한다.

"너는 마음을 다하여 하나님을 依賴(의뢰)하고 너의 명철을 의지하지 말라. 너는 범사에 그를 인정하라 그리하면 네 길을 지도하시리라."(잠 3:5~6)

"의인이 외치매 하나님이 들이시고 저희의 모든 환란에서 건지셨도다."(시34:17)

"너희가 세상에서 환란을 당하나 담대하라. 내가 세상을 이기었노라 하시니라."(요16:33)

성경에는 역경 중에 힘이 되는 구절들이 헤아릴 수 없이 많다. 성경에서 말하는 신의 은혜는 이렇다.

"두려워 말라 내가 너와 함께 함이니라. 놀라지 말라 나는 네 하나님이 되느니라. 내가 너를 굳세게 하리라 참으로 너를 도와주리라. 참으로

나의 의로운 손으로 너를 붙들리라"(사41:10)

"너는 하나님을 바랄 찌어다. 강하고 담대하며 여호와를 바랄 찌어다."(시27:14)

"하나님이 우리에게 주신 것은 두려워하는 마음이 아니요 오직 능력과 사랑과 근신하는 마음이니…"(딤후1:7)

"그는 흉한 소식을 두려워 아니함이여! 하나님의 의뢰하고 그 마음을 굳게 정하였도다."(시112:7)

"우리의 모든 환난 중에서 우리를 위로하사 우리로 하여금 하나님께 받는 위로로써 모든 환난 중에 있는 자들을 능히 위로하게 하시는 이시로다."(고후1:4)

"너희 염려를 다 주께 맡겨버려라."(벧전5:7)

"나의 영혼아! 잠잠히 하나님만 바라라 대저 나의 소망이 저로 좇아 나는도다."(시62:5)

"주 하나님은 나의 所望(소망)이시오 나의 어릴 때부터 의지시라."(시71:5)

4) 삶이 힘든 이유들

特戰師(특전사)나 勇兵(용병)이 날 때부터 만들어진 것이 아니다. 遺傳子(유전자)가 우월해도 피나는 연습과 고된 훈련을 반복하여 어느덧 동작들이 세포화 되어 특별하게 태어나 특전사가 되는 것이다. 심약한 사람에게는 평범한 일상이 힘들고 파티하며 놀고먹는 것마저 힘들어한다. 나는 종종 신앙 상담을 하다보면 말문이 막힐 때가 있다. 그 이유는 뭔가 어려운 질문을 해서가 아니고 내가 느끼기에는 아무런 문제가 아닌 평범한 일상을 힘들어하는 것이다. 배가 부르고 호강에 지친 사람들의 푸념들이다. 왜? 삶이 힘들까?

　십대 이십대들은 좋아하는 이성과 소통이 안 되고 경쟁에서 밀릴 때 그들은 기분이 나쁘다. 어른들이 그렇게 살아왔으니 다음 세대 역시 똑같다. 삼십대들은 직장문제로 자동차 문제, 결혼문제로 희망에 부풀기보다는 상당수가 부담을 받으며 살고 있다. 단적으로 말하자면 의식차원이 낮은 이유다. 그늘 속에서 자란 콩나물마냥 심약한 이들은 대개 삶에 대한 감사가 없고 노력은 없고 바라는 것은 많고 이들이 힘들어하는 것들은 돈과 이성, 속세의 쾌락을 마음대로 휘두르지 못하는 것들이 주된 불행의 要件(요건)이다. 이러한 생활이 몇 년 계속 될 때엔 自殺(자살), 憂鬱症(우울증), 대인 기피증 아니면 탈선하여 감옥행이다.

　종교인도 예외는 아니다. 단식투쟁으로 신을 威脅(위협)하고 당나귀처럼 타고 다니다가 자기 뜻대로 응답이 없으면 졸업해 버리고 타락한다.

　작은 화분 하나에 피어나는 작은 꽃 한 송이도 거저 자라나지 않는다. 동식물의 성장이나 교육이나 종교, 교육철학, 기술, 예술, 농업, 음식, 등 어느 것 하나 수고 없이 만들어지는 것은 없다.

　삶이 왜? 힘이 드는가? 나는 지금 공짜로 살고 있다. 정말 아름다운 세상이며 풍족하고 감사뿐인 세상이며 만물이 새로운 세상이다. 이것을 깨닫고 나니 시간이 歲月(세월)이 화살처럼 지나가고 있다.

　그들이 힘든 이유는 예쁜 이성과 연애가 안 돼서, 돈을 마음대로 주무를 수 없어서, 비싼 차를 갖지 못해서, 고급주택을 소유할 수 없고 명품을 갖지 못해서, 세상을 맘대로 휘두를 수 없어서이다. 이들은 목구멍이 열린 무덤이요 잡혀죽기 위해 태어난 짐승의 靈(영)들이며 創造(창조)의 법칙과 자연의 섭리를 거역하는 짐승의 영들이다.

　　"혀로는 늘상 속임을 베풀고 그 입술에는 독사 같은 독이 흐르는 저주
　　의 자식들이다."(롬3:13~14)

　설사 무슨 도를 닦고 신앙을 갖고 있다 해도 마음을 고쳐먹지 않고 옛

4. 개인주의에서 이웃사랑으로

성품을 그대로 소유하고 있다면 아무런 의미 없다.

　부패한 의식 속에서는 공짜 천국, 공짜 축복, 공짜 티켓을 좋아하는 뿌리가 세포로 박혀있어 이미 가라지 영혼이 되어 불 심판을 기다리는 쭉정이들이다.(약3:11, 막7:21~23, 마23:27)

5장

3차원 지구의 철없는 인간들

1. 飮食(음식)과 에너지(Energy) 生成(생성)

人體(인체)의 바이오리듬에는 두 가지 에너지가 있는데 즉, 인간이 활동하는 근원적인 힘의 원천 중 100% 작용하는 물질에너지에는 음식이 첫째다. 기본적인 물리량의 하나인 이 에너지는 인간이 먹지 않고는 만들어내지 못하는 열쇠이다. 이 에너지는 물체나 물질계가 가지고 있는 일을 기준으로 하여 力學的(역학적)으로 움직일 수 있는 것이다. 어떤 능력자도 어느 신선도 먹지 않으면 에너지를 생산할 수 없고 생명을 이어나갈 수 없게 된다.

둘째로는 영적인 에너지인데 아무리 음식이 풍성하고 기름지게 잘 먹고 마셔도 정신이 불편하거나 근심걱정이 떠나지 않으면 육신이 쉽게 피로하고 잘 먹고 마신만큼 힘을 쓰지 못하고 소화불량이나 심장질환, 우울증, 갑상선 질환, 신경과민, 두통 등의 신경질환이 유발되며 지나치면 스트레스로 인하여 불치의 癌(암)에 걸리기도 하는 것이다.

1) 음식 에너지(Food Energy)의 密度(밀도)

음식은 에너지를 배출하는 근원이다. 식사나 간식은 인체에 燃料(연료)를 공급하기 때문에 지쳐있던 몸도 즉시 회복되며 활기를 되찾게 되는 것이다. 어떤 음식은 즉시 에너지를 배출하여 신속하게 피로와 목마름, 시장기를 해결해준다. 지치고 시장할 때는 곡물재료의 탄수화물이 빠른 회복을 준다. 흰 빵이나 파스타, 라면, 국수, 피자 같은 것보다는 纖維質(섬유질)이 제거되지 않은 5분도 쌀이나 통밀 빵은 가공식품이나 인스턴트, 식물보다 훨씬 유익함을 잊지 말아야 한다.

유념해야 할 것은 가공된 곡물은 섬유질이 거의 없어 빠르게 소화가 돼서 흡수되는 경향이 있어 좋을듯하나 사실은 이로 인하여 혈당과 인슐린수치가 급격히 상승하다가 다시 감소하게 되어 리듬이 불균형하게 됨을 알아야 한다. 반대로 쌀눈이 살아있는 쌀이나 일반 통곡물의 五穀(오곡)은 혈당수치를 조절하고 하루 내내 에너지를 일정하게 유지할 수 있게 도와주는 역할을 하는 것이다.

설탕을 조심하라

시중의 많은 식품들은 달콤하고 맛이 있는 것은 사실이다. 그러나 이 달콤한 맛에 길들여진 현대인들은 이 설탕이라는 뿔 없는 도깨비에게 거의 대다수가 잡혀 먹혔다. 젊은이들이 식사대용으로 섭취하는 아침의 시리얼에는 섬유질은 아주 적고 대신 설탕이 많이 포함되어 있으므로 입에는 맛이 있는듯하나 식이섬유가 낮아 에너지가 급하게 상승했다가 뚝 떨어지는 수가 많아 인내심이 결핍되고 성격이 급해지고 계속하여 달콤한 음식을 찾게 되고 단 음식은 또 더 달콤한 음식을 부르고 이 악순환의 에너지 소모 사이클을 만들게 되며 결국 많이 먹지 않아도 비만이 올 수도 있는 것이다.

흰 밀가루 조심하라

보릿고개를 지나 쌀 문제가 완전히 해결되자 한국인들의 식탁이 변하기 시작하여 인구 절반이상이 밀가루가 주식이 되었다. 수십 종의 제과점 빵, 수십 종의 밀가루 과자, 밀가루를 재료로 한 수십 종의 중국음식, 국수집, 칼국수, 수제비, 피자, 스파게티 등등 식탁에 불어 닥친 서구식 바람은 사람들의 肥滿(비만)과 동시 糖尿病(당뇨병), 胃腸病(위장병)을 몰고 왔다. 밀가루가 이유 없이 나쁜 것은 아니다. 수입과정에서 방부처리과정이 무섭다는 것이다. 나는 1990년대에 금산 신협에서 주관하는 우리 밀 살리기 운동에 가입하여 국산 밀 생산을 위해 얼마동안 농사를 지은 적이 있는데 경작자들이 모여 수입 밀 유통과정을 담은 비디오상영을 시청하며 얼마나 놀랐는지 모른다.

파나마 지역 적도를 경유하는 과정에서 12%정도의 남은 곡식의 수분이 적도의 열기로 인해 발효되어 밀가루를 못 쓰게 되니 약품처리를 기준치 100배 이상 곡식에 뿌려 원형을 보존하는데 인천 하역장에서 작업을 하던 인부가 답답하여 방독면을 벗고 일하다 두 명이 쓰러져 병원으로 옮겼으나 결국 사망하였고 가톨릭 농민회에서 제공한 자료를 보니 바퀴벌레가 3분 만에 죽었고 바금이 벌레는 수입 밀 포대에 넣자마자 잠시 뒤에 죽었다. 지금 우리나라에서 생산되는 국산 밀은 연간 3만 톤 정도로 자급률은 1.4%에 그치며, 연간 밀가루 수요량은 2020년 보도 자료에 따르면 우리나라는 연간 219만 톤으로 98%이상 수입에 의존하는데 정부와 농림부는 대책 없이 가격이 싸니 우리농산물 장려를 포기한 상태다. 그 결과 방부제를 버무린 이 하얀 가루는 수많은 당뇨병과 위장병 그리고 胃癌(위암)과 각종 암을 몰고 왔으며 불임, 無情者(무정자) 각종 냉병을 유발시켰다.

술을 조심하라

알코올은 인류 역사의 창조 당시부터 종말의 날까지 없어지지 않는 물질이다. 구태여 장점을 말하자면 술은 긴장 완화 효과가 있는 걸로 〈食經(식경)〉이나 〈東醫寶鑑(동의보감)〉이나 〈黃帝內經(황제내경)〉〈小女經(소녀경)〉 기타 민간요법에 많이 언급되는 음료수다. 고단한 노동자가 저녁에 곡주를 약간 마시면 쉽게 잠을 잘 수 있다고 느낄 것이다. 나의 경험으로도 잠에 취하여 곯아떨어진 적이 몇 번 있다. 그런데 이 사실이 긍정적으로 들릴 수도 있겠으나 의사들의 이론은 다르다. 알코올은 실제로 수면의 질과 지속 시간을 감소시켜 전반적인 수면 시간이 줄어든다는 것이다. 알코올은 쉽게 잠에 들게 하지만 섭취량에 따라 다음날 아침에 휴식을 제대로 취하지 못하고 깨어나게 해서 실제로 에너지를 불균형하게 할 수 있고 오장을 피곤하게 하여 건강의 적신호를 줄 수 있으니 영적인 길을 가는 사람들이나 명상 인들은 잘 조절해야 함을 명심해야 한다. 알코올의 데미지는 가정파탄에서 인생을 절단 내는 뽈 없는 악마임을 미리 깨달아 조절하는 지혜는 天壽(천수)를 줄이고 알찬 시간을 활용할 것이나, 자유의지가 약한 술꾼들의 종말을 많이 목도했을 줄로 알아 생략하기로 한다.

탄산음료는 老化(노화)를 부른다.

1980년대 아주 오랜 시간 금식을 한 적이 있다. 목회를 하는데 새벽기도회를 인도하기가 힘들 정도로 전신이 어지럽고 뼈마디가 쑤시고 음식을 먹기가 힘 들었는데 유일하게 흑설탕물만 넘어갔다. 당분 과다섭취는 해로운 줄 알지만 아침저녁으로 설탕물을 타 마시며 피로를 겨우 이겨냈다.

꿀이나 설탕물은 순간적으로 에너지를 회복시키는 것 분명하다. 그 다음으로는 잘 익은 포도였다. 과일은 그래도 괜찮지만 설탕물 장복은 결국 그토록 건강하던 치아가 손상되기 시작하였다. 눈을 뜨고 당한 나의 업보였다. 조상 때부터 어머니 아버지 사촌형제들 모두 치아가 좋았다. 심지어 5대조 7대조 조부님의 묘소를 이장할 때에 유골을 나의 아들 둘과 내손으로 만졌는데 그분들 역시 치아가 깨끗하여 지금의 청년들처럼 충치 하나 없고 낡아 빠진 이빨도 없었다. 나는 조상의 遺骨(유골)에서 놀라운 것을 경험하였고 느꼈는데 그것은 그분들의 食生活(식생활)이 열쇠였다.

설탕이 없는 시대였고 곡식과 호박으로 엿이나 조청을 만들어 먹었지만 오늘의 설탕과는 재료가 다르고 또한 섭취량이 매우 적었고 늘 나물과 거친 纖維質(섬유질)을 먹고 마시며 생활했던 까닭이 원인이었고 과자, 사탕, 빵이나 탄산음료가 없던 시절은 齒牙(치아) 손상을 염려할 일이 없었다.

지금도 땀 흘리고 심한 갈증을 겪을 때는 연간 몇 번 정도는 사이다 한 잔 정도를 마시기도 하지만 탄산음료는 사실상 끊은 셈이다. 탄산음료가 단기적으로는 에너지 향상을 부르는 것은 사실이지만 문제는 세포들이 습관을 부르며 체질이 그렇게 길들여지며 결국은 비만으로 변한다. 설탕에는 0.1%도 칼슘성분이 없다. 그러므로 몇 그램 정도 섭취하는 것은 에너지 열량으로 힘을 주지만 당분 과다섭취는 여러 가지 成人病(성인병)을 부른다는 것을 독자들이 충분히 알 터이니 이 또한 생략한다. 유투브나 어떤 방송에서는 탄산음료가 졸음을 줄이고 기억력 집중에 24% 도움이 된다고 선전을 하는 것을 보았는데 이런 음료의 성분에는 대부분 많은 량의 설탕이 카페인과 함께 함유되어 있는 것이다. 나의 경험도 그렇고 여러 전문이론들을 종합해 볼 때에 설탕을 다량섭취하면 에너지가 급등했다가 급락하게 됨으로 음료를 마시기 전보다 더 피곤해지는 것을 느낄 것이다. 그리고 습관적으로 인스턴트 음료를 嗜好食品(기호식품)으로 정규적으로 매일 마시는 사람들은 카페인에 대한 내성을 키워 동일한 에너지 효과를 위해 점점 더 많은 양을 소비해야 하는 마력이 있다.

패스트푸드와 튀김

튀김요리나 패스트푸드는 간편하고 맛있는 음식으로 에너지를 순간적으로 배출한다. 나도 찹쌀 도너츠를 간혹 사먹는데 두 개 정도만 먹어도 순간적인 에너지를 느낄 수 있다. 그런데 문제는 고지방 저 섬유질이라는 단점과 소화를 둔화시키는 것이 문제다. 어떤 때는 어제 먹은 음식으로 인하여 이튿날까지 배가 든든하며 시장기를 못 느끼는데 과연 이것이 행복일까? 이조시대 배고픈 시절 같으면 좋을 것이나 소화가 느리면 에너지를 공급하는 營養素(영양소)가 체내로 들어가는 속도가 줄어들어 일반적으로 식사 후에 기대할 수 있는 에너지 증가가 지연되는 것이다. 그러므로 튀김과 패스트푸드는 비타민, 미네랄 및 기타 필수영양소가 낮은 것이다. 이런 식습관이 장기적으로 이어질 때 에너지 레벨이 떨어지고 근육이 탄력을 잃고 정자부족, 지구력감퇴, 불임, 생리불순, 탈모 등 여러 가지 疾病(질병)이 발병한다.

저칼로리 식단은 위험하다

살이 찔까봐 지나치게 저 칼로리 버전의 편식을 선택하는 사람들을 주변에서 우리는 자주 볼 것이다. 그러나 식단에 칼로리가 불충분하면 에너지 레벨이 크게 저하되어 적신호가 나타난다.

칼로리는 음식이 소화된 후 인체에 얼마나 많은 에너지를 측정하는데 사용되는 측정단위를 말하는 것으로 인간의 몸은 칼로리를 사용해서 呼吸(호흡)하고 사고하며 심장을 가동하고 기본 기능을 유지하게 되는 것이다. 소비하는 칼로리는 운동을 통하여 하루 종일 활동하는 에너지로 작용하는 것이다. 그런데 몸이 필요로 하는 것보다 훨씬 적은 양의 칼로리를 섭취하면 역시 호르몬 不均衡(불균형)을 유발하여 신진대사 기관을 느리게 하여 몸은 자주 피곤하고 무기력해지고 몸은 날씬한듯하나 근육이 빠지고 탄력을 잃고 여인들은 머릿결에 윤기가 없어지고 엉덩이가 물렁해지며, 유방이 늘어지고 목에 주름이 생기며, 무老(조로)현상이 생기며 생리가 일찍 끝나고 여러 가지 질병을 부른다. 나의 주변에도 몇 사람이 식사를 겨우 두 수저로 때우고 채소를 조금 먹고 끝내는 이들이 몇몇 있는데 이들은 하나같이 피부의 윤기가 없고 늘 피로에 지쳐있다. 그러나 약간 통통한 느낌은 있으나 골고루 잘 먹는 사람들은 나이보다 10여년 어리게 보이며 평소에 쉽게 지치지 않고 근육이 彈力(탄력)이 있고 피로를 모른다는 것이다.

2) 음식 에너지의 重要性(중요성)

음식 에너지원은 자동차의 가솔린 만큼이나 중요하다. 음식을 섭취한 만큼 열에너지가 발생한다. 농촌 진흥청의 분석에 따른 자료에는 쌀 100g의 열량은 340kcal이고 배추는 17kcal이며 돼지고기는 317kcal이다. 이와 같이 음식물의 열량을 알면 각 음식의 해당 에너지를 계산할 수 있고 비교할 수 있어 자신이나 가족의 영양 상태를 체크하는데 도움이 된다.

예를 들어 50%농도의 포도당 주사액 500㏄는 밥 3숟갈 분의 열량에 불과하다. 그럼에도 불구하고 심리적 효과 때문에 환자는 먹는 음식보다 주사액에 더 크게 의존하고 위안을 받아 음식보다 회복이 빠를 수도 있는 것이다. 주요 식품의 열량을 몇 가지 비교해보면 100g당 밀가루 354㎈, 보리쌀 336㎈, 옥수수 349㎈, 감자 72㎈, 설탕 400㎈, 콩 400㎈, 밤 159㎈, 호두 647㎈, 참깨 594㎈, 무 31㎈, 양파 54㎈, 오이 19㎈, 수박 21㎈, 고추 294㎈, 사과 배 51㎈, 쇠고기 261㎈, 계란 160㎉, 우유 63㎉, 명태 89㎉, 꽁치 153㎉의 열량을 갖고 있다. 고추의 열량은 높기는 하나 폐기율이 46%에 달한다. 소화가 100% 되지 않는다는 것이다.

　또 植物性(식물성) 지방질이 많은 호두나 참깨는 열량이 높다. 인도의 간디는 채식주의자로서 호두나 잣을 즐겨먹었다고 전해지는데 효율적인 식사법이다. 인체는 반드시 脂肪(지방)이 필요하기 때문이다.

　인체는 며칠만 먹지 않으면 육체는 무너지고 모든 아름다움이나 매력도 망가진다. 골고루 섭취하는 것은 건강과 장수와 관계가 있으니 유념해야 할 일이다. 식품을 열량만으로 평가할 수는 없지만 無機質(무기질)이나 비타민의 함유도 중요하며, 糖質(당질)과 단백질의 구성을 종합적으로 고려해야 한다. 평소에는 단백질 당질의 비가 1:1:4가 적절하며 마라톤이나 수영 등을 할 경우 지방질이 필요하니 유념할 것이며, 고산지대나 산소가 부족한 지역에서는 脂肪質(지방질)을 좀 낮추는 게 좋다. 왜냐하면 산소가 부족하기 때문이다. 며칠 전에도 음식을 먹는 모임자리에서 자연스럽게 음식 열량에 대한 이야기를 하다가 반론하는 사람이 있어 조금 어색한 감정을 털어버렸는데 이러한 상식을 알고 있는 것이 도움이 되면 됐지 상식적으로 손해 볼 일은 없는 것이다. 왜냐하면 음식에너지는 인체의 미치는 생명과 직결된 基礎代謝(기초대사)가 되기 때문이다. 체중을 유지하려면 100의 쌀이 340의 열량인 만큼 하루 485㎉의 쌀을 먹어야만 움직이며 활동할 수가 있는 것이다. 여러 가지 곡식 중 五穀(오곡)을 꼽는데 그 중에 쌀이 으뜸이다. 옛 조상들도 쌀을 으뜸으로 여겨 漢字(한자)에도 기록이 되어 있는데 氣(기),

이 기운 氣 字(자)를 보라! 米(미) 쌀 미 자가 자리 잡고 있으며 인체는 쌀이 들어가야만 기운이 생산된다는 것이다. 精(정) 자를 보라. 精力(정력)이나 정기, 정수 精液(정액)을 만드는 원료는 쌀이라는 것이다.

迷(미): 유혹할 미, 謎(미): 수수께끼 미, 侎(미): 어루만질 미, 糜(미): 죽 미, 죽을 끓일 때는 쌀죽이 으뜸이라는 것이다. 전 세계를 돌아보라. 쌀을 주식으로 먹는 민족은 질병으로 인한 면역력이 훨씬 강하여 코로나 역병에도 데미지가 적다. 우리나라는 1980년 이후 부쩍 늘어난 밀가루 음식과 우유, 육류 90년대 이후에는 GMO 유전자 변이종 과일 곡식 열매들이 농산물을 장악하면서 1970년대 쌀을 주식으로 먹던 시절과 비교해보면 암환자가 폐암의 경우 1990년대 말 62% 증가했다고 미국 터프츠 뉴잉글랜드 의료원 게리 스트라우스(Gary Straus) 박사의 발표를 읽은 적이 있는데 지금은 얼마나 더 증가했을까? 한국 정신 종양학회 김 태석 회장의 論文(논문)에는 우리 국민은 3명 중 1명은 암에 걸리고, 그 중 70%는 살아간다고 하였다. 사람이 교육을 받고 상식을 터득하고 사회성을 갖고 사는 것은 원시적인 사고를 바꾸고 보다 합리적이고 유익한 정보를 습득하고 踏襲(답습)하여 밝은 생활과 건강한 삶을 꾸려나가기 위함이라면 생사문제를 저울질하는 攝生(섭생)에 대한 상식과 인식이 가장 중요한 것 아닌가? 대학을 못가고 양반은 못해도 더 무서운 포도청 목구멍을 지키는 것이 만사 중 우선임을 원초적으로 깨달아 부디 우리 몸에 독소를 집어넣지 말아야 할 것이다. 이런 상식을 무시하고 戱弄(희롱)하는 사람들은 병에 걸릴 확률이 뻔하다.

3) 음식 에너지의 매카니즘(Mechanism)

우리가 섭취한 음식 중 무기질 성분은 뼈 조직에 영향을 주고 비타민류는 생리작용을 조절하는 역할을 하며, 糖質(당질)이나 단백질, 지방질은 신체조직을 형성하기도 하지만 활동에 필요한 에너지원이 되기도 한다. 당질과

蛋白質(단백질)은 1g당 4kcal의 열량을 방출한다. 4kcal는 물 1리터를 온도 4도 만큼 올릴 수 있는 에너지이며, 9kcal는 9도를 올릴 수 있는 열량이다. 평소에는 대부분 당질로부터 에너지를 얻어 활동하는데 당질이 부족해지면 평소에 비축해둔 지방에서 에너지를 꺼내 쓴다. 이때 지방질까지 부족하게 되면 단백질을 에너지로 쓰기 때문에 근육에 힘이 없고 탄력이 줄고 얼굴이 수척해 보이는 것이다. 체중감소는 지방부터 감소하며 줄어든다. 비만을 없애려면 지방부터 태워야 한다. 그러므로 지금은 이조시대나 구한말 보릿고개가 아닌 만큼 음식에 대한 기초상식을 반드시 알아야 과체중이나 영양 균형을 유지할 수 있다. 지금은 아무리 가난한 사람도 쌀이 없어 굶지는 않는다. 쌀 20kg 한 포에 5만원이면 구할 수 있으니 먹고사는 문제는 노숙자도 이미 해결된 상태다. 우리는 음식을 통하여 인체의 에너지를 공급하며 생명을 유지한다.

따라서 섭취하는 열량과 사용하는 열량의 밸런스를 생각하여 유념하는 것이 현대인다운 상식이다. 음식에 대한 열량을 어느 정도 먹고 마시느냐에 따라 살이 찌기도 하고 빠지기도 하는데 음식으로는 열량이 활동하면서 쓰는 열량보다 적으면 열량부족 상태가 된다. 최근 들어 다이어트를 한다 하여 상식 없이 음식을 무조건 줄이다가 폭식을 하다가 실패하는 경우가 많은데, 열량과 kcal를 고려해서 균형 있게 섭취하면 큰 돈 안들이고 몸을 가꿀 수 있는 것이다. 우리의 몸은 이미 몸에 지니고 있던 체지방이나 단백질, 근육, 등을 분해하여 부족한 열량을 채우게 되어 그 결과로 몸무게가 줄어들고 피부의 윤기가 없어지고 안색이 거칠어지는 것이다. 반대로 섭취한 열량에 비해 에너지를 적게 쓰면 열량이 남게 되는데 남는 만큼 몸에 축적되어 살이 찌게 되는 것이다. 결국 비만은 움직이지 않아 생기는 병이다.

고열량 음식은 많은 에너지를 만들어내는 음식이라는 의미이며, 적은 양을 먹어도 많은 에너지를 생산하는 식품이라는 의미이다. 우리가 섭취하는 식품들은 소금과 같은 無機質(무기질)을 제외하고는 대부분 생물들이다. 따라서 우리의 몸은 살아있는 것들의 도움으로 살 수 있기 때문에 살아있는 것들의 무덤과도 같다고 할 수 있다. 결국 산 자의 생명은 죽은 자의 시신으로 유지되는 원리다. 우리의 몸 하나를 일평생 만드는데 얼마나 많은 살아있는 生命體(생명체)들과 산야초 들풀 채소 나물, 과일, 생선, 육류들이 희생되었는가? 음식에 고정된 에너지는 열에너지로 변하여 자연으로 되돌아가고 물질들은 순환한다. 우리의 몸을 구성하고 있는 물질들은 우리가 섭취하기 이전의 생물 속에 있었으며, 더 옛날에는 공룡의 몸을 구성하기도 했을 것이며, 흙 속에 있기도 했을 것이다. 우리나라 사람들의 주식은 오곡과 감자류, 설탕 2류, 깨 2류, 견과류 10여종, 채소 20여종, 과일 10여종, 육류5~6종, 어류 30여종, 해초류 7종, 난류 2~3종, 우유 2~3종을 포함하여 대략 100여종이 넘는다. 이 외에도 수십 가지 산나물 등 草根木皮(초근목피) 1700여종과 그리고 약 20여종의 버섯류와 수도 없이 많은 것들이 서양 사람들에 비해 많아 이 민족은 스스로 免疫力(면역력)이 높아 온갖 괴질에서도 살아났고 코로나의 데미지도 심각하지 않은 것이다.

4) 음식을 섞어 먹으면 화를 부른다.

음식은 精氣神(정 기 신)을 생산하는 근원이라 할 수 있는데 精氣(정기)는 쌀을 섭취하여 神(신)을 만드는 것이다. 인간의 생명을 이루는 정기신이 세 가지 기본요소를 뜻하는 신비철학의 개념을 道敎(도교)나 東洋(동양)에서는 전통적으로 3분법적 체계를 통해 인간 생명의 원천을 설명하고 있다. 동양의학에서는 精氣神을 인간 생명을 이루는 세 가지 보배 三寶(삼보)라고 하여 생명유지를 위해 필수적으로 유지하고 보양하여야 할 대상으로 파악하였다. 氣(기)는 전통적으로 天地萬物(천지만물)을 형성하는 기본적 질료로 이해되는데 精氣(정기)로 사용될 경우에는 유형인 질료를 의미한다. 그러므로 음식을 먹지 않으면 정기신이 파괴되고 흩어져 생명을 이어갈 수가 없는 것이다. 그러므로 잘 먹고 잘 배설하는 일이야말로 최고의 생명운동이다. 잘 먹는다는 것은 무엇인가? 잘 먹는 일이란 잘 알고 먹는 일이다.

구체적으로 음식의 陰陽五行(음양오행)과 宮合(궁합)의 비밀과 相生(상생) 相剋(상극)이 있다. 예를 들어 옛날에는 명절 때만 되면 마을마다 배탈환자가 많았다. 음식이 귀한 시절이라 과식도 문제가 되겠지만 그보다는 이것저것 육식, 생선, 채식, 煎餠(전병), 감주, 막걸리, 과일 기타 섞어먹는 데에서 모든 병이 발병한다. 사람이 시장할 때 음식을 먹으면 찬거리가 변변찮아도 맛이 있으며, 한두 가지만 먹으면 약간 과식을 한듯해도 소화가 잘된다. 그런데 여러 가지 섞어먹는데서 탈이 나는데 탈이 나는 것은 음식 양이 많아서가 아니라 섞어먹는 것에 문제가 있다. 어떤 음식은 세 가지 이상 섞어 먹으면 가스가 발생하여 조금만 먹었는데도 헛배가 부르고 불쾌하며 피로를 느끼며, 때로는 다음날까지 위가 더부룩하며 탈이 나기도 한다. 어느 때는 갑작스럽게 복통을 느끼기도 한다.

어떤 음식은 섞어 먹자마자 복통이나 吐辭(토사)를 일으켜 서둘러 조치를 하지 않을시 사망을 하기도 한다.

5) 함께 먹으면 안 되는 음식들

다시 한 번 말하지만 음식은 잡다하게 섞어먹는 것은 바람직하지 않다. 이러한 상식을 안다면 한두 번 겪은 뒤에는 분별하여 피하는 것이 좋다.
- 말고기는 묶은 쌀과 함께 먹으면 안 된다.
- 말고기는 蒼耳(창이)와 생강을 함께 먹으면 기운이 없고 탈이 난다.
- 돼지고기와 쇠고기를 함께 섞어먹으면 胃無力症(위무력증)과 함께 번뇌가 일어나고 이유 없이 짜증이 나고 가슴이 답답해지고 가스가 차게 된다. 냉수를 찾게 되고 마음이 편치 않게 되는데 이때 만일 찬물을 벌떡 벌떡 마시면 뱃속에서 지방이 응고되어 혈관 질환이나 급성 심장 질환을 부르게 된다. 이럴 때는 더운 차를 마시고 뜨거운 숭늉을 마시면 좋다.

• 양고기와 염소간과 산초를 섞어 먹으면 심장이 상하여 맥이 떨어지고 기절을 한다.
• 토끼고기와 생강을 함께 먹으면 癨亂(곽란)을 일으킨다.
• 양이나 염소 간과 돼지고기를 함께 먹으면 어지럽고 헛배가 불어 병을 얻기 쉽다.
• 염소 내장을 매실과 함께 먹으면 기가 막히고 맥이 떨어진다.
• 양이나 염소고기와 생선회나 요구르트나 발효시킨 우유를 먹으면 크게 탈이 난다.
• 우유를 끓일 때 치즈를 함께 넣어 끓여 먹으면 100% 위병을 앓게 된다.
• 돼지고기와 원우유(原牛乳)를 함께 먹으면 臟(장)이 짓무른다.
• 馬乳(마유)와 생선회를 함께 먹으면 뱃속에 무서운 積聚(적취)가 생긴다.
• 고라니고기와 새우를 함께 먹으면 탈이 난다.
• 고라니고기를 자두와 매실과 함께 먹으면 안 된다.
• 소의 간과 메기를 함께 먹으면 중풍을 일으킨다.
• 소의 내장과 함께 개고기를 먹으면 쓰러진다.
• 닭고기와 개고기를 함께 먹으면 뱃속에 응어리(積聚(적취))가 생긴다.
• 메추리고기와 돼지고기를 함께 섞어 먹으면 얼굴색이 바로 검어지며, 모세혈관이 막혀 기가 끊어진다.
• 메추리 고기와 버섯을 함께 먹으면 痔疾(치질)이 발병하여 고생을 한다. 갑작스럽게 부스럼이 돋아나거나 혓바늘이 돋거나, 가슴이 두근거리고 맥이 떨어지는 경우는 90%이상 음식의 궁합이 깨져서 일어나는 현상들이다.
• 돼지고기와 칠면조 고기를 함께 먹으면 4시간 안에 급성치질이 발병하여 고생한다.
• 꿩고기와 메밀국수를 함께 먹으면 蛔蟲(회충)이 생기고 동시에 급성치질이 발병한다.
• 꿩고기와 胡桃(호도) 표고버섯을 함께 먹으면 탈이 난다.

1. 음식과 에너지 생성

- 꿩알과 파김치나 파를 먹으면 회충이 생긴다.
- 참새고기와 자두를 함께 먹으면 안 된다.
- 계란과 자라고기를 함께 먹으면 안 된다.
- 계란과 생파와 마늘을 섞어먹으면 元氣(원기)가 쇠약해진다. 중국인들은 파 마늘을 많이 먹기로 유명하지만 계란 프라이에는 파 마늘을 아예 첨가하지 않는다. 그러나 우리 한국인들은 맛있게 먹는다고 파 마늘을 다져놓고 계란탕이나 말이를 만들어 먹는 사람이 많은데 좋지 않은 요리법이며 몸이 피곤해지며 머릿속에 좁쌀 같은 알레르기나 眼球充血(안구충혈)이 발병하며, 피부가 건조해지고 퍼석해진다.
- 닭고기와 토끼고기를 섞어먹으면 설사를 일으키고 腦疾患(뇌질환)이 일어나고 眩氣症(현기증)이 발병하며 맥이 떨어진다.
- 꿩이나 닭과 붕어를 함께 먹으면 안 된다.
- 닭고기와 돼지 간을 섞어 먹으면 안 된다.
- 잉어와 개고기를 함께 먹으면 안 된다.
- 꿩고기와 메기를 함께 먹으면 精神病(정신병)이 발병한다.
- 붕어와 설탕을 함께 먹으면 정신이 혼미해지며 記憶力(기억력)이 감퇴된다.
- 붕어와 돼지고기를 섞어 먹으면 탈이 난다.
- 전어와 메밀국수를 함께 먹으면 안 된다.
- 새우와 돼지고기를 함께 먹으면 精氣(정기)가 쇠하여지고 勃起不全(발기부전)을 일으킨다.
- 새우와 가재와 설탕을 함께 먹으면 기가 끊어지며 복통과 어지러움을 일으킨다.
- 노란콩과 돼지고기를 함께 먹으면 안 된다.(콩을 간장에 졸인 것은 가함)
- 기장쌀과 아욱을 함께 먹으면 병이 난다.
- 개고기를 먹고 감이나 배를 먹으면 탈이 난다.

- 자두와 계란을 함께 먹으면 탈이 난다.
- 대추와 꿀을 함께 먹을 수 없다.
- 생파와 꿀을 함께 먹을 수 없다.
- 상치와 우유, 요구르트를 함께 먹으면 탈이 난다.
- 竹筍(죽순)과 설탕을 함께 먹을 수 없다.
- 여뀌(소루쟁이 나물)와 생선회를 함께 먹으면 탈이 난다.
- 비름나물과 자라고기를 먹으면 병이 난다.
- 부추를 술과 함께 먹지 말라.(익힌 것은 가함) 부추의 양기운은 자황과 비슷해서 下焦(하초), 즉 腎氣運(신기운)을 돕기 위해 배꼽 아래로 기운이 내려가는데 대개 마시는 소주나 毒酒(독주)는 그 기운이 거의 위로 상승하여 손발을 그대로인데 심장과 간장으로 수승 되며 얼굴이 달아오르는 고로 부추나 생마늘은 섞어 먹을 시 陽氣(양기)가 오히려 파괴된다.
- 시화(백합과의 물꽃: 부추과 쪽파처럼 생겼음, 선인들이 조청을 고아 먹었음)를 꿀과 함께 먹을 수 없다.
- 겨자와 토끼고기를 섞어먹으면 얼굴과 입 주변 머릿속에 부스럼이 생긴다.
- 오이와 땅콩을 섞어 먹으면 복통을 일으키고 심하면 사망 할 수도 있다.
- 두부와 꿀을 섞어먹으면 聽力(청력)을 떨어뜨린다.
- 돼지고기와 콩류를 섞어 먹을시 기억력을 떨어뜨린다.
- 토끼고기는 귤과 함께 먹을 수 없으며 위에 致命的(치명적) 손상을 주고 복통과 설사를 일으킨다.
- 닭고기와 검은 깨(苣蕂(거승))를 함께 먹으면 死亡(사망)할 수도 있다.
- 돼지고기와 콩류를 섞어 먹을 시 기억력이 크게 떨어뜨린다.
- 토끼고기는 귤과 함께 먹을 수 없으며 위에 致命的(치명적)인 손상을 주고 복통과 설사를 일으킨다.
- 거위고기를 먹고 감을 먹으면 급사할 수도 있다.
- 바다생선과 호박을 함께 먹으면 중독을 일으킨다.

- 생 무와 귤을 함께 먹으면 갑상선증을 일으킨다.
- 목이버섯과 무를 먹지 말라. 피부염을 일으킨다.
- 바나나와 감자를 함께 먹으면 갑자기 주름살과 주근깨가 늘어가게 된다.
- 담배를 피우며 커피를 마시면 膵臟(췌장)이 나빠져 암을 유발하기 쉽다.
- 계란과 사카린을 함께 먹으면 중독을 일으켜 사망할 수도 있다.
- 우유와 초콜릿을 함께 먹을시 피부 건조증, 칼슘부족, 腹痛(복통), 설사를 일으킨다.
- 두부와 시금치를 함께 먹으면 칼슘 흡수가 막힌다.
- 능이버섯과 송이버섯을 섞어 국이나 전골을 만들어먹으면 30분 내에 中毒(중독)을 일으켜 구토와 복통을 일으키고 온몸의 기운이 빠져 쓰러진다.

  * 2019년 가을에 소엽 박 경숙 원장과 茶人(다인) 김 규리 선생에게 내가 송이버섯과 능이버섯을 함께 섞어 전골을 끓여 먹었는데 세 사람이 5분 간격으로 화장실에서 쓰러져 뱃속의 똥물까지 다 토하고 목에서 끈적한 진액이 다 빠져나와 맥이 풀려버렸다. 마침 다 토해내어서 큰 화를 면했다. 寶光寺(보광사) 보선스님과 기타 산 사람들의 정보에 의하면 비슷한 경험을 한 사람들이 여럿 있었다.

위 내용들은 내가 직접 세 번 이상 경험한 것들이 10여건이 되며 그리고는 〈식경〉에서 참고하였는데 선조들의 오랜 경험을 바탕으로 전해오는 祕典(비전)이니 꼭 참고하기 바라며 혹여 무시하고 일부러 이를 어기지 말기를 바란다. 기가 허한 사람은 이를 무시하다 건강을 잃을 수 있으니 정말 조심해야 한다.

위 사항을 잘 지키면 아무래도 무병할 수 있고 장수에도 영향을 미칠 것이나 섞어먹는 습관을 길들이면 컨디션이 안 좋을 때는 유발할 것이다.

이상 언급한 예들은 東洋(동양)의 醫術(의술)과 민간에 전해오는 음식에 대한 궁합을 기록한 식경에서 여러 부분 참고하였다. 다른 건 다 몰라도 복어 피와 알에 청산가리(Tetrodotoxin) 독이 들어있는 것은 다 알 것이다. 원주민들이 화살촉에 묻히는 딱정벌레나방에는 마취 독이 들어있고 두꺼비 뇌를 痲醉劑(마취제)로 쓰고 總辛(세신)이나 조피열매를 마취제나 충치 치료로 쓰듯 선조들의 오랜 경험과 지혜를 무시하거나 看過(간과)하지 말고 일상에 잘 응용하여 均衡(균형)있는 식사를 하기 바란다.

부디 위 기록들을 福音(복음)으로 듣고 단 몇 가지라도 유념하여 염두에 두고 실행하기를 권하는 것은 육신이 아프고 병 들면 정신 또한 균형을 잃기 때문이다. 영혼과 육체는 콩과 콩깍지처럼 분리할 수 없는 공동체다. 그리하여 정신세계에 대한 글을 쓰는 중 이 문제를 함께 유념하여 거론하는 것은 정신이 육체밖에 따로 존재하는 것이 아니기 때문이며, 육체가 병 들면 정신 또한 아프며, **육체적인 피로는 반드시 정신에 영향을 끼친다.**

1. 음식과 에너지 생성

2. 3차원 地球(지구)의 철없는 인간들

철이 없다는 것은 그 시대 시대의 기상과 일기, 天災地變(천재지변). 天氣(천기), 하늘에 나타난 조짐을 깨닫지 못하며 계절 감각이 없는 이를 일컫는 말이다.

최근의 뉴스 이슈들은 폭동, 난민, 코로나19, 대형 산불, 대지진, 초 미세먼지, 폭우로 인한 침수, 기후조작으로 인한 내용과 그로인한 피해, 의료파업, 경제 붕괴, 살인, 인종차별, 자살, 늘어나는 암환자, 교통사고 등으로 관련된 내용들이다. 이러한 뉴스들은 각각 별개의 내용으로 보이지만 한 꺼풀 속을 들여다보면 그 주요원인은 한 가지로 요약된다. 그것은 그 범인들이 바로 인간들이라는 것이다. 인간은 자신을 먹여 살리고 생명으로 인도해주는 자연과 生態界(생태계)를 죽이고 파괴하여 버렸다. 상당한 지성인들에게도 이런 말을 전하며 자연계의 위기의식을 전하면 무슨 소리를 하느냐 하며 무슨 사기꾼 대하듯 하며 듣기를 거북해한다.

앞으로 10년 뒤 2030년쯤에는 세계인구가 98억~100억 명에 이를 것으로 컴퓨터 통계는 응답하였다. 회교도 인들과 인도, 파키스탄, 등은 아직도 多産(다산)을 멈추지 않고 있다. 식량은 지금도 부족하여 연간 5억 명이 굶주리고 죽어 가는데 특별한 대책은 없으며, 환경변화는 지금도 심각한데 지금의 수십 배의 대 변동을 겪을 것이다.

현재 지구상의 토지 37%를 식량생산을 위하여 경작지로 사용하고 있는데 100억에 육박한 인구를 먹여 살리려면 현재의 동일한 면적의 경작지에서 두 배 이상의 식량생산을 부지런히 높여야한다는 결론인데 이름 모를 병충해는 농작을 쓸어버리기 일쑤이니 장담할 수 없는 시대에 우리가 지금 살고 있다. UN 식량농업기구(FAO)는 耕作地(경작지) 확보를 이유로 자행된 무분별한 산림개발은 생태계파괴는 물론 생물의 다양성 감소를 초래하였고, 이는 새로운 감염병, 발생의 원인으로 인간에게 영향을 줄 수 있다는 것이다. 이외에도 농업 소득증대를 운운하며 단일작물 경작, 化學肥料(화학비료) 과잉 사용으로 인한 토지 酸性化(산성화) 피해, 과밀재배로 인하여 토지는 여러 가지 바이오리듬과 생명의 운을 다 손실하여 과일이나 채소가 맛이 없어진다.

사과나 배나무는 빽빽하게 밀식을 하여 화학비료와 성장호르몬을 살포하여 키운다. 1960년대 사과 한 개의 영양소와 최근에 생산한 사과 80개를 합쳐야 성분 비율이 맞는다고 홍 혜걸 박사는 그의 연설 중 흥분하는 것을 들었다. 현대 영농업은 화학비료, 살충살균 농약, 식물을 태워 죽이는 제초제 등으로 땅을 황폐화 시키며 축산업 역시 큰 문제다. 100평 정도의 온상 하우스 안에 30여 마리 정도 방목해야할 공간에 3,000여 마리의 닭을 집어넣어 24시간 동안 전등불을 밝히고 사료를 먹여 대기 온실가스의 방출하며 肥肉牛(비육우) 농가나 돼지 축사에서도 냄새나는 가스가 심각하다.

끝없이 뿜어내는 자동차, 매연 대형공장에서 방출하는 폐수, 가정에서 나오는 생활폐수 등의 대기오염 가스방출의 증가는 기후변화의 원인으로 밝혀지는 마당에 무엇이 부족하여 매주 4~5회씩 공중에 살포하는 독극물 켐트레일은 정말 우리를 우울하게 한다. 전문가들은 말한다. 지난해 54일간의 역대급 긴 장마와 局地偘(국지성) 폭우의 주요 원인은 온실가스에 의한 기후 대변동으로 꼽고 있다.

1) 유기농법은 이제 선택이 아니다

지금 전 세계 경작 가능한 면적의 1.5%정도가 유기농업을 실천하고 있다.

사람들은 多收穫(다수확)의 농산물을 생산하기 위해 사용하는 합성비료가 亞酸化(아산화) 질소의 배출원인이라는 것이다. 이제라도 온실가스로 인한 기후변화를 저지하기 위해서는 기존 화학 농업에서 유기농업으로 전환해야 하며 이제 더 이상 선택사항이 아니라는 것이다. 인류가 지구촌에서 더 생존하려면 어서 속히 유기농으로 전환해야 한다. 토양은 지구상에서 대기를 비롯해 다른 어떤 생물체보다 더 많은 탄소를 포집할 수 있다. 특히 유기농법은 토양 내 산소 포집을 최대화하는 농법으로 대기 중 온실가스 양을 감소시키는 가장 효과적인 방법 중 하나이다. 2020년 유기농업연구소(FIBL) 보고서에 따르면 전 세계 경작 기능 면적의 1.55인 7150만 헥타르가 유기농업을 실천하고 있는 것으로 나타났다. 그중 아시아는 650만 헥타르이며 중국이 310만 헥타르이다. 그래도 희망적인 것은 2018년 2만 4,000헥타르였던 것에 비하면 20%이상 증가하는 등 유기농업에 대한 관심과 규모는 지속적으로 늘어나는 실태다.

유기농업의 실천은 곧 지구 어머니를 살리는 유일한 길임을 의식 있는 이들은 깨달아 실천하는 중이다. 이러한 인식 개선과 계몽의식이 절대적으로 필요한 시기다.

2) 가정의 샛강 살려야 사람이다

나는 50년 동안 주방이나 부엌에서 세제를 거의 쓰지 않는다. 친환경 세제가 있어도 쌀뜨물을 받아 1차 그릇을 헹구고 더운물로 마무리하면 되고 혹 기름기 있는 그릇이나 접시는 1차 휴지로 뽀드득 소리가 나도록 닦은 다음 더운물이나 쌀뜨물로 씻으면 샛강을 살릴 수 있다. 음식 부스러기는 철저히 가려서 식물성은 밭에 뿌려 말려 퇴비로 썼는데 지금은 소형음식물 퇴비기구를 주방 옆에 설치하여 간편하게 유기농 비료를 만들어 맛있고 질 좋은 채소를 생산한다. 그리고 기름기 닦은 휴지는 구들방 아궁이에 장작을 피울 때 함께 연소하면 연기가 그다지 나지 않는다. 나와 아내는 분리수거를 철저히 하며 주변사람들에게도 그렇게 계몽하고 있다. 고추밭에는 막걸리와 매실 액, 계피가루를 희석하여 뿌리면 웬만한 병충해는 막을 수 있고,

고추 炭疽病(탄저병)은 최근 들어 불가항적인 피해를 겪는 것이 농민들의 실태지만, 매실청과 식초, 막걸리를 살포하면 어느 정도는 해결할 수 있다.

1021년 텃밭에 고추를 200포기 심어 풋고추로 여러 곳에 인심 쓰고도 마른고추 405㎏을 수확했다. 우리 가족의 생활은 이렇다. 세탁기에도 기름때 없는 의류는 약간의 빨래 비누칠을 해서 더운물로 헹구어 탈수하면 문제없다. 지금 지구는 무섭게 늙고 병들어가고 있다. 나 하나만이라도 내 가족과 내 주변을 살려야한다는 사명감을 갖지 않으면 머지않아 인류는 멸망한다. 우선 샛강인 주방에서부터 의식이 깨어나는 철이 들어야한다.

철이 든다는 것은 時代精神(시대정신)에 귀를 기울이는 현명이다. 나는 맹물세탁을 자주하는 편인데 찌든 때나 기름기가 묻은 옷가지 등은 친환경 세제를 첨가하여 세탁기를 돌리지만 웬만한 수건이나 양말이나 가벼운 옷가지들은 베이킹 소다를 한 스푼 넣고 손으로 그날그날 주물러 헹구어 세탁하는데 오히려 세탁기에 세제를 넣고 돌리는 것보다 더 깨끗하다.

양치질하는데 물 한 컵, 세수할 때 물 한 바가지, 얼굴 씻은 물로 발을 씻고 샤워할 때는 물 한 양동이면 충분하다. 무슨 썩은 때가 그리 많다고 수돗물을 있는 대로 틀어놓고 하수구로 아까운 자원을 허비해야 하는가? 이 샛강 살리기 운동이 1990년쯤 잠시 환경 운동가들을 통해서 계몽된 적이 있었으나 무지한 인간들은 감각이 없으니 별 효력을 발휘하지 못하였고 사람들이 머물다간 자리에는 여전히 쓰레기는 쌓이고 결국 스스로 재앙을 부르고 있다.

앙코르와트나 인도의 아우랑가바드 왕국과 잉카 제국이 멸망한 것은 물 부족과 오염으로 인한 傳染病(전염병)이 원인으로 밝혀지고 있다. 앞장에서도 말했지만 물이 오염되는 즉시 질병이 뒤따르고 더러운 물로는 농사도 지을 수 없으며 동물들도 마시지 않는다.

오염된 물을 뿌리면 채소도 병이 들어 식용할 수가 없다. 인류 멸망을 늦추려면 나 하나만이라도 쓰레기 철저히 분리하고 병들어가는 지구 어머니 가슴에 제발 못을 박지 말고 독을 뿌리지 말아야 할 것이다.

3) 生態界(생태계) 破壞(파괴) 氣候大變動(기후대변동)

2020년 여름은 내 생에 있어 가장 긴 54일간의 장마를 안겨주었고 내가 사는 이곳 蟾津江(섬진강)이 범람하여 200여 가구와 상인들의 점포와 관공소와 교회들이 송두리째 잠기는 것을 눈뜨고 목격하며 손을 쓸 수도 없이 속수무책으로 침수되어 버렸다. 전남 구례 읍내는 시내 전체가 잠겨버렸고 전국에서 손꼽히는 재래시장과 농작물, 축산업을 하던 농가는 치명타를 입었고 한 달 내내 복구 작업을 하였으나 일은 끝도 없었고 식당이 아예 없으니 음식을 사먹을 수도 없었다. 죽은 소떼의 死體(사체)는 산을 이루었다. 뉴스에 보도된 내용은 빙산의 일각이었으며 피해 규모는 답이 나오지 않았다. 내 고향 금산은 금강이 범람하여 부리면 나의 고향과 제원면 강 나의 고향 강 주변 인삼 경작을 싹 쓸어버렸다. 자동차가 떠내려가고 소떼와 돼지농장이 쓸려가고 농민들은 발을 동동 구르며 비명을 지르고 하염없이 슬피 울었다. 단군역사이래 가장 큰 난리를 겪었다. 코로나 재앙에 經濟破綻(경제파탄) 정부시책의 어수선한 분위기마저 더하여 사람들은 미래에 대한 强迫觀念(강박관념)에 시달리는 중이다.

세계 9위를 자랑하던 경제가 100위 이하로 밀려나고 있으니 정서불안의 수위는 더욱 높아만 가고 있다. 두려움에 대한 실증적인 사실들이 엄습해오는 이 世紀末(세기말)에 공무원들은 사명감을 가지고 인류를 구하려는 사람은 거의 없다. 생태계 파괴와 기후 변동에 대한 대책을 세울만한 구체적이며 면밀한 기술적인 방법을 제시하지 못하고 있다. 때는 좀 늦었지만 그나마 전기자동차가 선을 보인 것은 다행인 경우다. 영적인 예감으로는 앞으로 이보다 더한 재앙이 꼬리를 물고 발생할 것이다.

우리가 염려하는 몇 가지다.
• 바닷물이 크게 오염되어 생물이 많이 줄 것이니 소금을 충분히 준비하라고 나는 지인들에게 늘 부탁을 한다.
• 질 좋은 숯을 20kg 이상 준비해두는 것이 좋다. 지장수를 만들기 위함이다.

• 오염되지 않은 깨끗한 적토를 준비해두는 것이 좋다. 지장수를 만들기 위함이다.

• 홍삼이나 흑삼 절편을 몇 킬로씩 준비해두는 것이 좋고 계피, 조피를 준비해놓으면 살충 살균제로 꼭 쓸 일이 생긴다. 抵抗力(저항력)을 기르는 데는 죽염과 인삼보다 나은 것은 없다.

• 두꺼운 겨울 옷가지, 등을 버리지 말고 잘 보관해 두도록 하라.

• 움막 짓는 법을 익혀 두도록 하라.

• 라이터, 성냥, 양초 등은 준비해두는 게 좋다.

• 산야초 공부를 익혀두는 게 좋다. 특히 뿌리 산야초를 알아두는 것이 좋다.

• 비상식으로 먹을 수 있는 산야초, 밀, 나물, 참취, 돌나물, 찔레 순, 산나리, 둥글레, 뽕잎, 산마, 더덕, 장대, 뻐꿈대, 국수나무순, 산 고들빼기, 밥부재 나물, 아카시아 꽃, 오갈피순, 까치수염, 바디나물, 둥글레순, 괭이밥, 승검초, 소루쟁이, 머루 순, 며느리 밑씻개, 청미래 순, 감절대, 병꽃나무 순, 제비꽃, 명과 나무순, 광대 싸리순, 화살나무 순, 좁쌀풀(까치수염과), 개 모시풀, 진산 대, 도토리 등은 대체식량으로 최고이며 모험도감을 참고하여 식량으로 대처할 수 있는 열매들을 알아두는 게 좋다.

• 하이스 톱 몇 개, 낫 몇 가락, 곡괭이, 망치, 못, 인삼 차광망 끈, 기타 연장을 준비해 두도록 하라.

• 소형 천막재료 갑바, 두꺼운 장수비닐을 구해서 준비해두자. 이렇게 준비하는데 대략적인 비용은 20~30만 원 이하로 예상되며 이렇게라도 준비해두면 대 환란을 이길 수 있다.

• 쌀은 소형 진공 포장으로 한 가마 정도는 준비해두는 것이 좋다.

• 장기 보관 가능한 醫藥品(의약품)이나 알코올 붕대 등

• 해발 400m정도의 물이 흐르는 계곡의 요새를 평소에 생각해두는 게 좋다. 天然(천연) 바위 동굴은 더욱 안전하다.

• 소금을 미리 준비해야한다.

머지않아 바닷물이 크게 오염되어 염전공장이 문을 닫고 티베트나 중국 암염을 수입하겠지만 앞으로 무역도 어려워진다. 나는 지난해 몇몇 교회와 이웃들에게 소금을 준비하라고 간곡히 부탁하였는데 몇몇 사람들은 50포대씩 구했다고 전해 들었는데 그 뒤 1년이 지난 요 며칠간 1.5배 값이 올랐다고 방송하였다.

우리 시대에 닥칠 지구의 激變(격변)은 인간이 불러들인 大災殃(대재앙)이다. 피난처가 지구 어머니 품인데 지구를 병들게 하였으니 우리는 재앙을 맞이할 수밖에 없다.

많은 사람이 警覺間(경각간)에 사라질 것인데 현재 인구는 절반이상이 없어지고 세계 인구는 20억 이하로 크게 줄어들게 된다. 내가 이런 글을 쓰는 것은 죽음이 두려워서가 아니다. 힘들게 살아남은 사람을 위하여 이 원시적인 방법의 비법을 최소한으로 전해주려는 것이다. 지구촌 인류가 10년 이내에 의식이 進化(진화)되어 하나님이 주신 이 땅을 사랑하고 환경운동에 적극가담하고 내 몸처럼 돌보는 변화가 일어난다면 지구는 뒤늦게나마 어렵게 회복될 수도 있을 것이다. 그러나 인구는 크게 줄어들 것이다. 보이지 않는 세력들은 이미 아주 오래전부터 기후조작, 인공 쓰나미, 우박, 각종 세균유포, 백신장사, 음모 등으로 人口減縮(인구감축)을 철저히 준비해왔다.

엄청난 인구가 사라질 것이며 바닷가에는 시체가 산을 이룰 것이다. 海水面(해수면)은 지금도 올라오고 태평양의 섬들이 사라지고 있는데 대책은 없고 농담으로 여기니 한심하다. 왜냐하면 바닷가에 살고 있는 사람들은 거의가 희생당할 것이기 때문이다.

기후대변동의 심각성에 대하여는 현재 아무리 외쳐도 지나치지 않다. 2020년 여름 54일 장마로 菜蔬(채소)가 다 녹아버리고 고추묘목이 다 녹고 炭疽病(탄저병)으로 전국 농촌이 90%이상 폐농하였다.

철이 든다는 것은 깨어남이다.

'철이 든다는 것은 깨어남이다' 이 말은 인류의 숙제이며, 存在(존재)의 숙소다. 그러나 속인이 듣기에는 비위에 거슬리는 말이며 "깨어나다니 우리가 매일 잠만 잔다는 얘기여?"라고 비아냥거릴 수도 있는 말이다. 그동안 깨달음을 추구한다는 道師(도사)들이 말장난으로 언어를 더럽히고 어지간히도 양치는 아이처럼 장사를 해먹기에 이런 글을 쓰는 것도 실상은 힘 빠지고 신경이 쓰이는 일이기도 하다. 사람들의 의식이 확장되기는커녕 이조시대보다 더욱 시야가 좁아져 자기 앞날은커녕 계절의 섭리도 모르고 24절기도 모르고 자기 앞길도 모르고 시대의 징조도 의식하지 못한 채 자기가 무슨 생각을 하는지도 모르며 살아간다. 그러니 어찌 天氣(천기)를 분별할 수 있을까?

깨어남은 자각이다.

自覺(자각)은 自由意志(자유의지)의 최고 영감이며 사물을 인식하는데 있어 결정적인 양날 검이다. 종교를 몇 차례씩 改宗(개종)하고 소문에 민감하여 몰려다니는 사람들의 심리상태를 공통적으로 뇌가 텅 비어 있어 외롭고 우울하다. 공부 못 하는 학생이 학교를 옮긴다고 머리가 좋아지는 것은 아니다.

예수께서는 사람들의 말장난 유혹을 조심하고 뜬소문 따라 산으로 들로 헤매지 말라 하였으며 도리어 자기내면의 골방에 들어가 신의 實體(실체)를 찾으라하였다.(마24:25~27) 깨어남의 첫째 관문은 존재계에 대한 명확한 인식이다. 그것은 바로 나는 누구인가라는 물음에 분명한 확신으로 대답해야할 것이다. 그러나 自覺(자각)을 경험하지 못하면 죽는 날까지 나는 누구인가? 라는 물음에 답을 내릴 수 없다. 나는 누구인가 라는 문제의 哲學的

(철학적) 질문은 제한된 의식으로만 계산하려 머리 굴리는 두뇌로는 짜증나는 물음일 수밖에 없다.

참 나는 한계에 갇힌 두뇌를 넘어서고 상대적 개념에 시달리는 에덴동산의 善惡(선악)을 넘어서 Ego를 넘어 利己的(이기적) 관계를 초월하여 利他(이타)로, 사망에서 생명으로, 육신의 감옥에 갇힌 의식을 解放(해방)시키고 무덤 속에 자던 죽음의 잠을 깨고 두려움의 공포를 벗어나고 물질 우주에서 영적인 세계로 轉向(전향)하는 모험을 겪어 새로운 창조를 경험하는 것이 나를 찾는 첫째 관문이다.

수많은 사람들이 깨달음의 세계로 진입하려 하였으나 확실한 해탈을 노래하는 자유인은 매우 드물다. 오늘날 좌판을 펴고 법문장사하고 설교 장사하는 곳에는 사람이 없고 대 자유인은 손을 꼽을 정도로 극소수에 불과하다. 그 이유는 그동안 모든 종교나 文化藝術(문화예술)의 시대적 분위기가 간접적으로 직접적으로 인간의 에고의식을 키워왔으며, 소경이 소경을 인도하는 격이 되어 더 깊은 잠에 빠지게 되었고 더 완벽한 輪回(윤회)의 고리에 갇히게 되었다.

카르마로 작용하는 일반적인 힘으로는 벗어날 수가 없고 이 고리는 너무나 질기고 완고해 縱橫(종횡)으로 道通(도통)한 마스터를 만나기 전에는 이 노예의 멍에를 벗을 수가 없는 것이다. 하나같이 祝福(축복)에 주린 요행을 꿈꾸는 사람들과 교회나 사원은 넘쳐난다. 물질세계의 공간속에서 깨어나려고 몸부림치는 이가 있다면 그는 우주에서 선택받은 몸이다. 수많은 생을 살아오면서 에고를 키워왔고 그 에고는 어느덧 주인이 되어 삶을 송두리째 지배하여 무거운 멍에를 지고 뼈와 가죽처럼 밀착되어 이미 하나가 되어버렸다. 크리스마스 날이나 復活節(부활절) 혹은 석가 탄신일 같은 날 사원에 가서 표정들을 살펴보라. 봉사 활동하는 사람들의 표정들을 살펴보라. 하나같이 심각하며 기쁨이 없는 얼굴들이다. 축제의 기쁨은 마음 깊은데서 솟구치는 에너지와 빛의 발산이다. 즉, 지각에서 얻은 지복은 감추려 해도 드러난다. 마치 산위에 세운 가로등 불처럼 말이다.

集團意識(집단의식)을 경계하라

집단의식 중 특별히 헤브라이즘(Hebraism)과 헬레니즘(Hellenism)의 양대 산맥은 거대한 종교적인 이데올로기를 만들어냈는데 新舊敎(신구교)의 기독교 문명과 이슬람 문명이다. 이들의 주의주장은 영혼구원이라는 슬로건을 미끼로 사람들을 속여 피를 빨아 장사하였고 인류의 생명을 파리처럼 죽여 수억 명을 희생시킨 죄인들이다. 필자도 이 조직에 구원을 받아보려고 축복된 삶을 살아보려고 40여년 한눈 팔지 않고 물심으로 충성을 다하였다. 이 집단들은 정신의 규결, 무게, 부피, 언어, 습관, 상식, 교리, 등을 注入式(주입식)으로 강요하여 여기서 더 이상 성장하지 못하도록 제어장치를 확실하게 만들어놓고 비슷비슷한 사람을 만들고 있다. 이들은 촌수로 말하자면 사촌들이다. 이들을 통해서 약간의 나눔과 교육, 의료, 음악 등 예술분야에 선구적 바람이 일어나기도 하였으나 결과적으로 본다면 차라리 천천히 느리게 발전하는 게 약이었을 것이다.

정신의 진화는 난장이를 면치 못하고 人工受精(인공수정)으로 사람을 만들어내는 인간들이 지구를 병들게 하는 모순에 빠져있는데 서둘러 이 문제를 전 인류가 깨닫지 못한다면 인류는 결국 자기가 파놓은 함정에 빠져 죽는 비극을 안고 망할 것이다.

전 인류가 단 시일 내에 의식이 상승될 수는 없으나 교육이라는 명분만 잘 이용해도 어느 정도는 레벨을 끌어올릴 수 있다고 생각한다. 예를 든다면 음악이나 기계조작 모든 기술 분야와 여러 학문의 기초를 배우고 익혀서 터득하여 文盲(문맹)을 퇴치하였고 과학자, 철학자, 사상가, 문학가가 세상에 나와서 사회성을 이루는 것 아닌가? 전생이 있다 치자. 그렇다면 전생부터 글이나 기술을 生而知之(생이지지)로 알고 태어나서 도무지 학교나 기타 교육을 안 해도 되는 아이는 아직 지구상에 존재하지 않았다. 조상들의 환경이나 분위기로 인하여 후손들의 유전자가 우월할 수는 있다.

그러나 날 때부터 만물의 실체를 다 아는 全能者(전능자)는 없다. 광대한 우주의식을 탄생으로 깨달을 수는 없다. 그러나 교육을 받은 사람과 그렇지 않으면 비행기 티켓팅도 못하고 독서도 간판도 못 읽고 경전이나 도표도 못 읽고 Facebook도 못하고 네트워크 정보시대에 메일전송도 못한다.

루시퍼의 노예들은 세상을 장악하여 빛의 자녀들의 의식 진화를 막고 있다. 賤民出身(천민출신)인 암베드카(B.R. Ambedkar)는 不可觸賤民(불가촉천민)이었으나 교육을 받음으로 의식이 진화하여 영국으로 유학을 떠났고 인도에서 최초로 간디정부의 법무부장관을 지냈고 의식계몽에 앞장섰다.

이러한 환경이 전생의 준비된 일이라면 할 말이 없으나 교육을 통하여 인간의 의식은 도덕적 부활을 기대할 수 있다.

그러나 마치 무소속정치인이 외롭듯 조직을 탈출한 갈매기들은 아무리 지고한 혁명의식을 펼치려 해도 군중은 항상 그들을 그냥 두지 않았다. 간디는 결국 암살당했고 黑奴(흑노) 해방을 위해 힘쓴 링컨을 죽였고, 저주의 문명병인 병을 99% 완치시키는 신기술을 발견하여 Medical 혁명을 일으킨 버진스키 박사를 미국정부와 FDA는 끝없이 박해했으며 괴롭혔다. 그는 오랜 세월 재판으로 지치도록 싸워 이겼고 영화도 제작되었으나 지금도 버진스키는 수많은 말기 암환자를 살려내면서도 좋은 소리를 못 듣고 있으며 노벨상을 줘야할 천재의사를 왜 못살게 괴롭힐까? 대답은 간단하다. 그가 집단의식에 물든 생각 없는 군중이 아닌 살아있는 의인이기 때문이다.

Jesus會(회) 집단의식

교황 아래 예속된 예수회는 1534년 에스파냐의 노욜라가 세워 1540년에 교황의 승인을 받은 남자 수도회로서 세계적인 포교에 힘쓰며 교육발전이라는 명분으로 세력이 확장되어 지금은 프리메이슨, 일루미나티 등과 굳건히 연관되어 세계를 움직이고 있다.

마르틴 루터의 종교개혁 이후 칼빈(Calvin) 영향을 받은 청교도들은 영국을 청교도들의 국가로 만들어보려고 힘썼지만 실패하였다. 결국 혹독한 박해를 피해 메이플라워(May Folwer) 즉, 오월의 꽃이라는 낡은 배 한척에 영혼을 걸고 1620년 잉글랜드 출신 이민자 102명을 싣고 북 아메리카 신대륙 메사추세추주 플리머스에 천신만고 끝에 도착하였다. 이들을 필그림 파더스(Pilgrim Fathers, 순례자)라고 부른다. 승무원은 30명 정도였고 이민자 102명 중 35명만이 청교도였다.

이들은 성공회와의 갈등과 종교적 박해를 피하여 신앙의 자유를 찾아 이주를 결단한 사람들이었다. 이 5월의 꽃은 9월 16일 잉글랜드 플리머스를 출발하여 66일간의 고달프고도 긴 항해 끝에 같은 해 11월 11일에 케이프 코드의 프로빈스타운에 입항하였다. 선박을 수리한 후 1월 21일 메사추세추로 이동하여 그곳에서 겨울을 보냈으며, 이듬해 4월 5일 이민자들을 남겨 두고 5월의 꽃은 런던으로 되돌아갔다. 이 순례자들의 시련은 이제부터 시작되었다.

정착과정에서 이들은 칼빈이 주장한 살인까지 자행하면서 原住民(원주민)인 인디언을 虐殺(학살)하였다.

마르틴 루터와 당시 종교 개혁자들은 가톨릭의 '교회지상주의'를 성경지상주의로 바꿨다. 가톨릭은 敎皇(교황)과 교회의 전통을 중시했으나 개혁자들은 성경의 권위를 중시 여겼다. 그러므로 성경에 위배되는 전통들은 개혁의 대상이 되었다. 가톨릭의 선행이나 공로에 의해 구원을 받는다는 교리를 바탕으로 제작된 免罪符(면죄부)는 개혁대상 1순이었다. 萬人祭司長(만인제사장)을 주장한 개혁자들은 하나님의 자녀들은 누구나 하나님 앞에 나아가 제사장과 같은 역할을 담당할 수 있다고 주장하였다. 이런 문제로 인하여 개혁자들은 중세 가톨릭의 입장에서는 눈에 가시 같은 존재들이었다. 이들은 철저히 異端(이단)으로 정죄되었다.

루터도 예외는 아니었다. 당시 가톨릭교회는 이단척결을 위한다며 사도적 청빈을 강조한 托鉢修道會(탁발수도회)를 이용했고 교황 직속의 종교 裁判所(재판소)를 설치해놓고 혹독하게 대처하였다. 교황 이노센트 3세는 이단 색출을 위한 특별대리인을 임명하고 자신이 직접 심문하였고 그레고리 9세는 이단 억압을 위해 정규 상설 기관을 설립하였다.

프로테스탄트(Protestant) 집단은 예외일까?

가톨릭교회를 비판하던 개신교회도 宗敎改革(종교개혁)후 얼마가지 않아 똑같은 모습이 되었다.

장로교회 창시자인 존 칼빈(J. Calvin)이 그 중심에 있었다. 스위스 제네바에서 종교국가라는 특별기구의 수장으로 재임한 칼빈은 절대 예정론을 주장했고, 주석을 40여권을 썼고 〈기독교강요〉 장편을 저술하였다. 여기서 칼빈은 중세 가톨릭교회보다 더 혹독한 그리스도인 박해를 시도하였다. 칼빈이 사형시킨 사람은 문서에 기록된 수로 58명이며, 고문이나 기타 박해로 죽은 인원을 포함하면 150여 명이며 76명을 추방하였고 魔女(마녀)사냥으로 8,800명 이상의 여인이 재판을 받고 5,000명 이상이 처형되었다.(브라이언 레백(Brian P. Levack) 저자의 〈유럽의 마녀사냥〉 참조) 일단 마녀로 결론나면 표적이 된 사람의 재산은 일단 재판관이나 법원 관리들의 몫이 되어 그들은 여인의 몸을 빼앗고 재산을 탈취하였다.

유럽의 마녀사냥은 포식자들이 경제적 이득을 얻을 수 없을 때 비로소 끝을 맺었다.

이 집단들은 어떤 변사의 변명도 필요 없는 적그리스도의 피비린내 나는 罪惡(죄악)이며 어디를 봐도 예수 그리스도의 사랑과 자비는 엿볼 수가 없는 우수 사자 같은 악마들의 독화살들이다.

남의 땅에 정착해 벌어진 살인과 대학살

아메리카에 도착한 청교도들은 인디언의 호의적인 태도에도 불구하고 식량과 사냥감을 얻기 위해 인디언 마을을 약탈하는 것을 서슴지 않았다. 심지어는 무력을 이용해 부족의 지도층을 교묘히 빼돌려 강제 조약을 공표한 뒤 살해하거나 강압적으로 조약을 체결하여 저항하는 인디언들을 학살하는 방식을 취하였다. 원주민들은 이들 청교도들을 그들의 언어로 '타퀴네지'라고 불렀는데 '살인자'란 뜻이었다. 당시 네덜란드에 남아있던 존 로빈슨 목사가 인디언 학살소식을 듣고 보낸 편지내용이다. "아! 그토록 잔인하게 모두 죽여 버리다니 다시 한 번 생각해봤더라면 얼마나 좋았겠는가? 일단 붉은 피가 넘쳐흐르기 시작하면 오랫동안 멈추지 않는 법이오. 그들이 당해도 싸다고? 설사 그렇다 해도 그 유혈 사태를 굳이 그리스도인이 도발해야만 했소?" 라고 반문하였다. 이 편지의 수신자는 브래드 퍼드 청교도였다.

지금 남아있는 소수의 원주민들 3,000여 명은 인디언 권리운동의 성지 샌프란시스코의 알카트리즈 섬을 찾아가서 추수감사절 반대 운동을 한다. 그들은 그날을 추수 강탈절이라 하며 분노했다. 캘리포니아 버클리 대학 사회학과 댄 브룩교수도 미국인들의 추수 감사절에 대하여 비판을 가했다. 그는 "추수감사절을 자기 성찰적 집단 단식을 하는 국가적 속죄일로 바꿔야 한다."라고 제안했다.

이 淸敎徒(청교도) 집단은 종교의 자유를 찾아 신대륙을 찾아왔으나 자신들이 받았던 서러움과 박해를 망각하고 신대륙에서 다른 사람의 宗敎的(종교적)자유를 인정하지 않았다.

이들은 이미 유럽에서 끝난 마녀사냥을 아메리카 대륙에서 시작하였다. 그들의 합리적 사고는 그렇다. 이단이기 때문에 마녀들이고 마녀이기 때문에 이단이라는 식으로 사람들을 잡아 처벌하였다. 이를테면 1657년 10월 14일 보스턴 법정에서 공표된 법조문에서는 첫 번째로 잡힌 남자신도 퀘이커교인의 귀를 하나 자르고 자비로 형무소로 보낼 것이며 두 번째로 잡히면 나머지 귀를 마저 자른다는 등의 무자비한 내용으로 가득하다.

여기서 주목할 공통의식은 이 청교도들의 이러한 잔인한 행위들이 장로교의 창시자인 칼빈이 스위스 제네바에서 자행하던 마녀사냥과 맥을 같이 한다는 것이다. 이들 청교도 역시 칼빈의 영향을 받아 신앙이란 미명 아래 인디언을 학살한 것이라며 양심 있는 기독교인들의 불편한 시각이 이에 근거하는 것이다.

이 집단의식은 종교라는 이름으로 불신자들보다 오히려 잔인하여 모두가 피에 굶주린 하이에나처럼 원주민들을 대량 학살하였다.

미국이 淸敎徒(청교도)들을 미화하는 이유

청교도들보다 13년이나 먼저 도착한 사람들은 1607년 5월 14일 버지니아 제임스타운에 도착한 104명의 영국인들이었다. 역사적으로 볼 때도 미국의 서부 개척을 주도한 인물들이 제임스타운의 소문을 듣고 몰려온 골드러시를 좇아온 사람들임에도 불구하고 이들은 그저 서부 개척 총잡이 카우보이쯤으로 그려지고 있는 정도다. 그들은 돈을 벌기 위하여 金鑛(금광)을 찾아온 졸부들로 치부되고 있음은 그들이 미국 건국신화에 별로 도움을 주지 못했기 때문이다.

어느 나라나 건국신화에는 짜릿하고 그럴싸한 스토리가 필요하다. 종교적인 핍박을 피하여 新天地(신천지)를 찾아왔다는 사실만으로도 흥미 있는 신화를 만들어 세계적인 이야깃거리가 되고 있다. 게다가 대서양을 건너오면서 배에서 일부 죽고 살아남은 자들도 이주 첫 해를 넘기지 못하고 여럿이 죽었다. 그들의 생존의 가치를 더욱 극대화하기 위해 만들어낸 첫 추수감사절 신화는 국민들의 가슴에 전 세계 개신교도들에게 뭉클한 感動(감동)을 주기에 충분하였다. 미국이 청교도들을 부각시키는 이유는 따로 있다. 여기서 안타까운 일들이 벌어지는 슬픈 히스토리는 필자를 괴롭히는 가시였다. 청교도들의 처음 순수한 신념과 단세포적 삶이 어떻게 정치와 권력에 의해 이용되어 왔는지 일반 牧會者(목회자)들이 숨기는 것을 나는 밝히려 한다.

우리는 그동안 역사적 시각이 없어 크게 속아왔다. 정치는 언제나 종교를 이용하였다. 결국 청교도들은 자신들도 모르는 사이 미국의 황금알을 낳는 거위역할을 하게 되었을까? 미국은 콜럼버스가 제공해준 황금을 낳는 거위를 나라의 얼굴이라고 대놓고 내세우기는 스스로도 역겨운 일임을 알기 때문에 좀 더 고상한 얼굴마담이 필요했던 것이다. 그것은 바로 남부의 골드러시(Gold rush) 파에게 도덕적 안전핀을 제공해줄 수 있는 북부의 경건주의자들의 신천지 개척 정신이었다.

부활된 여호수아의 征服(정복)

　청교도들이 신천지를 개척할 동안은 그들의 신념인 새 예루살렘을 세우는 꿈이었다. 마치 이스라엘 백성이 약속의 땅 가나안에 들어갈 때 그 땅에 살고 있던 원주민들 가나안 7족속을 가차 없이 죽여 정복하라는 신의 명령을 자신들에게도 적용했던 것이다.

　1637년 5월과 7월 두 차례에 걸쳐 페콧 지역에 사는 인디언 학살을 청교도들이 주도했다. 전쟁을 주도한 지도자 존 메이슨은 말하기를 "하나님이 적들을 비웃으심이여 그들을 뜨거운 오븐에 구우셨도다."라고 승전가를 부르며 자랑스러워하였다. 서부를 개척하여 신천지를 건설해야 한다는 그들의 조급함과 이방인을 멸시하는 우월의식을 결국 그리스도인의 인격과는 너무 거리가 먼 살인집단으로 전락한 것이었다. 그 후에도 인디언 선교를 해보겠다고 나선 선교사들에게도 마찬가지였다. 감리교 목사이면서 군인이었던 시빙턴 대령은 하나님의 이름으로 1864년 132명의 원주민을 학살하였고 그 사건은 '센드크릭 대학살'이라는 이름으로 오늘날까지 수많은 사람들의 입에 오르내리고 있다. 사람을 한둘 죽이기 시작하다보면 그들이 살려달라고 애원하며 그 가녀린 울부짖음을 보는 모습에서 악마들은 쾌감을 느낀다는 범죄 심리는 정신병자들의 공통적인 통례다. 그들은 이 살인의 추억을 최고의 즐거움을 삼는다.

　웰시 선교사나 사무엘 힘먼 선교사 등도 자신들이 섬기던 인디언들을 배반하고 백인들에게 땅을 내어주기 위해 학살의 편에 섰던 사람들이다.

　이렇게 가나안 7족을 멸하여 죽이듯 기존의 원주민들을 말살하는 것이 청교도 하나님의 뜻이라고 주장하는 사상은 미국의 대륙 정복에 큰 정신적 지주가 된 것이다. 황금이 교묘하게 거룩한 모자를 쓰고 서부로 달린 셈이다. 따라서 그 뒤 미국정치는 종교와 손을 잡고 큰 저항 없이 팽창주의를 수행하였다. 청교도들은 하나님의 축복이라는 허상을 쫓아 정치를 후원하기 시작하였다. 이렇게 번영 복음이라는 怪物(괴물)을 낳아 전 세계로 수출하고 있다.

이렇게 미국의 청교도를 내세워 황금알을 챙기고 침략과 정치적 야망을 정당화하며 이러한 의식구조는 오늘날까지 세계전쟁을 합화하는 피에 주린 괴물이 되었다. 콜럼버스가 만든 황금알을 낳는 거위는 결국 청교도를 통해 거룩한 거위로 둔갑하여 오늘날 강대국이 되어 아론이 만든 금송아지를 경배하는 이스라엘 백성을 향해 돌 판을 던지던 분노한 모세는 오늘날 어느 광야에서 양을 치는지 아직 나타나지 않고 있다.

宗敎(종교)는 살인집단이다.

군중의 집단의식이 얼마나 무모하고 무책임하며 무지한 가는 지난 과거 역사나 먼 미래를 볼 것도 없이 지금 이 시대만 보더라도 간단히 맥을 짚을 수 있다. 매스컴에서 9시 뉴스에 서너 번만 방송으로 보도되면 그 내용이 가짜 뉴스라 해도 진리로 둔갑하며 군중들은 즉시 그 강력한 영향을 받아 반응하며 99%가 그대로 믿어버린다. 지금은 거짓의 전국시대이다. 政治人(정치인)들은 일급비밀은 숨겨둔 채 국민을 기만하여 마음껏 노예처럼 가지고 논다. 대한민국만 해도 역겹다. 독극물 켐트레일 살포 대성공, 마스크 씌우기 대성공, 백신으로 노예 만들기 대성공으로 그림자 정부는 샴페인을 터뜨리고 있다. 이제 인구가 지구상에 급감하는 일만 남았다. 천안함 사건, 세월 호 사건, 메르스, 에볼라, 싸스, 코로나19, 100% 재벌가들과 그림자정부의 조작이다. 내 말이 그냥 하는 말이 아니고 충분히 밤새워가며 연구에 몰두하며 알아보고 내리는 결론이다. 싸스로 죽은 사람은 우리나라에서는 없었고 지난 20년간 에이즈 사망자는 100명이 안 되며, 메르스로 죽은 사람은 없다. 코로나19로 죽은 사람은 평균 나이 78세 이상 氣低疾患(기저질환: 기운이 저하되어 일반적으로 허약하여 면역력이 결핍한 사람이라는 뜻)자로 확진 판정 받고도 사망률은 0.2%로 문제가 될 일이 아니다.

양심 있는 의사들이 정규방송을 차단하니 유투브로 그토록 수십 개의 채널에서 간곡히 호소를 해도 이미 세뇌된 노예들은 TV로 하나님의 세례를 매일 받고 그 어떤 先知者(선지자) 혹은 사랑하는 가족이나 친구의 권유도 거부하며 맹신한다. 정치인들과 세계 재벌가들은 마치 忠犬(충견)을 부려먹듯 세계 인류를 부려먹는다. 그것도 빼앗은 돈으로 홍보하며, 누차 시뮬레이션이 대성공하자 이제 맘먹고 본 게임에 착수하기 시작했고 결국 지난 10월 기준으로 계산해볼 때 정부를 대성공을 거두었다.

가인 후예들의 전쟁사

기원전 1457년 메리도 전투. 이집트 군과 가나안 소국 연합군의 치열한 전투

기원전 1300년 톨렌세 전투. 북부유럽 청동기 부족국가간의 전투 2회

기원전 1274년 카에시 전투. 이집트 군과 히타이트군의 전쟁

기원전 490년 마라톤 전투. 아테네군이 아케메네스 왕조군을 격퇴 1차 페르시아 전쟁 終結(종결)

기원전 480년 살라미스 해전. 그리스 동맹해군이 아케메네스 왕조해군을 격퇴

기원전 479년 플라티이 아이전투. 그리스 동맹국이 아케메네스 왕조군을 2차 격퇴. 페르시아 전쟁 종결

기원전 424년 델리온 전투. 아테네가 스파르타 보이오티아 연합군에게 패망함

기원전 406년 이루기누사이 해전. 아테네 함대가 스파르타 함대를 격파

기원전 405년 이이고스포타모이 해전. 스파르타함대가 아테네함대를 격파 펠로폰네소스 전쟁이 종결.

기원전 401년 쿠낙사 전투. 아케메네스 왕조의 왕위계승 관련 전투 4회

기원전 371년 레욱트라 전투. 티베의 에파미논다스가 사선진을 활용하여 스파르타 精銳軍(정예군)을 5회 섬멸

기원전 342년 마릉 전투. 손빈의 薺(제)군이 야간매복을 활용해 방연의

魏(위)군을 섬멸

기원전 338년 카이로 네이아 전투. 마케도니아 군이 아테네와 테베가 주축이 된 그리스 연합군을 격퇴함

기원전 334년 그라니코스 전투. 마케도니아 군이 아케메네스 왕조군을 격퇴

기원전 333년 이소스 전투. 마케도니아 군이 아케메네스 왕조군을 격퇴

기원전 331년 기우가멜라 전투 마케도니아 군이 아케메네스 왕조군을 7회 격퇴

기원전 330년 페르시아 관문 전투. 마케도니아 군이 페르세폴리스로 진군하던 중 페르시아군의 급습을 받고 전투함

기원전 326년 하다스페드 전투. 마케도니아 군이 포루스의 파우라바 왕국군 격파함

기원전 281년 古朝鮮(고조선) 연 전쟁. 연나라의 진개가 고조선을 격파. 라오동 일대를 점령함

기원전 280년 헤라클리아 전투. 피로스가 이끄는 에페이로스 군이로마군을 격퇴시킴

기원전 279년 아스쿨룸 전투. 피로스가 이끄는 에페이로스 군이 로마군을 격파시키고 피로스 군이 승리함

기원전 275년 베네벤툼 전투. 피로스가 이끄는 에페이로스 군이 로마군에게 패배 피로스 전쟁 종결됨

기원전 260년 정평대전 백기의 秦(진) 군이 조괄의 趙(조) 군을 격파하고 포고 30만 명을 생매장함

기원전 260년 밀레해전 로마해군이 카르타고 해군과의 첫 해전에서 승리

기원전 256년 에크노무스 해전. 로마해군이 카르타고 해군을 격파하고 최초로 아프리카에 상륙

기원전 255년 바그라다스 전투. 스파르타의 용병대장 크산티포스가 이끄는 칼타고 군이 마르쿠스 아틸라우스 레굴루스의 로마군을 섬멸함.

기원전 254년 파노르무스 공방전 로마군이 칼타고 군을 격퇴, 칼타고의 지상전을 단념.

기원전 249년 드레파나 해전. 카르타고 해군이 로마 해군을 격퇴. 칼타고의 시칠리아 제해권 탈환

기원전 241년 아이가테스 제도 해전. 로마해군이 카르타고 해군을 격퇴 제1차 포에니 전쟁 종결

기원전 255년 텔라온 전투. 로마군이 이탈리아를 침공한 갈리아 연합군을 격퇴

기원전 218년 트레비아 전투. 칼타고 군이 로마군을 격퇴. 한니발 바르카의 이탈리아 원정 시작

기원전 217년 라피아 전투. 프톨레마이오스 왕조군이 안티오코스 3세의 셀레우코스 왕조군을 격퇴

기원전 215년 테르토사의 전투. 로마군이 아베리아에서 카르타고군 격퇴. 한니발의 보급선을 차단함

기원전 211년 베티스고지의 전투. 하스드루발 바르카가 이끄는 카르타고군이 로마군을 9회 격퇴

기원전 207년 메타우루스 전투. 로마군이 하스드루발 바르카가 이그는 카르타고 군을 10차례 섬멸

기원전 207년 거록대전. 항우가 이끄는 楚(초)나라 군이 秦(진)나라 군을 11차 격퇴

기원전 205년 평성대전 항우가 이끄는 楚(초)나라 군이 漢(한)나라 군을 격파함

기원전 202년 자마전투. 스키피오 아프리카누스가 이끄는 로마군이 한나발 바르카의 카르타고 군을 격파. 제 2차 포에니 전쟁일 종결됨

기원전 202년 해하 전투. 漢(한)나라 군이 항우의 초나라 군을 섬멸, 초한전쟁이 끝나고 전한 성립

기원전 198년 아오이스테나 전투. 티투스 퀸크티우스 플람니누스가 이끄

는 로마 군이 필리포스 5세의 마케도니아 군을 격퇴시킴

기원전 197년 키노스케발라이 전투. 미니누스가 이끄는 로마군이 필리포스 5세의 마케도니아군을 격퇴

기원전 194년 위만의 정변. 위만이 쿠데타를 일으켜 준왕을 폐위하고 스스로 왕이 됨

기원전 190년 마그네시아 전투. 스키피오 아시아티쿠스가 이끄는 로마군이 안티오커스 3세의 셀레우코스 왕조군을 격퇴시켜 몰락함

기원전 168년 피드나 전투. 로마군이 페르세우스(마케도니아)가 이끄는 군을 격퇴 안티고 노스 왕조의 멸망

기원전 109년 1차 왕검성 전투. 위만 조선이 전한과 전쟁에 돌입. 고조선이 전한을 물리침

기원전 108년 2차 왕검성 전투. 위만 조선이 전한에 합병됨

기원전 105년 아리우시오 전투. 로마군이 게르만 부족 연합군에게 전멸됨

기원전 104년 제 1차 대원정 漢(한)나라 군이 이광리를 통해 대원에 원정군을 보냈으나 실패하였다.

기원전 86년. 카이로 네이아 전투. 가이사르아 네르비족의 격돌. 갈리아 전쟁 발단

기원전 53년 카르해 전투. 수레나스가 이끄는 파르티아군이 로마군격퇴. 크라수스의 사망과 삼두정치의 파탄

기원전 52년 알레시아 전투. 카이사르가 이끄는 로마군이 베르긴 베토릭스의 갈리아군 격파. 카이사르의 갈리아 정복 완성

기원전 49년 바그다라스강 전투. 유바 1세가 이끄는 누미디아군이 가이우스 스크리보니우스 쿠리오의 카이사르 군을 격퇴

기원전 48년 다리키운 공방전. 폼페이우스군이 카이사르 군을 격퇴

기원전 48년 파르살루스 전투. 카이사르 군이 폼페이우스군 격퇴. 카이사르 독재 시작됨

기원전 46년 탑수스 전투. 카이사르가 북 아프리카에서 메델루스 스키피오와 라비에누스 카토들 공화파 토벌

기원전 45년 문다 전투. 카이사르가 히스파니아에서 폼페이우스의 두 아들을 격퇴

기원전 42년 필리디 전투. 옥타비아누스와 마르쿠스안토니우스가 이끄는 2차 과두정파 군이 마르쿠스 유나우스 브루투스와 카시우스롱기누스의 공화정파 군을 격퇴. 공화정 세력을 소멸

가원전 31년 악티운 해전. 옥타비아누스가 이끄는 로마해군이 마루쿠스 안토니우스와 클레오 파트라 7세의 이집트 해군을 격퇴. 로마 내전의 종결과 프톨레마이오스 왕조의 멸망

이상은 기원전 戰爭史(전쟁사)를 거슬러 큰 전쟁을 간추려본 역사적 기록들이다. 기원후 큰 전쟁들이 세계사적으로 760회 정도가 있었고

2021년 아프가니스탄 전쟁과 탈레반 공세

2021년 8월 15일 미국과 아프가니스탄 전쟁 4차 격돌

2022년 카이우 전투. 우크라이나와 러시아전쟁. 14차 격돌하여 수많은 사상자와 단말마들이 속출함. 기원전 전쟁은 재래식 무기였고 인명살상도 러시아전쟁처럼 몰살당하진 않았으나 당시 인구를 감안해볼 때 수억 명이 전쟁으로 죽었다.

암튼, 난징대학살, 제주43사건 학살, 광주 518 학살, 볼세비키 혁명 5천만 학살, 원주민 학살 등은 아무리 생각해도 치가 떨리는 악마들의 광란이다. 이들의 의식을 깨워야 한다.

죄악 중에도 慙悔(참회)한 사람들

BC. 269년 인도의 첫 統一帝國(통일제국)의 건국자 마우리아 왕조의 3대 왕으로서 인도 남단 타밀지역을 제외한 전인도(북위 14도 이북)를 망라하여 인도 역사상 첫 통일제국을 세우고 철저한 전제 君主制(군주제)를 실시하였다. 왕의 자문기관으로 국무 위원회를 설치하여 모든 행정조치는 이

위원회의 심의를 거친 후에 실시하도록 하고 모든 장관 임명 건은 왕이 장악하며, 전국을 중앙 직할지 외에 지망 총독이 통치하는 4개 지역(서북, 서, 동남, 남)으로 나누고 정기적으로 순찰관을 지방에 보내 감시하였다. 그리고 각종 사회경제 시책도 단행하였다. 그는 대규모로 관개사업을 진행하고 운송체계를 세우며, 이정표를 정리하는 등 중앙과 지방간의 도로를 정비하였다. 수도를 비롯한 대도시의 시정은 분야별로 공업국, 외국인 관리국, 상업국, 공공 사업국 등 6개 전문 국에 위임해 집행하도록 하였다.

아쇼카가 聖王(성왕)으로 추앙되는 것은 무엇보다도 그의 護佛(호불) 정책 때문이다. 그는 즉위한지 7년 만에 불교에 귀의하고 8년 되는 해에는 동남 벵골만 해안에 위치한 칼링가(Kalinga)국을 무력으로 정복하였다. 이 과정에서 10만 명이 살상되고 15만 명이 생포되었다.

수십만 명이 질병과 굶주림의 고통으로 사망하였다. 그러던 중 그는 석가모니 부처님의 자비문으로 귀의하여 크게 뉘우치고 깨달은 바가 있어 다시는 전쟁을 하지 않겠다고 맹세하였다. 그는 즉위 직전에 왕의 친형인 화수마를 대신들과 함께 죽여 骨肉相爭(골육상쟁)의 큰 죄책감으로 마음이 크게 불편하였다.

이러한 무거운 짐들이 참회의 종자가 되어 견성하게 하였던 같다. 왕의 신앙은 그 뒤로부터 더욱 깊어져 즉위 11년에는 受戒信男(수계신남)이 되어서 바른 지혜를 얻고 12년경부터는 자주자주 칙령을 내려 불교의 자비와 인애를 정치상에 실현하여 死刑囚(사형수)를 석방하고 살생을 금하여 스스로 狩獵(수렵)을 폐지하고 국민의 進上(진상)을 감하게 했다.

그리고 왕자 마한다(Mahinda)와 밀다를 출가시켜 불법을 공부하여 널리 전도하게 했고 또 친히 여러 대덕 고승들을 초대하여 법을 듣고 많은 승려들에게 대 공양을 베푸는 데 힘썼다. 또한 즉위 13년에는 정법대관을 각지에 보내고 18년에는 화씨성에서 제3회 보전 결집을 행하고 그 이듬해는 각국에 전도사를 파견하고 다시 그 이듬해에는 왕이 스스로 불교 遺蹟地(유적지)를 순회하며 성지마다 기념비를 세우고 수많은 사원과 탑을 건립하는 등 護法(호법)적 사업과 자선사업을 많이 행하여 전심으로 정법선포에 전력을 다하였다.

그는 스스로 왕궁 안에 은거하여 수행에 전념하며, 정치적 일들은 대신들에게 주로 맡기고 조용히 명상으로 70년생을 살았다. 혹자는 기독교의 콘스탄틴 황제와 흡사하다는 평을 하기도 하는데 내가 아는 시각으로는 콘스탄틴은 기독교를 이용하여 태양신제국을 살찌우는데 성공하여 그의 정치야망을 채웠으다. 그러나 아쇼카 왕은 진심어린 수행자로 일생을 마쳤으며 영적인 우월감은 역사적인 흔적과 많은 학자들이 평하고 있다. 불교 역사상 아쇼카 왕처럼 불교를 보호하고 승려들을 돕고 힘쓴 위인은 전무후무할 것이다. 이렇게 화려한 불교가 오늘날에 와서는 인도에서 사라지다시피한 것은 무슨 연유일까? 단적으로 말해서 승려들의 탁발이 없어지고 왕궁의 도움과 보조로 지원을 해주자 스스로 종교가 비만해지고 풍요롭다보니 귀족불교로 둔갑되자 고려 신자 불교처럼 기세가 꺾여 퇴쇠기를 맞았던 것이다. 필자도 아내와 함께 아쇼카 왕의 석탑과 흔적들 그리고 여러 유적지를 방문하여 그 거대한 발자취를 눈으로 보고 왔다.

3. 치트키(Cheat Key)가 만연한 세상

치트(Cheat)란 '속이다'라는 뜻을 가진 단어로 게임용어다. 치트키란 컴퓨터게임에서 제작자들만이 알고 있는 비밀키나 속임수를 의미한다. 지금 온 세상은 속임수로 만연해있다. 정치경제, 문화예술, 종교, 교육계 모두 속임수 천지다.

왜곡 보도되는 뉴스들

지금은 무한한 정보가 넘쳐나는 시대다. 정규 TV방송 News 말고도 인터넷과 유투버들을 통하여 정보와 사건뉴스가 홍수처럼 쏟아져 나온다. 언론의 힘은 어디서 나오는 것일까?

미디어(Media)가 유용하고 영향력이 큰 이유는 단순히 사실과 정보를 분명하게 전달하기 때문만이 아니다. 이미 인터넷에는 거대한 지식과 정보의 바다가 범람하고 있으며 그중에서도 언론이 중요한 이유는 팩트에 입각한 정보를 전달한다는 점 때문인데 여기서도 特種(특종)이니 시청률이니 등으로 문제는 있으며 때로는 편파보도와 거두절미형식 등 문제가 많다. 이는 방대한 정보 가운데 개인과 사회에 영향을 미치는 새롭고 중요한 뉴스를 골라서 전달하는 게 언론의 임무다. 즉, 선별과 편집 기술이다. 그러므로 언론의 역할과 권력은 정보 전달이 아니라 무수히 많은 정보 가운데서 言論社(언론사)가 중요하다고 판단한 내용을 뉴스로 골라 전달하고 그것을 통해 언론을 형성하는데서 생겨난다. 방대한 자료 중에서 어떤 것을 메인뉴스로 보도할지 언론사가 선택하여야 한다. 이것이 게이트키핑(gate keeper)이라 하는데 '문지기'라는 의미이다.

날마다 신문과 방송 뉴스를 보면 게이트키핑이 어떻게 이루어지는지 알 수 있다. 신문 1면에는 대개 기사내용 서너 건과 사건 現場(현장) 사진이 실린다. 저녁 방송에는 앵커가 첫 소식을 전하는 게 그날의 톱뉴스이며 여러 명의 기자가 동원하여 입체적으로 상세히 전하는 게 일상이 되어 일반적인 사고의 의식이 개인이 이러한 정보들을 스스로 선별, 검증하여 有用性(유용성) 위주를 파악하는 것은 불가능하다. 천안 함, 메르스, 에이즈, 세월 호, 코로나19의 비밀, 매일 살포하는 켐트레일 毒劇物(독극물), 등은 그 누구도 어떤 기자들도 손 못 대는 1급 비밀로 미궁으로 묻히는 사건들이다. 그래서 나 같은 精神界(정신계) 도우미들은 푸대접을 받고 수십 년씩 머리를 맞대고 함께하던 이웃들도 모두 멀어지는 것이다.

정보를 선별하여 추천해주고 시대정신을 깨우고 삶의 요점정리를 간결하게 해주려는데 마치 자신들의 인생에 끼어들어 간섭이나 하는 줄로 알고 나침반을 선물하는데도 원치 않는다.

宗敎界(종교계)의 거짓말들

필자가 수십 번을 말했듯 바울이 로마로 건너가 세워진 로마 천주교회는 그리스도교가 아니라 고대로부터 숭배하던 니므롯의 太陽神(태양신) 종교다. 목숨을 아끼지 않고 열렬이 예수 그리스도를 신앙하는 기독교인을 여러 황제들을 통하여 무섭게 박해하고 죽이고 고문해도 그들의 수효가 불어나자 비상한 꾀를 써서 전 기독교인들은 한 그물망에 포획한 콘스탄틴 황제 즉위 이후 교회는 어둠에 묻히고 빛을 잃고 異敎徒(이교도)들을 배양하는 꼴이 되고 말았다.

루터의 95개 反駁文(반박문) 말고도 오늘날 모든 의식과 옷차림, 교회 문화전통은 그들의 속임수로 도배를 하고 있는 셈이다. 이 로마교회는 계급제도를 만들어 왕권을 누리며 속세의 제왕들보다 더 겉치레를 중시여기며, 예수 그리스도의식의 청빈사상이나 박애, 정의는 구호만으로 그치고 땅에서 사치하고 宴樂(연락)하는 장사꾼들로 들끓는 것은 예수께서 성전마당에서 장사꾼들의 상을 엎어버리던 때나 달라진 게 없다. 그들은 알렉산드리아에서 캐논을 편집할 때에 여러 권의 良書(양서)를 외경으로 빼버리고 제외시켰다. 그리고 14회 이상 원문을 가감하여 교리를 만들기 시작하여 동정녀 사건, 재림, 종말론적인 교리, 예수를 투표로 결정하여 신으로 만드는데 성공하였는데 이때가 AD. 320년 니케아 대종교회의 때였다.

改新教(개신교)도 형식상으로는 루터의 개혁정신을 옹호하지만 그 전통이나 유전을 고수하는 세레모니는 사촌간이라 칭하면 될 것이다. 말하자면 성직자 절대주의, 목회자의 권위, 맘모스 교회 추종, 축복의 개념, 머니 신앙, 등이며 예수 이름으로 겁주는 행위 등으로 이 모든 것들은 거짓에 익숙한 옛 뱀의 장난이며 신실한 믿음을 방해하려는 사탄의 속임수인 것이다.

지금은 激變(격변)의 시간이 가까이 오고 있음을 나는 피부로 절감한다. 그리하여 나와 인연 있는 사람들에게 이 불편한 진실을 때를 얻든 못 얻든 힘써 입이 마르도록 전하였다. 아침마다 3분짜리 명상 일기를 음성으로 10년을 1,200명에게 시작하여 300여 명을 마지막으로 전하는 것은 명상을 빙자하여 時代精神(시대정신)을 전하기 위해서였다. 2021년 10월 끝자락에 마음의 소리가 있었다.

맛있는 떡 먹으러 맛 집 찾아다니는 귀 막히고 눈 먼 유아들에게 이제 그만 하라는 것이었다. 단맛을 주면 웃고 쓴맛을 주면 찌푸리는 하루살이 심장들에게 나는 혼자 떠들었다. 나는 나를 알던 사람들이 예비심판의 시간이 가까워지고 있다는 것을 알기를 원한다.

이 시간 이후로는 모든 사람들이 매우 도전적인 시간이 될 것이다. 그

심판은 곳곳에서 파괴와 폭동, 큰 고통 괴질과 흉년, 生必品(생필품) 부족과 연료 전쟁, 의약품 등 넘쳐나는 암환자, 전 세계를 이미 손안에 넣고 주무르는 사탄조직은 재미를 보았으므로 강도 높은 수위로 설득하여 종교 통합, 정치통합을 시작하였다.(NCC) 머지않아 이들은 목적을 이룰 것이며 사람들은 이들의 오래전부터 계획되어온 대대적인 속임수를 찬양하며 연합하였다. 의식 있는 이들의 의혹을 완화하기 위해 약간의 도움을 주는듯하나 결국은 함정에 빠지는 것이며 멸망이다.

코로나백신의 속임수와 켐트레일

나는 힘없는 정부를 안타깝게 생각한다. JTBC 방송국 손 석희 앵커는 미세먼지에 대한 뉴스를 약 2주간 深層的(심층적)으로 다루고 보도하였다. 결국 많은 조사와 보도 자료 끝에 미세먼지가 공장굴뚝에서나 중국에서 날아오는 황사가 아님을 알아냈고, 그 원인이 기후협약에 가입한 나라들이 오존층을 20% 막아준다는 속임수를 바탕으로 영공을 침해하여 매일 뿌려대는 8가지 중금속 독극물임을 알아 앵커브리핑을 하려하자, 조직의 위협과 지시로 방송을 중단하고 펑크를 냈고 결국 그날 켈트족의 기도문을 낭송함으로 방송을 마쳤다. 목소리는 사뭇 우울하고 진지하고 슬픔을 삭이는 듯한 숙연함이었는데 뒷면 대형 켐트레일 사진은 벽면에 걸어두어 유투브 영상을 검색하여 볼 수 있다. 이제는 마음 놓고 미세먼지를 마시느라 아예 방송에서 언급하지도 않는다. 또 그들이 이겼다. 이제 백신문제의 속임수다.

코로나 백신의 속임수에 빠진 많은 사람들을 보라. 마음에 성령 없는 이들은 무더기로 속고 있다. 남은 자들은 절대로 속지 말아야 한다. 모두 대답해야 한다.

아래 코비드의 뜻을 공개한다.

- 코비드의 뜻

C – 준수, 따름(Compliance)

O – 복종(Obey)

V – 백신접종(Virus)

I – 주입, 세뇌(Injection)

D – 인구감소(Decrease)

국가의 1급 비밀을 국민이 다 알 수는 없는 것이다. 그러나 사탄은 이러한 정보들을 여러 방면으로 흘어 뿌린다. 이러한 정보가 한바탕 강남스타일처럼 퍼져 나갈 즈음 믿을만한 방송에서 정규 앵커들이 陰謀論(음모론)으로 혹은 루머로 간주하여 시청률 높은 시간에 방송을 하는 식으로 역사는 흘러왔다. 내 말을 명심하라. 천안 함이 기울고 세월호가 기울고 잠기기 시작하면 예수도 붓다도 알라도 공자도 성모마리아도 그 어떤 신도 살려내지 못한다.

내 말이 틀렸는가? 내가 신성모독인가? 이것을 알라! 福音(복음)이 무엇인가? 복음은 뉴스이며 時代精神(시대정신)이며 시대정보라는 것을 부디 잊지 말라. 예수도 당시 의미 없고 메마른 종교의식과 僞善的(위선적)이며 실속 없이 나라를 뺏기고 아무 힘도 없는 군중은 여러 파로 찢어져 도무지 희망이 없는 종교가들에게 시대정신을 전하다가 미움을 받은 것이다.

국제 협약의 거짓말들

우루과이라운드(Uruguay Round)

우루과이라운드는 우루과이에서 개최되었기 때문에 우루과이 라운드라고 한다. 1987년부터 본격적으로 진행되고 있는 GATT 새로운 다자간 무역 협상을 통칭한다. 그러니까 세계의 무역자유화를 실현하자는 취지에서 출발하였다.

　우루과이 라운드 최종 의정서는 1994년 모로코의 마라케시에서 열린 GATT 각료회의에서 우루과이 라운드 협상 참가자들이 그동안 벌여온 협상의 완전 종료를 확인하고 WTO의 출범에 동의한다는 요지의 합의서이다. 구체적으로는 WTO설립 협정 등이 우루과이 라운드 協商(협상)의 결과이며 이 협정을 자국의 국내 비준 절차에 회부한다는 내용을 담고 있다. 이 의정서는 형식적인 선언의 성격이 강해서 각국의 의회의 동의절차는 거칠 필요가 없다. 최종 의정서는 마라케시 각료 회의에 참석하는 우리나라를 포함한 123개국이 모두 서명하였다.

　1980년 우리나라는 냉해로 벼농사가 대흉작을 몰고 왔다. 그때 미국정부를 찾아가 쌀을 좀 공급해줄 것을 사정하여 간청했고 결국 1981년 한 해에 도입한 쌀이 224만 5,000톤으로 당시 우리나라 쌀 생산량의 3분의 1을 넘었다. 1979년 톤당 240달러였던 쌀값이 두 배가 넘는 550달러까지 치솟았다. 이전 세계적인 흉작이 든 1972년에는 이보다 더 심해서 곡물메이저는 톤당 200달러 하던 쌀을 661달러에 팔았다. 그러니까 甲(갑)질을 하고 돈을 긁어모았던 것이다.

　곡물 값 폭등을 조장한 사례를 굉장하여 결국 '식량을 무기화하는 것이다.'라는 말이 생겨났다. 이들 곡물 메이저들은 미국 곡물 창고의 재고분의 대부분을 점유하고 있어서 이들 출하량을 조절하면서 시장의 가격을 마음대로 조정한다. 즉, 매점매석으로 엄청난 이득을 취하는 것이다. 특히 농산물 협상은 가장 많은 논란을 불러일으켰다. 쉽게 말해서 인간이 정한 법은 잘 지켜지지 않는다. 중국에서 들어오는 필수품들은 한약재에서 곡물 기타 500여 품목이나 밀려들어왔다. 20년 전에는 우리나라 물건과 약 20배 15배 차이가 났으나 지금은 30%정도 가격차이가 좁혀졌다. 밀가루, 쌀, 옥수수, 기타 잡곡, 기타 필수품들이 밀려들어올 때 우리나라는 시공 골짜기 땅

3. 치트키가 만연한 세상

들을 다 버리다시피 하였다. 노동자의 하루 인건비로 수입 쌀 한 가마를 살 수 있었다. 30년 세월로 오늘 우리는 완전히 강대국의 게임에 이용당한 생쥐가 되었다.

1970년대의 식량파동을 겪은 세계 각국은 긴장하여 식량증진에 나섰다. 우리나라는 김 용기 가나안 농군학교장과 박 정희 대통령과의 노력으로 필리핀 국왕에게 김 용기 장로가 선물 받은 벼를 생산하여 식량난을 해결하고 그 이름을 '통일벼'라 명명하였는데 남북한이 먹고 남을 것이라 하여 붙여진 이름이다. 그 뒤로 우리나라도 쌀값이 하락하였다.

상대적으로 곡물 메이저에는 위험 상황이 온 것이다. 곡물 메이저들은 또 한 번 마술을 부렸는데 우루과이 라운드 협상 당시부터 WTO 체제하의 국제 농산물 자유무역에 깊숙이 개입하였고 1993년 12월에 우루과이 라운드 협상을 통해 이루어진 농산물의 무역 自由化(자유화)를 뒤에서 조정한 것이 바로 이들이었다.

문제는 1990년대 들어 곡물 수입국들 사이에 민영화 바람이 불면서 수요자는 분산되고 있는 반면, 메이저들은 오히려 인수와 합병 등으로 몸집을 키우면서 시장 지배력을 강화하였다는 점이다. 그들의 궁극적인 목적은 농산물의 무역자유화를 더욱 확대하여 세계 곡물시장을 獨占(독점)하려는 것이다. 2003년 멕시코 칸쿤에서 열린 WTO농업 협상에서는 아예 카길이 미국 측 의견서를 작성하였다. 곡물 메이저는 미국정부뿐 아니라 세계 농업정책 전반에 막강한 영향력을 행사하는데 이렇듯 세계 곡물 시장이 WTO 협정 등 국제사회와 규범과 질서보다는 곡물 메이저의 '보이지 않는 손(그림자정부)'에 의해 움직이고 있다. 그들은 이렇게 외치며 쾌재를 부르고 있다. 전 세계는 '우리 손안에 있다.'

이들은 '곡물 마피아'라 불릴 만큼 그 정체가 베일에 싸여있으며, 자국 정부의 고차원적 곡물 수출정책에 편승해서 독점적 폭리를 취하고 국내외에 거미줄 같은 정보망을 가지고 있는데 심지어 인공위성으로 밀과 옥수수, 쌀 등 세계 주요 農産物(농산물)의 국가별 작황을 실시간으로 파악한다. 한

국재의 농산물 작황도 그들이 먼저 조사하여 훤히 들여다보고 있다.

메이저들은 대부분 유대인들이다.

세계 식량난이 발생하자 일부 곡물 수출 국가들은 자기나라부터 챙기기 위해 식량 수출 자제를 금지하였다. 세계화를 추구하면서 식량의 자급자족을 포기하였던 개발도상국들은 그 피해의 데미지가 이만저만이 아니다. 곡물을 정규적으로 수출할 수 있는 네 나라, 즉 미국, 캐나다, 호주, 아르헨티나인데 이들을 7개의 유대인 메이저가 지배하고 있다.

이들은 세계 곡물 생산량의 80%가량을 취급하는데 미국의 카길과 ADM이 절반 이상을 차지하고 다음으로는 프랑스의 루이드레퓌스 12%, 아르헨티나의 분게 7%, 스위스 앙드레 5% 순위다. 스코틀랜드계의 카길이 창업한 이 회사는 록펠러가 자금을 대고 유대인 율리우스 헨델이 자금을 대어 키운 유대계 미국인이다. 카길은 개인 회사이고 증권거래소에 상장하지 않아 주식이 비공개인 까닭에 회사 내용에 대해 속속들이 비밀에 싸여 있다.

자금 결제는 스위스 결제 은행을 이용한다.

자금을 추적할 수 없으며 사업의 크기 등은 완벽하게 베일에 가려져 있다. 소련 붕괴 때에 마피아들은 미국을 도와 소련에 곡물을 끊음으로 빠른 항복을 받아내는데 일조하였다. 당시 소련은 식량 부족으로 아프카니스탄 침공에 실패하였고 식량 무기 앞에 무릎을 꿇었다.

생명을 위협하는 유전자 조작 GMO

1998년 1월 카길은 多國籍(다국적) 화학회사인 몬산토와 손을 잡고 바이오 농산물회사 '레네젠'을 설립하였는데 레네젠은 생명공학 기술을 이용해 유전자 조작 곡물과 사료를 개발하고 있다. 이 조작 식품으로 악명 높은 '몬산토' 세계 種子産業(종자산업)의 대부분을 통제하고 있다. 회사 총수입의 대부분은 농약판매로 벌어들인다. 이들은 모든 잡초를 죽일 수 있는 제초제를 만들고 이 제초제에 견딜 수 있는 콩 종자를 개발하여 세계시장에 판매를 시작하였다.

식용유의 원료인 콩, 옥수수, 유채 등은 유전자 조작으로 실용된 식물이다. 원료의 대부분은 수입산을 사용한다. 이러한 원료로 대두유, 옥수수유, 카놀라유, 면실류가 만들어진다. 세계 종자시장의 4분의 1을 차지하는 세계 최대종자 회사 몬산토(MONSANTO)은 식량난을 해결하고 노동력에 비해 많은 양을 수확하기 위한 목적이었다. 또한 병충해에 강하고 영양이나 품종 면에서 우수한 종자를 생산하려는 목적에서 시작된 것이다. 유전자 조작 생산의 이유는 이윤이 많이 남기 때문이다. 식용유자체로 판매하면서 그 찌꺼기로 배합사료의 원료로 판매하는데 오늘날 농장에서 이용하는 유박이라는 퇴비다. 그러나 유전자 조작 식품들로 인한 온갖 끔찍한 결과는 이미 세계 곳곳에서 심각한 상황을 호소하고 있는 현실이다.

예전에 'KBS 환경 스페셜'에 보도된 바 있듯 인도에서는 천여 마리의 양들이 GMO 목화를 먹고 떼죽음을 당한 일이 방송되었다.

몬산토 사의 대변인 필 앵글은 "우리의 관심은 최대한 많이 파는 것이다."라고 했고, 안전을 보장하는 미국 식품의약국(FDA)의 대변인은 "GMO의 安全性(안전성)에 대한 檢證(검증)은 제조업체들의 책임이다." 라며, 몬산토 사, FDA, 어느 누구도 책임지려 하지 않는다.

문제는 우리나라가 이런 식용 GMO를 세계에서 가장 많이 수입하는 국가라는 점이다. 아침식사로 자주 먹는 시리얼의 원료는 99% 수입산이다. 우리나라는 80%정도를 미국에서 수입하고 있다. 미국은 전 세계 유전자 조작 농산물의 4분의 3을 생산하는 나라이다. 우리 밥상에 올라오는 콩나물과 두부 외에도 두유, 각종 식용유, 물엿, 각종 장류인 고추장, 된장, 간장, 짜장, 올리고당, 포도당, 구연산, 비타민, 각종 약품 등 유전자 조작 식품은 어느덧 우리 주변에 깊이 파고 들었다. 이러한 식품들 생산에 있어서 첨가되는 당분을 원래는 과일에서 추출했지만 요즘은 단가가 저렴한 GMO 옥수수에서 추출하여 만들고 있다. 물론 주 원료자체도 GMO 종자로 재배

수확된 농산물이다.

GMO 문제점

우리가 체감하는 것보다 우리 식생활에는 훨씬 더 많은 것들이 가득하여 이미 계몽은 늦었다. 다른 유럽 국가보다는 한국의 경우 GMO식품 표기의 무화가 기준이 매우 낮고 슬그머니 표기하지 않은 제품이 수십 가지가 넘는다. 이렇게 표기하지 않은 채 전국으로 유통된다. 매우 우울한 현실이다. 자신과 자식들 그리고 이웃들의 생명을 지켜야 할 사람들이 어찌 식품에다 독을 첨가할 수 있으랴? 양심 있는 과학자들은 말한다. 이런 變異(변이) 곡물이나 식물들은 심각한 인체의 변화를 초래할 것이고 무정자, 면역력 결핍, 生氣不足(생기부족)을 일으킬 것이다.

宗敎的(종교적) 속임수

사람이 종교의 자유와 종교적 思惟(사유)를 통하여 고상한 의식으로 초월된 삶을 영위할 수 있는 것이다. 종교적으로 억압당하거나 박해를 받으면 삶의 가치는 떨어지고 영혼은 매우 고독하게 움츠려지며 늘 긴장하는 고로 그 심령상태를 결코 축복이라고 말할 수 없으며 死後世界(사후세계)가 아무리 琪花瑤草(기화요초)가 만발한 낙원이라 해도 지금 이 순간이 힘들고 불행하면 그것은 고난이다.

그러나 오늘날 민주주의 국가에서는 종교적 자유가 보장되는 특권이 주어진다. 이 기회를 노려 역사 속에서 검증되지 않은 유사종교가 수도 없이 생겨나고 말로 다할 수 없는 부작용에 신도들과 약자들은 청춘과 인생을 송두리째 망치는 경우가 너무 많다.

중세교회는 종교의 이름으로 거짓과 무력으로 신도들을 유린하고 魔女裁判(마녀재판), 원주민학살, 거짓교리, 등을 만들어 혹세무민하여 종교는 거대 정치종교로 둔갑하여 500년이나 피를 뿌렸다.

해 뜨는 나라 한국교회의 邪敎王國(사교왕국)

신약성경 요한계시록에 언급된 해 뜨는 東邦(동방)을 대한민국이라 해석하는 사람들은 대개 교주들인데 이들은 주로 한국교회에서 파생된 신흥종교 교주들로 공통적으로 평균 학력이 중학교를 제대로 공부한 이들이 드물다. 그러다보니 히브리어 성경이나 헬라어 原典(원전)을 대조하거나 해석할 능력이 없다. 동방에서 義人(의인)을 부른다는 이사야 41장의 예언을 문자적으로 해석하여 我田引水(아전인수)격으로 세뇌시킨다. 성경을 문자적으로 폭 좁게 보면 그럴 수 있다.

"또 보매 다른 천사가 살아계신 하나님의 印(인)을 가지고 해 돋는 데로부터 올라와서 땅과 바다를 해롭게 할 권세를 얻은 네 천사를 향하여 큰소리로 외쳐 가로되"(계7:2)

"그러므로 너희가 東邦(동방)에서 여호와를 영화롭게 하며, 바다 모든 섬에서 이스라엘 하나님 여호와의 이름을 영화롭게 할 것이라."(사24:15, 사59:19)

"열방은 네 빛으로 열방은 비취는 네 영광으로 나아오리라."(사60:3)

박 태선 전도관에서 해석하는 동방의 印(인)

- 이들은 성경 속의 東邦(동방)은 무조건 한국이고 동방의 의인은 한국인이며 동방의 義人(의인)은 왕 중 왕이다.

- 東邦義人(동방의인)이 출현하는 동방나라는 한국이다.

- 동방의인은 북한에서 나서 남한으로 오신 분이다. 동방의인은 북한에서 나서 일본에 갔다 와서 소사에 정착하여 이슬 성신의 은혜를 끼

친 분이다.

이들은 타고르의 시를 인용하여 교세를 확장하는데 문서전도를 한다.

'아시아 황금시대에

코리아는 그 빛을 밝힌 한 주인공이다.

그 등불 다시금 켜지는 날엔

동방은 찬란히 온 세계를 밝히리라.' - 인도의 타고르 -

"내가 한 사람을 북방에서 일으켜 오매 저는 해 돋는 곳에서 내 이름을 부르는 자라."(사41:25)

위와 같은 성경 구절들은 한국의 50여 명의 자칭 再臨主(재림주)들과 메시아들의 빼놓을 수 없는 교과서들이다. 하나가 죽고 나면 두 명의 재림주 새끼를 쳐놓고 둘이 죽고 나면 4명의 새끼 메시아들이 줄지어 탄생하였다. 대개가 전부 감옥을 경유하는 게 정해져있다.

해 돋는 東邦(동방)의 의미는 무엇인가

東方(동방)은 동쪽 방향이며 동쪽 해 뜨는 곳을 의미함은 말할 필요도 없다. 歷史的(역사적)인 始原(시원)으로 우리 古朝鮮(고조선)을 의미함도 무리는 아니다. 왜냐하면 이스라엘 문명이 생겨나기 천 년 전에 이미 수메르 문명이 존재하였고, 수메르문명이 존재하기 전에 홍산 문명이 있었고, 그 이전에 약 1만 년 전으로 거슬러 올라가면 동이족의 뿌리 환국이 있었고, 白衣民族(백의민족)의 뿌리 강화도 마니산의 최초의 인류 조상이 된 단군할아버지가 존재하는 것이다. 조로아스터교 즉, 배화교에서는 불과 태양을 숭배한다. 태양을 신으로 믿었고 성경 전체에서는 태양을 하나님으로 묘사 혹은 상징하였다.

朝鮮(조선)이라는 아침 조 자는 十日十月 네 글자의 합성어인데 十이 열십 자는 십자성 별진 자로도 쓰는데 해석하자면 이렇다. CHOSEN(초선)은

영문해석으로 '신에게 선택받은 나라'라는 의미로

　十 : 새벽별이 빛나면 얼마 뒤에

　日 아침태양이 솟아오르고 해가 지고 어두워지면 저녁별이

　十子星(십자성)으로 빛난다. 밤이 되면

　月 = 달빛이 찬연하다.

이것이 유구한 역사를 빛내는 인류의 시조가 傳說(전설)이나 神話(신화)가 아닌 檀君(단군) 王儉(왕검)이라는 것이다.

해와 태양의 의미에 대하여 알아보자

"여호와는 해요 방패시라"고 성경은 말한다.(시84:11)

"그들이 소알 성에 들어갈 때에 해가 돋았더라."(창19:23)

"야곱이 브니엘을 지날 때에 해가 돋았더라."(창32:31)

"주를 사랑하는 자는 해가 힘 있게 비취는 것 같도다."(삿5:31)

"저는 돋는 해 아침빛 같더라."(삼하23:4)

"해는 그 방에서 나오는 신랑 같도다."(시19:5)

"해와 달아 찬양하며 광명한 별들아 찬양하라."(시148:3)

"다시는 낮의 해가 네 빛이 지지 않을 것이다."(사60:19)

"하나님은 해를 낮의 빛으로 삼으신다."(렘31:35)

"의로운 해가 떠올라서 치료하는 광선을 발하리니"(말4:2)

"의인은 아버지 나라에서 해와 같이 빛나리라"(마13:43)

"주님의 얼굴이 변형되사 그 얼굴이 해와 같이 빛나더라."(마27:2)

"그날 환란 후에 해가 어두워지며 무덤이 열리고"(마24:29)

"그 얼굴은 해가 힘 있게 비취는 것 같더라."(계1:16)

"해가 총담 같이 검어지고"(계6:12)

"해를 입은 여자의 승리"(계12:1)

대략 생각나는 구절들만 기록해 봐도 태양이나 해의 상징적 의미를 느낄 것이다. 어느 한 나라를 꼭 찍어서 말하는 게 아니라 마음에 밝은 태양 빛 같은 계시의 빛이 있는 사람의 영적인 깨달음이 충만한 사람들을 동방의 의인들이라 하는 것이지 그 누구 한 사람의 교주를 말하는 게 아니다. 다음 성경구절을 찬찬히 살펴보라!

"그가 나를 데리고 성전 문에 이르시니 그 전의 앞면이 동쪽을 향하였더라. 그 문지방 밑에서 물이 나와서 동으로 흐르다가 성전 우편 제단 남편으로 흘러내리더라."(겔47:1~3)

성전 앞면이 동쪽을 향하였다는 것은 동편은 하나님의 빛을 상징하는 태양 즉, 해가 떠오르는 곳이기 때문이다. 그러므로 東邦(동방)이란 마음에 빛이 가득한 영적인 하나님의 백성을 의미함이며, 예수 그리스도의 빛을 상징함이다. Luminary = 이 발광체 빛이 창세기 1장 첫째 날 만든 빛이며 생명이다. 창1:1, 요일1:1, 요1:1 의 빛이다. 부디 잠에서 깨어나 거짓된 욕망의 사교왕국에서 돌아서라.

기타 宗敎的(종교적) 속임수

祈禱院(기도원) 역사와 문제점

프로테스탄트 종파에서 기도원이 확산된 내력이 주목할 필요가 있는데 몇 가지 이유를 간추려 볼 수 있다.

- 예배당보다는 기도원에서 맘껏 기도하는 것이 적합한 형태라는 것의 지적이다. 개인적인 종교 욕구를 집단의식으로는 해결 할 수 없다는 이유에서이다. 개인적인 문제가 발생했을 경우 그 갈증을 해소하기에는 남의 눈치를 보지 않고 부르짖는 기도원이 적합하다는 것이다.

- 기도원은 한국교회의 특산품이며 특성이다. 보수적 신앙을 유전 받은 한국의 초기 개신교는 오직 믿음으로만 구원이라는 신념을 최우선으로 강조하였기 때문에 개신교 신자들은 사경회와 새벽기도회를 중시 여겼다. 이러한 기반 위에 개신교의 기도운동이 1907년 대 부흥운동 이후 꾸준히 개별 교회로 확장되었다.

- 사회적 환경을 들 수 있는데 특히 3·1운동의 좌절과 일제의 수탈은 당시 사람들에게 깊은 절망감을 안겨주었다. 이 절망감에서 벗어나고자 사람들은 현실 도피적이며 來世(내세)指向的(지향적)인 개인의 영혼구원에 집착하여 몰입하였다. 그 결과 신비적 체험, 종말론적인 교주들의 세뇌교리의 달콤한 이브의 유혹에 수많은 사람이 빠져들기 시작하였다.

- 기도를 통한 성령체험을 강조하는 오순절운동을 들 수 있다. 미국에서 시작된 이 오순절 운동은 예수의 승천 이후 제자들에게 성경이 강림하였던 것을 기념하는 기독교 성령운동이다. 그런데 이 운동이라는 것이 무속에서 말하는 접신 현상과 비슷한 면을 가지고 있었기 때문에 초기 교회에서 잘 맞아 떨어졌던 것이다. 여기서 큰 소리로 통성 기도하는 것과 방언, 축복, 신유, 예언 등 은사운동을 유행시키며 교회는 量的(양적)으로 復興(부흥)되는 것처럼 보였다.

- 부흥사들의 횡포이다.

1970~88년 사이 한국교회는 양적으로 黃金期(황금기)였다. 교인 배가운

동, 맘모스 교회들 탄생, 100여 명의 전형적 인기를 몰고 다니는 연예인 부흥사들, 이성의 깨우침보다는 감성의 호소와 떡 얻어먹으러 몰려다니는 축복신앙, 병 고치는 목적, 십일조 타령, 예수 이름 권세 남용은 희대의 부흥사들의 연기를 통하여 15년 이상 절정에 달하였다.

엘리사 안찰, 당시에 매우 귀하던 아로마 향수 안수기도, 성령의 불을 받게 해 준다며 눈감고 기도하는 얼굴에 소형 손전등을 깜박여 성령의 불을 보았다는 사람들이 많았다.

병들고 가난한 사람들을 위로하는 예수 방식보다는 그들을 죄의 사슬로 묶어 悔改(회개)를 촉구하여 헌금을 강요하며 희생의 피라미드를 세운 것이 오늘날 대형교회들이다. 교회가 급격히 성장하던 시절 교인들은 전국 400 여개의 이름 있는 기도원에서 진행하는 산상집회에 참여하고자 휴가를 내고 몰려다녔다.

1990년 이후로 기도원은 변화가 일어났다. IMF 금융위기는 교회와 종교계에도 적지 않을 영향을 끼쳤다. 냉각한 사회분위기는 미래에 대한 불안과 불확실성을 증폭시켰으며, 기도원은 급속도로 신도들의 발길이 끊어지기 시작하였다. 교인수도 현저히 줄기 시작하였다.

한국교회의 부흥사들은 영적진리를 무장한 선지자들보다는 코미디언들이 많았고 축복타령의 머니(Money) 사도들이 주로 많았다. 교인들에게 반말은 물론, 눈에 고춧가루를 뿌리듯 눈물의 기도를 하라는 강요와 함께 무거운 짐을 지워준 사교왕국의 일꾼들이 더 많았다. 한때 유명세를 일으키던 할렐루야 기도원, 오산리 금식기도원, 등에서 병을 고쳤다는 사람들 대부분이 재발했으며, 감정에 의한 일시적 현상으로 산화질소가 폭발하여 극소수가 건강을 되찾을 이도 더러 있었으나 대개는 재발하였다.

부흥사들의 작정헌금은 수많은 사람들의 가슴을 멍들게 하였다. 과장된 간증 거품이 가득한 설교, 노예 신앙, 十字架(십자가) 없는 강단의 설교들은 한국교회를 밀레니엄 이후로 세습, 미투, 재정축제 등으로 세상 법정의 심판과 뉴스를 도배하며 개망신과 함께 영적인 秋收時期(추수시기)를 맞게 되었다.

• 敎主(교주)들의 속임수다

성경을 2천 독을 했다느니 자기는 이긴 자라느니 자신이 심판주, 재림주, 메시아라느니 하며 남의 아내를 빼앗고 이혼을 강요하여 젊음과 인생을 송두리째 망친 사람들은 앞서 말한 리플리 증후군에 걸려 크게 착각하여 그들은 主觀的(주관적) 시각이 아예 없으며 임종직전까지 끌려와서도 눈치 채지 못하고 임종 하는 날 비로소 천지가 무너지는 암흑의 의념 고통을 받는다. 현재 추산으로 이런 邪敎(사교)에 빠진 사람들은 약 80만~50만 명 정도로 계산되는데 이들은 이미 세뇌되어 돌이킬 수 없는 사람들이다. 이 교주들은 자기는 특별히 이긴 자로서 옆에는 천군천사가 늘 붙어 다니고 늘 천국 문이 자기에게는 열려 있어 자기를 따르는 자는 14만 4천의 印(인)을 맞은 자로 선택을 받은 자라고 격려하며 아무 근거도 없이 集團意識(집단의식)에 빠져들어 간다.

• 기성교회들의 직분장사

상당수의 교회들이 장로, 권사 직을 받을 때 헌금을 유도한다. 장로장립 5천만 원에서 3천만 원, 권사직 2천만 원에서 천만 원 헌금이 보통이다. 시골 교회는 아니지만 도시 큰 교회는 이미 오랜 세월 관례가 됐다. 나는 신앙 상담 중 수십 명의 푸념을 들었다. 이렇게 운영되던 사람 숫자 자랑하는 겉치레 교회들은 지금 사람이 급감하며 종교라는 두루마기를 걸치고 장사하던 상고들은 이제 큰 성 바벨론 심판과 함께 역사 속에서 점차 사라지고 있다.

미국에서 한국인 목사들이 건물을 빌려 자기네끼리 세운 무인가 短期(단기) 신학교에서는 3개월 속성 반 6개월 코스 늦어도 1년이면 목사안수를 받을 수 있는 단체가 여러 개 있다고 들었는데 5백만 원 3백만 원 천만 원 헌금하면 직분을 준다는 것이다. 실제로 신학을 전공한 적 없는 사람이 어느 날 목사님으로 불리는 이들을 나도 몇 명 보았다. 로마교회 免罪符(면죄부) 판매 비난할 권리가 없다.

  이와 같이 정치, 문화, 교육, 종교, 각부야마다 거짓이 뿌리 깊게 내려있어 어쩔 수 없이 콩과 콩까지처럼 곡식밭의 가라지 처럼 뒤섞여 살 수밖에 없는 세상이 되었다. 하기야 가인과 아벨 때부터 에덴동산에서부터 시작된 거짓의 아비가 어찌 없어질 것인가? 아마 날이 갈수록 격변기가 다가올수록 더 득세를 할 것이다. 그러나 우리는 명예가 없으니 망할 것도 없고 추락할 것도 없다. 그러므로 거짓이나 거품이 싫다. 거짓의 아비는 옛 뱀이다.

4. 거짓이 싫어지는 삶

거짓은 진실이 아닌 것이다. 사전적 의미로는 사실이 아닌 것은 거짓이라고 말한다. 그러나 과연 이것이 진실일까? 사실이 진실이 아닐 수도 있는 것이다. 사실이 진실과 다르다면 사실도 거짓이 될 수 있는 것 아닐까? 과연 사실이 진실이 아닐 수도 있을까?

먼저 이 사실과 진실의 다른 점을 이해하는 것이 중요하다. 거짓과 참을 구별하기 위해서는 우선 사실과 진실이 다를 수 있다는 놀라운 진리를 발견해야만 한다. 아름다운 寶石(보석)을 그냥 바위돌이라고 말해버리면 그것은 사실이다. 그러나 진실은 아니다. 장엄하게 흐르는 白頭山(백두산)의 장백폭포를 바위에서 떨어지는 물이라고 말하면 그것을 사실이긴 하지만 진실은 아니다. 여기에는 폭포의 장엄함과 아름다움과 경이로움이 없기 때문이다.

사람이 살아가는 인생사는 먹고 배설하고 잠자는 것이라고 말하면 맞는 말이기는 하다. 그러나 그것은 사실일 뿐이지 진실은 아니다. 그 이유는 인간의 마음은 아름다움 곧, 사랑이 인간의 本質(본질)임을 모르기 때문이다. 인간을 그냥 육신덩어리라고 말해도 그것은 사실이지만 진실은 아니다. 그 이유는 아름다움이 去勢(거세)되어 버리면 아무런 의미가 없기 때문이다.

사랑이 없는 사실은 거짓이다.

인간의 삶의 주변에서 存在(존재)의 眞善美(진선미)가 제거된다면 그 모든 것들은 사실일 뿐이지 진실성이 없는 건조한 것들이 되고 만다. 그러므로 사랑이 제거된 모든 사실은 진실이 아니며 결국 거짓이 되고 만다. 진선미는 사랑의 구성요소들이다. 사랑은 진실하며 선하고 아름다운 것들이다. 충남 공주에 있는 결핵병원에서 1970년대에 있던 미담이다.

담당의사는 肺結核(폐결핵) 말기로 절망하던 환자에게 환자의 흉부엑스레이를 바꿔치기해서 폐가 신기하게도 지난달보다 조금 회복되었다고 긍정적으로 설명을 하여 우리 희망을 갖고 노력해보자고 위로하였다. 그날 저녁 환자는 상기된 표정으로 시장기를 느꼈고 음식을 먹기 시작하였고 평소에 못 먹던 식탁의 양고기를 먹으며 산책을 하고 햇볕을 쪼이며 실제로 몸이 좋아져 기적적으로 회복되었다.

담당의사가 거짓말을 했으나 결과는 아름다운 사랑의 열매를 맺었다. 소설가들이나 작가들이 가상세계의 진실이 아닌 것들을 작품으로 남기는 것이 과연 거짓인가? 사랑의 열매가 없는 것은 사실이라도 거짓이 되는 것이다. 사랑으로 덮어준다면 거짓도 진실이 되는 것이다. 그러므로 기생 라합의 거짓말은 참 말이 되는 수도 있다는 것이다. 겉으로 선해보여도 마음으로는 살인과 간음을 행한 사람일 수도 있지 않은가? 만일 법이 없다면 말이다. 기생 라합은 여리고성의 관원들에게 사실을 말하지 않았다. 그러나 그는 진실을 말한 것으로 간주한다.

노아의 아들 함은 자기의 아버지가 벌거벗은 모습을 보고 그가 본 사실대로 그의 형과 아우에게 고하였다. 함의 말은 사실이었다. 그는 거짓말을 한 적 없다. 사실이었지만 진실은 아니었다. 그것은 아버지가 술을 한잔 마시고 몸이 답답하여 벌거벗고 있을 때 아버지 노아에 대한 사랑이 없어 아버지의 실수를 동네방네 퍼뜨리는 행위를 택하였던 것이다. 셈과 동생인 야벳은 그 사실을 함으로부터 듣고 조용히 다가가서 이불을 덮어주고 아버지의 그러한 사실을 아무에게도 말하지 않았다. 사실이라도 사랑이 없는 고자질이나 빅 마우스 행위는 거짓이 되는 것이다.

참과 거짓의 구분

대부분의 사람들은 거짓말이냐 참말이냐를 순전히 자신의 생각과 양심을 기준으로 해서 판단할 수 있다고 생각한다. 그래서 어떤 한 사람이 그 사람 자신의 생각과 양심을 기준으로 하여 진실을 말한다고 확신하며 서로 싸운다 하자. 이렇게 말한 것을 주위의 다른 사람들이 듣고 또 다시 그들 자신의 생각과 양심을 기준으로 판단하여 각자 자기 자신의 기준에 따라 달라져 있기 때문에 한 사람에게 참말인 것이 또 다른 한 사람에게는 거짓말이 되는 경우가 허다하다. 어떤 사람의 말이 과연 참인가 거짓인가를 판단하기 위해서는 모든 사람들에게 공평하게 적용될 수 있는 不變(불변)의 진리가 필요하다. 우리는 각자의 생각과 양심을 그 영원한 진리에 맞춰 나의 말이 과연 참말인지 거짓말인지를 구별하는 진리의 사람이 되어야 한다. 참과 거짓의 판단기준이 나 자신의 양심인지 올바르게 인식해야만 마침내 진정한 참말을 하여 살아갈 수가 있다. 이러한 이치를 모르면 우리는 거짓의 속박 속에서 살면서 마치 참 속에서 자유롭게 사는 것처럼 착각하며 살아갈 것이다. 자기는 확실히 참 말을 한다 생각하며 확신할지라도 결국은 거짓된 삶을 살아가는 것이다.

거짓된 정치 언론

우리는 거짓된 세상에서 진실을 진리를 추구하며 도덕을 준수하며 국민의 의무를 지키며 살아간다. 종교나 정치나 어긋난 톱니바퀴처럼 늘 삐거덕거리는 불협화음을 내며 불편한 긴장상태에서 대립을 품고 싸움닭처럼 노려보며 살아간다. 툭하면 북괴의 소행, 빨갱이, 종북 세력 운운하며 썩은 톱니바퀴라는 진실을 숨기는 정부에 眞實糾明(진실규명)을 강력히 외치고 청와대 신문고를 울려도 공영방송 뉴스는 여전히 검열 받고 비밀은 쌓여만 간다.

진실은 묻어버리고 화제성이 강한 뉴스를 위해 분투하며 천안 함 사건이나 세월 호 사건은 진상을 파헤치지 않고 묻어버리고 말았다. 우리는 분명히 알아야한다.

한 나라의 시민을 억압하고 바보로 만들며 언론을 조작하고 시민을 우습게보면서 거짓말을 일삼는 건 힘없는 소시민이 아니라 바로 대한민국이라는 이름 아래서 민주주의라는 명분아래서 힘을 권력과 금력을 가지고 있는 고위층들과 정치 인사들의 부도덕들 아닌가? 구원 파 교주에게 1,200만 원짜리 일제 골프채 500개를 여야 국회의원들이 골고루 받았으니 세월 호를 손 못 댄 거 아닌가? 천벌 받을 인간들, 언론은 아무도 말하지 않으나 이미 의식 있는 많은 사람이 알고 있다. 教主(교주)에게 돈을 먹었으니 여야 당은 한 통속이었으며 개인회사에서 벌어진 참사의 報償金(보상금)을 정부가 책임지고 나누어 주었고 교주는 살아서 아직도 설교를 하고 있으니 기가 막힌다.

국민의 혈세로 개인회사의 세월 호를 천문학적인 돈을 들여 引揚(인양)했으나 비밀은 밝혀지지 않고 세월이 갔다. 공영방송은 정부의 수하 밑에 놓여 멀쩡히 살아있는 구원 파 교주를 죽여 가짜 시체까지 보여주고 그들의 확성기 역할만 하고 있다. 세월 호 사건 하나만으로도 많은 사람이 대한민국이라는 나라가 하나에서 열까지 거짓으로 도배를 하고 있다는 사실을 분명히 알게 되었다.

반복되는 나의 생각이지만 코로나19의 비밀도 피가 역류한다. 도대체 왜? 이렇게 호들갑이며 벌써 2년째 멀미가 날 정도로 노예 질을 하는지 아무리 이해를 하려해도 불쾌하다. 국회의원 300명 중 나이 많은 70세 이상 노년층도 많은데 코로나로 죽은 사람 한 명도 없고 활동 중인 1,000여 명의 현직 연예인들 코로나로 죽은 사람 한 명도 없으며, 현직 체육선수들 200여 명 한 명도 안 죽었고 기타 예술인들 중 김 기덕 감독 한 명 사실인지는 몰라도 코로나로 죽었다고 뉴스에 딱 한 번 보도된 적 있다.

양심 있는 의사들은 이 문제를 안고 가슴을 앓는다.

의사의 良心宣言(양심선언)이 세상을 구한다.

미국의 버진스키 박사는 암환자를 100% 치료하는 신의 손이다. 영화로 다큐로 유투브로 온 세상에 알려진 양심 있는 의사다. 그러나 미국 정부와 FDA는 이 신의 손을 인정하지 않았다. 그것은 항암제를 만드는 제약회사들과 기득권 세력들과 환자를 이용하여 먹고 사는 사람들의 고소로 오랜 법정 시비로 버진스키를 지치게 하였는데 세계의 여론과 시선 때문에 대법원판결에서 어쩔 수 없이 버진스키의 손을 들어줬다.

우리나라도 홍 혜걸 박사와 서울대학의 이 왕재 교수 등은 실력 있는 의사로 명성이 있으나 정부와 정부의 눈치를 살피는 붕어 심장들은 이 의사들에게 동조하지 않는다. 의료계는 참으로 입장 난감한 시기에 놓여있다. 역사상 처음으로 경험하는 대규모의 펜데믹으로 온 나라가 위기를 겪게 되자 모든 국민이 의료계를 바라보며 무언가 해주기를 바라고 있다. 그러나 이번 일은 의료계 역시 새로운 경험이다. 국민의 기대와는 달리 지난 2년간 뾰족한 답을 내놓지 못하고 있음 의료계 역시 국민들과 마찬가지로 治療劑(치료제)와 백신이 개발되길 기다려왔다. 그러나 檢證(검증)되지 않은 급하게 만든 백신접종을 목숨을 담보로 시작하였다. 그러나 기대했던 효과보다 다양한 副作用(부작용)이 이만저만이 아니다. 몇 백 번을 시험하고 효능이 99%에 달할 때 인체에 주사를 해야 하는 약물을 1 년이란 단기간 내에 개발하여 찔러대는 이 무서운 음모는 생명의 존엄을 경시하는 죄악으로 나는 간주한다.

내 가족이 피해를 보고 쓰러져 숨을 거뒀다면 사람들의 생각은 달라질 것이다. 육신의 안락에 집착하여 밤하늘의 별을 한 번도 바라보지 못하며 앞산에 물든 단풍 한 번을 바라보지 못하는 여유 없는 사람들에게 아무리 힌트를 주고 켐트레일을 검색해보라 해도 도무지 공중파 TV 9시 뉴스 외에는 인정을 하지 않는 너무나 착한 사람들은 상당히 먹물을 마신 사람들마저 모조리 거대조직의 시뮬레이션 연극게임에 놀아나고 있다.

정부가 책임진다고?

백신 접종 전에 정부는 이러한 사태를 예상이라도 한 듯 백신접종으로 발생하는 부작용에 대해서는 적극적으로 책임지겠다고 하였다. 그러면서 99%의 예방 효과가 있으니 국민은 모두 접종하라고 권고했고 백신만 맞으면 팬데믹이 끝날 것처럼 말했다.

그러나 결과는 어떤가? 백신 부작용 건수는 2021년 11월초 35만 건이 넘고 부작용으로 인한 중증환자는 1만 건 이상을 초과했으며, 백신 사망자는 1,200명을 넘었다. 얼마 전 국회에서 열린 백신 피해자 가족 公聽會(공청회)가 있었다. 7명의 백신 피해자 가족이 백신 접종 후 겪은 피해를 발표하였다. 그중에 5명은 사망자의 유가족이었고 4명은 10대 20대 사망자였다.

고등학교 3학년 학생은 등교를 위해 부모님이 깨웠을 때 일어나지 못했고 초등학교 임용시험을 준비하던 23세 여대생은 아버지와 걷던 중 앞으로 넘어진 후에 일어나지 못했다.

공기업에 근무하던 29세 아들은 백신 부작용 진료를 위해 찾은 병원에서 몸을 가누지 못해 주차장 난간 밑으로 떨어져 목숨을 잃었고 10년간 수영선수를 할 정도로 건강했던 29세 여성은 침대에 엎드린 채 시신으로 발견된 모습이 그들의 마지막 장면이다.

모든 사연이 눈물 없이는 들을 수 없는 내용이다. 그러나 질병 청은 이 모든 경우가 백신과는 인과관계가 없다고 단정하였다. 역학 祖師關(조사관)의 소견, 주치의와의 소견, 국과수의 부검 결과까지도 백신결과의 연관성을 인정했지만 오직 질병 센터에서만 이 사실을 받아드리지 않았다.

전통무용가 김 애선 씨는 나와 친분 있는 춤꾼인데 그녀는 남편과 함께 백신을 접종했는데 전에 없던 어지러움 증으로 운전 중 앞이 잘 안보여 교통사고로 자동차는 폐차하고 발목뼈가 부러지고 전신 상처로 인하여 몇 개월 병원신세를 지는 중 남편 또한 어지러움 증으로 레미콘에서 굴러 떨어져 골반 뼈가 부러지는 사고를 당했다. 〈열린 시대〉 잡지사 사장인 이 정선 씨는 얼마 전에 그녀의 어머니가 백신 접종 후 이튿날 사망하여 장례식을 치르고 본인도 정서불안 장애로 대형 교통사고를 일으켜 자동차는 폐차하고 현재 목발을 짚고 있다.

많은 국민들이 현재 질병 청의 의도를 의심하고 있는 실정이다. 국가 예산으로 多國籍(다국적) 제약기업의 백신이나 팔아주는 것이 아니냐고 따지는 사람들이 늘어나고 있다.

만약 이것이 사실이라면 질병 청이 백신의 효과를 과장하여 발표했을 때 그것에 일침을 가해야 할 주체는 국민이 아닌 醫療人(의료인)들이 되어야 한다. 이러한 행동은 일시적으로나마 의료계에 경제적 타격을 줄 수 있으나, 국민을 보호하기 위해 올바른 사실을 전함으로써 얻게 되는 국민의 신뢰는 그 어떤 가치와도 바꿀 수 없는 의료계의 자산이 될 것이다.

의사들에게 우리는 이렇게 외쳐야 한다.

실제로 코로나 백신은 감염 예방의 효과가 없음은 확인되었고 중증예방의 효과 또한 확실히 입증하지 못한 이러한 상황에서 건강한 아이들이 코로나19 백신을 접종하는 것은 가혹하니 의료인들이 양심선언으로 막아야한다. 현재 접종 중인 코로나19 백신 효과에 대한 확실한 정보를 그 어디에도 없다. 이런 상황에서 소아청소년과 부모들이 어떤 징조를 가지고 어떻게 판단할 수 있을까? 현재 접종 중인 유전자 백신 화이자와 모더나의 mRNA 백신은 치료의 용도로 한 번도 사용된 적 없는 인류 최초의 의료제품이다. 놀랍고도 무섭다. 의료인들조차 그 결과를 모르는 신제품에 대한 접종여부를 의료 소비자에게 신중히 판단하라는 것만큼 무책임한 권고는 없다. "의료인들에게 묻고 싶다. 이 백신이 정말 안전한가요?" 소 아랑 씨의 질문이다.

이 질문에 양심 있는 의사라면 우리도 처음이다. 모른다. 검증된 바 없다. 이렇게 대답해야 할 것이다. "예" "아니오."라고 확실히 대답하는 사람이 과학자와 의사가 돼야 한다고 우리는 배웠다. 이 사실을 숨긴 채 국민을 위험으로 내몰아 競爭力(경쟁력)을 유지한들 우리에게 무엇이 유익하단 말인가? 다국적 제약회사의 배만 불리는 이 백신 때문에 지속적으로 우리 젊은이들과 아이들 임산부까지도 이 지긋지긋한 백신으로 목숨을 잃거나 장애를 얻게 된다면 국가와 질병청 그리고 의료계의 신뢰는 바닥에 떨어질 것이다.

무고한 국민들이 더 이상 피해를 보기 전에 의사들이 연합하여 양심고백하고 우리가 원래 살던 방식으로 돌아가서 보다 청결하고 건강한 문화인으로 거듭나 지구를 살리고 그동안 마스크로 단합을 배웠으니 상식을 회복하여 자유로운 시간으로 되돌아갈 수 있도록 목소리와 뜻을 모아야 한다. 의료인의 양심만이 이 國難(국난)을 회복할 수 있다.

이 거짓된 정보는 늘 있어오던 감기 증세를 호들갑으로 이슈화 하고 여론화하여 겁을 주고 있다. 이것이 識字憂患(식자우환)이다. 의료인의 양심만이 이 병든 사회를 부활시킬 수 있으며 그들의 이론이나 목소리만이 계몽에 효력이 있고 說得力(설득력)이 있다. 아니면 이 싸움은 정말 기나긴 전쟁이 될 것이며 사람들을 지쳐 기진할 것이다.

거짓이 싫어지는 단순한 삶

사물의 價値存在(가치존재)는 안에 감춰진 내용보다는 겉에 드러난 모양에 따라서 평가된다. 남에게 쓸모 있고 유익한 존재가 되고 또한 그 사실을 드러내 보일 줄 안다면 一般的(일반적)으로 당신의 유용성은 배로 증가할 것이다. 사람들의 눈에 띠지 않는 것은 마치 산속 어딘가에 묻힌 광맥처럼 없는 것이나 다름없다. 아무리 올바른 양심가라 해도 그것이 올바른 개념으로 나타나지 않고 나타나 보이지 않으면 지하실에 숨겨둔 귀퉁이의 촛불과도 같다. 예수께서도 등불을 켜서 이왕이면 평상 아래에 숨기지 말고 높은 곳에 걸어두어 주변을 밝히라고 했다.(마5:15) 사람을 두려워하여 자기 속에 숨은 재능과 공유할 수 있는 철학과 이치에 밝은 능력이 있어도 늘 숨어서 지내고 한편으로는 사람들이 자신을 몰라주는 것에 대한 劣等感(열등감)으로 위축된 사람들이 세상에는 다수가 존재한다.

이렇게 제대로 평가를 받지 못하는 것은 성품이 원만하지 못하여 사회성이 떨어지는 데서 오는 결과다. 이 세상을 살아가려면 어울리고 좌우로 치우치지 않는 한계에서 좌우를 왕래하며 호흡해야 한다. 세상은 상대의 내면을 관찰하는 철학자들보다 우선 겉으로 보여지는 느낌이나 표정, 외모, 스타일, 옷차림새 등으로 이미지를 기억하는 사람 수가 훨씬 많다.

좋게 말하자면 이것이 세상의 피상적인 삶이고 달리 표현하자면 겉치레 과장과 속임수, 성형술의 이중적인 잣대로 살아가는 아주 오래된 문화형식이다. 그러므로 겉모양과 실제 내용이 딴판인 경우가 허다하다. 겉모양이 그럴듯하면 알맹이도 좋을 것이라고 사람들은 이렇게 말한다.

"보기 좋은 떡이 먹기도 좋다고…" 그러나 진실의 眞面目(진면목)은 이 兩面(양면)을 초월한다.

선악의 개념과 일반의식을 넘어 보여주기 위한 행동이 아니라 입속의 자유로운 혀처럼 속세와 자연계, 우주를 유영하는 날개가 있어 일부러 꾸미거나 자랑하거나 애착이나 원한이나 소망마저 끊어져 버려 결국 "예" "아니오!"만 남아 마치 어린아이와 같이 단순해지고 거짓으로 꾸미는 행위는 딱 질색이며 남을 비난하거나 부러워하거나 시기나 질투는 그림자라도 싫어한다. 거짓이 갈수록 싫어지고 삶은 단순해지고 최소한의 문화생활은 옷가지 몇 개, 누울 곳, 약간의 식량이면 천사도 부럽지 않다. 이것이 예수의식이며 붓다의식이며 디오게네스의 길이며 도연명의 길이며 揚子江(양자강)에서 소를 기르던 허 유의 길이다.

이들은 살에 군더더기나 꾸밈이 없으니 되는 대로 들숨과 날숨으로 하루하루를 종말로 호흡한다. 이러한 마인드를 절대세계라 한다. 사회성이 떨어져서 어울리지 않는 것이 아니라 외롭지 않으니 혼자서도 자연과 연합하여 우주의식으로 즐겁다. 대개의 인간들은 다양한 모임을 많이 만들어, 먹고 마시고 부대끼며 살아간다. 이것이 인생이다 나쁘다는 것이 아니다. 그러나 영적인 연금술사들이나 리더자들은 한계를 넘는 의식세계를 上層權(상층권)까지 넘나들며 인류의 안정과 거짓 없는 사회, 전쟁 없는 사회를 꿈꾸며 쉼 없이 통일의식을 전한다. 사고는 단순하다. 아이들처럼 서로 사랑하는 것이다. 이들의 松科腺(송과선)에는 오직 빛과 사랑의 에너지와 박애의 호르몬뿐이다.

속임수의 心理(심리)

과학이 발달하고 敎育哲學(교육철학)이 진보하고 세계적으로 文盲退治(문맹퇴치) 운동, 소아마비나 傳染病(전염병) 줄이기 운동, 등 가마 타던 시대와 하늘을 나는 오늘을 돌이켜보며 옛날 사람들과 민심을 비교해보면 변하지 않은 사실이 하나 있다. 弱肉强食(약육강식)의 비열한 인간성은 마찬가지다.

명분상 양반 상놈은 없어졌으나 약자의 설움은 여전하며 문명화한 이 시대에도 생각보다 세상에는 나쁜 사람이 많다는 통계다. 믿었던 사람에게 사기를 당하는 일이 우리나라처럼 많은 곳이 없다는 것이다. 외국인들이 카페에서 소매치기나 도둑을 걱정하지 않고 태연하게 노트북이나 휴대폰은 탁자에 두고 化粧室(화장실)을 다녀오는걸 보고 믿을 수 없다는 듯 신기하게 생각하는 조사내력을 방송한 바 있다. 그들의 보는 눈은 우리나라의 치안이나 국민성에 대해 감탄을 하는 내용의 뉴스였다. 그런데 사기사건은 어떤가? 사기사건과 뇌물 사건은 세계 1위라는 것이다. 작은 물건들은 손대지 않으나 큰 거 한 방을 노리는 통 큰 大盜(대도)들이 늘어가고 있다. 일반인들은 심리적으로 대개 자신이 타인을 신뢰하듯이 타인도 그럴 것이라고 착각하는 것이다. 속임수도 갈수록 진화하고 있다. 이 속임수 많은 세상을 살아가려면 미연에 방지하든가 피해나 상처를 최소화하는 수밖에 없는데 인간의 심리 작용에는 욕망, 신뢰, 불안, 이 세 가지 요소가 작용하여 문제를 일으킨다. 2021년 9월 공영방송 뉴스내용이다.

근래의 문제점인 보이스 피싱 피해에 대하여 보도하는 방송 내용은 올해 상반기에 피해액수가 무려 1,802억 원, 세상에는 이렇게 속는 사람이 많다는 것이다. 나도 이러한 전화를 여러 차례 받았고 속을 뻔한 적도 있다. 우리나라는 文化的(문화적) 특성이 아직도 인정이 많고 열려 있고, 귀가 얇아 부자가 된다는 말을 좋아하며 農耕文化(농경문화)보다 산업사회로 접어들면서 삶이 각박해지고 인구 많은 도시에서 살아남기 위해 몸부림치다 여기까지 온 것이다.

통계에 따르면 IMF 금융위기를 겪고 나서부터 사람들은 근면, 성실이란 말 대신에 대박이란 말이 유행되고, 한 건이란 말과 로또 당첨이란 말이 유행하기 시작하였다. 이런 일확천금을 바라는 욕망을 갖게 되었고 이러한 마인드로 죄 아닌 죄로 그 어떤 것보다 영혼을 속이는 밑밥이 되어 인간의 욕망을 부추겨 소일거리나 가내공업이나 소상공 중소기업의 웬만한 월급은 거들떠보지도 않는 노숙자를 만들어가고 있다. 이러한 욕망은 유명인들도 연예인들도 성직자들도 가지고 있던 공통된 감정들이다. 오죽하면 우리가 알고 있는 만유인력의 법칙을 말한 아이작 뉴턴도 욕망에 눈이 멀어 一攫千金(일확천금)을 꿈꾸고 주식을 하다가 전 재산에 가까운 2만 파운드를 날렸다고 한다. 그리고 그는 한 마디의 명언을 남겼다. '나는 천체의 움직임은 계산할 수 있어도 사람들의 狂氣(광기)는 계산할 수 없었다.'

다단계의 욕망

내가 50세 때의 일이다. 어느 젊은 P사장이란 사람과 동업으로 일을 한 적 있다. 그는 다단계 회사를 설립하고 방문 판매업을 하였는데 사업자 회원들이 5천여 명 이상 불어나자 레그 프로그램을 변경하여 조작하고 이득금 분배에 대한 원칙을 무시하여 1번 사업자 다이아몬드 직급 수입이 200만 원 정도밖에 지급되지 않았다. 이상하지 않은가? 네트워크 다단계 영업이 비난을 받는 이유는 한 두 사람 성공모델을 위해서 온 정열을 다 바쳐 일하고 쓰러져 나가떨어지는 걸 보노라면 수억 마리 정자 떼가 하나의 난자를 만나려 희생하는 일이 생각난다.

다단계 회사 팀장들의 그럴듯하고 경험적으로 實例(실례)를 들어가며, 설명을 열심히 하는 걸 보면 상당히 매혹적으로 들리며 돈에 대한 욕망이 솟구쳐 뛰어들게 된다는 것이다.

경기가 나빠질수록 다단계 사업은 판매원수가 늘어나는 추세이며 결국 다단계 판매로 高所得(고소득)을 올리는 사람은 극히 일부에 불과하다. 몸부림치는 경쟁력이 마치 수억의 정자 떼가 난자를 찾아 고단한 여정을 향해 달리다 쓰러지듯 꿈을 이루어 고소득을 올리는 것은 대개 꿈으로 끝난다. 다단계뿐만 아니라 경품이벤트, 재테크기사, 결혼사기, 보이스피싱, 등 실제로 우리주변에 다양한 속임수 이야기 사례들이 많다. 결국 속임수의 유형은 넘쳐나지만 속임수를 당하는 사람들의 마음은 한결같다. 그것은 남보다 잘 되고 싶은 마음 그리고 저 사람들이 선택한 거니까, 나의 절친이 소개한 것이니까, 첫 번째도 잘되었으니까 이번에도! 이러한 마음을 가지고서는 누군가의 밥이 되기에 충분한 것이다. 다단계로 성공한 사람들을 당신은 살면서 몇이나 보았는가? 속임수란 인류가 존재하는 한 세상 끝 날까지 독감처럼 여러 형태로 유행할 것이다. 그렇다고 하여 다단계 사업이 나쁘다는 비난이 아니다. 성공 퍼센티지가 일반 직장과는 달리 환상에 비해 좁은 문이라는 것이다.

잘 먹고 잘 입는 것 명품 의미 없다.

잘 먹고 사는 게 무엇인가?

佛家(불가)의 고승들은 道(도)가 무엇입니까? 라는 禪問答(선문답)에 잘 먹고 잘 자고 잘 싸는 것이 최고라는 말이 유행이다. 이 단순한 말은 눈높이가 필요 없는 복잡한 인생사의 낙관을 찍는 法語(법어)라고 생각한다. 잘 먹는다는 것은 일차 의식주 해결이며, 잠을 잘 잔다는 것은 번뇌를 해결하여 화두가 풀린 자유인이라는 것이며 배설을 잘하는 것은 오장이 건강하여 순환이 잘되는 것이다. 경제가 어렵다하나 고기를 매일 먹다시피 하고 과다한 영양으로 비만과 당뇨, 고지혈, 기타 成人病(성인병)으로 몸들이 균형을 잃고 도리어 망가지고 있다. 집집마다 배달음식과 택배물량이 늘어나 산업쓰레기는 산처럼 쌓이고 건강한 친환경 식품도 있겠지만 기름지고 자극적인 배달음식들이 대부분이며 온갖 添加物(첨가물)로 반죽을 한 인스턴트식품들이 대형마트마다 가득가득 진열되어 있고 TV나 성인 잡지마다 광고가 가득하여 젊은이들의 건강을 사냥하고 있다.

정말 잘 먹고 사는 것과 잘 입고 사는 것이 과연 무엇인지 정신 차려 생각해봐야 할 것이다. 잘 먹고 잘 산다는 것이 수백 종의 發癌物質(발암물질)을 생산 공급하는 咀呪(저주)를 몰고 왔음을 아무도 부인할 수 없다. 도리어 못 먹고 못 입고 살던 사람들이 더 건강하고 소박하며 행복하다. 명품 좋아하는 사람들 대부분은 의식이 빈곤하고 식탁이 기름진 사람들은 성인병에 대부분 시달린다.

1) 시장이 飯饌(반찬)이다.

영양이 과다한 현대인들은 노동량이 적고 움직이지 않으니 비만하기 쉽고 배가 고프지 않으니 음식에 관심이 없고 음식이 있어도 맛있게 먹지 못하고 입맛이 전국 맛 집에 길들여져 여기저기 장거리도 마다않고 찾아다닌다. 그러나 이렇게 맛으로 먹는 음식은 금방 질리고 헛배가 부르고 消化不良(소화불량)이 잦고 집착하여 찾아먹은 노력에 비하여 성인병 유발이 심각하게 늘어난다.

나의 세대는 시장이 반찬이라는 말을 자주 들으며 살아왔다. 1960~70년대는 배가 고팠고 배가 고프면 불행했다. 9kg 쌀 한 말을 부잣집에서 빌려다 먹으면 장정이 농사철에 4일을 새벽부터 해가 질 때까지 노동을 해줘야 하였다. 결국 잘 먹고 산다는 것은 환경이 만들어주는 것이다. 물질이 귀해야 가치가 있고 돈이 귀해야 행복지수는 높아지는 것은 여러 가난한 나라 사람들을 보면 얼마든지 예를 본다. 솔로몬왕은 말한다.

"재산이 많아지면 먹는 자들도 많아지리니 그 所有主(소유주)는 눈으로 보는 것 외에 무엇이 유익하랴!"(전5:11)

"노동자는 먹는 것이 많던지 적든지 잠을 달게 자려니와 부자는 그 부요함으로 잠을 이루지 못하느니라."(전5:12)

그러므로 잘 먹고 산다는 것은 결코 재물과 부동산의 넉넉함에 있지 않다는 것을 모든 걸 누려본 솔로몬왕은 간증하는 것이다.

"선한 눈을 가진 자는 복을 받으리니 이는 양식을 가난한 자에게 나눠 줌이니라."(잠22:9)

"너희가 일찍 일어나고 늦게 누우며 수고의 떡을 먹음이 헛되도다. 그러므로 하나님께서 사랑하는 자에게 잠을 주시도다."(시:127:2)

2) 배가 고프면 행복한 시대

나는 체중조절을 완벽하게 하고 있다. 키169㎝ 73kg 체지방량 13% 여기서 2kg만 더 몸무게가 늘어나면 벌써 무겁고 배가 나온다. 이럴 때는 과감히 한 끼를 물 한 컵 마시고 건너뛰고 낮에는 귀리 분말을 두 수저 물에 타서 마시고 계란 두 개를 먹고 저녁에는 정상 식사를 하고 평소에 음식을 섞어 먹지 않으며 과식을 피하는 편이다. 배가 약간 고플 때 행복감은 70년대를 생각나게 한다. 그때만 생각하면 나는 다큐영화를 보는 듯 행복하다.

나의 생각을 공감하는 이들을 주변에서 여럿 보았다. 양식이 없어서 배가 고프면 슬픔이지만 얼마나 먹을 것이 많은가. 나는 이렇게 건너뛰기 한 음식 값을 따로 모아 어디론가 조용히 보낸다. 70년대 재래농법으로 일하던 촌부들은 마을에서 70kg 체중이 흔치 않았다. 내 고향 마을에는 당시 450여 명 마을 주민 중에 70kg 체중을 자랑하는 사람은 창진 씨라는 분과 영덕 씨라는 두 사람밖에 없었다. 20년이 지난 어느 날부터는 80kg이 넘는 사람이 여럿 생겨나고 70kg 체중들은 대부분이었다. 운동량은 적고 농사는 기계화되고 예전에는 하루 3만보 이상씩 걸으며 쉬지 않고 움직여 뱃가죽이 종잇장 같고 하나같이 복부에는 식스팩이 박혀있어 오히려 가난의 상징 같아 부끄러워하였던 때가 있었다.

그러나 보라! 오늘날은 정반대의 생활을 만들어가고 있지 않는가? 體育館(체육관)에다 돈을 들이고 요가, 헬스, 마사지 등 온갖 다이어트 식품을 찾아 먹으며 애를 쓰지 않는가? 많은 이들이 시장기를 느끼면 행복해한다. 이것이 오늘을 사는 현대인의 생활이다. 나는 15세 때부터 수입의 80%를 貯蓄(저축)하여 모았다.

그렇게 모은 돈으로 25세에 논 300평과 밭 500평을 마련하고 비록 시골집이지만 초가삼간을 마련하였다. 겨울철 산에 나무를 하러 갈 때는 부드러운 마른 잔디나 신문지를 문질러 장화 속에 넣고 양말을 대신하였고 작업복은 형들이 작아서 못 입는 걸 얻어 입고 군것질은 거의 없었고 한 달에 책 두세 권, 사는 걸 유일한 낙으로 삼았다. 그러한 마인드가 습이 되어 지금도 나 자신을 위해서는 돈을 거의 쓰지 않는다. 10년 전 가장 많이 쓰던 때는 안마의자와 반신욕기구, 자동차 구입에 최고로 사치한 1,200만 원 정도였다. 아들들 작은 집이라도 마련해주고 자동차도 사주고 공장기계, 駐車場(주차장), 새집을 짓는데 대부분 쓰고 나 개인을 위해서는 인도 여행 때에 300

만 원 정도 중국여행에 200만원, 일본여행에 200만 원 정도 도서비로 월평균 10만 원 정도이며, 식재료 값은 거의 월 10만원이 안 들어간다. 신발과 의복은 선물 받은 것도 남아돌아 돈 쓸 일이 없어 행복하다. 그러니 내겐 부족함이 전혀 없다. 여기서 더 잘 먹고 잘 입는 것은 내겐 의미 없으며 명품이니 貴重品(귀중품)이니 하는 말을 나에겐 관심 밖의 일이다. 인간에게는 좋아하는 것, 중요한 것, 귀중한 것이 있다. 다수의 사람들이 좋아하는 것을 위해서 살아간다.

그런데 중요한 것을 모르고 感覺的(감각적)으로 좋아하는 것만 쫓다보면 결국 불행해지게 되는데 그 불행을 자신이 택했음에도 불구하고 내 몸 밖에서 온 저주인양 삶을 원망하고 운이 나쁘다는 등으로 변명하며 하늘을 원망한다. 유년시절이야 누구나 내가 좋아하는 것을 위해 달려간다. 그러나 우리는 조금씩 철이 들면서 중요한 게 있다는 것을 알아차리게 되는 것이다. 중요한 것을 위해서는 좋아하는 것을 양보할 수도 있는 것이다. 그 다음으로는 중요한 것보다 더욱 귀중한 것이 있다.

진짜 귀중한 것은 자기의 목숨을 바칠 만큼 중요한 것이다. 인간의 의식 진화나 의식차원 상승이란, 좋아하는 것을 찾아 살 것인가? 중요한 것을 따라 살 것인가? 귀중한 것을 위해 살 것인가에 결과가 달려있다. 2009년 불꽃같은 삶을 살다 만56세의 일기로 세상을 떠난 故 장 영희 교수는 말했다.

"진짜 중요하고 귀중한 일을 찾아서 그것을 위해 일하세요!"

1952년생인 그녀는 생후 1년 만에 두 다리를 쓰지 못하는 소아마비에 걸려서 평생 장애인에 대한 차별과 싸워야 했다. 입학시험조차 보지 못하게 하는 대학들의 차별의 벽에 부딪치는 난관에 가슴을 조였다. 그때 서강대 영문학과 학과장 브루닉 신부는 답변하기를

"시험을 머리로 보지 다리로 보나요? 장애인이라 해서 시험보지 말라는 법은 어디에도 없습니다."

이렇게 해서 그녀는 서강대에서 학사 석사 과정을 마치자 국내 대학들은 다시 한 번 그녀의 박사 과정 입학 허가를 꺼려하며 머뭇거리고 핑계를 찾았다. 결국 그녀는 미국으로 건너가 1985년 뉴욕 주립대학에서 영문학 박사를 취득하였다. 고국으로 돌아온 그녀는 세상을 떠날 때까지 24년간 모교인 서강대학의 영문학과 교수로 재직하였다. 안타깝게도 그녀의 시련은 장애인으로서의 생활에 그치지 않았다. 2001년에 유방암, 2004년에는 척추암으로 시련의 파도가 덮쳤다. 굳은 의지로 이 病魔를 이겨낸 그는 2008년 다시 찾아온 간암을 끝내 이기지 못하고 2009년 9월 5일 한창 일할 나이에 생을 마감하였다. 나는 샘터 잡지에서 여러 편 그녀의 글을 읽으며 忍辱(인욕)을 배웠다.

그녀의 말이다. "하나님은 다시 일어서는 법을 가르치기 위해 넘어뜨리신다는 것을 나는 믿습니다." 이 얼마나 투지 일관한 희망의 메시지인가? 고통스런 몸으로 그녀는 여러 권의 저서를 남겼다. 그렇다! 5백만 원짜리 명품 가방을 들고 다니던 비닐봉지를 들고 다니던 중요하고 귀중한 것은 안에 들어있는 내용물 아닌가? 내가 늘 말하는 가치관 정립, 의식의 밀도, 의식의 진화, 차원상승이란 장 영희 교수 같은 삶을 말하는 것이다.

환경을 탓하는 사람은 죽는 날까지 핑계를 찾다가 인생은 끝난다. 그러므로 남들의 가치 기준에 따라 내 목표를 세우는 것이 얼마나 어리석고 나를 남과 비교해서 시간낭비 하는 것이 얼마나 자신의 固有性(고유성)과 가치를 깎아내리는 바보 같은 어리석음인지 문명화란 이 시대를 살면서 아직도 모른다면 집에서 기르는 강아지만도 못한 의식이다.

내 마음을 열고 닫는 비밀번호는 나의 블랙박스는 오직 나만이 알고 있는 것이다.

5. 創造主는 인간을 간섭하지 않는다.

인권 사상의 기원은 창세기 1:26~3장 사이를 중심으로 대략 비춰도 인본주의적 인권 사상의 뿌리와 역사를 특징적으로 간추려볼 수 있다. 건전한 인간의 자유의지는 倫理觀(윤리관)을 만들고 윤리관을 토대로 문명의 토대가 되는 것이다. 윤리관 가운데 가장 본질적이고 핵심적인 기준이 바로 인간에 대한 것이다. 이것을 인간의 권리라고 한다. 인권을 인간의 자유의지이며 신의 선물이다. 인권이란 결코 인간이 노력하여 획득한 것이 아니라 어떤 정부나 조직에서 수여 인준하는 것도 아니다. 인간은 처음부터 신에게 부여받은 선물인 것이다. 그러므로 인권의 기원은 창조주께서 자유의지와 함께 부여한 영장의 선물이다.

이 인간의 권리는 그 누구도 함부로 침해하거나 빼앗을 수 없으며 창조주가 양도하지 않은 권리는 인권의 범주에 속할 수 없다는 것이며 인권이란 신이 정해준 한계와 윤리적 기준을 벗어난 권리행사는 인권이 아니라 타락인 것이다. 선과 악에 대한 열매를 먹을 수 있는 권리가 인간에게 없었는데 부여받지 않은 자유를 남용한 자유의지의 결과는 흑백싸움의 끝없는 전쟁의 소용돌이 속으로 빠지게 되었다. 실낙원이후 인간들은 입으로는 신의 이름을 빙자하지만 그들은 깊은 深淵(심연)에서 하나님을 인정하지 않기 때문에 "인간의 모든 권리는 인간에게서 나온다."라며, 자기가 자신에게 부여하는 권리 즉, 각자의 소견에 옳은 대로 행할 수 있는 권리가 오늘날 인권의 개념이며 그와 같은 권리를 제한하는 것이 차별의 개념이다.

나치 정권도 투표로 결정되었다.

　나치 정권의 유태인 학살은 왜 반 인권적이냐고 매도하는 것인가? 그것은 그들의 기준일 뿐인데, 나치정권도 투표로 결정된 정권이며 국민의 지지 속에서 합법적으로 유대인 학살이 진행되었다. 그렇다면 도대체 무슨 기준으로 나치 정권을 반 人權的(인권적)이라고 매도할 수 있는가? 왜? 누구의 기준으로 나치에 대해 옳고 그름을 판단하는가? 카르마의 법칙에 앞서 인간을 屠殺場(도살장) 가축처럼 대하면 안 될 이유는 인간이기 때문이다.

　이스라엘 민족이 출애굽 이후 여호수아를 통하여 가나안을 정복하여 일곱 족속 남녀노소를 막론하고 쳐 죽이고 지금까지도 피를 흘리는 유대전쟁은 합법적이고 나치학살은 반 인권적인가? 종교라는 이름으로 神(신)을 빙자하여 原住民虐殺(원주민학살)을 해충을 죽이듯 자행한 종교는 100% 사탄이즘이다.

평화의 사도 빌리브란트(Willy Brandt)

　1970년 12월 7일 폴란드 수도 바르샤바의 2차 세계대전 시기에 희생된 유태인을 기리는 위령탑 앞에서 서독의 總理(총리) 빌리브란트가 獻花(헌화)를 하던 도중 털썩 무릎을 꿇었다. 현장에 있던 사람들은 총리의 갑작스런 행동에 모두 唐惶(당황)하였다. 한 나라의 총리가 무릎을 꿇는 광경은 흔한 예가 아니다. 일부에서는 총리가 眩氣症(현기증)으로 주저앉았다는 생각을 하기도 하였다. 그러나 그것은 서독 총리 빌리브란트가 2차 세계대전 시기 독일 나치에 의해 희생된 유태인들에게 올리는 진심 어린 謝罪(사죄)였다. 그는 위령탑 앞에 무릎을 꿇고 고개를 숙여 4분 정도 진심으로 기도했다. 12월 추운 겨울날 위령탑 앞. 콘크리트 바닥은 차가웠지만 빌리브란트의 참회는 뜨거웠다. 이 참회의 기도는 독일뿐 아니라 전 세계에 톱뉴스로 알려졌다.

서독을 대표한 총리의 과감한 이 행위는 누구의 권고나 부탁이 아닌 스스로의 자연 발생적인 인간의 존엄의식에서 우러나온 윤리적인 에너지였다. 그동안 전범국가 독일에 대해 가지고 있던 세계인들의 先入見(선입견)을 바꾸어 놓았고 이스라엘 정부는 온 국민이 그의 사죄를 받아들였다. 빌리브란트의 진심이 담긴 사죄를 서방 국가뿐만 아니라 공산진영 국가들의 마음도 흔들어놓았다. 인터뷰에서 빌리브란트는 자신의 행동에 대해 "인간이 말로써 표현할 수 없는 감정을 행동했을 뿐"이라고 조용하고도 단호하게 말했다. 세계 언론들은 총리의 이 사죄를 이렇게 평했다. "무릎을 꿇은 것은 한 사람이지만 일어선 것은 독일인 전체였다"고 평하였다. 이것은 빌리브란트가 시작한 독일 통일 프로젝트, 나아가 유럽 전체의 평화와 통합을 향해 나아가는 '東邦政策(동방정책)'의 상징적 출발점이었다.

빌리브란트는 私生兒(사생아)로 태어나 아버지의 존재를 몰랐으며 생계에 바쁜 어머니 마르타 대신 외할아버지 루트비히 하인리히 카를프람(Ludwig Heinrich Karlfrahm)의 손에서 자랐다. 그런데 이 외할아버지 또한 그가 청년으로 성장한 후 진짜 외할아버지가 아니란 사실을 알게 되었다. 그의 어머니 마르타 또한 사생아로 태어났으며, 그의 외할머니는 어머니 마르타를 데리고 루트비히와 결혼했던 것이다. 빌리브란트는 훗날 그의 自敍傳(자서전)에서 자신의 뿌리에 대한 허무함과 애정결핍 등으로 많이 방황했다고 고백하였다. 빌리브란트의 이 평범하지 않은 가족관계는 정치활동에 종종 공격대상이 되기도 하였으나 내공이 가득 찬 그는 이런 저급한 人身攻擊(인신공격)과 비난을 현명한 언어로 문제없이 극복해냈다. 오히려 공격을 당하는 와중에도 그의 입장을 대변하는 많은 학자들과 문학가 등의 정치적 동료들을 얻을 수 있었는데 이것이야말로 의식의 進化(진화)다.

서베를린의 정치인으로 빌리브란트의 가장 관심 있는 문제는 분단과 그 극복에 있었다.

분단을 불러온 독일의 나치 과거사를 철저히 반성하여야만 이루어질 수 있다고 판단 분석하였다. 독일 나치가 저지른 과거사를 참회하고 청산하지 않는 한 독일은 미래로 한 발짝도 나아갈 수 없다고 그는 생각했다.

東邦政策(동방정책)

빌리브란트는 1969년 10월 서독 연방 총리에 취임하였다. 몇 차례의 좌절과 政敵(정적)들의 인신공격에도 굴하지 않고 3번의 도전 끝에 총리 자리에 올랐다. 그는 정치 인생을 살아오면서 느꼈던 외교정책을 펼치기 시작하였다. 그가 시작한 동유럽을 향한 화해의 외교를 '동방정책'이라고 부른다. 결국 동유럽도, 서유럽도, 빌리브란트의 화해 정책에 同調(동조)하기 시작하였다. 1972년 6월 미국, 소련, 영국, 프랑스 등 2차 대전 전승 4대국에 대한 베를린 협정 체결로 동서 진영의 화해무드가 조성되기 시작해, 1973년 12월의 동독, 서독 기본조약의 조인, 1973년 12월의 체코슬라비아 와의 국교 정상화 조약의 조인, 그리고 헝가리, 불가리아와의 국교회복을 통해 서독은 동유럽 각국과 통교하게 되었고 유럽에는 훈풍이 불기 시작했다.

외교적인 변화는 독일 산업에도 영향을 미쳤다. 동유럽 수출의 길이 열리면서 동방정책은 장기적으로 볼 때 산업에도 좋은 영향을 미쳤다. 이 정책을 그의 사퇴이후에도 계속되어 서독 외교정책의 근간을 이루었다. 1970년 빌리브란트의 화해정책은 20년간 꾸준히 지속되어 결국 동서간의 냉전을 녹이고 1990년 독일이 통일이 되면서 마침내 그 결실을 보았다. 빌리브란트는 그의 동방 정책으로 인해 1971년 10월에 노벨 평화상이 주어졌다.

빌리는 1990년 걸프전 때 사담 후세인을 직접 만나 이라크에 인질이 된 독일인들 150명을 구해내기도한 평화주의자였다.

자신이 시작한 동방정책의 결실인 독일통일을 살아생전 지켜볼 수 있었다. 그는 자신이 서베를린 시장 시절 만들어진 베를린 장벽이 무너지는 모습을 感慨無量(감개무량)하게 지켜보면서 안도의 한숨을 쉬었으며 통일의 공로자로서 추앙을 받았으나 그는 칭찬에 초연하였다.

빌리브란트는 독일 통일의 염원을 이룬 2년 뒤에 膵臟癌(췌장암)으로 조용히 눈을 감았다. 독일 국민은 눈물로 그를 애도하였고 전 세계 의식 있는 평화주의자들이 애도하며 冥福(명복)을 빌었다. 創造主(창조주)는 인간을 간섭하지 않는다. 이렇게 진화된 의식으로 지구촌의 평화를 위해서 노력하는 사람들에 의해 오늘의 지구촌은 지탱되고 있다. 지구의 주인은 인간이므로 인간이 지켜야 하며 보존해야 한다.

신은 인간을 간섭하지 않는다.

엄마는 아이를 만들었고 아이는 엄마를 만들었다. 이것이 창조의 원리다. "컴퓨터를 누가 만들었느냐?"고 묻자 대답하는 사람이 없었다. 컴퓨터의 전문가들조차…

컴퓨터는 45만 명의 과학자들의 힘이 합쳐져 만들어진 것이다. 이 기계의 演算(연산) 능력, 기억력 등 여러 능력은 아마 도덕성만 지니지 않았을 뿐 모든 면에서 인간보다 낫다는 것과 타락한 성직자나 정치인들보다 훨씬 인간에게 유익을 주는 만능기계이다. 오쇼 라즈니쉬는 신이 인간을 만든 것과 인간이 컴퓨터를 만든 것을 같은 맥락으로 보았다.

'신이 인간을 만든 것도 스스로의 만족과 기쁨을 누리기 위함이고 인간이 컴퓨터를 만든 것도 스스로 편한 삶을 추구하기 위함 아닌가?'라는 결론이다. 인간의 정신적인 능력이 신과 견줄 만큼 우수하다는 것이다. 석가모니 붓다께서 이르길 "나는 天上天下 唯我獨尊(천상천하 유아독존)"이라 하였고 예수께서는 이르시되 "나는 하나님의 獨生子(독생자)"라 언급한 것이, 에너지의 차이는 있지만 맥락은 한 기둥이다. 바로 般若(반야)의 바다에 들어와 붓다는 존재의 근원을 뚫어 깨달았고, 예수께서는 존재의 사랑 속에서 신과 하나 되어 언제나 분리할 수 없는 포도나무와 가지처럼 하나 된 진리를 깨달아 인간들이 신의 아들이 되는 길을 안내하고 있다.

영적인 가치관이 확립된 사람들은 三昧(삼매)의 12차원인 非想非非想天(비상비비상천)이라는 낱말을 음미할 수 있을 것이다.

기독교인들 중에 흔히들 즐겨 쓰는 용어가 있다. 그것은 全知全能(전지전능)하시고 無所不在(무소부재)하신 분을 믿는다는 것인데 이 엄청난 단어들이 소위 신앙인에게 개인적으로 어떤 효력을 발휘하는 가에 대한 관찰은 1%가 어렵다. 왜냐? 근심걱정에 두려움에 갇혀 전지전능하신 분에게 전혀 의지할 생각을 엄두도 못 내고들 觀念論(관념론)으로 세월을 보낸다. 결국 거짓말쟁이 아니면 허구라는 결론이 나온다. 신이 못하는 것 하나가 있는데 그것은 바로 멈춤이다. 죽음이라고 표현되어지는 삶과 죽음을 벗어난 상태 즉, 다시는 존재가 되지 않는 영원한 사라짐 말이다.

善知識(선지식)들이 요구하는 깨달음이 바로 이것이다. 석가모니 붓다께서는 "일억 명의 붓다를 섬기는 것보다 단 한 사람의 無心道人(무심도인)을 섬기는 것이 낫다."고 말했지 않은가?

신이 하는 것을 인간이 할 수 있고 아직 이루지 못한 것은 과학의 발전으로 점점 격차를 좁혀가고 있으니 더 나아가서는 신과 친구, 아버지, 스승이 될 것이다.

예수께서는 너희가 나보다 더 큰일도 할 것이라고 말하셨다. 신이 하실 일을 인간이 대신해야 하는 곳이 지구촌의 生肉繁盛(생육번성)과 땅을 잘 가꾸고 보존하는 것이다.

그러므로 이 지구별에서는 인류가 번성하던 멸망하던 신은 간섭하지 않는다. 세월 호가 침몰되던, 이태원 젊은이 158명이 죽던, 타이타닉 호가 가라앉던, 삼풍백화점이 붕괴하던, 성수대교가 무너지던, 2차 대전이 발발하던, 원주민이 수억 명 가톨릭 손에 죽던, 볼세비키 혁명으로 2천5백만이 죽던, 6·25전쟁으로 400만 명이 죽던, 켐트레일로 세균을 살포하던, 자유의지를 가진 인간의 선택 여하에 맡기고 신은 일체 沈默(침묵)한다.

이 지구에서는 인간이 신이기 때문이다. 신의 *代理者*(대리자) 역할을 할 사람을 우주에서 선택하여 찾는 것이 아니라 이에 사명을 느낀 사람은 누구나 자원하여 용병처럼 슈바이처, 빌리브란트, 예수, 붓다, 소크라테스처럼 횃불을 들고 계몽하는 것이다.

인간의 倫理(윤리)

신은 인간에게 자유의지라는 절대적인 선물을 부여했다. 교과서에서 배웠던 안 배웠던 상관없이 아이큐 100만 되면 사람은 생각하는 갈대로서의 영원을 思慕(사모)하는 마음과 森羅萬象(삼라만상)을 보고 영성을 느끼는 것이다. 이러한 사유함으로 神學(신학)과 哲學(철학)이 토대가 된 것이다.

理란 다스림이다. 다스림은 이성의 확대이며 윤리의 母體(모체)이다. 윤리란 사람 사이의 관계를 바탕으로 발생하는 문제 중에서 당연히 인간으로써 지켜야하는 道理(도리)를 말한다. 동물들은 본능에 따라 기계화되고 反射的(반사적)으로 반응하기 때문에 사고 과정 속에서 발생하는 윤리가 성립되지 않는다. 그러므로 강아지가 사람을 물어도 소가 사람을 뿔로 받아도 구속되거나 재판을 받지 않으며 이성을 가진 동물의 주인이 책임을 져야 한다. 인간은 동물과 다른 이성을 가진 존재이므로 이성을 개발하거나 이용하여 다른 자연의 개체는 가지지 못하는 커다란 힘을 보유할 수 있게 되었다. 그래서 인간은 사회 속에서 의식적으로 타인을 해칠 수도 도와줄 수도 있는 존재가 된다. 여기에 사회 규범과 도덕윤리의 필요성이 부각된다.

우리가 사는 이 사회 속에서 우리가 지켜야할 수많은 규범들과 道德律(도덕률)이 기본적으로 존재하는데 이것은 인간의 윤리라는 두 글자에서 파생되어 나오는 사회제도인 것이다.

윤리는 인간다운 삶에 대한 평가와 잘못된 것에 대한 반성 기준을 제시한다. 그래서 자신과 타인의 행동에 대해 옳고 그름을 구별하는 것이다. 여기서 사람이 사람으로서의 당연히 지켜야할 準則(준칙)들이 파생되고 각 나라마다 法典(법전)이 있어 윤리의 기능이 만들어지는 것이다. 그리고 삶의 목적을 정할 때 어떻게 행동해야 하는가에 대하여 방향을 제시하게 되는 것이다. 윤리는 이렇게 바람직한 삶의 방향을 제시하고 그를 통하여 사회에서 지켜야할 행위 규범들을 도출하게 됨으로써 사람들은 자신의 삶을 그 기준에 맞게 살려 신경을 쓰게 된다.

이렇게 윤리가 인간에게 羅針盤(나침반) 역할을 하는 것이다. 그러나 반면에 윤리가 일상생활 속에서 부정적으로 작용함도 부정할 수 없다. 생계유지가 곤란한 가정의 가장이 식물인간이 되었다고 가정해본다면 인간의 생명은 어떠한 경우에도 부정될 수 없지만 그 治療費(치료비)를 지출하기에는 불가능할 때, 그 가족들이 호흡기를 제거해줄 것을 병원 측에 요청한 경우처럼 단순한 도덕관념으로는 현실상황을 판단내리기 어려운 것이다.

인간의 제도나 윤리기준의 한계가 이런 것이다. 狀況倫理(상황윤리)라는 것도 완전한 것은 아니다. 윤리는 자신의 행동과 타인의 행위 윤리의 이중적 기준을 적용하기도 한다. 이러한 상태에서도 창조주는 간섭하지 않는다.

세상이 현재 운영되는 것은 현자들의 지혜와 과학의 혜택을 누리며 인간이 주인으로 지구촌에 번성하며 살아간다.

自由意志(자유의지)와 社會性(사회성)

자유의지를 전제로 하는 인간만이 의식적으로 자신의 행위를 제어할 수 있는 능력이 있는데, 이것이 바로 자유의지다. 이로써 다른 동물의 반응과 다른 것이다. 행위는 인간의 이성으로부터 발생하는 意識的(의식적)作用(작용)인데 반하여, 반응은 어떤 자극으로부터 발생하는 무의식적인 작용인 것이다. 윤리는 인간의 행위를 근본으로 하므로, 인간의 자유의지를 전제 조건으로 한다. 자유의지가 없는 상태에서의 인간의 행동은 이미 행위가 아니다.

인간이 자유의지를 가지고 있다는 것은 본능에 따라 기계적으로 반응한다는 것이 아니라 이성적 사고 작용에 의하여 倫理(윤리)라는 체에 걸림으로써 행동하게 된다는 것이다.

이러한 측면에서 자유의지는 인간을 동물과 비교하는 한 잣대로써 작용하게 되는 것이다. 인간이 자유의지가 필요한 것은 인류는 다족, 다양한 감정과 얽히고설킨 유기적 관계 속에서 복잡 미묘하게 살아가는 동물이므로 이 감정을 조절해야 하기 때문이다. 만약 인간이 시종일관 선하다고 가정해 보자. 그렇다면 항상 선행을 할 것이고, 반성을 하거나 가책을 느끼거나 개선할 필요도 없을 것이며, 도덕이니 윤리니 하는 것들이 불필요할 것이다. 반대로 칼빈(Calvin)이 말한 그의 교리대로 인간이 전적으로 100% 부패하여 악하다면 항상 악만 행할 것이며, 따라서 개선의 여지가 없을 것이다. 윤리란 이렇게 이중적 성향을 보이기 때문에 악한 생각이나 사념과 혹은 개선함과 선행을 할 수 있도록 유도하면서 그 기능을 담당하게 되는 것이다.

여기서 세분화하면 여러 敎育哲學(교육철학)같은 지엽적인 인간의 가르침 같은 것들이 발전하게 된다. 인간이 깊은 산이나 동굴 같은데서 隱者(은자)가 되어 홀로 살아간다면 어떤 주의 주장도 윤리도 도덕도 사회성도 필요 없고 병문안이나 애경사, 축하 조문도 필요 없고, 교제나 품앗이도 필요치 않을 것이며, 법적인 갈등이나 시비도 의미 없을 것이나, 인간이라는 영장은 이렇게만 살 수는 없다.

왜냐하면 사람은 무리를 지어 살아가는 의지적, 사회적 동물이며, 수녀, 비구니, 비구승, 독신주의자들도 결론은 집단적으로 다 모여 산다는 것이다. 이 무리 속에서 인간은 서로 배우고 익히고 영향을 주는 일이 생겨날 수도 있는 것이다. 어느 한 사람의 목숨을 건 큰 희생이나 비윤리적 만행이던 영향을 미친다. 그리고 이기심이나 경쟁을 부추기기도 할 것이며 의식이 고상한 인격자가 있다면 그 옆에서 그 후광을 느끼며 모방하는 경우도 있을 것이다. 이러한 가운데서 윤리는 사회를 보호하고 사회 전체의 개개인의 행위를 불가피 통제함으로써 다른 인간의 권익을 보호하게 되는 기능이 곧 인간이 거역할 수 없는 제도권의 사회 구성이다. 그 누구도 이를 거역할 수 없다.

그러므로 법과 도덕적 구성은 사회규범이라는 공통성을 가지지만 그 형식과 내용에 있어서는 많은 차이가 있는데 도덕은 인간의 내면을 중요시한 행위 규범으로써 자율성을 지니고 있다. 이로써 도덕은 내면적 동기를 중시하고 행위로 나타난 결과보다는 내적인, 윤리적 동기를 평가하게 된다. 도덕의 궁극적 목적은 선의 실현이며, 의무를 부과하는 성격이 강하다. 도덕은 대체로 단언적 표현을 사용하고 도덕규범에 어긋날 때에는 지위고하를 막론하고 윤리적 비난의 화살을 맞게 된다. 로마에 가면 로마식으로 한국에서는 한국식으로 사회규범이 있다. 어떤 자유인도 이 땅에 살면서 이 윤리제도를 무시할 수 없으며, 아마 죽어야 이런 윤리 도덕에서 자유로워 질 것이다. 다시 말해서 創造主(창조주)는 인간 제도에 간섭을 않으신다. 창조당시부터 지구별을 인간에게 선물로 주셨는데 인류가 낙원을 만들던 격변을 겪든 종말을 맞던 침묵하고 계신다.

6. 인간의 意識(의식)進化(진화)

인간의 의식을 지배 주관하는 부분은 腦機能(뇌기능)이다. 인간의 뇌는 단순히 반응하지 않고 적극적으로 세상을 예측하며 심지어는 스스로 배선을 바꾸면서 자기 경험을 만들어간다. 배선을 바꾼다는 것은 자신의 생습관과 음식, 유전적인 환경 요소, 등 미묘한 메커니즘으로 연결되어 있는데 유년 시절부터 思考(사고), 思惟(사유), 思索(사색), 등을 통하여 명상적인 사람들은 두뇌 발달이 남다르다는 것은 이미 충분히 증명된 사실이다.

동서고금을 막론 현자들의 출생이나 그들의 유년시절을 돌아보면 평범하지 않았다, 아인슈타인, 에디슨, 퇴계, 맹자의 교육, 젊은 시절의 싯다르타, 니체, 오쇼, 등 두뇌 계발이 탁월한 사람들의 환경은 억압당하지 않고 존중되었으며 상상의 나래를 마음껏 펼쳐 진보했음을 엿볼 수 있다. 우리는 어제와 다르게 예측하는 뇌를 길러낼 자유를 가지며 그 결과에 책임을 져야한다.

腦(뇌)를 맑게 보호하며 신경 써서 가꾸어야한다.

담배나 마약은 금물이다. 알코올 역시 뇌를 손상시키는 주범이니 유념해야한다. 정신을 잃을 때까지 술을 마시고 필름이 자주 끊어졌다는 사람들은 一般人(일반인)보다 기억력 감퇴는 물론 알코올성 치매로 이어지는 일이 주변에는 얼마든지 있고 수명 또한 훨씬 짧다. 여기서 攝生(섭생)의 중요성을 나는 강조하고 싶다. 음식 에너지는 인체의 모든 기관과 장기를 만들고 근육과 골격 혈액을 만든다. 五穀(오곡)과 여러 채소와 씨앗들은 인체 부위 부위에 성장 발달 도움을 주는 원료가 된다. 그런데 어떠한 식재료가 어디에 좋다 하여 과식이나 여러 가지 음식을 섞어서 섭취하는 것은 좋지 않다. 과음 과식을 피하고 五行(오행)에 맞춰 맑은 차를 마시고 뇌를 가볍게 하고 산소 공급을 원활하게 해 줄 것이며, 瞑想(명상)으로 늘 비워내는 작업을 게을리하지 말아야 늘 사물을 볼 때 깨달음을 얻고 실체를 순간적으로 꿰뚫어 볼 수 있을 것이다. 腦(뇌)는 인간의 마음을 건전한 깨달음도 만들어주지만 煩惱(번뇌)를 만들어 잠 못 이루는 밤을 안겨주기도 한다.

어떤 사람은 생존을 위해서 끝없이 뇌를 굴리고 여러 감정들을 만들고 그것을 기억의 창고에 저장했다가 끄집어내어 무기로 쓰고, 과거 기억과 경험의 필름들을 통해 현실을 인식하고 뭔가를 창조하며 집을 짓고 살아가는 것이 보통 인간의 삶이다.

우월한 조상의 유전자를 받아 날 때부터 남다른 사람도 있겠으나 後天的(후천적)으로 환경과 음식이 매우 중요한 비중을 차지한다. 몸이 굳은 사람도 6개월 이상 요가 수련을 하면 몸이 현저하게 이완되고 관절이 부드러워지며, 균형 없이 흐트러진 몸도 1년 정도 꾸준히 헬스를 하면 대체로 몸이 균형 잡힌다.

뇌 운동은 그다지 어려운 운동이 아니다. 마음을 비우는 일을 터득한다면, 뇌는 번뇌를 일으키지 않아 가벼워지고, 松科腺(송과선)이 원활해지고, 활기를 찾을 것이다.

나의 경험은 그렇다. 오래전 어느 날 잔칫집 뷔페식당에서 山海珍味(산해진미)와 온갖 채소 과일을 배불리 섞어먹고 돌아왔다. 결과는 이튿날까지 가스가 차고 더부룩하고 불쾌하였고 무엇보다도 腦(뇌)가 이상했다. 무겁고 멍한 느낌에 집중도 힘들고 觀照(관조)도 힘들고 책을 읽어도 한 구절도 들어오지 않았다. 그 뒤로도 과식이나 섞어 먹었을 경우 비슷한 증상이 여러 차례 나타났다. 나는 여기서 뭔가를 예감한 게 있는데 옛 祖師(조사)들이나 현자들, 瞑想家(명상가)들이나 선지자들을 돌아보면 그들의 음식은 화려하지 않았다는 것이다. 필자가 음식을 섞어먹지 않은지는 25년쯤 된다. 어디 초대받고 푸짐하게 차려놓은 집에서도 말없이 내 방식대로 먹고 온다. 지금 나의 뇌기능은 마흔 살 때나 70세인 지금이나 기능면에서 큰 차이는 없는듯하다.

腦(뇌)는 현실을 만들어간다.

현자들과 명상가들은 하나같이 인류를 향해 잠에서 깨어나라는 말을 話頭(화두)로 던진다.

인간의 수많은 뇌세포들은 지금도 잠들어있어 아인슈타인이나 닐스 보어 정도 되는 천재들이 약 20~25% 정도를 활용하고 일반 교수들은 10% 정도만 활용한다 하니 놀랍지 않은가? 인간의 뇌에는 松科腺(송과선)이라는 호르몬 주머니가 모든 왕권을 가지고 있다. 송과선 주변에서 발견되는 뇌 영역은 직관과 관련된 영역이고, 실제적인 직관력 지각이 어떤 것이든 가능하기 위해서는 그 세포들이 깨어나서 활동을 해야 한다. 이러한 直觀力(직관력) 지각이 일깨워졌을 때 靈魂은 통제, 빛의 세계, 심리적 밝음, 자비심, 이해력 발달로 이어진다.

현대 생물학과 신경의학의 발달로 인간의 뇌에 대한 연구는 계속 진보하며 진행되어왔다. 인간이 뇌를 직접 관찰하고 연구하기 시작한 것은 200여 년밖에 되지 않았으며, 좀 더 정밀한 연구는 과학의 발달을 통하여 최근에 와서야 가능해졌고 옛날에는 명상과 追想(추상)을 통하여 의식이 깨어나고 진화됨을 느꼈다. 物理學的(물리학적)인 검증에 컴퓨터라는 생물이 협조하여 빠르게 진행되고 있다. 아직도 먹기 위해 사는 인간들은 腦가 무슨 기능을 하는지 생리적 기능에 대하여 무슨 역할을 하는지 관심 없이 독주를 마셔대며 과식하고 뇌를 병들게 하고 있다.

전통적으로는 그렇다. 인간의 의식이나 마음, 감정에 대한 연구는 思辨的(사변적)이며 推論的(추론적)방식으로 이루어졌고 內觀的(내관적)인 방법에 의지해왔다.

불교적인 전통에서는 六識學派(유식학파)가 있다. 이 학파는 인간의 의식을 집중적으로 연구하는 파들인데 유식의 관점에서 보면 인간의 다섯 가지 감각 의식, 마음, 자의식으로서의 일곱 번째 의식, 그리고 앞에 거론한 의식들과 관련해서 根源的(근원적) 의식의 역할을 하는 아뢰야식의 결합체로 존재한다. 여기에서 인간의 육체적인 경험에 있어 빼놓을 수 없는 腦에 대한 언급은 없다. 유식학파의 의식의 분류는 명상적이며, 哲學的(철학적) 추론이라는 내관적 방법을 통해 인간의 의식을 설명하고 있다. 이것은 인간의 의식을 설명하기 위한 개념적 도구라고 하면 될 것이다.

근본적으로 불교를 포함해서 동양의 영적인 전통은 모든 문제의 시작으로 의식에 두고 모든 문제의 해결도 의식에서 찾아야 한다고 가르치고 있다. 한편, 뇌와 관련된 연구가 진행되던 초기에 과학자들이 보였던 熱意(열의)와 희망과 달리 대중적으로 홍보되는 과학적 성과의 상당부분은 과장되었기 때문에 실제로 증명되거나 실현된 경우는 매우 적다.

뇌를 통해 인간을 이해하기보다는 오히려 반대로 뇌를 알면 알수록 인간이란 존재가 더욱 신비스럽고 복잡하다는 것을 알게 되었다. 腦의 특정부위가 손상되면 특정 감각기능에 문제가 생기기도 하지만 동시에 뇌는 손상된 부위가 하던 일을 다른 부위에서 떠맡아 수행하도록 하는 놀라운 유연성과 자기 조직력을 보여주었다. 심지어 상당한 양의 腦(뇌)가 제 기능을 발휘할 수 없는 腦腫瘍(뇌종양)을 앓고 있는 사람이 정상적인 생활을 하는데 별문제가 없는 경우도 있었다.

松科腺(송과선) 발달과 의식진화

松科腺 중앙을 따라 10cm 이마부분으로 내려오면 제 3의 눈(아즈나 차크라, 깨달음의 눈, 영적인 눈)이 있는데 의학적으로는 단순한 생리적 호르몬 기관으로 정의 내리지만 영적으로는 生死禍福(생사화복)을 주관하는 하늘 문이라 생각하면 된다. 이 송과선에서는 인간이 어떤 의식과 어떤 생각

을 하느냐에 따라서 여러 물질을 분비하는데, 현재 그 호르몬 물질 약 40여 종이 밝혀졌다. 나는 감히 이곳을 神이 머무는 12靈 센터라고 命名(명명)한다. 이곳은 인격적인 발달단계와 명상 의식과 긴밀한 관계를 형성하고 있기 때문이다. 용기, 비애, 깨달음, 자비, 성적 흥분, 영적 삼매 등을 여기서 조절하기 때문이다. 송과선을 둘러싼 뇌세포들은 직관과 관련되어 있다. 기독교 신비주의에서 말하는 그리스도의 의식이며 붓다 의식이다.

의식은 인간의 뇌를 條件化(조건화)시키고 결정하기 때문에 송과선 주변의 뇌세포들을 각성시키기 위해서는 특정한 의식의 발달, 즉 직관이라고 불리는 어떤 영역이 발달되어야 한다. 인간이 육체적 존재로 남아있을 때, 영적인 각성이나 초월의식은 단순히 그 자신의 차원에서 기능하는 것을 넘어서 육체적 뇌세포까지 영향을 미치게 되고, 뇌는 직관이라는 엄청나게 확장된 의식의 에너지 자극에 온전히 반응할 수 있게 된다. 직관은 육체적인 본능, 정서적, 감정적, 욕망, 지성적 思考(사고)를 온전하게 발달시키고 활용하는 것만이 아니라 그 이상의 역할을 하는 것이다. 이러한 것들을 언어로 槪念化(개념화) 하는 것은 한계가 있지만, 언어를 매개로 개념화하는 것은 전반적인 인류의 진화 단계의 수단과 동시 수준이다. 존재를 설명함에 있어 이론은 필요 없으나 필요한 도구 아닌가? 이는 직관의 의미를 정확히 설명할 수 있는 개념이 현재 일반적인 언어습관에 적응해있는 인류에게는 없다는 것이다. 直觀(직관)이란 말을 설명할 때 영적 깨달음, 超越的(초월적) 의식, 신적 의식, 영감 등과 같은 동의어도 반복적인 다른 말들로 대체할 수 있을 뿐이다.

瞑想(명상)은 뇌를 발달, 정화한다.

그리스도와 붓다, 세상의 영적 스승들이 전한 가르침의 근거는 기도와 명상이다. 솔로몬 왕이 1천 번째 기도로 비상한 머리와 지혜를 얻었고, 그리스도 예수는 17년을 수행 기도, 구도 여행 중 시련과 고난, 40일 금식 기도 등 말로 다할 수 없는 에세네파의 修道(수도)를 마치고 악마를 물리치고 하늘소식을 전파하였다. 내가 말하는 의식의 진화는 머리가 맑아져 천재가 되고 총명한 사람이 되자는 것이 아니다. 현재를 살아가는 구도자들이나 마음 수련을 운운하는 자들이라면 인간의 가장 핵심적인 과제인 정서적, 感情的(감정적), 욕망의 실체를 통찰하고 그 속박으로부터 벗어나는 것이다. 情緖的(정서적) 감정적 분비물 찌꺼기가 뇌 기억에 오래 머물면 이것이 번뇌가 되어 의식의 진화를 막는 쓰레기로 남는다,

이것을 붙잡고 놔주지 않는 것을 執着(집착)이라 한다. 붓다의 가르침에서는 행복했던 감정들마저 머릿속에 가득 담고 있으면 번뇌에 속한다는 것이다.

예리한 말이다. 왜냐하면 인간의 모든 감정은 변화하며 流動的(유동적)이기 때문이다. 그러므로 모든 감정적 경험은 기만적이다. 즐겁고 달콤했던 기억이라도 그 사람과의 최근에 사이가 나빠졌다면 예전에 즐거웠던 사건도 따라서 지우고 싶은 것이 인간의 변화하는 감정이다. 감정의 변화 같은 것을 조절하는 어떤 이론도 가르침도 교과서에는 없다. 오직 깨어있는 의식으로 본인 스스로의 궁극적 결단 여하에 달려있다. 심지 않고 거둘 수는 없는 것이다.

진리가 대관절 무엇인가 하고 만 가지 복을 타고난 싯다르타는 속인들이 그토록 원하는 모든 복을 버리고 생사 문제를 안고 고민하며 떠났다. 그 구도의 진화는 멈추지 않았다. 마침 굶어서 죽기 직전에 깨달음을 얻어 500번째 붓다가 되었다. 우리가 영적인 진화를 바란다면 지성적 분별력을 길러야 하는데 지성이 발달되면 그 힘으로 들쑥날쑥하는 감정의 시녀 밑에서 벗어나는 길을 택하게 된다. 즉, 이성의 소리를 비로소 듣는 것이다.

간사스러운 작심 3일의 감정의 영역에서 벗어나는 길만이 유일한 解決策(해결책)이다. 붓다는 그것을 中道(중도)라 하였고, 예수는 청결한 마음이라 하였다.

가장 무섭고 깊은 바다는 번뇌의 바다이다. 이 茫茫大海(망망대해)에서 표류하는 무기력한 사람들은 대개 이러한 명상이나 신앙인들을 달갑지 않

게 생각한다. 그들의 도움은 받으면서도 그들의 내면을 들여다보지 않는다.

들끓는 욕망이든 고상한 감정이든 숭고한 열망이든 충만한 행복이든 그 모든 감정적인 변화로부터 벗어나서 초연하게 그 모든 것을 관찰하고 眺望(조망)할 때 비로소 인간은 번뇌의 굴레에서 벗어날 수 있다. 그와 동시에 인간은 지성의 빛을 인식할 수 있을 것이다. 이것이 직관 인식이다. 이 직관 의식의 민감한 발달은 舍利子(사리자)에게 般若心經(반야심경)을 설하였고, 반야심경은 오늘날 과학자들을 놀라게 하고 있다.

邵康節先生(소강절선생)의 천기누설적인 천체의 운행과 우주의 시간을 알아내는 生而知之(생이지지)는 浩然之氣(호연지기)를 꿈꾸는 이완된 명상에서 창조되었으나, 역시 오늘날 과학자들의 놀라움을 금치 못하게 한다.

동양의 현자들은 어떤 도구나 천체망원경도 없이 우주를 바라보고, 천체의 움직임을 관찰하였고, 사계의 섭리를 관찰하며 24 절기를 만들고 태양력을 만들었다.

아이슈타인이 배부르고 등 따듯함에 만족했다면 어찌 상대성이론이 産出(산출) 되었을 것이며, 젊은 시절의 싯다르타가 호화스러운 왕궁에 만족했더라면 어찌 사리자에게 반야심경을 설했으며, 須菩提(수보리)에게 金剛經(금강경)을 설했을까? 존재의 뿌리를 모른 채 여기가 좋사오니 하고 만족하는 것은 영혼의 죽음이다. 인간이 인간다운 것은 뿌리를 찾아 끝없이 진화하는 것이다. 전심으로 화두에 전념하는 사람은 머지않아 창조주의 섭리를 느낄 것이며, 내가 수십 년을 입버릇처럼 말하는 意識(의식)의 密度(밀도)를 깨달을 것이다.

의식의 터널이 확장되고 의식의 차원이 상승되면 구태여 손가락 꼽으며 구구단을 외우지 않아도 밤새워 토론으로 언어를 낭비하지 않고도 상대방의 목소리만 들어도 눈동자만 바라봐도 마음을 읽는다. 그리고 어떤 경전도 즉시 解讀(해독)되고 더 이상 속세에서 비밀의 默示(묵시)가 사라지고 실상의 세계가 열려 구태여 비유나 은어를 쓸 필요가 없으니 "예!", "아니오!"만 남아 소통이 매우 어린아이처럼 단순해진다. 명상의 세계에서 흘러 다니는 말이 있는데 道人과 어린아이, 바보는 하나라는 말이 있다.

意識의 成長

　의식의 성장 구조 개념은 몇 가지 관점이 있다. 그 하나는 永續性(영속성)이며 전인적인 특성을 가진 기본 구조. 기본 구조란 성장과 변형을 거쳐 지속되는 발달 단계를 말한다. 마치 어린아이의 몸과 이목구비, 사지 골격이 나이를 먹으며 발달 성장해도 본래의 육체적 본질은 같은 사람이듯이 의식의 기본 구조의 본질은 그대로 남아있다. 반면에 異行構造(이행구조)는 성장이 진행되면서 들락날락 임시적 단계로 기여하는 구조들인데 각자의 성숙도에 따라 자양분을 섭취하듯이 새로운 세계관으로 이끌어 갈 수 있는 것이 의식의 進化科程(진화과정)이다.

　감각이나 지각, 정서, 認知(인지)같은 심리적인 현상들은 기본 구조라고

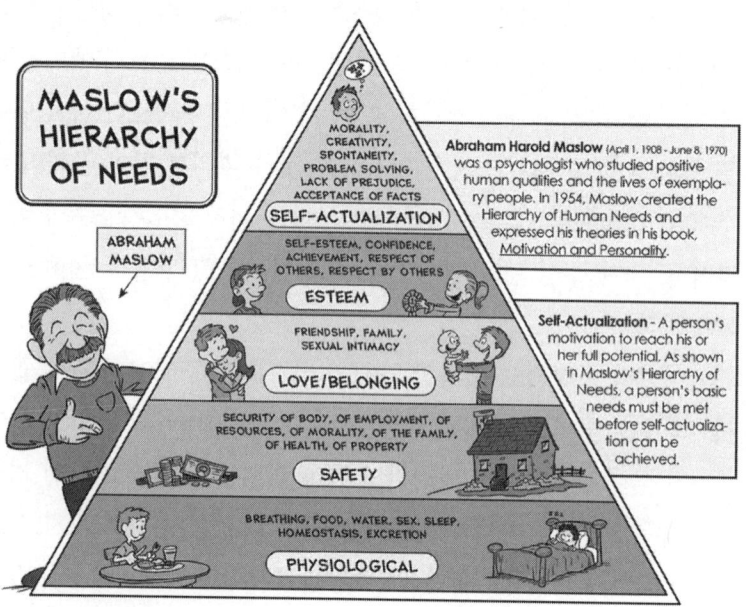

머슬로우의 욕구 5단계

보면 되고 반면에 도덕성, 연민, 자아양식, 마슬로우(Maslow) 욕구 단계 등이다. 마슬로우는 유태계 미국인으로 심리학계에 큰 영향을 미친 사람으로 慾求(욕구)의 5단계를 피라미드식으로 발표하였는데 다음과 같다.

① 生理的慾求(생리적 욕구), ② 안전의 욕구, ③ 애정과 사랑의 욕구, ④ 존경의 욕구, ⑤ 자아실현의 욕구 등이다.

1단계인 생리적 욕구는 배고픔이나 목마름, 배설, 수면, 성적인 욕구 등으로 동물적인 욕구다.

2단계인 안전의 욕구란, 안정된 삶이나 또는 안전을 추구하는 욕구, 등이다. 인간은 누구나 개인의 안정에 관심을 갖고 잘 정돈되고 조직화되고 아늑한 환경에서의 생활을 원하게 된다. 그리고 物質的(물질적) 안정과 타인의 위협이나 재해로부터 안전, 고용보장, 생계수단, 일터, 직장 등이 해당되는데 대략 마슬로우의 개인 경험인 듯하나 결국 모든 사람의 문제이기도하다.

3단계는 애정, 사랑의 욕구다. 타인과 애정에 의한 관계를 형성하기를 원하고 사랑 받고 인정을 받으며 인생의 동반자와 가족과 사회적인 집단에 소속되기를 갈망하는 것이다. 사랑, 우정, 인간관계 모임, 화해와 친목의 분위기 우호적 관계 형성 등이 있으며 '인간은 사회적 동물이다'와 가장 잘 맞는 욕구일 것이다.

4단계 존경 존중의 욕구는 자기를 존중하는 것과 다른 사람으로부터의 존경을 받는 것을 모두 포함하는 욕구다. 타인으로부터 존경, 자아존중, 포상, 승진, 안정, 책임감 부여 등 한마디로 사회에서 자신이 인정받고 싶은 욕망이다.

5단계 자아실현 욕구는 자신이 원하는 사람이 되고 자기가 이를 수 있는 것을 성취하려는 욕구이다. 자아 反轉(반전)과 이상적 自我實現(자아실현)을 위한 욕구로 도전적 과업, 창의성 개발, 잠재능력 발휘, 등이 있다. 이 마슬로우 이론정립은 많은 심리학자들에게 영향을 미쳤다.

수보리와 붓다의 金剛經(금강경) 설화가 그렇고, 사리자와 般若心經(반야심경) 강론이 그렇다. 수보리는 당대 명성 있는 철학적 理論家(이론가)였는데 어느 날 샤카무니 붓다를 찾아와서 토론을 하고 싶어 하였다. 오늘날로 말하면 道場(도장) 깨기 비슷한 우월의식이다. 그는 단지 자신의 지식을 좀 알리고 자랑도 할 겸 어깨를 우쭐하며 찾아와서 대면을 하였다. 석가모니 부처님은 수보리에게 말하기를 '마음속의 군중들과 잡동사니를 다 내려놓고 빈 마음으로 대화를 해보자.'고 했다. 수보리는 흠칫 놀랐다. 지금까지 이런 破格的(파격적)인 말을 하는 사람을 만나보지 못했다. 그는 기가 꺾여 고개를 숙였다. 그렇게 그는 붓다의 문하에 머물며 일 년이 지난 어느 날 부처님은 수보리에게 말을 건넸다.

"당신이 여기에 온지가 벌써 일 년이 흘렀소. 이젠 우리가 자유로이 토론을 좀 합시다."

라고 말을 건네자. 수보리는

"아닙니다. 드릴 말씀이 없습니다. 스승님!"

하고 고개를 겸손히 숙였다. 붓다께서는 빙그레 웃으며 수보리에게 1대 1로 앉아 설하신 것이 진리의 벼락을 내린다는 뜻의 金剛經(금강경)이다. 수보리의 이러한 意識變化(의식변화)는 내면의 혁명이다. 이로 인하여 전 세계 불교 수행자들의 교과서가 된 금강경은 불경의 허파처럼 생기를 불어넣는 指針書(지침서)가 된 것이다. 이렇게 한 개인의식의 변화나 혁명은 개인뿐 아니라 全人類(전인류) 의식의 성장과 발달에 큰 영향을 미치게 된다.

예를 든다면 톨스토이의 작품 중 〈神의 王國〉이라는 글을 읽은 인도의 간디는 굳은 결심으로 무저항주의적인 혁명의식으로 인도 전역의 군중들과 청년들의 가슴에 불을 질렀다. 무장한 영국 군의 총탄 세례에도 불구하고, 죽음을 각오한 인도인들은 맨 주먹으로 영국 군인들을 몰아내어 지긋지긋한 식민통치를 벗어나 독립을 이루었다.

이러한 의식 있는 리더를 만나면 본능적으로 潛在意識(잠재의식) 속에 숨어 있던 감각 운동이 마법적이며 환상적인 思考(사고) 수준을 거쳐서 확실한 의식으로 부활한다. 동기가 얼마나 뚜렷한가. 정밀하고도 분명한 감동을 받은 이들은 삶이 폭발적으로 변화한다.

5장

인간 의식의 발달, 성장, 진화는 결국 의식이 자신의 의식을 의식해 나가는 과정이라 할 수 있다. 自我(자아)는 의식의 自己 目擊者(자기 목격자)이다. 개인적 삶이란 무한한 의식이 꾸는 꿈이며 자아의식은 그 꿈속의 주체이면서 또 다른 객체이다. 자아의식은 모든 것을 목격하면서 동시에 스스로를 목격한다. 독일의 神祕主義(신비주의) 사상가 '마이스터 에크하르트(Meister Eckhart)는 이런 말을 남겼다.

"내가 하나님을 보는 바로 그 눈으로 하나님은 나를 본다. 나의 눈과 하나님의 눈은 하나이다."

그러므로 자아의식과 超越意識(초월의식)은 하나이면서 둘이고, 둘이면서 동시에 하나이다. 여기에 모순은 없다.

6장

의식의 진동수를 높이라

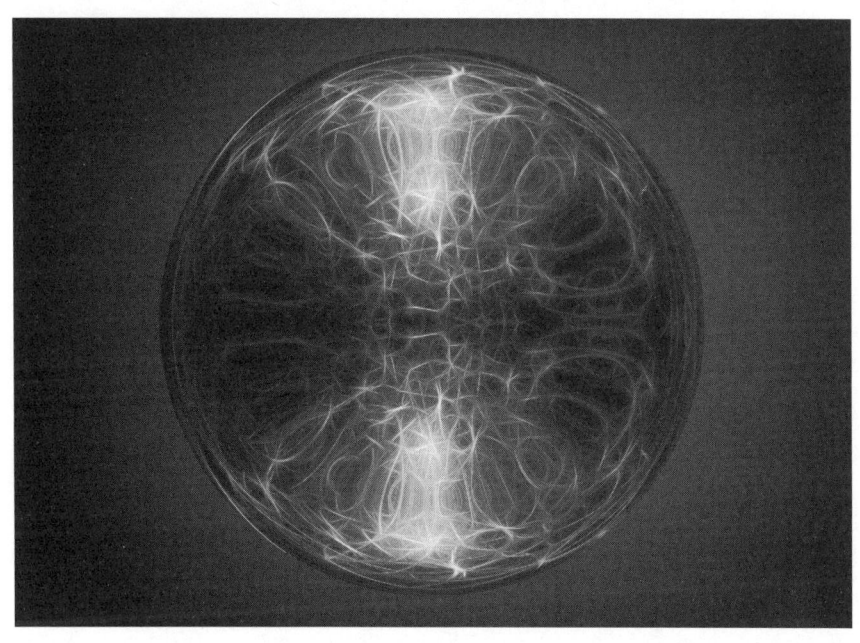

1. 過半數(과반수)이상의 인류가 짐승이다.

文化藝術(문화예술)을 빙자한 폭력과 피

　셰익스피어의 작품 〈햄릿〉은 가인의 피를 뿌려놓은 듯 피와 復讐(복수)를 부르는 비극이다. 짐승보다 더 짐승 같은 인물들이 우글거리는 인간사회는 가인 이후로 舊約聖經(구약성경) 전반사가 피를 부르는 전쟁 이야기다. 오늘의 세계도 1차 대전, 2차 대전, 크고 작은 여러 나라의 내란 폭동, 음모, 부모 학대, 아동 학대, 宗敎戰爭(종교전쟁) 등 심각한 병을 앓고 있다.

　영화들도 90%가 폭력 영화다. 우리나라만 보더라도 관객을 동원한 작품이란 것들을 보면 거의 폭력적이다. '친구', '말죽거리 잔혹사', '범죄와의 전쟁', '다만 악에서 구하소서!', '싸움의 기술', '짝패', '아수라', '똥파리', '폭력의 법칙', '강남', '비열한 거리', '황해', '악마를 보았다', '돼지의 왕', '방과후 옥상', '달콤한 인생', '파이트 클럽', '구타 유발자들', '죽거나 혹은 나쁘거나', '도희야', '미쓰 와이프', '한공주', '폭력 써클', '레디액션', '寄生蟲(기생충)', '오징어 게임' 이외에도 수많은 영화들이 사시미 칼 휘두르기, 쇠 파이프, 야구 방망이, 각목 혹은 총격으로 피를 낭자하게 쏟으며 죽이고 죽어가는 그림들이 전반적이다. 왜? 인간들은 이토록 피를 부르는 잔혹한 게임을 좋아할까? 전쟁 중 리얼리즘을 살려내기 위해 파편을 맞고 쓰러지는 것은 현장감을 위해 그렇다 치되 도무지 욕지거리 아니면 칼로 찔러 죽여 얼굴과 셔츠에 선혈이 튀겨야 하는 동영상들을 보고 관객들은 미쳐 날뛰니 짐승시대다.

논쟁 중인 영화감독 올리버 스톤(Oliver Stone) 감독의 '킬러(Killer)'는 총기를 휴대할 수 있는 서구사회에서도 논란이 되고 있는데 실존했던 殺人魔(살인마) 커플인 찰스 스타크 웨이도와 카릴 푸케이트의 이야기를 바탕으로 제작되었다. 이 영화는 폭력과 살인을 美化(미화)했다는 이유로 미국 현지는 물론이고 아일랜드에서의 상영이 금지되었다.

극중에서의 폭력은 풍자, 社會批判(사회비판), 인간 내면에 대한 이야기였으나 살인마를 주인공으로 그리며 폭력에 대한 미화적 초점을 맞춘 부분은 논란을 일으켰다.

그즈음에 콜롬비아인 고등학교 총기 난사를 비롯한 미국 내 총기사건의 모방 범죄로 불리게 되면서 더욱 논란은 커졌다. 1980년 끔찍한 영화 '홀로코스트(Holocaut)'는 아마존 식인 부족의 행위를 그려낸 영화다. 다큐멘터리 형식으로 완성된 작품으로 잔혹한 屍體切斷(시체 절단)과 食人(식인) 장면들이 담겨있다. 한 조각 긍정적으로 비춰본다면 문명사회의 충돌과 인간의 殘酷成(잔혹성)에 대한 풍자적 의미를 지닌 의도가 담겨있다. 그러나 이 영화의 문제적 장면은 아직까지도 많은 이들에게 충격적인 후유증을 남겼다. 얼마나 생생하게 묘사했는지 극중 배우들이 실제로 살해당했다고 오해를 할 정도였다고 한다. 결국은 우려하던 사태가 발생하여 루게오 대오다토 감독의 조국인 이탈리아 검찰이 '배우들이 실제로 살해당했다.'고 주장하여 그를 정식으로 고발하였다. 이탈리아 검찰과 법원이 감독과 제작진에게 終身刑(종신형)을 선고할 때쯤 영화 속에서 죽었다고 알려진 출연진이 TV 토크쇼에 모습을 드러냄으로서 사태는 소동으로 끝났다. 하지만 워낙 잔혹한 장면 탓에 이탈리아 자국과 많은 나라에서 상영이 금지되었다.

관객 62만 명의 한국 영화 '지푸라기라도 잡고 싶은 짐승들'은 범죄 스릴러 장르의 108분짜리 영화다. 돈 가방 때문에 시작되는 이 영화는 사라진 애인 때문에 사채 빚에 시달리며 한탕을 꿈꾸는 태영이 아르바이트로 가족의 생계를 이어가는 가장 중만은 과거를 지우고 새 인생을 살기 위해 남의

1. 과반수 이상의 지구인이 짐승이다

것을 탐하는 연희의 벼랑 끝에 몰린 그들 앞에 거액의 돈 가방이 나타나고 이를 마지막 기회라 믿으며 가방을 쫓는 그들에게 예기치 못한 사건들이 발생한다.

큰돈이 생겼을 때는 아무도 믿으면 안 된다는 생각으로 고리대금업자와 얽혀 가정이 무너지고 가족의 생계와 얽혀 쫓고 쫓기는 절박한 과정에서 여주인공 전도연은 아무렇지도 않게 사람을 여럿 죽이고 자신도 공항에서 出國(출국) 하지 못하고 잡혀 화장실에서 칼날에 난도질당해 죽고 청소부 여인이 청소하다 발견한 물건 보관키로 박스를 열어보니 수 억 원의 대형 돈 가방이 발견되어 그녀는 가방을 들고 태연하고도 조용히 돌아간다. 영화는 잔인한 범죄 영화지만 이 시대의 병든 인간 의식을 잘 諷刺(풍자) 한듯하다.

George orwell(조지오웰)의 〈動物農場(동물농장)〉 줄거리에는 세 마리의 돼지들이 똑똑한 동물들로 등장한다. 어느 날 늙은 수퇘지 메이저 영감이 꿈에서 啓示(계시)를 받게 되는데 '영국의 모든 들판을 동물들에게'라는 슬로건을 내세우며 '동물주의'라는 것을 주장하기 시작한다.

조지오웰이 〈동물농장〉을 집필하기 전 약 100여 년 전에 활동했던 19세기 후반의 과학적 사회주의 사상가 마르크스(Karl Heinrich Marx)의 활동을 뜻한 것이다. 수퇘지 메이저영감이 다른 동물들에게 귀족들과 資本家(자본가)들에게 들판을 빼앗아 이상 농장을 건설하자고 이야기한다. 메이저영감이 사상을 우선 외쳤지만 이를 행동에 옮긴 동물들은 나폴레옹, 스노볼, 스퀼러, 이 세 마리의 돼지들도 메이저의 동물주의를 다듬으며 이상 농장을 만들기 시작한다. 이 세 마리의 돼지들 중 스노볼은 러시아의 유명한 혁명인 10월 혁명의 주역인 레온 트로츠키를 나타내는 돼지다. 러시아 혁명을 이끌었던 인물인 만큼 스노볼은 동물들이 지켜야만 하는 7계명을 정하기도 하며 온건하며 合理的(합리적)인 돼지로 등장한다. 이에 반해 나폴레옹은 프랑스의 19세기 초반 프랑스의 황제이면서 동시에 獨裁者(독재자) 행보를 보였다.

시대적 배경으로는 소련 공산당으로 공포 정치를 펼쳤던 '이오시프 스탈린(Joseph Vissarionovich Stalin)'을 나타내는 돼지였다. 즉, 마르크스를 나타내는 메이저 영감이 공산주의 사상을 만들어내고, 트로츠키를 의미하는 스노볼과, 스탈린을 의미하는 나폴레옹이 현재 인간이 통치하고 있는 메이너 농장이 잘못되었다고 주장하는 것이다. 하루는 인간들이 동물들에게 먹이를 제때 주지 않게 되는데 이를 계기로 혁명이 일어나면서 인간들은 농장 밖으로 쫓겨나게 되고, 혁명에 성공하여 농장을 차지한 동물들은 메이너 농장의 이름을 동물농장으로 바꾸게 된다. 동물주의 사상을 전파했던 메이저영감이 세상을 떠나고 스노볼과 나폴레옹이 7계명을 기준으로 동물주의를 실현하며 초기에는 生產量(생산량)이 증가하고 모두가 평등한 세상이 다가오는 듯 하였다.

동물들의 7계명을 요약하자면 그렇다. 즉, 두발로 걷는 생명은 무조건 적이다. 어떤 동물도 옷을 입거나 침대에서 자면 안 되며 술을 마시는 것도 금하고 다른 동물을 죽여서도 안 된다. 그리고 모든 동물은 평등하다는 내용들이다. 그렇게 누구나 행복한 세상이 다가오는 가 했지만 시간이 지나면서 슬슬 이 동물주의를 실현한 동물이 누구냐를 내세우면서 돼지들의 권력잡기가 시작되었다. 그나마 스노볼은 전체 생산량을 높이기 위해 풍차개발을 연구했지만 나폴레옹은 스노볼과 권력을 나눠먹는 것도 마음에 들지 않았다.

권력은 독재로 존재해야 하는데, 강경파인 나폴레옹과 온건파인 스노볼이 티격태격 하다가는 결국 나폴레옹이 이기게 되고, 스노볼은 농장에서 쫓겨나게 된다. 動物農場(동물농장)에서 말하는, '누구나 공정하고 평등한 세상을 꿈꾸는 共產主義(공산주의)는 그 이상으로 많은 이에게 행복을 줄 것 같지만 결국 공산주의를 통치하는 主體(주체)조차도 개인이라는 인간들에 불과하다.'라는 것을 보여주고 있다. 인간이라는 본질은 욕심을 바라는 존재이기 때문에 누군가가 국가를 컨트롤하고 있다면 결국 평등이라는 것은 존재할 수 없다는 것이다. 권력의 지배가 힘 있는 자에게는 달콤할지

1. 과반수 이상의 지구인이 짐승이다

모른다. 이 작품에서 가장 순수하고 착하게 열심히 일하는 복서라는 말이 등장하는데 열심히 일만 하는 말이지만, 너무나 순진했던 탓에 동물주의이상을 끝까지 믿다가 屠殺場(도살장)에 끌려가는 신세로 나온다.

　머리가 좋아 글을 읽을 줄 알던 돼지들은 지도부가 되어 음식들을 독차지하고 권력 다툼이 일어난다. 나폴레옹(스탈린)이라는 돼지는 연설을 잘하는 스퀼러로 진실을 가리고 순한 양들을 교육하여 언론을 조작하고 掌握(장악)한다. 자신의 충실한 부대인 강아지 9마리(비밀경찰)로 불만을 품은 다른 동물들을 숙청(스탈린의 숙청) 시키기도 한다. 이후 돼지들은 글을 잘 모르는 동물들 몰래 7계명을 자신들의 입맛에 맞게 바꿔서, 사람의 집에서 살며, 침대에서 자고 술을 마시고 카드게임을 하고 인간들과 거래를 한다. 창밖의 동물들은 돼지에서 인간으로 인간에서 돼지로 다시 돼지에서 인간으로 번갈아 시선을 옮겼다. 누가 돼지인지 누가 인간인지 어느 것이 어느 것 인지 이미 분간할 수가 없었다. 이로 인하여 독재와 부패로 이어진 共産主義(공산주의) 비판 소설 동물농장은 인간 되기를 거부하고 짐승의 본능이 만연한 이 시대를 절절히 묘사한 글이라 평해본다.

方向(방향)을 잃어버린 현대인의 意識水準(의식수준)

　오늘날 우리나라와 주변 국가 정서는 방향을 잃고 폭력만 키우는 맹수들처럼 動物農場(동물농장)만도 못하게 변화하고 있다. 도덕, 윤리, 법치는 말뿐이고, 이러한 단어를 구사하기가 매우 模糊(모호) 하다. 정의 사회 구현, 균등, 공정, 積弊淸算(적폐청산)을 구호로 내세우고 떠들어도 변한 것은 없고 民衆(민중)들은 더 큰 시련과 스트레스로 정신병을 앓고 있다. 정치인들과 종교인들은 거짓과 괴변만 늘어놓는다. 정치인들은 SNS를 이용하여 거짓 뉴스를 만들어 이익집단에 휘말려 죽이고 죽고 積弊(적폐)는 날이 갈수록 그 수위가 높아지고 사람들의 눈을 속인다. 市民意識(시민의식)도 문제다. 먹고사는 경제문제도 일한 만큼 보다 훨씬 높은 임금인상을 원하고 민주노총도 그 본질을 잊고 산업경제를 붕괴시키는데 그 壞變的(괴변적)인 정력을 낭비한다. 공짜를 즐기고 투자는 소홀히 넘긴다. 70년대 80년대는 農耕産業(농경산업)이 원활하여 그래도 살만하였다.

5·18 항쟁의 고통 속에서도 꿈이 있었고 老少間(노소간)에도 소통이 있었고 부모님과 함께 사는 가정이 40% 정도였다. 복잡한 정치도 잘은 몰라도 외관상 三金時代(3김시대)에 보스 리더십에 통합이 되었었고, 장남이라는 아들을 선호함이 좀 그렇지만 그것은 門衆(문중)일과 제사 문제, 족보 관리와 여러 가족의 출산, 우애를 나누며 살아왔다.

밀레니엄이 지나며 지식 情報時代(정보시대)가 되면서 결혼, 출산, 직업도 능력고시 사회로 변했다. 초상은 99% 병원에서 치르고, 흰옷을 입던 白衣民族이 중세 시대 수도사들처럼 저승사자를 맞이하는 검은색 옷을 입는다. 죽은 영혼은 불안해져, 그 영혼이 빛을 따라가지 못하고 공중에서 두려움에 떨게 된다.

형제 우애도 사라지고 사내아이보다 오히려 딸들을 더 좋아한다. 4촌은 이제 친척도 아니며 인성보다는 학력, 지식이 우선이다. 밥 못하는 석·박사 며느리는 TV 보고, 컴퓨터 만지고, 아들은 설거지하며 아기 보고, 처갓집에 더 신경을 써야 하는 시대이다. 조상 묘소의 벌초나 문중 제사도 사라지고, 主管者(주관자)도 없어지고, 시골마다 祭室(제실)이 텅 비고 명절 때도 사람이 예전의 절반도 없다.

연애나 섹스는 음료수 마시듯 하면서 나 홀로 살아간다는 처녀 총각들 덕분에 한국인은 저출산 세계 1위가 되었다. 자신의 반려동물과는 한 이불에서 자고, 병원에서 정기검진하고, 음식을 나눠 먹고, 입 맞추고 심지어는 유산도 물려주지만, 시골에서 농사 짓는 부모님에겐 자기가 기르는 愛玩犬(애완견)의 반의반도 관심주지 않는다. 주름투성이에 더덕 같은 손으로 대학을 가르치고 집을 사줬는데도 말이다.

앞으로 각 급 학교가 없어지고 개 고양이 학교가 생길 것이다. 반려동물

1. 과반수 이상의 지구인이 짐승이다

이 죽으면 화장을 하여 奉安堂(봉안당)에 모시는 시대가 되었다. 현재 개 고양이가 죽으면 인간이 실제로 조문을 하며 扶助金(부조금)도 전달하고 상속도 전한다고 뉴스로 보도되었다. 개보다 못한 인간이 되어가며 인성의 존귀는 서서히 소멸되고 있다. 원룸이 성행하고 1인가구는 계속 늘어 해마다 그토록 집을 많이 건축해도 모자라 난리 법석이다. 인구는 매년 줄어들고 개와 고양이와 살고 있는 사람은 늘어난다. 368개의 대학이 지난 10년 동안 정원이 모자라 문을 닫기 시작한다.

앞으로 5년 내에 절반으로 줄어들 것이라고 뉴스를 내보냈다. 부모는 되기 쉬워도 부모답고 사람답게 살기는 어려운 시대다. 지식이 짧고 돈 없는 부모는 설 땅이 없다. 아파트마다 잔칫집들이 없어지고 있다. 삼촌이나 이모가 없어 가족 모임이 없다보니 필요 없는 交子床(교자상), 병풍, 방상, 쟁반, 큰 그릇들이 수북이 버려진다.

노인들도 珠算(주산) 문명시대에는 능력이 있었지만, 컴퓨터 능력이 뒤떨어져 젊은이들과의 경쟁에서 도저히 그 순발력이나 이해력을 따라잡을 수 없으니 밀려날 수밖에 없다. 역전이나 터미널, 비행기 예약도 안방에서 하는데 노인은 몇 번씩 차를 타고 터미널에 가서 줄을 서서 기다려야 한다. 식당이나 영화도 맛집도 할인쿠폰으로 예약을 하는데, 노인들은 뒷골목 단골집만 찾을 뿐이다.

앞으로는 아버지도 필요 없고, 선생님도 필요 없고, 심판도 필요 없고, 운전사도 필요 없게 된다. 직업 중 200여 개가 없어진다. 禮式場(예식장)풍경도 주례 없이 컴컴한 곳에서 특이한 노래와 괴성을 지르며 부모 자신들 편지를 읽고 하객들은 밥표를 받아 부지런히 먹고 나오고 葬禮式(장례식)도 弔花(조화)만 서 있고 상여도 없고 자동화된 화장률 90%인 세상에서 한 줌의 재가 되어 책장 같은 추모 서랍에 안치하면 끝이다. 인생사에 정답을 말할 수 없는 시대에 살고 있는 우리는 이러한 風俗에 순응하며 고찰할 뿐이다. 이것이 尖端科學時代(첨단과학시대)에 살고 있는 현대의 문화유산의 결론이다. 과연 어떤 생각이 드는가? 나는 예전보다 의식이 과연 進化(진화)되없는가?

카인의 후예가 지배하는 세상

약 6천 200년 전, 크로아티아에서 발굴된 遺骨(유골)에 대한 유전자 분석 결과 무차별 集團虐殺(집단학살) 41명의 정황이 드러났다. 20세에서 50세까지 남녀가 포함된 유골이다. 머리를 몽둥이로 맞아 손상되었고 이중 일부는 네 군데 이상 상처의 흔적을 보아 확실히 광적으로 진행되었다는 점을 보여준다. 이러한 無差別的(무차별적) 집단학살은 인간의 역사 내내 일어났다. 변한 것이 있다면 尖端武器(첨단무기)의 개발로 짧은 시간에 더 많은 학살을 한 것뿐이다. 집단 싸움이나 집단학살은 후대의 발명품도 아니고 조건과 관계없이 불가피하게 발생하는 사태도 아니다. 집단 싸움은 진화를 통해서 잔인하게 각인된 種의 유전자 안에 있으며 사회적 맥락에 따라 평화와 전쟁의 균형이 요동치는 이유도 여기에 작용한다. 浪漫主義(낭만주의)의 선구자 프랑스의 작가 루소(Rousseau)는 〈사회계약론〉에서 자연 상태의 인간은 非暴力的(비폭력적)이고 利他的(이타적)이며 경쟁하지 않았다고 주장했다.

그러나 면밀히 역사를 더듬어보면 그것은 낭만주의의 착각이다. 인류사회의 먼 과거는 영국의 정치철학자 토마스 홉스(Thomas Hobbes)가 〈리바이어던(Leviathan)〉에서 묘사하듯이 전쟁과 폭력이 난무했다.

오늘날 자연 상태의 석기시대를 살아가는 사람들이 그것을 보여준다. 人類學(인류학)에 진화론을 도입했던 나폴리언 섀그넌(Napoleon Chagnon) 이 쓴 〈고결한 野蠻人(야만인)〉은 아마존 원주민 야노뫼 족을 평생에 걸쳐 연구한 기록이다. 야노뫼 족은 1964년 당시 수렵채취에서 농업 가축으로 넘어가는 石器時代(석기시대)에 살고 있었다. 이들은 이웃의 공격을 항상 걱정하고 두려워하였고 늘 폭력과 전쟁의 위협에 노출되었고 이웃마을과 자주 전쟁을 치렀다. 배우자를 차지하기 위해 자주 싸우고 살인 경험을 가진 사람들은 더 많은 아내와 자식들을 가졌다. 우리는 힘에 있어서 優性(우성)인 유전자를 가진 살인자와 폭력배의 후손인 셈이다. 왜냐하면 약자들의 유전자는 이미 지상에서 많이 사라졌기 때문이다.

초기 인류의 전투는 단지 의식의 성격을 띠었을 뿐이다. 아무런 의미도 없는 고함지르기와 거품을 무는 격분으로 가득했다고 주장하는 사람들이 있다. 인명피해를 최소한으로 줄이기 위한 활보와 헛된 위협만 넘쳤다는 이야기이다. 이 주장에 따르면 출생률이 낮고 자연사망률이 높은 사회에서 사람들은 적과 자신에게 똑같이 해만 끼칠 뿐인 유혈극을 피한다. 이들은 진짜 전투 대신에 서로 합의하여 몸짓 놀이를 마련하고 연극적인 동작으로 살인을 대신하였다고 한다. 아테네와 그 위성국들이 한편이 되어 싸운 펠로폰네소스전쟁(기원전 431~404)은 고대 그리스의 세계대전이었다.

전시 30년 동안 아테네 남성의 약 3분의 1이 전사했다고 한다. 공화정 로마가 치른 가장 격렬한 전쟁인 2차 포에니전쟁의 첫 3년 동안 17세~46세 로마시민 이 약 20만 명 가운데 5만 명이 죽었다. 이는 단 3년 만에 징집 연령 사람들 중 25%를 잃은 것으로 2차 세계대전 시기 러시아의 군인 사망률과 같은 수준이고 독일의 군인 사망률보다 보다 높은 수준이다.

13세기 몽골족은 유라시아 사회들을 정복하면서 역사시대를 통틀어 가장 참혹한 살상과 파괴를 자행했다. 또한 몽골 전쟁은 지리적 범위 면에서 양차 대전과 비슷했다.

2차 세계대전에서 소련이 기록한 약 15%라는 끔찍한 사망률과 같은 수준이었고 중국의 추정치는 거의 확실하게 훨씬 더 높은 수준이다. 관심을 근대 초 유럽으로 옮기면, 30년 전쟁(1618~1648)동안 어느 정도는 전쟁 관련 질병과 기근으로 기인한 독일의 인구 손실은 전체의 5분의 1과 3분의 1사이였던 것으로 추정된다. 어느 수치든 독일의 1차 세계대전 사망자 수와 제2차 세계대전 사망자 수를 합한 총계보다 높은 수준이다.

이런 사례들은 모두 범위와 규모 면에서 역사상 최대인 전쟁들이다. 그리고 부족들, 도시국가들 사이에 벌어진 더 작은 규모의 수많은 전쟁의 상대적 사망률도 대개 그 수를 헤아리면 큰 전쟁으로 죽은 사망률보다 높았다.

2차 대전 중에는 베를린에서 10만 명 이상, 독일 전역에서는 100만 명의 여성들이 성폭력 피해를 당했고, 1992년 유고슬라비아에 인종 갈등으로 일어난 내전으로 보스니아계 세르비아 병사들이 상부로부터 회교도 여성을 강간한 것을 지시받아 수만 명의 여성과 소녀가 피해를 입었다. 전쟁에서 성폭력 문제는 여성들이 처한 현실이었다. 전쟁은 여성 납치를 수반했고, 납치된 여자는 **輪姦**(윤간)하거나 아내로 삼거나 혹은 둘 다 실행되었다.

구약성경에 나타난 모세는 이스라엘 백성에게 미디안 사람을 모두 죽이되 처녀는 너희를 위하여 살려두라고 명령한 것은 역사 내내 이어진 승자의 행위인데 남자는 다 죽이고 여자는 겁탈하고 젊고 아름다운 여성은 戰利品(전리품)으로 갖는 행위를 대표한다.

'아이들 가운데서도 사내 녀석들은 당장 죽여라. 남자를 안은 일이 없는 처녀들은 너희를 위하여 살려주라'(민수기31:17~18)

문명의 발전과 함께 시간이 흐르면서 폭력은 줄었고 의도적 살인도 줄었다. 20세기에 대규모의 학살이 있었음에도 인구대비 학살의 비율은 감소했다. 인류가 농경사회로 진화하기 이전 수렵시대의 사망자 가운데 폭력으로 죽은 비율이 60%까지 추정되기도 한다.

2017년 미국 노트르담 대학 연구진은 '인구가 증가하면서 군대의 규모가 상대적으로 줄어 폭력성이 줄어들게 돼 보이는 것일뿐 인간 본성에 변화는 없다.'는 연구결과를 발표했다. 기술과 제도의 변화로 인류가 좀 더 평화적이고 선한 천사로 변하고 있다는 주장은 사실과 다르다는 결론인 셈이다. 인류학자들의 결론은 이렇게 여론을 모은다.

'인간이란 무엇일까? 문명을 세우고 과학과 철학을 만들어낸 위대한 존재일까? 아니면 전쟁과 학살을 반복하는 악마의 계열 짐승일까? 아니면 진정 신의 형상을 따라 하나님처럼 선하게 창조된 것인가? 그렇다면 善이란 무엇인가? 고금의 역사적 배경을 돌아 볼 때에 선은 없었다.'

짐승과 超人(초인) 사이의 밧줄

철학자 니체(Friedrich Wilhelm Nietzsce)는 말하길 "인간은 짐승과 超人(초인) 사이의 밧줄"이라 하였고, 스티브 잡스는 이렇게 말했다. "나의 양부모님이 100% 나의 부모님이다. 친부모는 정자와 난자 은행에 불과하다." 프랑스의 속담은 이렇다. "아기 있는 여자의 재혼은 적군을 침대로 끌어들이는 것이나 마찬가지다."

동물 세계와 인간세계의 많은 사례는 남자들이 아버지라는 이름으로 얼마나 잔인한 폭력을 행사했는지를 두드러지게 보여준다. 영장류의 수컷은 집단을 이끌어온 다른 수컷에게 그 공적이나 노고에 대한 칭찬이나 격려를 하는 게 아니다. 힘 있는 수컷이 지금까지 이끌어온 수컷을 내쫓으면서 그 집단의 암컷을 차지하고, 새끼들은 거의 모두 죽인다. 수사자도 무리를 넘겨받으면 암컷들이 아무리 막아도 새끼들을 전부 죽인다. 그럼으로써 모든 새끼들이 새로운 수컷의 혈통임을 보장받는다.(민수기 31:14~18)

아동 살해와 아동 학대는 지금도 生物學的(생물학적) 아버지들보다 확실히 계부들에 의해 더 자주 발생한다. 나도 10대 때에 미우면서도 그리운 엄마를 찾아갔다가 계부에게 두 차례나 목이 졸려 목숨을 잃을 뻔했다. 그리고 전쟁 포로로 붙잡힌 여자들이 낳은 아이들은 여전히 폭력적인 죽음을 맞이한다. 서구사회에서 계부가 양육하는 경우, 유아 살해가 100배 이상 높아지고 양부모가 의붓자식에게 살해당할 확률도 50배 정도 커진다는 연구결과가 있다. 캐나다에서 연구한 자료에 따르면 1974년부터 1990년 사이에 캐나다 친부모 가정에서 자란 5세 이하의 아이들 100만 명 가운데 친 부모에게 살해당한 아이는 2.6명이었다. 그런데 계부모 가정에서 자란 아이들 100만 명 가운데 계부에게 살해당한 아이는 321.6명으로 120배나 높았다. 자연계처럼 자신의 DNA가 전달되도록 남의 새끼를 죽이는 선택을 하는 것이다. 진화론이나 생물학적으로 보면 계부나 계모의 폭력성이 이에 해당한다.

2020년 정인이란 아이가 양부모로부터 무참하게 맞아 여러 군데 뼈가 부러지고 결국 목숨을 잃는 사건이 발생하였다. 많은 사람의 분노를 샀고 눈물을 강요했다. 2016년, 친아버지가 아동을 무차별 때려죽여 토막 내어 냉장고에 보관하다 버린 사건도 있었다. 이마가 찢어졌는데도 병원에 데리고 가지 않고 욕실에 가둬 죽인 '평택 계모 사건', 굶기고 때리고 배설물까지 먹인 '경북 칠곡의 계모 사건', 목사가 계모인 부인과 함께 자신의 딸을 때려 숨지게 하고 미라 상태로 방치한 사건, 등 헤아릴 수 없이 많은 소아 폭행은 경제 위기나 기타 살기가 어려워짐에 따라 증가하는 추세다. 친부모가 자식을 살해하는 경우나 묻지마 폭행, 동반 자살 등은 憂鬱症(우울증)이나 비관 의식, 유전적인 요인으로 일어나는 경우가 대부분인데, 인간의 유전은 정확하게 1만 년 이상까지 뿌리를 내린다.

플라톤의 〈이상 국가론〉에는 장애 아이가 태어나면 즉각 내버리도록 하였다. 그 시대에는 그런 일에 가책이나 부담을 느끼는 사람은 소수에 불과했다. 고대 그리스 세계에서는 장애아를 버리거나 고통 없이 죽이는 일이 흔했는데 장애의 몸으로 일평생 살면서 피차 고생 하느니 일찍 세상을 떠나는 것이 부모와 자식, 사회에 짐이 되지 않는다고 생각했다.

유럽의 중세를 연상시키는 인도는 유럽에서와 같이 종교혁명, 시민혁명, 과학혁명을 거쳐 종교적 도그마에서 빠져나오지 못하고 불합리한 전통이 그대로 남아있다. 그래서 인도에서 딸을 시집보낸다는 것은 바로 持參金(지참금)의 전쟁을 의미한다. 현금, 혼수, 자동차, 보석, 고급 의복을 준비해야 하고 결혼식 이후에도 지속된다. 지참금 때문에 자살을 하기도 하고 살해를 당하는 일이 자주 발생한다. 심지어는 부엌에서 일하고 있을 때 불태워 살해한 뒤 경찰에는 자살 혹은 사고로 신고하는 일도 발생한다. 결국 인도정부는 1961년 지참금 금지법을 제정했지만 재판에 회부하더라도 10년 정도 걸리며 유죄 판결 역시 극히 드물다. 상황이 이렇다보니 딸이 태어나면 자기 손으로 죽이는 일도 잦고 돈을 받고 불법 입양기관에 넘기기도 한다.

영아살해는 수많은 동물에서 관찰되는 잔인한 일이다. 과거의 인간사회는 부모가 자식의 생사를 결정하였다. 많은 어린아이가 질병과 굶주림으로 죽었지만 지금도 원시인의 모습대로 살아가는 밀림의 부족들은 여전히 아이를 죽이고 있다. 볼리비아와 파라과이 사이에 사는 야오레오 족은 수렵채집과 화전 농사를 함께 하는 부족인데 혼인연령이 되면 신랑은 신부의 집으로 들어간다. 이들은 여자에게 배우자 選擇權(선택권)이 있다. 그래서 연애가 흔하고 여성은 남성에게 적극적으로 구애하며 여러 남자와 연애를 하는데 당연히 연애는 임신과 출산으로 이어진다. 야오레오 족의 여성은 종종 출산직후 아이를 매장했다. 아이를 낳을 때가 되면, 산파는 땅에 두 개의 구멍을 팠다. 하나는 태반을 묻고 하나는 아이를 묻는 곳이다. 엄마가 아이를 원치 않으면 산파는 나뭇가지로 아이를 밀어서 두 번째 구덩이에 밀어 넣었다. 태어나자마자 어머니에 의해 살해당하는 것이다. 어떤 여자는 여섯 명의 남자아이를 땅에 묻었다. 다른 여자는 여섯 명의 남자를 만나 세 명의 아이를 낳았는데 모두 땅에 묻었다. 스물네 살에 결혼하자 그때부터 아이를 땅에 묻지 않았다. 영아살해는 원시사회에서만 일어나는 것이 아니다.

1974년부터 10년 동안 캐나다 경찰이 해결한 5,444건의 살인 사건 중 150명의 희생자가 한 살 이하의 영아들이었는데 가해자 중 88명이 친엄마였다. 영아유기는 직접적인 살인보다 더 흔한 걸로 추정한다. 아기를 쓰레기통이나 화장실에 버리는 일이 흔하다. 베이비 박스에 넣거나 입양을 의뢰하는 경우는 양호한 일이다. 오늘날에는 아주 세련된 영아살해가 주로 태어나지 않은 채 임신 중절수술로 이루어진다. 영아살해는 生物學的(생물학적)인 현실이다.

이렇게 아이를 죽이는 가해자는 부모들이다. 분명 이는 인간 역사의 어두운 측면으로 창조주 앞에서 옳은 일은 아니다. 그러므로 영아살해는 최악을 피하기 위하여 최악을 선택하는 일이다. 영아살해는 의붓아버지와 의붓 엄마에게서 많이 발생한다. 그중 가장 심각한 것은 강간이나 간통으로 태어난 자식들이다. 우리나라에서도 그간 수많은 이이들을 수출하였다. 이를 우리는 비난할 수 없다.

인간의 意識水準(의식수준)이 결코 개나 멧돼지보다 더 나은가? 개나 멧

돼지는 먹이가 부족해도 한 마리도 실패 없이 새끼를 길러낸다. 사람과 사자만이 자기새끼를 죽인다.

尊貴(존귀)를 버린 인간은 짐승이다.

상대가 약해보이고 만만해 보이면 때를 기다렸다가 공격하는 것이 맹수의 본능이다. 인간의 추악한 최악의 甲질은 빼앗고 죽이는 것이 밀림의 맹수보다 더 잔인했던 지난 지구촌의 역사다. 殘忍性(잔인성)은 말로 다할 수 없다. 격투기, 고등사기, 범죄, 수위 높은 청소년들의 辱說(욕설), 관음증, 정도에 지나친 오지랖, 돈지랄 도박, 스포츠 도박, 기타 인간의 경쟁은 무엇이든 폭력적이고 범죄적이다.

예수나 붓다의식을 말하면 대다수 인간들은 이렇게 말한다. "그것은 시대적 흐름이며 문화의 바람이지 이 세상에 성인군자가 어디 있고 요조숙녀가 어디 있나? 짧은 인생 막행막식 하며 살아도 모자란데 좋은 세상 너무 치우치지 말라."는 식이다. 극소수를 빼놓고는 모두가 가면을 벗으면 십 원짜리 싸구려 추잡한 짐승들이라는 것이다. 강자 앞에는 비굴하게 아부하고 약자는 도와주기는커녕 포악하게 괴롭히며 빼앗고 이용한다. 이 짐승시대에는 孟子(맹자)의 가르침이 생각난다.

즉, 도에 지나친 善은 惡만 못하다는 것이다. 쓸데없이 친절하면 호구가 되고 적의 밥이 된다는 것이다. 惡魔的(악마적) 소시오패스(Sociopath: 반사회적 인격 장애) 기질은 정도의 차이가 있을 뿐 인간은 누구나 가지고 있다. 그것이 도가 지나치면 정신병이 되는 것이다.

역사 속에 묻힌 良民虐殺(양민학살)들

1948년 4·3사건은 냉전의 기점에서 정점을 찍을 때 세계적인 학살사건이었다. 제주도 작은 섬에서 잔인한 일이 벌어졌다. 4·3사건 당시 제주도 인구 10% 이상에 해당하는 숫자 약 3만 명이 희생당했으며 희생자 중 80%

는 군경 토벌작전에 의해 죽었고, 20%는 武裝隊(무장대)에 의해 죽음을 당하였다. 명분은 빨갱이 사냥의 전위대를 자임하는 서북청년단 단원들이 군경의 신분으로 작전에 투입되었다. 그들은 제주도민에게 無差別的(무차별적)인 폭력과 학살을 자행하였다. 심지어는 사적인 이해와 원한 관계로 혹은 재산을 빼앗기 위해 주민들을 학살했다. 초토화 작전 이전에는 주로 젊은 사람이 학살 대상이었으나 이후부터는 80대 노인부터 서너 살 난 어린아이까지 남녀노소 가리지 않고 무차별 학살했다.

토벌대는 비인간적인 악행을 강요하였다. 주민들을 집결시킨 가운데 시아버지를 엎드리게 하고 그 위에 태워 빙빙 돌게 하고 또는 할아버지와 손자손녀를 마주 세워 놓고 서로 뺨을 때리게 했다. 머뭇거리거나 살살 때리면 무자비한 구타가 가해졌다. 심지어는 총에 맞아 쓰러질 때 그 가족에게 만세를 부르고 박수를 치게 하였다. 표선면 가시리 주민 안공림 씨는 여덟 살 때 총살장에서 박수를 쳐야했다. 너무나도 끔찍해 눈을 뜰 수도 없었지만 벌벌 떨며 박수를 쳐야 했다고 한다.

경찰이 말을 타고 가다 어린 소녀가 말굽에 휩쓸려 넘어져 크게 다쳐 그 부모가 항의하였으나 '업무방해'라는 식으로 갑질이 벌어져 不利益(불이익)을 받은 이 사건이 민간인과의 갈등으로 확산돼 커지자 결국은 빨갱이 잡기라는 슬로건으로 바뀌어 '여순 반란 사건'으로 이어진 惡魔的(악마적)인 내란으로 씻을 수 없는 역사적 비극을 잉태한 것이다.

1948년 '여순 반란 사건'이 일어나자 김종원은 대위 계급 진압군으로 출동하였다. 그는 여수 시내로 진입하면서 아군 머리 위로 박격포를 날려 미군 군사 고문관으로부터 엄청난 비난을 들었다. 그가 여수 시내로 들어가자 반란을 일으킨 14연대는 智異山(지리산) 인근으로 퇴각한 뒤였다. 그는 분풀이를 하듯이 사람을 죽였다. 附逆者(부역자) 색출이라는 명목으로 당시 여수 중앙초등학교 한켠 나무 밑에서 끌고 온 사람을 마구 죽였다. 일본刀(도)로 사람의 목을 치고 목을 치다 지치면 권총으로 사격하고 그러다 지치면 소총으로 사람을 파리처럼 죽였다. 그는 인간으로서의 할 수 없는 짓을 했다고 많은 사람이 증언하였다. 이 뿐만 아니라 여수시내의 골목길에서 마주친 청년들을 일본도로 베어 죽이고 외곽지역을 돌며 많은 사람을 죽였다. 그리한 뒤 빨갱이 소탕으로 처리하면 그만이었다. 김종원의 활약이 이승만(李承晩) 대통령 귀에 들어가자 1949년 두 번 승진하여 8월 23일 연대장(중령)으로 진급되었다.

지리산 인근에서 빨치산 토벌을 하던 김종원은, 피난민 500여 명을 버스 11대에 태우고 산청군 외공리~점동 사이에 있는 소정 골짜기에 내리게 한 뒤 모두 사살시키기도 했다. 학살자들은 어린이와 가녀린 아녀자들이 대부분이었다. 또한 함양군 마천면 일대에서 좌익이 뭔지 전혀 모르는 52명을 좌익으로 몰아 학살해버렸다. 그는 여수, 제주도, 부산, 마산, 진주, 지리산 일대, 거제, 양산, 포항, 영덕, 경주, 울산, 고령, 등에서 무수한 民間人(민간인)을 죽이고 마산, 진주, 교도소 재소자 3,500명을 죽이자고 적극 주장하여 결국 3,400명을 학살시켰다. 그리고 거창 신원면 주민 719명이 11사단 9연대 대장 한동석 부대에 의해 719명 전원 학살당했다.

이승만은 김종원을 이순신 장군에 버금가는 사람이라 칭찬하고 애국 충정이 깊은 사람이라 부추겼다. 하지만 이승만이 망명하자 그는 재판에 회부되어 4년 형을 받았고, 1961년 당뇨병으로 보석을 받아 출감한 뒤, 1964년 1월 30일 42살로 죄 많은 인생이 막을 내렸다.

충북 영동군 황간면 노근리 경부선 철로 주변 쌍굴다리 학살은 억울하고 비참하다. 1950년 7월 25일 ~29일 사이에 미군 제1 기병 사단 제7 기병 연대 부대가 피난민 속에 북한군이 잠입했다고 주장하여, 비행기 폭격과 기관총 발사를 했고, 이 굴다리 밑에서 400여명의 무고한 양민이 희생당하였다. 현재 살아남은 사람은 겨우 20명이다. 나는 이곳을 방문하여 굴다리에 총탄 흔적을 보며 이승만과 미국을 생각하며 입술을 깨물었다.

世界的(세계적)인 虐殺(학살)들

카인의 후예 중 가장 악질적인 살인마는 캄보디아의 독재자 폴 포트를 빼놓을 수가 없다. 그는 마오쩌둥을 만나며 공산주의를 꿈꾸며, 개인 왕국을 건설하기 위해 지식인들을 모조리 처형하고 3년에 걸쳐 인구 4분 1인 200만 명을 학살했다.

히틀러는 유태인의 음모와 자신의 청년시절 그들에게 받은 박해와, 아버지의 무시당함, 어머니를 겁탈한 유대인에 대한 원한감, 등이 명분이 될 수도 있었겠고, 스탈린이나 레닌은 자본주의와 정교회의 부패, 굶주림에 시달리는 노동자 농민에 대한 괴리와, 차별감에 대한 명분이 혁명의 계기였다.

그러나 폴 포트는 어떤 명분도 이유도 없이 지식인을 죽였고, 수백 명씩 한 구덩이에 묻어버렸다.

난징 대학살

1937년 12월 13일 일본군이 국민정부의 수도였던 난징을 점령한 뒤 이듬해 2월까지 대량 학살과 강간, 방화 등을 저지른 사건이다. 약 6주 동안 日本軍(일본군)에게 30만 명에 달하는 중국인들이 잔인하게 학살을 당하였다. 약 8만여 명이 강간 피해를 당하였고 왜인들의 방화로 건축물 24%가 불타버렸고 88.5%가 파괴되었다. 이 밖에도 일본군은 상해, 항저우, 우시, 우후, 양저우, 장수성 등에서 중국군 포로와 일반인들을 대상으로 잔인한 학살을 저질렀다. 강가로 끌고 가서 기관총과 수류탄으로 한꺼번에 죽였고 모두 산 채로 묻거나 揮發油(휘발유)를 뿌려서 불태워 죽였다.

光州民主化(광주민주화) 운동 중 5·18학살과 희생

행방불명자 200명, 현장에서 사망자163명, 부상자 수는 4,300명,

묘비명도 없이 묻힌 희생자 5명 등 總合(총합) 5,189명으로 확인되었다.

유대인학살

2차 대전 발발 후부터는 모든 독일계 유대인과 오스트리아 유대인들을 폴란드에 마련한 강제 거주 지역에 보냈다. 당시 폴란드에 살고 있는 300만 명의 유대인들이었는데 그들은 그곳에서 병 들거나 굶어서 죽어갔다. 당시 독일 점령지역에는 1,634개의 집단 收容所(수용소)와 9백여 개의 강제노동 수용소가 있었는데 유대인들은 그곳에서 굶주리고 과도한 노동으로 3개월을 버티지 못하고 죽어갔다. 소련 영토 안의 유대인 가운데 4백만 명은 독일 육군이 제압한 지역에 살고 있었고 이 가운데 250만 명은 다행히 독일 군대가 도착하기 전에 탈출했으며, 탈출 못한 유대인 중 90만 명 이상이 살해되었다. 그들은 교외에 있는 웅덩이 곁에서 학살되었고 웅덩이는 그대로 집단 무덤이 되었다. 악명 높은 아우슈비츠 수용소 가스실은 하루에 12,000명까지 처리할 수 있었고 매일 6,000명씩 선발해 이동시키는 수용소행 열차가 운행되었다. 이 가스실에서 목욕을 시켜준다는 말로 유인해 하루에 6만여 명씩 죽였다. 나치통제 아래 있던 유대인은 9백만이었고 나치는 그중 6백만 명을 학살하였다.

1968년 베트남의 미라이 학살은 미군 26명이 민간인 504명을 학살한 사건으로 피해자는 민간인과 임산부와 아동이었고 성폭력과 고문을 당하기도 하였다.

샤프빌에서 경찰의 流血鎭壓(유혈진압)으로 대학살 69명 현장에서 즉사, 200여명 중상.

캐나다 원주민 215명의 아이들 학살, 살인, 강간, 매장, 아직도 조사 중. 범인은 十字架(십자가)를 걸고 악을 행하는 가톨릭 종교단체 악마들이었다.

1. 과반수 이상의 지구인이 짐승이다

영국인 들은 아메리카 대륙의 원주민 4,000만 명을 학살한 것을 미국 초 중교 敎科書(교과서)에서 가르치고 있다. 그러나 일본인들은 한국인 학살을 가르치지 않고 속이고 있다.

러시아인은 시베리아 원주민 90%를 학살하였다.

1492년 콜럼버스가 아메리카 대륙을 발견한 이후 원주민의 입장에서 볼 때 새로운 시대가 열리는 것이 아니라 종말이 시작되는 징조였다. 2003년 베네수엘라 차베스 대통령은 콜럼버스가 존경받을 인물이 아니니 中南美(중남미) 사람들에게 콜럼버스의 날을 기념하지 말라고 촉구했다. 150년간 계속된 인종 학살에 대하여 콜럼버스는 인류 역사상 가장 큰 침략과 학살의 선봉이었다. 1492년 당시 1억 명이었던 원주민이 150년 뒤에는 300만으로 줄어들었고, 콜럼버스 탐험대들은 아프리카에도 큰 변화를 초래했다. 유럽인들은 2,000명 정도로 붙잡아왔다. 그들 중 10~20%는 바다에 던져지고 어두운 선실에 발목에 쇠사슬을 채워 한 명이라도 더 태우려고 짐짝처럼 쑤셔 넣었고 그들의 배설물이 범벅이 되어 생지옥이었으며, 배에서 살아남은 사람들은 처자식과 생이별은 물론 뼈가 녹는 암울한 중노동이 그들을 짓눌렀다.

콜럼버스는 과연 누구일까. 우리는 참 이상한 시대에 살고 있다. 어쩌다 실수로 혹은 정당방위로 사람을 하나 둘 죽이면 감옥을 간다. 그런데 清敎徒(청교도)들이나 콜럼버스, 징기스칸이 탕쿠트 족을 씨를 말려도, 볼세비키 혁명으로 러시아 인구 절반을 죽인 스탈린과 나폴레옹을 영웅으로 착각하는 이 잔악상은 어디서 돋아난 악의 씨앗일까?

基督敎(기독교) 魔女(마녀)사냥

AD.313년 밀란 칙령으로 로마 황제 콘스탄티누스는 기독교를 용납하고 인정해주고 신앙의 자유를 주는 대신 安息日(안식일)을 태양의 날인 日曜日(일요일)로 바꾸고 예수는 로마 神을 만들어 이용하였고 예배 의식은 太陽神(태양신) 예배분위기를 그대로 지켰으며, 이전에는 기독교가 敵(적)이었으나 태양신과 접목을 시켜 성공하였다. 1859년 찰스 다윈이 〈종의 기원〉을 쓸 때까지 중세 교회는 1800년 동안 암흑기였다. 왜냐하면 지성을 호소할 철학이 존재하지 않았기 때문이다. 교회가 수입하여 받아들인 것은 '플라톤주의'가 전부였는데, 플라톤의 이데아가 피비린내를 종식 시키지는 못했다.

　엘리자베스 1세 때에는 영국과 프랑스에서 1차 잡혀죽은 여인들이 60만 명이었다. 그들을 왜 죽였는가? 폐 일언하고 똑똑한 여인들은 다 죽었다. 의식 있는 여인들이나 총명한 사람들, 社會活動(사회활동)이나 학문이 있고 글을 읽고 약초공부나 예술, 기타 먹물을 먹으면 죽였다. 끓는 물에 넣고 발가벗겨 살을 포 떴다. 심문기간은 15일 정도였다. 빗자루를 탔느냐고 억지 쇼를 부리며 고문을 못 이겨 자백하면 어차피 火刑(화형)이었다. 이렇게 이단자가 나왔다 하는 마을은 십자 군병들이 가서 마을을 瞬息間(순식간)에 덮쳐 動物(동물)까지 다 쓸어 죽였다. 의식의 진동수가 높은 사람들이 당시의 불공평하고 잔인한 기독교를 반대할까 해서였다. 한편 베를 짜고 밭에서 농사를 짓는 아녀자들과 부엌에서 빵 굽는 여인들은 목숨을 부지하였다. 마녀로 체포된 여인의 가족들은 아내나 누나를 고통 없이 죽여 달라고 귀중품이나 돈, 땅문서를 가져다 바쳤다. 유명한 베르사이유의 장미 오스칼도 여자의 몸으로 근위대장을 하며 계시를 받고 나라를 지켰으나 결국 마녀로 몰려 단두대에 올랐다.

지금도 진행되는 原住民虐殺(원주민학살)

　2012년 7월 초순 브라질국경을 접한 베네수엘라 남부 야노마미 족이 살고 있는 마을에 헬기가 나타나 무차별 총격과 방화로 마을 주민 80명을 학살하였다. 사냥 갔던 세 사람만이 생존자들인데 마을은 쑥대밭으로 변하고 타다 남은 뼈와 시신이 널려있었다. 그들은 불법으로 砂金(사금)을 채취

1. 과반수 이상의 지구인이 짐승이다

하는 백인들이었다. 생존자 세 사람은 이 잔인한 학살을 알리기 위해 밤낮 6일을 걸어 당국에 알렸다. 1993년에도 16명이 학살당했고 광산개발로 오염된 물을 마시고 죽은 사람이 셀 수 없다.

* 기후위기 생태학살

* 켐트레일 毒劇物(독극물) 살포로 천천히 죽이는 학살

* 5G 나노로봇 학살, GMO 식품 武器化(무기화)

* 코비드19 대책을 가장하여 航空機(항공기)를 사용한다.

　COVID의 뜻(C : 준수, 따름 O : 복종, V : 백신 접종, I : 주입, 세뇌, D : 인구감소)

世界的(세계적)인 5G학살

　벤자민 풀포드(Benjamin Fulford)의 친구인 닥터 윌리엄 마운트가 2020년 9월 16일 이후 60일 뒤에 모든 코로나 바이러스 예방 접종이 강제된다고 동영상 자료를 미리 내보냈고 현재는 그 예언대로 강제 진행 중이다. 새로운 5G의 경고가 나오고 있다. 전 세계 총인구의 강제 백신, 켐트레일의 더스트와 5G가동으로 전 세계의 인구를 삭제하는 무서운 계획을 실행하기로 하였다. 벤자민 풀포드는 그의 파트너와 중앙 아메리카에서 휴스턴 공항을 경유하여 캐나다에 도착하는 2개의 인도적 비행 편에서 독살 될 뻔 했다고 주장하였다. 항공사는 유나이티드와 에어 캐나다였다. 그들에게 무슨 일이 일어났는지 조사를 한 결과, 새로운 '흐림' 나노테크놀로지 화학물질, 金屬(금속) 및 에어러졸을 새로운 항 COVID 대책으로 가장하여 항공기에 사용하고 있는 것으로 나타났다. 여러 가지 전체적인 수단을 통해 염화 벤

잘코늄, 염화벤질, 클로로 아세토페논, 암모니아, 방사선 알루미늄, 방사성 수은 및 나노봇 기술에 적극적으로 중독되어 있음을 알 수 있었다.

항공기에서 사용하는 2개의 나노 化學物質(화학물질)은 구름과 짙은 안개로 프라이빗 제트 회사에 의해 확인되었다. 이 경험의 인지장애는 완전히 건강하던 사람들의 실명, 메스꺼움, 난청, 이명, 평형상실, 정보처리 능력상실, 인지능력 저하 등이다.

이것은 비행기를 소독한다는 명목으로 사용하는 정확한 과정이다. 이를 파고 들어가 보면 승인 받지 않은 毒(독)과 나노기술로 건강한 인간을 먹이사슬로 끌어들이기 위한 백신 프로그램과 다름없는 악행이다. 최악의 경우는 학교, 일부 공공장소에서 발생하며, 점포, 쇼핑몰, 영화관, 아파트 로비, 지하철, 버스., 렌터카에도 등장하는 것이다. 아이들의 腦疾患(뇌질환)은 학교에서 노출된 것이라고 보면 된다.

파란하늘을 잿빛으로 물들이는 화학물질이 하늘에 버려지고 있으며 새로운 코비드 증상은 염화벤잘코늄이나 放射線(방사선) 중독과 동일하기 때문에 두 번째 COVID 파를 위조하기 위해 사용될 것이다.

그림자 정부는 2021년 초에 바이러스를 위장하여 사람들을 봉쇄했기 때문에 아무도 눈치 채지 못하게 현재의 인프라 스트럭처로 세계 모든 곳에서 5G를 전개 할 수 있었다. 와이파이 강도가 3G이하인 구역에서는 실제로 전기 시스템에 5G 인프라 스트럭처가 이미 설정되어있다.

그림자 정부의 글로벌 계획은 나노 봇으로 사람들에게 저항자에 대한 의욕적 및 강제적인 에어러졸 중독 접종을 통해 백신을 접종하고, 처음에 사람들을 제어하기 위한 인구저항이 있다면 언제든지 5G로 폭파한 뒤 실제로 그들을 죽이는 것이다. 전기시스템에 내장된 5G가 매우 위험한 이유는 아래와 같다.

4G는 7㎓이하

4.5G(4G plus)는 7~12㎓

5G는 15-300㎓이다. 10㎓로 인간의 면역체계가 악화하기 시작하여 睡

眠(수면)을 해치고 치유를 최소화한다. 10~30㎓에서 건식 장애가 시작되며 피로감, 졸음, 쇠약, 수면장애, 구갈, 탈수, 불안, 기타 방사선중독, 마이크로파 증후군이 나타난다.

　35㎓에서는 공기 중의 산소 분자와 우리 몸이 회전하기 시작하여 헤모글로빈이 산소를 흡수하여 질식을 일으킬 수 있다. 건강한 사람의 75%는 35㎓에 일관되게 노출된 첫 2~3일에 사망한다. 가장 건강한 사람도 7주일 안에 죽는다. 50㎓에서는 새들과 벌 나비, 대나무, 사철나무나 상록수도 살아남지 못한다. 몇 년 전에 벌들이 떼죽음 당한 재앙들과 대나무가 다 죽어버린 것은 그들의 짓이다. 나는 그들의 정신과 매일 무슨 짓을 하는지 인류를 어디로 몰고 가는지 그 음모를 다 보고 있다. 물론 나를 따르는 이들은 불과 10여명에 불과하며, 공감하는 사람은 100여 명 정도 되는 것 같다. 5G SNS 인류 역사상 가장 위험한 대규모, 즉효성의 생 무기다. 그러므로 전기를 사용하는 우리들의 집이 35㎓ 이상으로 주파수 폭파를 당한다면 순식간에 죽을 수 있다.

　나는 실제로 캠트레일 화학물질의 냄새를 맡는데 바람이 없고 흐린 날씨 잿빛하늘에서 더욱 심하다. 호흡기가 워낙 약하니 후각이 발달하여 本能的(본능적)으로 공기를 통해서 미세먼지를 측정한다. 우울한 소식은 그렇다. 전기와 스마트폰을 사용하는 이상 인간의 피난처는 없다.

　온 세계인이 그림자 정부에게 장악당해 들고 일어나지 않아 그들의 노예가 되었으니, 원시시대로 돌아가 물물 교환하는 방법 외에는 피난처가 아예 없다. 인류가 의식이 상승되어 스스로 인구를 조절하고 新科學(신과학)으로 지구를 이제라도 살려내고 자연으로 돌아간다면 지금도 늦지 않았다.

　나는 안다. 창조주가 이 악한 무리를 왜 용납하시는지. 왜 침묵하시는지 알게 되기까지는 10여년 명상이 필요했다. 지금은 過半數(과반수) 이상의 짐승과 극소수의 인간이 물과 기름처럼 구별되는 시간이다. 성경에서는 성숙하지 못한 인격을 짐승으로 묘사한 구절이 新舊約(신구약) 에서 300회 이상 기록되었고, 불교 교리에서도 깨닫지 못한 인간을 축생으로 비유하고 있다.

　이 외에도 사람의 탈을 쓰고 못 할 짓을 하는 上流層(상류층)의 악행은 극에 달하고 있다. 하기야 아주 오래전부터 악행을 전형적이었으나 당시에는 정보통신망 미발달로 소문이 더딘 것뿐이었다. 지금은 유튜브, 컴퓨터 전산망의 네트워크, 항공 발달 등으로 비밀이 쉬 누설 될 수밖에 없다. 미국, 유럽의 피자게이트, 중국의 비밀 인육탕 혹은 인육 캡슐, 소아 성애 자들의 만행은 오래된 폐습이다. 우리는 수십 번씩 여과한 공영 방송의 저녁 9시 뉴스 이상은 귀를 기울이지 않는다.

중국의 장기적출로 집단학살

　〈에포크 타임스(The Epoch Times)〉에 따른 소식이다. 벨기에 브뤼셀의 유럽회의 본보에서 지난 12월 29일부터 이틀간 열린 2021년 유럽 인권의회 聽聞會(청문회)에서 중국 재판소 이장 제프리니스 경이 출석해 중국 공산당이 사람의 肝(간), 心臟(심장) 등 장기를 대규모로 적출하고 있다고 증언했다.

　희생자 1명당 50만 달러(한화 약 6억 원)까지 벌어들인다고 했다. 중국에서는 양심수를 대상으로 대규모 장기적출이 이뤄지고 있다. 심한 경우는 살아있는 사람에게서 장기를 적출한다고 제프리니스 경은 말했다.

유전자 變形 백신

　백신은 遺傳子(유전자)를 변형시킨다. 지금 이 순간에도 하나님의 형상상인 인간이 짐승의 형상으로 실제로 변하고 있다. 지금 세계 인구는 출생신고된 인구수만 78억이며 인도, 파키스탄, 중국 기타 아프리카, 등 출생신고를 하지 않은 수를 더하면 80억이 훨씬 넘는다.

　그런데 73억을 죽이고 나머지 5억 명조차 노예로 부리려 한다는 말을 사람들에게 전하면 이를 믿기는커녕 미치광이로 비웃고 아마 인연까지 끊

1. 과반수 이상의 지구인이 짐승이다

어질 것이다. 나는 예로부터 時代的(시대적) 징조를 알리다가 調絃病(조현병) 환자로 취급받고 친한 사람들에게도 지금 비웃음을 당하며 견디고 있다.

이들은 도무지 하늘을 바라보지 않고 시대의 징조를 보지 않는다. 예전에는 상상도 못하던 경악할 악마의 계획들이 현실로 이뤄지는 것을 뻔히 보면서도 우연일 것이라며 惡(악)의 지뢰밭을 걸어가고 있다. 지금은 사탄이 드러내고 날뛰는 인류의 마지막을 우리는 살고 있다. 그림자 정부의 짐승 체제가 이미 세계를 지배하고 있다. 적그리스도 세력은 인류를 통제하기 위해 이미 살인 청부업자를 個人(개인)에서 國家(국가)로 바꾸었다. 소리 없는 총기, 백신을 무기로 지난 2년 동안 전 세계인을 노예로 만드는데 대 성공했으며, 결론적으로 살인 免許證(면허증)을 부여한 것이다. 이 무기는 合法的(합법적)인 양 백주대낮에 죽일 수 있는 글로벌 라이센스라는 사실이다. 세계적인 마피아 조직도 이 짐승 정부에 비하면 새발의 피다.

그런데 毒劇物(독극물)보다 무서운 것이 있다. 그것은 하나님의 형상을 영원히 지우고 썩어질 짐승의 형상을 만드는 遺傳子(유전자) 변형 백신이다. 지금 이 순간에도 백신을 접종한 사람들의 몸에서는 인간의 고유한 유전자에 원래 없는 제3의 유기체 인간을 3.0 하이브리드 종족이 되도록 만드는 DNA를 주입하여 기존의 DNA를 없애고 새로운 DNA가 만들어지는 것이다.

얼마 전부터 백신을 접종한 부모로부터 유전자가 변형된 아이들이 태어나고 있다. 기형아가 나온다는 것은 부모들이 먼저 유전자가 감염되어 변형되었다는 증거다. 백신 접종 후 일본과 터키에서는 전무한 畸形兒(기형아)가 태어났다. 터키에서는 mRNA백신 접종 자가 팔다리가 7개 달린 아기, 꼬리가 달린 아이, 온몸에 털이 덮인 아기, 외눈박이 아이, 눈에 흰자위가 없는 아이가 태어나고 있다. 지금까지 언급한 자료들은 뉴스, 論文(논문) 혹은 文書(문서), 新聞(신문), 인터넷, 블로그 등에서 문제가 심각한 자료들을 참고했는데 지구촌에서 현재 일어나고 있는 여러 가지 숨겨진 악행들의 비밀은 萬分(만분)의 일도 들춰내지 못하고 있다. 나는 이러한 행위를 짐승시대의 악행이라 생각한다. 여기서 말하는 짐승이란 사슴이나 강아지를 말하는 게 아니다. 천륜과 創造原理(창조원리)를 버린 신에게 도전하는 無法者(무법자)들과 잔인한 맹수들을 말함이다.

인간을 짐승으로 묘사한 성경구절들

욥기12:7, 욥기 18:3, 욥기 35:10
시편 49:12, 전도서 3:18, 전도서3:19
예레미아 31:27, 에스겔 14:13, 에스겔 36:11
잠언 12:1, 잠언 30:2, 디도서1:12
계시록 6:8, 계시록11:7, 계시록13:1
계13:3, 계시록13:4, 계시록 13:11절, 14절, 17절, 18절
계시록 14:9, 계시록15:2, 계시록 16:2, 10절, 13절
계시록 17:3, 7절, 8절, 12절, 13절, 16절, 17절
계시록 19:19, 20절, 계시록 20:4, 10절
이사야 46:1, 이사야 56:10, 빌립보서 3:2

위와 같이 기록된 성경이 내가 대략 생각나는 구절이다. 폐 일언하고 존귀한 신의 형상으로 창조된 인간이 사람으로 인격이 바뀌는 것이 창조목적이고 이를 깨닫지 못하는 인간을 짐승이라고 선지자들은 말했다. 佛家에서 畜生(축생)이란 말이 이런 것이다.

2. 의식의 振動數(진동수)를 높이라.

앞장에서 말했듯 우리가 사용하는 전기에너지는 60㎐ 주파수의 진동수로 우리들 공간에 들어온다. 이 전류가 1초에 120번을 꺼졌다 켰다 를 반복하며 그 마디를 이어주는 것이다.

그런데 시각적으로 인식을 못하는 것은 그 마디의 들락날락의 간격이 빠르고 짧기도 하지만 사실은 인간의 시각적인 감각의 주파수가 60㎐에 미치지 못하기 때문이다.

전구는 우리 눈에 항상 부드럽게 밝혀주는 듯 보이는 것이다. 그러나 만일 인간의 시각적인 감각과 주파수가 상승하여 60㎐를 충분히 넘어서게 되면 분명히 전구의 불이 꺼졌다 켜졌다 하는 사실을 인식하게 될 것이다. 수명이 다한 형광등은 육안으로 보기에도 미세한 깜빡임을 발견했을 것이다.

인간의 의식 振動數(진동수)가 상승되면 籌邊(주변)이 천천히 보이며 삶의 모든 만사가 슬로우 비디오로 보인다는 것이다. 그리고 동시에 뚝뚝 끊어져 보이는 것이다. 그러나 그 끊어진 의식들이 또한 하나로 이어지며 나비효과를 경험하기도 한다. 카메라를 빨리 돌려 꽃들이 피어나는 과정을 영상으로 목격했을 것이다. 시계바늘 초침과 분침 시침을 생각해보라, 진동수가 높은 아스트랄계에서 낮은 속세의 육적인 세계로 넘어올 때 明滅(명멸) 현상이 자주일어나, 주변이 어둡고 멍 때리는 순간이 발생할 수 있다.

박종팔 챔피언의 말이다. 복싱 챔피언의 시각은 일반인보다 20배는 빠르다. 평소에 몸이 좀 날렵한 사람도 다년간 의식을 모아 수련한 챔피언과 스파링을 뛰면 상대 연습생의 날아오는 주먹이 슬로우 비디오로 보인다는 것이다.

의식의 진동수가 높아지면 주변은 漸次的(점차적)으로 느리게 보이고 삶은 훨씬 여유롭고 서둘지 않아도 인생이 즐겁고 결국에는 모든 것이 멈추고 시간마저도 멈추고 나이도 잊어버리고 관념주의에서 저절로 벗어나게 된다. 그리고 모든 사물이 어떤 이름이나 형상이 아니라 그저 에너지로 남는 것이다. 쓰레기통도 에너지이고 화장지도 에너지이며 풀 한포기 나무 한 그루 모두가 에너지로 작용하며 모두가 나의 몸으로 느껴지는 것이다. 그 에너지가 결국 우리의 마음과 그대로 연결되어 있는 것이며, 동시에 그 에너지로 상을 만들고 창조역사를 빚어내는 것이다. 바로 나는 창조자가 되는 것이다. 老子의 道德經(도덕경)에서 無爲自然(무위자연)을 넘어서면 상대적인 만물이 이원성을 넘어 비 이원성단계로 변형되며, 명명하자면 상대성 통일 원칙론이라고 할 수 있다.

의식의 진동수가 상승되면 가장 먼저 意識革命(의식혁명)이 일어나는데 그것은 非 二元性(비이원성)을 깨닫는다. 숲과 나무의 유기적 관계 森羅萬象(삼라만상)의 유기적인 인드라 망이 되는 것이다. 이것을 비로소 붓다 의식이라 하며 그리스도 의식이며 道人들이 갈망하던 原始反本(원시반본)이다. 아인슈타인의 의식이고 스티븐 호킹의 의식도 예수님의 사상도 이미 내 안에 유전자로 감춰져있다. 싯다르타는 사람들이 그리도 원하며 집착하는 부귀영화를 소유하기는커녕 정 반대의 길을 택하여 부귀영화를 하루아침에 버리고 이 宇宙意識(우주의식)의 진리를 찾아 생사를 초월한 구도 여행을 하였던 것이다.

결국 지고한 의식의 진동수로 변형된 붓다의 마음은 바로 이 道(도)에 직접 다다랐다. 의식의 진동수가 높아지면 周邊狀況(주변상황)이 완전히 바뀐다. 천국도 극락도 지옥도 바로 눈앞에 있다는 것을 깨닫게 된다. 마치 물고기가 물속에서 물을 찾다가 어느 날 자신이 물갈이를 해주는 어항청소부가 어항의 물을 다 비워 낼 때에 깨달을 것이다.

행복의 개념이나 척도는 깨달음을 통해서만 알 수 있다. 물질의 부피나 有無(유무), 높은 지위 권세도 아니며 화려한 경력도 아니다. 오직 깊은 통찰과 강렬한 느낌, 분명한 자각을 통해서만 가능하며 이것이 의식의 진동수 상승이며 여기가 천국이며 유토피아다. 이 험준한 세상을 낙원으로 만드는 것은 의식의 革命(혁명)으로만 가능하다. 의식의 진동수는 고정된 에너지가 아니며 고정된 값이나 고여 있는 웅덩이 물이 아니다. 어떤 계기나 동기를 통해서 우리의 에너지는 변화될 수 있고 그 변화되는 도구는 첫째가 생각 둘째는 감정 셋째는 행동이다.

의식수준에 따라 생각이나 감정, 행동이 달라진다. 그렇다면 의식의 진동수가 높고 낮음은 무엇인가? 예를 들어 늘 웃는 낯으로 감사와 사랑을 표현하고 긍정적인 말을 하며 현재의 삶이 분명 외관상 어려운 데도 희망을 잃지 않고 영적인 감각과 웃음을 창조하며 진보하는 사람은 의식의 진동수가 높은 사람이며, 먹을 것과 입을 옷이 충분하며 집도 있고 사지가 멀쩡한데도 늘 두려움에 시달리고 미래에 대한 불안함과 염려 근심을 혹은 창피함과 수치심을 느끼며 비관의식을 품는 사람은 의식수준이 500을 기준으로 할 때 100이하로 낮은 상태다. 이런 사람들은 결국은 큰 불행을 겪게 되며 원치 않는 일들을 의념으로 자기 삶에 끌어들여 날이 갈수록 더 고단해진다. 반면 사랑이나 평화를 반복적으로 느끼는 사람은 그런 일들이 되풀이되어 계속 일어나며 환경이 개선되고 주변에 친구들이 자주 찾아온다. 내가 수십 번 되풀이 말하는 것은 오늘 나의 삶은 선악 간에 내가 심은 대로 거둔다는 것이다.

그러므로 모든 에너지는 자신과 비슷한 것을 끌어당기는 힘을 가지고 있다. 이것은 태초부터 존재하는 宇宙攝理(우주섭리)다. 의식수준을 높이는 길은 늘 공부하는 자세와 자연과 이웃을 사랑하고, 거친 말을 삼가고, 사랑과 평화를 중시 여기며, 삶의 진리를 깨닫는 것을 최고로 생각하여 행동으로 실천한다면 의식의 진동수는 600 이상으로 상승될 것이다. 이렇게 상승되면 우리의 생활 안팎이 골고루 변화됨을 느낀다. 의식은 반드시 물질계와

連動(연동)되어 있기 때문이다. 이제 자신의 정신세계와 의식의 密度(밀도)를 스스로 측정해보자, 모든 것은 에너지로 이루어져 있음을 잊지 말자.

의식과 神經活動(신경활동)

인간의 모든 정신활동에는 그에 상응하는 뇌신경 활동이 있다. 화를 내거나 쾌감을 느끼거나 고통을 느끼거나 영화를 감상하거나 모두 뇌의 특수한 영역들이 활동을 동반한다.

오늘날의 문명 기준은 어떤 현상의 영역을 설명하려면 과학적 법칙을 우선으로 따른다. 그렇다면 의식을 설명할 수 있는 분명한 과학적 이론이 있어야 한다. 의식이 물질의 어느 수준에서 발현되는 지에 대해서도 아직 통일된 의견이 없다. 예일 대학교 에델만 교수는 신경그룹에서 발현된다고 생각했고, 영국의 이론물리학자 펜로즈 같은 사람은 마이크로 튜블(세포내 고속도로) 같은 분자 속에서 발현된다고 생각하였다. 瞑想(명상)의 세계에서는 이러한 이론을 초월하여 유기적인 메카니즘의 統合的(통합적) 개념에 중점을 둔다. 정신활동은 뇌세포와 가까운 상관관계가 있기 때문이다.

배가 고프면 육체는 힘이 떨어지고 좋은 음식을 먹고 기쁜 소식을 들으면 힘이 솟구치는데 이것은 腦神經(뇌신경)과 음식의 에너지와 신경세포의 만족으로 정신이 안정되는 상태에서 조용히 呼吸(호흡)을 고루며 안락의자에 조용히 앉으면 깊은 명상에 잠길 수 있으며 육체와 영혼이 동시에 이완된다. 손가락 하나가 아프면 다섯 손가락 모두가 우둔해지며 사실상 불편하다. 의식과 신경활동이 서로 유기적 관계라 해서 신경활동에서 의식이 발현된다고 단언할 수는 없다. 신경세포가 살아있는 생명의 에너지라면 의식은 12靈센터 松科腺(송과선)에서 지배한다.

열심히 떠들어대며 논쟁하는 모임을 보면 주된 주장이 의식적이더라도 열열 하게 토해내는 말들이 대부분 無意識的(무의식적)으로 나오는 말들이다. 그러나 깨어있는 의식으로 하나하나 곱씹으며 말한다면 논쟁이 되지 않고 이성적인 담화가 될 것이다. 1초에 피아노 건반을 열 번 가까이 두드리는 연주자가 일일이 건반을 의식하며 두드리는 숫자를 헤아린다면 연주회를 망칠 수 있다. 우리가 의식적으로 행한다고 생각하는 많은 행동도 무의식에서 나오며, 이러한 무의식적 활동도 腦(뇌)의 여러 영역의 활동과 共鳴(공명)이 필요한 것이다. 의식은 두뇌활동 없이는 존재할 수가 없고 뇌 활동과 분리할 수가 없는 것이다.

瞑想과 의식변화

의식은 뇌의 松科腺(송과선)과 뇌 신경 세포와 밀접한 유기적인 관계이기 때문에 번뇌가 생긴다든가 뇌를 다쳐 손상을 입는다든가 腫瘍(종양)이나 어떤 질병을 앓게 되면 의식에도 이상이 생긴다. 경계가 확실한 어떤 뇌 부위가 손상된 환자의 경우 정상일 때와 비교해보면 어떤 의식적인 면이 왜곡되거나 사라지며 까마득히 지워지기도 하다. 그 손상이 치유되면 기억이 다시 살아나기도 한다. 지나칠 정도도 思惟思考(사유사고)를 많이 하던 니체도 정신병원에서 휴양을 하기도 했다.

의식의 신경 상관 관계연구는 캐나다의 신경외과 의사 펜필드(Wilder Penfield)가 간질 환자를 상대로 뇌의 여러 부위를 전기 자극을 하면서 환자의 반응을 살폈다. 그가 환자의 측두엽 어느 부위에 전기 자극을 하면서 환자가 어떤 반응을 보이며 무엇을 의식 하는지 조사한 것이 최초다. 그가 환자 측두엽 어느 부위를 자극했을 때 환자가 생생하게 기억을 회상하였다. 이는 의식이 신경활동에 의한 것이라는 사실을 처음 실증적으로 보여주었는데 의의가 크다.

인간의 의식은 대표적인 감각기관이다. 이 감각 기관 중에서 의식의 神經科學(신경과학)에서 가장 많이 연구된 시각 의식 속에서 우리가 대상을 단일한 실체로 보게 하는 시각의식이 단일화되는 과정을 보자. 우리는 날아오는 공을 볼 때 공의 색깔 모양 움직임을 처리하는 부위는 모두 다르다. 전혀 다른 부위에서 처리하는 感覺情報(감각정보)가 시간적 공간적으로 통일된 단일한 물체로 인식된다. 이것이 얼마나 대단한 뇌의 업적인지 우리는 깨닫지 못하며 살아간다. 그러나 뇌가 어떤 영역의 기능에 이상이 생겨 불가능해질 때 인간은 그때 가서 그것이 얼마나 중요하고 얼마나 대단한지 알게 된다.

의식의 발현이 그 의식과 관련된 뇌 회로에 있는 신경세포 집단들의 발화의 시간적 변화와 여러 영역 간 발화위상의 통일 내지는 동시성에 좌우되는 것은 확실하지만 아직도 이 메카니즘에 대한 명확한 논리를 주장하는 論客(논객)은 없다. 이를 해결하려는 신경과학자들은 다양한 연구를 거듭하는 중이다. 철학자들이나 일부 과학자들이 의식은 영원한 수수께끼로 결코 과학으로는 풀 수 없다고 미루는 중이다. 의식문제가 그리 간단한 문제는 아니다.

의식은 살아있는 인간 영혼의 宿所(숙소)이다. 어떤 생명체나 신경세포가 의식을 소유했다면 그 생명체는 영혼이 있는 귀중한 존재라는 의미다. 33세의 예수는 20여년 구도여행을 통해서 명상의 궁극에 다다랐으며, 山上垂訓(산상수훈)이 나왔고, 싯다르타는 모든 것을 버린 뒤 見性性佛(견성성불)하여 의식이 통일되어 대 열반을 이루었다.

기계를 만들고 조작하는 이는 기술자이며 혹 예술가들이지만 어떤 신비한 일을 궁구하고 깨달아 정신문화와 靈性(영성)을 이끌어가는 사람들은 명상가들이다. 사실 명상은 이론으로 증명할 수 없는 깊고 심오한 하늘 에너지이다.

存在界(존재계)를 설명해 보려 그림이나 언어, 도표, 詩, 音樂(음악), 小說(소설), 映畫(영화), 기타 방법으로 다양한 설명을 시도한다. 그러나 의식세계의 리듬과 신경계의 미세한 느낌을 설명하기는 어려운 것이다. 명상 인들은 언제나 腦(뇌)를 아끼며 과음 과식을 멀리하고 과로를 피하고 운동역시 체육관에서 과격한 운동을 하는 방식이 아니다. 고요한 몸놀림과 기를 순환시키는 스트레칭, 기운을 날라주는 차를 마시고 호흡을 고루고 심신을 이완시킨다. 그들의 맥박은 55회에서 70회를 넘지 않고 언제나 안정돼있다. 그러다보면 어느 때부터 의식이 크게 확장되는 것을 체험한다. 그 변화는 部分的(부분적)에서 統合的(통합적)인 사람으로 변형되며 자기중심적인 성품이 비로소 이웃을 생각하게 되고 평화를 희구하며, 전쟁을 혐오하며 자연을 사랑하고 생명의 실상에 대하여 올인하게 되며, 무의식 속에 잠자던 영혼의 거인이 수면 위로 완전히 드러나 존재의 뚜렷한 의식의 밀도를 자타가 볼 것이다. 의식의 주파수를 높인다는 것은 첫째로 긴장을 풀어버림으로 영혼이 이완되며 동시 미묘한 떨림과 더 많은 神經細胞(신경세포)의 깊은 안락을 경험할 저장 공간을 만드는 행법인 것이다.

이러한 통로를 통해서 우리는 그동안 놓치고 지나쳐오던 삶의 한 측면들을 비로소 지켜보게 되는 것이다.

스트레스는 敵(적)이다.

수백 가지 瞑想祕法,(명상비법)이나 여러 단체에서 선전하는 수련법을 터득하고 성경66권을 외우고 팔만대장경을 암송해도 삶의 현장에서 일어나는 일들을 悠悠自適(유유자적)으로 통제하지 못 하고 늘 스트레스에 시달린다면 이는 찢어지는 잡소리가 나는 양철북에 불과하다.

무술고단에 국가대표 메달리스트라도 마음을 다스리지 못한다면 그는 평범 이하의 인간이다. 스트레스의 뿌리를 더듬어 추적해보면 결국 욕심의 산물이다. 자기중심적인 사람의 공통된 특징은 자기 뜻이 관철되지 않으면 얼굴표정이 바뀌고 분노 아니면 스트레스에 시달리며 더 나아가서는 우울증을 앓는다.

腦細胞(뇌세포)가 안정되고 정화되어 삶의 원리를 알아버린 성숙한 사람은 아까운 시간을 인간의 眼耳鼻舌身意(안이비설신의) 六識(육식)에 끄달리지 않는다. 세계적인 정신계의 大學者(대학자) 데이비드 호킨스 (David Hawkins) 박사는 그의 논문과 더불어 인간의 의식 진동수를 잘 분석 묘사하여 도포를 만들어 세계적인 선풍을 일으키고 있다. 그는 프로이드 정신분석학을 기초로 하여 오랜 정진과 연구 끝에 진동수의 영역을 수분하여 〈의식혁명〉이라는 여러 저서를 남겼다. 여기에 따르면 의식의 진동수 기준이 200의 수인데 腦의 생각을 醫學的(의학적)으로 설명할 때 뇌파라는 용어를 쓴다. 여기서 波(파)란 물결 波 자인데, 말의 진동수를 뜻하는 용어로 초당 진동하는 횟수를 숫자로 기록하는 것이다. 그러므로 200이상의 진동은 정신건강이 정상적인 사람이며 그 이하는 불안전한 상태라는 뜻이다.

이 연구결과는 그렇다. 예수, 석가, 황벽선사는 1,000이 넘고 노자 공자가 700이상이며, 히틀러나 일본의 전쟁광들은 의식의 진동수가 100이하로 떨어진다. 여기서 가장 위험한 敵은 불안과 분노 짜증 그리고 스트레스에 매여 사는 사람으로, 이들은 180이하로 떨어진다.

반면에 이타적인 삶을 사는 사람들의 사랑과 허용, 배려와 포용 등 公衆道德(공중도덕)과 양보 등으로 기본이 된 사람들은 300이상으로 의식이 상승된다. 더 나아가 영적이며 깨달음을 추구하며 기도명상, 博愛(박애), 나눔, 이웃사랑을 중시여기는 이들은 400에서 500이상 진동수가 높아진다. 프로이드 精神分析學(정신분석학)에서는 진동수가 150이하로 떨어지는 자들은 정신병자로 간주하였다.

이들은 남들과 잘 못 어울리는 것도 문제지만 자기 자신을 극복하지 못하고 作心三日(작심삼일)이며 그리고 늘 주변과 환경 이웃을 원망하고 세상을 원망하며 끊임없이 불만을 품어 그 사람 옆에 가면 성한 사람도 병을 얻게 된다. 이는 분명히 못난 Ego의 중병이다. 도를 닦는다는 것은 이러한 마구니를 쫓고 철갑옷 같은 껍질을 벗겨 내고 창조의 목적인 신의 성품으로 진동수를 높이는 것이다.

의식의 진동수가 미치는 效力(효력)

진동한다는 것을 세부적으로 분해하면 서로가 다른 세계를 오고가는 왕래를 말한다. 백열등을 육안으로 보면 밝은 빛이 노란 꽃처럼 피어나 천정이나 벽, 책상에 밝혀주고 있지만 1초에 120회를 깜빡이며 전류를 날라

준다. 진동수가 빠르다는 것은 그만큼 민첩하게 정보처리를 할 수 있다는 것이다. 감각기관과 송과선이 민감하게 발달하면 科學的(과학적)으로 설명 불가한 예시 능력과 사물의 실체가 슬로우 비디오로 드러나며, 수련하는 개인에게 미치는 효력은 놀라운 변화를 선물한다. 그러나 불안과 근심걱정, 흥분과 같은 것들은 감각기관을 통하지 않고 다른 구조를 통해서 경험할 수도 있다. 이러한 감정들은 우리가 속해 있는 여러 가지의 에너지 장이 동요하든지 뇌 신경이나 內分泌線(내분비선)에서 일어나는 분자의 진동수 때문에도 생겨날 수 있는 것이다.

  인간의 腦는 사념의 바다이기도 하다. 대개의 경우 외부의 환경이나 조건에 의해 이 思念의 바다는 출렁이기도 한다. 그리고 이 사념들이 불필요한 에너지 장을 만들어 六識(육식)이 장악하여 뒤 흔든다. 속는 것이다. 前章(전장)에서 말했듯 思念(사념)은 사념일 뿐 내가 아니다. 이것들은 바람에 스쳐 가는 마른 잎들이며 허깨비들이며 내 것이라고 여길만한 아무것도 아니다. 그냥 그 屍體(시체)를 존재의 강물에 띄워 보내야 한다. 특정한 공간과 수많은 集團意識(집단의식)과 가족들의 에너지, 친구 이웃 여러 지인들이 존재하는 주변에서 우리는 살아간다. 여기서 賢明(현명)이 드러난다. 인적이 없는 깊은 산골짜기에서야 내가 나를 어찌 증명하겠는가? 에너지 차원과 의식의 밀도는 어떤 시공이던지 군중 속에서 내 개인에게 미치는 효력을 통해서 자타가 긍정 해야만 하는 빛의 에너지인 것이다.

禍福(화복)을 부르는 言語(언어)와 言行(언행)

  지구촌에서 인류가 여러 種(종)이 번성하고 죽고 다시 창조되고 激變期(격변기)에 멸망하고, 네피림에 이어 호모 사피엔스를 지나 창세기의 아담시대를 거쳐 오늘날의 인류가 존재하는 것이다. 역사와 함께 인류는 각 시대를 겪으며 번성해왔고 집단생활을 하면서 언어를 사용하여 의사소통을 했다. 많은 학자들은 인간이 언어를 어떻게 처음으로 만들어 쓰게 되었으며 어떻게 발달시켜 왔는가에 대하여 관심을 쏟았다. 그런데 언어는 석기나 다른 유적처럼 흔적을 남기는 것이 아니기 때문에 언어의 발생이 언제부터 인가를 알려주는 뚜렷한 증거가 없다.

그러나 약 200만 년 전 혹은 약 50만 년 전의 초기 인류에 의해 만들어진 석기를 볼 때 그 제작 수법에 일정한 전통이 언어나 그와 비슷한 것이 없이는 전달 될 수 없었을 것이라는 추측이다. 인간의 언어는 인간 문화의 출현과 같이하여 발달했을 것이다. 학자들은 언어가 석기제작 이전부터 발생했을 것으로 유추한다. 다른 동물과는 發聲(발성)이 구조적으로 조합된 인간의 특징은 언어를 발달시켰을 것이다. 직립보행의 인간은 물건을 입으로 물고 다니는 새나 개처럼 불편함이 없는 말하기에 좋은 구조로 되어 있어 開放的(개방적) 언어를 채택하는데 유리하게 작용하였다.

호모 사피엔스는 분명히 언어를 사용할 수 있는 生得的(생득적) 능력을 가지고 있으며 어떠한 다른 동물들은 이런 능력을 가지고 있지 않다. 絶滅(절멸)한 호미니드(Hominidae) 종들이나 네안데르탈인이 언어 능력을 갖고 있었는지는 그 누구도 모른다. 아마 자기네끼리 의사소통 정도의 최소 용어가 있었을 것이다. 언어 사용은 호모 사피엔스를 다른 동물과 구별시켜 주는 가장 두드러지고 특징적인 자질이다. 아담 이후 인류는 강 주변에서 집단생활을 하면서 언어를 사용하였다. 수메르문명은 유프라데스 강 주변에서 번성하였고 이때는 이미 언어 문자가 고도로 발달한 시기였다. 기원전 3000년의 이집트에서 발견된 의식행사를 壁畫(벽화)에 새겨 강한 메시지를 남기는 것이 당시의 유산이었다. 히브리 문명이 시작된 것은 수메르 문명이 멸망한 다음 천 년 뒤의 일인데 히브리문명의 기원이 되는 시날 평지의 바벨탑 사건은 전설이 아닌 실증적인 역사다. 이때에는 언어와 문자가 발달하여 토판에 새기고 비석에도 새기고 질그릇 철광석 옷감 금속제품의 장신구들이 화려한 시대였었다. 니므롯은 힘을 이용하여 자신만의 왕국을 건설하여 신에게 도전장을 던지다가 스스로 太陽神(태양신)의 아비가 되어 오늘날의 큰 성 바벨론이 됨으로 로마교회를 빙자하여 세상을 지배하는 악마의 길을 가고 있다. 이 모든 것은 언어가 흐트러져 질서를 버리고 수천 갈래로 분열되는 저주의 상징이 되었다.

1) 언어의 波長과 波動說, 系統樹設(파동설 계통수설)

언어의 波動說(Wave hypothesis)은 언어가 어떤 이유로 분화되어서 서로 다른 언어로 발전되어 갈 때에 이 언어들 간의 관계에 대한 가설이다. 系統樹設(계통수설)은 마치 생물이 자손을 낳아서 개체로 분리 발전하듯 언어도 각 개체로 나누어지고, 각 개체로 나누어진 언어는 또다시 分岐(분기)를 계속한다는 사실을 마치 나무에서 가지가 뻗어 나가는 것처럼 도식화해서 보여준 가설이다. 우리나라의 어머니라는 단어는 커리큘럼에서 표준말의 기준을 세우기 전에는 지방마다 발음이 달랐다. 함경도는 오마이, 오마니, 옴마니, 옴마, 경상도에서는 에메, 충청도에서는 엄니, 어무니, 표준어로는 엄마, 어머니 등으로 갈라지듯 모든 언어는 그렇게 분화되어 왔다. 그중 가장 고유한 전통과 장구한 古朝鮮(고조선)의 문자와 언어는 동서 五 萬里(오 만리)에 퍼져나갔으며, 우리 東夷族(동이족)이 중국대륙을 지배할 때 소호금천왕은 유프라데스 강 유역으로 건너가 수메르 제국의 시조가 되었다. 아메리카 원주민들 중 아바지 족의 멕시코 원주민 바이칼을 중심으로 근교 우즈베키스탄 일부 언어를 수집해보면 우리 언어가 상당부분 傳來(전래)하고 있으며 고대 인도어는 700여 개의 단어들이 비슷하다. 이러한 가설(加說)은 한 어족 또는 한 그룹의 언어들이 서로 어떤 관계를 가지는지를 명료하게 보여준다는 장점이 있다. 각 언어들 간의 관계는 한 언어에서 분기된 언어를 딸 언어라고 하며, 동일한 언어에서 분화된 각 언어들은 姉妹語(자매어)라고 한다. 한편 파동설은 계통수설의 단점을 보완한 이론인데 계통수설이 어떤 언어가 분기된 이후에는 전혀 상호간의 영향을 주지 않는 독립된 개체인 것처럼 발전한다고 본 데에 대해서 인간의 언어는 끊임없이 인근 언어와 접촉하고 상호 영향을 준다는 사실을 고려하여야 할 것을 주장하고,

마치 연못에 돌을 던지면 발생한 파장이 번져나가듯이 언어도 지역적으로 상호 영향을 주고받음을 고려하여야 한다는 점을 강조한 가설이다. 이 둘은 역사적 변천을 기술할 때에 동시에 고려되어야 하는 상호 보완적인 가설이라고 볼 수 있다.

2) 言語의 波長(파장)

바벨탑의 문명은 흐트러진 언어의 불협화음으로 무너지고 그 파장은 히브리, 중동, 바벨로니아 전쟁과 살생은 지금까지 자행하고 있다. 앞서 말했듯 빌리브란트는 이스라엘을 방문하여 진정성 있는 사과문을 발표하고 유대인을 학살했던 나치의 잘못을 참회하며 그들의 비석 앞에 무릎을 꿇고 4분 동안 기도를 하여 화해로 악수하였고 노벨 평화상을 받았다.

언어의 힘은 위대하다. 사람의 마음을 살피고 파고드는 때에 맞는 언어는 최고의 예술이며 기술이다. 왜냐하면 살면서 이보다 더 큰일은 없기 때문이다. 우주에서 사용되는 파장은 약 40~50만여 종이 있으며 이중 인간이 聽取(청취) 가능한 파장은 최대한 약 10~20% 정도다. 인간의 귀로 들을 수 없는 수많은 파장이 우주를 움직이고 있는 것이다. 그중에 인간의 언어는 가장 큰 파장으로 작용하는데 한마디 말로 사람을 살리기도 하고 죽이기도 하며 전쟁을 일으키기도 하고 吉凶禍福(길흉화복)의 근원이 되기도 한다. 언어의 수단을 통해서 사랑의 씨앗이 되기도 축복의 씨앗이 되기도 한다.

카네기 연구소에서 시행된 조사연구에 따르면 사람의 사업 성공 여부는 15%가 그 사람의 IQ에 달려있고 나머지 85%는 그의 표현능력 즉, 인간관계 능력 그리고 남을 설득하는 언어의 힘에 달려있다고 한다. 언어는 이렇게 인생의 方向(방향)을 좌우한다. 진정성 있는 말 한마디는 미래의 희망을 몰고 오기도 하며 의욕을 순식간에 잃게도 한다. 말 한 마디는 불가능해 보이는 기적을 창조할 수도, 생명의 모든 가능성을 깨뜨릴 수도 있다.

힘 있는 말은 한 사람의 과거를 치료하고 더 나은 현재를 살게 할 수도, 그를 과거에 속박해 평생을 무거운 짐을 지고 그곳에서 빠져나오지 못하게 할 수도 있다.

✱ 카디자 윌리엄스(Khadijah Williams) 이야기

몇 년 전 인터넷을 뜨겁게 달군 카디자 윌리엄스, 미국의 黑人少女(흑인소녀)는 노숙자 어머니의 몸에서 태어났다. 그녀의 어머니는 굶주림과 추위로 무료급식을 찾아다니며 집이 없어 만삭이 된 몸을 이끌고 뉴욕 어느 쓰레기 더미에서 아이를 출산했다. 다른 노숙자들이 벗어준 옷가지로 추위를 견디며 아이를 키웠다. 그 아이가 세계인을 놀라게 한 카디자 윌리엄스다. 어린 그녀는 그녀의 어머니가 글을 가르쳐주는 대로 읽고 쓰고 학문을 읽혔고 모든 신문을 모조리 읽고 12학년 동안 학교를 스무 번이나 옮겨 다니며 공부했다.

그녀의 어머니는 늘 힘 있는 말로 딸을 격려했고, 단 한 번도 화를 내거나 소리를 지르지 않고 거친 세상을 헤쳐 나갈 용기와 남과 비교하지 않고 고유한 존재로 살아가는 경험들을 들려주며 딸을 교육 시켰다. 결국 그녀는 브라운 대, 컬럼비아 대, 하버드 대학 등에서 전부 합격 통지서를 받았다. 전액 장학금을 받으며 피나는 공부로 졸업생 대표로 연설을 하였는데, 그녀의 연설문은 명언을 남겼다. 그는 청중들과 교수 및 전교생이 운집한 대강당에서 긍정의 힘으로 자신을 기죽이지 않고 길러주신 어머니와 하느님에게 감사하고 학교당국의 모든 선생님들께 감사하고 마지막 연설 끝으로 이렇게 말했다.

"쓰레기 더미에서도 장미는 피어납니다!!!"

✱ 벤 카슨(Ben Carson) 돌대가리 이야기

벤 카슨은 미국 디트로이트 빈민가에서 태어난 흑인이다. 그가 8살 때 부모님은 이혼하고 어머니 소냐 카슨이 아들 둘을 키웠다. 어머니는 식모였기 때문에 아이들 교육에 신경을 쓸 틈이 없었다. 벤 카슨이 어렵게 초등학교에 입학은 했지만 기초학습이 되지 않아 다른 아이들을 따라 갈수가 없었다. 결국 전교 꼴찌를 했다. 2학년, 3학년, 4학년째도 꼴찌 전교 4연패를 했다. 이 학교에서 전무후무한 기록을 세워 그의 별명을 돌대가리라고 불렀다.

어머니는 안타까운 나머지 아들이 학교 졸업 후, 사회생활을 할 수 있도록 한 가지 좋은 습관을 가지게 했다. 그것은 독서를 하는 습관이었다. 어머니가 이집저집 식모 일을 하면서 주시해본 결과 사회적으로 존경받고 성공적인 집안은 대부분 조용하고 책을 읽는 분위기였다. 그렇지 않은 집들은 시끄러웠다.

그녀는 아들 벤 카슨에게 圖書館(도서관)에 가서 일주일에 책 두 권을 읽게 했다. 어떤 책이라도 상관없다고 했으며 늘 따듯하게 격려했다. 벤 카슨은 어떤 책도 이해되는 책이 없었다. 그래서 택한 책이 〈자연 학습도감〉이었다. 그림이 많아서 보기가 쉬워서였다. 벤 카슨은 이 책을 6개월간 읽었다. 그리고 형제끼리 철길에서 돌 이름 맞추기 게임으로 놀이를 했다.

어느 날 이었다. 선생님이 수업시간에 암석 3개를 학생들에게 보여주면서 무슨 암석인지 맞춰보라고 하자 벤 카슨이 손을 번쩍 들었다. 선생님은 화가 났다. 왜냐하면 돌대가리 아이가 수업을 방해하려는 줄로 알았던 것이다. "네 이놈!" 앞에 나와서 맞춰보라고 하자 아주 쉽게 암석 이름을 즉시 맞췄다. 깜짝 놀란 선생님은 어떻게 된 일이냐고 물었다. 도서관에 가서 책을 공부해서 알았다고 말하자. 선생님과 학생들은 즉시 뒤집어졌다. 아니 벤 카슨이 공부를 해? 그리고 1시간 동안 벤 카슨이 암석 강의를 했다. 선생님과 학생들은 기절초풍을 하였다. 그리고 벤 카슨은 처음으로 인정을 받았다. 이것이 바로 의식의 진화다.

이 계기로 인하여 벤 카슨은 초등학교 교과서를 읽기 시작하였다. 2학년 3학년 교과서를 모두 읽기 시작하였다. 그리고 이상하게 선생님의 강의가 조금씩 이해가 되었다. 그는 그 다음해에는 전교에서 1등을 하는 기적을 일으켜 학생들과 선생님을 또 놀라게 하였다. 그는 그렇게 중학교, 고등학교에서도 우수한 성적으로 졸업하고, 의과대학에 진학하여 30대 초반에 존스홉킨스대학의 신경외과 과장이 되었다.

미국사회에서는 흑인이 명문 의과대학의 과장이 되는 것은 전무한 일이었다. 그는 모든 의학 논문들을 읽었다. 다른 의사들은 돌대가리가 萬物博士(만물박사)가 되었다고 소문이 퍼지고 인터넷을 통해 전 세계로 그의 명성이 자자하게 되었다. 그에게는 '신의 손'이라는 별명이 또 하나 있다. 많은 의사들이 포기한 4살짜리 악성 뇌암 환자를 수술하여 완치시킨 기적과 1987년 세계 최초로 머리와 몸이 붙은 채 태어난 샴쌍둥이를 분리하는 데 성공하였다. 이 수술로 인하여 벤 카슨은 '神의 손'이라는 별명을 얻게 되었다.

그는 이렇게 말한다.

"이 모든 게 나의 어머니의 온유하신 말씀과 나를 기죽이지 않고 늘 힘 있는 격려로 이끌어주시고 책을 읽도록 인도해 주신 덕입니다. 어머니는 단 한 번도 제게 화를 내시거나 나무라지 않으시고 용기를 주시는 말씀만 하셨습니다."

창세기 1장에는 "神께서 말씀으로 천지를 창조했다"는 말이 기록되어있고 元曉大師(원효대사)는 "마음으로 모든 것을 造作(조작)한다"고 했다.

★ 언어의 힘

言語의 힘은 원자탄 같은 힘이 있어 측량 할 수가 없다. 언어라는 이 무기는 생사를 넘나들고 성공과 실패가 달려있고 목숨을 걸고 국경을 넘나들며 심신을 불사르게 하는 능력이 있다.

언어는 인간 세상에서의 겉옷과도 같아 말을 잘하면 그 세련된 이미지가 상대를 설득함에 크게 유익하다. 의식의 진동수가 높은 언어를 잘 쓰면 思想(사상)의 깊은 곳에 스며들어 지혜로움을 전할 수도 있다. 유명세를 이끌며 이름을 남긴 사람들의 짧고 간결한 金言(금언)들을 보면 한마디 한마디가 주옥같으며 많은 사람의 공감을 불러일으키고 마음을 찌른다. 이들 사상가들의 말은 직접적으로 인간의 본성에 질문을 던진다. 심장을 찌르는 이치적인 말 한마디로 인생이 바뀔 수도 있는 것이다. 말을 요령 있게 잘 하는 사람은 주변사람들에게 인정을 받을 수 있고 다른 사람에게 아름다움을 선사할 수 있다. 그리고 자신이 원만하게 살아갈 수 있다. 경우에 합당한 말은 사람들을 기쁘게 해주고 말을 생각 없이 함부로 내뱉는 말은 이웃의 마음을 병들게 한다. 말하는 방식에 따라 契約(계약)도 성사되고 간첩도 전향한다. 말하는 방식의 변화가 주변사람들의 평가를 어떻게 바꿔놓는지는 정치인들의 이슈만 보더라도 뉴스에서 얼마든지 볼 수 있다.

★ 意思(의사) 전달의 수단

내 생각과 마음을 보여줄 수 있는 수단은 말과 그리고 행동이다. 누군가가 말을 하는 것을 귀담아 들어보면 그 사람의 경험과 에너지를 엿볼 수 있는 한편 人生觀(인생관)이 어느 정도 보이는 것이다. 사람이 말을 할 때에는 자신이 전하고 싶은 말만 하는 것이 아니라 누군가의 말을 대신 전달하는 과정까지 스피치하기 때문에 흡인력 있는 말을 전하기 위해서는 신중해야 하며 언어의 기술이 필요한 시대이다. 근래에는 기업대표들이나 강사들은 언어연구와 개인교습을 꾸준히 받으며 공부한다. 수많은 대학에서 가르치는 교수들이나 성직자들은 언어의 능력으로 순위가 결정된다. 이처럼 말하는 것은 자신의 뜻과 지식 그리고 철학적 가치관을 표현하는 강력한 수단이기에 그러하다. 면접을 볼 때도 결혼 중매를 할 때에도 젊은 층들의 소개팅을 할 때에도 간결하고도 합당한 어휘를 사용하는 사람은 상대에게 관심을 주고 좋은 인상을 남기는 것이다.

언어 즉, 말의 파장은 상대방의 가슴으로 귓속으로 흘러들어 가면서 일을 한다. 진정성 있는 따뜻한 말은 때로는 지갑을 열게도 하고 텃밭도 얻을 수 있고 취직도 결혼도 할 수 있고 천 냥 빚도 갚을 수 있다, 진실 된 품격으로 진정성 있는 언어로 침착하게 말하면 법정에 불려 나온 容疑者(용의자)가 억울한 혐의를 벗기도 하며 범죄가 드러나 심판을 받기도 한다. 뿐만 아니라 사기꾼에게 빼앗겼던 재산도 陪審員(배심원)을 잘 설득하면 되찾을 수도 있으며, 말을 경우 있게 잘하면 재산도 생명도 지킬 수 있다. 이처럼 말이 갖는 위력은 타인에게 내 운명의 결정권을 송두리째 맡기는 선거유세장에서 정점을 찍는다.

언어는 삶을 움직이고 세상을 변화시키는 힘이 들어있기 때문이다. 모세가 전한 말로 유대교가 파생되었고, 예수께서 남기신 福音(복음)을 말로 전한 선교사들의 수고로 교회가 탄생되었다. 언어가 이렇게 사회생활 전반에 걸쳐 비중이 크다보니 言語學(언어학)이 생기고 학문으로 자리를 잡아 기술로 연마해가고 있다.

그 학문이 서양에서 귀족들에게는 敎養(교양)이었고 시민들에게는 生存手段(생존수단)과 사회의 규범이자 실천도구였다. 이와 같이 사회적 동물인 인간은 공동체를 유지 존속 발전시키기 위해서는 반드시 말을 해야 한다. 말의 達人(달인)인 그리스의 철학적 사상가 소피스트(Sophist)는 평민들의 소통능력을 향상시키는 데 크게 기여 했다.

여기서의 말은 설득을 뜻한다. 생각이 다른 사람과 어울려 살아가는 이 사회에서 서로 설득하고 설득 당하지 않으면 공동체는 분해되고 결국 투쟁이 일어나게 마련이다. 일찍이 인간을 사회적 동물로 본 아리스토텔레스(Aristoteles) 는 그래서 말하는 기술을 정치적 기술이라고 불렀다. 그리고 언어는 오늘날 人文學(인문학)의 토대가 되었다.

3) 위대한 演說家(연설가)들

과학혁명을 거치며 명석해진 인간들은 19세기와 20세기에 걸쳐 논증학을 발달시키고 언어를 통한 설득을 체계화했다. 수사학자 케네스 버크(Kenneth Burke)는 언어와 사회에 穿鑿(천착)해 수사학이 단지 설득의 영역이 아니라 상징을 사용하는 동물인 인간이 사회를 구성하고 작동시키는 요소이자 원리라는 큰 틀을 제시했다. 그가 확장하고 집대성한 수사학 이론은 다양한 사회현상을 해석하고 인간의 숨은 욕망을 읽어내는데 매우 유용한 도구가 되고 있다.

그러면서도 레토릭(Rhetoric)은 예나 지금이나 웅변가의 영역을 벗어난 적이 없다. 결국 청중을 움직이는 언어를 구사하는 사람들이 사회를 변화시켰고 그걸 가능하게 하는 근본적인 에너지는 민주주의라는 제도에서 나왔다. 아브라함 링컨, 오바마, 루터 킹 목사, 빌리 그레이엄, 스펄전, 조 용기, 이 도선 국회의원, 박 순천, 임 영신, 최 복규, 수원중앙 침례교회 김 장환 목사 등은 설득력 있는 雄辯家(웅변가)에 설교가들이었다. 언어는 地殼變動(지각변동)을 몰고 온다.

괄목할만한 예로는 우리나라의 경우, 5공화국시절 18년 동안에는 입을 두고도 말을 할 수 없었다. 개인적인 의견이나 불만을 말하거나 신문이나 잡지에 기재할 경우 雜誌社(잡지사)가 문을 닫거나 기자는 중앙정보부에 끌려가던 가 몇 년씩 옥살이를 해야만 했다. 그 바람은 엘리자베스 1세 때의 마녀 사냥 비슷한 사건들이었으니 똑똑한 사람은 추려내어 마녀라는 누명이 씌워져 화형당한 여인들이 60만 명이 넘었다.

그 억압의 바람에 통금시간을 지켜야했고 말을 조심하며 바보처럼 일만 하여 경제는 살아났다. 그러나 지성인들이 말을 못하는 입과 설움이 문민정부가 들어서면서부터 출판, 언론의 자유가 파도처럼 일기 시작하여 묻혔던 진상도 밝혀지고 언론도 살아나고 아무나 대통령을 판단할 수도 있고 자유로운 토론도 가능해지고 북한 소식도 들으며 '남북의 창'이라는 방송도 생겨났다. 그리고 시민과 국민을 중심으로 하는 민주주의 태동이 실제적으로 일어난 것이다.

독재자들이 군림하던 垂直的 社會(수직적 사회)가 여러 시민이 함께 이끄는 수평적 사회로 이양되면서 백성들은 말에 힘을 얻기 시작하였다. 이 평등한 발언권을 그리스인들은 '이세고리아(Isegoria)'라고 불렀다. 修辭學(수사학)이란 귀족이나 변호사들의 專有物(전유물)이 아니다. 국민은 누구나 말하는 법을 터득하여 자신의 입장을 밝히고 권리를 주장하고 누군가의 누명을 벗겨 줄 수도 있는 것이다. 레토릭(수사학)은 비판적이며, 論理的(논리적) 사고를 배양하여 哲學的(철학적)으로 이끌어주는 학문이기도 하며, 공동체의 문제를 해결하도록 도와주고 시민의식을 일깨워 涵養(함양)하는 요인이 되기도 한다.

사회적 동물인 인간은 공동체를 유지 존속 발전시키기 위해서는 반드시 말을 해야 한다. 말의 달인인 그리스의 사상가 소피스트(Sophist)는 평민들의 소통 능력을 향상시키는데 많은 노력을 기울였다.

여기서 말이란 설득을 의미한다. 생각이 다른 사람과 어울려 사는 사회에서 서로 설득하고 설득당하지 않으면 공동생활은 불가능하기 때문이다. 소크라테스는 자신도 변론과 말에 능통한 소피스트였으나 말을 통해 불변의 진리를 탐구하는데 더 관심을 쏟았다. 그는 레토릭을 지렛대로 삼아 철학을 일으켰는데 이는 그가 철학의 대부로 불리는 이유다. 19세기와 20세기에는 다양한 논증 이론은 또 다른 학문의 지류로 자리 잡아 발전하기 시작하였고 아리스토텔레스의 전통을 이은 수사 분석가들이 언어와 사회의 관계를 진지하게 고찰했다.

문학이라는 글과 스피치 커뮤니케이션(Communication)인 말이 分化(분화)되고 文學評論(문학평론)과 수사 분석이 교차하여, 수사학은 사회평론의 영역까지 지평이 넓어졌다. 修辭學의 주인공은 언제나 웅변가들이었다. 미국사회에서는 도널드 트럼프도 색깔 있는 연설가로 판세를 뒤집었다고 한다. 링컨의 게티스버그 연설이 그랬고, 존 F. 케네디(John F. Kennedy)의 베를린 연설이 파장을 일으켰으며, 윈스턴 처칠(Winston churchill)의 유명한 '피' '수고' '눈물과 땀' 이라는 당시의 연설이 그랬다.

마가렛 대처 수상의 의회 연설은 그 자체로 위대한 웅변으로 전해진다. 유대인에게는 악명이 높지만 군중을 사로잡는 연설로는 아돌프 히틀러를 빼놓을 수 없다. 그는 저녁에 주로 연설을 하며 써치 라이트로 조명을 하고 무대에서 신들린 사람처럼 자아도취에 빠져 연설하였고 청중들도 빨려 들어갔다 한다.

이토록 언어 말이란 話者(화자)에서 출발하여 청중과의 교감을 거쳐 사회로 번져나간다. 교회의 강론 대학 강단의 교수법 토론 등에 수사학 실전이 적용되며 계속적으로 발전이 이어져왔다. 말이 남기는 설득력 효과는 먼 파장과 인간의 욕망과 추구라고 말할 수 있다. 여러 이론을 폐하고 언어란 萬事(만사)와 萬福(만복), 萬惡(만악)의 種子(종자)다. 吉凶禍福(길흉화복)이 말에서 시작된다. 우리가 어떻게 살아야 할까? 정답은 환하다. 사랑과 자비심이 담긴 언어, 확신 있고 힘 있는 말은 에너지의 진동수가 높아 사람을 살리고 의식의 혁명을 일으킨다.

3. 인생의 宿題(숙제)들

 아담이 인류의 시조라고 서양사와 성경은 말하며 우리 민족은 檀君(단군) 1세를 시조로 믿는다. 아담의 두 아들 중 카인은 아우를 질투하여 죽이고 自由意志(자유의지)를 악으로 남용하였고 스스로 부모와 神의 낯을 피하여 다른 성으로 떠나 부모와 형제 하나님을 떠나 에덴에서 쫓겨난 생활을 하게 되었다. 1만 2천 8백년의 장구한 역사를 자랑하는 오리엔트 문명의 찬란함 속에서 배달겨레의 기상은 大陸(대륙)을 지배하고 치우천황, 廣開土大王(광개토대왕), 복희, 등을 배출하여 고조선을 빛내던 때가 있었다. 기계부속품이 아닌 인간에게는 자유의지가 있어 배부르고 태평하면 인간은 스스로 탕자가 되는 것이다. 문명의 마지막 시간을 사는 지구촌의 인류는 지금 파멸의 직전 화약창고 주변에서 기약 없는 날들을 불안하게 살고 있다.
 살생을 일삼는 종교, 인류를 멸망으로 인도하는 과학, 살인 숙청을 일삼는 이데올로기, 신무기개발, GMO식품들, 細菌戰爭(세균전쟁)으로 미쳐가는 이들은 사탄의 후예들이다. 그나마 여태까지 지구촌이 지탱되어온 것은 지구를 지키는 땅의 천사들의 부단한 노력과 연민의 힘이었다. 그리고 양심 있는 의사들, 다수확 재배법을 공개한 의인들과 도덕 질서를 가르쳐 사람의 道理(도리)를 알게 한 현자들의 교육철학의 맥이 끊어지지 않아 그나마 명분을 유지했던 것이다. 인간에게는 統一意識(통일의식)사상이 없다. 저마다 자기 잣대와 자유의지로 스스로 왕이 되어 살아간다. 다 주인이며 지도자도 간역자도 필요 없이 살아간다.
 예수는 이 행위를 먼 땅으로 떠난 자유인 아들 탕자라고 하였다. 이는 실제 거리를 말하는 게 아니라 개개인의 의식세계의 間隔(간격)을 말함이다. 인간은 이렇게 아버지의 품과 神의 품을 떠나 멀리멀리 흘러와 다시 돌아간다는 것은 매우 어렵고 힘든 일이며 돌아간다 해도 자신의 我相(아상)이 처참히 무너져야 하며 돌아갈 시간이 참으로 아득하다. 욱하는 힘으로 사람을 쳐 죽이는 힘은 있어도 뉘우치고 깨닫고 참회하고 돌아가는 것은 매우 어려운 길이다. 돌아가는 길은 죽음의 길이기 때문이다. 이는 그릇된 자유의지의 결과이며 패망이다. 생전에 이 문제를 고뇌하는 사람은 그나마 생각하는 갈대다.

돌아가는 길을 택하는 것은 이전의 그릇된 자유가 아니라 創造主(창조주)의 뜻과 아버지의 뜻을 살피는 下心(하심)이며, Ego의 죽음이다. 春秋戰國時代(춘추전국시대)에도 동양의 현자들이 하늘사상을 전했고, 유대 교의 암흑사에도 예레미아, 아모스, 이사야, 미가, 말라기, 등 선지자들이 박해를 무릅쓰고 회개를 촉구하며 경고하였다. 서양사를 천년이상의 權座(권좌)에서 민중철학을 설파한 소크라테스와 플라톤의 손을 잡고 거대집단을 살찌우던 어두운 교회의 靈魂 不滅說(영혼 불멸설)은 바벨론종교의 매신행위로 둔갑하여 죽음의 도시로 물들이자, 존 낙스, 쯔윙글리, 루터 등이 일어나 개혁의 횃불을 들고 싸워 돌아 가야할 길을 예비하였다.

1) 인생의 숙제는 成俶(성숙)이다.

명상가들은 인생의 숙제란 말만 들어도 단번에 알아차릴 것이다. 인생은 인간이라는 생명의 유전자로 이 땅에 태어나서 기나긴 여정을 경험하며 사람답게 살아야 할 의무와 숙제를 안고 있는데 그것은 머리말에 언급한대로 생명의 진화를 꿈꾸는 의식세계에서의 중대한 정신계의 프로젝트에 초대받은 인간이 경험해야 하는 일로 畜生(축생)의 허물은 1차 벗고 참 사람으로 부활하는 의식혁명의 진화단계를 반드시 공부해야 한다. 이 숙제는 한 번 더 언급하면 아래와 같다. 축생인간이 마지막 12단계 神人의 자리인 그리스도 의식에까지 성숙해가는 과정이다.

畜生(축생), 俗人(속인), 凡人(범인), 小人(소인), 大人(대인), 賢人(현인), 超人(초인), 道人(도인), 哲人(철인), 聖人(성인), 眞人(진인), 神人(신인)의 자리까지 연단을 통과하여 하늘의 장막 속에 들어가는 인간의 마지막단계인 神人合一(신인합일)의 절대세계다.

발달 장애를 앓는 아이들을 보면 유전적인 요소보다는 편식과 주변 환경이 문제다. 무남독녀 외동딸이나 삼대독자 등과 같은 경우 이상하리만큼 약하고 성격도 원만하지 못하다.

형제가 칠팔 명씩 우글거리는 집에서 자란 아이들의 경우 비록 가난하고 못 먹고 못 입어도 아이들이 형제들과 자라며 부대끼고 싸워가며 위계질서를 배운다. 형제의 소중함을 알며 철이 들어 우애 깊게 성장하여 마을사람들이 덕담을 아끼지 않는 가족들이 시골마다 자리 잡고 있다. 그늘 속에 자란 채소는 햇볕을 못 견디고 말라죽거나 화상을 입어 죽는다. 인간이 발달의 개념을 이해하려면 양적인 측면에서 일차 성장을 해야 하며 의식의 진동수가 성숙해야 한다. 철이 들었다고 기대하는 것은 사람이 성숙했다는 의미이다.

아이들이나 성인들이 덩치만 네피림처럼 크다고 성장이 아니다. 인간은 영혼의 진화를 꿈꾸며 날마다 발전하고 적응하려고 노력하는 존재들이 돼야 한다. 이 향상성은 생명체가 가지고 있는 기본적인 메카니즘이다. 어릴 때 경험했던 큰 사건들은 성격 형성성에 큰 영향을 줄 수도 있다. 그러나 군대를 제대할 즈음이나 서른 살쯤 넘어서 우리의 인격이 어느 정도 자리 잡힌 다음에 겪는 사건들은 사건이 아무리 크다 해도 우리의 삶 전체에 그다지 큰 영향을 미치지 않는다.

미국의 심리학자 에릭 에릭슨(Erick Ericson)은 인생 전체의 발달의 단계를 8단계로 나누고 성인기에도 끝없이 발달한다고 주장하였다. 대개 성인이 되면 "나는 다 컸어." "나는 완성됐어!" 라고 무엇이 끝난 것처럼 하지 말고 우리에게 주어진 숙제들이 있다고 부단히 생각하며 도전하라 했는데 나는 이 말에 절대 동감한다. 나는 50세가 지나면서 틈틈이 한자공부를 하는데 30세 전후만큼은 아니어도 여전히 나의 뇌는 기억력을 발휘하며 설교나 무슨 암송도 원고 없이 거의 가능하다. 이는 나의 의지가 만든 숙제들을 끊임없이 복습하는데서 오는 결실이다.

2) 성인 未熟兒(미숙아)

성경 지혜서에는 인간의 나이를 측정하길 '100살짜리 아이도 있고 비록 소년이라도 어른이 있나니 곧 賢明(현명)이 白髮(백발)이니라.' 인간이 철이 든다는 것은 개념의 成熟(성숙)이다. 인간은 성격이 미성숙 상태로 태어난다. 종종 神童(신동)들이 출현하여 사람을 놀라게 하는 예도 있긴 하나, 대개의 인간은 미성숙아로 태어난다. 槪念性(개념성)이란 주변 환경, 부모형제, 교육제도, 사회생활, 인간관계, 등의 인드라망의 연관 속에서 사람은 배우고 변화하고 깨닫고 느끼며 개념이 성숙한다. 인간은 90%이상 환경의 지배를 받는다. 그러나 그 나머지 10%의 인간 중에서 眞人(진인)과 神人(신인)이 나타난다.

예수는 집 한 채도 없을 만큼 환경이 열악했고, 붓다는 호화로운 왕궁생활을 버리고 스스로 자아성숙과 완성을 찾아 길을 떠났다. 공자는 庶子(서자) 출신으로 유년시절의 환경은 어려웠다. 모하메드는 孤兒(고아)로 양치는 목동시절 유력한 과부를 만나 기도생활에 전념하다 어느 날 교주가 되어 세계 3대 종교인 이슬람교를 탄생시켰다. 유명세를 이끄는 정신계의 CEO들은 온실속의 화려한 꽃이 아니었다.

내가 즐겨 쓰는 말이 있다. 위인들은 환경을 초월하며, 마이너스를 플러스로 바꾸는 재능을 가진 사람들이었다. 전 세계적으로 수천 명에 이르는 사람들이 한계에 도전하여 未熟兒(미숙아)를 벗어나 情神世界(정신세계)의 획을 그었다.

오늘날 지구별의 인류는 95%가 미숙아들이다. 어디서 와서 어디로 가는 줄도 모르며, 왜 살아야 하는지 어떻게 살아야 하는지 모르고 이성 없는 동물처럼 어머니 지구를 병들게 하고 있으며 아무런 생각도 없이 그냥 살아간다. 약 5%의 사람들만이 지구별의 운명을 짊어지고 끊임없이 노력하고 계몽하며 미숙아 같은 인류를 일깨우며 스스로 몸을 던지고 있다.

3) 성숙의 길

한 사람이 심리적으로 성숙을 꿈꾸는 데는 네트워크가 동원된다. 주변 환경, 인간관계, 학습능력, 등 자기와 타인의 존재를 인식하고 자기 자신에 대한 존중과 자신감을 분명히 가져야 하며 조직이나 단체, 가족은 목표를 설정하고 개인으로 하여금 이를 자발적으로 성취할 기회를 주어야 한다. 숨은 가치와 능력이 있는 사람을 제외시키거나 낙하산 논리로 밀려나게 하는 행위는 죄를 짓는 행위이다. 인간 사회제도는 언제나 未成熟(미성숙)한 상태로 고정시키거나 조장하는 속성이 있기 때문에 권위나 위계질서, 등 선후배 등 합리성만 강조하고 지시나 명령, 통제, 처벌주의로 관리하여 개인의 심리적 성공을 경험하는 데에 있어 온갖 장애물천지가 인간세계이며 부조리가 판을 치고 있어 사회 속에서 성숙을 꿈꾸는 것은 여간 가시밭길이 아니다.

그러므로 그 결과는 성숙한 인간이 갖는 욕구와 조직의 관리전략 사이에 不調和가 생기고 개인은 좌절감, 실패감, 갈등과 심리적인 불안과 강박증에 불만을 품게 되며 결국은 노력의 대가보다 혹독한 현실을 보며 소극적이며 수동적인 태도를 보이다가 쌓였던 감정이 터지기도 한다. 이세상은 성숙한 인간의 욕구 自我實現(자아실현)을 저해하는 逆機能(역기능)이 발생하는 악순환이 계속되는 곳이다. 그러므로 이러한 조직사회에서는 자기 내면을 성찰할 수 있는 여건이 주어지지 않는다.

조나단 리빙스턴은 어느 날 문득 이 고뇌에서 탈출하는 비법을 스스로 터득하였다.

예수는 군중 속에 묻히지 않았다. 수 천 년 묵은 인간의 제도와 속세 정치 종교, 遺傳(유전)들을 빌려 쓰지 않았다. 고독한 비행으로 아무도 발견하지 못한 新天地(신천지)를 발견하였고 부둣가에서 썩은 생선 내장이나 주워 먹는 조직에서 스스로 탈출하여 천국을 발견하였다. 속세에는 핑계가 많다. 윤리제도와 율법, 과감한 탈출이 아니고는 벗어날 수 없다. 마치 최근에 벌어지고 있는 백신접종 강요나 마찬가지다. 진리는 강요가 아니다. 성숙한 인간은 자기만의 길을 찾아가는 것이다. 족쇄는 가는 곳마다 널려 있다. 이는 유대교에서는 한 사람의 랍비도 진리를 찾지 못했고 다만 가말리엘 한 사람의 의식이 조금 열려있던 것이 전부다. 악순환이 수 천 년 동안 계속되어 지금에 이르고 있다. 성숙하려면 이러한 갈림길에서 돌아서야 한다.

4) 學習(학습)을 통한 성숙

學習이란 배우며 익혀 길들인다는 뜻이다. 腦 科學者(뇌 과학자)들의 논문 내용은 인간의 腦 속에 감춰진 寶庫(보고)에는 어마어마한 전능의 에너지와 숨은 능력이 유전자 칩으로 채워져 있는데 오늘날 천재라고 불리는 인간들이 겨우 15% 용량을 개발하여 사용한다고 한다. 오늘날 세계를 움직이는 사람들의 사생활이나 개념철학을 엿보면 그들의 생각은 구태의연하지 않으며 일반상식과는 엉뚱한 면이 많고 두려움이 없고 모험심이 많은 것과 끈질긴 집념이 그들의 꿈을 실현시켰다. 인간은 부단한 연구와 노력을 반복하며 실패를 두려워하지 않는 추진력이 결국은 성공의 열쇠가 되고 내공으로 어느 날 에너지가 된다.

내가 즐겨 쓰는 용어가 있는데 明心寶鑑(명심보감)에 이르기를 '인불학 부지도(人不學 不知道)'라는 글이 기록되어 있다. 즉 사람이 배워 익히지 않으면 道를 알 수 없다 했다. 학습과 鍊磨(연마)는 학문 기술 무술 과학 영성 생활 예술, 기타 분야에 필요한 요건이다.

우물에서 숭늉을 마실 수는 없는 것이다. 李白(이백)이 학문을 도중에 그만두고 집으로 돌아가는 길에 몇 날 며칠째 도끼를 갈고 있는 한 노파를 만났다. 이백이 궁금하여 물었다 "웬 도끼를 이렇게 오래 갈고 있습니까?" 하고 묻자 노파가 말했다. "바늘을 만들려고 합니다."

이백이 다시 물었다. "아니 어느 천 년에 도끼가 바늘이 된답니까?" 노파가 다시 말했다 "꾸준히 갈다보면 언젠가는 바늘이 되겠지요!"

이 엉뚱하고 비현실적인 듯한 노파의 말이 이백의 뇌리를 때렸다. 그는 다시 산으로 들어가 학문에 힘써 완성하여 뜻을 성취하였다. 여기서 나온 성어가 馬夫作針(마부작침)이란 말이 생겨났다. 이는 뜻을 모아 情神一途(정신일도)하면 불가능이 없는 創造原理(창조원리)가 바로 이런 것이다.

인간의 의식은 이렇게 경험을 통해서 성숙하며 체험을 통해서 사물을 인식하고 그러한 성과를 통해서 어떤 이론의 조례와 규범이 생길 수 있고 이것이 정신과학적 인식을 정당화할 수 있는 모체가 되기도 한다.

오늘날 情神學會(정신학회)에서는 프로이드의 정신분석의 논리와 심리학자 융의 노트를 절대로 외면할 수 없고 이를 뛰어넘은 사람도 별로 없는 상태다. 오늘날 전 세계 지성의 봉우리라 불리는 데이비드 호킨스 박사도 프로이드의 제자에서 오늘의 論客(논객)이 된 것이다. 체험이 이렇게 중요한 것이다.

사도 바울은 다메섹 도상에서 과학으로 설명할 수 없는 靈的(영적)으로 강력한 신비경험을 체험한 뒤 그는 인생의 가치관과 삶의 철학이 완전히 달라졌다. 그가 체험이라는 개념을 가치관으로 정하고 번번이 이를 중시여기며 자신이 속세에서 익히고 배운 지적인 모든 학문을 糞土(분토)처럼 버렸다고 심경의 변화를 기록하였다.(빌3:8) 여기서 우리는 인생의 갈림길을 경험한 바울을 재조명하며 간과할 수 없는 정신세계를 기억해야 한다. 유대인의 관원이며 랍비이고 최고 국회의원이며 가말리아 대학을 수학하고 당시 로마의 시민권을 얻은 그가 육체의 유익될만한 모든 것을 糞土(분토)처럼 버렸다면, 그렇다면? 정말 그는 헛된 삶을 살아온 것이란 말인가? 죽도록 배우고 익혀서 결국 다 버리고 허무의 빈 깡통하나 얻으려고 젊음과 생을 불태웠는가? 아니다. 단적으로 이 사건은 의식의 혁명이며 정신세계의 次元上乘(차원상승)이다.

하이에나가 우글거리는 동물 왕국에서 사람답게 변화되어 완성된 인간상을 발견, 영원을 사모하여 비상한 것이다. 이와 같이 경험을 통한 인식은

自我成俶(자아성숙)에 중요한 내공으로 자리 잡는다.

　死藥(사약)을 받아 마시고 자신의 하체가 점점 마비되어 오는 산 경험을 그 순간 함께 자리에 있던 제자 플라톤에게 인식시킨 소크라테스는 죽음을 바라보며 觀照(관조)한 비파사나는 수 천 년 간 정신계의 權座(권좌)에서 빛을 밝히고 있으며, 그 빛은 지구가 존속하는 한 언제까지고 꺼지지 않을 것이다. 독일의 철학자 딜타이(Dilthey)는 19세기의 역사학적 의식의 전승에 대해 객관적 거리를 취하면서 체험을 통한 인식을 주장하였는데, 이는 자연과학자들이 자기 경험을 바탕으로 하여 이론을 정립하여 設(설)을 낳았던 것이다.

힘든 인생이라도 감사하라

　"인생은 고난을 위하여 났나니 불티가 위로 날음 같으니라."(욥5:7)

　내가 59세 되던 해 아산병원에서 폐암 사이버 로봇 수술을 하고, 호흡기 기능 30% 판정을 받았다. 식자우환이라고 정밀검사를 받기 이전에는 조금 불편했으나 감수하고 그냥 무시하고 살아왔는데 정밀검사를 받은 뒤부터는 더욱 민감해져서 고통이 더욱 심각해졌다. 그 뒤부터는 조금만 움직여도 호흡이 힘들고 툭하면 기침에 재채기에 콧물에 조금만 찬물을 마셔도 사래가 들고 검사 이후 현저히 免役力(면역력)이 떨어진 것을 절감했다. 그 뒤로 몇 년을 정기검진을 받으러 왕래하며 담당교수의 말을 참고하되 내 방식대로 규칙을 세워 생활하며 병원을 끊었다. 주인 없는 몸이 되어 몇 병씩 피를 뽑아가며 쩔그렁거리는 금속기구 소리들을 멀리하고 攝生(섭생)을 조절하며 적당한 선의 現代醫學(현대의학)을 빌어 도움도 받았고, 나머지 몫은 나의 의지로 내가 주인이 되어 지키기로 굳게 마음 먹고 무탄소 지역에서 남은 호흡기를 안고 감사하며 숨을 쉬는데 숨 한번 마시고 뱉을 때마다 감사를 한다. 더 살고 싶어서 외우는 감사가 아니라 그냥 감사하다. 1950년 이후를 지내오는 사람이라면 지금 이 순간 그 누구도 불평할 수가 없는 삶이다. 수천 가지가 감사 조건이다. 주변 환경은 너무나 완벽하여 불평할만한 조건은 눈을 씻고 봐도 없다. 이러한 천국을 누리면서 불평을 한다면 수천 가지의 죄를 짓는 것이다. 지금 상황이 힘들 다면 그것은 큰 감사 조건임을 알아야 한다. 쓰러져 중환자실에서 사경을 헤맨다면 힘들다는 생각마저 불허하기 때문이며 지금 힘들다면 더 큰 일에 부딪치지 않음을 감사하는 것이 사람의 도리다.

사람이 무언가를 이루려하는데 계획대로 안 되면 힘든 어깨를 늘어뜨린다. 그리고는 최선을 다했는데 잘 되지 않아 좌절한다는 것이다. 한번 맘먹은 일이 즉시즉시 계획대로 이뤄진다면 삶에 무슨 의미가 있을까? 풀 한 포기 나무 한 그루, 자연계의 온갖 동식물 광물질까지 고통 없이 생겨난 것은 아예 없다. 젊음은 패기는 넘치지만 시행착오가 많아 넘어지고 노년들은 經驗的(경험적) 노하우는 터득했으나 육체적 한계에 부딪쳐 힘 드는 것이다.

홀로서기나 성공이라는 환상의 메달을 받기 위해서는 인생은 뛰어야 한다. 인생이라는 여정은 廣野 運動場(광야 운동장)이다. 모두다 기대를 갖고 뛰지만 현실은 기쁨만을 안겨주지 않는다. 예기치 않은 실패도 많기 때문이다. 포기하는 사람에게는 희망이 절망이지만 포기하지 않는 사람에게는 절망도 곧 희망이 된다. 세상을 빛낸 위인들의 생애를 돌아보면 순탄한 사람은 하나도 없다. 그러므로 지금 힘 드는 것은 지극히 당연한 것이다. 특전사들은 일부러 고생을 사서 하지 않는가? 왜 그러는가? 면역력이 강화된 사람은 쉽게 질병에 걸리지 않듯 고난의 鎔鑛爐(용광로)를 지나야 순금이 탄생되는 것이다. 어둠의 터널을 들어가 보지 않고는 내가 가장 힘들었다고 말할 수 없는 것이다. 능력이 모자라서 힘든 것이 아니라 훈련이 덜 돼서 힘 드는 것이다. 소망은 미래에 존재하는 것이 아니라 오늘을 통해 이루어지는 선물이며 인내를 겸비한 사람은 시대를 빛내는 인물로 다른 사람들까지 이롭게 하는 것이다. 내가 목적을 위해 최선으로 일하여 성취하면 이로써 주변 사람들도 만족한 것이다. 한 번도 넘어지지 않은 사람을 우리는 성공했다고 박수를 보내지 않는다.

시각장애인 '에릭 웨이언 메이어(Eric Welhenmayer)'는 망막이 분리된 상태로 태어나 13세 때에 완전히 시력을 잃은 불행을 겪게 되었다. 그럼에도 그는 2001년 5월 25일 세계의 지붕이라고 불리는 에베레스트를 정복한 최초의 시각 장애애인으로서 최초의 깃발을 꽂았다.

노력 없는 성공은 없다. 노력 없는 재물은 불꽃놀이와 같다. 삶이 힘들고 어려워도 인생의 목표를 설정하라. 단조롭고 무의미한 인생은 단호히 거부하라! 고통을 극복하면 머지않아 정상이 보인다. 고난과 역경은 내 안의 잠재력과 숨은 능력을 높이고 개발되는 계기를 만들어준다. 危機(위기)는 사전적으로 위험한 고비나 순간을 의미하지만 危險(위험)은 기회라는 발상이 되기도 한다.

1) 어려움이 자신을 성숙시킨다.

모든 기회에는 어려움이 있고 어려움 속에는 기회가 있다. 결단과 용기에 따라 시련이 되기도 하며 좌절이 되기도 하고 새로운 도전의 기회가 되기도 한다. 사람이 태어나면 죽음이 뒤따르듯 인생의 매순간에는 고통과 즐거움이 비례하여 따라오는 것이다. 잘 훈련된 特戰師(특전사)들에게는 삶이 놀이터가 되지만 병약한 사람에게는 접시 물도 무섭고 부지깽이 하나 들기도 힘겹다. 그러니 무슨 황토 집을 짓고 장작을 패고 벽난로를 어찌 피우며 텃밭을 무슨 힘으로 가꾸며 정원을 돌보며 나무를 전지하고, 별장을 꿈꾸겠는가? 힘을 길러야 한다. 힘을 기르면 苦難(고난)이 즐거움이 되고 그 즐거움이 곧 樂園(낙원)으로 변하는 것이다.

인간사는 좋은 일이라 하여 항상 좋은 결과만을 가져오지는 않는다. 내가 이겨내고 감당할 수 있는 시련과 어려움이 나를 강하게 키우는 것일 수 있는 것이기에 감당하는 길 뿐이다.

성공이란 포기하지 않는 끈기이며 반대로 실패로 가는 가장 확실한 방법은, 포기하는 것으로 불가능을 받아들이고 그저 경쟁하지 않고 좀 뒤처지면서 살아가면 되는 것이다.

그러나 획기적인 성공을 이루고 싶은 사람들의 공통적인 생각은 상황을 역전시키는 강력한 힘을 기르고 싶어 하는 것이 젊음의 기상이다. 얼마 전에 내가 아는 국선도 선생 성 재영 씨의 인도로 지리산 天王峯(천왕봉)을 어렵게 올랐다.

한 시간쯤 오르다보니 벌써부터 천식이 발작하여 숨이 막혔다. 등짝에서 진땀이 흐르고 기침이 나고 왼쪽 무릎 수술부위 티타늄 금속 철골이 버그럭 거림이 느껴졌으며 이곳저곳이 벌써부터 쑤시기 시작했다. 몇 번을 헐떡이며 눈발 날리는 1915m 봉우리를 올랐다.

정상에 오른 사람들 중 70대 노년은 나 하나뿐이었다. 내가 산에 오를 때에는 아예 나이를 계산하지 않고 도전한 것이었다. 頂上(정상)에 오르니 천식이나 무릎 통증은 언제 아팠느냐는 듯 전신이 가벼워졌다. 그 뒤로는 한라산을 오르고 싶은 욕망이 나를 유혹하였다

넘어질 때마다 다시 일어서는 사람에게 우리는 박수를 보낸다. 노력했음에도 결과를 얻지 못했을 때 물론 고통이다. 그러나 고통의 쓴 잔을 맛보지 않고 우뚝 선 사람은 없다. 많은 사람이 자신을 새롭게 다짐하고 도전하지 않으며, 하룻밤 계획을 세우고 약간 신경을 좀 쓴 뒤에 좋은 성과가 없으면 "나는 하는 일 마다 안 돼!" 하고 푸념하고 힘들어한다. 미래라는 소망은 심은 만큼 얻어지는 에너지 저축이다. 마치 로또 복권처럼 어느 날 갑자기 운 좋게 얻어지는 것이 아니다. 인생은 실체 없는 뜬구름처럼 둥둥 뜨는 것이 아니며 준비된 만큼 얻는 보상임을 분명히 기억해야 한다. 마음이 삐뚤고 自己中心的(자기중심적)인 욕망의 소유자는 아무리 떼를 쓰고 목이 터지도록 神을 부르고 기도해도 응답 같은 것은 없다.

目的意識(목적의식)을 갖고 주어진 환경을 잘 극복하면서 최선으로 노력하다보면 미래는 현재가 된다. 벼랑 끝에 서있는가? 잘하는 것이다. 위기의식은 결국 산을 넘게 하고야 말기 때문이다. 신세 타령이나 돌다리 두드리

는 呪文(주문)은 특전사에게 통하지 않는다. 벼랑 끝을 벗어날 수 있는 비밀은 자신감을 갖고 또 한 번 도전하는 용기다. 그리고 인생에서 速度(속도)는 중요하지 않다. 꾸준하게 前進(전진)하는 것만이 중요하다. 천리 길을 날아 오고가는 철새들을 보라. 그들의 삶의 강인함을 말이다. 살 곳을 찾아 생명력을 유지하기 위해 위험을 무릅쓰고 머나먼 여정을 날아온 候鳥(후조)들은 지쳤다고 낙심하지 않는다. 모든 위대함 뒤에는 숨은 눈물이 뿌려져있다. 아무리 힘들어도 지금 살아있는 내 자신이 얼마나 귀한 몸인가를 깨닫지 못한다면 당신은 정말로 불행한 사람이다. 순간순간 집중하여 한낮 괴로움은 그날에 떨쳐버리고 보람차게 웃으며 오늘을 사는 삶을 감사하라~! 감사가 곧 祈禱(기도)이다.

2) 亨通(형통)한날에는 기뻐하고

지혜의 왕 솔로몬은 이렇게 말한다.

"亨通(형통)한 날에는 기뻐하고 곤고한 날에는 생각하라. 하나님은 이 두 가지를 병행하게 하사 사람이 그의 장래 일을 능히 헤아려 알지 못하게 하셨느니라."(전 7:14)

렌터 윌슨 스미스(Lanta Wilson Smith)는 아래와 같이 삶을 노래하였다.

"이 또한 지나가리라."

큰 슬픔이 거센 강물처럼 네 삶에 밀려와

마음의 평화를 산산 조각내고

가장 소중한 것들을

네 눈에서 영원히 앗아갈 때면

네 가슴에 대고 말하라.

"이 또한 지나가리라."

끝없는 힘든 일들이 네 감사의 노래를 멈추게 하고

기도하기에도 너무 지칠 때면

이 진실의 말로 하여금

네 마음에서 슬픔을 사라지게 하고

힘겨운 하루의

무거운 짐을 벗어나게 하라.

이 또한 지나가리라

행운이 너에게 미소 짓고

하루하루가 환희와 기쁨으로 가득 차

근심 걱정 없는 날들이 스쳐갈 때면

세속의 기쁨에 젖어

안식하지 않도록

이 말을 깊이 생각하고 가슴에 품으라.

이 또한 지나가리라.

너의 진실한 노력이 명예와 영광

그리고 지상의 모든 귀한 것들을

네게 가져와 웃음을 선사 할 때면

인생에서 가장 오래 지속된 일도

가장 웅대한 일도 지상에서 잠깐 스쳐가는

한 순간임을 기억하라.

이 또한 지나가리라!

3) 곤고한 날에는 생각하라.

자연계에 四季(사계)의 섭리가 있듯 인생에게도 立冬(입동)이 있어 분명코 겨울이 닥친다. 날던 새도 떨어뜨리던 英雄豪傑(영웅호걸)도 자기 손으로 음식을 먹기도 힘든 날들이 온다. 이 困苦(곤고)한 날이 이르기 전에 든든한 반석 같은 靈的(영적)인 세계를 찾아 意識世界(의식세계)를 확보해 둬야 한다. 이 세계는 상상이나 관념이 아니라 경험과 명상, 오랜 의식훈련을 통해서 하나의 세계가 만들어져 영혼의 處所(처소)가 준비되는 것이다. 인생은 두 종류의 사람이 있다. 세상을 고난의 둥지로 보며 가시밭길, 나그네길, 죄악 세상, 야골 골짜기 등 苦海(고해) 바다의 將亡城(장망성)으로 이 땅은 정 붙일 곳이 아니라고 스스로 고행을 자초하여 일평생 꽃구경 한번을 못하고 곤고한 인생을 살다 죽음마저도 고통스럽게 맞는 사람들도 많은데 특별히 별난 종교인들에게는 태반이다. 우리는 이것을 알아야 한다. 자연의 섭리보다 더 친숙하고 세밀하고 분명한 스승은 없다.

서양의 哲學者(철학자)들이나 동양의 賢者(현자)들이나 중국의 여러 古典들도 결국 自然界(자연계)에서 얻은 영감이나 啓示 등을 기록한 것들로 수천 년 동안 인류의 지침으로 구전되어오고 있다.

갓난아이가 모태에서 나와 "으앙!" 하고 우는 걸 보며 괴로움의 소리하고 말하는 이들이 있다. 얼핏 보면 그렇다. 울면서 태어나 우는 소리를 들으며 떠나는 괴로운 인생사처럼 보일수도 있다. 인생의 괴로움은 결코 어느 특정한 인간에게 한정된 것이 아니며, 모든 사람이 겪어야 하는 보편적인 과정이다.(히11:13, 마11:28, 롬7:24) 그러나 성경의 조명도 보는 사람의 의식 수준에 따라 나그네와 주인으로 구별된다. 화려하던 날들이 가고 인생의 입동이 오면 삶의 樂이 없어지고 곤고한 날이 이른다. 솔로몬은 이런 날이 이르기 전에 즉, 젊은 날에 創造主(창조주)를 기억하여 영혼의 휴식과 本鄕(본향)을 준비하라고 부탁하였다.(전12:1) 그렇다면 낙이 없는 때는 언제인가?

나이가 많아 일에 보람을 느끼기보다는 고단하고 힘이 들게 될 때를 말함이 아니겠는가? 경제적으로 유력하고 사회적 활동과 지위가 높은 사람이라도 보람과 價値觀(가치관)이 바뀌는 곤고한 날이 오는데 바로 황혼 객이 되는 시기이다. 이제는 허수아비 같은 허세를 부릴 것이 아니라 내면을 돌보고 호흡을 고루고 천천히 걷고 조용히 움직이며 깊은 호흡으로 안정을 취하며 명상할 것이다. "곤고한 날에는 생각하라!" 이 말은 히브리어로 세 가지 의미를 내포하고 있다.

'반성하라. 찾으라. 결심하라.'는 의미이다.

나는 다행히도 낙심을 모르는 神의 선물을 많이 받고 사는 사람이다. 風波(풍파)에 부딪쳤을 경우에는 실망과 낙담에 빠지기 전에 習慣的(습관적)으로 나 자신을 깊이 내조하는 명상을 갖는다. 그러므로 사실상 내게는 곤고한 날이라는 것이 없고 내 몸 밖의 영혼들에게 설명하자고 하는 말이다. 곤고한 날을 충분히 이기게 하시는 분에게 감사할 수밖에 없는 것은 인생의 일생을 계절의 섭리로 보기 때문에 春夏秋冬(춘하추동)의 신비는 내게 있어 하느님의 은혜일 수밖에 없는 것이다. 義人(의인)들은 고단한 환경도 축복의 기회가 되지만 惡人(악인)들은 어둠 같아서 그가 거쳐 넘어져도 그것이 무엇인지 깨닫지 못한다.(잠 4:19) 영적으로 어두워진 사람들은 곤고함을 당할 때에 그 原因(원인)을 생각할 수 없으며 오히려 더 어두운 터널을 찾게 되는 것이다. 구약의 다윗은 곤고한 날에 눈물로 묵상을 하면서 그 원인을 발견하였다.

결국 '너는 내 마음에 합한 사람이다.'라는 印을 맞음으로 하나님의 뜻을 이루도록 인도를 받았다.(시 25:18) 아무리 학식이 많아도 혼자 있기를 거부하고 생각하는 법을 터득하지 못한다면 위태로운 사람이다. 사람이 홀로서는 첫 단계는 獨自的(독자적)인 사고를 구축하는 것이며 그러면서도 獨斷(독단)에 빠지지 않는 여유와 여러 날씩 홀로지낼 수 있는 자립적인 정신은 물론 음식 만드는 것, 차를 달여 마시고 자기 옷을 세탁하는 것, 무인도에서 며칠씩이라도 살아남는 내공이 있어야 영혼이 자유로운 사람이다. 결론적으로 말하자면 의지가 강하고 內功(내공)이 충만한 사람은 삶에 아무런 문제가 없다. 두 가지 일의 병행 속에 神의 攝理(섭리)가 있기 때문이다.

형통한날에는 기뻐하고 곤고한 날에는 깊이 돌아보고 생각하고 명상해보면 모든 답이 다 드러나 어리석은 자라도 알게 된다. 갠 날 흐린 날의 竝行(병행)을 통해서 인생은 경험하고 성숙하고 진화한다. 곤고한 날이 온다하여 슬퍼할 건 없다. 그것은 섭리과정이기 때문이다.

어둔 밤 지나면 새벽이 오고 작열하는 태양이 기울면 다시 어둠이 내린다. 인생이 염려하고 슬피 운다고 해결되는 일은 아예 없다.

4) 나이를 잊어라

情神世界(정신세계)를 공부하는 사람이 먼저 극복해야 할 거추장스러운 사념은 나이를 자꾸 계산하는 것이다. 나이를 자주 의식하면 세포들은 그대로 입력하고 기억하여 그대로 만들어준다. 당신이 60세가 넘은 사람이라면 깨어있으라! 모임이나 공공장소에서 젊은이에게 양보하고 중립을 지키고 자리를 피해주는 것은 가하나 이르노니 나이타령은 하지 말라. 자신이 충분히 할 수 있는 일인데도 "아니 내가 나이가 몇인데…!", "안 돼! 나는 나이가 너무 많아." "젊은 시절은 다갔어!" 등등 氣 빠지는 말은 삼가길 바란다. 깨달음의 세계에서 가장 찬란하게 빛날 때는 젊은 날의 자각을 돌아보고 복습하며 내면으로 들어가 가장 황금빛으로 빛날 때가 60세 이후부터다.

프랭크 맥코트(Francis McCourt)는 60세가 지나면서 글을 쓰기 시작하여 68세 되는 해에 퓰리처상을 수상하였고, 앤 우드 여사는 62세에 텔레토비를 제작하여 대성공을 거두고 1.000편의 TV프로그램을 제작하여 세계80여 개국에 搜出(수출)하여 재벌가가 되었다.

언젠가 내가 명상편지에 한 번 소개했던 끈질긴 노인의 집념이다. 커넬 샌더스(Colonel Sanders)는 68세에 KFC(켄터키 프라이드치킨)을 자신이 개발, 창업하여 1009번의 거절 끝에 전 世界的(세계적)으로 알리는데 성공하였다. 14세 소년으로 독립하여 일찍 부모를 여의고 미국 전역을 떠돌며 철도공사, 농장일, 보일러 점검원, 보험설계사, 소방관, 등으로 전전하면서도 희망을 잃지 않았다. 자신의 닭요리 레시피를 들고 낡은 트럭을 몰고 전국을 돌며 1,008번이나 거절을 당하며 돌다가 드디어 1,009번째 한 식당에서 그의 요리법을 알아주는 사람을 찾아 시작된 사업은 전 세계 48개국에 약 6,000여개의 매장을 갖추고 있으며, 30억 달러의 매출을 기록 하고 있다. 1980년 90세 나이로 1,000여명이 지켜보는데서 그의 트레이드 마크였던 하얀 양복을 입고 무덤에 묻혔다.

더글러스 맥아더 將軍(장군)은 군에서 은퇴했다가 61세에 다시 현역으로 복귀하여 69세에 한국전쟁을 총 지휘한 老兵(노병)이다.

아브라함 페레는 30년 가을 뒷골목에서 구두닦이로 전전하다가 70세에 부에나 비스타 소셜 클럽(Buena Vista Social Club)이라는 가수 생활을 시작하여 그래미상을 수상하였다.

인도의 詩聖 타고르는 70세부터 그림을 배워 활동하였다.

71세에 파리에 샤넬 부티크를 열고 트위드 투피스를 성공시킨 코코 샤넬은 명성과 부귀를 꿈과 함께 누렸다.

고맥 매카시는 73세에 장편소설 〈로드〉를 써서 퓰리처상을 받고 180만부를 판매하여 명성을 얻었다.

등소평은 77세에 냉전시대 중국 최대의 실력자로서 부상하여 권력을 장악한 實用主義者(실용주의자)로 대륙의 명성을 얻었다.

칼 구스타프 융은 80세 때부터 글쓰기를 시작하여 정신분석을 體系化(체계화)시킨 대부로 전 세계인의 존경을 받고 있다.

제시카 텐디(Jessica Tandy)는 82세에 영화 '드라이빙 미스 데이지'로 최고령 아카데미 여우주연상을 받아 미국 영화계를 떠들썩하게 하였다.

괴테는 83세에 불후의 명작 〈파우스트〉를 완성시켜 화제를 모았다.

일본의 스즈키 미쓰요 할머니(90세)는 교사 퇴직 후 지역 청소년 상담을 활발하게 하면서 여성 방범 리더로 젊은이 못지않은 활동을 하고 있다.

후쿠시마현의 이이타야 도야 씨는 94세의 고령임에도 민요전승 활동을 활발하게 전하고 사회복지 시설 등에 위문활동을 계속하고 있다.

후쿠이현의 야마다 도시 씨(93세)는 1960년대부터 지금까지 지역주민을 대상으로 요리교실을 운영하며 전통요리 레시피를 후학들에게 전수하고 있다.

다카치현에 사는 야마다 히데타다' 씨는 100세 현역 마라토너를 목표로 지금 신체를 단련하고 있다.

야마구치현에 기나미 히로시 할아버지는 93세 老益壯(노익장)을 자랑하는 궁도 인이다. 16세부터 무려 76년을 열정으로 활시위를 당기며 건강미를 자랑하고 있다.

93세에 〈분노하라〉라는 책을 써서 60만부를 판매한 프랑스의 스테반 에셀(Stephane Hessel)의 열정은 놀랍다.

93세에 마지막 저서 〈경영의 지배〉를 발간한 세기의 경영학자 피터 드러커(Peter Ferdinand Drucker)

99세에 〈약해지지 마〉라는 시집을 출판하여 100만 부를 판매한 일본의 시바타 도요

103세 미국의 호킨스 할머니는 달리기대회에서 우승하여 챔피언이 되었다.

우리나라 김 형석교수는 1920년 7월 6일생 102세 나이로 아직도 강연을

다닌다.

    방송인 송해 씨는 97의 나이로 전국을 누비며 전형적인 노익장을 과시하다 2022년에 사망하였다.

    작가 조 정래 씨의 德談(덕담)이 생각난다.

    "나이를 거꾸로 계산 하세요!"

    고령사회가 무슨 큰 문제인양 미리 골치를 앓는 사회단체들과 정부와 영혼 없는 신세대들은 천벌을 면치 못한다. 최고 효도 한다는 게 요양원에 집어넣고는 명절 때 한번 들여다보고 자기네 고양이 보다 못한 대우를 하는 세대는 카르마가 매우 두껍다. 나이 먹는 노년은 意識擴張(의식확장)을 해야 한다. 어차피 홀로 떠날 거, 미리 큰 맘 먹고 준비해야 한다. 자식이 소중한 건 사실이지만 다주고 버림받는 병신 짓은 하지마라. 버림받았다는 쓸데없는 느낌이나 소외감은 금물이다.

    50세 이전에 정신적으로 홀로서야 한다. 1950년 이후를 살아온 오늘날의 65세 이상 나이를 삼킨 세대들이 일궈놓은 이 나라의 경제 아닌가! 자부심을 갖고 부디 건강 지키고 운동하며 흡연이나 과음을 피하고 천수를 누리며 하나님께 감사하라. 그것이 末法時代(말법시대)를 사는 노년의 재산이다. 그리해야 편히 눈을 감을 수 있는 것이다.

4. 지구가 天國이며 동시 監獄(감옥)이다.

천국은 고통 많은 인간들에게 환상을 심어주는 도시다. 琪花瑤草(기화요초)가 만발하고 수정같이 맑은 호숫가에서 부족함이 전혀 없는 호화로운 생활, 질병과 눈물이 없는 곳, 악한 것들이나 맹수가 없는 낙원으로 불리는 곳이다. 우리가 그곳에 도달하여 지금 천국에 입성했다고 치자. 얼마나 행복할까? 아마 한두 달 동안은 행복할지도 모른다. 달콤한 음식도 황홀하던 첫사랑도 신혼의 단꿈도 인간에게는 유한한 신기루다. 에덴을 버린 인간은 또 다른 천국을 神이 허락해 준다 해도 머지않아 또 다시 추방당할 것이다. 천국이란 무엇인가? 쾌락의 장소에서 흥청망청 놀고먹는 곳인가? 그런 천국은 한 마디로 광대한 우주 어디에도 없다. 창세기 創造論(창조론)에는 神이 세상을 창조하는 과정에서 "보시기에 좋았더라."는 말을 일곱 번이나 하셨고 마지막 일곱 번째는 "심히 좋았더라."하며 天地創造의 완성이 기록되어 있는데 중요한 것은 천지창조 과정에서 地獄(지옥)을 만들었다는 말이 아예 없으니 지옥은 타락한 인간의 욕심이 만든 것이다.

1) 의식이 擴張(확장)되면 천국이 보인다.

의식이 확장되지 않고는 좁은 문을 찾을 수 없고 들어갈 수도 없다. 예수께서 말한 마음이 청결한 자는 하나님을 볼 것이라 했는데 마음이 청결한 자가 누구인가? 마음이 청결한 자는 잡동사니가 없는 사람으로 진실과 진리를 사모하여 一念(일념)으로 일관하는 사람이다.

이렇게 가슴을 비우는 사람이 가난한 사람이며 온갖 학설과 잡다한 이론과 知識(지식)이 가득한 자는 천국에 들어갈 수 없는 부자들이다. 그러므로 의식 확장의 첫째는 마음을 실제적으로 비울 수 있는 어린아이 같은 사람들이다. 이 道理(도리)를 맛본 사람들은 마라톤 경주자들처럼 마음을 비우는 일에 열중한다. 나는 두 가지 일을 못하는 어리석은 사람이다. 예를 들어 음식을 먹을 때에는 가벼운 소통을 제외하고는 조용히 먹는 일에 집중하는 편이다. 한편 먹기 위해서 사는 동물 같다는 말을 피해 더러 이야기를 나누다보면 입에 있는 음식과 침이 여기저기 파편처럼 튀어 날아다니고 음식도 식어버리고 밥상 앞에서 죽치고 앉아 거품을 무는 행위를 나는 싫어한다. 말을 꼭 해야 하면 손으로 입을 살짝 가리는 것이 예의다.

칼질 할 때나 연장을 다룰 때나 기타 무슨 일을 할 때에도 집중하여 일념하는 편이다. 그리하면 실수도 적고 착오가 현저히 줄어든다. 다른 생각을 하다가 헛 디뎌 넘어지고 손을 베이고 접촉 사고가 늘어나고 학업성적도 떨어지는 것이다. 휴식시간에는 명상으로 일차 푹 쉬고 상상 시간에는 온갖 하늘을 날아도 좋다. 웃고 떠들고 놀 때는 아이들처럼 뛰놀아도 좋다. 의식 확장은 온갖 잡념을 희석하여 뒤섞는다는 의미가 아니다. 擴張(확장)이란 意識(의식)의 눈높이를 의미함이니 마음의 사다다리를 만들자는 것이다. 어려운 단어는 玉篇(옥편)을 찾아 공부하듯 마음의 修練(수련)은 항상 形而上學的(형이상학적) 문제를 화두 삼는 일이 사람으로 할 일이다.

천국이라는 형이한 장소는 내가 만드는 내 집이다. 천국은 사랑과 조화, 협동, 박애를 기본적으로 지니고 있을 뿐 아니라 그것을 실천하고 사는 곳이며 원망이나 불평, 시비, 목마름, 눈물이 없는 곳으로써 준비되지 않은 이들은 여기서 살 수가 없으며 여기는 말 따로 실천 따로가 없는 곳이다. 그러한 환경에서 나라는 존재는 행복감과 소속감과 삶의 의미를 느끼는 이 환경은 조화로우며 사랑 넘치는 낙원이다.

결코 死後世界(사후세계)에 들어갈 곳이 아니며 이 땅에서 내가 일군만큼 누리는 새 땅이다. 그러나 이곳에서도 의식은 머무르지 않고 진화 성숙한다.

내 영혼의 진화가 멈추지 않는 존재임을 인식해야 한다. 모든 것이 완벽하게 만들어지고 마음먹은 일이 다 이루어지고 갖춰진 환경에서 그대와 내가 서있다 생각해보자. 이렇게 완벽한 환경에서, 더 이상 할 일이 없는 시간 속에서 인간은 停滯感(정체감)을 느끼거나 따분함에 하루하루를 지내다보면 아마 1년을 견디지 못할 것이다.

2) 나는 왜 지구별에 왔는가?

존재하는 만물은 저마다 宇宙秩序(우주질서)의 순환에 따라 운행 중이며 만물의 靈長(영장)인 인간은 반드시 이 땅에 태어난 뜻이 있다. 사람은 생각하는 갈대다. 의심도 많고 대개가 연약하다.

용기 있는 자가 많지 않고 앞장에서 말했듯 타고난 腦 용량이나 부여받은 재능을 다 사용하는 사람도 거의 없다. 사람은 누구나 자신만의 인생 스케줄 표를 갖고 태어나 어떠한 삶을 통해 충실히 살아내고 자신의 腦 용량을 잘 개발해서 우월한 영혼으로 거듭나는 목표를 기준으로 하여 이 땅에 보내진다. 그러나 대개 인간들이 자유의지가 약하여 재수생이 되어 生과 死를 반복하며 도돌이표처럼 輪回(윤회)의 수레바퀴를 돌게 된다.

지금 이 시대에 태어나기로 선택된 인간은 생명에 대한 애착이 강함으로 의식 있는 子宮(자궁)을 발견하기가 너무 어려워 태어나는데, 집착이 강해 지적영역을 소홀히 하여 자궁에 착상하는 즉시 전생을 90%정도 잃어버리며 기절하다시피 임신되어 전생기억을 상실하게 된다. 物質界(물질계)에 태어나는 인간들의 영혼이 대부분 그렇다. 운 좋게도 90%의 수면아래(깊은 잠재의식) 감춰진 의식들을 끌어내고 마음중심의 존재로 돌아갈 때 우리는 그때 진정으로 내가 누구인지 알아가며 깨달음이 시작되는 것이다. 신학자 칼빈(Calvin)은 인간이 전적 부패하여 100% 썩었다고 그의 교리에 언급했는데 이는 크게 잘못된 논리다.

인간이 100% 전적 부패했는데 어찌 회심을 한단 말인가? 우리가 말하는 정신세계의 명상가들은 아무리 둔감한 영혼도 10% 정도는 전생을 기억한다고 共通的(공통적)으로 합의를 본다. 데자뷰(deja vu) 현상이 가장 많은 나이가 10세~20세의 기간이다. 속세의 때 묻기 전에 마음공부나 명상, 기도 생활에 힘쓰면 잃어버린 마음을 찾아 靈的(영적)으로 성숙할 것이나 이 또한 운명이다.

인간으로 태어나면 반드시 두 가지 숙제를 풀어야 한다. 하나는 수많은 생을 태어나면서 아직도 남아있는 六識(육식)의 근성과 畜生(축생)의 근성을 깨달아 온전한 復活意識(부활의식)으로 탈바꿈하여 그리스도 의식으로 변화되어 참 사람이 되는 길이다. 사람은 저마다 영적인 블랙박스의 침이 印(인) 박혀 있는데 이것은 신의 지문이다. 그 누구도 피할 수 없는 표이다. 오른손이나 이마의 세뇌된 짐승의 근성, 짐승의 사상들, 666표를 버리고 새로운 차원계로 진입하는 자유의 印을 맞아 해탈하는 길이 이 땅에 태어나서 첫 번째 숙제이다. 앞장에서 말했듯 힘든 인생이라도 감사하며 인간의 기본 도리를 깨닫고 자연계의 소리를 들으며 길들여진다면 인간은 저절로 선한 품성으로 길들여지게 된다. 늑대소년 이야기는 적절한 實例(실례)가 된다. 사람이 선한 마음을 품고 악을 버리면 猛獸(맹수)도 범접하지 않는다. 사람의 IQ는 평균 100정도이지만 자연계는 1억이 넘는다.

돌고래나 범고래는 남북극에서도 서로 교신하며 물에 빠진 낚시 객을 구해주고 축제날을 기억했다가 사람들에게 숭어 떼를 몰고 와서 박수를 받고 空中回轉(공중회전)을 선보이고 웃으며 먼 바다로 돌아간다. 이를 어떻게 설명할건가 놀랍지 않은가?

나무가 너무 우거져 햇볕이 부족하여 씨를 못 맺을까봐 스스로 불을 피워 밀림을 조절하고, 사냥꾼들은 맹수에게 공격을 당해도 나물 캐는 사람이 호랑이에게 물려가는 일은 없다. 늑대 젖을 먹고 자란 소년이야기는 세계를 놀라게 했으며 자신을 돌봐준 옛 주인을 몇 년 만에 알아보고 밀림에서 달려와 안겨 눈물로 상봉하는 사자와 표범을 보았을 것이다. 내 마음에 적이 없고 악한 動物根性(동물근성)이 없으면 그곳이 곧 지상천국이다. 이것이 이사야 11장의 천년왕국이다.

내가 이 땅에 태어난 것은 인간성 회복과 잃어버린 神性(신성)을 회복하여 창조주의 형상을 회복하는 길이다. 이것이 인간의 숙제다. 先天的(선천적)으로 극심한 장애와 고난을 안고 태어나는 사람도 많으며, 건강과 부요와 美麗(미려)한 관상으로 흠 없이 태어나 상록수처럼 쑥쑥 자라나 금수저로 누리며 남에게 베풀어가면서 성자처럼 사는 사람도 있고, 그와 정반대로 사는 사람도 있는데 이것은 분명히 과거생의 주홍글씨의 흔적임을 명심해야 한다.

스티븐 호킹은 1급 장애의 몸을 이끌고 정상인보다 몇 배나 더 열심히 연구하여 카르마를 벗어나고 인류의 등불처럼 모델이 되어 노벨상을 받아 고난과 치욕의 환경을 영광으로 바꿔 인생의 숙제를 풀었다.

어떤 사람은 자신의 고통을 보며 주변사람들에게 민폐가 될까봐 미안하고 괴로워하며 몸부림치기도 한다. 나는 절규한다. 나는 중증 환자지만 고통을 느끼지 않는다. 주홍글씨도 카르마도 다 태워 없애버렸다. 나는 그리스도 의식에 입문했고 하나의 우주 속으로 들어왔다. 다시는 내가 우주에서 분리되는 일은 없다. 가책과 괴로움도 없다. 나는 지금 즐겁고 환희롭다. 여기가 천국임을 선포하고 계몽한다. 다시 말하지만 힘든 인생이라도 살아가기 위해서 최선을 다하다 보면 심신에 힘이 생기고 그 힘은 어느 날 내공이 되어 나를 특전사로 만든다. 사람이 힘든 狀況(상황)에 놓이면 과거를 회상하게 되고 어느 한때 평탄하던 생활을 떠올린다.

현재에서 멀어지고 싶은 것이다. 불가능하다는 것을 알면서도 그러한 망상으로 번뇌한다. 특전사에게는 아무 쓸데없는 사념일 뿐이다. 버티는 것이 전부가 아니다. 인간은 각자 버틸 수 있는 고통의 종류와 분량이 정해져있다. 조난 당했을 때는 당황하지 말고 몸을 숨길 곳을 찾고 손바닥을 비비며 체온조절에 힘쓰고 무엇보다도 불안하지 말고 침착하게 대처하면 순간적으로 지혜가 떠오른다.

나는 영하 20도 눈보라 속에서 3일을 견딘 적이 있다. 동상도 걸리지 않았고 감기에 걸리지도 않고 무사히 귀가하였다. 순간순간 시련이 닥친다

해서 전부 전생의 카르마라고 말할 것인가? 정신계에서는 그렇게 몰아세우지 않는다. 고난은 인간을 正常的(정상적)으로 성숙시키는 하늘의 은혜인 것이다. 우울증이나 불면증, 고독감은 배부른 소리다. 불면증 환자가 있다면 천왕봉이나 덕유산이라도 한번 오르게 하라. 당뇨병, 고혈압, 등은 전생의 죄가 아니다. 게을러서 과식해서 몸을 함부로 해서 이 땅에서 얻은 새로운 신규 업보다. 처음부터 불구의 몸으로 아픈 사람도, 중간에 고통스러운 좌절과 절망을 겪은 사람도, 이 지구별에 태어난 이유와 계획이 있다. 우리의 삶은 그 계획을 모른 채 시간을 보내며 무덤을 향해 가고 있다.

  삶의 의미는 주어진 운명도 있지만 자신이 찾아 만들어가는 것이기도 한 것은 내가 곧 나의 주인이기 때문이다. 나는 병약한 몸을 갖고 태어나 몇 번은 생을 마감해보려고 몹쓸 짓을 몇 차례 하다가 생명의 소중함을 크게 깨달아 신앙에 귀의하고 영성생활을 시작하며 정신세계의 수십 단계의 사닥다리를 오르내리며 나는 완전히 거듭났다. 그 뒤로도 육신은 자주 탈이 났지만 한 번도 원망하거나 겁을 먹고 죽음을 두려워 한 적이 없다. 사십세 즈음부터 의식주가 완전히 해결되고 영계문제도 완전히 해결되고 地獄門(지옥문)은 완전히 닫히고 천국생활은 날이 갈수록 화려해진다. 절대 농담이 아니라 진실이다. 지금은 나를 가까이하는 이웃들도 덩달아서 이 천국에 함께 뿌리를 내리고 감사가 넘치는 생활을 하고 있음을 본다.

  3) 의식이 위축되면 地獄(지옥)이다.

  지옥 훈련을 마친 특전사들은 맨주먹으로 평민 건달을 순식간에 10여 명을 쓰러뜨리고 부싯돌과 마른 쑥이나 나무껍질로 불을 피우고 영하 20도 얼음을 깨고 들어가 20분을 견딘다. 맨손으로 한 시간 만에 움막을 짓고 오염수를 정화시켜 마시며 맨손으로 사냥을 하고 보통사람이 상상할 수 없는 풀뿌리 나무뿌리로 생명을 유지 하는 등, 고난과 시련을 사서 즐기는 사람들이 유튜브 방송에서 시범을 보이고 있다. 많은 사람들이 활동하지만 그 중 특수부대 출신 여전사인 '은하캠핑'을 참조하길 바란다.

나는 70년대에 동굴에서 2년 6월을 지낸 적 있다. 당시 삼양라면 두 상자, 쌀 서너 되, 그리고 주변사람들이 나눠준 고구마 한 바구니가 1년 양식이었다. 봄을 맞을 때는 희망이 솟구쳤다. 위가 줄어들어 조금만 먹어도 배가 불렀고 체중은 58~61kg을 넘나들었다. 몸은 가벼웠다. 옷은 두세 벌, 四季節(사계절) 담요 한 장이 친구였고 습관이 되니 불편하지 않았으며, 간혹 산나리뿌리와 산마를 캐서 소금을 약간 넣고 삶아 간식을 하면 힘이 즉시 솟구쳤고 더덕이나 잔대 기타 산나물은 찬거리였다.

두더지나 뱀도 냄비에 삶아서 먹었다. 마을에서 7km쯤 떨어진 골짜기 동굴인데 나의 집이며 修道院(수도원)이었다. 누가 엿보면 사람 사는 꼴이 아니라 했을 것이다. 난민들 생활보다 초라해 보이지만 영혼이 자유로우니 내게는 아름다운 천국이었다. 봄에는 마음껏 볕을 쪼이며 화살나무 잎과 광대 싸리 순, 잔대 싹, 취나물, 뚝갈, 산 마늘 등을 뜯어 날 고추장을 찍어먹고 에너지를 보충했다. 돈이 없고 가난해서 이렇게 못 먹었다면 이건 분명 苦痛(고통)이며 지옥이다. 그러나 나는 스스로 밀라래빠를 모방하여 2년 6개월이란 시간을 바위동굴에 살면서 일평생 경험할 수 없는 신비한 靈驗(영험)을 밤마다 체험하였다. 貧富貴賤(빈부귀천)은 자신의 의식이 결정한다. 천국지옥도 의식이 결정한다. 가난을 느끼면 가난한 자이며, 감사가 넘치며 부족함이 없으면 그는 부자다. 意識(의식)이 위축되면 불행이 시작되고 운명이 흔들린다.

다시 말하노니 神은 지옥을 만들지 않았다. 의식이 훈련되면 삶에 마이너스란 없다. 맨주먹으로 살아남는 사람에게는 잃어버릴 것이 없다. 잡초한 포기 모래 한 줌도 모두 신비하고 감사조건의 플러스다. 마음지옥은 수십 수백으로 나타나는데 형체도 없는 어둠의 공포와 에너지가 형체를 만들기도 하며 집을 짓고 부수고 분노하고 울고 웃고 들쑥날쑥하며 성난 물결처럼 요동친다.

뒤를 돌아보아도 앞을 보아도 뾰족한 방법은 없고 인내심은 부족하고 이상은 높고 학력도 높은데 눈물의 빵을 금 수저로 먹을 수 없으니 현대인은 자승자박의 지옥을 스스로 탈출할 수가 없는 게 살 수도 죽을 수도 없는 장애를 안고 마이너스의 생활을 가까스로 이어가는 사람이 50%가 넘는다. 適者生存(적자생존)에서 살아남으려면 남의 의자를 빼앗아야 하고 비교하고 경쟁하며 재원을 더 많이 뺏고 확보하고, 더 많은 정보를 더 빠르게 취해야 하는 게 이 세상이다. 그러다보니 자연히 심리적, 육체적 고통, 스트레스, 슬픔, 비애 등의 부정한 감정과 통감들은 결국, 생존을 위해 인간이 만들어낸 것으로 몸 안에 내제되어 쌓여있는 노폐물들이다. 다족의 인간들이 뒤엉켜 살아가는 세상에서 어쩔 수 없이 존재하는 必要惡(필요악)이다.

그러나 소위 양심가라는 사람들은 이것이 지나쳐 병이 되고 짐이 되어 고뇌한다. 여기에 소위 종교에서 말하는 신앙이 있는 사람들의 경우는 罪意識(죄의식)과 양심의 병을 앓게 되고 자존감이 낮아져 열등의식까지 머리를 들고 올라와 사람의 기운을 다운시킨다. 정신세계의 차원을 상승시키려는 사람에게 첫째 장애물은 마음 밭이 깨끗해야 하는 과정을 통과해야 하는데 이는 감정조절을 자유자재 통제하는 것과 순수와 잡동사니를 스스로 구별하여 걸러내는 훈련이 익숙해야 휘둘리지 않으며 보다 理性的(이성적)으로 원만해질 수 있다. 이것이 정신의 헬스다.

4) 地獄의 作用(지옥의 작용)

지옥은 법계가 있는데 모두가 마음 작용에 따라서 조작되며 그 마음은 六根(육근), 즉 여섯 가지의 마음뿌리에서 일어난다. 六根(육근), 六境(육경 : 지경, 장소), 六識(육식)의 작용으로 일어난다.

마음은 끊임없이 선악 간에 판단하며 작전, 계획, 모략을 동원하여 선악 간에 작용한다. 이것을 조절하며 잠재우는 사람이 있다면 그는 분명 道人이며 새롭게 태어난 사람이다. 마음의 분별작용이 어떻게 진행되는가에 따라서 다양한 心法界(심법계) 중 하나의 마음이 된다.

지옥이란 탐욕과 지저분하고 더러운 잡동사니가 만들어낸 法界(법계)인데, 眼根(안근)과 色(색)이라는 대상 공간, 빛의 각각에 보는 자는 없으며 또한 분별도 없다. 원인과 조건이 모여서 眼識(안식)을 만들어낸다. 眼識의 인연으로 인하여 意識(의식)이 만들어지며 뜻을 품는다. 의식이 생길 때 동시에 사람은 여러 가지 눈에 보이는 色으로 분별과 차별을 조작하여 만들어낸다. 보이는 피상세계로 인하여 판단과 탐욕과 많은 말들이 파생하고 분열이 일어나고 다툼과 고통이 돋아나는 것이다.

예수께서는 "네 눈이 범죄 하거든 빼어버리라"(마 5:29~30)고 하셨는데 인간의 눈은 자기 보고 싶은 것만 보다가 탐욕으로 시비에 걸려 곤혹을 치르는 것이며, 귀로 듣는 것도 듣고 싶은 것만 듣고, 혓바닥으로는 하고 싶은 말만 하고 뱀처럼 두 개의 혀로 늘 불규칙하고 앞뒤 퍼즐이 안 맞는 말을 물처럼 쏟아내어 쉬지 않는 毒(독)이 흐른다.(마15:18~20, 약 3:8~10)아담의 후손 가인의 피가 흐르는 인간들은 그 혀 밑에는 잔해와 죄악이 흐르고, 심한 악을 꾀하여 날카로운 삭도같이 간사를 뱀의 독같이 흐르며 생각, 눈동자, 마음, 말하는 것, 냄새 맡는 것, 행동, 모두가 자유의지를 그릇 행하여 스스로 지옥을 만들어가는 것이다.(시 140:3) 의식이 잠에서 깨어나면 능히 이를 피할 수 있다.

5) 鬼神들이 좋아하는 것들

귀신들이 좋아하는 餓鬼法界(아귀법계)= 굶어죽은 귀신처럼 콩 한쪽을 갖고 싸우는 먹기 위해 사는 저팔계 인생들로 숨이 끊어지는 순간까지 물질에 매여 돈·돈·돈하다 돈 귀신의 유혹에 재산만 쌓아두고 먹어보지도 못하고 공짜로 얻어먹는 것은 좋아하며 이웃에게 밥 한 그릇 대접하지 못하고 옥살이하다 죽는 것이다.

鬼類喜瞋(귀류희진) : 귀신의 무리들이 눈을 부릅뜨고 즐거워한다.

昧果迷因(매과미인) : 새벽부터 미혹을 하여 인과의 늪으로 끌어들인다.

無明顚倒(무명전도) : 어두운 곳을 좋아하며 음습한 생활을 좋아하다

엎어지는 것을 귀신들은 좋아한다.

日積月深(일적월심) : 날마다 죄가 쌓이고 달마다, 밤마다 더 깊이 빠져 들으니 귀신들이 좋아한다.

귀신의 무리는 인간들이 성냄을 좋아하고 과보로 어둠에 시달리는 것을 보고 좋아하니 미혹의 영들은 無明(무명)이 전도되니 위아래가 뒤집혀 매일 더 커지고 매달 더욱 깊어진다.

사람들은 귀신의 존재에 대하여 입으로는 논하지만 막상 그 실체에 대해서는 믿지 않는다. 불교인들도 기독교인도 귀신이 어디 있느냐며 잘 믿지 않는다. 마태복음에만 해도 10여 차례 귀신을 물리치는 예수의 행적과 사도행전에서 10여 차례 귀신을 꾸짖고 쫓아내는 여러 장면이 나오지만 자기 눈에 안보이니 대다수 "요즘 세상에 귀신이 어디 있어?" 하며 웃어넘긴다.

불교인들조차 귀신의 존재를 의심한다. 귀신들은 陰(음)의 기운 덩어리로 뚜렷한 형체로는 자주 나타날 수 없다. 뚜렷한 형상으로 도인의 머리맡에나 聖職者(성직자)의 눈에 띠는 귀신은 그래도 급수가 높은 영들이다. 나는 무시로 그들과 만나며 대화도 종종 하곤 했는데 이곳으로 처소를 옮긴 뒤는 그 횟수가 현저히 줄었다. 귀신의 세계도 인간 세상의 계층처럼 굶주린 귀신부터 酒色雜神(주색잡신)에 이르고 폭력, 살생 살인, 등 극악무도한 일들을 사람들 속에 기생하여 대리만족하며 그 죄를 채운다. 어떤 계획을 세운 뒤 3일도 못되어 또다시 넘어지고 절망하는 것들은 대다수 귀신의 영들이다. 귀신들도 의식주가 있다. 그러므로 21일 정도만 깨어서 情神一道(정신일도) 하여 근신하며 선배나 영 능력이나 말씀 있는 도인의 도움을 받으며 수련하면 대개 얻어먹을 것이 없으니 떠난다. 21일 기도는 초보단계의 수련이다. 누구든지 지옥으로 휴가를 떠나려거든 아무 때나 절제하지 말고 화를 내고 멋대로 살면 된다. 우울하고 슬프고 비참하면 우선 지옥여행은 합격이며 무료다. 울먹임과 눈물, 슬픔은 지옥의 방황이다. 귀신들은 수십 종이 넘는데 어떤 것들은 부요하며 강력하고 권세를 누리며 인간 세상을 통치하며 인간을 노예로 삼는다.

이는 靈眼(영안)이 열리고 마음에 잡동사니가 없고 맑은 信仰心(신앙심)이 있는 독실한 신비를 안고 사는 이에게는 五眼六通(오안육통)이 열려 귀신의 정체를 알 수 있다. 그런데 신비주의자들이 없는 근래에 들어와서는 귀신의 정체를 불신하는 사람들이 교회나 절에서도 대다수다.

귀신이 없다면 하나님이나 부처님, 사람, 동물도 없는 것이나 마찬가지다. 여러 잡신들과 아수라, 아라한, 신장들이나 천사의 정체도 없어야 한다. 인간은 흉내 내는 대로 바뀐다.

귀신 놀음을 하는 자는 귀신이 되고 인간답게 살면 인간으로 태어나고 지옥생활을 기회가 주어졌는데도 청산하지 않으면 지옥에 떨어진다. 이 모든 세계는 우리의 마음을 주관하는 에너지의 흐름대로 一念心(일념심)에서 결정되는 것이다. 이 귀신들은 자기에게만 절대 충성하고 잘해주기만을 기다리고 조금만 섭섭하게 하면 불같이 화를 내고 폭발하여 즉시 평화를 깨부순다.

귀신들의 특징은 사람들 간의 문제를 일으켜 분쟁을 일삼고 특히 이간질을 시키고 사람들이 상처받고 엎어지는 것을 아주 즐기며 자신은 뒤로 빠지고 태연한 체 한다. 공자께서는 "귀신들과 靈駕(영가)들은 인정하되 거리를 유지하라" 했다. 한번 그들이 접신되면 골칫거리를 만든 셈으로 귀찮게 달라붙는다. 그러므로 그들이 좋아하는 짓거리를 아예 그만 멈추고 경건과 온유, 절제를 배우고 그리스도의 인격을 매일 모방할 것이다. 정신세계를 공부하는 사람이라면 심은 대로 거두는 자연법칙을 하루도 빠짐없이 명상해야 한다. 귀신들은 진리에 대한 이해가 전혀 없으므로 그들은 언제나 이기적이고 무모하고 혼란스럽고 별것 아닌 일에 잘 삐지고 혼란스럽고 옹졸하다,

귀신들은 지옥을 좋아하기 때문에 그들은 카르마를 축적하여 자기편으로 인도하려는 집착이 강하며 無明(무명)으로 치우쳐 죄를 음식처럼 먹고 마신다. 그리고 온갖 부정적인 요소들로 사람을 고달프게 인도한다. 내 안에서 일어나는 감정들을 잘 살펴보자. 내 속에 나 아닌 타인들이 우글우글 하지

않도록 마음을 一念으로 지키고 귀신들에게는 일절 틈을 주지 말라. 걱정, 근심 강박관념은 지옥에다 씨를 심는 저축이다. 행복한 감사와 웃음에는 젊어지는 호르몬을 선물 받는다. 예로부터 不滅(불멸)의 神은 별도로 다른 수행 없이 그저 감사하고 슬프지 않고 행복한 감정을 원한다.

6) 누구나 地獄을 경험하며 산다.

누구나 마음속의 지옥을 경험하며 살아가고 있는데 客觀的(객관적)으로 비교하면 크고 작음이 다를지 모르지만 지옥을 품고 있는 자신에게 만큼은 극복하기 어려운 어둠의 고통이다.

그런데 그 지옥문을 열 수 있는 저마다의 키를 자기 자신이 가지고 있다. 무슨 말이냐 하면 자기 문제는 자기 자신이 잘 알기 때문이며 지금 허우적거리는 자승자박의 고통을 안겨준 것은 바로 자기가 만든 自由意志(자유의지)가 파놓은 함정이기 때문이라는 것을 본인이 가장 잘 알고 있다.

도박이든 마약이든 게임중독이든 폭력이던 주색 문제이든 열쇠는 바로 자신이 가지고 있다. 이는 자유의지의 결과가 만들어낸 보암직하고 탐스러워 보이는 幻影(환영)들이다. 암튼 이런 정신적인 문제들은 보이지 않는 마음의 지옥 문제들이며 극복하기 어려운 깊은 어둠들이다.

많은 이들이 이 지옥을 벗어나지 못하고 어두움 속에서 영혼 없이 살아간다. 이런 잡동사니 짐들을 내려놓지 못하고 수고하는 사람들은 현재의 상황이 좋아지고 삶이 좀 나아져도 마음속 지옥에서 빠져나오지 못하는 것은 과감하지 못하기 때문인 것이다. 상당수의 사람들이 교회나 사원에 적을 두고 신앙을 갖고 있으나 극소수의 사람을 제외하고는 마음의 지옥을 그대로 품고 다닌다. 속세의 유혹과 보암직하고 먹음직한 유혹들을 그대로 마음에 품고 왔다 갔다 하기 때문에 근본적으로 돌이키지 않는 한 죽는 날까지 僞善者(위선자)로 지옥 불을 안고 살아갈 것이다.

나는 유년시절부터 혼자 살면서 억울한 누명을 많이 받았고 謀陷(모함)을 받으며 늘 상스런 욕을 먹으며 그늘 속에서 시들은 풀처럼 가까스로 忍冬草

(인동초)의 겨울을 살았다. 그렇게 20대가 지나고 독서를 하다가 의식혁명이 1차 일어났다. 분노가 수반된 좋지 않는 변화였다. 自存感(자존감)을 깨닫게 되자 나도 한 개인으로 권리를 주장하며 살 수 있는 고유한 국가의 한 사람임을 강하게 느꼈다.

어느 날 무술 고수에게 운동을 배워 힘을 기르고 틈틈이 무예를 익히며 수련에 힘썼다. 10여 명의 살생부를 기록하고 복수의 칼을 갈았다. 저녁마다 강에 나가 맨질한 돌을 골라 手刀로 수십 개씩 격파를 하여 손목 관절이 늘 부어 있었다. 몇몇 원수들과 싸움을 일부러 걸었다. 그들은 나를 보고 미친 줄 알고 비웃을 때 비밀리에 피나는 노력으로 익힌 손기술로 귀밑의 인영 혈 頸動脈(경동맥)을 수도로 힘껏 아래서 위로 쳐 돌렸다. 나의 원수 상대는 그 자리에서 꺼꾸러져 일어나지 못했다. 온몸에 이상한 氣運(기운)이 흐르며 용기가 솟구쳤고 아무도 두렵지 않았다. 그가 정신을 차릴 즈음 "한 대 더 맞겠느냐?"고 내가 침착하고 냉정하게 말했다. "명심해라. 나는 옛날의 장 아무개가 아니다. 13명을 하나하나 내 손으로 쳐 죽일 것이다. 나한테 왜 그랬느냐? 용서를 구하면 살려 줄 것이나 엉뚱한 소리하면 너희 놈들을 내가 맨손으로 쳐 죽일 것이다." 이렇게 세 사람을 열흘 사이에 때려 눕히자 소문이 금방 퍼졌다. 그들은 부모형제가 있는 집 아이들이었는데 자존심이 많이 상했을 것이다. 시간이 흘러 내 나이가 20세가 지나면서 세상에 대한 약간의 자신감과 사람에 대한 두려움이 사라졌고, 사람들의 시선도 나에 대하여 肯定的(긍정적)으로 변하는 것을 느꼈다.

내 살생부에 기록된 적들 두 명은 당시 군에 입대하고, 하나는 연탄가스로 사망하고, 하나는 오토바이 사고로 즉사하였고, 하나는 지하수 개발공사에서 사망하였고, 하나는 공사판에서 일하다 손이 잘려 장애를 입었다. 내게 돈을 갚지 않고 옆구리 갈비를 부러뜨린 하나는 몹쓸 병에 걸려 세상을 떠났다. 그의 유골을 함께 묻어주고 돌아왔다. 한 사람은 심장병으로 고생하며 지금도 살아있고, 한 사람은 내가 유인하여 문을 걸어 잠그고 무릎을 꿇려 사과를 받고 용서하여 지금도 간혹 만난다. 내가 신앙에 歸依(귀의)하여 어느 정도 마음을 비우며 살았으나 젊은 날의 상처가 워낙 골이 깊어 온전히 거듭나지 못하고 수박 겉핥기로 십자가 밑을 맴 돈 듯하였다.

그 당시로 거슬러보면 그들과 싸워서 이겼는데도 마음은 이상하게도 불편하였다. 그게 뭔지 몰라 나를 자주 돌아보며 어렴풋하게 용서의 의미를 瞑想하는 부담을 안고 30세가 되었다. 내가 원수를 갚지 않았는데도 그들은 다 떠나고 죽고 어느 집은 혈통적인 代가 완전히 끊어지고 50마지기 농사를 짓던 시골 부자가 알거지가 되어 사고로 독자 아들이 사망하며 당대에 마을에서 그들은 잊혀갔다. 나는 여기서 크게 깨달았다. 심은 대로 거두는 진리를 성경에서가 아니라 그들의 결말을 보면서 100% 느낀 것이다. 40세가 되면서 나는 自我와 싸움이 시작되었다. Ego와의 싸움은 결국 아마겟돈이다. 내 나이 50세가 접어들며 에고는 꼬리를 내리고 眞我(진아) 속사람이 깨어나기 시작했다. 그것은 갑자기 일어난 일이 아니라 이미 오래전에 내 안에서 기다리던 성령의 겨자씨가 성숙한 것이다. 내 속세의 나이 60세가 지난 오늘날 내 안과 밖을 돌아본다. 싸움은 비로소 오랜만에 끝이 났다. 지옥도 끝나고 없다. 결국 一平生(일평생)이 걸렸다. 기억의 필름들이 언뜻언뜻 뇌리에 스치기도 하지만 그 기억들이 이미 커버린 聖地의 柏香木(백향목)을 흔들지 못한다. 죽음으로 바꾼 이 위대한 역사 속에 다시는 지옥은 엄습하지 못한다. 그리고 전혀 부족함이 없으니 여기가 천국이다.

5. 六識(육식)에 대하여

인간이 살아가면서 헛갈리지 않고 지혜롭게 활동하려면 지식과 지혜가 필요하다. 그렇다면 지식이란 무엇인가? 一般的(일반적)으로는 자신의 경험과 학습된 정보들을 腦에 저장하고 필요할 때마다 창고에서 끄집어내어 活用(활용)하는 것이다. 그렇다면 지식을 만들어내는 도구는 무엇일까?

東洋哲學(동양철학)과 佛敎哲學(불교철학)에서는 인체의 감각도구인 六根(육근)에 의해 대상을 깨닫는 여섯 개의 識(식)이 있다고 주장한다. 즉, 눈 귀 코 혀 몸 마음의 여섯 기관인 眼耳鼻舌身意(안이비설신의)의 六根(육근)이 각각의 감각 대상인, 즉 모양 소리 냄새 맛 촉감 심리현상 色聲香味觸法(색성향미촉법)을 만나서 생기는 여섯 가지 의식이다. 連原(연원) 적 측면에서는 그렇다.

초기 불교에서 六識은 인식 기관과 인식 대상 그리고 주의력이 있을 때 생기는 현상으로 본다. 북방 불교에서는 안이비설신의 의식을 前五識(전오식)이라 하고, 마지막 마음의 識인 의식을 제6식(第六識)이라 한다. 前五識은 그것과 동시에 존재하는 눈의 기관(眼根) 몸의 기관(身根)을 근거로 하지만 여섯 번째 의식의 경우, 이미 소멸한 앞 순간의 六識을 근거로 하는데, 이를 안근 등 前五識(전오식)의 근거에 준하여 意根(의근)이라 하였다. 이는 마치 어느 때 아들로 불리던 자가 그때가 지나면 아버지로 불리는 것과 같다. 그래서 意根(의근) 전오식의 근거가 되기도 하고 제 6의식의 근거도 되어 여섯 종류의 대상을 전체적으로 취할 수 있다. 마음이란 일차적으로 眼根을 근거로 하여 비감각적 대상인 법의 대상 法境(법경)을 식별하는 것이다.

대승불교에서는 여섯 가지 의식 이외에 일곱 번째 혹은 여덟 번째 의식을 말하는 경우도 있지만 6識 개념 자체는 초기 불교나 北方佛敎(북방불교)의 이해와 동일하다.

1) 六識(육식)에 대한 內容(내용)

초기불교에서 육식은 인간의 내적 인식 경험 전체를 의미한다. 인간에게는 여섯 가지 고유한 활동을 하는 感覺器官(감각기관) 根(indra)이 있으며 감각의 감각기관은 여섯 대상을 경험한다.

이 최초의 경험이 대상을 아는 것으로서의 識(식)이다. 이 식은 조건에 의해 생겨나고 사라지고 변하는 현상 가운데 하나이다. 識은 윤회의 주체이거나 自我가 아니라 인식 기관과 인식 대상이라는 조건에 의해 생겨나고 사라지는 현상에 불과하다. 비구들의 내적인 눈이 온전하더라도 만약에 외적인 색(色 : 색깔과 형태)이 시야에 들어오지 않았을 경우 그리고 그것에 응해서 주의력이 없을 때 이 경우에 그것에 대한 의식은 생겨나지 않는다.

하지만 내적인 눈이 온전하고 외적인 色이 시야에 들어왔으며 그것에 응해서 주의력이 있을 경우에는 그것에 대한 의식이 생겨나게 된다. 이처럼 六識은 여섯 기관이 각각의 감각 대상에 대해서 생기는 여섯 가지 의식이다. 여섯 감각기관 가운데 앞의 다섯 가지는 고유한 감각기관인 눈 귀 코 혀 몸의 감각 기능이 대상을 아는 것을 말하며, 마지막 여섯 감각 가운데 앞의 다섯 가지는 고유한 감각기관인 眼耳鼻舌身의 감각기능이 대상을 아는 것을 말하고 마지막 여섯 번째는 마음이라는 기관이 심리현상이라는 대상을 아는 것을 말한다. 마음은 앞의 다섯 가지 감각기관에 의해 파악된 대상 이외의 심리 현상을 아비달마 불교에서는 心所(심소) 또는 마음부수기라고 한다. 마음은 심리 내적인 경험을 아는 기능이 있으며, 이것을 의식이라고 한다.

불교에서는 감각기관과 그 대상만이 실재한다고 한다. 불교에 의하면 六識과 그 대상인 六境(육경)이 존재하는 것 전체이다. 감각기관에 의해 파악된 것만이 존재한다고 해서 불교가 단순히 눈에 보이고 귀로 들리는 것만이 존재한다고 하지는 않는다. 감각기관의 기능은 생명체마다 다르고 각 생명체는 고유한 감각기관이 있어 그 기관에 대응하는 대상 세계만을 알 뿐이다. 六識은 경험 주체의 전부로 경험 대상을 이해하는 내적인 감각기관으로 중요하다.

2) 六根을 살펴보라

육체를 이루고 있는 바이오리듬의 뿌리를 살펴보자. 이 여섯 뿌리를 따라 '내가 감각했다고' 여기는 착각이 바로 허망을 낳는다. 이를 六內處(육내처)라 한다. 그리고 그 감각 대상을 실제적으로 존재한다고 믿는 허망한 착각을 六外處(육외처)라 한다.

즉, 六內處(육내처) 안입처, 안이처, 안비처, 안설처, 안신처, 안의처, 六外處(육외처) 색입처, 성입처, 향입처, 미입처, 촉입처, 법입처, 등인데 이 六根으로 인하여 저질러진 착각과 그릇된 판단, 기타 저질러진 죄상을 善惡果(선악과)를 먹는 행위로 보며 이 뿌리 깊은 죄상을 참회하는 것이 悔改(회개)요, 불교적으로는 六根懺悔(육근참회)라고 한다. 이 육근을 끊어 털어내고 새로 거듭나 새 사람이 되는 것을 六根淸淨(육근청정)이라 하며 탕자의 회개라고 한다. 基督敎의 회개 논리는 대략 간편하게 가르치며 주님을 영접하면 즉시 모든 죄가 예수의 속죄 의식으로 말미암아 즉시 새 사람이 되어 하느님의 자녀가 된다고 가르치지만 그것은 어디까지나 포교하는 과정의 수단으로 말하는 것이지 내적으로 들어가면 뼈저린 참회와 궁극적 결단과 내 자아와 인간의 六根을 잘못 사용하여 어둡고 죄에 물든 Ego를 죽이고 영적 부활을 경험함으로 증명되는 것이다. 중국 天台宗(천태종) 別敎(별교)에서는 이에 근거하여 수행의 진전과정을 나타내는 기준을 하나로 보고 있다.

다시 말해서 六根이란 감각기관중 눈 귀 코 혀 몸 마음(眼耳鼻舌身意) 기관으로 진리를 깨달은 의식을 잘 사용하면 사람의 본분을 다하는 도리를 아는 지식에 이르고 잘못 사용하면 끊임없이 남을 판단하고 갈수록 어두운 터널을 만나 카르마를 축적하게 된다. 이것이 영적으로 666이다.

불교에서는 法華經(법화경)이나 金剛經(금강경) 등을 독송하며 에너지를 길러 초인적인 내공으로 청정한 삶을 사는 이들도 많다. 인류역사상 가장 큰 질문은 바로 '나란 무엇인가?'라는 질문이다.

'나는 누구인가'가 아니다. '나란 어떻게 구성되고 작동하는가?'이다.

나란 누구인가는 存在論的(존재론적) 질문이지만 나는 어떻게 생겨나고 구성되어 작동하는가는 구조론 적이고 實用的(실용적)이며 科學的(과학적)인 질문이다. 그에 대한 답이 석가모니 부처께서는 '나란 없는 결론'에 이르렀다. 소위 無我(무아)론이다. 우리가 이해하는 식으로 나는 없다. 나는 五蘊(오온)의 化合物質(화합물질)이다.

오온으로 구성된 인간의 육체란 현대 과학적으로는 '커넥톰(Connectome)', 腦神經網(뇌신경망)이다. 에스겔 선지자는 인간의 腦를 궁창으로 비유하기도 했다.(겔1:22~26) 에스겔이나 현대 과학자들이나 靈感(영감) 받은 놀라운 발견들이다.

옛적에 대중 중에서 수보리가 작정을 하고 물었다.

"최고의 깨달음인 無上正等覺(무상정등각)을 얻으려면 마음을 어디에 두고 마음을 어떻게 다스려야 됩니까?"

라고 싯다르타에게 물었다.

"인간이란 의식을 지닌 존재들이다. 의식을 없애면 아궁이의 재와 같은 無情物(무정물)이 되고 만다."

의식은 쉼 없이 활동한다. 그런데 의식은 志向性(지향성)이라 어딘가에 초점을 두거나 맞추지 않을 수 없다. 과연 어디에 의식의 초점을 두어야 할까? 24시간 성경만 읽어야 할까? 아니면 눈을 감고 기도만 해야 할까? 이러한 방법이 가능하다 해도 일평생은 불가능하다.

인간은 신에게 받은 절대 자유의지가 있어 그리 얽매이는 것을 원치 않는다. 아름답게 물오른 관능적인 여인을 보면 신경이 동하고, 준수한 청년을 만나면 여인의 가슴도 설레며, 건강한 善男善女라면 음양의 조화를 찾게 되는 것이 생명의 리듬인 것이다. 경허스님도 달라이라마도 예수님도 六識

(육신), 六根(육근)이 있었다. 다만 그분들은 속인들과는 달리 육식에 끄달리지 않고 사탄을 온전히 이겨 그들의 간사한 머리를 깨부수고 이겼던 것이다.

阿含經(아함경)에서 마라는 붓다가 正覺(정견)을 이루던 날, 아름다운 세 딸을 보내어 유혹했다. 부처님도 사람이다. 부인이 있고 아들도 있다. 경허는 여러 대중들의 오해를 무릅쓰고 오갈 데 없는 젊은 여인이 해질녘에 절에 찾아와 도움을 호소하자 자기 방에서 한 달 동안을 한 이불 속에서 재워주고 먹여주고 극진히 돌봐주었다. 결국 여러 대중 승려들이 여인을 끌어내고 경허스님은 쫓겨났다. 여인이 얼굴을 가렸던 수건을 벗자 심한 나환자였다. 경허는 말없이 배낭 하나 챙겨들고 절을 떠났다. 그분이 나환자 여인에게 성욕이 생겼는지 예수께서 마리아 마르다에게 성욕이 생겼는지 나는 모른다. 이런 말을 쓴다 해서 神聖冒瀆(신성모독)이라 생각하지도 않는다. 생육하고 번성해야 할 성욕이 잘못된 것이 아니라 성욕을 남용하여 일어나는 번뇌가 문제인 것이다.

인간 의식이 어디에 초점이 머물던 그것은 자유다. 다만 그 자유가 책임과 더 나은 삶의 질을 보장한다면 이는 中道(중도)에 머무는 성숙한 사람일 것이며 시비에 걸리고 번뇌를 겪는다면 아직도 善惡果(선악과)를 먹고사는 사람일 것이다. 오목렌즈나 볼록렌즈는 평면 렌즈와는 달리 다른 모양을 만들어낸다. 어느 쪽 모양이 진정한 모양인가? 그리고 그 이유는 과연 무엇인가?

인간은 환상, 망상, 공상, 망념, 잡념을 實像(실상)인 줄 알고 의식하며 고정되어버린 개념이 크나큰 重病(중병)이다. 言語的 思惟(언어적 사유)에서 고집하는 번뇌와 虛(허)와 虛간에 서로 오해가 발생하고 조직의 조화를 깨뜨린다. 이 정도 언급하면 五蘊(오온), 六根(육근), 六識(육식)과 무의식과 잠재의식을 눈치 챘을 줄로 안다. 내가 자주 쓰는 昌玄(창현)에 대하여 말했던 명상이 생각날 것이다. 창현이란 밝음과 어두움의 간격이다. 태양이 서산으로 기울고 나면 어둠이 내리고 이내 밤이 된다. 이는 태양이 멀리 떨어진 이유지 빛이 없어 진 게 아니다. 여기서 인간의 눈으로 보는 한계와 가시거리의 한계를 느끼는 것이다. 이사야 선지자는 이렇게 말했다.

"神靈(신령)한 사람은 눈에 보는 대로 판단하지 않으며 귀에 들리는 대로 판단하지 않는다고"(사11:1~3) 했다. 범인들은 내공이 약하여 지혜가 얕다. 그 얕은 지혜로 자신의 기준대로 살다보니 함정에서 벗어나지 못하고 귀로 듣고 눈으로 보고 마음으로 느끼는 대로 생각하고 말하고 자기중심적으로 이기심을 키워가며 세상을 넓게 보지 못하고 살다보니, 늘 부딪치며 시끄러운 시비 속에서 살 수밖에 없다. 이는 六識의 파장이 그렇게도 질긴 족쇄라는 사실이다.

그러나 中道를 깨달아 육근이 깨끗해지면 생명의 그릇이 확장되면서 작은 그릇들을 품을 수 있게 된다. 마음 그릇이 넓어지면 자주 신경질 부리던 일들이 이제는 웃어넘기게 되고 사고방식이 변하고 서서히 利他(이타)에 물드는 자신을 보게 된다. 이는 육식을 벗어나 끄달리지 않는다는 證票(증표)이다.

涅槃滅度(열반멸도)

산스크리트어의 니르바나의 음역으로 泥洹(니원)은 진흙탕물이 흐른다는 뜻으로 涅槃那(열반나), 등으로 음역하며, 滅度(멸도) 寂滅(적멸) 圓寂(원적) 또는 無爲(무위) 不作(부작) 無生(무생), 등으로 의역하는 것이 열반에 대한 사전적 의미이다. 여러 의미의 뜻을 종합해서 정리해보면 진흙탕 같은 세상의 고뇌와 불타는 번뇌의 고통이 소멸된 상태를 가리키며 그때 비로소 寂靜(적정)의 공함이 최상의 안락임을 삶에 실현하는 영원한 평화라고 할 수 있다.

아무리 하늘을 날고 기적을 행하고 죽은 자를 살려도 마음의 평화가 없는 사람은 가짜다. 部派佛敎(부파불교)에서는 석가모니 부처의 이상화, 神格化(신격화)에 따라 열반에 대한 개념과 생각도 변하여 수행자가 아무리 노력을 해도 이 세상에 생존하는 한 완전한 열반을 경험하기란 어려운 것으로 생각하였다. 그러므로 이 세상에 존재하는 동안에는 이론적으로만 불완전한 열반을 말하다가 비로소 사후에야 완전한 열반 상태에 들어간다고 믿었다.

대승불교에서는 無餘涅槃(무여열반) 외에 本來自性淸淨涅槃(본래자성청정열반) 無住處涅槃(무주처열반)을 주장하였다. 전자는 일체 중생의 心性(심성)이 본래 청정하다는 뜻으로 眞如(진여 : 있는 그대로의 진리) 그 자체임을 달관하여 안심의 경지에 이르는 것을 말하며, 후자는 대승불교에서 이상으로 여기는 열반으로 석가세존처럼 몸을 벗어 죽음을 경험하는 열반이 아니라 阿羅漢(아라한 = 궁극의 깨달음을 얻은 사람)의 경지에 도달하는 것으로 보는데, 나는 후자를 주장하는 사람이다.

기독교에서는 사람이 임종하여 죽으면 천국에 들어갔다고 말하며 더 이상 다른 이론이 없다. 슬픔과 눈물, 고통이 끝이 나고 영원한 낙원의 희락만이 존재하는 천국에서 영생을 누린다는 것이 기독교인의 最後所望(최후소망)이다. 나는 이렇게 깨닫는다. 생사에도 연연하지 않고 열반에도 머물지 않고 밤과 낮이 하루이듯, 결국 열반해탈이 어떤 특별한 경지로써 실재하는 것으로 생각하는 것은 신앙하는 사람들의 迷惑(미혹)이며, 열반이란 有도 無도 아닌 空으로서 따로 구분이 없는 것이다.

그러므로 열반은 두 가지가 있는데, 하나는 번뇌에 시달리지 않고 육식에 시달리지 않고 中道에 머무를 줄만 안다면 이것은 분명 해탈이다. 특별한 존재가 없고 모든 만물이 하나의 有機體(유기체)로 보인다면 이 또한 열반의 경지다. 대열반은 내 육신을 지탱해주던 五蘊(오온)이 地水火風(지수화풍)으로 돌아가고 호흡이 멈춰지는 그날 영원한 대지 흙이라는 어머니 품으로 온전히 귀향하는 것이 대열반이다. 이는 죽음이 아니라 신의 창조섭리 이전으로 歸鄕(귀향)한 것이다.

1) 解脫(해탈)의 실증적 효력

인류는 팽창하는 지구 인구 폭발 속에서 뒤엉켜 몸부림치며 살고 있다. 세상이 즐겁고 재미있어서 사는 사람보다는, 살아야 하니까 어쩔 수 없이 경쟁하며 목적의식도 없고 왜 살아야 하는지 생각할 겨를도 없이 기계처럼 일하며 살아간다. 이 고통의 매너리즘에 고민하며 쳇바퀴 돌리는 삶에 어느 날 염증을 느끼고 사유하는 이가 있다면 그나마 여지가 있는 사람이다. 求道(구도)는 의심에서 시작된다. "생각하는 갈대나 생각하는 사람이나 생각하는 백성이라야 산다."하던 함석헌 옹의 말대로 생각을 하는 사람이라야 영혼이 성숙하는 것이다. 살찐 돼지로 살던 가난한 철학자가 되던 자유의지에 맡길 일이지만 적어도 인간은 일하기 위해 태어난 노예나 기계 부속품이나 먹기 위해 태어난 돼지 영혼은 아니라는 것이다.

사람이 사람답게 살려면 사람으로서의 아주 기본적인 기준이 있다. 그것은 인간으로서 기본인 天倫(천륜)과 人倫(인륜)을 배워 수행 삼아야한다. 天倫은 부모와 형제간의 변할 수 없고 끊을 수 없는 인연과 인위적으로 맺은 것이 아니라 하늘의 도리로서 맺어진 血統關係를 잘 유지하며 변함없는 도리를 지켜나가는 것으로 이에서 한 걸음 더 나아가면 이웃사촌과도 잘 지내고 더 나아가 나라와 민족을 생각할 수 있으며 더 나아가서 仁義禮智(인의예지)를 깨닫게 된다면 이제부터 참 나를 찾는 구도 여행을 시작하는 것이다.

근래에 들어 뉴스 특보는 천륜을 버린 자식과 부모 이야기가 부쩍 늘었다. 배 아파 낳은 자기 친자식을 화장실 쓰레기통에 던지고, 미숙아를 종합병원에다 두고 달아난 여인이 붙잡히고, 아이를 죽여 욕실에 유기하고, 때려서 죽이고, 정인이란 아이는 입양 가서 맞아 죽고, 이렇게 죽어가는 어린이가 해마다 늘어난다. 경찰청 조사로는 이렇다. 2011년 6건, 2012년 6건, 2013년 3건, 2014년 4건, 2015년 4건, 버림받아 보호자가 없는 소년소녀는 2013년에 152명, 2014년에 152명, 2015년에 178명, 2020년에는 300여명에 이른다. 독거노인의 자살과 孤獨死(고독사)는 OECD 국가 중 1위라니 이 나라가 과연 경제가 세계 10위권을 자랑할 수 있을까?

人倫이란 헤겔 철학에서 말한 객관화된 이성적 의지를 이르는 말로서,

君臣(군신) 父子(부자) 兄弟(형제) 夫婦(부부), 등이 지켜야 할 도리이다. 道德(도덕)으로부터 인륜으로 이행함에 있어 인륜을 다음과 같이 헤겔은 정의하고 있다.

"인륜이란 살아 있는 善으로서의 자유의 理念(이념)이며, 이러한 살아 있는 선은 자기의식 속에 자기 의지와 의지의 활동을 지니고, 자기의식의 행동을 통해 자기의 현실을 지니지만 다른 한편도 마찬가지로 자기의식도 인륜적 존재 속에 자기의 기반과 동적인 목적을 지니는바 결국 그것은 현존세계로 됨과 동시에 자기의식의 본성으로 된 자유의 개념이다."라고 했다. 〈헤겔의 法哲學(법철학) 142절〉

그러므로 해탈과 열반은 비슷한 개념이지만 의미를 구별해야 한다. 해탈(vimoka)은 결박이나 장애로부터 해방 또는 자유로워짐을 의미함이며, 열반(nirvāna)은 불을 끄는 것, 즉 번뇌의 고통스런 불을 끄고 고요한 상태에 이르는 것을 의미함이다. 기록된 경전에서는 貪瞋癡(탐진치)의 六識이 다 끊어져 휘둘리지 않는 영원한 자유를 말한다. 사도바울의 고백처럼 성령의 아홉 가지 열매, 십자가에서 죽고 다시 살아난 부활과 거듭난 삶으로 새로운 피조물로 변형된 몸을 말한다. 이는 육적인 죽음을 말하며, 生老病死(생노병사)를 버리고 번뇌를 없애고 마음이 자유로워진 사람, 해탈 자를 가리켜 열반 상태로 말하기도 한다. 잡 아함경(雜阿含經)에서는 두 가지 해탈이 나오는데 慧(혜) 해탈과 心(심) 해탈이 있다.

慧解脫(혜해탈)은 오온이나 십이연기에 실체가 본래 없다는 것을 알아차림으로써 지적으로 해탈하는 것을 말한다. 그래서 이것을 알고 禪定(선정)을 통해 모든 번뇌를 말해야 하는데 이것이 心解脫(심해탈)이다. 참된 자유의 열반은 이러한 두 가지 해탈이 갖추어질 때 비로소 완전해진다. 열반은 생사의 두려움이나 공포에서 벗어난 세계다. 그곳에는 生하고 머무르고 滅하는 무상함이 없으며 슬픔과 눈물, 목마름이 없으며 전혀 부족함이 없는 상태로 그곳은 모든 行이 寂滅(적멸)한 속세의 욕망을 끝낸 곳이다(계22:3~5).

쉽게 말 한다면 교회에서 성경구절 몇 개 암송하며 신의 이름을 부른다 해서 구원이 되는 것은 아니다. 감히 구원이라는 반열에 오르려면 인격이 변화되어 신의 성품을 본받아 속된 것들이나 욕망을 멀리하며 영적인 사람으로 새로 태어난 경험을 바탕으로 하여 양심선언을 간증함으로 비로소 구원이라는 말이 효력을 발휘하는 것이다. 탐욕, 어리석음, 화내는 마음, 등을 소멸하지 않으면 열반이나 구원이라 말할 수 없는 것이다. 그러므로 열반이란 감각적 욕망에 대한 愛着(애착)이나 渴望渴愛(갈망갈애), 등이 실제로 사라지고 心理現想(심리현상)의 불들이 다 꺼진 상태들이다. 열반은 사실 죽음과는 상관이 없는 것인데 설명하느라 인용한 불교이론이다. 열반은 허무나 허망이 아니고 열반은 영원하고 행복이며, 궁극의 實在이며 참 나(我)이며 淸靜(청정)이다. 이러한 열반을 죽음과 연결지어 사용하게 된 것은 아라한이나 이미 부처단계의 깨달은 분들의 죽음을 빠리닙바나(parinibbāna)라고 불렀기 때문이다.

    이것은 중국에서 般涅槃(반열반)으로 음역 하였다 한다. 그러다보니 중국과 한국에서는 승려들의 입적을 반열반이라 표현하게 되었고 근래 와서는 이제 열반에 들었다고 죽음을 의미하는 뜻으로도 이해하고 있다. 그러나 열반은 절대로 죽음이 아니다. 열반은 온갖 부정과 죄악, 번뇌, 망상, 눈물, 고통, 원망, 불신, 희노애락이 끊어지고 찬란한 생명의 빛이 충만하고 환희와 기쁨이 넘치는 곳이며 그림자가 없는 절대세계로 대자유천지다. 그러면 어찌 살아있는 자를 열반하였다고 말할 수 있는가? 죽은 자를 열반에 들었다고 하는 것은 인간의 안이비설신의 六識에 휘둘리지 않고 죽음의 공포로부터 자유로울 때 비로소 해탈이라 할 수 있다. 이렇게 이론적으로 퍼즐이 맞아야 안정된 자유라 할 수 있으며 五蘊(오온)이나 十二緣起(십이연기)에 실체가 본래 없다는 것을 눈치 챔으로써 知的으로 해탈하는 것이다.

    이를 알게 될 때 헛갈리지 않고 바른 선정을 통해 모든 번뇌와 雜念(잡념)으로부터 해탈되는데 이것이 心解脫(심해탈)이라 한다. 열반은 이렇게 두 가지 해탈을 갖추어 질 때 완전해진다. 예수그리스도께서 사망권세를 이긴 것과 바울이 사망을 저주한 것이 이러한 경지이다. 생사의 괴로움을 살아서 벗어나는 것은 인간 최후의 자유이며 소망이다. 여기는 모든 行이 寂滅(적멸)한 열반이다

2) 大涅槃(대열반)

道란 무엇인가? 예수의 가르침의 본질은 福音書(복음서)이며 그중 마태복음 五章의 靈貧天國(영빈천국)이다. 오늘날 기독교 복음은 예수 사상 보다는 신비체험을 하고 로마로 건너가 뒤늦게 탄생된 바울의 편지들이 더 큰 비중을 차지하게 되었으며, 로마교회가 탄생하여 불행이 싹 트기도 하였다. 뭔가 분명 문제가 생긴 것은 분명하다. 그런데 예수의 얼굴 한 번 보지 못한 바울의 영적 체험 후 뒤 늦게 기록된 그의 편지들 중에는 분명 대자유의 妙理(묘리)가 숨겨져 있다.

그것은 바로 죽음이라는 지옥의 神을 저주함과 死亡을 저주하는 그의 의식부활이다.(고전15:51~57) 그리고 또 하나는 "아비도 어미도 족보도 없으며 생명의 시작도 끝도 없으며 하나님 아들과 방불한 멜기세덱의 영원성을 언급한 바울의 영적인 기록은 의식의 度數(도수)가 지고한 생명의 소식이다. (히7:1~3) 기꺼이 죽음을 피하지 않은 그의 값진 순교는 죽음 너머의 세계라는 확신을 의심치 않았다는 견해도 중요하지만 이단이 가장 두려워하는 怨讐敵(원수적)은 죽음 아닌가? 그런데 초대교인들은 도망치거나 피하지 않고 기꺼이 육신의 생명을 던지는 일이 허다했다.

나는 개인적으로 佛家에서 말하는 대열반을 두 가지 해석으로 말하고 싶다. 첫째는 生死境界(생사경계)를 넘어 오늘이라는 순간을 덤으로 살아가는 초월의식으로 사망권세를 물리친 이긴 자들, 십사만 사천(계14:1~3) 인과 같은 사람들과 또 하나는 善財童子(선재동자)처럼 萬古風霜(만고풍상)을 경험하며 세상에서 마스터가 되어 달관된 의식으로 生死如如(생사여여)의 경지를 터득하여 비록 이 땅에 발을 딛고 살지만 의식은 이미 六識을 초월하여 덤으로 살아가는 사람들이다. 나고 죽음이나 부활이나 부귀영화나 명예 권

세나 還生(환생)도 관심 없다. 고스란히 흙으로 돌아가 대지의 품에 돌아가도 뼛가루가 深山幽谷(심산유곡)에 뿌려져도 이미 두려움이나 애착, 집착이 끊어진 상태이니 이것이 대 열반이다.

★ 諸行無常(제행무상)

만들어진 모든 것은 무상한 것이다.

끊임없이 변하고 사라져가는 것

하늘도 땅도 神도 人間도

하나뿐인 내 생명도

철썩 같이 믿던 사랑의 맹서도

결국은 다 변하고 사라져가는 것

무상 앞에 부러진 저 돌기둥

지금 우리를 향해 말하고 있다.

3) 성철의 病中一如(병중일여)

불교 수행자들 중 悟道頌(오도송)을 남기는 이들이 많다. 근대 한국 불교계에서 생불처럼 고명한 분이 성철스님이라 알려지고 있는데, 나도 이분의 법문을 여러 편 듣고 일감스님을 통해서 이분의 저서들을 구하여 찬찬히 정독하고 연구하였고 예전 80년대에 〈법당에 찬송가 소리〉라는 제목의 성철스님 저서를 읽은 적 있다. 강한 경남 사투리 악센트와 혀 신경이 어눌하여 정신 바짝 차려야 이 분의 법문을 겨우 알아 듣는다. 성격은 불같고 괴팍하고 단순 순진하고, 천진하다. 20년을 연구하며 또 생각하다가 어느 날

이분이 부처의 경지에 도달한 깨달은 분이라고 결론을 내렸다. 어느 날 "나한테 쏙지 말아라. 지옥 간데이…!"라는 이 애매한 말을 영성 없는 껍데기 교인들이 전도할 때 성철스님이 평생 도를 닦았으나 '나는 거짓말을 많이 해서 지옥 간다 했다'로 알아들어 지금까지도 그 말을 전도할 때 인용하는 실정이다.

성철이 수행하는 백련암의 찬바람은 老僧(노승)들에게는 면역력을 떨어뜨리는 도량이다. 주위 사람들의 주선으로 말년 어느 날 부산 쪽으로 거처를 옮겨 줬으나 성철은 감기에 걸려 고생을 하다가 나이 탓인지 폐렴이 진행되어 결국 동아대학병원에 입원을 할 정도로 악화했다.

당시 해인사의 총무국장직을 맡아보던 제자에게 창백한 얼굴모습으로 물끄러미 바라보다가 건성으로 해인사 안부를 몇 마디 묻더니 성철은 무심히 한마디 던졌다

"똑같다!"

"네!" 느닷없이 무슨 말씀인가?

제자가 말귀를 못 알아듣고 눈을 멀뚱거리자,

"이놈아! 똑같다 말이다."

무엇이 똑같다는 말인지, 전혀 알아듣지 못해 총무국장은 할 수 없이 용기를 내어 물었다.

"무엇이 똑같다는 말씀이십니까?"

성철스님은 한참을 바라보다가 입을 열었다.

"옛날 젊었을 때나 10년 長坐不臥(장좌불와)할 때나 지금이나 다 똑같다는 말이다. 니는 언제나 벽창호를 면할라카노? 그 말도 얼른 몬 알아 듣나 쌍놈아이가?"

목소리에는 어리석음을 책망하는 노기가 서려있었다. 똑같다는 불교식으로 一如(일여) 如如(여여)하다는 말이다. 一如(일여)는 여러 단계가 있다. 화두가 머릿속을 떠나지 않는 경지를 動靜一如(동정일여)라 하고, 깨어있을 때나 잠을 잘 때나 꿈속에서도 화두가 밝고 항상 한결같은 경지를 夢中一如

5. 육식(六識)에 대하여

(몽중일여)라 하고 잠이 깊이 들어서 漠然(막연)하면 熟眠一如(숙면일여)가 된다.

성철스님은 목숨이 오락가락하는 상태에서도 평상시와 조금도 다름없이 깨달은 마음이 한결같았다는 의미로 병중일여를 말했던 것이다. 성철은 출가 후 3년 뒤에 대구 동화사 금당선원에서 깨닫고 오도송을 불렀고 그 뒤로 단 한 번도 헛갈리거나 흔들리지 않았다. 자유의 진리는 무슨 일을 만나든지 살든지 죽든지 지구 종말이 닥쳐도 如如한 것이다. 이것이 살아서 배워야 할 지식 열반이다.

4) 수행자들이 추구하는 목적

도를 닦는 수행자들의 목적지는 어디일까? 구도자들이 꿈꾸는 목적지는 어디일까? 불교식으로는 걸림 없는 해탈일 것이며 예수 방식으로는 진리를 깨달아 아는 길이다. 眞理(진리)는 참된 다스림이다. 이 무한한 자유를 찾아 헤매는 온갖 종교행위는 오랜 세월 달을 가리키는 손가락을 바라보는 허상을 좇아 생을 바치며 사라져갔다. 예수께서는 단적으로 어린이와 같이 되지 않고는 결단코 천국에 들어가지 못한다고 말했다. 어린아이의 本質(본질)은 單純(순수) 즉, 복잡이 없고 심각하지 않고 단순하다. 佛家에서는 도인을 바보 멍청이로 비유하는데 어린아이, 바보, 도인은 일체로 보는 것이다. 貪瞋痴(탐진치)를 실제로 버리면 아이처럼 보인다. 구도의 물이 오를 때에는 인생의 숙제가 주어진다. 그것은 바로 '나는 누구인가?' '나는 어디서 왔는가?' 그리고 '어디로 가는가?'라는 그럴듯한 哲學的(철학적) 물음을 붙잡고 한바탕 왕성하게 움직인다.

당연히 비교 종교적 마인드에 선악을 선 긋지 않는 너른 가슴으로 사람을 대한다. 너그러워 보인다. 평화를 추구하는 사람으로 알려지고 주변에 다툼이 사라지고 제법 시비의 바람이 일지 않으니 깨달은 사람처럼 보인다. 화냄이나 선행에 앞장서는 것처럼 보이고 정직하고 인정 많은 사람으로 보인다. 그러나 이것은 해탈의 本質이 아니며 기독교의 자유도 아니다. 그러면

해탈 그곳은 어디일까? 거기는 바로 모든 質問(질문)이 사라진 자리이다. 철학적 질문이나 궁금증도 사라지고 알고 싶은 것도 없고 生死에 대한 두려움도 없어지고 철모르는 아이처럼 번뇌가 사라진 마음으로, 진귀한 물건에도 명품에도 관심이 사라지고 누명을 입어도 업신여김을 받아도 별 관심 없다. 사회적으로 높은 위치에 있는 사람이나 부동산에도 관심이 없으며 방 한 칸이면 족하고 디오게네스나 예수처럼 집 한 칸이 없어도 기죽지 않고 우주를 유영하며 주인으로 살아가면서 여행객처럼 살아가는 것이다.

諸法無相 諸法無我(제법무상 제법무아)를 念하는 것은 자의식의 완전한 소멸과 나의 모습과 나라는 존재와 나라는 생각과 분별심과 판단력이 다 사라지고 모든 것들이 완전히 없는 자리가 참 해탈의 자리다. 그러므로 一切皆空(일체개공)은 모든 현상의 실체가 텅 빈 것, 이 세계가 없어질 때 모든 물질이 사라지는 것을 의미함이며, 空 思想(공 사상)은 현상계의 존재에 대한 집착인 有, 존재의 고정관념을 타파하는 것이다. 63빌딩이든 수에즈운하든지 원자탄이나 마천루라도 이 현상계는 여러 인연이 화합하여 조작된 裡面(이면)을 관찰하면 無自性(무자성)하고 無我(무아)이며, 소유가 아닌 진리성이 존재함으로 이를 空이라고 표현하는 곳이다. 이 空은 전혀 내용이 없는 偏空(편공)이 아니라 현상계의 有를 포용하는 공이므로 중도적인 공이다. 中道는 兩面(양면)이 다 보이는 한 가운데다.

과학에서 밝힌 인류역사의 흔적들을 더듬어보면 무엇을 가리켜 恒常(항상) 하다 할 수 없다. 한 세대는 가고 한 세대는 오고 또 사라져 간다. 존재의 본질을 깊이 파고 또 파보면 결국은 나는 우주의 일부분이며 피조물 중의 한 부분이며 고유한 존재이긴 하나 두뇌를 굴려 뭔가를 깨달아 알아내는 도구가 아니라 분명한 건 나는 신의 일부이며 신의 형상이며 우주 가운데에서 일부분으로 살아가는 존재다. 이것만이 분명한 인간의 자각과 知識(지식)이다. 뭔가를 알아 가면 갈수록 끝이 없는 우주법계는 더 큰 우주로 남아있다. 과학은 상상이었고 종교는 도피처였다. 이렇듯 우주는 인간의 어떤 지식이나 지혜로도 다 알아낸 사람이 없고 다 알 수도 없다. 머리를 비우는 것은 이렇다. 조건에 의해 만들어지는 인간의 율법이나 철학적 물음을 다 잠재우고 나는 모른다는 사실 하나를 깨닫는 것이다. 바보, 멍청이를 만드는 놀라운 기술이 바로 자유요 해탈이다. 하나님과 우주 앞에서 아무것도 모르는 것을 깨닫는 것만이 해탈이다. 깨달으려는 집착도 더 배우려는 것도 貪瞋癡(탐진치)를 부르는 것들이다. 내가 늘 말하는 단어는 인간이 우주와 하나님의 세계를, 天地萬物의 법계를 다 알 수 없다. 우주의 법계를 인간이 안다는 것은 마치 개미 한 마리가 태평양 바닷물이 몇 방울인가를 척량함과도 흡사하다.

여기서 우리는 소크라테스의 놀라운 변명을 언급하지 않을 수 없다. 그는 이렇게 말했다.

"가장 큰 인간의 죄악은 無知이다. 나는 이 모르는 것을 안다. 너 자신을 알아라! 그러므로 인간이 깨달음을 얻는 것은 이 무지를 깨닫는 것이다."

약간의 영감을 받아서 글을 쓰고 명상록을 남기고 사람들을 유익하게 돕고 어두움을 밝히고 선구자적인 리더자가 더러 있으나 우주를 다 알아낸 사람은 아무도 없다. 인간이 뭘 좀 안다 해서 논문을 발표하고 강론을 하고 학위를 서로 주고받으며 自慰(자위)하고 우쭐하고 자랑 질을 한다. 그러나 인간제도의 진리는 늘 상 백년을 견디지 못하고 뒤집어졌다. 니체는 이렇게 말했다. "인간의 지식은 일시적이다." 천동설, 지동설, 지구 공동설, 스티븐 호킹의 우주 블랙홀 등은 다 뒤집혔다. 기독교의 神學的 이론은 거짓투성이이며 기득권 장사꾼들이 만들어놓은 그물망들이다.

가장 큰 깨달음인 동시 자유요 해탈은 무지를 깨닫는 것이다. 그리고 宇宙 앞에서 神 앞에서 나의 모르는 것을 깨닫고 어린아이처럼 바보처럼 근심 없는 삶을 사는 길이 최고의 깨달음이다. 보라 오늘날 뭘 좀 안다는 성자라는 인간들과 교주들을 통해서 얼마나 지구가 더럽혀졌으며 사람들의 정신계가 황폐해졌는가? 수행자들과 구도자들이 추구하는 목적은 말할 것도 없이 대 자유요 번뇌 없는 해탈이다.

"여러 책을 쓰는 것은 끝이 없고 많이 공부하는 것은 몸을 피곤케 하느니라"(전도서12:12)

★ 이큐先師(선사)의 禪時(선시) 한 편

一休 禪師는 14세기 일본의 손꼽히는 인물로 대표적인 선승이었다. 그는 충직한 불교 수행자였으나 한편으로는 모든 교리를 뒤엎어버린 선승이었다. 그의 모친은 왕의 총애를 받는 궁녀였다. 황제의 엄연한 아들로 태어났지만 왕비의 질투로 인하여 궁정에서 쫓겨나 혹독한 가난과 싸우며 향을 팔아서 옷가지와 식량을 구하며 어렵게 살다가 26세가 되는 해 까마귀의 울음소리를 듣고 인생의 본질적인 문제를 깨닫고 구도가 시작되었다. 두 번이나 자살을 기도했던 그는 뒤늦게 여러 선시를 남기고 큰 깨달음의 소리를 듣고 唯我獨尊(유아독존)의 길을 택하여 無礙(무애)의 길을 택하였다. 난해한 시들이 많은데 그 중 한 편의 산문을 인용해본다.

자비롭고 진실 된 이에게 물어라.

홀로 와서 홀로 가는 것이 또한 환상이다.

오지도 않고 가지도 않는 길을 내 가르쳐주리라.

세상만사는 먹고 자고 배설하고 일어나는 것

그 후에는 눈감아 흙에 눕는 일

나는 죽지도 않고 어디로 가지도 않고 여기에 있으리라.

그러나 내게 아무것도 묻지 말라. 대답하지 않으리…

그것이 무엇이든 일체가 환상의 세계

죽는 것도 진실은 아니다.

道란 다만 世間과 世外

자연 풀잎 바다 강물

有漏(유루)에서 無漏(무루)로 돌아오는 길에 쉬고 있으니

비오면 비를 맞고 바람 불면 바람을 맞으리…

본래 존재하지 않는 이전의 나로 돌아오면

죽으러 갈 곳도 아무 곳도 없네.

물으면 대답하고 묻지 않으면 대답 없는

달마선사의 마음속에는 아무것도 없네.

시작도 없고 끝도 없는 우리의 마음이여

태어나고 죽음도 空하도다.

삼계에 지은 모든 죄

나와 더불어 스러져가리.

    - 이큐 선사 -

7장

허무의 붓다들

1. 虛無(허무)의 붓다들

　나는 어쩌다가 목사 친구들보다 僧侶(승려)들을 여럿 알게 되어 친하게 지내는 편이다. 비구(比丘) 스무 명 정도, 비구니 스님 10여 명과 친분을 갖고 지낸다. 나름대로 불교 철학에 관심이 많아 홀로 경전을 밤새워 연구하기도 하며 모르는 것은 더러 질문도 하고 전국의 유명 고찰은 다 방문해 봤다.
　자연스럽게 절집의 속사정까지 더러 눈치 채어, 과다 정보로 귀로 듣는 번뇌에 시달리기도 했다. 부동산 재산권 때문에 재판문제로 몇 년을 시달리는 이, 애인문제로 난리를 치루는 이, 숨겨둔 자식 문제로 고통 받는 이, 자기 그림을 高價(고가)에 강매 하는 이, 과도한 불사로 빚을 지고 번뇌 하는 이, 습관적으로 도박에 빠져 끊지 못하는 이, 주식 투자하고 번뇌하는 이, 막행막식으로 몸이 망가져 투병하는 이, 내가 아는 스님들은 한둘 빼고는 전부 술과 여자로 생을 불태우는 사람들로 보였다. 내가 이분들을 판단하는 것이 아니라 운이 나쁘게도 내가 아는 이들은 一般人(일반인)들보다도 不道德(부도덕) 하여 의식의 振動數(진동수)가 낮은 사람들 같아 서서히 멀어져 갔다. 나는 이분들을 허무의 붓다들이라고 말한다.
　금산에서 내가 한국문인협회 지부장을 역임할 때 유명세를 몰고 다니는 화가 스님이 찾아왔다. 돈 오백만 원을 마련하는 중이라 했다. 미국으로 우명선사(마음수련원)를 만나 영혼이 부활해야 하는데 비용을 내야 한다는 것이다. 기가 막혔다. 나는 나보다 나이가 훨씬 많은 스님을 호되게 꾸짖었다. 대화를 나눠보니 그림만 그렸지 속이 텅 빈 깡통 같았다. 보광사에서 만난 한 스님은 여자 생각이 나면 돼지고기 궁둥이 살을 몇 근 사서 칼집을 내고 섹스를 한다고 했다. 노후대책하느라 모두가 집을 장만하기 위해 안간힘을 쓰는 모습에 불교에 대한 환상이 일단 무너져 내렸다. 그나마 건전한 분들이 몇 분 남아 지금도 왕래는 하고 있다. 모두가 불교를 잘 못 배워서 이러한 허무의 병을 앓고 있는 것이다.

1) 虛無의 붓다들의 최후

沈演(심연) 혹은 意念(의념) 지옥이 있다. 의념이라는 말 외에 어떤 것으로 표기할 수가 없어 티베트 〈死者의 書〉에서 힌트를 얻어 의념이라는 말이 적절할 듯싶어서다. 깊고 깊어 그곳은 존재라는 것을 찾아 볼 수 없어 보인다. 깊고 깊은 無底坑(무저갱)으로 생명체 존재들이 살 수 없는 거대한 深淵(심연)이다. 끝을 알 수 없는 모든 경계들을 무너뜨리며 잠식해 있고 측량할 수 없는 깊이가 사방팔방에 날아다닌다. 숨도 쉴 수 없을 정도의 적막이 곳곳에 배치되어있다. 이곳의 주인은 과연 누구일까? 아무것도 살아있을 수 없는 이 공간의 유일한 생존자 이곳에서 시간은 발견되지 않으며 공간을 장악하고 있는 것은 어둠과 두려움뿐이다. 마치 태평양 한 가운데에 깊은 수천만 마일의 海底(해저)속에 휩쓸려 내려간 것과 같다.

얼마나 깊은지 물고기나 고래, 상어는 물론 갑각류나 미생물조차 보이지 않는 완벽한 어둠의 밀실, 이처럼 여기는 이곳에 빠진 자 외에는 어느 존재도 살 수 없다. 대우주를 수백 개 합쳐놓은 것 보다 더 거대한 검은 공간임에도 불구하고 별 하나 없고 움직임조차 없으며 자기 외에는 어느 누구도 발견되지 않는다. 검은 암흑이 무한대로 사정없이 날뛰고 있고 어둠이 벽이 되어 이곳에 도달한 자를 수 만겹 층으로 감싸고 있다. 그런데 이곳에 도착하는 자마다 미친 듯 경험하게 되는 것은 바로 공포의 전율이다. 어둠을 가득 채우고 있는 것은 두려움이라는 괴성의 말살자… 이곳에 도착하자마자 미친 듯 경련을 일으키며 벌벌 떤다. 이곳은 지옥이 아니다. 지옥처럼 고문을 받고 고통을 받는 것은 아니지만 두려움에 골수가 빠져버릴 정도로 미쳐버린다.

누군가에 또는 어떤 것에 의해서 고통을 당해서 일어나는 게 아니라 그곳에 빠진 자기 자체가 두려움으로 변해버린다. 이곳은 차라리 지옥보다 두려운 곳이다. 보통사람이 죽으면 목적지까지 끌려가는 시간이 좀 걸린다. 길면 몇 십 초 정도 걸린다. 1초에 靈魂들은 수만 광년을 넘나든다. 수십 초면 정말 알 수 없는 측량 불가한 미지의 어느 곳일 것이다.

그러나 이곳 검은 심해에 빠진 자는 죽자마자 바로 양옆 좌우 공간이 그를 0.0001초도 안 걸리고 덮쳐버린다. 마치 두꺼비가 파리 낚아채듯 빨려간다. 거대한 관 짝 같은 어두움의 대우주 공간이 그를 순식간에 먹어치운다. 악어가 먹이를 잡아 위장에 삼키듯 그리고 떨어진 그 영혼은 그곳에서 아주 옅은 빛이라도 찾아볼 수 없다. 이곳은 어둠의 空(공)이다. 두려움과 떨림으로 제정신을 잃어가는 곳이다. 두려움만 존재하는 곳이다. 눈을 들어 사방을 돌아봐도 아무것도 보이지 않는 이곳, 거대한 흑암의 空이다. 이곳은 과연 누구의 것일까? 석가모니 붓다도 이곳을 설한 적이 없다. 이곳은 천국도 지옥도 업보도 부처도 八正道(팔정도)도 四聖諦(사성제)도 없다. 전생도 없고 법도 미래도 과거도 아무것도 없다. 나 혼자 밖에 없다. 이곳은 출구도 없으며 입구도 없다. 어떤 항우장사도 절대로 나갈 수도 없다. 여기는 이 땅에 살면서 선택되어 찍힌 자들만 특별히 갈 수 있는 곳이다.

붓다의 법을 부정하는 승려들 輪迴(윤회) 還生(환생)을 부정하고 농담으로 여긴 자들, 경전 이용하여 장사하는 자들, 깨달았다고 스스로 자기를 스승으로 높여 붓다를 자기 아래로 내려다보며 막행막식 하는 승복 입고 흉내 내는 사람들, 布敎(포교)한다 하면서 자기 사람을 만드는 사람들, 한명을 전도 할 때마다 구렁이 넓어지고 두 명을 포교하면 더 큰 암흑의 구덩이가 기다린다. 예수님이 유다를 향해 하신 말씀 차라리 태어나지 않았더라면 더 나았을 것이라고 말한 것이 그의 死後(사후)를 다 알고 있었기 때문이다.

현실세계에서 100년을 화려하고 즐겁고 쾌락의 절정을 누리며 산다 해도 생명의 실상과 창조주의 섭리를 깨달아 참회하고 어린아이처럼 새로 태어나지 않으면 이곳에서 누린 행복이 아무런 의미도 없는 슬픔으로 변하고 숨을 거두면 1초 만에 이승에서의 모든 불장난이, 행복한 기억들이 사막의 먼지처럼 일순간에 사라져버린다.

　활동하는 승려 중 종범 스님이 깨달은 분이시다. 우리나라 스님들 중 현재 覺者(현자)는 10여 명이 안 된다. 이 글을 쓰는 나를 판단하는 어리석음을 범하지 않기를 간곡히 바란다. 基督敎 목회자들 중 극소수 외에는 전부 입에 발린 욕심쟁이들이며 이들의 갈 곳을 감히 말할 수 없다.

　한국교회는 예수 그리스도를 믿는 사람이 별로 없다. 예수와는 너무나 동떨어진 생활을 하고 있다. 의념 지옥은 사람마다 환경이 조금씩 다르다. 나는 명상 중에 이 무시무시한 의념지옥을 1998년 여름에 금산에서 경험하였고, 2020년 늦가을 이곳 명상센터에서 경험하였다. 밥 먹고 할 일 없어서 이런 말을 퍼뜨려 사람들을 해코지 한다 생각하는가? 무슨 천벌을 받으려고… 나는 영계의 선지자다. 그리고 우주 12영 센터의 기자다. 부디 선하게 살고 돈에 집착하지 말고 주색에 빠지지 말며 색동저고리 만들지 말라. 무시무시한 일이 머지않아 일어난다. 사람들이여! 당신들이 지금 몸을 받고 태어난 것을 깊이 감사하라! 허무의 붓다들과 가짜 예수쟁이들 사기꾼들, 대형교회 교주들, 축복 장사들 돌아갈 곳이 명백하니 이 일을 어이할꼬! 어서어서 의식 부활하여 禍를 면하고 천상에 태어나라!

2) 永遠(영원)과 虛無(허무)의 極端(극단)

　영원과 허무의 극단을 느껴보자. 싯다르타는 영원주의와 虛無主義(허무주의)의 두 극단을 모두 거부했다. 올바르고 완전한 관점을 개발하기 위해서는 먼저 불완전하거나 잘못된 것으로 보이는 두 관점에 대해 분명히 알아야 한다. 첫째로 永遠主義(영원주의)는 영원한 삶 또는 영원한 것과 관련된 주의나 신념이다. 붓다 이전의 시대에 영원 주의는 실제적인 가르침이었다. 절대자에 합치하기 위해 영원한 영혼을 보존함으로써 인간은 영원한 삶을 살 수 있다는 것이었다.

그렇다면 붓다는 왜? 영원 주의를 거부했을까? 진실의 입장에서 이 세계에 존재하는 모든 대상을 이해하려고 할 때 현상 세계에서는 영원히 존재하거나 영원한 어떤 것도 발견할 수 없었기 때문이다.

눈에 보이는 모든 것은 변하며 또 그것들이 의존하고 있는 조건들에 순응하기 위해 끊임없이 변한다. 어떤 것들의 실체나 어떤 영원한 것들을 찾을 수 없다. 이것이 永遠主義(영원주의)자들이 잘못됐거나 틀렸다고 보는 관점의 근거이다. 두 번째의 잘못된 관점은 虛無主義(허무주의)이다. 죽은 뒤에는 어떠한 삶도 없다고 말하는 견해인데, 허무주의자들에 의해 견제되는 견해이다. 이 관점은 정신이 조건이 된 지식을 받아들이기를 거부하는 物質主義的 철학에 속한다. 物質主義的(물질주의적) 철학에 동의하는 것은 삶은 단지 부분으로 이해되는 것이다. 허무주의는 정신적 조건이 고려된 삶의 측면을 무시한다. 만일 죽거나 삶이 멈추고 난 뒤에 다시는 삶이 재연되지 않는다고 주장한다면 정신적 조건의 계속성을 부정하는 것이다.

삶을 이해하기 위해서는 정신적이거나 물질적인 모든 조건들이 마땅히 고려되어야 한다. 정신적이거나 물질적인 조건을 받아들인다면 죽음 이후에 삶은 없다고 말할 수 없으며, 또 죽고 난 후에 더 이상의 生成은 없다고 말할 수는 없는 것이다. 이런 허무주의자들의 존재에 대한 관점은 잘못 고려된 것이다. 왜냐하면 그것은 존재의 本質(본질)에 대한 불안전한 이해에 바탕하고 있기 때문이다.

이것이 붓다가 허무주의를 배척한 이유다. 카르마의 가르침은 죽음 뒤에는 완전한 소멸이 온다는 것이 잘못된 것이라는 붓다의 가르침을 증명한다. 아울러 業報(업보)의 가르침은 불교에서 생존은 영원한 영혼을 의미하는 것이 아니라 정신이 지속되는 거듭거듭 새롭게 생성되는 감각의 의미라는 것을 입증한다.

붓다는 제자들에게 그의 진리를 장구한 기간을 통해 思辨的(사변적)인 논쟁을 금하라고 가르쳤다.

紀元前(기원전) 5세기경 인도에서는 학자나 요기, 哲學者, 국왕, 심지어 평민, 재가자들까지 인간의 존재에 대한 철학적 논쟁에 지속적으로 참여하고 있었다. 논쟁의 주제 중에는 아무런 의미도 없는 시시콜콜한 것들도 꽤 포함되어 있었다. 허망한 논쟁으로 시간을 낭비하고 삶의 본질에 대한 참된 해결책을 찾기보다는 정신적 훈련에서 자신들의 우의를 점하려는 무의미한 시도들이 성행했다. 그러나 붓다는 무가치한 論爭(논쟁)은 물론 우주의 기원에 대한 추론에 연루되는 것조차 단호히 거부했다. 붓다는 인간이 직면한 문제는 과거나 미래가 아니라 바로 지금 문제임을 중시여기고 분명히 했던 것이다. 붓다가 니르바나로 가기 위해 가장 중요한 것을 八正道(팔정도) 중 하나인 바른 견해 正見(정견)이라 주장한 이유도 여기에 있는 것이다.

예수께서도 천국에 대한 미래사적인 개념보다는 현재 지금 여기의 마음 상태를 중시 여겼다. 마음이 깨끗하면 하나님을 즉시 볼 수 있다 했고, 천국이 사람의 마음에 임한다고 하였는데 마음으로 믿어 義에 이른다는 것이다. (마 5:8, 눅 17:21) 모든 사람이 말하는 그 언젠가라는 시간은 먼 미래가 아니라 바로 지금이다.

붓다의 마지막 遺訓(유훈)은 우리에게 인문학의 근본 물음인 '인간이란 무엇인가?' '어떻게 살아야하는가?'에 대한 직접적인 답을 주고 있다. 붓다의 가르침은 인간이란 原始(원시) 우주의 주인공이다. 그렇기 때문에 그 누구도 아닌 자기 자신과 진리에 의지하여 삶을 살아야 한다. 十字架는 누가 대신 짊어져다 주는 것이 아니다. 요한복음 14:6절은 재조명하여 명상해야 하는 교훈으로, 붓다는 이를 가리켜 바로 유명한 '자등명 법등명(自燈明 法燈明)'이라고 가르쳤다.

붓다가 마지막까지 전하려 했던 진리는 무상이라는 存在界의 實相(실상)이었다. 세상에 영원한 것은 없다는 엄연한 현실을 직시하고 지금의 순간순

1. 허무의 붓다들

간을 최선으로 천국을 건설하며 후회 없이 살아가는 길만이 인류에게 남길 철학적 메시지였다. 모든 것은 헛되기 때문에 삶을 무의미하게 바라보는 멍 때리는 虛無主義(허무주의)와는 격이 달라도 한참 다른 이야기다. 삶을 厭世的(염세적)으로 바라보는 허무와 적극적이고 주체적인 삶을 살라는 무상을 혼동하는 얕은 지식으로 불교를 바라보는 어리석음을 범하지 말 것이다.

2. 착각 하는 聖者病(성자병)

민주주의를 주장하는 나라에서는 종교의 자유라는 법이 있어 극악무도한 파렴치범 아니면 대체로 헌법의 보장을 받는 편이다. 非營利(비영리) 단체라는 이유로 세금도 감면 받고 그동안 집회의 자유 설교의 자유, 선교나 포교의 자유로 사회적으로 악을 끼치지만 않는다면 박해도 없고 간섭하는 자도 없어 사회주의 몇몇 나라 외에는 대체로 종교는 자유로운 가운데 눈에 뜨이게 성장하여 왔으며, 天文學的(천문학적)인 비용을 들여 사원이나 교회당을 짓고 거대한 조직으로 飛躍(비약)하였다. 불교는 예외지만 기독교는 중세시대의 기나긴 역사 속에서 그 권력을 하늘 높은 줄 모르고 휘둘러 교만 불순하여 세상을 맘껏 주무르고 심판하며 1,700년 이상 위세를 부렸다. 루터의 宗教改革(종교개혁) 성공 이후로 95가지 성경에 위배되는 사항들을 교정하여 프로테스탄트는 어느 정도 안정되어 가는듯하였다. 마녀사냥도 끝나고 박해도 없고 가톨릭과 분리된 이후 개신교회는 500년 동안 급성장하였다. 박해 없는 교회는 선교의 자유로 노력만 한다면 누구나 열심히 포교하여 교회를 세울 수 있다. 2015년 통계청 조사로 본 기독교단체 교회 총 개수는 가톨릭을 제외하고 54,738개에 목사108,564명으로 나타났다. 1990년대 1300만 명의 신도 수는 20년이 지난 지금은 크게 줄어 800만 정도 나타났다.

여기까지가 한국교회의 전성기였고 성장기 역사다. 니느웨 성은 요나가 선교한지 100년이 못되어 몰락했고, 러시아 교회가 1세기가 못되어 문을 닫았고, 독일을 비롯한 서양의 교회들이 대부분 선교 1세기쯤 지나면 그

열기나 기세가 시들어 문화형식으로 치우쳐 명분만 겨우 유지하다 대개 문을 닫았다.

검증 받지 않은 自由意志(자유의지)

지난 반세기동안 한국교회는 세계 1위를 자랑하는 신도수와 교회 수, 선교열정으로 목사들은 세계에서 박수 받는 스타덤에 올라 비행기를 타고하늘을 가르고 해외집회를 안방처럼 다니고 부흥사들은 마치 神처럼 칭송을 받았고 가난한 교인들은 '이 몸의 소망 무언가?' '먹보다도 더 검은 죄로 물든 이 마음' 눈물을 강요하는 찬송을 부르고 또 부르며 밤을 새우고 부흥사들은 저들의 가련하고 연약한 심리상태를 이용하여 더욱 더 매운 고춧가루를 눈에 뿌려 회개의 눈물을 강요하여 가난한 주머니를 쥐어짜내어 10년 사이에 수천 개의 교회가 전국에 세워지고 신도수도 증가하여 세계를 놀라게 한 것은 부인할 수 없다. 예수님은 부흥사들의 명령에 응답해야 했고 당나귀처럼 타고 다니며 하나님을 기도응답의 도구로 축복의 주머니로 이용하였다.

이것이 내가 본 불경건한 성직자들의 그릇된 신앙관이며 경건 없는 마피아들이다. 50년 동안 내가 겪은 한국 교회의 현황은 아무리 객관적 시각에서 易地思之(역지사지)로 돌이켜 봐도 예수와는 관계없는 종교 사업가들이다. 내가 밀알 부흥단에 2년 정도 있을 때 놀라운 경험은 목회자들의 聖者病(성자병) 이었다. 대개가 스스로 우월의식에 도취하여 입으로는 주님을 부르는데 막행막식, 돈, 이성문제, 등은 여느 교주들과 다를 바가 없다. 하나님의 종들이 아니라 예수를 종으로 부려먹으며 예수를 심부름시켜먹는 권세자들이다. 이들은 죽는 날 깨닫게 되는데 모조리 무저갱에 한없이 내려간다.

이제부터 나의 생각을 기록하려 한다. 이야기를 하자면 너무 길고 또한 우리는 너무나 거짓교리를 붙잡고 속고 또 속고 크게 속아 1800여 년을 가라지 복음을 듣고 영혼을 팔아넘겼다. 죄 많은 사도바울의 로마 선교는 애시 당초 잘못된 길이었다. 그의 소명이 내적인 것이든 외적인 것이든 결과는 로마교회를 살찌웠고 에세네파의 영지주의자들이 박해를 받고 밀려나고 황제의 총애를 입은 자들의 살인교리로 인류를 붉은 용과 혼음을 하게 만들어, 진리의 씨가 자라는 밭에 가라지를 다시 덧 뿌려 초대교회의 순결을 빼앗고 지구촌을 바벨론 문명으로 장악하여 교황숭배와 더불어 프리메이슨, 일루미나티는 로마교회를 이용하여 전 세계를 점령하였다. 그 뒤로 기독교 사업가들 깡패 아니면 야쿠자들처럼 군림하여 바벨탑을 높이 쌓았다. 金盞에 독주를 부어 마시며, 음행의 포도주에 취하여 황제들의 교리는 끝없는 영광을 받으며 군림하였다.

나는 이렇게 말한다. 세상만사는 주의 주장, 규격, 기준, 준법, 교리, 교훈, 훈칙이 있다. 요리사나 기술자, 교사, 변호사, 법관, 음악인, 藝術家(예술가)들, 일반 작가들 모두 어떤 기본적인 원칙이 있고 심사 위원이 있고 기준이 있는데 종교는 神學校(신학교)만 나오고 고시에 합격 하면 목사가 되고 승려들은 강원을 졸업하고 일정기간 수행을 하면 계를 받고 머리를 밀고 구도의 길을 간다.

아아! 그러나 이것이 결코 아니다. 이들의 自由意志(자유의지)와 人格(인격)은 누가 검증을 하며 심사를 하고 양심의 척도에 기준을 세울 수 있을까? 인간의 자유의지는 자기 자신과 신만이 아신다. 깨끗하고 선한 양심만이 하나님을 볼 수 있다. 종교 지도자는 일반 산업 전사나 엔지니어가 아니다. 적어도 양심을 걸고 사람의 영혼을 돌보고 목양을 해야 하는 중대한 사명감을 의식해야 하는 진실로 어깨 무거운 짐을 져야 하는 십자가의 길이다.

그리고 현대 지성인을 압도하는 탁월한 先見的(선견적) 지혜와 지식을 소유해야 한다. 성경의 예를 든다 해도 구약의 선지자들을 살펴보면 비록 농사를 짓는 농부들이지만 이사야, 예레미아, 미가, 에스겔, 다니엘, 욥, 아모스 등은 지혜자들이었고 神과 一致(일치) 된 확신과 위치에서 뜨거운 눈물과 관심 또는 우레 같은 책망과 경고로 타락하는 백성을 바라보며 안타까워 신의 음성을 전하였다. 물론 自備糧(자비량)으로 일했다. 그러나 오늘날 과연 몇 사람이나 이들을 본받을까? 목사가 무슨 대통령 계급인양 안수만 받으면 목에 힘이 들어가며 갑자기 품격이 바뀌어 구약의 제사장을 의식하고 로마교회의 권위를 의식하여 축복 권을 자랑하는 것이 한국교회의 깊은 병이다.

더 큰 문제는 성서해석의 검증이 없으니 절반 이상이 異端(이단) 아니면 邪敎(사교) 천지이며 예수님을 神으로 만든 로마교회의 遺傳(유전)을 그대로 전수 받아 형제자매로 겸손히 서로 섬겨야 할 교회가 직분과 직책이 계급화 되어 정치판이 되었다. 성경은 우상숭배가 되고 돈은 신앙의 목적이 되었다. 이 모든 것들이 검증받지 않은 교회가 속세에 깊이 물들어 뱀의 종자들은 니케아 종교회의를 여러 차례 겪으면서 태양신의 후예들이 가라지를 곡식 밭에 여러 차례 덧뿌리면서 이렇게 교회가 문화의 일부분이 되어 영혼 없는 마른 뼈와 骸骨(해골)들이 골짜기를 메우고 힘줄도 있고 뼈대를 갖추고 걸어 다니나, 영혼은 성령이 없어 메마르고 샘물은 이미 말라 버렸다.

멜기세덱의 개혁적인 복음은 뜬금없는 소리가 되고 靈貧天國(영빈천국)의 가난한 복음은 거들떠보지도 않고 공동묘지 갈라지는 그날, 구름 타고 오신다는 예수의 재림을 기다리다 지쳐 모두가 동백아가씨가 되어 이제 하늘도 바라보지 않고 미세먼지의 출처도 관심 없고 인구 절반을 죽인다 해도 눈 하나 까딱없는 담대함과 공짜라면 양잿물도 마다않는 이 민심들은 백신 복음을 감사하며 받아 영토를 넓히는 이 시대는 문명과 무지가 교차하는 세기말의 渾沌(혼돈)과 암흑이다. 아! 누가 고레스나 스룹바벨 같은 裁判官(재판관)이 되어 이 시대를 검증하고 착각 하는 영혼들을 위해 종을 울릴까?

우물 안의 개구리들

나는 지난 30여 년을 귀가 따갑도록 나를 찾는 방문객들과 주변 명상객들에게 문자주의 迷夢(미몽)과 우물 안에서 벗어나자고 어지간히도 똑같은 말을 반복하여 목에 힘을 주고 외쳐댔다. 리처드 바크(Richard Bach)의

〈갈매기의 꿈〉 이야기를 아마 하루 한 번을 말하며 조나단 리빙스턴(Jonathan Livingston)이 되자고 수십 년을 떠들은 것 같다. 우물 안의 개구리들은 하늘의 넓이나 바다의 깊이와 넓이를 우물 만큼으로만 이해한다. 자신만의 세계 외에는 더 낮은 세상 물정이나 드넓은 우주나 청산에 대하여 관심이 없을 뿐 아니라 자기 존재계의 공간 외에는 그 어떤 세계도 알려하지 않는다.

聖經冊(성경책)이 세상에 나오고 나서 우물 왕국과 개구리 성자들이 헤아릴 수 없이 만들어졌다. 간혹 우물을 뛰쳐나온 개구리가 저수지나 호수를 만나면 비로소 無知를 깨닫게 되며 1차원 의식이 상승됨을 확실히 깨닫게 된다. 따라서 다음 단계로 조나단 리빙스턴이 되는 것이다. 누가 말하지 않아도 스스로 의식은 확장되며 영성생활을 자동적으로 가까이 하게 된다.

황하의 河伯(하백)이 자신이 다스리는 황하가 물이 불어 끝없이 펼쳐진 것을 보고 매우 흡족하였다. 그런데 바다를 보고는 驚愕(경악)했다. 자신이 가장 크다고 생각했던 것이 무너진 것이다. 이를 보고 바다를 지키는 신인 若(약)이 하백에게 세 가지를 충고했다.

첫째로 우물속의 개구리에게는 바다를 설명할 수 없다는 것으로 공간이라는 장벽에 갇혀 있기 때문에 개벽이 일어나지 않는 한 불가능이기 때문이다. 둘째로 한여름 밤의 쓰르라미나 하루살이에게는 히말라야 萬年雪(만년설)을 설명할 수 없음이다. 그 곤충은 자기가 노래 부르고 여름 한철 사는 일 외에는 자신이 사는 시공만 고집하기 때문이다. 셋째로는 편협한 사람과 옹졸한 지식인에게는 진정한 道의 세계를 설명해 줄 수 없다는 것인데, 그 사람은 자신이 알고 있는 고정된 지식에 묶여있기 때문이다.

하루살이도 날개 짓을 하고 독수리도 날개 질을 한다. 그러나 어찌 하루살이가 독수리를 알겠는가? 莊子 17편에 나오는 이야기다. 東海의 거북에게 우물 안의 개구리가 자신이 살고 있는 우물 안의 안전한 공간을 자랑하자 거북은 바다의 크고 넓음을 이야기해준다. 이를 들은 개구리는 놀라서 정신을 잃는다. 모든 인간은 자신이 경험하고 배운 것에 명백한 한계가 있지만 그러한 경험과 지식에 집착하기 때문에 깊이 사고해 보라는 의미로 이러한 考思(고사)가 생겨났다.

인간은 인간의 조직과 단체를 통해서 학교나 기타 정보교육을 통해서 배우고 익히고 도전받고 영향을 받으며 성숙한다. 의식이 進步(진보)하는 사람은 자신이 속한 공간에서 리빙스턴처럼 더 나은 세계가 있다면 과감히 도전하고 한계에서 벗어날 줄 알아야 늦기 전에 固定觀念(고정관념)에서 벗어날 수 있으며 타인의 가치관과 경험, 등을 이해하고 공유하며 相對主義的(상대주의적) 觀點(관점)을 가질 수 있는 것이다.

이것이 표본조사의 원인이기도 하다. 필자의 생각은 이렇다. 만일 호랑이나 龍이라면 우물에서 뛰쳐나왔을 것이며 아직도 오늘날 우물 안의 성자들은 오랜 세월 遺傳(유전)되어온 학습과 무기력으로 이를 벗어나면 위험하다는 假想敵(가상적) 이유로 결박되어 스스로 만들어 놓은 관념의 늪에서 안주하고 있는 실정이다. 설사 더 나은 세계가 있다 해도 용기가 없어 그렇게 왜소증을 안고 살아간다.

내가 지금 사는 곳은 지리산 국립공원 옆 유서 깊은 칠불사 계곡 옆인데 지리산은 남원, 구례, 하동, 산청, 함양의 5개 군소도시를 둘러싸고 있는 반경 200리가 넘는 거대한 산이다. 수천 봉우리가 저마다 기상을 자랑하고 전설을 감추고 말없이 계절을 알린다. 그중 1915m 거대한 봉우리를 자랑하는 天王峯은 지리산의 상징이다.

얼마 전 지리산에 감시도 할 겸 국선도 관장이신 성 재영 씨의 안내로 天王峯(천왕봉)을 헐떡거리며 어렵게 올랐다. 구름이 아래로 내려다보이는 정상에서 내려다보는 감정은 설명 불가하였다. 10년 전 백두산을 걸어서 올랐을 때도 비슷한 감정이었다.

눈에 보이는 풍경들은 입으로 말할 수 있다 해도 한 눈에 들어오는 시야의 드넓음은 필설이 불가했다. 더 나은 세계라는 것이 바로 이렇게 확장되는 의식의 메아리다. 우리는 이렇게 늘 배우고 느끼며 진화되어 왔다. 지구 폭발 이후 45억년을 이렇게 거듭나며 인류는 진화했다.

나는 어릴 때부터 학업이 중단되어 언제나 배우는 자세만큼은 하늘을 우러러 부끄럽지 않도록 늘 힘써왔으며 그리고 이만하면 됐다는 식의 만족이 없었고 뇌리에는 늘 의심의 거미줄들이 따라다녔다. 많이 묻고 독서량도 보통 이상으로 많은 편이었다. 그러므로 나를 가두는 우물이나 벽장, 교회, 사원, 철학 어떤 종교나 교주들은 없었으며 그 누구도 나를 무릎을 꿇려 감화시키는 스승은 없었고, 이름 있는 교주들이나 뭔가 한 소식 했다는 교주들을 찾아간 적도 없다. 승려들이나 몇몇 목회자들에게 어느 일부분 파편 같은 영향을 받은 부분은 있으나 스승은 없었다. 내가 존경하는 인물은 無學大師(무학대사)와 鏡虛(경허), 탈레스, 니체, 오쇼 라즈니쉬, 오리겐, 우찌무라 간조 등이다. 위 偉人들은 머무르지 않고 의식이 진화된 사람들이며 정신세계에 온몸을 바친 사람들이다.

지금의 심정은 우물 안에서 첨벙거리며 안주하는 개구리가 아니어서 나는 무한한 가능성을 품으며 지금도 머무르지 않고 비상을 꿈꾸는 지금 의식에 감사하며, 한편 안도의 숨을 내 쉬는 중이다. 오늘날의 지성인들과 학위를 받은 석학들 중 극소수 말고는 인류에게 유익을 끼치는 사람이 없다. 자기 전공을 토대로 강의하고 구태의연하게 해가지면 술집으로 퇴근하며 밥벌이하고 자기만족도 없고 개인 연구도 중단된 채 의식은 왜소해지고 있다. 이 모든 상충 현상은 그들이 뭔가를 반짝 보긴 했는데 그 시야의 폭이 문제다. 그것은 바늘구멍으로 하늘을 바라본 연고다. 짧고 얕은 지식은 사람을 교만케 하며 우물 안의 개구리를 만들고 따라서 정착해 버리면 드넓은 우주를 보지 못하고 더 큰 하늘을 볼 수 없는 것이다.

1) 井中之蛙(정중지와)

아래는 莊子의 추수 편에 나오는 井中之蛙(정중지와)라는 이야기다.

파도가 거품을 머금고 세차게 몰려오더니 모래밭 위에다 거북이 한 마리를 남겨두고 썰물로 빠져나갔다. 거북은 긴 목을 느리고 느릿느릿 늪으로 기어 나왔다. 거북은 급할 게 없었다. 그저 슬렁슬렁 주변경치를 둘러보며 좋은 친구나 있으면 사귀고 싶었다.
　모래 둔을 지나 바닷가 마을에 있는 오래된 우물가에서 잠시 쉬기로 한 뒤 샘가에 머물렀다. 그때 우물에서 노랫소리가 들렸다.
"개굴개굴. 개굴개굴!"
"거기 누구 있소? 나는 바다에서 온 거북이라 하오."
"개굴개굴! 나는 개구리요!"
　잔잔하던 우물이 물결파장으로 일렁이더니 개구리가 고개를 쑥 내밀었다. 개구리는 거북이와 인사를 나누었다. 그리고는 개굴개굴! 노래솜씨를 들려주며 뽐냈다.
　그리고 잠시 뒤에 "어이쿠! 놀다보니 벌써 달이 졌네!"
개구리가 매우 아쉬워하며 노래를 멈췄다.
"달이 지다니요? 아직 달은 저기 저렇게 창공에 둥실 떠있는데!"
거북이 서쪽하늘에 기울어가는 달을 가리키며 말했다.
"아니? 무슨 소리요 분명히 달이 졌는데…"
개구리는 끝까지 고집을 부렸다.
"아하! 좁은 우물 안에 있으니 달이 보이지 않는군요. 이리 나와 보시오. 그리하면 저 둥근달을 볼 수 있소."
거북이 친절하게 설명을 하자 개구리는 들으려 하지도 않고 버럭 화를 내며 소리쳤다.
"아니 좁은 우물 안이라니! 여기 말고 또 세상이 있다고?"
　개구리가 부서진 돌 틈사이로 오랜만에 폴짝 뛰어올랐다. 그리고 意氣揚揚(의기양양) 고개를 들었다.
"이 우물은 부족한 게 없소. 세상이 전부 이곳에 들어있어 굳이 밖으로 나갈 필요가 무엇이란 말이오? 그런데다가 나는 이렇게 물속과 물 밖을 자유롭게 오가며 언제든 보고 싶은 것을 다 볼 수 있소. 아까도 달을 실컷 봤는데 뭘 또 보라하시오?
　이래 뵈도 나는 물밑에 숨어있는 장구벌레보다 더 넓은 세상을 보는 개구리란 말이오."

개구리는 가슴을 쭉 펴고 개굴개굴하였다.

거북이 말했다. "하지만 우물 밖 세상은 우물 안 세상보다 훨씬 몇 억 배 이상 크다오.! 내가 사는 바다만이 우물의 천만 배도 넘는 아주 넓은 곳이지. 거기에는…"

거북은 개구리에게 바다에 대해 말해주었다. 하지만 개구리는 황당한 거짓말이라며 믿지 않았다. "허허! 당신은 내가 이곳에서 안전하게 사는 것이 부러워 거짓을 꾸며 대는군. 어허! 난 그런 거짓말에 속지 않는다네!"

개구리는 딱 잘라 말하고는 우물 속으로 풍덩 들어가 버렸다. 이것이 현대 지성인들의 현주소다.

일본, 중국의 청나라, 미국, 영국, 등 수많은 나라가 조선에 들어와 자기들 마음대로 조선을 통치하려고 호시탐탐 기회를 노렸다. 조선의 젊은 선비들은 조선도 이제는 서양의 선진적인 문물을 받아들여 힘을 길러야 한다고 주장하였다. 이들이 開化派(개화파)들이다.

개화파의 젊은 선비들 사이에서도 서로 의견이 나뉘었다. 청나라의 도움을 받으며 차근차근 새로운 것을 받아들이자는 사람과 일본을 본받아 빨리 나라의 문을 열고 발전해야 한다는 사람들과의 엇갈리는 의견이었다. 결국 청나라에서 벗어나야 한다는 주장의 박 영효, 김 옥균, 서 재필은 일본의 도움을 받아 상대편을 몰아내기로 하였다. 그 사건이 바로 1884년 고종 21년의 사건 甲申政變(갑신정변)이다. 이때 민 영익이 개화당의 칼을 맞아 목이 절반 이상 잘렸으나 알렌 선교사가 절반이나 잘라진 목에서 뿜어 나오는 피를 지혈하고 수술하여 그를 살려내는 기적을 일구어 고종은 알렌에게 세브란스 병원을 세워주게 되었다.

그런데 우물 안의 개구리를 탈출시키는 것이 피를 흘려가며 개화하는 것은 아니다. 자연스러운 조화를 목적으로 相生(상생)이라는 법칙을 절대로 간과해서는 안 된다. 東學(동학)이 망한 것은 西學(서학)을 지나치게 적대했기 때문이다. 보라! 오늘날 이렇게 글로벌 라이프가 세계 곳곳을 휘돌지 않은가?

  모든 인간에게는 자신이 경험하고 익히고 배워온 것에 대하여 명백한 한계가 있다. 그러기에 그 집착을 쉽게 벗어나기가 어려운 것이다. 뭘 좀 아는 사람일수록 자기중심적인 집착은 강하다. 심오하고 광대한 세계를 말로 설명할 수는 없으나 話者(화자)의 인격이나 진정성을 통하여 종종 진리나 철학이 전해지고 있다. 예수의 제자들이 남긴 복음서가 그렇고 붓다의 제자들이 남긴 경전들이 그렇다. 이러한 영적인 유산들은 잘 敬聽(경청)하여 듣는 것을 최고의 보살로 認准(인준)했던 것이다. 지식의 교만으로 우쭐하던 철학자 수보리는 인도 대륙에서 覺者(각자) 행세를 하며 優越意識(우월의식)에 빠져 있다가 붓다를 만나 그의 삶이 완전히 뒤바뀌어 붓다의 존전에 무릎을 꿇었다. 서로 만난 지 일 년이 되던 해에 수보리에게 개인적으로 설해준 설법이 오늘날 '나는 이렇게 들었다.' '나는 귀를 기울여 이렇게 들었다.'의 金剛經(금강경)이다. 한편 붓다의 십대 제자 중 으뜸인 舍利子(사리자)에게는 반야심경을 설하여 불교의 심장 같은 법을 설할 때 그는 붓다의 설법을 잘 들었다. 불교의 보살들은 대체로 귀가 크다. 내게 들리는 소리를 잘 듣고 귀를 열어야 우주의식에 입문한다. 觀世音(관세음)보살이란 볼 관, 인간 세, 소리 음 자니 사물을 잘 관조해 보고 세상의 모든 소리를 잘 들을 수 있어야 보살의 경지에 오를 수 있다는 상징이다. 예수의 垂訓(수훈) 핵심은 "귀 있는 자는 들으라!"는 말을 여러 차례 일렀다. 고전의 가르침 중에는 九思道(구사도)라는 주요한 덕목이 있는데 오늘을 사는 구도자들에게 지침이 될 만한 교훈들이다.

  ① 視思明(시사명) : 사물을 잘 보고 생각하며 밝고 긍정적으로 보라는 것이다.

  ② 廳思聰 (청사총) : 들을 때는 밝고 총명하게 귀담아 들을 것을 말한다.

  ③ 色思溫(색사온) : 이성에게는 따듯하게 대할 것

④ 行思恭(행사공) : 행동은 공손하게 예를 갖출 것을 의미함이다.

⑤ 言思忠(언사충) : 말은 충성되고 바르게 하되 중심, 중용, 중도에서 행하고 좌우로 치우치지 않는 입장에 설 것이다.

⑥ 事思敬(사사경) : 일을 할 때는 하늘을 먼저 생각하고 공경하는 마음으로 예배, 감사하는 마음으로 일을 할 것이다.

⑦ 疑思問(의사문) : 의문이 생길 때는 배우는 자세로 물을 것이다. 不恥下問(불치하문) 이라는 말은 이를 뒷받침 해준다. 아랫사람에게라도 질문하는 일을 부끄러워 않는다는 말인데 모르면서도 묻지 않는 것은 어리석음이며 의심을 품고 사색하며 묻고 배우는 자세는 君子의 마음인 것이다.

⑧ 忿思難(분사난) : 분을 참지 못하면 환란을 당할 것을 생각하라는 말이다.

⑨ 得思義(득사의) : 이득이 생길 때는 정의로운 것인지 생각해보라는 뜻이다.

경험이 쌓여 지식이 되고 그 지식이 Ego의 가치관을 만들고 대개 집착을 만든다. 위에 언급한 九思道는 때에 맞게 준행하면 원만한 인격으로 성숙할 수 있는 바탕 에너지가 상승될 수 있는 指針書(지침서)다. 그러므로 자신이 알고 있는 것이 전부라는 고정관념을 버리고 타인의 가치관과 경험 등을 이해하고 상대주의적 관점을 바라볼 줄 아는 눈과 들을 수 있는 보살의 귀가 필요한 것이다. 우리는 삶의 모순을 매일같이 접하고 살아가는 존재들이다. 하나의 분야에서는 전문가라 해도 다른 분야에는 아예 무지한 전문 바보 역시 개구리의 이웃들이며 오랜 세월 학습되어 내려온 무기력은 개구리 왕국의 에너지다. 한 마리가 울면 일제히 따라서 울고 큰 고함 소리 한 번이면 일제히 조용한 군중 의식은 개혁하지 않으면 영원히 깨어나지 못할 것이다.

2. 착각하는 성자병

2) 學習의 足鎖 (학습의 족쇄)

유전과 학습이 얼마나 사람을 왜소하게 만드는지 수백 년 혹은 수천 년 진보 없는 역사의 유전과 학습이 얼마나 족쇄가 되어왔는지 역사가 증명한다. 아주 드물게 조나단 리빙스턴 같은 新人이 나타나면 역사는 그들을 죽여왔다. 예수가 그렇게 죽었고 소크라테스가 그렇게 죽었다. 모세 율법에 학습되어 온 유대인들은 모세오경 이외에는 인정을 하지 않는다.

이사야, 예레미야, 아모스, 다니엘, 에스겔, 요나, 미가, 등 시대정신을 일깨우던 선지자들의 말을 듣지 않았고 도리어 선지자들을 옥에 가두고 박해하고 죽였다.

나의 책 명상일기에 언젠가 기록한 曲馬團(곡마단)의 코끼리 이야기는 유명한 일화다. 서커스단의 코끼리가 있다. 어린코끼리를 잡아오면 쇠사슬을 다리에 채워서 튼튼하게 박은 말뚝에 묶어서 기른다. 이 아기코끼리는 처음에는 격하게 저항하고 밤새 소리를 지르고 울부짖다가 어느 순간에 이르러서는 힘껏 저항해도 소용이 없음과 자신의 힘으로 구속을 풀 수 없음을 알게 되어 자신의 처지를 순응하게 된다.

그즈음 주인은 먹이를 주고 친근하게 스킨십을 하고 채찍과 당근을 이용하여 세뇌시키다 보면 아프리카 초원을 서서히 잊고 사람의 새끼줄에 이끌려 다섯 살 난 여자 아이의 손에 붙들려 앉아 일어서는 등 온갖 재주를 다부리고 순종을 한다. 마음만 먹는다면 언제든지 새끼줄을 끊고 탈출 할 수 있지만 어린 사육사를 떠나지 못하는 것은 오랜 시간 학습되어진 그 무기력함 때문에 꼼짝 못하는 것이다. 이것이 인간의 능력을 억누르고 노예를 만드는 학습이다.

벼룩을 통에 가두어 뚜껑을 닫고 두면, 원래라면 자신의 몸 몇 천배 높이라도 뛰어 넘을 수 있을 것이나 탈출하려고 계속 뛰어오르다 뚜껑에 부딪치기를 거듭하며 이 벼룩은 점차 뛰는 일을 포기하고 환경에 적응을 하고 나중에는 뚜껑을 열어도 뚜껑 높이까지 뛰어오르지 못한다는 연구기록을 읽은 적이 있다. 인간사회의 보수적 전통이라는 문화를 가만히 들여다보면 꽉 막힌 무지의 유산이 한두 가지가 아니다.

　내가 말하는 건 참새와 부엉이 논쟁 비슷한 것을 말함이다. 진리는 相生이라는 법칙이 기본이 되어야 하고 밝은 문화는 차별 없는 세상의 의식 확장이다. 의식이 진화되는 것이 解脫(해탈)이며 復活(부활)이고 인격 성숙이다. 학습된 弊習(폐습)들은 무기력을 낳게 되고 이 무기력은 실패에 대한 두려움이 앞을 가려 어떤 비전이 보이는데도 날개를 펼쳐보기도 전에 겁부터 집어먹고 아무리 더 나은 세계가 손짓해도 하나의 환상으로 끝이 난다. 이러한 부정적인 생각을 불러일으킨 배경에는 그 생각을 지배하는 경험에 의하여 증폭된 것들인데 경험은 대개 그 사람의 운명을 좌우하는 잣대이기 때문이다.

　抗生劑(항생제) 의약품 하나 개발되는데 얼마나 많은 시간과 시행착오가 뒤따르는가? 살바르산(Salvarsan)이라는 약품을 개발한 에를리히(Ehrlich)는 유대인으로 1854년 독일에서 태어난 사람이다. 605회를 연구하며 실패를 거듭하다 드디어 606회 만에 이 약이 개발되어 약이 당시에 만연하던 매독 균을 박멸하는 神藥이되어 출시되었던 것이다. 수많은 생명을 구했다. 너무나 많은 이들이 각기 분야에서 한두 번 실패하면 나는 운이 없다는 둥, 나와는 안 맞는 일이라는 둥 핑계를 찾아 변명하고 주저앉는다. 그들의 특징은 실패를 낭비로 보는 사회성의 합리화가 마인드 안에 짙게 깔려있다.

　곡마단의 코끼리처럼 노예들이 부당한 대접을 받던 머슴들이 그러했다. 강제적으로 부당함을 경험하며 처음에는 이와 맞서보지만 지속적으로 반항에 따른 불이익과 폭행을 당하면 나중에는 복종을 하게 되고 사소한 배려나 눈길에도 행복을 느낀다. 예를 들어 말을 잘 듣고 일을 끝내고 나면 맛있는 빵이나 당근을 하나주는 작은 보상에 대해서도 아주 당연한 일임에도 불구하고 곡마단의 중노동을 감수하며 그에 행복을 느끼는 것이 오늘의 거대한 종교인들이며, 재벌가들 밑에서 눈치 보며 살아가는 군중들이다. 여기에 한 단계 눈을 떴던 젊은이 하나는 결국 공단의 꽃다운 공순이들을 구하려고 몸을 불에 던진 전 태일이다. 이 공순이들은 월 25,000원 월급으로 밤새워

미싱을 밟고 열 명 중 절반 이상은 폐병으로 각혈을 하며 동생들을 가르치려 라면도 제대로 못 먹으며 사명감으로 죽어갔으며, 기업주들은 10배 이상의 노동 임금을 착취하였다.

이 구로공단의 아가씨들은 초등학교 졸업이 대부분이며 시골 중학교를 겨우 졸업하고 가족을 살리려고 상경하여 모진 착취와 성희롱을 감수하면서도 일자리가 있다는 것에 감사하며 몸을 바쳤다. 아아! 그러나 누구를 위해서 몸을 바치는 것인가?

이때에 잠에서 깨어난 젊은이 전 태일은 혼자 수십 번 기업주들과 면담을 하며 공장 막사에 창문을 만들어 환기를 시켜줄 것과 각혈하는 여성들을 병원에 보내줄 것, 야간 잔업을 좀 줄여줄 것과 임금을 조금만 더 인상해줄 것 등등으로 하소연하며 애를 태웠으나 돌아오는 것은 위협과 폭언, 폭행뿐이었다. 그는 홀로 法學을 공부하여 정부를 대상으로 싸웠다. 계란으로 바위를 치는 승산 없는 싸움에 어느 날 그는 유서로 일기 한 권을 남기며 이렇게 썼다. "내가 죽더라도 어느 날 당신의 책상 앞에 이 글이 남아있기를 원한다."는 글을 기록하고 揮發油를 몸에 붓고 성냥불을 그었다. 기자들이 모여들고 여러 날 방송은 이 사건을 탑으로 보도하자 그때부터 잠에서 깨어나는 조나단들이 나타나기 시작하였다. 박 노해의 노동의 〈새벽〉이 출간되며 천만 노동자들의 의식이 깨어났다. 오늘날의 노동조합은 문제가 많으나 70년대 암울하던 시기에 전 태일은 쇠사슬을 끊고 탈출한 인간 존엄의 상징이었다.

환경은 이런 것이다. 군대 훈련소에서도 사람들은 스스로 벗어날 수 없는 의무의 시간이며 운명적인 시간이라 생각하며 지독한 환경과 고통스러운 환경에 장시간 노출되다 보면 입대 전에는 입도 대지 않던 조촐한 마른 건빵과 빵 한쪽, 라면, 등과 짧은 휴식이 너무나도 값지고 고마움으로 작용한다. 독재자들에 의한 정치적인 요소역시 방불한 작용이라 할 수 있으며, 神의 이름을 빙자한 맘모스 종교의 교주들 역시 똑같다. 中世時代까지만 해도 동서양을 막론하고 공개처형을 하였고 이는 시민들에게 공포를 주어 복종을 유도하기 위함이었다. 주변 일상에서 겪는 학습된 무기력은 스스로 이겨낼 수 있는 것이 아니다. 악법도 법이니 공동 윤리문제로 인간은 환경의 盞(잔)을 불가피하게 마시며 산다.

주변에서 억지로 내몰아 시도를 하고 다시 떠밀려서 하게 되고 그렇다 성공의 경험이 쌓이게 될 때 비로소 탈출은 가능해진다. 힘과 내공, 대상을 의식하지 않는 열정적인 에너지만이 용기를 지니게 되는 것이다. 이러한 힘이 있는 사람만이 킹스맨처럼 사람을 일깨우고 세상을 구할 수 있다.

섬들아 잠잠하라.

"섬들아 내 앞에서 잠잠 하라 민족들아 힘을 새롭게 하라. 가까이 나아오라 그리하고 말하라. 우리가 가까이 하여 서로 변론하자, 누가 東邦에서 사람을 일으키며 공의로 불러서 자기 발 앞에 이르게 하였느뇨? 열국으로 그 앞에 굴복케 하며 그로 왕들을 치리하게 하되 그들로 그의 칼에 티끌 같게 그의 활에 불리는 草芥(초개) 같게 하매 그가 그들을 쫓아서 그 발로 가보지 못한 길을 안전히 지났나니 이일을 누가 이루었느냐?"(사41:1~4)

구약성서에 나오는 선지자들은 사람을 가리켜 나라, 방언, 섬들, 그리고 지방이름을 부르며 擬人化(의인화)하여 일컬었다. 요한복음 3:16절에서 하나님이 세상을 이처럼 사랑했다는 구절은 지구 땅 덩어리를 말하는 것이 아니라 세상의 주인인 인간을 사랑했다는 말이다. 개인이 모여서 군중이 되고 군중이 모여서 큰 나라를 이룬다. 이스라엘 선지자들은 모세시대부터 출애굽, 광야생활, 가나안에 들어가서 여러 차례 멸망을 거듭하면서도 선지자들의 말을 듣지 않았다. 신의 음성을 들은 선지자들은 유대백성을 날개 아래 모아 보호하려고 어지간히도 노력하였으나 그들은 섬처럼 흩어져 스스로 탕자가 되고 고아가 되어 흩어지고 멸망하였다.

모세는 40년 동안 지쳤고 선지자들은 목숨이 위태로운 박해를 받았다. 이사야는 므낫세 왕에게 잡혀 톱으로 잘려죽고, 예레미야는 감옥 생활을 하였다. 결국 아무도 이스라엘 백성을 인도하지 못했고 솔로몬 왕도 잠시 태평한 시간을 지냈으나 결국 우상의 山堂으로 돌아갔다. 이사야는 남 유다의 웃시야 왕(BC, 791~739년경) 농사를 짓다 소명을 받고 영적인 예언 사역을 시작하였는데 그는 농부였지만 시사에 밝았고 바른 정신과 건전한 신앙의 소유자였고 정의로운 사람이었으며 오늘날로 말하면 事理가 밝은 언론인이었다. 그는 주변 강대국가들과 이스라엘의 타락상을 거침없이 채찍하면서도 하나님의 심판과 회개하는 자들이 남은 자가 되어 궁극적으로는 스룹바벨 같은 메시아를 통하여 나라가 회복될 것은 확실히 예언하였으며 므낫세와의 통치기간에 순교 당하였다. 동방에서 사람을 부른다는 이사야의 기록을 유대인들은 외경으로 제외하고 있으며, 메시아 예언은 지금도 미래사적인 기다림으로 예수 그리스도는 로마병사 판델라의 아들로 선지자 정도로 평하고 있다.

　　41장 이후는 신중하게 명상해야 할 부분으로 메시아사상을 뚜렷하게 기록하고 있다. 이사야가 느끼던 神觀(신관)은 남북 이스라엘이나 주변 근동 지방 국가들에게만 적용되는 것이 아니라 하나님의 섭리를 수용하는 온 세계인들에게 변함없이 적용되는 것이다. 당시로 거슬러 올라가면 이스라엘의 회복을 위하여 스룹바벨 같은 메시아를 불러 포로생활이 끝날 즈음 페르시아의 고레스 왕을 통하여 노예생활을 청산하고 성전을 재건하게 했던 것처럼 역사는 興亡을 오르내리며 반복되는 것이다. 동방에서 일으키는 사람이 고레스 왕이던, 더 나아가 예수 그리스도로 보던 관계없다. 우주를 다스리는 절대 주권자를 두려워하며 그분을 경외하고 예배 공경하는 사람, 마음의 태양이 충만한 사람, 의로운 태양이신 빛의 그리스도 같은 세상의 빛을 동방의 사람으로 나는 해석한다.

　　인도의 시성 타고르가 朝鮮 코리아를 동방의 등불, 자기 마음의 故鄕이라 예찬했던 싯 구절을 가지고 우리나라의 40여 명의 교주들은 저마다 자기가

東邦(동방)의 의인이며 등불이라고 어지간히도 혹세무민을 하고 있다. 동녘에서 떠오르는 태양은 온 세상을 비취는 하나님의 빛이다.

공명한 빛줄기가 이토록 천지를 밝히듯 영적으로 의에 태양 같은 하나님의 빛을 소유한 사람들은 늘 밝은 생활과 그늘 없는 삶을 살아가는 경건과 감사, 연합을 힘쓰며 하나님의 나라를 확장해 나간다. 그러나 교주들이나 양심의 화인 맞은 異端我(이단아)들은 여기저기 섬처럼 따로 떨어져 자기들만의 왕국을 건설하여 사람을 노예처럼 결박하고 수천수만 명을 모아 저력을 과시하며 스스로 왕이 되어 군림하나 늘 고단한 소문과 감옥, 소송, 재판, 폭력, 살인, 강간, 등으로 진펄과 개펄이 되어 이 땅에서 소생함을 받지 못하고 스스로 멸망의 길을 선택하고야 만다.(에스겔 47:11) 과연 어느 누가 어떤 교주가 공의로 부름을 받아 세상의 왕들을 통치했는가. 대개의 죄 많은 교주들은 돈과 여자, 정치인들에게 아부하며 교인들의 피 묻은 돈을 다 가져다 바치고 선거운동 해주고 악어와 악어새처럼 군림하느라 무슨 공의를 행하며 무슨 동방의 빛을 전했단 말인가? 아직까지는 모두 섬들이다. 그들은 대장놀이 하고 싶어서 남을 섬길 줄을 모르며 따로 떨어져 자기왕국을 만들어 가는 섬들이다. 이들의 특징은 진지한 변론이나 토론을 피한다. 학술적 논리나 전체적인 역사의식이나 시대정신은 아예 없고 계시를 받았느니 자신이 메시아요 성령이요 보혜사라고 어지간히도 세뇌시키며 과도한 헌금과 눈물을 강요한다. 말로는 영생이니 14만 4천이니 감언이설의 늪에 빠져 곡마단의 코끼리처럼 옛적에 불순종으로 70년 발에 착고를 달고 노예생활을 하던 유대인들처럼 삶은 실제적으로 고달프고 어디 강가에 나아가 맘 놓고 발 한 번을 못 담그는 버림받은 저주의 자식들이다. 이 섬들은 죽는 날까지 돌이키지 않는다.

우리나라에도 약 40여 명의 자칭 메시아들을 보면 하나 같이 감옥을 드나들고 있으며 이들의 학식을 보면 당시 초등학교 졸업정도이고 성경을 깊이 연구하거나 시대적 배경과 역사성을 무시하고 자기중심적인 계시를 받았다는 등으로 惑世誣民하며 世界史나 一般常識(일반상식), 성경의 인물들이나

地名(지명)도 다 모르며 심지어는 감람나무를 우리 감나무로 알고 있는 교주도 봤다. 千字文도 모르고 讀書量(독서량)이 없으며 오직 자기만이 메시아, 이긴 자요, 성령이라고 세뇌시킨다. 이들은 검증되지 않은 희대의 사기꾼들이며 대 지옥의 사자들이며 양심의 가책은 털끝만큼도 없는 영적으로 풀 한포기 없는 버림받은 섬들이다. 육체가 죽지 않는다는 영생교리는 의미 없으며 박 태선도 죽어 썩었고 그 곁가지 조 희성은 살인, 폭행, 착취를 일삼다 결국 체포되어 옥중에서 사망하였고, 자칭 하나님 안 상홍도 죽어 썩었고, 육체가 영생한다는 새일 교회, 이 뢰자 목사는 물놀이 하다가 빠져 죽었다. 전자발찌를 차고도 여신도들을 희롱하는 교주나 교인의 피와 살을 짜내어 과잉 충성에 헌금강요, 생수 사기, 그룹 성행위로 16년 형을 받아 현재 복역 중인 자칭 보혜사도 있다. 이긴 자를 사칭하여 수 만 쌍의 가정을 이혼시키고 학업과 직장을 잃고 육체의 영생을 기다리며 謀略(모략)이라는 단어를 사전에서는 꾀를 써서 다스린다는 뜻인데 전도를 하기 위해서는 거짓말을 해도 된다는 식으로 해석하여 거짓말을 일삼으며 기성교회를 닥치는 대로 삼키며 신도들을 분열시키는 신천지 이 만희 교주, 본인은 육체가 영생한다 하나 병원출입이 잦으며 부쩍 늙고 힘이 빠져 아주 가까운 시기에 그는 세상을 떠날 것이다.

　모두가 외로운 섬들이다. 절대로 하나님과 예수 그리스도의 온유하고 자비로우신 복음과는 전혀 무관한 단체이며 이들은 기성교회와 무슨 원수나 되는 듯 특공대 전사들처럼 돌격하여 "기성교회는 우리의 밥이다!" 라는 구호를 외치며 삼켜버린다. 이론 무장이 안 된 문자주의 가상천국에 목매달고 미래에 천국가기 위해 문화생활 정도로 얕은 물에 놀던 가짜교인들은 가짜 마왕을 따라 그들의 그물망에 기꺼이 이혼을 불사하고 따라간다.

　아! 그러나 인디애나의 짐 존스(Jim Jones)의 말로처럼 외로운 섬들임을 명심 또 명심해야 할 것이다. 나는 이들과 개인적인 감정은 없다. 다만 바른 길이 아니라는 것이며 이미 역사적으로 이루어진 요한계시록을 붙들고 목을 매는 편식을 뭐 대단한 줄고 착각하고 오히려 복음서를 등한시 하는 경향 또한 진리의 본향에 들어가지 못하고 당을 짓는 섬들이다. 이들은 東邦의 의인, 동방의 독수리, 혹은 해 뜨는 나라, 등의 단어를 我田引水(아전인수) 즉, 자기 논에만 물을 끌어다 욕심을 채우듯 지극히 개인적인 해석으로 그럴듯하게 譬喩(비유)를 풀어가며 빌려온 모자이크 신학을 교리삼아 하늘의 별 삼분 일을 끌어다 땅에 패대기를 치고 있으며 이들은 죽는 날까지 외로운 섬 생활을 하는 바람에 떠밀려 다니다 사그라질 거품들이다.

3. 깨달음이란 무엇인가?

깨달음이란 말은 包括的(포괄적)이며 어찌 들으면 막연하고 '과연 무엇을 깨닫는다는 말인가?'라고 疑使(의사)가 생긴다. 이 의심이 돋아나면서 인간은 구도여행이 시작되는 것이며 따라서 아무 느낌이나 의심이나 궁금증이나 고민, 고통, 고뇌 없이 행복하게 살아가는 사람이라면 이에 해당되지 않은 인간이니 상관없다. 이들은 완전한 붓다 아니면 세속의 知的障礙人(지적장애인)들일 것이다. 삶을 사유하는 37도의 피가 끓는 사람이라면 육체가 자라나면서 정신도 함께 성장하기 마련이다. 정상적인 사람이라면 시대정신에 민감할 것이며 현재라는 삶과 더 깊은 조화를 이루기 위해 유념할 것이며 더 나은 의식세계로 상승하기 위해 내면을 감시 관찰하며 마인드 작용에 눈을 뜨게 된다. 이 피상적인 지구별에는 두 개의 세계가 공존한다.

하나는 눈에 보이는 가상현실과 반면에 보이지 않는 존재계가 있는데 이곳은 多次元(다차원) 에너지 저장소로 유한한 세상의 없어질 문명의 공간이 아니며 영원한 삶을 창조하고 자유와 평등, 환희, 생명의 원천이 충만한 빛의 세계다. 반야심경에서는 般若波羅蜜(반야바라밀)로 정의하고 있다. 대승불교에서 만물의 참다운 실상을 깨닫고 불법을 꿰뚫는 지혜, 온갖 분별과 망상에서 벗어나 존재의 참모습을 앎으로써 의식이 상승되는 마음의 작용을 이룸이다.

반야란 구체적으로 분별을 끊은 최상의 지혜를 말하며, 바라밀은 태어나고 죽는 현실의 괴로움에서 번뇌와 고통이 없는 境地(경지)인 彼岸(피안)으로 건넌다는 뜻으로 열반에 이르고자 하는 진화된 수행을 의미함이니, 다시 말해서 고차원으로 의식이 이동하는 次元上昇(차원상승)이다. 그러므로 우선 분별이나 선악의 교리에 마음이 끄달리지 말아야 한다. 분별이란 외부로부터 입력되는 정보에 대한 着과 知識(지식)이 되어 바늘과 실처럼 달라붙어 하나의 상을 만들어 생각을 만들어낸다. 그러므로 구도자들은 생각의 조작을 초월해야 하는데 그 수행방법은 어려운 것도 아니고 쉬운 것도 아니다.

귀가 따갑게 들어온 말 미래는 오지 않아 없는 것, 과거는 지나고 없는 것, 시간의 흐름이 멈추고 현존만 존재하니 결국 오고감도 없는 것이다. 無我(무아)로 있든 我相(아상)으로 있던 이 또한 경계가 없다. 성스러움도 속된 것도 없다. 깨달으려는 마음마저 넘어설 때 절대자유를 얻는다. 왜냐하면 깨달으려는 애착도 욕망이다. 깨달은 사람은 깨달았다는 말을 하지 않는다. 흐르는 강물을 조용히 응시하듯, 삶을 조용히 지켜보며 아무것도 판단하거나 선 긋지 않는다. 이것이 비파사나다.

1) 깨달음의 정의

예수께서는 이렇게 교훈하셨다.

"진리를 알지니 진리가 너희를 자유케 하리라"(요8:32)

진리는 참과 거짓을 넘어 선과 악을 넘어 흑백이론을 넘고 밉고 고운 분별의식을 실제로 넘어 어떠한 일을 만나도 요동치 않는 새로운 피조물로 거듭 태어나 自我(자아)의 옛사람 가짜 나를 십자가에 못 박고 첫째 復活(부활)에 입문한 사람의 정신을 1차 깨달음으로 基準(기준)한다. 이 깨달음 과정의 사전적 의미는 이렇다. 禪定(선정)이나 三昧(삼매)로 表層意識(표층의식)을 소멸시키고 深層意識(심층의식)을 자각해 가고, 最深層意識(최심층의식)도 소멸시키는 동시에 그 자신의 실존에서 모든 군중에 해당되는 근본진리를 아는 지혜를 얻어서 비로소 깨달음을 얻는 것이다. 따라서 깨달음이라는 것은 그와 같은 방법으로 自我的(자아적) 인격에서 解脫(해탈)하여 자유롭게 되고 중생에 대해서 無碍自在(무애자재)로 작용하여 새로운 인격체로 태어나는 것이라 해도 가하다. 그러나 이 깨달음에 의하여 얻어지는 구체적인 이치나 깨달음을 표현하는 방법이나 설명은 여러 시대와 지역마다 각자들을 통하여 다양하게 전해지고 다각적인 면으로 나타나고 있다.

佛家(불가)에서는 이 자각을 석존의 教祖(교조)로 기준하여 十二緣起(십이연기), 無上正等覺(무상정등각), 八正道(팔정도)를 후세에 남겨 전해지고 있다. 道를 구하며 선행을 베푸는 것은 다른 사람의 칭찬을 받기 위해서 하는 것이 아니다. 日得錄(일득록)은 이에 대하여 전하고 있는데 "악한 짓을 하는 자가 남이 알까 두려워하여도 반드시 아는 사람이 있고, 선한 행동을 하는 자가 남이 알아주기를 바라도 반드시 모르는 사람이 있다." 하였다. 악을 행할 때는 사람들이 모르게 하려하고 모르기를 바란다. 그래서 항상 숨기기에 급급하고 한편 착한 일을 하고 과시 하고자 한다면 욕심 일뿐 진정성이나 자연발생적인 행위가 아니니 선행이 아니라는 것이다.

마음이 가는 곳에는 언행도 따라가게 되는 법이다. 어진 말은 어진 마음만큼 정성되지 못하고 가까운 사람에게 이로움을 주는 것은 먼 사람에게 이로움을 주는 것만큼 혜택이 널리 미치지 못한다. 그러나 마음에 있는 것이 말로 드러나는 법이니 가까운 곳에서 멀리까지 미친다면 정성이 되는데 해롭지 않고 널리 미치는 데 해롭지 않은 것이다. 주위에 사람을 두게 되면 일신에 이로운 말이나 듣기 좋은 말을 많이 듣게 된다. 윗사람은 특히 그런 점을 경계해야 한다.

칭찬이나 비난에 초연하다면 가히 도인이라 할 수 있는 것이다. 진정한 깨달음의 세계에는 내 주변에 사람이 있고 없고 아무런 문제가 되질 않는다. 사람을 피하여 도피함도 의미 없고 억지 금욕으로 고독을 씹어가며 동굴에 隱遁(은둔)함도 아니다. 아래 두 道人(도인) 이야기를 살펴보자.

2) 努肹夫得 怛怛朴朴(노힐부득과 달달박박)

옛날 당나라 황제가 연못을 하나 팠다. 매달 14일에 달빛이 휘영청 밝을 때 사자처럼 생긴 산의 바위 하나가 꽃 그림자 사이에 은은히 비추며 연못 가운데 나타는 기이한 현상이 일어났다.

 황제가 그림을 뛰어나게 잘 그리는 화공더러 그 광경을 그리게 하였다. 그리고 사신을 시켜 천하를 돌아다니며 찾아보도록 하였다. 그들은 우리나라에 이르러 이 산을 살펴보니 커다란 사자암이 있고 산 서남쪽에 산이 셋 있는데 이름이 花山(화산)이다. 화공이 그린 그림과 아주 비슷했다. 그러나 진짜인지 가짜인지 알 수가 없어서 사자암의 정상에 신발 한 짝을 걸어놓고 사신들은 돌아가서 황제에게 아뢰었다. 그러자 신비하게도 연못에 신발 그림자가 나타나는 것이다. 황제가 기이하게 여겨 이름을 내려주기를 白月山(백월산) 명명하였다. 그러자 그다음에는 연못에 그림자가 사라졌다. 이 산이 지금의 경남 義安(의안)에 있는 이렇듯 신기하고 아름다운 사연이 숨겨진 곳으로 이야기는 시작된다. 일연스님이 기록한 이 이야기는 努肹夫得(노힐부득)과 怛怛朴朴(달달박박)이라는 두 젊은 구도자들이 깨달아 부처가 된 이야기다.

 이 두 사람은 처음 신라의 백월산 동남쪽의 仙川村(선천촌)에 살았다. 두 사람 모두 풍채가 좋고 속세를 초월한 이상세계를 꿈꾸고 신령한 뜻을 품으며 친구사이로 지내고 있었다. 부득의 아버지는 月藏(월장), 어머니는 味勝(미승)이라 하였으며 박박의 아버지는 修梵(수범), 어머니는 梵摩(범마)라 하였다. 이들의 아들들의 나이가 20세쯤 그들은 머리를 밀고 승려가 되어 서남쪽 僧道村(승도촌)의 오래된 절에서 마음공부를 시작하였다.

 이 두 사람은 아내가 있었고 일상의 생계를 스스로 꾸려나가며 在家出家者(재가출가자)로 구도의 길을 가는 사람들이었으나 구도의 열정은 비구 못지않았다. 新羅時代(신라시대)에는 실제로 在家僧(재가승)이 많았다. 유명한 원생생가를 지은 광덕도 아내를 두고 살았다. 그러나 저 멀리 극락세계에 대한 뜻이 커지면 커질수록 세상에서 한 몸이 얼마나 무상한 것인가를 보게 되었다. 그들은 서로 이렇게 말했다. "기름진 전답에 풍년이 들어 남아돈다 해도 의식주가 충분해도 심령의 배부르고 따스함만 못할 것이요. 부인의

품이 좋아도 천상의 蓮花臺(연화대)만 못할 것이네. 우리가 부처님을 배울 찐대 부처가 되어야 하고 진리를 찾는다면 반드시 찾아야지, 지금 우리는 이미 머리를 깎았으니 속세의 끈을 끊고 반드시 도를 깨우쳐야할 것이네." 두 젊은이는 서로 다짐하면서 마음을 굳게 결단하였다. 이렇게 약속한 밤에 꿈을 꾸었다. 흰 터럭 같은 빛이 서쪽에서 오고 그 빛 가운데서 금빛 팔이 드리워져 두 사람의 이마를 만졌다고 한다. 이 두 사람이 똑같이 꾼 꿈에서 흰 터럭은 부처님을 상징하는 것이다. 그들이 찾아들어간 곳은 바로 백월산 이었다. 박박이 사는 곳은 널빤지로 지은 板屋(판옥), 부득이 사는 곳은 돌담 으로 쌓은 磊房(뇌방) 이었다. 수행자들이 무슨 화려한 침대와 온돌방을 원하랴? 부득은 열심히 미륵보살을 염하였고 박박은 일념으로 아미타불을 염하였다.

3년쯤 세월이 흘렀다. 3년이라는 수행에 꽤 진전이 있을 시기이다. 때는 경덕왕 8년 4월 초팔일이었다. 해가 저무는 무렵 스무 살 쯤 되어 보이는 아름다운 여인이 향기로운 체취를 풍기며 달달 박박의 암자에 찾아왔다. 임신을 한 듯 배가 좀 불러있었다. 여인은 하룻밤을 묵게 해달라고 간곡하게 하소연을 하며 "스님! 걸음은 더디고 해는 지고 길은 막히고 城(성)은 멀어 인가도 아득한데 오늘 스님의 암자에서 하룻밤 묶으려 하오니 허락하소서!" 달달 박박은 수행중이라 여인을 들일 수 없다고 단호하게 거절하여 돌려보냈다. 여인은 발길을 돌려 노힐부득의 암자로 발길을 돌려 노크하였다.

하룻밤만 재워달라는 이 젊은 여인에게 노힐부득이 물었다. "그대는 이 밤에 어디서 오시는 길이오?"

여인이 말했다. "제 마음이 맑고 고요하기 그지없는데 어디를 오고 간들 무슨 상관이겠습니까? 다만 스님의 德行(덕행)이 높은듯하니 깨달음을 얻도록 도와드리려고 합니다."

"여기는 본래 여인이 머물 곳이 못되지만 중생의 뜻을 따르는 것도 수행의 과정이겠지요. 더구나 밤이 어둡고 산이 깊으니 어찌 그대를 내어 쫓을 수가 있겠소! 누추하오나 하룻밤 머물고 가십시오." 노힐부득은 꽉 막힌 사람이 아니었다. 계율보다는 사람의 생명이 중요함을 알았고 밤길에 헤매는 여인에 대한 연민으로 자리를 내어 주었다.

자신이 받아주지 않으면 인적 없는 산골짜기를 나이 어린 여인이 혼자 헤매야 한다 생각하니 차마 외면할 수가 없었다. 밤이 되자 노힐부득은 몸가짐을 가다듬고 등불을 켠 채 고요히 경을 읽으며 여느 때와 다름없이 수련에 전념하였다. 어느덧 서서히 새벽이 열리고 있었다. 그때 다급한 여인의 소리가 들렸다.

"스님 배가 너무 아파요. 도와주세요."

여인의 신음소리에 염불을 중단하고 옆으로 다가갔다.

"스님 아기가 나오려나 봐요. 어서 자리 좀 깔아주세요."

노힐부득은 촛불을 밝히고 여인이 해산을 하도록 마른 풀을 모아 자리를 준비를 했다. 여인은 노힐부득의 팔을 잡고 고통스러워하며 아랫배를 문질러달라고 애원하였다. 그는 말없이 여인의 배를 문질러주며 해산하기를 마음으로 빌었다.

"아! 스님 아기가 나오려 해요. 아기를 씻겨야하니 물을 좀 데워주세요."

노힐은 급히 물을 데우고 큰 통에다 물을 퍼붓고 목욕준비를 해주자 여인은 사내아이를 낳았다. 여인이 몸을 씻어달라고 부탁하자 노힐은 여인을 씻겨주고 아기도 목욕을 시켰다. 벌거벗은 여인이 목욕을 한 물에서 신비한 향기가 풍기며 물이 황금색으로 변하였다. 여인이 말을 건넨다.

"스님도 목욕을 하시지요. 어서 물통으로 들어오세요."

노힐부득은 처음에는 사양을 하다가 어떤 불가항력적인 힘에 끌려 목욕통으로 옷을 벗고 들어갔다. 여인은 아주 부드러운 손길로 노힐의 몸을 씻겼다. 그러자 순간적으로 심신이 아주 맑아지면서 피부가 금빛으로 변하였다. 여인이 말했다.

"나는 觀音菩薩(관음보살)이오. 大師(대사)가 큰 깨달음을 얻고 부처가 되는 것을 도와주고 싶어 이곳에 온 것이오."

여인은 이렇게 말하고 순식간에 사라졌다. 그는 황금빛으로 변한 자신의 몸을 보며 말로 다할 수 없는 歡喜心(환희심)에 젖어 하늘에 감사하였다. 그때 달달 박박은 노힐부득을 의심하며 만나보러 친구의 암자로 건너갔다. 그런데 노힐부득은 간데없고 蓮花臺(연화대) 위에 밝게 빛나는 황금빛 미륵보살이 앉아있었다. 자세히 보니 자기의 둘도 없는 친구가 생불이 되어 있었다.

"아니! 어떻게 된 것입니까?"

노힐부득이 간밤의 일을 말하자, 달달 박박은 탄식을 하였다.

"아! 내가 마음이 탁하고 막힌 탓에 부처님을 만났는데도 알아보지 못하였구나! 덕이 높고 어진 스님께서 나보다 뜻을 먼저 세우셨으니 부디 옛정을 생각하시어 이 우둔한 사람을 도와주십시오."

노힐부득이 말하였다.

"통 안에 물이 좀 남아있으니 그대도 어서 목욕을 하시오."

그는 합장을 하고 옷을 벗고 관음보살이 남긴 물로 몸을 씻었다. 그도 몸이 금빛으로 변하였다. 그런데 물이 모자라 여기저기 몸이 물기가 모자란 부분이 얼룩얼룩하였다.

이 소문을 들은 사람들이 생불을 만나러 몰려오기 시작하자 얼마동안 修練方法(수련방법)을 가르치다가 竹馬故友(죽마고우)였던 두 친구 부처들은 홀연히 구름을 타고 사라졌다. 훗날 景德王(경덕왕)이 즉위하여 이 사연을 듣고 백월산에 南白寺(남백사)라는 큰 절을 세워 금당에 彌勒佛像(미륵불상)을 모시고 아미타불상을 강당에 모셨는데 아미타불상에는 박박이 목욕을 할 때 금물이 부족하여 얼룩진 흔적이 그대로 있었다고 한다.

진정한 깨달음이란 안으로는 깨달음을 구하되 밖으로는 인간의 생명을 구제하는 붓다의 가르침이다. 만약 중생을 제도하는 것보다 개인의 깨달음이 우선이라면 上求菩提(상구보리)를 만났을 것이며 相生(상생)의 法道와 자비심을 중시하는 본질에서 벗어나는 모순에 빠지게 된다.

4. 人類의 宿題(숙제)

1) 地久를 살려야한다.

황소자리, 물고기자리를 거쳐 물병자리, 보병궁시대에 진입하기까지 전 인류는 원시동굴에서 시작하여 하늘을 마음대로 날고 복제인간을 만들어내며 온갖 장기이식을 일반화하는 의학적 수준을 자랑하는 시대에 살고 있다. 지난 과거 60년 전과 오늘을 사는 우리의 수명을 비교해보면 평균수명이 14년 이상 늘어나 80세 나이는 노인취급도 받지 않는다. 백세시대를 바라보는 인류는 큰 숙제를 안고 있다. 철학도 종교도 의학도 명상가들도 도인들도 해결 못하는 人口增加(인구증가)문제와 늘어나는 太平洋(태평양) 쓰레기 섬들과 지구 온난화, 기후문제가 가장 두려운 재난이다. 킬리만자로 萬年雪(만년설)은 앞장에서 언급했듯 이미 다 녹아 양파농사를 짓고, 빙하들이 급속도로 녹아 펭귄들이 여러 차례 이동을 하고 북극곰들은 길을 잃고 있다. 히말라야 氷壁(빙벽)이 녹아내리는 것을 연신 뉴스에 내보내도 인간들은 두려워하지 않으며 마치 폼페이 시민들처럼 나와는 상관없는 일처럼 관심 없고 전혀 부담을 느끼는 이도 없고 두려워하지도 않으며 이런 말을 전해주면 재수 없다고 한다.

지구 온난화 대부분이 인간에 의해 발생했다는 것에는 기후 科學者(과학자)들 97%가 동의하고 있다. 그만큼 온난화에 대한 인류의 책임에 이미 압도적 공감대가 형성되었다. 석탄, 가스, 석유 등 화석연료의 사용이다. 이는 이산화탄소와 같은 온실가스의 대기 중 농도를 증가시킨다. 농업을 하기 위한 開墾(개간) 역시 지구의 평균 기온을 증가시키는 원인 중 하나다. 현재 과학자들은 담배와 폐암의 연관성만큼이나 온실가스와 지구 온난화의 연관성이 명확하다고 판단 내렸다. 기후변화는 미세먼지에도 영향을 크게 미치게 된다. 한낮의 작렬하는 태양 열기를 20% 遮陽(차양)한다며 기후협약에 가입한 나라들, 하늘에 매일 뿌려대는 켐트레일은 8가지 重金屬粉末(중금속분말)을 나노화하여 초미세먼지로 둔갑하여 무서운 呼吸氣病(호흡기병)을 유발하고 있다. 태양 열기를 20% 막아주는 것은 사실이지만 하늘에 뿌리는 미세분말은 나노분말이라 만져지지도 눈에 들어와도 금방은 못 느낀다. 이 초미세 먼지는 서서히 동식물의 생명을 위협하는 소리 없는 무기임을 나는 100% 의심하지 않는다. 環境部(환경부)에 따르면 지구온난화는 고농도 미세먼지 발생빈도에 영향을 준다고 발표하였다. 온난화로 극지방의 빙하가 녹으면 극지방과 유라시아 대륙의 온도차가 감소해서 북서 季節風(계절풍)이 약화되고 韓半島(한반도)의 대기 정체를 유발한다. 대기 속 미세먼지는 납과 카드뮴 등의 중금속에 심각하게 오염되어 있어 호흡기뿐만 아니라 化學的(화학적) 독성문제까지 일으킨다.

2) 플라스틱은 惡魔(악마)다.

플라스틱은 일상생활 곳곳에 사용되면서 인간의 생명을 위협하고 금수강산의 경관을 파괴하는 흉측한 괴물들이다. 2022년 12월 9일 MBC TV 저녁 8시 뉴스는 심각한 쓰레기 문제를 보도하였다. 태평양 바다를 메우는 플라스틱을 수백 미터 그물로 수거하는 미국의 환경 운동가들의 연구결과는 부끄럽고 슬프다. 현재 바다를 죽이는 플라스틱 쓰레기는 일본이 1위, 중국이 2위, 한국이 3위순으로 마구 버려지고 있다. 현재 수거한 플라스틱 쓰레기는 약 120만 톤 여의도광장 100배가 넘어 바다가 죽어가고 있다. 켐트레일을 맞아도 싸다.

세계 자연기구의 발표에 따르면 해마다 900만 톤의 플라스틱 쓰레기가 바다로 흘러들어가고 있으며, 인간도 매주 신용카드 한 장 정도의 분량인

약 5g정도의 미세 플라스틱을 섭취한다고 보도 하였다. 예를 들어 일회용 종이컵에 뜨거운 물을 부어서 사용할 때는 나노 플라스틱물질이 나온다. 이 미세물질은 분해되지 않고 이동해서 인체 조직에 쌓여 여러 가지 毒性(독성)으로 작용하여 炎症(염증)을 유발하고 피곤케 한다. 이 미세 플라스틱 성분은 체내에 축적되면서 호르몬의 기능을 저하시키고 남녀 생식능력을 저하시켜 不姙(불임)을 만들고 청소년들의 성장발달장애, 면역력 저하, 비만 및 대사증후군, 등을 일으키고, 스트레스 호르몬이 과도하게 작용하여 인체 내의 不均衡(불균형)을 초래한다. 장기능이 약해지고 피부질환을 일으키게 된다.

이제라도 나 하나만이라도 하는 바른 정신의 기운이 일파만파 예전에 大韓民國(대한민국)을 외치던 붉은 악마의 시대정신처럼 국민의 의식을 일깨워 정신을 바싹 차리고 農藥(농약)과 석유화학, 除草劑(제초제), 호르몬, 항생제를 사용하지 않은 육류, 채소, 과일을 선택하여 시장바구니 들고 다니기. 비닐봉투 쓰지 않기, 종이컵 쓰지 않기 등을 적극적으로 지키고 과학자들이 대체에너지 연구에 몰두하고 있으니 인류는 이 플라스틱 문명을 벗어나 쓰레기 문제를 해결하지 않으면 멸망을 앞당긴다는 사실을 銘心(명심) 또 명심해야 한다. 이 문제를 해결하지 못하면 지금까지의 과학은 人類滅亡(인류멸망)을 위한 헛수고밖에 될 수 없다. 지구 어머니의 토대위에 모든 문화가 가능하다.

3) 에너지 절약도 지구를 지키는 길이다.

에너지 절약도 지구를 지키는 길이다. 지속가능한 에너지로서의 전환은 재생에너지 개발뿐만 아니라 에너지 절약과 효율 개선도 중요하다. 현재수준의 에너지 소비와 시스템을 그대로 유지하면서 에너지원만 재생 에너지로 바꾸는 것만으로 해결되지 않는다. 에너지를 과도하게 소비하는 현대사회의 시스템이 각성하고 결단 지어 변화를 모색하는 참여 정신만이 의식 상승이다. 우리가 할 수 있는 방법이 무엇일까? 생활 속에서 온실가스를 반드시 줄이는 길이다.

친환경 제품, 에어컨 조절, 가전제품, 쓸데없는 전기 낭비, 등 정신 차려야 한다. 우리는 계면 활성제를 쓰지 않고 천연원료로 샴푸와 비누를 개발하였다. 나는 거의 맹물 샤워로 몸을 씻으며 비누 한 장이면 6개월, 샴푸 300m 한 병이면 3년을 쓰고, 비닐봉지가 필요할 때는 씻어 말렸다가 90% 재활용 하였으며 어디서 택배가 전달돼도 감사보다는 쓰레기 문제가 나를 우울하게 한다. 태평양 쓰레기 섬은 한번 영상으로 본 사람이면 아무리 무관심한 사람일지라도 이런 말을 늘 입에 달고 사는 나를 조금은 이해할 것이다.

지구를 지키는 일에 同參(동참)하지 않으면 宗敎(종교)도 哲學(철학)도 문화도 예술도 끝이다.

4) 과학발전의 虛無(허무)

높은 봉우리는 낮은 골짜기와 동시 존재하듯 과학이 발달할수록 인간의 虛無主義(허무주의)는 깊어가고 행복지수와 감사 조건이 사라지는 것이다. 음식 맛도 옛날만 못하고 이성에 대한 사랑도 쉬 시들어 버리고 명품물건을 쓰면서도 만족이 없고 비싼 수입차를 타면서도 여전히 허전하고 빌딩을 소유하고도 마음이 허하여 쪽방 촌 노인들보다 행복지수는 훨씬 낮고 무시로 해외를 문지방 넘듯 날아다녀도 채울 수 없다. 이런 속빈 강정처럼 내공 없는 인간들은 사원을 짓고 모태신앙을 하고 학위를 받고 높은 관직에 좌정해도 이들은 결국 거지들이다. 매일 肉慾的(육욕적)이고 보다 더 자극적이며 보암직하고 먹음직하고 탐스럽고 자극적이며 짜릿하고 산뜻한 것을 찾아 시간과 돈을 낭비하고 명함을 앞뒤로 빽빽하게 인쇄하여 내밀며 네트워크로 사람을 찾아 뉴 페이스로 만난다. 컴퓨터와 기계조작, 새로운 정보에 능하고 디지털 문명에 노련하게 적응하며 假想現實(가상현실)과 실제와 구별할 수 없는 단계까지 입문하여 기계문명을 좋아하니 인공지능과 채널링하며 사랑도 가상세계의 人工知能(인공지능)과 나누고 음식도 가상으로 먹다가 정신과 영혼이 餓死(아사)하고 있다.

나는 이렇게 말하고 싶다. 地久文明(지구문명)의 과학은 여기서 멈춰야한다. 부지런하여 열심히 일하면 많은 것을 소유할 수 있고 윤택한 삶을 살 수 있다는 희망이 지난 반세기동안 미국을 위시한 전 세계 국민들의 근로의욕을 고취시켰고 우리나라도 현대건설을 발판삼아 20여년 사우디아라비아와 중동, 근동지방의 근로 열풍이 불기도 했었다. 그리하여 경제 성장을 어느 정도 이끌어 올렸다. 이즈음 새로운 희망은 과학의 발전이었다. 臟器移植(장기이식)을 하고 암을 치료하고 重裝備(중장비) 한 대로 인부 200명분을 해치우고 이러한 혁신적인 기술이 참 좋기도 하나, 이러한 과학기술의 발달 속에는 잠재적인 위험이 도사리고 있었다는 것이다. 우리는 이 문명을 어떻게 처리해야 하는지 현재로는 대책이 없다. 당장에 쓰레기를 태우고 땅에 묻는 짓을 수십 년 진행하고 있으니 말이다. 플라스틱의 편리함은 환경호르몬의 魔王(마왕)인 다이옥신을 인류에게 선물하였으니 공짜는 없다. 부자로 쌀밥 배부르게 먹을 수 있고 고깃국도 자주 먹을 수 있다는 희망이 있었다. 그러나 결론은 이렇다.

그 희망은 자본의 독점과 빈부격차가 인도 카스트제도보다 심하니 서민들의 희망은 산산이 부서지고 말았다. OECD국가 중 경제성장이 10위라는데 서민들의 경제 수준은 꼴찌에 가까우니 대관절 누가 이렇게 만들었는가?

이제는 더 이상 노력과 열정만으로 이룰 수 있는 그리 순진한 세상이 아니라는 것을 국민들이 다 알고 있다. 그 이면에는 과학기술이 있었다. 그렇게 발전해 온 과학기술은 지금 양날을 세운 劍이 되어 인류를 위협하고 있는데 인류는 지금 대안을 찾지 못하고 있다. 기계문명의 발전은 수많은 사람의 일자리를 없애 버렸다. 인공지능시대 4차 산업 시대를 우리는 알지도 못하며 설레게 기다리고 있으나 노인문제는 늘어나고 일자리는 없어지고 로봇시대가 눈앞에 왔다. 그리고 과학의 선물은 산업 쓰레기만 온 산하 바다를 오염시키고 있다.

泥田鬪狗(이전투구)

1) 審判(심판)의 골짜기에 사람이 많음이여!

"사람이 많음이여! 판결 골짜기에 사람이 많음이여! 여호사밧 골짜기로 올라지어다. 내가 거기 앉아서 四面을 다 심판하리로다."(요엘 3:12)

구약성경 소선지서 요엘 선지자는 영적 채널링으로 이스라엘의 앞날을 예언하는 의미로 감정을 고조시키는 메시지를 전하고 있다. 오늘날의 지구촌은 요엘 선지자가 활동하던 시대와 비교해보면 그 인구수가 20배 이상 늘어났다. 에덴을 빼앗기고 땅문서를 넘겨준 아담의 후예들은 처음부터 審判(심판)받을 천형을 안고 태어났다. 이 작은 나라를 모세도 아론도 솔로몬도 예수도 통치 할 수 없었다.

失樂園(실낙원)이후 아벨을 죽인 피의 유전은 약 일천 번에 가까운 전쟁을 치르며 피 흘리기에 지친 민족 죄 많은 이스라엘은 여러 차례 滅亡(멸망)을 거듭하며 심판을 받았고 다시 심판을 초래하였다. 先知者(선지자) 요엘이 말하는 판결 골짜기에 사람이 많다는 의미는 이스라엘 민족의 인구수를 말함이 아니다. 당시 인구 100만이 못되는 나라의 유대인은 유대교가 국교였으며 모세율법이 전하는 選民思想(선민사상)의 쓸데없는 자존심으로 스스로 우월의식에 잡혀 경건의 모양이 없는 위선자 집단이 되기 시작하여 그들은 당을 짓기 시작 하였는데, 대체로 사두개파, 에세네파, 열심파, 시카리파를 비롯하여 크고 작은 당파가 10여 개로 분리되어 강대국들의 밥이 되기에 안성맞춤이었다. 율법을 지키는 사람도 없고 단합도 안 되고 신앙심도 국민성도 없어지자 이런 어수선한 분위기를 틈타 나라는 바벨론, 시리아, 로마에게 차례로 점령당하며 멸망했다. 자신들의 자부심이었던 선민사상의 상징이던 성전마저 무너지고 남은 것은 무너진 성벽일부만 남았다.

이 모든 것이 內部的(내부적)으로 화합하지 못하고 黨派(당파)가 많고, 왕국마저 分裂(분열)되어 태평한 날이 없었으니, 이 또한 허무한 마음을 채울 수 없어 우상을 숭배하며 虛像(허상)을 좇는 북 이스라엘 사마리아와 우상숭배는 안했으나 바리새인의 위선만 남아 당을 짓는 예루살렘의 어리석음은 결국 멸망을 불렀다. 마지막 멸망의 시간은 로마에게 함락 당한 AD.70년경 처참히 무너진 예루살렘을 기점으로 이들은 로마의 식민노예로 붙잡혀가서 노예생활을 하던 10만 명의 뿌리를 통하여 세계로 흩어져 뼈에 사무치는 원한으로 정체를 드러내지 못하고 그림자처럼 숨어 살며 2천 년 동안 나라 없는 나그네처럼 살면서 나치도이치의 惡政(악정)에 시달리던 殘存者(잔존자)들이 또 멸망을 당한다.

이즈음, 쉰들러리스트(Schindler's List)의 사건은 유대인의 존재와 뿌리를 보존하는 運命的(운명적)인 기회를 마련해주었다. 남아있는 유대인들은 뒤늦게나마 이를 악물고 관계를 공고히 하였고 취직도 못하고 그들의 인력을 써주는 곳이 없어 신분을 감추며 살아야만 하였다. 그들의 살아남는 神의 한 수는 장사를 하여 돈을 모으는 것이었다.

결론으로 그들은 지금 세계 金融(금융)을 장악하였고 영국이 이들을 독립시켜 줌으로 드디어 그들은 또 한 번의 國家的(국가적)인 부활을 경험하게 되었다. 그들의 조직이 그림자 정부, 프리메이슨, 일루미나티, 敎皇廳(교황청)이다.

2) 가인의 후예들

초대교회에서 중세를 걸쳐 약 1800년 이상 종교 역사를 뒤돌아보면 분노와 충격으로 심령이 우울해진다. 진리와는 관계없는 큰 성 바벨론들의 인류 장악, 그림자정부 탄생, 칼빈을 스파이로 보내 마치 기독교 改革者(개혁자)로 가장하여 스위스에서 권력을 휘두르고 일루미나티 사도로 활발하게 움직이며 피 흘리는데 앞장선 태양신의 아들이며 敎皇廳(교황청)의 宣敎師(선교사)다. 그들은 세상을 하나하나 문화라는 발판을 이용하여 몇 세기에 걸쳐 준비하며 서두르지 않고 지구촌을 장악하는 대형 그물망을 가지고 있다. 이들 그림자 정부의 陰謀(음모)를 간추려 기록한다.

- 현재 전 세계 통신을 監聽(감청)하는 행위와 산업스파이 활약.
- 전자무기의 창시자 니콜라 테슬라(Nikola Tesla) 세계를 통제하는 전자기 무기, 땅속을 찍는 EPT, 러시아 딱따구리, 휴대폰, EMP 무기.
- 환경과 氣候(기후)를 조종하는 전자기파 무기, 기후를 바꾸려는 인간들, 매일 창공에 뿌리는 살상무기 켐트레일, 테슬라의 조종된 지진, 공군 2025 계획.
- 인간의 몸과 마음까지 지배. 憂鬱症(우울증), 짜증 및 극단의 심리를 조종하는 나노 미세먼지를 통한 프로젝트, 전자기파를 통한 다양한 마인드 컨트롤, 음파무리를 통한 인간관리 (영화 킹스맨 참고. 들리지 않는 소리로 인간을 조종함.
- 종교를 통한 自發的(자발적) 통제, 찰스 맨슨의 추종자들, 피플스 템플의 존스타운 학살, CIA지원을 받은 사이언톨로지교 샘의 아들 연쇄 살인사건(Church of Scientology).
- 중국과 일본 사이에 둘러싸여 분단된 韓半島(한반도)의 위험, 미국이 왜 우리를 놓아주지 않는지 정말 모르는가? 미국이 정말 형님국가인가? 전 세계 대통령을 지배하는 그림자 정부의 세계 통일 프로젝트와 국가비밀, 불투명한 미래사회와 인간의 자유.

우리는 지난 과거역사를 뒤돌아보며 스스로 탄핵한다. 신의 이름으로 자행된 大虐殺(대학살)과 선교라는 이름으로 원주민 피로 세워진 교회들의 모순을 충분히 보아왔고, 교회의 타락으로 러시아 대 학살을 덮어왔으며 오늘 이 시간에도 러시아와 우크라이나 전쟁을 보며 강 건너 불구경하듯 우리는 뉴스를 본다. 그 누구도 말리는 사람도 없고 푸틴에게 권면하는 이도 없으며 오히려 무기를 지원해주며 전쟁을 키우고 있다. 과거부터 권력 있는 정치인이나 종교 지도자들은 명분 없는 피를 흘리며 魔角(마각)을 드러냈다.

"과거를 이해하지 못한다면 현재 일어나는 일을 이해할 수 없다." -오

스왈드 스펭글러-

"거짓으로 조작된 역사는 인간에게 알려진 그 무엇보다 인류의 발전을 저해하였다."-장자크 루소-

3) 테슬라의 殺人光線(살인광선)

1915년 테슬라는 5천만 볼트 전기에너지를 무선으로 원거리에 보내 목적물을 파괴하는 것이 가능하며 자신은 이미 그 무선송신기를 만들었음을 증명할 수 있고 이 기구는 세계 아무 곳에나 원하는 목적물을 정확하게 겨냥할 수 있다고 발표하였다. 그러나 이러한 주장은 너무나 황당하게 여겨져 그의 발표에 관심을 두는 사람이 표면적으로는 아무도 없었다.

그런 일이 있고 9년 뒤인 1924년 갑자기 세계 여러 곳에서 살인광선을 발명했다는 과학자들의 발표가 잇따랐다. 1924년 5월 19일 영국의 과학자 그린델 매튜스(Grindell Matthews)는 파리에서 원거리의 비행기를 격추시킬 수 있는 가공의 전자방사선 기구를 발명하였으며 가공할 放射線(방사선)은 전 군대의 행동을 마비시킬 수 있다고 하였다.

그러나 대부분의 科學者(과학자)들은 그의 발표가 너무나 과장됐으며, 4마일이나 7~8마일 정도의 거리라면 몰라도 그 이상의 거리는 상상하기 어렵기 때문에 전 군대의 움직임을 마비시킨다는 말은 납득이 가지 않는다고 반격했다.

그리고 같은 달 24일에는 독일의 과학자 볼레(Herr Walle)가 '죽음의 커튼'이라고 부르는 전자무기를 세 개나 만들었다고 발표하였다. 다음날인 25일 미국의 과학자 T.F. 월(T.F. Wall)은 전기에너지를 사용하여 무선으로 비행기나 자동차의 기능을 마비시키는 기술을 특허 신청하면서 같은 원리를 외과 수술이나 다른 과학에 적용할 수 있다고 주장했다.

그리고 5일 후인 5월 30일 그 전날 뉴욕에서의 발표를 인용한 클로라도 스프링의 신문에는 테슬라가 1900년 클로라도 스프링에 있을 때 이미 발명한 눈에 보이지 않는 방사선에 접촉되면 운행 중인 비행기가 그대로 추락하게 된다고 설명한 기사가 실렸다.

그러나 이러한 발표만 있었지 실제 사용한 흔적은 알 수 없다. 10년이 지난 1934년 테슬라의 78세 생일날 그 '죽음의 광선'은 완전히 새로운 物理學(물리학)의 원리를 이용한 것으로서 1억만 분의 1센티미터에 불과한 이 방사선으로 250마일 거리에 있는 비행기 1만 대를 단번에 떨어뜨릴 수 있으며, 이 장치를 만드는데 드는 비용은 200만 달러 정도이며 건설하는데 3개월이 소요된다고 말했다. 설명에 따르면 미국 전역 12곳에 이런 기지를 설치하여 전자 망을 치면 마치 중국에서 만리장성을 쌓아 국가를 보호하듯 미국은 어떠한 외세의 침입도 불가능하다. 그 방사선은 가스, 디젤, 오일 등 어떠한 연료를 사용하든 관계없이 모든 엔진을 녹여버리므로 이 방사선에 대한 방어는 不可能(불가능)하다. 이 방사선을 농축하여 사용하면 지나간 자리나 그 자리에 있는 군인이나 장비는 모두 삽시간에 죽고 파괴된다. 망원경의 조망권 내에서 또는 地平線(지평선)의 범위 내에서 정확하게 목표를 겨냥하고 파괴하는 소리도 없고 흔적도 없는 무기이다. 갑자기 공중에서 멀쩡하던 여객기가 추락하여 엔진이 녹아버리는 사고들을 나는 우연으로 보지 않는다. 그 뒤로 90년이 흘렀다. 북한 김 정은이 만든 핵무기는 히로시마에 투하된 원자핵무기의 60배의 위력이 있다. 의식이 動物的(동물적)이며 진화하지 못하는 맹수 영혼들은 진흙 밭에서 개싸움 하듯 지구 가족끼리 서로 죽이고 피를 부르고 있다.

4) 피를 부르는 分裂(분열)

조선 왕조는 한마디로 우울한 역사다. 당시 조선은 훈구파니 사림파니 하면서 봉당 정치에 빠져 나라는 그 어지러움이 극에 달하였다. 7년 동안 선조는 옹졸하고 패기 없고 힘없는 왕이었고, 이때 율곡 이이는 10만의 병사를 양성해야 한다는 상서를 올렸다. 그 뒤 10년 뒤에 임진왜란이 일어났다. 탐관오리들은 당파싸움하느라 외침에 방어할 능력이 없었다. 누가 바른 소리를 말해도 선조의 귀에 들어오지 않았다. 그래도 **柳成龍**(유성룡)과 이순신이 있어 **滅亡**(멸망)은 면하였다.

당시 한양이 함락된 이유는 왜인들의 조총이라는 신무기 때문일 수도 있으나, 정치인들의 분열과 유생들의 안일한 양반행위 등이 문제였다. 계사년 10월에 불타고 남은 쓰레기만 성안에 가득하고 거기에 기근과 영양실조 **傳染病**(전염병)으로 죽은 시체가 길에 겹겹이 쌓였고 동대문 밖 쌓인 시체는 조총에 맞아 죽은 자, 굶어죽은 자를 포함 성 높이에 맞먹을 정도로 겹쳐 있었다. 왜인들은 나중에 전쟁에 패하고 도망가면서도 남은 백성들의 코를 베거나 우물을 막아 메우고 남은 것은 모두 불태워 버려 시체 외에는 아무 것도 남아있지 않았다. 마을을 들어서는 입구에서 코를 찌르는 것은 한꺼번에 썩는 냄새가 하늘을 찔렀기 때문이다.

이 상상할 수 없는 비극을 까마득히 잊고 왜인들이 **兄弟國**(형제국)처럼 조선을 도와주고 발전시켜준다는 속임수에 나라를 내어준 것이 **韓日合邦**(한일합방) 아닌가? 1910년 8월16일 비밀리에 당시 총리대신 이 완용에게 합병조약안을 제시하고 같은 달 22일 이완용과 데라우치 사이에 합병조약이 조인되었다. 이 불쾌한 비극이 일제 36년 강점기 국권 침탈 사건이다. 이것이 한마디로 정치인들의 당파싸움이 몰고 온 업보다. 내·외란을 900여 번 겪는 기구한 역사는 마치 유대인들과 흡사하다. 이러한 역사를 모르는 무식한 정치인들은 아직도 일장기를 흔들고 일제를 짝사랑하고 있으니 할 말이 없다. 유대인들도 바벨론, 시리아, 로마, 등 강대국에 의해 노예생활을 거듭하면서도 당파 분쟁은 잠잘 날이 없었고 겉치레 **選民思想**(선민사상)의 위선으로 서로 싸우고 분열하는 약점을 틈타 여러 차례 **強大國**(강대국)의 밥이 되었고 스스로 멸망을 자초하였다.

5) 가인의 후예가 가장 많은 한국

1917년 볼세비키 혁명도 재판이 있었고 공식적으로 기독교인만 2,400만 명이 학살을 당했고 기타 약 일억 명에 가까운 인구가 죽었는데 그 중에서도 재판에서 두세 증인의 입으로 선행을 베풀고 양심을 저버리지 않은 사람 80여 명이 성경을 빼앗기긴 했으니 살아남았다. 우리나라는 잔인한 왜인들 밑에서 배운 거라고는 약자들 억누르고 죽이고 빼앗고 폭행하는 일 외에는 선행을 베푼 것이 아예 없다. 그것은 역사가 증명한다.

중앙정보부에서 犧牲(희생)된 수많은 민주 인사들, 5·18 희생자 5,817명, 제주도 4·3사건에 너무나도 억울하게 군경의 총탄 세례로 희생된 3만 명의 살생, 여수 순천에서 희생된 1만5천여 명, 구례산동에서 416명 학살, 함평 11사단 사건, 등 전국을 피로 물들였다. 이 승만 정부는 조 병욱과 더불어 제주도에서 만세 운동을 구경하던 6세 소녀를 경찰관이 지나가다 발굽에 치어 기절했는데도 그냥 지나가자 주민들이 警察署(경찰서)에 쫓아가서 항의하여 진상을 규명하지 않고 발포, 6명이 죽게 되자 일어난 사건이다. 전 제주도민이 일어나 대항하자 이 승만 정부는 조 병욱 경찰국장을 내려 보냈으나 일을 잘 해결하기보다는 제주도민을 전부 社會主義者(사회주의자)로 묶어 무력으로 진압하기 시작하였다. 도대체 6세 소녀와 순진한 제주도민이 사회주의와 무슨 상관이 있는가. 학력수준도 낮고 아무것도 모르는 양민들에게 빨갱이라는 주홍글씨가 호적에 올라 70여 년을 억울하고 원통하게 사회적으로 매장을 당하고 결혼도 힘들고 인생 낙제생으로 숨도 크게 못 쉬며 살아왔다. 당시 社會主義(사회주의)를 아는 이는 러시아 유학파 조 봉암과 북한의 김 일성, 남한에는 금산의 이 현상뿐이었다. 이들은 정식으로 유학을 한 사람들이었지만 나머지 사람들은 일제 치하에서 해방된다는 희망에 들떠 만세를 부르다 아이가 경찰 말발굽에 튕겨나가면서 벌어진 일을 사회주의로 몰아 裁判(재판)도 없이 7년 동안을 괴롭히며 무려 3만 명을 죽였다.

이때 제주도민을 소탕하고 사회주의 좌파를 색출하고 진압하라고 순천에 주둔하던 14연대 약 2,500여 명의 군인을 제주에 투입시키려하자 군인들이 어찌 한 민족끼리 총부리를 대고 적으로 대할 수 있느냐고 항변한 것이 반란을 일으켰다고 억지를 뒤집어 씌워 비극의 불꽃이 크게 번졌다.

이때 국가보안법을 만들어 콩밭매고 감자 심는 촌부들에게 좌익이 뭔지도 모르는 촌부들에게 사상을 운운하여 뒤집어 씌워 죽였다. 여수순천에서 일반인이 좌익으로 몰려 18,814명이 희생되고, 진압군들도 군인이 180여 명 경찰 74명이 죽었다고 기록되어 있고 지리산 구례, 산동, 곡성, 벌교, 광양, 고흥, 지리산 화개, 보성, 남원, 등지에서 죽은 사람을 다 계산하면 헤아릴 수 없는 양민이 얼울하게 일제의 피를 이어받은 정부 군경에게 파리처럼 죽어갔다.

　재판도 없이 매일매일 살생이 벌어졌고 피 맛을 본 西北靑年團(서북청년단) 가짜 경찰과 군경은 재미삼아 사람을 죽였다. 무슨 말이냐 하면, 세 살 난 아이를 바위에 패대기를 쳐서 죽이고 좌익이 뭔지 우익이 뭔지 도무지 모르는 처음 듣는 말로 재판도 없이 마을 앞이나 학교로 불러내어 집단으로 학살하고 불태워 죽였다. 이런 악마 권력은 日帝(일제)의 蠻行(만행)을 그대로 이어받은 유산이었다. 이들은 가인의 뿌리들로서 지금도 눈 하나 까딱 않고 살인을 저지르고 가짜뉴스를 만들어 피 흘리기를 즐긴다.

　나는 40세가 지나면서 뒤 늦게 역사의식에 눈이 뜨여 30년 가까이 많은 독서와 나이든 분들과 당시 虐殺(학살)에서 살아남은 증인들과 經驗談(경험담) 여러 문서들을 대조해보며 이 악행의 뿌리를 찾아보았다. 아무리 소련과 미국이 개입했다 할지라도 이 승만이 愛國者(애국자)였다면, 일제와 미국의 앞잡이가 아니었더라면, 예수를 좀 정의롭게 믿었더라면, 조 병욱을 설득하여 제주도민을 다독였더라면, 임시정부 10만 대군을 자기정부에 10여 명만 등용했더라면, 이런 동족끼리 피 흘리는 일은 없었을 것 아닌가라고 생각을 해본다. 그는 72세가 넘어서까지 독재를 하다 의로운 학생들의 4·19 혁명으로 下野(하야)하여 권력을 놓치고 물러나 미국으로 건너갔고 90세가 되어 사망하여 시신은 한국으로 돌아왔다.

6) 의식이 더 낮아지는 종교와 정치

　1960년~80년대까지는 경제수준은 낮았지만 살인사건이나 노인 학대,

아동학대, 종교 타락이 크게 문제 되지는 않았다. 스님들은 몸들이 야위고 누더기를 걸친 구도자가 많았고 눈이 움푹 패고 안광은 빛났었고, 교회는 10년 사이에 900만 명으로 신도들이 늘어났고 교회는 아동복리, 敎育的(교육적)인 선구자, 병원 건립, 여러 개의 신학교가 세워지고 大學校(대학교)도 많이 건립되었다. 보릿고개도 넘겨 사람들의 삶이 나아졌고 문민정부가 들어서고 언론과 모든 분야가 자유로워졌다.

그 뒤로 30년이 흘러 승려들과 기독교 성직자들은 더 이상 70년대 사람들이 아니었다. 머니 신앙에 맘모스 교회를 꿈꾸는 희망이 그들의 唯一神(유일신)이었고, 음란마귀의 유혹을 뿌리치지 못한 삼손들은 머리카락이 잘리고 미투(Me Too)라는 지뢰밭에서 치욕을 안고 쌀밥을 버리고 콩밥을 택하여 울타리가 견고한 철조망에서 상당수 교주들이 푸른 옷을 입고 있다. 기독교는 한국에서만 50여파로 갈라져 예수를 우상숭배하며 자가용처럼 타고 다니며 축복의 도구로 이용한다.

정치는 더러울 정도로 신물이 난다. 기독교는 1917년에 共産主義(공산주의)를 만들었고, 그 社會主義(사회주의)사상은 특별히 공부를 하거나 세뇌교육을 받지 않았는데 제주 4·3사건을 기점으로 만들어낸 이 승만 정부의 작품이다. 그 이전에는 좌파, 우파, 빨갱이라는 용어조차 없었으니 말이다.

바른 위치에 있어도 반대파는 제거하는 게 일반적인 뉴스다. 자기 당원들끼리 정치 競選(경선)을 두고는 물고 뜯고 싸우며 만신창이가 되고 경선에 이겨도 진심으로 박수를 보내지 않고 마치 자기 아니면 이 세상이 돌아가지 않을 것 같은 착각 병을 앓고 있다.

문학 단체도 80여 파로 늘어나 등단이라는 더러운 미끼로 책장사를 해먹고 해마다 무수한 면허증을 달아서 내보내고 있으며 무술단체도 어지간히도 분열하였다. 내가 속해있던 무술단체도 4파로 갈라졌다. 그리고는 마치 중국무협지에 등장하는 문중 싸움처럼 서로 비방 음모하여 칼을 휘두르고 원수를 맺고 있다. 이것이 진흙 밭에서 뒹구는 泥田鬪狗(이전투구)다.

용서와 화해는 없으며 국민윤리는 로마의 멸망 전야 같다. 아이들을 훈계도 못하니 채벌은 아예 없고 중학생만 되면 욕부터 배우고 교사는 학생의 눈치를 봐야하고 오히려 선생을 희롱하고 젊은이들은 대체로 갈수록 사납고 날이 갈수록 GMO 식품을 먹은 현대인들은 참을성이나 仁愛(인애)함은 없어져간다, 언론이나 기자들은 힘 있는 권력에 아부하여 正義社會(정의사회)는 구호만으로 그치고 뉴스는 여전히 偏頗的(편파적)이다. 그래도 희망을 포기할 수 없음은 아직도 이러한 환경과 분위기속에서도 의식차원이 상승되는 사람이 있으며 신을 예배하며 선을 지향하는 아벨의 후손들과 멜기세덱의 반차를 좇는 영적인 사람들이 영적인 순결을 도적맞지 않고 있으니 이들의 기도로 세상이 운영되는 것이다. 거짓 선지자 450인과 고독한 광야의 정의롭던 선지자 엘리야 시대와 오늘의 시대가 다를 바 없다.

8장
성자병에 걸린 사람들

1. 인도의 주인 없는 철새 영혼들!

 지난 2000년 밀레니엄(Millennium)이 시작되던 해에 일감 스님의 후원으로 3개월 동안 인도를 방문하여 이곳저곳을 엿보며 돌아다닌 적이 있다. 비행기가 뭄바이 공항에 착륙하자마자 나는 놀라움을 금치 못했다. 퇴색된 건물들은 잿빛으로 陰散(음산)했고, 건물 벽들은 온통 금이 가고 금이 간 틈사이로 나무들이 뿌리를 내리고 자라고 있었다. 공항택시들의 바가지요금에 숙소의 불편함, 향신료, 음식 문제, 등 여행시작 첫날부터 힘들었다. 무엇보다 건조한 기후가 기관지에 데미지를 안겨주었다. 첫날부터 宇宙의 주인에게 인도의 神들에게 도움을 요청했고 香辛料(향신료) 때문에 입에 맞지 않는 음식을 마음을 비우고 먹기 시작하였다.
 乾期(건기)로 인해 광야에서 말라죽은 소의 사체들이 종종 눈에 띄었고 나무들은 생기 없이 겨우 살아있는 것 같다. 첫날부터 나는 우리나라 금수강산이 얼마나 복된 땅인지 즉각 깨달았다.
 낡은 택시로 거의 7시간을 달려 '뿌나'에 있는 오쇼 라즈니쉬 명상센터에 도착하였다. 센터 주변에는 전 세계에서 몰려든 순례자들이 많아 숙소구하기가 매우 힘들었다. 국제 센터에서 일하는 김 화성 씨의 도움으로 어느 아파트 거실을 빌렸는데 커튼으로 칸막이를 하여 불편했으나 새로운 세상을 접하는 기회라 생각하고 인도생활이 시작되었다. 이튿날 센터에 접수를 하고 돈을 지불하였고 피를 뽑아 에이즈 검사를 받아야 했다.
 후일 알게 되었는데 性的으로 자유로운 곳이라 건강검진이 필수라는 것이었다. 약 한 달을 출퇴근하며 집중하여 시대적 마스터인 오쇼의 비디오 강의에 빠져들었다. 미리 여러 책들을 읽고 감화를 받았던 터라 그런지 오쇼의 비디오 강의는 마치 나를 위해 준비된 것처럼 가슴을 적셨다. 강당은 세계 기네스북에 오른 대형 모기장이 설치된 야외무대에 설치되어 있었다. 이 야외 모기장 강의실을 붓다 홀이라 하는데 여기는 무료 강좌였고 마음껏 음악에 맞춰 춤을 추고 소리를 질러도 괜찮았다. 오천 명의 관객이 들어갈 수 있는 공간으로 매일 천여 명 적게는 500여 명씩 모여 비디오 강의를 듣고 춤을 추고 아무도 간섭하지 않는 이곳에서 자신의 내면을 들여다보는 것이 일과다. 때는 이미 오쇼가 세상을 떠난 뒤지만 명상 객들은 그 누구도 오쇼를 죽었다고 생각하지 않았으며 함께 살아 숨을 쉰다고 느끼고 있었다.

오쇼는 나처럼 呼吸氣(호흡기)가 약하여 化粧品(화장품)이나 향수 냄새를 못 맡았다. 그를 잘 아는 여제자들이 정문 입구에서 일일이 방문객의 몸을 냄새로 수색하였고 만일 향수나 강한 화장품 냄새를 풍기면 냉정하게 출입을 통제시켰다. 이는 오쇼의 생전에 그는 호흡기가 안 좋아 자극적인 냄새를 맡으면 기관지 알레르기를 일으켜 곤혹을 치르게 되어 여러 제자들의 영성생활에 크게 영향을 미치니 이 센터에 머무는 사람들은 오쇼가 세상을 떠났는데도 마치 그가 살아있는 듯 예를 갖추고 대개가 화장을 하지 않았다. 전 세계에서 찾아온 구도자들 모두가 이 예절을 잘 지키고 있었다. 이러한 예절을 지키는 것은 스승인 오쇼 선생께서 늘 곁에 함께하고 있다는 생각으로 모두가 의식이 통일된 분위기였고 실제로 비디오 강의를 들으며 그렇게 생각하고 있었다.

여러 건물들이 지어져있고 각 건물마다 프로그램이 운영되었으며 다이나믹 명상, 쿤달리니, 웃음 명상, 탄트라, 지버리쉬, 기타 여러 명상 비법들을 통해서 내면을 들여다보고 대상을 의식하지 않고 無意識(무의식)을 다 토해내고 Ego를 葬禮式(장례식) 하는 행법들을 수련하고 배우는데 마스터들은 주로 독일, 이탈리아, 미국, 프랑스 인들이 많았고 인도인들도 몇 명 보였다. 식당은 자체 운영되는데 조금 비싼 편이었으며 내가 머무르는 동안에는 독일인들이 식당을 담당하고 있었다. 나처럼 형편이 넉넉지 않은 사람들은

1. 인도의 주인 없는 철새 영혼들

늘 아끼느라 배부르게 사 먹을 수가 없었다. 카메라는 센터에 맡기고 사진 촬영은 허락을 받아야 했고 담배는 지정된 장소에서만 피우고 성행위는 자유로운 곳이지만 에이즈검사를 철저히 해야 했고 콘돔을 서로 아무렇지도 않게 선물로 주고받는 일이 예사였다.

나를 안내해주던 김 화성씨도 나더러 여기는 이런 곳이니 아무 부담 느끼지 말고 기독교에서 눌렸던 양심에 대하여 자유 하라고 말했다. 나는 고개만 끄덕이며 당분간 센터의 분위기와 프로그램에 관심을 갖고 올인 하기로 했으며 다이나믹 명상과 붓다 홀에서 비디오 강의를 들으며 틈틈이 주변을 살폈다. 시장 구경과 더불어 한국인들을 만나고 그들의 생활을 엿보며 시간이 두 주간 정도 지내자 서서히 익숙해졌다. 서툰 영어도 조금씩 통하여 큰 불편 없이 센터 생활에 익숙해졌다. 20일 정도 매일 출근을 하며 入場料(입장료)를 지불하고 붓다 홀에서 오쇼의 비디오 강의를 듣고 한국인들을 만나고 그들의 생활을 대략 짐작하였다.

1) 컵 명상을 하던 여인

섭씨 40도를 넘나드는 열기인데도 건조한 공기 때문인지 나는 인도 감기에 걸려 컨디션이 급격히 나빠졌다. 함께 했던 일행들과도 어울리지 못하고 그늘에서 앉아 마인드 컨트롤을 하며 호흡을 조절하며 며칠을 보냈다. 가져간 비상약도 평소처럼 듣지 않았다. 생각이 많아졌다. 만일에 내가 여기서 죽으면 이쪽 마스터들한테 부탁하여 비용을 전달해주고 火葬(화장)으로 장례를 치러달라고 김 화성씨에게 부탁했더니 가능하다고 말했다. 그러더니 인도 방문하는 사람들 십중팔구는 인도감기에 걸려 신고식을 치른다고 대수롭지 않게 말하며 왜? 쓸데없는 소리를 하시냐며 감싸 안아주며 위로했다. 나는 홀로 릭샤를 타고 지독한 기침을 토해대며 '엠지로드'라는 큰 시장을 40여 분 달려서 생강과 설탕을 구해 돌아왔다. 생강이 냄비 뚜껑 만하게 컸다. 돌아오자마자 생강을 껍질 채 씻어 냄비에 끓여 차를 만들어 마시고 빈병에 넣어 들고 다니며 마셨다. 무거운 몸을 이끌고 센터로 출근을 했다.

아쉬람(Ashram) 안에는 온갖 나무들과 숲과 정원을 잘 가꾸어 온갖 새들이 둥지를 틀고 살았으며 이 센터는 밖의 오염된 물을 끌어들여 대형 淨水(정수)시설을 거쳐 나올 때에는 아주 맑은 물이 되어 밖으로 내어보내는데 그 수로를 통하여 흐르는 소리가 기운차게 들린다. 붓다 홀에 앉아 조용히 휴식을 하고 있는데 옆에 한국인 중 애킨이라는 스님과 리시타라는 산야신이 자리를 같이 하게 되었다.

대구에서 왔다는 이 여인은 나를 보더니 "감기 걸리셨군요?" 하면서 위로의 덕담을 건넸다. "예! 며칠 동안 힘드네요. 음식도 안 맞고 건조하고, 어제 生薑(생강)을 구해다가 달여 마시니 조금 차도가 있네요!"

리시타라는 산야신이 말했다. "이따가 저녁에 저희 집에서 식사 하세요. 한국식 된장국을 끓여 드릴게요. 센터 뒤에 있는 '무굴 가든'에서 지내요." 나는 한국식 된장국이라는 말에 귀가 번쩍 뜨여 "아! 정말입니까? 그러면 아주 감사하죠!" 나는 오후5시경 그녀를 따라 염치 불구하고 빈손으로 따라 들어갔다. 이슬람 교인들이 만든 어설픈 아파트 낡은 방과 작은 주방이 딸려 있는 집이었다.

그녀가 말했다. "장 선생님 안색이 안 좋아요! 체면 보지 말고 한 이십 분쯤 좀 기대 누우세요!" "예! 감사합니다." 나는 남의 방에서 새우처럼 옆으로 웅크리고 호흡을 고루며 에너지를 모았다. 기침을 멈추고 목을 아껴야했다. 나도 모르게 작은 신음소리가 내 입에서 새어나왔다. 非夢似夢(비몽사몽) 간에 눈을 감고 있는데 뭔가를 칼로 써는 소리와 된장냄새가 코를 자극한다. 십여 분 쯤 시간이 흐르는 동안 나는 스쳐가는 상념에 감정을 맡기고 呼吸(호흡)을 유념하여 마인드 컨트롤을 하며 이 열대 건기에 살아남아 잘 견디고 내가 여기에 날아온 목적을 이루고 가야겠다고 결심했다. 잠시 뒤에 그녀가 나를 불러 깨웠다.

"장 선생님! 일어나보세요. 제가 끓인 이 된장국을 드시면 병이 나을 거예요. 입에 맞을지 모르겠네요."

흰 쌀밥에 인도 시금치와 감자를 넣고 끓인 된장국을 한 수저 떠서 입에 넣자 첫 수저에 기운이 입 안 가득 퍼지며 궁합이 맞았다. 감사인사를 하고 차려준 음식을 다 먹었다. 정말 신기하게도 몸이 회복되었다. 한 번 더 만나서 음식을 대접받고 우리는 조금 가까워졌고 서로 추구하는 명상 세계에 대하여 담소를 나누며 서로의 내면세계를 보이는 만큼 넘어다보았다. 그녀는 육체가 죽지 않는다는 교리를 가르치는 어느 신흥종교에 심취하다가 오쇼 라즈니쉬를 알게 되어 문서를 통하여 책을 보다가 이곳 센터까지 날아왔다는 것이라고 했다. 대학에서 心理學(심리학)을 전공했다는 그녀는 민감하고 말이 빠르고 혀 신경이 날카로웠다.

　현지인들과는 영어로 말하며 어느 날부터인가 그녀는 센터에 나타나지 않았다. 열흘 정도 지난 어느 날 길에서 마주쳤는데 서로 안부를 묻다가 그녀의 집으로 초대되어 다시 들렸는데 리시타는 물 컵을 머리에 이고 跏趺坐(가부좌)를 틀고 앉아 눈을 반쯤 감고 반듯하게 앉아 벽을 바라보며 뭔가를 명상하는 세레모니를 보였는데 나는 하나도 신비하거나 관심이 끌리지 않아 그냥 무시하고 묻지도 않았다. 인정은 많고 평화로워 보이는데 어딘가 모르게 가슴이 비워진 듯 보였고 결국 오쇼라는 큰 스승도 그녀를 채워주지는 못하는 듯 그는 결국 자기만의 명상으로 神(신)을 찾는 듯 싶었다. 오쇼를 연구하지 않으려면 왜 구태여 인도에 와서 오쇼 센터 주변을 맴도는 걸까?
　그러던 어느 날 그녀가 나의 숙소로 밤 11시쯤 갑자기 찾아왔다. 나는 아무 일 없는 듯 리시타를 맞이했다. 좀 어색했으나 명상 인답게 태연하게 앉아 가져간 인삼차를 한잔 건넸다. 그리고는 묻지도 않았는데 한국인들의 이곳 생활에 대하여 기대감이 무너진 이야기 속빈 강정 같은 사람들의 철새 병에 대하여 입을 열었다. 그녀는 아마 내가 여기에서 명상하는 사람들을 무슨 성자 보듯 우월하게 생각하다가 혹여 상처나 받지 않을까 하는 老婆心(노파심)에서 기독교 목사라는 순수를 다 빼앗기고 허탈할 것 같아 미리 귀 띔을 해 주는 듯하였다. 安息年(안식년)이라 자기는 이곳에서 좀 더 쉬고 오쇼 센터는 그만 갈 것 같다고 선언하였다. 그녀는 형이한 뭔가를 갈망하는 것 같았는데 약간 초조하게 보였고 총명한 만큼 마음의 여유는 없는 듯

하였다. 암튼 나는 된장국 두 번 얻어먹고 컨디션을 회복하였고 그녀와는 내가 '올드 고아' 남인도 休養地(휴양지)로 떠나면서 작별을 하였다.

2) 석청을 따다가 추락한 한국인

어느 날 붓다 홀에서 비디오 강의를 듣고 음악에 맞춰 몸을 풀고 돌아오는 길이었다. '무굴가든'이라는 회교도 인들의 낡은 아파트 담 벽 아래 사람들이 백여 명 웅성대고 있었다. 그리고 그 옆에는 사람 하나가 쓰러져 있었는데 東洋人(동양인) 같았다. 나는 구경을 할 일이 아닌듯하고, 저녁 7시에 인도의 미스 슈새미라는 명상 인이 방문하기로 되어있어서 시간도 없고 해서 돌아왔다. 이튿날 알게 되었는데 그 추락한 사람은 한국인으로 명상 객인데 아파트 벽에 매달린 거대한 석청을 따려고 수를 쓰다가 밧줄이 풀려 벌을 수백 방 쏘이고 추락하여 크게 다쳐 정신을 잃었다는 것이다. 그 사람도 오쇼 센터에 몇 번 출석하고는 밖에서 한국인들을 만나면 뭔가 가이드 역할을 하는 체하면서 수지침도 놓아주고 음양오행설 등 자기세계를 펼치려 한듯하다. 들리는 소문으로는 돈도 떨어지고 명상 프로그램에 참석도 잘 안하고 교주행세를 하여 한국인들 사이에서도 외면을 당하는 사람이라 하였다. 나중에 들리는 말에 의하면 그는 이틀 뒤에 이국땅에서 죽었다는 말을 들었다. 길 잃은 철새는 그렇게 꿀도 먹지 못하고 벌만 쐬고 떠났다.

3) 피에 젖은 드레스

이곳 센터에 들어 온지 25일쯤 되는 어느 토요일 오후 '老子 하우스'라는 건물에서 막 나오는데 어디선가 비명소리가 다급하게 들렸다. 사람들이 소리 나는 쪽으로 몰려갔다. 나도 무슨 일인가하여 발길을 돌려 걸었다. 비명소리는 계속되었다. 植物園(식물원) 앞에서 어느 남녀가 다투고 있었다. 둘다 하얀 로브 원피스를 입고 있었다. 이곳 산야신들 대다수가 평소에는 자주색 머룬을 입는데 간혹 프로그램에 따라 하얀 가운을 입어야할 때가 있는

1. 인도의 주인 없는 철새 영혼들

데 이 젊은 커플은 무슨 프로그램 행사를 치루고 나오다가 서로 다투는 것 같았다.

　사람들이 순식간에 100여명이 모여들었다. 가까이 가보니 여자의 흰 드레스가 피로 물들어 앞가슴 쪽이 붉게 젖어 있었다. 여인은 코와 입에서 피를 뱉어내며 소리 지르며 폭행하는 사나이를 저주하며 울부짖는데 남자는 그녀의 팔을 비틀며 주먹질을 하고 있었다. 나는 잠시 망설이다가 싸움을 진압하여 우선 여자를 구해내야겠다는 생각으로 막 걸어 나가는데 내가 저지하기도 전에 어디선가 아주 건장한 인도 청년 두 사람이 나타나서 폭행하는 사나이를 순식간에 제압하여 어디론가 끌고나갔다. 알고 보니 한국인 커플들이었고 그들은 약혼자 사이였는데 무슨 프로그램을 공부하다 질투문제로 다투다가 싸움으로 이어진듯하다. 아마 탄트라 수련을 공부하다 그런 것이 아닐까 싶었다. 그녀의 약혼자 청년은 이곳 센터에서 즉시 **追放**(추방)되었다고 전해 들었고 여인은 병원으로 이송되었다.

　이 아쉬람에서는 어떤 이유로든 폭력을 행하는 사람은 즉시 추방되고 다시는 입문 할 수 없게 된다. 전 세계인이 수천 명이 모여 온갖 프로그램을 운영해도 누구하나 싸우는 사람이 없는데 유독 한국인들만이 종종 싸움을 일으킨다는 불미한 뉴스를 들을 때 씁쓸하였다. 왜? 한국인들은 싸움을 잘 할까? 배낭여행하는 커플들 중에 유독 한국인들이 가장 많이 헤어진다는 보고를 읽은 적 있다. 이곳에서 운영하는 탄트라 명상프로그램 에서는 한국인을 입교시키는 일을 꺼려한다. 문제는 질투와 집착 때문이라 하였다. 부부나 약혼자 사이라 해도 명상 등록을 마치고 탄트라 수련을 하려면 일단 애인과는 떨어져야 하며, 파트너가 정해지기 때문에 옹졸한 사람은 아예 이런 프로그램을 넘보는 게 오지랖이다. 카메라나 전화기를 휴대할 수 없으며 20년 전 당시 150만 원을 회비로 납입해야 했다. 나는 관심은 많았으나 돈이 없어서 못 들어갔다. 참가자들은 주로 미국, 이탈리아, 독일, 일본, 기타 유럽인들 모두 무난한데 유독 한국인들만이 질투로 인하여 반드시 **後遺症**(후유증)을 앓게 된다는 것이다.

4) 콘돔을 빌리러 다니는 사람들

아쉬람 內에는 아르바이트를 하며 숙식을 해결하는 사람들이 여럿 있는데 그중에 한국인들도 10여 명 있었다. 식당, 정원, 센터 청소, 통역, 상담, 의사들은 진료, 전기시설, 프로그램, 마스터들은 숙식문제가 일단 해결되어 명상에 전념할 수가 있다. 수십 개국에서 몰려든 산야신들은 신사 숙녀에서 온갖 雜人(잡인)들이 다 모였다 생각하면 될 듯하다. 오쇼 강의를 통해서 일단 마음이 릴렉스 상태가 된 사람들의 표정은 맑고 온유하다. 돌아가서는 어떤 얼굴과 의식이 될지는 몰라도 일단은 행복해 보인다. 그들은 그 어느 누구에게나 사랑의 감정을 느끼거나 포옹을 하고 싶으면 웃음으로 인사를 나누며 팔을 벌리면 기꺼이 抱擁(포옹)을 할 수 있다. 모두가 행복해 보인다. 지구상 어떤 나라에서도 이러한 교감은 없다. 차별도 구별도 계급도 없이 감정을 교감한다. 일단 이곳은 산야신들의 낙원이다. 누구도 判斷(판단)하거나 상관하지 않고 定罪(정죄)하거나 지적질 하지 않으며 형식에서 일차 행복해 보인다.

나도 독일인과 이탈리아 미녀랑 몇 차례 포옹을 나누었는데 보이 프랜드가 있어서 섹스는 할 수 없다고 말했다. 한참동안씩 서로 안고 서있는 사람들도 있고 만일 바쁘면 두 손을 가슴에 대고 가만히 밀면 된다. 독자들은 이쯤 되면 상상이 갈 것이다. 감정을 속이지 않고 가능한 일이라면 실행하는 사람들 여러 한국인 남녀가 날 더러 콘돔 있으면 좀 빌려달라고 하는 소리를 여러 차례 들었고 아무 곳이나 아무렇지도 않게 빌려주고 받는 것을 목격했다. 물론 나는 그런 피임도구를 휴대할 일이 없었으니 빌려주고 받을 일이 없었다. 그러다보니 이곳에서도 분위기가 意識的(의식적)으로 분류되었다. 오쇼의 비디오강의를 들으며 영성을 가꾸는 사람들과 웃음명상, 소리지르기, 다이나믹, 탄트라 명상, 등 내면의 의식 수준이나 이상에 따라 구별되었다. 물론 判斷(판단)할 마음은 없었다.

성적인 부분이 이들의 내면을 가득 채우고 있는듯하다. 그리고 스트레스 분출, 억압된 정신을 放生하려 방황하는 임자 없는 철새들이 장애의 몸을

1. 인도의 주인 없는 철새 영혼들

이끌고 찾은 非常口(비상구)가 이곳 고물상 겸 百貨店(백화점) 아쉬람처럼 느껴졌다.

　아무도 간섭하지 않고 한 나절을 포옹하고 있어도 누구하나 흘겨보지 않는 이곳 멀리까지 와서 候鳥(후조)처럼 날개 짓을 하는 이들을 첫날 들어올 때는 인생의 대선배요 스승들처럼 느꼈고 우리와는 별다를 영적인 존재들 일 것이라는 기대감과 한편 의식적인 측면에서 上位層(상위층) 사람들로 대접을 하며 그들을 대했다. 보름쯤 지나면서 觀心法(관심법)을 쓸 시간도 없이 다 들어났다. 노자의 道德經(도덕경) 한 쪽과 우리 민족의 天符經(천부경) 한 소절도 모르는 붓다의 일성 唯我獨尊(유아독존)의 의미도 잘 모르는 예수의 山上垂訓(산상수훈) 정도도 관심 없는 사람들이었다는 것이 나의 관점이었다. 오쇼의 무덤이 센터 안쪽에 있는 10만 여권의 도서관 입구에 자리 잡고 있는데 대리석 상자 안에 스승의 사리를 보관하여 안치해 두었으며 순례자들이 방문하여 참배하기도 하고 좌선 명상을 하기도 한다. 이곳에서 만난 프라디빠라하는 이름을 가진 산야신이 있었는데 독일유학을 다녀온 心理學者(심리학자)였다. 그녀는 다른 사람들과는 현저히 달랐다.

　우선 外柔內剛(외유내강)으로 경건했고 진지하였으며 深淵(심연)의 의식이 깊었다. 두 번 정도 만난 뒤 센터 밖 식당에서 만나 내가 음식을 한번 대접하였다. 그녀의 말이 "나는 이미 오쇼와 결혼을 했어요. 그 누구도 내 가슴에는 들어오지 않아요. 이 감정을 안고 당분간은 무덤을 지키며 그분의 靈魂(영혼)과 매일 이야기를 해요. 태어나서 이런 뜨거운 交感(교감)을 경험한적 없어요. 장 선생님 같은 분은 오쇼 선생님의 생전에 만났더라면 엄청 좋아하셨을 거예요. 종종 뵈어요!" 조금 여윈 듯한 그녀는 조금 상기된 얼굴로 눈언저리는 물기에 젖어있었다.

　나는 이 여인의 현재 심정을 알 것 같았다. 이곳에서 만난 철새들 중 처음으로 학 같은 성품을 지닌 그녀와 음식을 먹고 진심으로 축복을 빌며 그녀의 포옹을 받고 헤어졌다. 세월이 많이 흘러 몇몇 瞑想客(명상객)들 에게 그녀의 안부와 근황을 물었으나 전혀 알 길이 없어 전생 이야기가 되었다.

5) 음식을 버리는 독일인들

이 아쉬람은 뿌나의 名所(명소)였다. 첫째 외부의 오염된 물을 끌어들여 정화시켜 밖으로 내보내는 대형 정수시설이 장관이다. 많은 인도인들과 주변의 노숙자들과 걸인들이 수로에서 이 물로 손발을 씻고 마시고 생활한다. 또 하나는 나무가 울창하여 공기가 좋아 낙원이다. 아쉽다면 음식 값이 좀 비싼 편이다. 巡禮者(순례자)들은 늘 배가 고프다. 이곳 식당은 시금치고 배추고 토마토 바나나도 전부 볶아서 익혀버린다. 뷔페처럼 스텐 그릇에 진열해놓고 식사 당번들이 무게로 달아서 음식을 파는데 남는 것은 그날그날 미련 없이 버려버린다.

아니 센터 내에서도 어려운 마스터들과 가난해서 한 끼만 먹는 순례자도 많은데 이게 무슨 천벌 받을 짓인가. 식당을 주관하는 독일인들의 방식이다. 센터에서 나와 종종 만나던 애킨이라는 스님 출신의 한국인이 이곳에서 國仙道(국선도)를 가르치고 있었는데 하루는 독일인에게 찾아가서 버리는 음식에 대하여 논쟁을 하여 실랑이를 벌였다. 그들 이야기는 그렇다. 남은 음식을 자주 나누어 주다보면 순례자들이 남은 음식을 얻으려고 기다리느라 음식을 사먹지 않더라는 것이다. 여기는 자체운영으로 살림을 꾸리다보니 자금을 마련해야 한다며 어쩔 수 없다는 것이다. 애킨 스님이 항의하다시피 하여 버리는 음식을 몰래 가져와서 나도 배불리 먹은 적이 있다.

이곳은 주인이 따로 없다. 10여 명의 장로들이 그때그때 상의하여 센터의 살림을 꾸려나가며 각 분야의 마스터들도 갑질을 하거나 계급의식으로 주장하는 이는 없었다. 그러나 비싼 입장료를 매일 지불하고 들어오는 명상객들이 대개 가난하고 구걸하는 거지가 길을 메우는 데 음식을 버리는 행위는 매우 못마땅하여 여러 날 마음이 불편하였다.

6) 속옷주머니에 숨긴 비상금

어느 날 오후 통역하는 스미타라는 산야신이 오늘 한국인 10명이 마한이라는 서울 센터장과 함께 들어온다는 소식을 전해왔다. 그리고 며칠 전에 100달러를 맡기며 한국인들 들어올 때 토종 된장을 부탁했는데 오늘 서울에서 가져온다고 했다. 나는 미리 냄비와 버너를 구해놓고 기다렸다. 해질녘에 경건해 보이는 40대 마한이라는 산야신이 한국인들을 여러 명 데리고 들어왔다. 이들은 여러 차례 왕래하며 이곳 분위기에 길들여져 있는 듯 뭔가 신속하게 움직이며 소통이 시원시원하였다. 된장 1kg을 받았다. 참 비싼 물건이다. 해질녘에 새로 입교한 두 명의 아가씨들을 만나 이런저런 정보를 알려줬다. 여러 날 여행에 지쳐있는지 배낭 하나 울러 멘 것을 힘겨워하는 게 안타까워보였다. 여행객들의 시즌이라 숙소를 못 구해 염려하는 게 안쓰러워 우리 거실에서 하루 쉬고 내일 충분한 시간 여유를 갖고 찾아보라 했더니 "그리해주시면 너무 감사하지요."라며 나를 따라왔다. 따라오면서도 내심 의심과 두려움의 그늘이 얼굴빛에 역력하다. 인도 여행에서 사람을 조심하라는 이야기는 늘 듣는 이야기다. 나는 돌아오자마자 인도 시장에서 구한 호박과 시금치, 매운 고추를 넣고 된장국을 끓이고 버너에 밥을 지어 한국에서 가져간 문어포를 몇 조각 내놓으며 저녁식사를 함께 나누어먹었다.

이름 모를 두 아가씨는 고향 엄마가 끓여준 맛이라며 세상에 여기서 이런 된장국을 맛보다니요 참 행운이라며 눈물을 글썽이며 내가 지은 밥을 다 먹어 없앴다. 나는 땅콩과 과자를 내놓고 충분히 먹으라고 권했다. 그리고 거실에 커튼을 치고 벽 쪽에서 쉬라고 권하고 내가 쓰던 담요를 건네줬다.

그중에 김씨 성을 가진 서른 살쯤 되어 보이는 처녀가 몸에서 뭔가를 꺼내는지 청바지를 벗고 "잠시 실례합니다."라고 한마디 던지고는 속옷 은밀한 쪽에서 뭔가를 꺼내는 게 아닌가? 돈뭉치였다. 바지 지퍼를 내린 상태에서 뭔가 좀 불안한 심리상태에서 아가씨가 말을 건넨다.

"저 ~ 얼마를 드리면 될까요?"

"무슨 말인가요?"

"아! 저 숙박비를 좀 드리려구요."

나는 웃으며 무슨 말을 그리하느냐고 나무라며 故國(고국)인 한국 사람을 만나 반가워서 된장국 나눠 먹은 거라며 아무 부담 느끼지 말라고 십 여 분 설득하였다. 오쇼를 만나러 온 사람들이라면 뭔가 基本的(기본적)인 명상의 마음 자세가 있는데 아직도 마음을 이완하지 못하고 불안에 떨고 있는 게 이내 안쓰러웠다.

그녀는 돈을 다시 속옷 주머니에 집어넣는 것 같았다. 그리고는 배낭을 꼭 끌어안고 여권은 가슴에 품고 새우처럼 누워 두 사람이 손을 잡고 떨어지지 않았다. 날이 밝아 아침을 맞아 된장국을 한 번 더 끓여먹고 두 아가씨를 보내며 내가 잠시 소리 내어 기도를 빌어주자 "혹시 교회 다니시나요?" 라고 묻는다. 나는 "예! 금산에서 명상 센터를 운영하고 있어요. 改新敎(개신교)회 목사예요." 라고 말하자 "어머!" 하고는 흠칫 놀라며 약간 안심하는 눈치다. 헤어질 때 수호천사가 지켜줄 것이라고 격려한 뒤 가져갔던 홍삼 절편을 조금 나눠주면서 風土病(풍토병) 생길 때 입에 넣고 씹으라하고 행운을 빌었다. 여행하는 사람들이 즐거워도 시간이 짧은데 저리도 길 잃은 철새들처럼 불안해서 어이할까 하는 연민으로 마음이 무거웠다. 어찌 사람의 의식이 이리도 다른가? 속옷 주머니의 돈뭉치 때문에 걸어 다닐 때 얼마나 불편할까 하는 생각에 그녀들을 잊을 수가 없다.

7) 韓國人의 밤에 妄言(망언)

인도에 머물며 이곳저곳 순례한지도 3개월이 흘렀다. 이제 이곳 음식과 풍토가 體質化(체질화)되고 음식이 점차 맛있다는 느낌이 들었고, 의사소통도 별 불편함이 없었다. 쩔쩔 매던 영어로 의사소통이 가능해지며 자신감이 생길 즈음 이젠 한국으로 돌아가야 할 시간이 임박하게 되었다.

돌아가서 果樹園(과수원) 전지 작업과 흑삼 개발에 전념하며 밀린 글도 써야 하고 농사 준비도 해야 한다. 내 생에 참으로 화려한 여행을 뜻깊게 한 것 같다. 각자 흩어졌던 한국인들이 20여 명 모였다. 떠나기 전날 밤 각자 한국적인 음식을 한 가지씩 만들어 가져오라는 어느 나이든 여인 산야

1. 인도의 주인 없는 철새 영혼들

신이 센터에서 공지사항을 전하였다. 나는 중국 배추를 몇 포기 사고 파, 마늘, 고춧가루, 생강을 사서 김치를 만들어 가져갔다. 젓갈 같은 첨가제가 없이 만든 충청도식 김치였다. 사람들이 환호성을 지르며 놀라며 그 맵고 짠 김치가 다 없어졌다. 저녁을 먹고 잠시 휴식을 한 다음에 남아있는 사람들이 내일 떠나는 일곱 명에게 여러 덕담을 해주고 장끼를 보여주기도 하였다. 김 태희라는 이름을 가진 여인이 春香歌(춘향가) 중에서 '갈 까 부다.'라는 판소리를 들려주는데 나는 너무나 애절해서 눈물을 흘렸다. 내가 진심으로 격려하며 눈물을 보이자 그녀는 나에게만 東洋畵(동양화) 그림을 한 점 주면서 "안녕히 돌아가세요. 다시 한 번 뵙는 날이 있으면 좋겠어요." 하고는 조용히 자리에 앉았다.

오른쪽으로 돌아가며 그동안 인도에서의 생활과 경험 느낌을 말하며 자기소개 비슷하게 설전을 벌였다. 내 차례가 되어 삼 분정도 이곳에서의 감회를 말하고 만나서 즐거웠다는 인사를 덧붙였다. 그러자 나이든 한 여인이 나에게 말을 다시 걸었다. "듣자하니 목사라고 하던데 어찌 목사가 이곳 센터에 오셨나요? 그리고 인도는 몇 번째 오셨는가요? 오쇼 선생님은 생전에 만나보셨는가요?" 산야신의 말투가 좀 거칠어서 나도 거칠게 말했다. "목사는 여기에 오면 안 되는 가요? 오고 싶어서 왔습니다. 그리고 처음으로 왔어요. 3개월 동안 이곳의 분위기와 사람들의 라이프를 다 간파했습니다."

내가 말을 마치기가 무섭게 그녀는 기다렸다는 듯이 받아쳤다.

"어쩐지 처음 온 것 같더니만 햇병아리시구나? 저 목사님이 우리 산야신들의 저력을 아직 모르시는구나!"

그녀는 뭔가 굉장한 自信感(자신감)과 自負心(자부심)에 대하여 뭔가를 막 보여주려는 듯 목소리에 힘이 들어가 있었다. "무슨 저력인가요?" 내가 얼른 묻자

"목사께서 저희를 보는 느낌이 없습니까? 기탄없이 한 번 말해보세요."

내 속에서 올라오는 에고의 속삭임은 저 보잘것없는 여자를 끌어내어 귀싸대기를 10여 대 패대기를 쳐서 버릇을 고쳐주고 싶었으나. 한편에서는

매우 침착하게 한마디 남겼다.

"기탄없이 말하라 하시니 말하겠습니다. 이곳 산야신들은 버림받은 철새들 같구요., 임자 없는 영혼들 같고 공동묘지에서 흐느끼는 中陰神(중음신)들 같아요. 한국에 돌아가서 돈 좀 모으면 후조처럼 후루룩 날아와 이곳에 다 돈을 다 쓰고 여기 오면 고향 생각하고 한국에 가면 인도 생각하고 도무지 갈피를 못 잡는 정처 없는 나그네들, 돌아갈 고향도 천국도 영계도 해와 달과 地圖도 내비게이션도 없는 중음신들 같소. 그리고 몇몇 사람을 제외하고는 매우 건방지고 싸가지가 한 조각도 없는 부량아들 같아요. 한국에 돌아가면 절대로 정상적인 생활을 못 할 겁니다. 이곳에 진정으로 오쇼를 아는 이가 내 눈에는 안보여요. 모두가 障礙人(장애인)처럼 걸림돌에 스스로 넘어지고 부대끼는 '리플리 증후군'들 같소! 대관절 뭐가 햇병아리란 말이오? 구체적으로 말해보세요. 뭐 여기 센터에서 입교생들 고시공부라도 합니까? 오쇼한테 건방진 주둥이 놀리는 거 그런 거 배웠는가요?" 나는 그들을 깡그리 무시해버렸고 5분 이상 열변을 토하였다. 분위기가 매우 썰렁해졌고 실제로도 그들이 불쌍한 장애인들로 보였고, 철새들로 보였다.

말을 마치고 나는 산야신의 대선배 인도를 40회 이상 오고 가고 한 사람인 그녀를 눈을 크게 뜨고 바라보며 일부러 공격태세를 준비하며 말을 마쳤다. 그러자 그녀는 "어머 말씀이 너무 과격하시다."

"아니 기탄없이 말하라 해서 느낀 대로 말 한 겁니다. 특히 당신은 평생 철새처럼 살 겁니다. 내 말이 틀렸는가요? 철새는 이력서가 없는 거예요 그리고 세상에 특별한 건 없어요, 당신들은 오쇼를 몰라도 너무 몰라요."

어쩌다가 사람들의 시선이 내게로 집중되자 애킨이라는 스님 출신의 산야신이 나에 대하여 긍정적으로 몇 분을 말한 뒤 화제를 바꿔서 다음 시간을 진행했으나 내가 파장을 일으켜서 갑자기 진지해졌다.

그 뒤로 세월이 흘러 그쪽 안부를 물어보니 내게 그림을 선물한 김 태희 소리꾼은 센터 주변에서 세상을 떠났고. 내게 햇병아리라고 모욕감을 주던 늙은 산야신은 말라리아에 걸려 세상을 떠났고 나를 잠시 도와주던 스미타

1. 인도의 주인 없는 철새 영혼들

라는 산야신은 안타깝게도 백혈병으로 세상을 떠났고. 그 외에도 그 산야신들의 삶이 평탄한 사람이 별로 없었다. 이들은 思惟(사유)와 思考(사고)를 도외시하며 육신의 갈망과 性慾(성욕), 자유에 대한 그릇된 개념으로 뭔가 빗나간 장애인들 모습이었다. 나는 그런 모습들을 주로 만났던 것이다. 이들의 정신세계는 자각하지 않는 한 절대로 자유로울 수 없으며 따라서 의식의 진보는 渺然(묘연)할 것이다.

2. 聖者가 따로 없다.

병중에 가장 큰 병은 바로 성자 병이다.

객관적인 시각으로 타인을 통해서 붙여진 별명이나 이름이라면 그냥 넘어가도 관계없겠지만 근래에 와서는 자기 스스로 자칭 스승이라는 이들이 많이 나타나서 도탄에 빠진 군중들을 惑世誣民으로 유혹하여 나라를 어지럽히고 宗敎界(종교계)와 구도자들을 어지럽히고 있다.

孫悟空(손오공)처럼 약간의 재주가 있어 사람들을 현혹하는 이들을 보며 그들의 교리나 소위 강론을 들어보면 즉시 모순이 들어난다. 자연과 윤리 그리고 논리에 어긋나는 것은 진리가 아니다. 남의 강의나 논문을 그리고 책자를 필요한 부분만 오려다가 뭔가를 열심히 외치는데 주제도 없고 목적도 없고 공감대에 대한 보편성이 없고 낱말들만 나열한다. 기독교의 교주, 재림주들, 몇 명, 무슨 수련원, 무슨 스승, 게이트 ID를 쓰는 신 모 씨, 등이 근래의 자칭 聖者(성자)들이다.

이쯤 설명해도 아는 이는 벌써 눈치 챘을 것이다. 이 자칭 성자들은 교세 확장과 돈을 좋아한다. 한 시간 강의 듣는데 20만원, 천부경 강의는 1천만 원 또 한 성자는 부활시켜주는 회비로 500만원에서 1천만 원 神仙段階(신선단계)에 오를 때 까지 지불해야 할 돈이 수천만 원 수억 원이 납입된다. 이 과정에서 이혼을 하고 가정이 부서지는 사람이 수만 명이 넘는다. 이들은 초 윤리 주의자들로 자기 마음에 드는 여인은 유례없는 신흥 교리를 만들어 영혼과 돈 그리고 몸을 빼앗는다. 내가 아는 이만 해도 10여 명이 넘는데 하나같이 양심의 가책은 없다.

이들은 주변의 땅을 다 사서 지역을 점령하고 자기들의 事業體(사업체)를 확장하며 부를 축적하고 수많은 여성을 성노리개처럼 희롱하였다. 한국인은 집단 공동체 의식이 강한 탓에 어디 어느 누가 신비한 능력이 있다 소문이 나면 천리 길도 마다않고 달려간다.

　이 바람에 사이비교주들의 천국이 바로 한국이다. 나의 판단기준은 첫째 돈이다. 돈을 교묘히 요구하는 집단은 우선 의심스럽다. 차라리 요가교실이나 호흡명상, 태권도, 미술학원, 음악학원 등 직업으로 절절한 선에서 정규회비를 받는 것은 운영상 기본이니 두말할 필요도 없다. 그러나 종교 모임이나 마음 공부를 한다는 사람들이 돈을 요구하는 것은 100% 장사꾼들이다.

　사람은 마음이 감동되거나 공동 윤리의식이 느껴지면 스스로 밥도 사고 후원금도 주고 선물을 주기도 한다. 조상님을 천도해 준다느니, 죽은 영혼을 천도해 준다느니 하며 몇 천만 원씩 금품을 요구하는 宗敎集團(종교집단)들은 일단 100%사교 왕국이다. 왜냐하면 교주 자신이 먹으면 얼마나 먹는다고 입으면 얼마나 입는다고 돈돈돈 할까? 오쇼 라즈니쉬나 라마나 마하리쉬, 붓다, 소크라테스, 등 세상을 움직인 사람들은 돈을 요구하지 않았고 참 자신을 발견하는데 필요한 영성운동에 전념하며 음식은 생명유지를 위해서 小食을 하였다. 그 중 말년에 좀 호화스러운 생활을 잠시 누린 사람이 한 분 있는데 바로 나의 스승인 오쇼 라즈니쉬다.

　미국에서 호흡기 치료차 잠시 머물 때에 오해의 질투로 인하여 여 제자가 FBI에 신고를 하여 감옥에 갇혀 毒劇物(독극물)주사를 맞고 추방당하여 몸의 칼슘이 고갈되어 사망에 이르게 하는 고난을 안고 오리건 주에서 수많은 선물과 재산을 고스란히 남겨두고 기념으로 차 한 대를 갖고 인도 뿌나로 돌아왔다. 그는 몸이 서서히 죽어가는 자신을 응시하며 죽음 직전까지 강론을 하였고 그는 미국정부를 원망하거나 독극물을 주사한 사람에 대하여 단 한마디도 언급하지 않았다. 수많은 제자 중 營養士(영양사)들과 醫師(의사)들은 비상이 걸렸다. 음식을 저울에 달아서 기도하며 만들어 식단을 올렸고,

의사들은 오쇼의 몸에서 독소를 빼내기 위해 최선으로 노력하였다. 젊은 여성들은 늘 새로운 옷을 만들어 입히며 제왕을 섬기듯 하였고 솔로몬 왕보다 화려한 다이아몬드 왕 보석 팔찌를 차고 운명의 순간까지 레크리에이션을 인도하며 사람들을 엑스타시에 빠지게 하였다. 내가 하고자 하는 말은 말하지 않아도 그리하지 말라고 권해도 내가 좋으면 선물도 주고 집도 주고 옷도 주고 온갖 좋은 것을 나누어주는 것이다. 이러한 자연 발생적인 곳에는 불협화음이 없으며 법정 시비나 전자 팔찌를 차는 수치나 강제 이혼이나 면죄부 판매 같은 罪惡(죄악)이 돋아 날 수가 없는 것이다.

900명이 넘는 붓다를 인가한 붓다필드

붓다필드(Buddha Field)는 2002년 '젠풀'이라는 인터넷 싸이트로 출발한 마음수련단체다.

道(도)를 사업으로 키워 발전시켜보려는 어느 사업가가 수억 원을 들여 개설했는데 '신비의 질문답변' 코너를 통해 게이트(Gate)라는 아이디를 쓰는 신 모 씨가 등장해 주목을 받아 인기를 끌었다. 그는 정신세계 입문에 있어 대다수가 접속해보는 유럽의 神智學(신지학)을 공부하고 서구의 '브라더후드(Brother Hood)'와 외계문명과 인류의 기원과 종교적 성향에 대한 참신한 풀이로 싸이트를 방문한 젊은이들로부터 '마스터'란 칭호를 얻었다. 오프라인에서 30여 명으로 첫 모임을 시작으로 하는 수련단체로 알려지기 시작하였다. 불교식 전형으로 自覺(자각)에 대한 공부를 하던 붓다필드는 사회적으로 성공한 유명 인사들이 접속되면서 고급 수련단체로 떠올랐다.

고급 공무원들, 판검사 등 법조인, 교수, 의사, 한의사, 변호사, 등 전문직 종사자들과 학식 있는 사람들이 잇따라 문을 두드렸다. 특히 氣 치료에 관심이 많은 韓醫師(한의사)들이 많다.

5년간 70여 명의 한의사들이 회원으로 접속된 걸 보면 짐작이 간다. 이들의 교세가 커져 신도수가 7,000여 명으로 확장되었다. 아니나 다를까 지도자인 게이트는 似而非敎主(사이비교주)들의 전형적인 발톱이 드러나기 시작하였다. 헌금요구와 여 제자 性醜行(성추행), 도박을 일삼는가 하면 憑依靈(빙의령)을 퇴치한다며 환자를 치료하다가 의료법 위반의 범법행위를 하였다. 이에 보다 못한 초기의 모임확장의 일등 공신이었던 김 모 씨는 모임이 엉뚱한 방향으로 나가자 良心宣言(양심선언)을 하고 指導者(지도자)에게 그만 두자고 호소하였다.

그러나 이미 인과의 법칙을 잊고 있는 그는 정신이 마비되어 권면하는 김씨를 빨갱이로 매도하면서 단체 유지에 집착하느라 혈안이 되어 있었다. 붓다 필드는 말 그대로 붓다, 즉 깨달은 자들의 광장이다. 회원들은 때가 되면 견성인가(見性認可)를 면허증처럼 받는다. 과정은 인터넷 게시판에 깨달은 자라고 인정받는 것으로 끝이다. 2002년 첫 見成者(견성자)가 탄생했는데 그가 바로 양심선언을 한 김** 씨다. 견성자 수는 빠른 속도로 증가했다. 여기에서 배출한 見性者(견성자)는 900명이 넘는다.

견성인가는 돈으로 연결된다. 감사헌금을 권유하는 방식으로 설득한다. 1,000만원이 기본이다. 김씨는 붓다필드의 2인자로 활약하면서 게이트의 비서실장 노릇을 하면서 재정을 관리하였다. 그가 폭로한 내용이다.

"우리 마스터는 유체이탈을 自由自在(자유자재)하며, 전생에는 이집트의 신으로까지 추앙받는 아몬 신이었고 우주의 끝을 넘어 차원의 신비를 꿰뚫고 있기 때문에 내가 병이 들어도 귀신같이 치료하시는 분이시다. 무릎 연골이 다 파열될 정도로 젊은 시절 극한의 수행을 하신 분이기 때문에 신선을 만나 위대한 가르침을 받고 그것을 다시 세상에 전하기 위해 이곳에 오셨다. 한 마디로 全知全能(전지전능)하시고, 자비의 화신이기 때문에 그를 존경하고 따른다. 이런 스승을 모시고 있다는 것이 너무나도 자랑스럽다."

한때 이렇게 믿던 게이트 마스터에 대한 것들은 꾸며댄 이야기이고 작품이라는 것이다. 그는 神仙(신선)을 만난 적도 없고 '신선문'이라는 단체에서 이것저것 들은 이야기를 모자이크 하여 만들어낸 이야기이며 무릎이 안 좋은 것은 수행 때문이 아니라 군대에서 부상당한 後遺症(후유증)이라는 것이다. 신선문에서 받은 '금당'이라는 호는 부산 동래구에 있는 한 수련단체에서 받은 법명이며, 게이트의 저서인 '신비의 문'은 신성학회 시절 이 일우 씨한테 배운 브라더후드 가르침의 짝퉁이라는 것이다. 그는 10년 넘게 브로커 생활을 하다가 도탄에 빠진 가정경제를 일으켜보려는 사교 왕국의 교주들 그 특유한 구도사업을 계획한 일이 1차 먹혀 들어간 것이다.

    JMS, 新天地, 우명 씨가 이끄는 마음수련원 등 근래에 있어 유명세를 이끄는 단체들은 그 교리 내용들이 전부 빌려온 것들이라는 것을 명심하라. JMS는 통일교 원리강론을 99% 카피했고, 통일교회 문 선명 씨는 道德會(도덕회) 회원으로 있을 때 東洋思想(동양사상)과 음양오행설, 등을 접하며 탈기독교적인 길을 걷다가 民族宗教(민족종교)를 만들었으나 세상을 떠나기 전에는 모두가 가정으로 돌아가서 가정을 연합하는 것이 통일사상이라는 선포를 전함으로 대다수 신도들은 환고향함으로 교세는 조용해졌다.

    통일교회는 신흥종교였으나 범법행위나 감금, 離婚(이혼)을 강요, 헌금을 강요, 성희롱, 불법집회, 방송국 침입, 기성교회와 투쟁을 한 적이 없다. 수십만 쌍을 국제결혼 시키고 57개의 기업체를 운영하며 많은 사람의 일자리도 제공하여 정부로부터 미움이나 마찰은 없었다. 이들은 정식으로 대학교를 세우고 통일신학을 가르쳤으며 숨어서 못된 짓은 하지 않았다.

    新天地(신천지)는 기독교의 곁가지에 주입식 세뇌를 받는 단체이고, JMS는 통일교에서 얻은 원리 강론을 이용하여 자기 왕국을 개척하였으나 당대에 붕괴되고 있으며 교주는 지금 10년 형을 받고 출소했으나 재범으로 가중 처벌을 받아 지금 수감 중이며, 붓다필드는 마음 수련원의 영향을 받아 모략을 꾸몄고, 마음 수련원의 우 명 씨는 대구에 있는 스승의 노트를 가져다가 자리를 펴고 사업을 시작하여 충남 연산에다 센터를 세우고 많은 건물과 토지를 사들이고 天文學的(천문학적)인 재산을 증식하고 있다.

    우명 교주와 나는 대전 새벽 한의원 지하 모임장소에서 그들이 견성한 사람들을 앞으로 불러내어 붓다 인준을 10여명 하는데 내가 그 자리에 초대

받아 있었다. 아이들 장난치는 것 같아 기가 차서 붙어 한바탕 초를 쳤다. 의사, 교수, 스님들, 100여 명이 모여 우명의 강의를 듣고 인준을 받으려 기다리고 있었다. 교주는 쌍 담배를 물고 전 세계 성자들 붓다 예수님, 모하메드, 성철 스님, 등 모조리 정죄하며 거친 단어로 강론을 하는데 玉皇上帝(옥황상제)처럼 자기 외에는 아무도 없었다. 우명 교주는 나의 질문에 답을 못하였고 그는 100여 명이 모인자리에서 선언하기를 "이 자리에서 도를 깨달아 정리한 사람은 목사님밖에 없습니다."라고 선언하였는데 분위기가 스산한 상태여서 찬물을 뿌린듯하였다. 사람들은 찬양하며 머리를 조아리고 교주를 神格化(신격화)하고 있었다. 선구자는 있어도 교주는 없는 것이라고 내가 외쳤다. 이 사건 문제로 나는 의사 아우와 조계종의 친밀하던 스님과 거리감이 생겨 3년 이상 소식을 끊었다가 여러 해 후에 스님이 새벽 3시에 찾아와 재회하였고 몇몇 사람들은 아예 그쪽으로 짐을 싸서 떠났고 서로 얼굴 볼 일이 없어져버렸다.

  붓다필드의 교주는 무서운 사람이다. 그는 말했다. "내가 편해야 지구가 편하고 내가 행복해야 법문도 잘 나오고 가르침도 펼칠 수 있으니 나를 기쁘게 해다오!"하며 여 제자에게 접근하여 끌어들이는데 성공했다. "너는 스승과의 사랑을 통해서 깨달음을 얻을 수 있다."고 속삭여 제자의 애인이던 남자 제자를 서울로 떠나게 만들고 나서 "나의 사랑을 받아주지 않는다면 붓다필드도 때려치우고 가르침도 다 그만두고 히말라야로 떠나겠다."라고 협박 비슷하게 숨통을 조이다 결국 여제자의 마음을 빼앗았다. 서울에 가 있는 제자의 아내에게 음란한 메일을 보내고 하나밖에 없는 아이를 睡眠劑(수면제)를 먹여 재우고 즐기자는 전화를 하여 지도자로서는 失格者(실격자)로 타락의 발톱이 드러났다. 그는 뉴질랜드의 카지노 도박의 VIP였다고 전해진다. 치료 명목으로 1억 3,000만 원 외에도 2억 원 상당의 주식을 대여 해줘서 치명적인 피해를 보고 현재는 게이트를 사기로 고발한 상태다. K대학의 화학과 C교수에게 게이트의 도력으로 노벨상을 받게 해 준다면서 10여 년 간을 착취하였다. 게이트는 그 돈을 遊興費(유흥비)로 날렸다. 그에게 암 치료를 맡겼던 제자들이 여럿 사망했다. 죽은 사람을 위해 위로금을 모은 수천만 원을 위로금으로 전달하기는커녕 카지노 도박으로 날려버렸다.

한의과 대학생들에게는 醫通(의통)을 열어준다면 수천만 원을 요구하였다. 부모를 통해 3,500만 원을 빌려준 어느 학생은 지금 고소 준비를 하고 있다. 현재 게이트는 뉴질랜드 최대 도시인 오클랜드에 있는 스카이시티 카지노의 최고 VIP다. 이런 교주들의 장래는 뻔하다. 한국의 제자라는 사람들과 회비와 거액의 헌금으로 탕진하는 것이다. 센터를 짓겠다, 집을 사겠다, 스포츠카를 사겠다는 등의 명목으로 엄청난 목돈이 그렇게 사라지고 있다. 그는 중독 증세가 심하여 아침저녁 새벽을 가리지 않고 카지노에 출근을 한다. 현모양처가 이 교주의 5번째 아내가 되기도 했다.

위 내용의 글은 YTN뉴스와 한국 정신과학협회 이사 김 종업 씨의 글을 일부 인용 했고 YTN뉴스, 인터넷 자료를 참고하였다. 분량이 많으나 불쾌하여 더 언급할 수가 없음은 고등 교육을 받았다는 사람들의 의식이 이 정도다. 영혼을 도둑질하고 재산을 다 빼앗고 육체를 빼앗겨도 그래도 좋아 기꺼이 노예 생활을 하는 현대인들이 매우 안쓰럽다. 이것이 한국 교회와 종교계의 意識水準(의식수준)이다. 선지자 이사야는 당시 유대 군중들을 지렁이와 벌레로 취급했고 祭司長(제사장)들이나 종교 지도자들에 대해서는 짖지 못하는 벙어리 개라고 하였다. 미가 선지자는 종교 지도자들을 솥에 넣고 사람을 삶아먹는 악랄한 食人種(식인종)으로 묘사했다.(사56:10~12, 미3:1~5)

3. 邪敎王國 欽慕(사교 왕국흠모)

    1년 전이다. 모임에 참석하던 U 씨가 안 상홍 증인회에서 발간된 책자를 한 권 내밀며 그 종교를 내게 소개하였다. 확실한 증거라는 제목의 가죽 케이스 책인데 한 시간 만에 다 읽어보았다. 여기저기서 모자이크한 내용들이며 내가 40년간 연구했던 자료들이였다.

    예를 들면 일요일숭배, 십자가 우상숭배, 성탄절, 태양신 축제, 등 콘스탄틴에게 속은 교회, 등 역사를 인용하여 진실을 드러내는 부분도 더러 기록되어 있으나 내가 가장 싫어하는 교주 중의 한 사람이 안 상홍 자칭 하나님이다. 지금 新天地(신천지)와 안 상홍 증인회(하나님의 교회)는 신도수가 증가하는 추세다. 내게 이 책을 구해다주면서 U씨는 심각하게 말했다. 만일 그곳이 진리가 아니라면 외국인들이 그렇게 방문할까요? 코 큰 사람을 숭배하는 사람들은 금발머리만 보면 그네들이 하나같이 다 우월한 사람들인 줄 알고 있으니 어디서부터 말을 해야 할지 그동안 1년 이상을 내 설교를 듣고 신흥종교에 대해서도 그 뿌리를 분석하여 비판하고 연구했건만 아무런 감흥이 없었던가 보다. U씨가 그곳으로 들어갔는지는 모른다. 이 사람들은 지역주민들이나 기타 불우이웃 돕기, 등에 참가하여 봉사한 후에 공무원들에게 상을 달라고 사정을 하고 무슨 상을 받은 상패나 表彰狀(표창장), 트로피를 모아 진열하고 돈을 들여 외국인들을 초대하여 집회를 하고 잡지에 소개하며 꽤나 우월한 단체인양 안간힘을 쓴다. 유월절과 기타 율법의 절기들을 지키며 기성교회를 비난하고 이혼을 불사하고 목숨을 건다. 이 책을 전해준 U씨는 지금 모임에 출석을 하지 않는다. 다 성인들이니 각자 자기

옳은 대로 판단하리라 생각하고 강요하지는 않는다.

　10여 년 전에 S 사장의 여동생을 데려오려고 나는 부산장림으로 찾아갔다. 그쪽 목사와 약 두 시간을 토론 한 뒤 S자매를 데려와서 우리 수도원에 잠시 머물게 한 뒤 가족에게로 돌아갔다. 1년 뒤 그녀는 다시 그들 품으로 돌아갔다. 마음수련원을 창시한 禹明(우명) 교주는 가야산에서 수행 중 완전한 진리를 이루었다고 선전한다. 2002년 9월 인간 내면의 성찰과 본성회복, 화해와 평화에 기여한 공로로 마하트마 간디 상을 수여받고 世界平和(세계평화)대사로 위촉되었다고 선전하며 이 상을 아주 중시 여긴다. 함정을 알아차리지 못하는 사람들은 이혼을 불사하고 가족과 친지를 버리고 神仙(신선)을 만들어주고 500만 원이면 부활을 시켜주고 2,000여만 원이면 見性成佛(견성성불)을 시켜주는 교주들의 甘言(감언)에 귀머거리 신도들은 운명을 걸고 교주들은 주지육림에서 뒹군다.

　그리고 숫자를 자랑하며 정부로부터 혹은 公務員(공무원)이나 官公署(관공서)등으로 부터 받은 상들이 자기들의 가치를 증명하기라도 하는 듯 인가받은 것을 게시판에 진열하여 걸어놓고 마치 자기네 단체가 굉장한 것처럼 선전하고 자랑한다,

　우리가 존경하는 예수님이나 붓다, 노자, 장자, 소크라테스, 등은 그 누구의 推薦書(추천서)나 천거서를 중시 여긴 적이 없다. 재산 갈취, 헌금요구, 성적인 유혹, 성희롱은 100% 사교집단이다.

　사람을 죽이거나 감금 暴行(폭행)은 없었다 하나 금산의 월명동 JMS 는 노인이나 청소년, 초등학교 학생들을 포교 전도하지 않는다. 전도대상은 명문 대학생으로써 여자의 경우 키가 170㎝이상 커야 하며 얼굴이 예뻐야 하니 고르고 또 골라서 전도하여 데려오라 교육한다. 얼굴이 예쁘지 않으면 마귀가 역사하니 쭉쭉 빵빵한 미녀들을 골라야 하며, 할머니나 할아버지는 제외다. 교리가 늘 바뀌고 지금은 교주가 성령으로 인을 쳐서 세운 여인이 교권을 휘두르고 있다. 그들의 교리 30개론은 통일교에서 각색한 교리들이다.(〈원리강론〉참조.) 사교왕국을 흠모하는 사람들을 보면 학교에서 공부는

잘했어도 靈的視覺(영적시각)이나 의식수준이 기계적으로 偏重(편중)되어 사회성이 크게 떨어지는 사람들이다. 갈취하고 잡아먹어도 재산을 빼앗겨도 기꺼이 물심을 지금까지 바쳤다.

1) 사교집단 판별법

사이비로 판명되어 법정에서 감옥 생활을 하다 출소할 때 전자발찌를 차고 기타 벌금을 내고 뉴스를 달구는데도 이들 단체의 옹호자들이 내세우는 스승이나 교주를 향한 논리는 기가 막히다. 자신들이 추종하는 것은 그의 사생활과는 상관이 없으며 오직 그의 가르침만을 수용할 뿐이라고 그 외에는 알바 아니라는 것이다. 이는 내면의 방어기지가 작동하는 괴변증이다. 자신들의 선택이 잘못되었다는 것을 아예 인정하고 싶지 않아 눈앞에 벌어지고 있는 드러난 팩트도 외면하고 있다. 이들 邪敎集團(사교집단)은 직시는 망각하고 회피와 변명만 내세우며 어수선한 분위기를 불편하게 수용하며 명맥을 이어가고 있으나 그들과 대화를 해보면 늘 심각하고 마음은 쫓기듯 평화가 없다. 교주가 남의 아내를 무슨 하늘의 계시를 받았다고 입술에 침도 안 바르고 거짓말을 하며 빼앗아가도 무조건 합리화다. 修行(수행)은 거짓을 容納(용납)하지 않는다.

수행은 논리도 합리화도 아니다. 논리와 지식은 수행의 재료로서는 필요하다. 회피가 아니라 도전과 응전의 수단이기 때문이다. 스승이라는 사람들이 바른 진리를 가르치는지 아니면 소위 道(도)를 미끼로 장사를 하는 商業主義(상업주의)를 지향하는지는 다음의 기준에 비춰보면 알 수 있다. 세계인들 수천만 명이 존경하며 따르는 〈의식혁명〉의 저자 데이비드 홉킨스 박사의 주장을 참고해보자.

• 돈이 중요하다고 강요하여 받아낸 뒤 그 돈을 지도자 개인 사생활에 쓴다.

• 참된 가르침보다는 교주에 대한 선물과 아첨, 개인적인 忠誠心(충성심)이 난무한다.

• 지도자의 이름만 올려도 요란한 감탄과 존경을 마구 쏟아내며 비판이나 정체성에 대한 팩트를 묻는 질문은 용납되지 않으며 엄금된다.

• 교주나 지도자는 보이지 않는 특별한 존재, 예를 들어 우주의식이 성장된 마스터라든지 특별한 啓示(계시)를 받는다든지 외계의 진화한 의식, 재림주님, 혹은 상제님, 등과 특별한 관계가 있다고 주장하는 것, 등의 神格化(신격화)운동,

• 고귀한 영적존재가 지도자에게 나타나 미래의 대 재앙이나 닥쳐올 운명을 알려주고 지도자만이 그들 영적인 존재들과 교신 소통하는 免許證(면허증)이 있다고 주장한다.

• 교주 자신은 수행기도로 높은 경지에 올라 진동수를 획득해 전생을 보며 이로 인하여 카르마의 보복을 없애주는 특별한 의식이나 수련을 통한 비법으로 보시나 거액의 헌금을 교묘한 설득으로 요구한다.

• 교주나 지도자가 속임수를 쓰고 예언이 빗나간 사실을 알게 돼도 그 당시에는 시기적으로 깊은 뜻이 있어서 그랬다거나 제자들을 공부시키기 위해 방편으로 그런 것이라고 미화하는 낯 두꺼운 辨明(변명), 등을 들 수 있다.

• 조직이나 모임 자체가 순수하지 못하고 일정한 지위와 단계가 정해져있고 서열이 올라가려면 반듯이 돈이나 여성의 경우 몸으로 혼인잔치를 치른다는 식으로 몸을 요구하는 행위

• 가르침에 대해서는 취할 것이 있으나 중간관리자에 의하여 왜곡과 착취가 횡행한다. 도둑 밑에서는 도둑이 나오듯 뻔한 것이다. 그들은 항상 1인자 2인자 서열로 교주가 죽으면 또 다음 교주가 해먹는다. 이것이 사이비 신흥종교와 마음 공부한답시고 영생과 천국을 안겨준다 하며 搾取(착취)하는 教主 判別法(교주판별법)이다.

2) 의식이 퇴화되는 한국의 종교문화

한국의 종교문화는 천박한 장사꾼 속셈을 경계해야 할 수위꼭대기에 이

르렀다. 곳곳에 출몰하는 사이비단체들 때문에 고도의 정신 행위가 저급한 미신으로 전락되는 위기에 봉착하였고 추악한 뉴스가 방송 될 때마다 의식의 진동수가 다운되어왔다. 예전의 수련문화는 선비정신의 산물로 미래의 과학이, 풍류의 실천 철학이었다. 예를 든다면 말없이 일 년 동안을 지난날 우쭐하던 잡학을 버리고 침묵하며 자기의 학식을 주장하지 않고 참고 기다리던 수보리에게 金剛經(금강경)을 설하여 남겨주고, 사리자의 신실함에 般若心經(반야심경)을 설하고 예수님의 제자들에게 남기신 말씀들이 편집되어 신약성경이 되듯 건전한 마음공부는 이렇게 후세에 전달되는 것이다. 무당만도 못한 우리나라 재림 주들과 교주들은 반드시 멸망한다. 해도 해도 너무하니 좀비 귀신으로 둔갑할 날이 머지않았다.

그러나 교주만 탓할 것도 아니다. 토양이 있어야 만물이 자라나듯 사이비에 달콤한 냄새를 좋아하며 심취하는 자들이 사교왕국에 표를 물심으로 에너지를 모으고 기운을 몰아주니 그들이 득세하는 것이다. 100년 역사의 뒤안길을 더듬어 조사해 보면 종교가 타락하고 말썽을 부리면 반드시 정치가 부패하고 정치 깡패들은 迷信的(미신적)이며 수준 낮은 무당 신앙인들을 천박하고 우습게 여기니 맘대로 도둑질하고 나라를 망쳐먹는다. 샤먼 신앙이나 무당기가 있는 양신이 지배하는 노예근성 신앙인들은 자기가 무슨 약간의 神祕(經驗)(신비경험)이나 꿈을 몇 번 꾸고 나면 무슨 천하를 얻은 듯 그 본성을 자극하여 돗자리를 펼치고 싶어 한다. 인간을 그렇게 하도록 허용받았다는 것이 동서양 선지자들의 공통적인 주장이다.

기도생활이나 영성에 대한 여정은 각자가 선택한 자유의지대로 흘러간다. 그런데 許容(허용)의 본질은 사랑과 인애, 공평, 공의이다. 다시 말하면 세상이나 이웃을 이롭게 하는 弘益(홍익)이다. 그리고 倫理的(윤리적)으로 순결해야 덕이 있는 것이다. 法的是非(법적시비)는 불가피한 교통사고 외에는 허용할 수 없다. 신도들에게 돈을 받아 도박이나 幽興費(유흥비), 마약, 스포츠카로 광란의 질주, 등은 부덕하다. 그리고 필자의 의견으로 지도자는 적어도 고등학교 일반상식 한 권 정도는 두세 번 눈여겨 읽고 알파벳 정도와 해외여행 시 비행기 티켓팅 정도는 스스로 해야 하며, 한자문화권이 이 나라에서는 많이는 몰라도 3개월이면 마스터 할 수 있으니 천자문 정도는 읽어야 까막눈은 면하지 않겠는가 하는 기준이다.

이 만희, 정 명석, 영생교 조 희성, 구인회, 최 충일, 등 재림메시아들은 중학교 입문을 못한 사람들로 칠판에 대한민국을 못 쓰는 사람들이다. 그러면 어떻게 그들이 지탱하는가. 전부 빌려온 것들이다. 박 명호는 고등학교를 중퇴하였고 유 재열은 고등학교를 중퇴했고 신학은 안했으나 글씨는 달필이었고 계시록 책을 써서 남겼는데 그가 감옥을 갔다 오는 도중에 몇 사람들이 그의 노트를 들고 갈라져나가 분열되어 최근 난리를 치루는 중이다. 거의가 세상과 가정에 害惡(해악)을 끼치고 있다. 수만 명이 이혼을 하고 뿔뿔이 흩어지는 과정을 우리는 늘 보고 있다. 이렇게 犯罪(범죄)에 가까운 해악을 끼치는 사이비 천국이라면 그 존재의 여정이 進化(진화)는커녕 다리 없는 지렁이 야곱처럼 퇴보하는 추락만이 기다릴 것이다.(이사야 41:14)

사이비단체에서 자기 합리화에 진을 빼느라 안간힘을 쓰는 쫓기기에 여념이 없는 신도들은 '데카르트' 격언을 한번쯤 새겨보길 바란다.

'존재하는 모든 것에 의심을 품고 접근해보라.

진리라 이름 하는 모든 교리에 역설적인 생각을 만들어보라.

그 생각의 너머에 존재하는 모든 것에 대한 탐구로 들어가 보라.

그래서 자신을 있게 한 존재 그 자체를 숙고해보라.'

그래서 데카르트는 "나는 생각한다. 고로 존재한다."는 결론을 얻었다. 유마거사도 수보리도 사리자도 예수제자 도마도 의심을 품다가 어느 순간에 실체를 깨달았다. 저자거리에서 야바위 돈을 먹으려다 걸려든 사람들을 보면 결국 쉽게 남의 돈을 삼키려는 욕심이 잉태하여 걸려드는 것이다.

붓다필드 게이트도 그렇게 플라시도 요법과 사기로 현혹시켜 끌어 들인 돈으로 뉴질랜드 오클랜드 롱베이에 넓은 수련 센터를 건축하고 맨주먹이었던 그가 저택에서 上流層(상류층)보다 호화로운 생활을 하다 지금은 콩밥을 먹고 있다. 종교적인 깨달음이나 도 닦음이 상품화로 둔갑하는 것은 있을 수 없는 일이며 무슨 산에서 몇 년, 동굴에서 몇 년, 70번을 죽었다가 살아났느니 밤마다 영계를 왔다 갔다 하느니 자기가 천지를 창조했다느니 하며 신의 영역을 가로채는 건방진 잡배들은 충분히 힘을 기울여 성장하는가 싶을 때 러시아 正教會(정교회) 무너지듯 하나님은 쓸어버린다.

죄 많은 백성을 깨우치려 애쓰고 솔선하는 소박한 단체는 복을 받고 의의 평강의 열매를 거두며 죄 많은 교주들은 사람들의 추구하는 이상과 신비를 구하는 마음을 잘 읽고 그물을 던진다. 꿈에서 헤매는 그들의 유형은 영생과 건강, 신비적 초능력, 전생에 관한 통달, 죽음에 대한 공포 해결, 현실에서는 피난처를 찾는 것들이다.

3) 靈的인 거지들

영적인 잡것들은 道師를 가장하고 메시아니 재림주니 하면서 광명의 천사로 가장하여 사람의 영혼을 搾取(착취)하는 전형적인 修法(수법)이 大同小異(대동소이)하다. 더 이상 뿌리를 못 내리도록 쓰린 맛을 봐야하지만 사이비들은 반드시 정치와 커플이 되어 보호를 받는다.

세월 호 사장 구원파가 그렇고, 조 희성 영생교가 노 정권 때 정치자금을 갖다 바치며 그 많은 사람을 암매장하고 죽였어도 솜방망이 처벌에 그치고, 신천지 교주도 박 근혜 당시 악어와 악어새였고 그들의 30만 명의 표가 윤 석열에게 쏠렸다. 사이비 교주들의 온상으로 사기 치기에 매우 좋은 나라가 한국이다.

가짜들은 애시 당초 자비심이나 공의가 없으니 사람을 물질로 보고 돈줄로 혹은 성적 노리개 감으로 착각을 하고 어떤 검증도 되지 않은 약이나 물을 팔고, 여러 가지 용품을 팔아 자금을 확보하기도 하는데 거의가 교주의 욕심주머니를 채우기 위한 강요에 의하여 발생하는 일들이다.

심신이 약한 사람들을 상담해서 기운을 북돋워주는 건전한 마스터는 거의 드물다. 어김없이 돈이 요구되고 아픈 사람을 고쳐 준다며 불법 의료행위가 성행하고 잡 도사들이 등장하여 현대의학이 손대지 못하는 불치병을 고친다고 아주 확언을 하며 장담하니 환자나 가족들은 어쩔 수 없이 지푸라기라도 잡는 심정으로 다 바친다. 플라시보 효과로 최면이 걸려 정말 극소수의 사람 중에 몸이 회복된 경우가 있는데 그들은 자기 스스로의 信賴(신뢰) 호르몬으로 고친 것을 모르고 교주의 전능하신 은혜로 생각하여 천 명중 한 사람의 회복이 교주를 장난질하게 만드는 것이다.

피로한 팔다리를 주무르고 어깨를 주무르면 피로가 풀리고 개운하듯 신의 선지자가 만져준다고 생각하면 氣(기)가 전이되는 것은 사실이다. 그러나 내가 지켜본 이 雜氣(잡기)들의 치료는 十中八九 재발하였고 황폐하여졌다.

이것은 누구나 약간의 상식만으로도 가능하며 체육관 관장이나 요가선생, 수지침 강사, 할머니의 손길로도 가능한 일들이다. 사람의 정신과 육체를 고치려면 의사 이상 해박한 지식과 자비심이 넘쳐야 하며 첫째 돈을 몰라야 하며 국밥 한 그릇으로 족할 수 있는 사람이어야 한다. 이 잡것들은 정말 무식하여 자기들이 정말 신의 카리스마에 씌운 줄로 착각을 하며 양심의 가책을 받지 않는다. 이들 신비주의는 참으로 추악하며 그냥 잡것들이다. 영혼 치료, 祖上神(조상신), 天道祭(천도제), 등 귀신 장난치는 구질구질한 더러운 꼬임수로 영혼을 사냥한다. 머지않아 불 심판감들이다. 필자가 용납하며 긍정하는 것은 역학뿐이다. 역학은 학문이며 별자리와 우주적 원리이니 좋은 것은 수용하고 좋지 않은 것은 바꾼다하여 易이다. 이외에도 샴발라의 메시지, UFO 교신, 등을 운운하며 돈을 요구하거나 마인드를 다운시키는 잡학은 멀리하는 게 좋다.

이러한 얄팍한 지식들이 선무당처럼 파고들어 굉장한 포장술로 현대과학과 결합하여 사람들이 유혹받고 있으며 자신이 경험해보지도 않고 문서만 보고 맹신하고 착각하여 헛갈리고 있다. 학문적인 연구와 재미로 심취하는 사람들이야 별문제가 없겠지만 분별력이 없는 사람들에게는 천민 資本主義(자본주의)를 실험하는 문제가 발생하는 수가 많다. 절대의식이 저급한 파동으로 물질육체를 만들었다는 논리는 수천 년 전부터 전해오는 영적세계의 상식이다. 따라서 고급 진동에 의한 존재는 직관과 명상으로 체험해야 한다는 교주들의 이론은 수련이론과 딱 맞아떨어진다. 거기에 덧붙여 한국인의 유전자 석에 남아있는 샤면적 기운은 唯一神(유일신) 사상과 결합된 갖가지 환상이나 계시, 꿈, 등은 무당들의 일루미네이션을 만들어내고 있다.

4) 邪敎(사교)들의 現實逃避(현실도피)

사이비 교주들의 특색이 있다. 그들은 인간의 나약한 약점을 충분히 파고들며 친자식처럼 아주 따뜻하게 끌어안아주며 연약한 신도들의 신뢰를 얻기까지 애쓰며 눈물을 강요한다. 포근하게 감싸주며 혼자만 특별한 사랑을 주는 듯 의지하게 만든다. 이리하여 가족보다 혈통관계보다 더 귀한 것이 진리를 아는 길이라, 敎主(교주)를 전적으로 따르게 한다. 결국은 몸과 마음을 100% 다 바치도록 유인하고 때로는 妻子息(처자식)도 기꺼이 버리도록 만든다. 사이비 교주뿐만 아니라 고등종교를 위장한 큰 단체에서도 이런 장난을 한다. 영혼의 구원과 하나님의 임박한 심판, 귀신이 되어 떠도는 조상의 영혼을 운운하여 부담을 안겨주고 결국은 고액의 헌금을 요구한다.

천도제 한 번에 수천만 원을 요구한다. 그렇게 전도하다 보면 열 명 중 하나씩 걸려들어 긁어모은 돈으로 대학을 세운 단체도 있으니 이 나라는 사교들이 뿌리내리기에 최적의 장소다. 앞장에 언급했듯 사교들일수록 정치인들과 밀접하다보니 거액의 정치자금을 신도들에게서 모아 갖다 바친다. 종교를 잘 모르는 정치꾼들은 자금과 표를 거저 얻으니 당연 그들을 옹호하게 되는 것은 무슨 개도 돌아보는 것이다. 벌을 받는 것을 두려워하지 않음은 믿는 구석이 있기에 그들은 더욱 담대해진다. 이들은 끼리끼리는 친형제 이상, 정을 주고받으며 결속력이 대단하여 무슨 단합대회를 할 때면 전국에서 목숨을 걸고 보라매공원이나 사직운동장 기타 장소에 전원이 모이기 위해 관광버스를 100여 대씩 동원한다. 현수막을 제작하여 깃발을 날리며 이동하고 최고 좋은 옷을 입고 특별 헌금을 준비하고 모여 사회주의국가 열병식 하듯 흥분하여 저력을 보여준다. 경건을 모델로 하는 구도자들은 과시나 과잉 충성이 아니고 재산을 다 바치는 행위도 아니다. 그러나 이들 가족들은 하나같이 피 멍울 져있다. 절반 이상이 이혼 아니면 별거 중이며 경제적으로도 있는 재산을 거의가 탕진하니 서서히 빈곤해지는 것은 정해진 사실이고 자녀들도 부모와 대화가 줄고 날이 갈수록 황폐해진다. 결국은 이 그릇된 신앙의 과잉충성이 몰고 온 현실도피는 천국은커녕 외로운 기러기를 만드는 올무들이다. 신도수 100만을 자랑하던 신앙촌이 그렇게 망했고 그의 곁가지 재림 주 조희성이 그렇게 망했고 80여 명의 한국 메시아들이 그렇게 당대에 사라져갔다.

신천지는 이 만희 씨가 죽고 나면 여러 파로 갈라지고 14만 4천은 물거품이 되고 그 역시 빌려온 교리임을 다 알게 될 것이다. 육체의 영생이란 지구상에 없고 창조 정신에 맞지 않는다. 흙은 땅으로 돌아간다.(창3:19, 전12:7, 시146:3~4) 인간의 육체는 평균수명 80세, 영적인 천수 120세, 선도 공부에 도통한 사람 가장 오래산 사람 이 청운 256세, 기타 선인들은 지구상에 200여 명이 숨어서 존재하나 그들은 養生法(양생법)을 쓰며 몸을 돌보며 소식하며 조용히 살아가고 있으나 그들도 결국은 모두 地水火風으로 흩어져 돌아간다.

JMS가 지금 흔들리고 있다. 고집을 꺾지 않고 중증 리플리 증후군을 자각하지 못하고 교리의 一貫性(일관성)이 없이 자주 변하니 붕괴직전에 있고 신도수도 절반 이상 줄었으며 머지않아 교리의 실체가 드러날 것이다. 다만 이곳은 폭행이나 구타 감금은 없었다. 그러나 가족을 속이고 이곳을 다니는 젊은이가 많다. 가정이 화목한 것이 신의 선물이며 하나님의 사람이다. 가족과 부모형제를 버리고 어찌 신을 사랑할 수가 있을까? 성경이나 불경 기타 유교 경전어디에도 현실을 도피하라 가르치는 곳은 없다. 다만 속된 미혹의 욕심을 떠나라고 교훈할 뿐이며 어떠한 환경도 슬기롭게 극복하여 황무지를 옥토로 만들어 지상천국을 만들어야하는 것이 신앙의 모범이다.

현실도피는 신앙인의 적이다. 불교에서도 재가출가를 더 귀하게 여긴다. 처자식을 버리고 속세를 떠난다는 것은 지구상에 없다. 산이나 들, 동굴 거기도 지구별이며 4차원계는 아니다. 악마의 속삭임과 패배자의 변명들이다. 큰 사찰이나 절에는 文化生活(문화생활)이 더 화려하다. 청정한 深谷(심곡)의 고색창연한 한옥 집, 최신형 TV냉장고, 에어컨, 화려한 식당 쾌적한 온돌방 잘 정돈된 도량, 질 좋은 음식, 나라에서 보조해주는 文化財(문화재), 安居(안거)가 끝나면 자유로운 삶, 자유로워 보인다. 여기는 속세가 아니고 地底世界(지저세계)인가? 나의 스승 오쇼 라즈니쉬의 어록을 인용해본다. "신이 천지를 창조하고 보시기에 좋았더라, 보시기에 심히 좋았더라." 하며 창조의 대략을 창세기 1장에 기록했는데 이 세상 아름다운 땅을 버리고 도대체 어디로 떠난단 말인가? 가야산이나 속리산은 속세가 아닌가? 떠난다는 것은 궁극적으로 장소 개념이 아니다. 떠나야할 속세는 어린아이가 때가 되면 젖을 떼고 離乳食(이유식)을 하기 위해 엄마의 젖을 이별하듯 속된 욕망이나 허망한 집착을 마음에서 거세하고 과감히 이별하는 것이 분명하다. 禁食 祈禱院(금식기도원)에서 몇 백 일을 기도해도 자유의지가 바뀌지 않으면 헛수고다.

공짜나 거저 되는 것은 없으며 떠 먹여주는 밥도 내가 씹어야 음식이다. 마음의 결단과 수술하는 심정으로 좌우에 날선 검으로 잘라내고 십자가 죽음의 부활을 경험하는 길만이 옛날의 我想(아상)을 죽여 속세를 떠날 수 있는 것이며 따라서 이것이 바로 出家(출가)다.

5) 社會性(사회성) 떨어지는 인간들의 피난처

우리나라는 신앙심이 유별난 곳으로 사이비 교주들의 천국이다. 이들이 사람들을 유혹하려면 그럴듯한 이론과 신비한 교리가 뒷받침해줘야 하니 요한 계시록이론, 14만 4천, 最後審判(최후심판), 30개론 등 고급 실력이 있는 것처럼 유 재열 씨 노트, 통일교 원리강론이 99% 인용되어 책자를 만들어 포교에 힘을 써 교세는 확장했으나 막상 강의내용은 실로 유치하고 주제도 없고 주어 동사도 없고 국어도 몰라 앞뒤가 안 맞는 말장난을 늘어놓는다.

이들은 끈질긴 사업적 열정 하나는 무섭다. 기업형 단체로 성장하려면 상품이 특별해야하니 교주를 위하여 그에 기생하는 공범의식으로 뭉쳐 運命(운명)을 같이하는 추종자들과 서열을 黙示的(묵시적)으로 정하고 네트워크 사업에 전적으로 몸을 바친다. 영적인 혼인잔치 초대, 14만4천인의 印을 쳐주는 특혜, 육체가 죽지 않고 영생하는 특별은혜, 교주의 기도를 받으면 痼疾病(고질병)이 사라지고 천년왕국에 들어가 道通(도통)하여 남들 앞에 우뚝 서서 머리가 된다는 세뇌로 현실이 힘들고 환경을 초월 못하는 도피자들이 돌파구를 삼는다. 그럼으로 집안일이 산처럼 밀렸는데도 이 신기루신앙은 막연한 단어들을 짜깁기해놓은 말장난을 믿고 목숨을 걸다가 결국 목숨을 잃고 만다. 이들은 대개가 감정적인 사람들로 신문이, 경전, 뉴스, 역사, 새로운 과학적 논문, 등은 아예 읽어보지도 않으며, 哲學的(철학적) 思惟(사유)나 사고, 의심은 아예 없다. 교주들의 눈길 한번 받는 것이 이들에게는 오히려 복음이며 교주들이 한 번 꼭 안아주면 중전마마나 된 듯 흥분하여 모든 것을 바치는 판국이다.

　主觀的(주관적) 사고와 깨달음을 도외시하고 교주들이 지어낸 甘言利說(감언이설)에 속는 것은 공짜 좋아하며 의식주가 넘쳐나고 노숙자도 먹여 살리는 이 세상 천국을 버리고 뭐 얼마나 더 큰 복을 받자고 가정을 박살내고 재산을 날린다. 시대 문화에 뒤떨어지는 是是非非(시시비비)도 없고 절대적인 교주놀음에 모든 것을 다 빼앗기는지 어찌 보면 이들의 의식수준이 교주들을 먹여 살리는 일개미들과도 흡사하며 한편 지각없는 지렁이들은 이렇게 당하는 것이 어쩌면 당연하니 할 말은 없다.

　避難處(피난처)는 올바른 정신과 건전하고 굳건한 의지와 이 땅이 보시기에 좋았더라 하던 創世記(창세기)를 회복하여 기쁨으로 살아가는 마음자세가 바로 一切唯心造(일체유심조) 피난처다.

4. 성자병에 걸린 사람들

말장난하던 學僧(학승)

  2020년 8월 8일에서 9일 사이 47일간의 길고도 지루한 장마는 19년만의 재앙으로 변하여 전국의 농작물을 강타했고 모든 채소는 햇볕을 못 보니 모조리 녹아버려 당근만한 무 하나가 8천원으로 둔갑했고 배추는 다 녹았다.
  내 생에 이런 긴 장마는 예전 기억으로는 전무하다. 엎친 데 덮친 격으로 蟾津江(섬진강)댐 관리 3개 공기업, 기관 이기주의가 물난리를 키웠다. 농업용수, 생활용수, 발전용수, 관리, 저수량, 등 결정적일 때 수위조절이 안되어 댐을 만들어 놓고도 역할을 못해 화를 키운 것은 관계직원들이 월급만 축내고 자기 일처럼 애착을 갖고 애쓰는 사람이 단 한 명도 없어서 일어난 참상들이라는 조사결과의 보도였다.
  남원, 곡성, 금산, 용담 댐 방류로 금강이 汎濫(범람)하여 금산 인삼 절반이 싹 쓸려 떠내려갔다. 暴雨(폭우)가 밤새 하루 종일 쏟아진 하동 화개장터 일대와 전남 구례시내 전체는 완전히 잠겨 단군 역사 이래 대 재앙을 맞았다. 9일 오전10시 기준으로 440㎜의 비가 퍼부었다. 화개천 일대 상가 208동이 물에 잠기고 농협 건물과 교회당도 잠겨버렸다. 떠내려가는 자동차, 나뒹구는 간판, 쓰러진 파라솔, 널브러진 LPG 가스통, 진흙으로 범벅이 된 냉장고와 커피머신, 8월 9일 물이 일부 빠져나가면서 드러난 廢墟(폐허)는 뉴스로 잠시 스쳐보는 것과는 상상할 수 없는 참상이었다. 130여 가구가 자기들의 삶터인 가게와 업소가 잠기는 걸 눈뜨고 바라보며 사전 대피를 하였다. 미처 대피하지 못한 주민과 야영객 40여명은 119대원들에 의해 구조되어 인근 초등학교에 대피한 상태였다.

다음날인 8월 10일 태풍이 또 한 차례 지나갔다. 일주일 내내 복구 작업을 해도 끝도 없이 나오는 廢棄物(폐기물) 집기류들이 골목과 도로를 매웠다. 상인들의 근심 어린 눈빛들은 잊을 수가 없다. 내가 출석하는 본향교회도 완전히 잠기고 산야초 40여 항아리가 흙탕물에 잠겨 못쓰게 되었다. 피아노, 앰프, 모든 전자제품이 흙탕에 뒤섞였다. 봉사활동 하는 사람들이 전국에서 몰려들었다. 비록 재난은 당했으나 인정 많은 우리 한국인은 이웃돕기 운동 같은 것은 잘 하지 않는가? 군부대, 가톨릭, 원불교, 공무원들이 몰려와 복구를 도왔다. 모든 식당이 물에 잠겨 음식을 사먹을 수가 없었다. 전기도 다 끊기고 전쟁 통을 방불케 하였다.

물을 끓일 수도 없어 컵라면도 못 먹고 봉사하는 이들도 많았고 아예 먹을 것을 싸들고 와서 일하는 사람들도 많았다. 이러한 사실을 알고 쌍계사 스님들이 주먹밥을 지어 날라 허기진 봉사단들에게 전달하여 路上(노상)에서 요기를 하였고 쌍계반점에서는 수해당한 사람들에게 중국음식을 무료로 만들어 배달해주며 자기들은 높은데 거주하여 피해를 당하지 않아 다행이지만 한편 미안하여 이렇게 짜장면이라도 만들어 봉사한다는 젊은 부부가 고마웠다. 그렇게 며칠이 지났다. 나도 물에 잠긴 본향교회에서 한나절 움직이고 와서 이튿날 가족처럼 지내는 인도코끼리 명상의 집에 힘을 보태 복구를 위해 화개 장터로 내려갔다.

★ 摩女의 法文(법문)

나는 자주 들러 차 한 잔 나누며 담소하기 좋은 집 인도코끼리 Shop으로 갔다. 물에 잠겼던 물건들을 씻고 청소를 도우려고 국선도 관장 성 재영 씨랑 출근을 하였고 각각 분업으로 할 일을 찾아 움직였다. 한 번 물에 젖으면 쓰레기로 변하는 물건들이 가게 앞에 수북이 쌓여 있는걸 보니 뭐라고 위로할 말이 없어 가슴이 아팠다. 손해가 이만저만이 아니었다. 김 철한, 나 금채 사장 부부는 水害(수해)당한 사람답지 않게 담담하게 전기를 잇고 차를 끓여 마실 수 있도록 임시방편으로 가게 문을 열고 셀 수 없이 많은 인도 용품을 쓰레기 처리하느라 구슬땀을 흘렸다. 13일 날 즈음인 것 같다. 들꽃산장 주인인 摩女 조 혜숙 씨가 나보다 먼저 와서 재활용할 물건들을 정리하고 있었다. 오전 11시쯤인가 커피숍을 겸해서 운영하는 가게이니 간판을 보고는 40대쯤 되어 보이는 승려들이 세 명이 들어왔다.

어수선한 분위기지만 주인인 금채선생은 "어서 오십시오!" 하고 인사를 했다. 그들은 "커피 한 잔 할 수 있습니까?"하고 가게를 둘러보고 있다. 이상하다. 지금 난리를 겪어 전쟁을 치루는 분위기와는 전혀 상관없는 사람들처럼 이 승려들은 태연하다. 강 건너 불구경이란 말이 이런 사람들을 두고 하는 말일 것 같다. 사장인 주인이 말했다. "지금 어수선해서 좀 그렇습니다만 만들어드리지요."

물에 잠겨 망가진 커피머신을 김 철한 사장이 어제 오후 대강 수리하여 커피는 만들 수 있었다. 주인이 들꽃산장과 나를 보며, "언니와 목사님도 뭐 한 잔 하시지요."라고 말이 끝나자 승려 중 한 사람이 "목사님? 지금 목사님이라고 했습니까?"

"예 목사님이세요! 칠불사 가는 길목 범왕리에 하나 명상센터를 운영하고 계세요. 엊그제부터 오셔서 도와주시고 계십니다."

주인 금채 씨가 설명을 하자, 좀 전에 말하던 승려가 "아! 지나가다 봤습니다, 그런데 거기서는 뭘 가르칩니까? 어떤 명상을 가르칩니까?" 나는 가벼운 입술들이 맘에 들지 않아 말할 기분이 아닌데 벙어리처럼 있자니 멋쩍어서 한마디 했다.

"나는 뭘 가르친다는 생각이 없구요. 서로 진보적으로 연구해보자는 의미로 사람들을 만납니다. 구태여 말하자면 성경을 쉽게 전달해주는 곳입니다."

"간판을 보니까 명상센터라고 하던데 명상이 뭡니까?"

"저마다 명상을 말하며, 많은 이론이 있지만 우리가 체험하는 명상은 휴식입니다. 단순히 놀고먹는 게 아니라 존재의 宿所(숙소)에서 조용히 눈을 감는 깊은 휴식이죠"

"하나님은 어떤 분입니까?"

이 젊은 승려는 말하기를 퍽 좋아하는 사람이라는 걸 알았다. 나는 忍辱(인욕)하며 이야기를 마무리 지을 생각으로 말했다.

"이런 심오한 정신세계 이야기를 서서 지나가는 바람처럼 흘리기보다는 한번 오세요. 차라도 한 잔 나누며 존재적으로 談笑(담소)를 합시다. 모세가 하나님의 존재를 궁금하여 기도할 때 나는 스스로 있는 자니라. 이렇게 이스라엘 백성에게 고할 지니라!(출3:13~22) 라고 성경은 말합니다. 직접적으로 말하자면 스스로 존재하는 것은 自然입니다. 자연의 에너지는 地水火風의 4원소이며 자연의 實體(실체)를 바로 보는 것이 신을 보는 일입니다."

그리고 만물은 하나에서 시작하여 하나로 돌아가는 원리를 간단히 말한 뒤 이야기 그만하고 "진정으로 담소를 나누고 싶으면 한 번 오세요. 스님은 말하기를 퍽 좋아 하시네요. 百八煩惱(백팔번뇌) 가운데에는 말하고 싶은 번뇌도 들어있습니다."

나는 일을 거들어야 했고, 쓸데없이 가벼운 중과 말하고 싶지 않아서 대화를 마무리 지었다. 그러자 그 학승은 좀 불쾌 했는지 나를 정면으로 바라보며 충고 비슷하게 던지는 말이 "그런데 말입니다. 그런 걸 다 내려 놔야합니다. 알겠습니까?" 그의 말이 약간 시비조로 들렸으나 忍辱(인욕)하였다. 내가 40대 나이에 몇몇의 승려들을 두들겨 패고 옷을 벗겨 쫓아내던 생각을 하며 혼자 피식 웃으며 흙 묻은 용품들을 닦는데 마녀 조혜숙씨가 약간 흥분된 음성으로 이 승려들에게 입술의 破片(파편)을 날렸다.

"스님들 어느 절에서 왔어요?"라고 묻자 그들은 칠불사에서 왔다고 말했다.

"아니 칠불사면 같은 화개 골짜기 사람인데 이 난리판에 목사님한테 말장

4. 성자병에 걸린 사람들

난 걸고 있어요? 나도 칠불사 다니는데 왜 얼굴을 못 봤을까요? 지금 사람들이 혼이 빠져 茫然自失(망연자실)인데 구경꾼처럼 그렇게 태연하게 웃으며 농담 따먹기 하듯 합니까? 신도들이 주는 밥 먹으면서… 너무들 편하게 사신다. 정말 해도 너무하신다! 구경꾼들처럼…! 지금 전국에서 종교를 초월하여 수녀, 군인, 교회, 원불교, 공무원들이 안타까운 심정으로 밥을 굶어가며 하루 종일 봉사를 합니다. 식당들이 다 떠내려가고 물에 잠겨 아무것도 사먹을 수도 없어요. 쌍계사에서는 스님들이 밥을 지어 주먹밥을 나르며 이 아픔을 함께 나누는데 스님들은 대체 누구세요? 뭐하는 사람들입니까?"
그러자 말 많은 학승이 입을 열었다.

"아! 우리는 공부하는 사람들이라 큰 스님 말씀에 따라 움직입니다."

"공부요? 공부가 대관절 뭔데요? 아니 사람을 살리는 게 불법이며 자비 아닌가요? 지금 이 시점에서 그걸 말이라고 해요? 國難(국난)으로 나라가 위험해지자 살생을 금지하는 불교에서도 사명당 대사는 승병 400인을 통솔하여 왜인들과 싸우지 않았는가요? 목사님은 며칠째 여기저기 뛰어다니고 가슴 아파하며 땀 흘리는데 스님들은 장삼 날리며 기웃기웃 구경 다니세요? 일곱 왕자가 佛陀(불타)가 된 유서 깊은 칠불사 스님들이 맞아요?" 마녀 조혜숙씨는 홍조 띤 얼굴에 약간 노기가 서려 뼈있는 말을 토하고 있었다.

가만히 듣고 있던 승녀들은

"아! 오늘 우리가 임자를 만났네요. 죄송합니다. 우리는 큰스님 명령에 따라 움직이다보니 이렇게 되었네요"

"아니 큰스님이 죽자면 죽을 건가요? 이토록 큰 난리에? 그걸 말이라고 해요?"

그 중에 나이가 좀 많은 듯 보이는 승려가 "목사님과 보살님 찻값은 저희가 드리겠습니다." 라고 좀 얼버무렸다.

"스님들! 제가 틀린 말 한 게 아니잖아요? 나도 칠불사 신도에요. 지금 밖에 저 많은 사람들 다 외지에서 온 사람들이거든요? 스님들한테 이런 말 하는 건 미안하지만 앞으로는 그러지 마세요. 서로 짐을 나눠지는 것이 한

민족 아닌가요? 성직자들이라 해서 특별한 건 아니지요. 다 아프고 슬프고 배고프고…"

"보살님 말이 맞습니다. 죄송합니다."

"저~! 목사님 한 번 찾아뵙겠습니다."

"그러세요. 언제든지 길목이니까 들리세요. 나는 명상 객들 찾아오면 마치 코스처럼 칠불사를 들려서 일곱 왕자들을 친견하는 마음으로 한 달이면 몇 번씩 올라가서 초 값이라도 불전 함에 넣고 주지스님과 차도 한잔 나누고 따로 찾아뵙기도 했습니다."

"예! 꼭 한번 찾아뵙겠습니다."

세 명의 승려들은 슬쩍 나가 화개 장터 쪽으로 회색 장삼을 날리며 걸어갔다. 물론 지금까지 그 학승들은 우리 명상센터에 찾아오지 않았다. 얼마 전 우리 센터를 찾아오는 황 희순 시인이 하동 버스터미널에서 만난 七佛寺(칠불사) 學僧(학승)과 승용차를 동승하고 오다가 우리 센터 앞에 내려주고 가면서 "그 목사가 좀 이상하던 데요!" 라고 말하더란다. 뭐가 그리 이상했을까? 만나서 담소나 토론 한 번 없었는데 혹시 2년 전 8월 물난리 났을 때 나를 잘 못 봐준 듯하다. 마음공부를 한다는 사람들의 의식이 참 가볍다.

아내를 빌려 달라던 교수

1995년 여름 왕매미가 울어대는 7월말쯤으로 기억된다. 부산에 거주하는 H 교수와의 설전을 떠올리며, 인간의 深層(심층)을 더듬어 보려한다. H 교수는 博識(박식)한 사람이었고 비교종교에 이론이 풍부하여 웬만한 잡학으로는 그와 말상대가 되지 못하는 것을 종종 목격하였다. 나는 그의 철학적사고가 趣向(취향)에 맞아 종종 만나 장시간씩 대화를 나누었고 내가 부산을 떠나 고향으로 올라와 농사를 지으며, 修道院(수도원)을 운영할 때 방학 때가 되면 늘 철새처럼 찾아와 한 주간씩 머물다가곤 하였다. 많은 이야기를 나눴다. 그는 이론가이며 학자였으나 술을 취하도록 마시는 습관이 있어 그 부분이 불편하여 못마땅했지만 내게는 손님이니 간섭하지 않았다. 프로이드 정신분석학에 대하여, 심리학자 융에 대하여, 소크라테스 변명에 대하여, 불교 법상종의 심리唯識(유식)에 대하여, 六識(육식)에 대하여, 모르는 것이 없는 지성인이었다. 이분과의 많은 이야기를 통하여 내 정신이 윤택해진 부분이 일부 자리하는 것은 사실이다. 그러나 생선에도 가시가 있듯 궁극적인 문제에 있어서는 길이 달랐다. 나는 창조주와 그리스도를 신앙하는 사람이며, 신의 존재와 신앙 윤리를 중시여기는 사람이며 술이나 담배, 등 기호식품에도 민감하여 사람을 구별 할 때였다. 누구를 정죄해서가 아니라 입에다 굴뚝 연기를 가득 머금고 마시고 토해내는 냄새가 싫고, 술 취하여 흐트러지며 거친 농담을 하며 여러 얼굴들의 모습이 싫어서였다.

그는 안주도 없이 소주 1.8리터를 밤이 깊도록 혼자 마시며 허공에다 대고 혼자 연설을 한다. 나는 부담을 안고 겨우 절제시켜 끌어다 재우는 일이 한두 번이 아니었다.

어느 날 비오는 오후였다. H 교수는 여성이 있는 클럽이나 업소로 데려다 달라는 부탁을 하였다. 나는 농담을 하는 줄 알고 여기는 시골이고 그런 업소가 없다고 말했더니 그럼 대전으로 가자고 졸랐다. 이미 취하여 발음이 흐트러지고 눈이 풀리고 있었다. 그가 혼잣말로 중얼거렸다. "아아! 영혼은 충만한데 육신이 외롭고 심심하다. 장 목사! 정말 이러기냐?"

그는 점점 소리를 지르고 광기를 뿜어내고 있다. 어쩔 수 없이 내가 큰소리를 내어 어거지로 잠자리에 들게 하였는데 그는 자는체하다 명상 객 들이 머물고 있는 방들을 열고 도에 지나친 실수를 하고 다녔다. 내가 그의 손목을 꺾어 차방으로 끌고 들어와 이런 소리 하려면 휘황찬란한 도시 집으로 돌아가라고 나무랐다. 그랬더니 그는 내게 간곡한 부탁하나만 들어달라는 것이다.

나는 말해보라고 했다. 그러자 "장 목사! 당신 아내를 하룻밤 빌려 달라."고 했다. 나는 또 시작이구나 하며 어여 주무시고 내일 아침에 이야기하자고 달랬다. 그러자 그는 코를 있는 대로 소리를 내어 풀어 손으로 집어 뜰방 아래로 내던지더니 앞자락에 쓱싹 닦으며 수돗가로 나가 얼굴을 씻고 들어와 설교를 시작하였다. 알라스카 이누이트 족의 성 풍습을 거론하며 손님에게 자신의 아내를 접대시켜 잠자게 했던 충격적인 풍습을 거론하며 큰 인물은 성을 초월하여 아내를 내어줄 정도가 돼야 군자의 덕목이며 성인의 반열에 들어간다는 것이다.

아내를 설득시켜 자기를 만나게 해달라는 것이다. 나는 "당신이 실력 껏 유혹해 보세요. 그녀가 선뜻 넘어오면 그때는 알아서 하세요." 라고 말을 마무리했다. 나는 이 교수가 이누이트족의 혹독한 환경과 살아남아야 하는 그들만의 생존 전략에서 발생한 독특한 풍습을 잘 모르고 괴변 하는 것 같아 토론하려다가 술 취한 사람 정신에 의미를 부여하는 게 바람 잡는 것 같아 얼마동안 붙들고 실랑이를 벌이다가 그는 술을 한 컵 더 마시고는 쓰러져 잠들었다.

나는 이튿날 설교가 있어 서둘러 아침 식사를 하고 부산으로 차를 몰고 떠났다. 괴짜 교수가 어린 아이들과 수련하는 몇 사람과 아내를 귀찮게 하지 않을까. 내심 신경이 쓰였으나 하늘에 맡기고 떠났다. 부산 영도에서 작은 모임을 마치고 월요일 아침에 올라왔다. 해질녘이 다되어 집에 들어서니 H 교수는 강에 나가고 없었다. 나는 아내에게 "최 교수 아무 일 없었는가요?" 묻자 그녀가 말했다. "왜 아무 일이 없어요? 그 양반 제정신이 아녀요, 점잖은 양반이 미쳤지 미쳤어. 어젯저녁 잠도 못 잤어요!" 나는 감을 잡았으나 모른 체하고 한 번 더 확인 겸 아내에게 물었다.

"아니 글쎄 당신이 허락했다고 자기랑 함께 자야한다며 한 시간 이상 떼를 쓰다 마루에서 무릎을 꿇고 사정을 하다 별 짓을 다해서 하는 수 없이 경찰서에 신고를 한다 하며 전화기를 잡으니까 삐쳐서 소리를 지르고 나가더니 밤새 자동차에서 자고 집에도 안 들어왔고, 아침식사도 안하고 강에 나가 지금까지 들어오지 않고 있어요."라며 심령의 시달린 내색이 스트레스가 되어 얼굴에 역력하다.

4. 성자병에 걸린 사람들

나는 어떤 조치를 내려야겠다고 마음먹었다. 첼로를 연주하던 현이와 덕이 아버지 장 규상 씨, 현덕스님, 일우스님, 등을 여러 해 겪으면서 부딪치며 다투고 몇 사람은 골방에 끌고 들어가 매를 치고 옷을 벗겨 내보내고 하던 사건들이 종종 있었다. 내가 과연 잘한 건지 잘 못 한 건지 항상 悔恨(회한)이 남았었다. 옷을 갈아입고 빠른 걸음으로 강가로 내려갔다. '터신개'라는 여울목 잔디밭에 텐트가 보인다. H 교수였다. 그는 피라미 낚시를 하고 있었다. 10여 마리 잡아서 양파주머니에 가두어 웅덩이 물에 담가두고 또 한 마리를 낚아 올리며 혼자 소리치며 나와 얼굴이 마주쳤다.

"아니 왜 벌써왔소!"

"빨리 와서 교수님 지켜줘야지요."

"마누라 지키러 온 게 아니오?

부인이 훈련이 잘되고 벽이 두꺼워 대화를 나누다 실패했소!"

교수는 뭔가 겸연쩍은지 이미 없는 소리들을 중얼거리며 내 눈치를 살폈다.

"왜 자기 방을 두고 밖에서 밤을 새워요? 어제 차안에서 잤다면서요? 아침식사도 안 하구 왜 그래요?"

"당신 부인이 경찰을 부른다 해서 도망 나왔소!"

"도대체 왜 그래요? 지식인이 무슨 광기예요? 가치 떨어지게 사람이 아무리 좋은 주의주장이라도 중도에 머무를 줄 모르고 치우치면 그 가치를 잃어요. 내가 교수님을 배려하느라 그저 수용의 자세로 대답만 하며 굽신 거리니까 지렁이인줄 압니까? 아내를 서로 빌려주는 단체가 영국과 프랑스에 있었어요. 백작들이 무료하고 낙이 없고 근친이 성행하던 프랑스인들이 뼈가 약하고 치아와 턱이 약한 아이가 태어나 성인이 돼도 병약하고 전염병에 약하고 수명이 짧아져서 스와핑이라는 게 생겨났고, 너른 저택에서 포도주를 마시고 참석자들 전원이 가면을 쓰고 묻지 마! 파티를 하며 그들은 실제로 섹스를 했고 만일 임신이 되어도 전혀 문제가 되지 않았던 거요. 단순히 성적 쾌락만으로 假面 舞踏會(가면무도회)를 한 게 아니며, 이누이트 족이 아내를 내어주던 성풍속도 종족이 살아남기 위하여 종을 개량하려는 의도에서 그랬던 것입니다. 나는 당신이 아내를 감동시켜 함께 밤을 보냈다면 정말 도력 높은 도인으로 모시려했어요. 그런데 어찌 치한처럼 경찰에게 체포당할 짓을 해요? 제발 정신 차리세요. 나는 당신 안 봐도 별반 아쉬울 게 없는 사람이며 방문객들 오고감에 대하여 신경 쓰지 않아요. 당신도 어디 갈 곳이 없어 여기 온건 아니잖아요? 구도자들의 정신을 혼란케 하는 자들은 나는 반드시 매를 쳐서 징벌해요. 인연을 이어 나가시려면 중도에 머무세요. 부탁입니다. 보편성 없는 개똥철학은 죽은 괴변입니다!"

그는 잠자코 낚싯대를 거두며 "으흠! 설교 잘하네! 내가 이래서 장 목사를 좋아한다니까, 알았소! 알았다구. 저녁에 이거 매운탕이나 끓여줘 봐요!" H교수는 내가 좀 흥분한 억양이었는지 말을 줄이는듯하더니 텐트를 철수하고 낚싯대를 챙기고 짐을 싸서 트렁크에 싣고 태연한 체 하며 생각에 잠기는듯하더니 얼굴빛이 평소보다 굳어있었다.

나는 집에 돌아와 H교수가 잡은 피라미 열댓 마리를 손질하여 매운탕을 끓여줬다. 소주 몇 잔을 마시더니 자전거를 좀 빌려달라는 것이다. 그때 마침 일감스님이 선물한 산악자전거가 있어서 조심히 타라 당부하며 내어줬다. 그는 금산읍으로 여자사냥을 갔다 오겠노라며 자전거를 타고 나갔다. 자동차를 두고 나가는 게 술을 마시려는 것이다. 자전거도 취하면 위험할 텐데 좀 불안한 생각이 뇌리에 스친다. 나는 농담인줄 알았는데 우리 문학단체 중에 오 씨 성을 가진 여성회원이 방문한 날 서로 통성명을 하고 명함을 주고받더니 아마 점잖고 키가 크고 말 잘하고 돈 있는 교수가 만나자 하니 선뜻 약속을 한 모양이다. 교수양반은 밤새 돌아오지 않았다.

이튿날 오후 3시 경쯤 마을 이장 부인이 지나가다 들려서 전해주는 말이 마을 앞 전봇대 밑에 사람이 쓰러져 죽었다며 남편이 이장 회의 나가고 없어서 목사님을 부르러 왔다며, 警察署(경찰서)에 신고를 좀 하라는 것이다. 나는 부인이 가리키는 곳으로 달려 나갔다. 사람 하나가 쳐 박혀 미동도 하지 않는다. 옆에는 바짝 찌그러진 자전거가 둑방에 거꾸로 처박혀 있고 사람의 몸이 절반은 벼가 자라는 물 논에 한쪽은 풀 섶에 엎드려져 있다. 뛰어들어 살펴보니 H 교수였다. 관자놀이 부근이 크게 찢어지고 이마와 팔꿈치에도 상처가 심하다. 무엇보다도 의식이 없다. 나는 어렵게 그 몸을 일으켜 가까스로 들쳐 없고 달렸다. 몸집이 커서 힘겹게 돌아와 대청마루에 눕히고 얼굴에 피를 닦고 찬물 수건으로 몸을 마사지하며 소상혈과 人中穴에 침을 꽂고 5분 이상 주무르며, 강제로 수족을 흔들었다. 얼마나 시간이 지나자 그는 숨을 크게 쉬고는 움직이기 시작하였다. 나는 아무것도 묻지 않고 인삼차 한 잔을 마시게 한 다음 금산 이 외과병원으로 데리고 가서 찢어진 머리 부분을 8바늘 꿰매고 이곳저곳 타박상을 치료받게 하고 돌아왔다.

그는 뭔가 좀 미안한지 한동안 말이 없다. 선물 받고 한 번도 타지 않은 산악자전거를 끌고나가 전봇대를 정면으로 들이받아 일어난 사고였다. 자전거는 고물이 될 정도로 못쓰게 되어 고물장사가 가져갔다. 교수는 이틀 뒤에 회복되어 어디론가 나가더니 장미꽃 묘목 두 그루와 호미를 사들고 왔다. 한 그루는 안채 마당 끝에 심어놓고 한 그루는 수도원 밖 길 가장자리에 심어놓고 호미를 방문 앞 포도넝쿨 철근에 걸어두고는 떠났다. 며칠 뒤 문학 월례회차 모임에 나갔더니 오 씨 성을 가진 여성회원이 "H 교수님 잘 가셨는가요?"라며 안부를 묻는다. 나는 "예. 잘 갔습니다."라고 전했다. 교수는 그날후로 일체 연락을 끊었다. 알콜성 간염으로 고생한다는 말을 인편으로 들었다. 내가 너무 민감해서 혹은 덕이 없어서인가? 이렇게 멀어져간 사람들이 대부분이다. 이 교수는 그나마 꽃나무를 심어놓고 호미를 사서 화두처럼 걸어두고 떠났다. 律師(율사)처럼 불교교리를 전하며 동양의 고전을 넘나들며 이야기 보따리를 풀면 시간을 잊어버리던 그는 술을 너무 마시는 바람에 사람들이 떠나고 아내도 아예 상관을 하지 않고 친구도 없고 도반들도 얼마 못 견디고 떠난다. 나 또한 에너지가 약해서 연락하지 않았더니 전생처럼 멀어져간 이야기가 되었다. 그분의 말대로 아내를 서로 물건처럼 빌려주는 천국이 좋을지 모르지만, 집착과 망상이 올라오지 않는 中道

는 힘의 원천이며 에너지의 샘물이다.

5. 기원정사의 공중부양

여기는 평사리 들녘이 훤히 내려다보이는 하동군 악양면에 속한 비승비속들의 수행터 '기원정사'라는 庵子(암자)다. 이 산방 주인은 인천 용화사 禪房에서 15년을 수행하다 내려와 뜻한 바가 있어 머리를 기어코 밀지 않고 보살의 길을 가기로 원을 세우고 내려왔다. 法名은 大德行(대덕행) 보살이라 부르는데 나는 그냥 대덕 스님이라고 부른다. 속명은 崔 貞邊 (최 정변) 내가 아는 20여 명의 비구니 스님들과 의식을 비교해 보면 根氣있는 분들 중 한 분이다. 금산 극락사의 경원스님, 김제 망해사의 정국스님, 그리고 기원정사의 대덕스님이다.

내가 요양 차 智異山(지리산) 자락으로 오던 7년 전 이 암자를 지인을 따라 올라왔다가 경관이 툭 트인 게 얼마나 시원한지 海印寺(해인사)보다도, 구인사보다도 훌륭한 도량으로 마음에 각인이 되었다. 매년 두 세 차례 올라와서 정갈한 음식을 얻어먹고 가는 날이면 한동안씩 컨디션이 좋아지는 느낌은 돈 주고 살 수 없는 에너지였다.

이 대덕스님은 天然染色(천연염색)에도 재주가 있어 우리 옷감에 정갈하게 물을 들여 옷을 만들어 입는 데 한국적으로 단정하고 옛 멋을 되살려 내는 바느질솜씨가 놀라웠다. 나도 감물을 들인 띠풀 옷과 인견이불을 선물 받아 여름이면 호사를 누린다.

이 스님은 젊은 날에 남편과 사별하고 슬하에 어린 딸 하나를 키우며 독수공방을 하여 어렵게 딸을 미술공부를 시켰고. 딸은 대학에서 정식으로 전공을 하였으며 예쁘고 말을 잘 듣고 공부를 잘해 희망을 느끼며 존재의 이유로 살아갔다. 딸이 대학을 졸업할 때까지만 일을 하고 남은여생은 수행자로 살고 싶은 것이 원이었다. 이 분은 이렇게 남편을 먼저 보내고 어린 딸과 살아야 했다. 어렵게 모은 전 재산으로 인천 종합터미널 옆에 음식 만드는 소질을 살려 한정식 집을 오픈하여 장사를 시작하였다.

점차 소문이 퍼지면서 사람들이 찾는 명소가 되어 종업원들을 다섯 명을 고용하는 제법 큰 식당으로 자리를 잡았다. 외동딸은 공부를 잘했고 엄마의 심정을 잘 헤아리는 효녀였고 이렇게 딸이 성숙한 대학생으로 변해가는 모습이 대견하여 하루의 피로를 잊고 일에 전념하였고 종업원들에게도 친딸 대하듯, 친동생을 대하듯 인정을 베풀며 월급 외에도 장사가 잘되는 날이면 용돈이라도 챙겨주며 격려하여 한식구라는 구성을 중시 여겼다.

아는 사람 소개로 구청장되는 공무원이 이집 음식 맛을 보더니 매주 식사를 하러 왔고 공무원들 회식 때마다 30여 명씩 몰려 와서 식당이 북적거렸다. 그렇게 2년이 흘렀고 약간의 재산도 생겼고 집 한 칸 마련할 통장도 갖게 되었다. 무엇보다도 매주 정기적으로 식당을 이용해준 구청장과 공무원들이 相生하는 고객들로 고마웠다.

★ 뺨을 맞은 구청장

식당이나 遊興業(유흥업)을 하는 일이란 온갖 잡인이 다 모여드는 일이니 남의 주머니 돈을 벌어들이는 일이 어찌 쉬울 수가 있겠는가? 어느 날 여느 때처럼 구청장이 25명 음식 예약을 하는 전화가 걸려왔다. 최 보살은 단골손님을 받기 위해 질 좋은 식재료를 구하느라 시장을 뒤졌다. 그는 손님을 실제로 가족처럼 대하며 위생 관념이 철저하였고 최고의 재료로 정성껏 음식을 만들었다. 구청장은 자신이 VIP 고객이라고 자부심이 대단했다. 여종업원들한테는 늘 막말이며 성격이 까다로워 늘 투정이 심해 최 보살은 구청장이 손님을 몰고 오는 날이면 늘 신경이 곤두서고 종업원들도 늘 불안하였다. 그러나 사람을 몰고 다니는 단골 고객인 만큼 묵묵히 최대한 비위를 맞추려 노력하였고 종업원들을 잘 구슬려야 했다. 올 때 마다 한바탕 분탕을 치루고 나면 혼이 나갈 정도로 소리를 지르고 금방 부르고 또 부르고 軍隊式(군대식)으로 몇 초 안으로 나타나지 않으면 물건을 던지는 등, 불같은 성격을 스스로 못 이겨 늘 고함을 지르는 사람이었다. 최 보살은 그럴 때마다 도 닦는 마음으로 인욕을 하며 종업원들을 달래며 일을 마쳤다.

그날도 예전처럼 약속 시간 10분 전에 빈틈없이 음식상을 세팅하고 대기하고 있었다. 구청장과 직원들은 약속 시간보다 조금 늦게 도착하였다. "종업원들은 어서 오세요!!"라고 허리를 굽혀 일제히 北韓식으로 인사를 하고 음식을 날랐다. 식사를 한참 하는가 싶더니 구청장이 갑자기 종업원들을 다 오라고 불렀다. 그 중 한 아가씨가 먼저 달려갔고 뒤이어 다른 아가씨가 쫓아 갔다. 그러자 동작에 군기가 빠졌다며 버르장머리가 없는 년이라고 막말로 소리를 지르며 뭔가 트집을 잡은 모양이다 .

그 중 팀장 아가씨 종업원이 "청장님 왜 이러세요? 오늘은 사장님 언니가 특별히 시장을 보며 최고의 식재료로 음식을 만들었어요. 청장님 오시면 우리는 무서워서 淸心丸(청심환)을 먹어요. 제발 이러지 마세요. 우리도 사람입니다." 견디다 못한 종업원이 말대꾸를 하자! 구청장을 양복 윗도리를 벗어 던지고는 분노 조절을 못하고 여종업원의 뺨을 후려쳤다.

"너희들 내가 누군지 아나? 이것들이 지금 어디서 말대꾸야? 최 마담 오라 해! 빨리"

식당 방 쪽마루 기둥에 기대서서 고래고래 소리를 지르자, 주방에서 최 보살이 황급히 나와 보니 여종업원이 얼굴이 벌겋게 물들어있고 울며 엉거주춤 난감하게 서 있다. 최 사장이 나오자 구청장은 다시 소리를 질렀다.

"최 마담! 당신 애들 교육을 어떻게 시키는 거야! 진짜 장사 그만하고 싶어?"

최 정변 당시 48세 풍상을 20여 년 겪으며 눈물 젖은 빵을 먹는 현실적 쳇바퀴 생활이 순간적으로 만감이 교차하였다. 그녀는 노기 어린 눈으로 말없이 몇 초 동안 구청장의 어리석은 갑질을 물끄러미 바라보다가 느닷없이 구청장의 넥타이 끈을 잡아당기며 귀싸대기를 있는 힘을 다하여 갈겨

버렸다. 그리고는 "야이 새끼야! 네가 내 서방이라도 되냐? 네놈 더러워서 오늘부터 장사 안 한다. 이 더러운 새끼야! 너 같은 쓰레기가 구청장이라니 우리 주민들이 불쌍하다. 어디서 뭘 처먹고 와서 매번 올 때 마다 행패를 부려 이 자식아." 그녀는 넥타이를 힘을 다해 잡아당겨 뒤로 재껴 목이 조여 지니 그는 숨을 못 쉬고 캑캑거렸다.

다른 직원들이 뜯어 말리려 여럿이 붙었으나 악에 받혀 몸부림치는 48세 중년 여인의 안간힘을 쉽게 제압하지 못했다. 그녀는 그간 쌓였던 앙금과 구청장의 무례한 행동들은 지적하며 이런 놈은 죽이고 나도 죽는다고 경찰을 부르라고 소리 소리를 지르며 이놈이 도둑질 해 처먹은 거 나는 그 비밀을 다 알고 있다고 억지를 쓰며 한참을 설교를 한 뒤 여 종업원들이 울고불고 난리를 치자 그녀 자신도 바닥에 주저앉아 흐트러진 머리카락을 훔치며 눈물을 닦았다.

거의 죽다 살아난 구청장은 혼이 빠졌는지 정신이 들었는지 식식거리며 기세가 꺾여 있었고 직원들이 말리자 그들을 따라 끌려 나갔다. 최 정변 사장은 구청장의 뒤통수를 바라보며

"정신 차려 이 나쁜 놈 자식아! 나는 당신의 비리를 다 알고 있어. 그까짓 밥 몇 그릇 팔아 줬다고 그런 행패를 부리고 어디서 갑질여. 똥양아치 같은 걸뱅이 자식이라구. 네놈들한테 밥 안 팔아 여기를 떠날 거야. 두 번 다시 나타나지 마라!"

최 보살은 그 날 밤 종업원들을 모아놓고 월급을 미리 나누어주고 "내일 우리 문 닫자. 언니 따라서 대전으로 내려갈 사람은 따라오고 형편이 안 되면 우리 헤어지자. 내가 못 볼 걸 너희에게 보여 미안하다." 여러 직원들이 말했다. "우리가 좀 더 잘 했어야했는데 괜시리 제가 말대꾸를 해서 언니가 이런 꼴을 당해서 어찌 할까요. 죄송하고 미안해요." 모두가 눈물을 흘렸다. "아니다. 니네는 최선을 다해서 잘했다. 못된 놈 때문에 나도 힘들었다." 최 사장의 결심은 확고했다. 그녀는 매직잉크로 '부득이한 사정으로 폐업을 합니다. 그동안 찾아주셨던 고객님들에게 감사했습니다.'라고 큰 창호지 전

면에 글을 써서 붙여두고 이튿날 아침에 즉시 짐을 챙겨 대전으로 이사를 내려와 버렸다. 훗날 구청장이 화해를 할 겸 식당을 찾아가니 소란을 피우던 이튿날 인천을 떠났다는 소식을 듣고, 한참 동안 서성이더라고 인편으로 들었다 한다.

✱ 一成居士(일성거사)의 공중부양

대전으로 내려온 최 정변 보살은 외동딸의 학비와 집을 마련해주고는 한동안 呼吸(호흡)으로 심신을 달래며 지난날을 돌아보며 마음을 추슬렀다. 인천 식당에서 겪은 일들이 꿈처럼 물거품처럼 일어났다 사그라지고 생생하게 떠오르기도 하며 뇌리를 어수선하게 괴롭혔다.

어느 날 친분 있는 불교 신자의 소개로 인천 龍化寺(용화사)로 들어가 궂은일을 도맡아 하며 呼吸瞑想(호흡명상)에 전념하였다. 저녁 공양을 마치면 坐禪(좌선)에 들어가 새벽을 열고 날 새기를 이 10년 세월이 흘렀다.

깨달음이 뭔지는 몰라도 분명한 것은 하룻밤을 앉아서 잠시 선정에 들은 듯싶어 소변을 보려고 일어나면 벌써 날이 새고 동녘이 밝았다. 몸이 피곤하거나 졸음이 괴롭히는 일도 없다. 여러 대중들이 머리를 밀고 정식으로 계를 받고 승려의 길을 가라고 누차 권면 하였다. 최 정변 보살이 말없이 수련하는 가운데에 보기 싫어도 곁눈질로 보이는 승려들의 생활이 한 눈에 들어오는 他心通(타심통)이 걸림돌이 되었다. 그러나 그녀는 지금까지도 그 누구의 누구 스님의 사생활에 대하여 입에 올리는 일이 없으며, 安居 (안거) 때가 되면 최고의 上 根氣(상근기)로 미동도 않고 坐禪(좌선)에 임한다.

여러 번 깊이 생각을 품다가 15년 만에 용화사를 내려와 경남 하동 악양 해발 400m 경관 좋은 야산에 祇園精寺(기원정사)라는 절을 짓고 보살의 길을 가고 있다. 그녀의 삶은 대략 그렇다. 육군 대령인 사위와 서양화가인 딸이 약간의 용돈을 보태는 것으로 띠풀 옷을 입고 전형적인 구도의 길을 가고 있으며, 감나무 100여 그루에서 연간 300만 원 정도의 수입으로 최소한의 생활을 꾸려나가는 것 같다. 간혹 방문하는 길손들에게는 고사리나

마른 산나물, 등을 쥐어주며 소박하게 살아가는 모습이 구도의 원만함을 엿볼 수가 있었다.

이곳 악양에서 修道를 시작한지 10여 년이 지나는 어느 날 한때 함께 공부를 하던 一聲居士(일성거사)라는 사람이 물어물어 찾아왔다. 一聲(일성 : 한 소식 깨달아 외칠 수 있다는 것), 居士(거사 : 은둔하여 명성을 버리고 벼슬을 내려놓고 속가에서 살아가는 우바새) 법명이 묘한 모순성이 느껴진다. 거사는 은둔하여 속세에서 조용히 살아가는 것이 본분이거늘 一聲은 한 소식했기 때문에 목청을 돋우어 사자후를 토해야 한다는 기상처럼 느껴진다.

일성거사는 최 정변 보살을 찾아와 절 마당에 들어서자마자 목청을 돋우어 "계시오?" 하고 소리를 질렀다. 때는 봄철이라 녹차를 손질하고 있던 최 보살은 인기척에 가마에 불을 끄고 밖으로 나왔다. 居士의 일행 두 사람과 눈이 마주쳤다. 세월은 10여 년이 훨씬 지났지만 서로는 금방 알아봤다. 서로 인사를 주고받고 의례적인 안부를 묻고 서성이다 최 보살은 오래전 인연들을 茶房으로 안내하였다. 일성거사는 스스로 한 소식 했다는 자부심으로 아랫배를 내밀고 뒷짐을 지고는 암자 마당을 한 바퀴 돌며 평사리 악양 들을 내려다보며 뭐라 뭐라 알 수 없는 혼잣말을 중얼거리며 茶房(차방)으로 들어와서 앉아잠시 눈을 감았다 뜨더니

"어~! 저기 최 보살! 내게 三拜(삼배)를 하시오! 내가 성불을 한지 오래 됐소. 오늘 내가 여기에 온 것은 보살에게 부처님의 자비와 광명, 그리고 큰 깨침의 소식을 나눠주려고 왔지. 어서 절을 하시오 어서!"

최 보살은 처음에는 농담하는 줄 알았다. 거사는 양반다리 자세로 앉아 다시 자기에게 절을 하라고 다시 재촉하는걸 보고는 새삼 놀라며 입을 열었다.

"아니 석가모니 부처님도 자기에게 절하라는 말을 안했고 어떤 고승들도 자신에게 직접 절을 하라 강요한 사람이 없는데 도대체 무슨 도를 깨달았기에 아녀자인 내게 절을 받으려 한 대요? 내 나이 70년이 넘도록 이런 일은

첨이네. 나는 절 할 맘이 안 일어나네요! 절 못해요. 차나 한 잔 하시고 점심 공양이나 챙겨 드릴 테니 드시구 가세요."

최 보살이 확고한 어조로 분명히 선을 긋자 일성거사는 순간 얼굴빛이 어두워지며 일그러졌다. 그리고는

"허허! 참 눈도 코도 없구만! 딱하네! 쯧쯧! 30년 참선을 했으면 心眼(심안)이 열렸을 텐데 여태까지 뭘 했소!"

"나는 건방진 걸뱅이들과 할 일 없이 절밥 축내는 畜生들 망하는 구경댕기며 산나물 뜯어먹고 매일같이 잠 잘 자구 잘 먹구 살구 있지요."

말을 마치며 최 보살은 찻물을 끓였다. 선방 밑에 자란 야생차를 덖어 만든 우전차를 우려내어 차 자리를 열어 잔을 권하였다. 덖음 차의 풋내가 방안에 감돌았다. 거사와 동행한 그의 친구는 차향이 좋다고 예를 갖추고 다함께 잔을 들었다. 그런데 거사는 찻잔을 들고 머뭇거리다가 한 모금 넘기더니 "으음! 내 이런 말 안하려 했는데 이 차는 기운이 아예 없어. 마시나 마나요." 라고 하며 트집을 잡았다.

萬古風霜을 겪으며 거친 세파를 살아온 최 보살은 기가 막혔다. 아하! 저 두꺼운 口業을 어찌할꼬! 심히 걱정이 되었고 지옥을 등에 지고 다니는 거들먹거리는 거사가 불쌍하다 못해 좀비처럼 보였다. 거사는 눈을 지그시 감고는 차를 마시지 않고 최 보살을 책망하며, 여태 뭐했느냐고 비아냥거리며 자신은 농담이 아니라 실제로 成佛(성불)을 경험하여 중생들을 깨우러 다닌다고 힘주어 말하고, 후회할 거라며 자리를 일어섰다. 최 보살이 받아치며 말했다.

"입으로 성불을 하는가요? 品格(품격)에서 붓다의 향기가 나야지. 감동이 느껴지나 어디서 그리 교만한 구업을 짓고 그래요." 최 보살을 아래위로 쳐다 보던 자칭 도사는 마당으로 나와 차에 시동을 걸었다. 차도 마시지 않고 점심 공양도 사양하고 노한 표정으로 잔뜩 굳어 표정 관리가 되지 않았다.

自動車(자동차)의 앞머리를 평사리가 내려다보이는 위치에 세워놓았는데

무슨 생각을 했는지 일성거사는 핸들을 좌측으로 돌려 마당을 빠져나가야 할 텐데 갑자기 부르릉 하는 굉음과 함께 급 발진하듯 앞마당을 지나 눈 깜빡할 순간에 7미터 낭떠러지 시멘트 포장 농로로 날아갔다. 콰다당! 하고 철재 부서지는 소리와 함께 비명소리가 골짜기에 울려 퍼졌다.

최 보살은 즉시 쫓아 내려가 상황을 살폈다. 차는 부서졌는데 잠시 뒤에 사람이 문을 열고 기어 나왔다. 충격으로 두 사람은 얼굴이 창백하여 부들부들 떨고 있었다. 최 보살이 어여 병원으로 가자고 서둘렀다. 일성거사는 "아! 괜찮다."며 사양하고 애써 침착하게 입을 열었다. "공중부양을 한 번 하려 했는데 오늘은 실패 했구먼" 최 보살이 말을 받아 한 마디 날렸다. "내가 리모컨을 눌렀슈!" 만고풍상을 겪은 최 보살은 끝까지 하늘 높은 줄을 모르는 이 사람이 안타까워 우울했다.

얼마 뒤 인편에 들리는 소문에 어느 절에 道場(도장) 깨기를 갔다가 젊은 승려에게 죽도록 두들겨 맞고 쫓겨나 급하게 운전을 하다가 차가 저수지에 빠져 119구조로 겨우 살아났다는 이야기를 들었다.

누님의 핸드폰

승려의 신분으로 만행을 핑계 삼아 여기저기 사찰을 기웃거리며 철새처럼 살아가는 사람들이 많다. 話頭(화두)는 풀리지 않고 외롭고 쓸쓸하고 번뇌를 여의기는커녕 생각이 갈수록 많아지며 닥치는 대로 막 살다보니 陽氣(양기)가 뻗혀 色心(색심)이 마구니처럼 들락거리고 가진 돈은 없고 사는 게 재미없다. 달마대사처럼 몇 년씩 벽면 수행은 꿈도 못 꾸고 성불은 한낮 꿈일 뿐 결혼식장을 보면 결혼을 하고 싶고 벤츠를 타는 사람 보면 맘이 흔들리고 돈 많은 보살을 스폰서로 두려 해도 뾰족한 수가 없다.

어느 날 최 보살에게 太安(태안)이란 법명을 가진 승려가 집 전화 한 통을 걸어왔다 한다. 용화사에서 수도할 때 알던 스님인데 어찌 어찌 하여 연락이 닳은 모양이다. 오는 이 안 막고 가는 사람 안 잡는 게 절집 사람들의 心法(심법)이니 전화 통화 후 이틀 뒤에 태안스님이 방문했다. 두 사람은 여러 해 만에 만나 의례적인 인사와 합장으로 안부를 묻고 찻잔을 들고 담소를 나누기 시작했다.

경허, 만공, 전강대사를 배출한 도량에서 기도를 하고 준비한 비구의 기상은 어디로 가고 뭔가 쫓기는 듯 긴장되어 안정을 찾지 못하는 게 마치 어미 잃은 송아지처럼 기가 흐트러져 있었다. 이 승려는 점심 공양을 얻어먹고는 쉬고 싶다며 자기가 묶을 방이 어디냐고 물었다. 최 보살이 말하기를 "여기는 한 번도 비구스님들을 재워준 적이 없습니다. 근방 큰절로 가서 묶으세요."

말을 마치자

"어허! 무슨 경계가 그리 많소! 내가 장작도 해주고 주변도 정리를 해주리다. 그리고 나랑 여기저기 名勝地(명승지)구경도 좀 하고 친하게 지냅시다. 보살님 올해 연세가 어찌 되는가요?"

"올해 만 70입니다."

"아! 70이면 누님 되시네! 누님 합시다. 까이꺼!"

"아이고! 나는 그런 거 싫어요. 우리 엄마가 스님을 낳았나요? 아니면 스님 엄니가 날 낳았는가요? 그런 소리 말고 어여 가세요. 여기는 작은 기도 도량이지 숙박은 어려워요!"

"에헤! 외로운 사람들끼리 어울려 사는 게 佛法이지 뭐 道가 별거 있는 줄 아쇼? 예나 지금이나 성미가 영 까탈스럽구료!"

"아~아! 스님 어서가세요! 외롭긴 누가 외로워요? 어디서 그런 속되고 불쌍한 소리를 해요! 속인도 그런 말 안 해요. 쓰잘데 웂시 나이 값을 해야지 참말로 별 양반 다 봤네."

"가겠소이다. 누님 휴대폰 전화 좀 가르쳐주십시오."

"아! 뭣 할라구요? 나는 거의 전화를 안 하고 살아요."

"나도 안 해요. 그러니까 비상으로 알고 있을 테니 알려주시오."

최 보살은 폰 번호를 알려줬다. 승려는 번호를 저장하더니 서둘러 어딘가로 서둘러 떠났다. 태안은 그 뒤로도 매일 전화를 걸어 능글맞게 화도 내지 않고 생전 듣도 보도 못한 탄트라 수행이니 카마수트라니 少女經(소녀경) 이야기를 태연스럽게 늘어놓으며 석 구봉 도사처럼 유혹적인 말을 늘어놓으며 어디서 다운을 받았는지 19금 동영상을 카톡을 통해 무단으로 보내며 접근했다. 최 보살은 난생처음으로 이 기상천외한 영상을 보고 기겁을 했다. 이 미친 중이 도무지 대책이 없었다. 큰일이다. 이 일을 어찌 해야 할지 예기치 않은 생 번뇌가 전신을 멍하게 만들었다. 이 일은 단순한 장난이 아니라 조용한 수행자의 마음을 들쑤셔놓는 마구니 짓이라 생각이 들었다. "옴마니반메훔"이니 陰陽合一이니 생명의 실상은 남녀 合宮에 있으므로 옛날 고승들은 여인을 멀리하지 않았고, 일본의 이큐선사는 여인을 취함으로 觀世音菩薩(관세음보살)을 친견함에 비하였다느니 집요하게 스토커처럼 나이 먹은 수행자 최 보살을 설득하였다. 그 뒤로도 여러 차례 추한 동영상을 보냈다. 최 보살은 이 못된 가짜 중의 性靈(성령)을 떼어 줘야 할 것 같아서 조용히 준비하였다. 어느 날 심호흡으로 마음을 가다듬고 전화를 걸었다.

태안은 즉시 전화를 받았다.

"아이구, 이게 누구요? 보살님! 전화를 다하시고 참으로 반갑습니다."
"예! 스님 잘 계시지요? 요새 스님이 자주 보고 싶구 해서 오늘 이렇게 큰맘 먹구 전화를 하네요? 무탈하시지요?"

최 보살은 아주 부드럽고 여성스럽게 목소리를 다듬어 이 중을 불러들였다.

"스님 산나물밥 드시게 한 번 오세요. 오시기 전날 전화하시구요."

태안은 아주 반갑게 껄껄 웃으며 능글맞게 웃으며 내일 당장에 올라갈 것이라고 약속을 하며 하룻밤 같이 자자고 말하니 보살의 예감대로 각본이 돌아갔다. 잘 알겠으니 꼭 오라며 웃으면서 전화를 끊었다. 강원에서 강사로, 禪院(선원)에서 명상을 지도한다는 이 승려는 周易, 명리학, 뉴에이지 철학, 니체까지 공부를 한다 했는데, 그의 거처는 정처가 없고 목소리는 큰

데 여자를 너무 좋아하다 여러 차례 절에서 쫓겨났다는 소문을 입수했다.

이튿날 오전 11시쯤 태안이 들이닥쳤다. 최 보살은 뒷산에서 재가 불자회 몇몇 식구들과 취나물과 두릅, 등 나물을 한바구니 뜯어들고 내려오는 중이었다. 사륜구동 무쏘 승용차가 마당에 막 들어서고 태안이 바나나 한 뭉치를 들고 내렸다. 그는 싱글벙글거리며 호탕하게 웃고 의례적인 안부를 묻고는 산에서 막 내려오는 거사 두 명과 여자 보살 한 사람을 번갈아 훑어보며 어디서 왔느냐? 뭐하는 사람들이냐 꼬치꼬치 물으며 관심을 보였다.

"우리 재가 불자회 도반들 오늘 나물밥 한 끼 먹자구 내가 오라해서 오전 일찍 와서 산에 올라갔다 지금 내려오는 중입니다."

몇몇 사람들은 이 낯선 승려에게 합장을 하고 마당에 세워진 원두막 차방에 털고 앉아 점심 공양을 하기 전에 햇 차를 한 잔 하기로 하고 찻물을 끓였다.

"오늘 하룻밤 자구덜 갈 건가요?"

태안이 말을 걸었다. 평신도 불자들은

"아닙니다. 우리는 점심 나물밥 먹고 오후에 갈 겁니다. 스님은 어느 절에서 오셨는가요?"

"아 나는 절이 없습니다. 萬行 中(만행 중)입니다. 시간이 안 바쁘면 아주 중대한 공부 한자락 배우고 가시지요, 오늘 내가 단숨에 달려온 것은 인연법에 따라 시대에 입각한 진언을 전하러 왔소이다. 지금 불교는 완전히 타락했어요. 정신 차려야 해요.! 지난주 PD수첩 보셨지요?"

"아니 못 봤습니다." 그중 한 거사가 말했다. "왜 그런가요? 무슨 방송인데요?"

"허허! 이 양반들 원시인이시구먼! 전국에 내로라하는 조계종 큰절 주지들 20여 명이 지금 억대 상습 도박판을 몇 년씩 운영하고, 해외 원정까지 하다가 적나라하게 추적당해서 지금 난리요, 난리. 어느 정도이어야 말이 안 나온다구요. 지금!"

태안은 묻지도 않은 이야기를 처음 보는 사람들에게 흥분하여 열변을 토하였다. 한 사람이 차를 우려내고 권할 새 최 정빈 보살은 점심 식사 준비를 하러 주방으로 들어갔다. 최 보살은 한일자로 입을 다물고 마음을 텅 비우고 부산하게 나물을 데치고 음식을 준비하였다. 차를 한 잔 마신 태안은 목청을 돋우어 자기 주관을 소음에 가깝게 떠들어 댔다. 워낙 목소리가 크고 말이 많으니 10분도 못되어 모두가 질린 눈치다. 재가 불자회모임에서 경전 공부를 하는 한 중년 거사가 입을 열었다.

"스님! 그런 일들은 옛날부터 아니 천지 창조 이후에 늘 있던 일 아닌가요? 우리가 절밥을 먹으면서 자기 집안 흠집을 그렇게 드러내어 소문을 퍼 나르면 무슨 덕이 될까요? 절제하시고 차나 한 잔 하시고 맛있는 점심공양 드시지요!"

"아하! 지금 밥이 문제가 아니오. 여러분들은 종교라는 조직들과 건달 같은 중들에게 크게 속고 있소. 어렵게 보시해준 돈으로 도박판에 날리고 룸싸롱 다니고 妻子息(처자식)을 보란 듯이 두고는 감투를 쓰고 배에 기름이 차고 넘쳐 큰일이오. 이렇게 썩어 문드러진 적이 없소! 속지 마시오. 제발!"

듣기 싫다 해도 막무가내였다. 너 댓 명의 사람들은 말이 많은 이 태안의 열변을 피하여 점심 공양을 핑계 삼아 마당 밖으로 모두 나왔다. 때마침 음식이 준비되어 식당에 둘러앉아 봄나물이 풍성한 점심식탁을 받고 화제가 바뀌어 치사와 감탄을 해가며 보약 같은 나물밥을 아주 맛나게들 먹었다.

태안은 음식을 먹으면서도 쉬지 않고 여러 묻지도 않는 말을 꼰대처럼 토해내자 최 보살이 이야기는 점심 식사 이후에 차 한 잔 하면서 말하자고 절제시켰다. 태안은 잘 알겠다며 잠시 입을 닫는가 싶더니 茶房으로 자리를 옮기자 다시 입을 열며 하는 말이 딱 십 분만 말하고 진짜로 입을 닫겠노라며 불교계의 중대한 뉴스를 들어달라는 것이었다. 사람들은 잠시 무슨 말인지 들어보기로 합의를 한 뒤 녹차를 한 잔씩 마시며 그의 이야기에 귀를 기울여줬다.

灰色長衫祕話(회색장삼비화)

태안은 앞뒤 순서도 없이 조계사의 行纏(행전)과 총무원장의 숨겨둔 처자식이야기, 유전자를 거부하고 숨겨둔 딸과의 관계를 元曉大師처럼 떳떳하게 밝히지 못하는 위선과 김천 **사의 주지가 두 比丘尼(비구니) 스님을 성폭력하여 비구니 스님의 모친은 소식을 듣고 기절하여 쓰러지고 아버지는 충격으로 심장마비로 세상을 떠났다고 했다. 불교의 고위 관리 국회의장 급인 승려들이 재판 중인 이야기, 장*스님의 도박 하우스, 해외 원정 도박으로 라스베가스, 마카오, 로스앤젤레스로 가는 중 화장실에서 고급 양복으로 갈아입고 선글라스를 끼고 베레모를 쓴 뒤 완전 변장으로 수십억씩 돈을 쓰고 온다는 것이다. 국내에서는 강남지역 도박장에서 큰 판이 항상 열리며, GK 스님은 지금 矯導所(교도소)에서 수감 중이며, 강남 은정빌딩 6층은 큰 스님들의 도박장으로 이미 다 알려진 유명한 곳이며, GS 스님은 이 명박과 형제로 지내며 그는 불교계의 최고 권력자라 하였다. 白羊寺(백양사) 도박장에는 1미터 40㎝의 사각형 金庫(금고)가 있는데 현금 오만 원 권이 70% 이상 가득하였다고 장주스님이 방송국에 폭로하고 자수하였다고 했다. 장주는 조계종에서 滅擯(멸빈) 사형판결을 받고 쫓겨났으며, 총무원 지하 1층으로 끌려가서 목을 졸리고, 거의 죽음직전까지 짓밟히고 폭행을 당했다고 했으며 스스로 옷을 벗고 탈퇴했다는 서류를 미리 만들어 억지로 지장을 찍게하며 얻어맞는데 종로경찰서에다 미리 신변보호를 위해 도움을 요청해 김상동 경위가 현장에 왔는데, 살려달라고 소리쳤으나 도움을 받지 못하였다한다. 이외에도 화성 **사 SW스님 숨겨둔 쌍둥이아들 문제를 거론한 스님들과 신도들은 폭행당하고 제적당했으며 2015년 이후 이런 방송이 여러 차례 나가자 전국의 불교 신도는 300만이 줄었으며, 각 선방에는 승려들이 없고 승려지망생은 연간 50명이 안된다고 했다. 태안의 이야기는 대략 佛敎界(불교계)의 유명 인사들의 도덕성과 타락상을 지적하는 義俠心(의협심) 비슷한 분노가 깔려있었다. 회색 도포자락을 날리며 속인만도 못한 짓들을 하는 畜生(축생)들에게 더는 속지 말라는 말을 토하며

"뭐든지 궁금한 것 있으면 말하시오. 십분 쯤 된듯하여 말을 줄이겠소이

다."

그 중 한 사람이 말하길

"사실은 얼마 전에 PD수첩 방송에서 들었어요. 충격적이지만 별로 덕 된 일이 아니라서 감추고 있었는데, 스님께서 다 드러내시니 큰일이네요."

차를 달여 주고 점심공양을 베풀어준 암자의 주인 최 보살께서 입을 열었다.

"그래! 스님께서는 우짜자는 얘긴가요? 그렇게 까발리면 속이 션한가요? 어차피 그런 사람들이야 종교 정치하는 사람들이니 썩던 곯던 냅 두고 수행자는 자기 길을 가면 되는거지. 왜 그리도 흥분을 한데요. 그 냥반 들이 부러운 갑지요?"

"부럽긴 뭐가 부러워요. 누님에게는 내가 종종 자료를 핸드폰으로 보내 줬 잖요! 공부 좀 하시지 쌩까구 그래요?"

"아니 누님이라니 누가 누님여! 어디서 쓸데없는 소리를 또 하구 그래요? 그런 소리 하지 말라니깐!

당신이 그 사람들보다 낫다고 생각하쇼? 사람이 개돼지만도 못한 행실을 하면서 어디다 함부로 돌을 던지구 거룩한 체를 하구 헛 주둥이를 놀리는 거여 지금!"

최 보살은 태안이 그동안 보내온 몇몇 유튜브 자료들과 차마 입에 담지 못할 19금 야동 영상을 본인 포함 태안과 방문객 일행 등 6명이 모인 앞에서

"자! 여러분! 이 스님이 날더러 공부하라고 보낸 법문이랍니다."

라고 말한 뒤 동영상을 공개하며 클릭했다. 남녀의 이상한 신음소리와 함께 차마 절집에서 있을 수 없는 기상천외한 영화가 개봉되자 사람들은 기겁을 하고 놀랐다.

최 보살은 갑자기 돌변하여

"야이 상놈아! 네가 중이냐? 마구니 만도 못한 놈이 어디서 주뎅이를 나불거려! 여러분들이 나를 좀 보호해 주슈! 저 가짜 중놈을 오늘 경찰에 고발

5. 기원정사의 공중부양

545

해야 할 것 같아 이 動映像(동영상)을 증거물로 안지우고 있었습니다. 저놈이 밤중에 와서 해코지를 안 한다는 보장이 있는가요? 내가 오늘 일부러 밥 먹자고 해서 여러분을 부른 거요, 경찰 좀 불러줘요?"

최 보살은 분노와 스트레스로 인하여 노기 띤 얼굴로 태안을 노려보다 멱살을 있는 힘을 다해 움켜쥐고 흔들었다.

"야이 사기꾼 놈아! 더러운 놈아 누구를 흉보는 거여. 지금 철면피 같은 놈."

사람들이 나서서 말리며 태안에게 걸러 부었다.

"어찌 혼자 기도하는 보살님에게 그런 수작을 부렸습니까? 경찰 부를까요?"

태안은 할 말을 잊고 좋은 자료를 보낸다는 게 실수로 그런 영상을 보낸 거 같다며 미안하다고 형식적인 사과를 했다. 그리고 얼굴이 창백하게 변했다.

"뭐시 어쩌고 저째? 실수로 그런 더러운 그림을 네 번이나 보내냐? 이 지옥 백성아! 당장에 꺼져 이놈아. 인생이 불쌍해서 경찰은 안부를 테니 부디 냉수 먹고 속 차려 이 후레자식아! 신도들의 피 같은 돈으로 도박하구, 계집질하는 마구니들이나 개지랄 하구 다니는 당신이나 뭐가 달라. 두 번 다시 내 눈앞에 나타나지 말아. 무간 지옥에 떨어질라구 아주 발악들을 하너먼. 불쌍한 중생들 쯧쯧!"

최 보살은 길게 숨을 몰아쉬고는 입을 닫아버렸다. 누님의 핸드폰 사건은 이대로 막을 내리고 태안은 혼비백산하여 몇 년째 다시는 나타나지 않았다.

평소에 깔끔하고 나눠주기를 좋아하고 장시간씩 禪靜(선정)에 들기를 즐기는 전형적인 수행자로서 부끄러움 없이 살아온 그녀는 불교계에 큰 어른이 없음을 한탄하며 스승도 없이 홀로 밤을 지새우며 八正道(팔정도)를 명상하며 만여 평의 임야와 감나무 밭 일부를 재가 불자회에 기증하고 천천히 노후를 준비하며 無常(무상)을 달래고 있다. 서서 오줌 싸는 동물들은 이곳에서 아무도 재워주지 않는 이유도 경계가 많아서가 아니라, 불알 달린 인간들이 독실한 기도 꾼을 여자로 보는 치한들이 보기 싫음도 작용하고 있는 것 같았다.

의식의 進化(진화)를 거부한 畜生界(축생계)의 인간들의 현주소는 아무리 겉옷을 갈아입고 사제 법복을 갈아입고 갓을 쓰고 두루마기를 입어도 마음을 조각하듯 길들여 에고를 초월하지 않으면 돌아오지 않는 탕자로 생을 마감할 사람들의 막 삶과 마구잡이식 욕망은 사실상 농사짓고 사는 촌부들보다 훨씬 뒤떨어진다.

6. 意識의 進化란 무엇인가?

意(의) 자는 立日心의 세 글자가 합성된 글자로 마음에 태양을 품고 서있는 생각하는 사람이며

識(식)자는 말씀 言인 로고스와 그 토대위에 태양(日)을 품고 서있는 생각하는 갈대를 의미하는 합성어로, 마음을 움직여 얻어지는 깨달음의 결실이 곧 경험을 통해서 얻어지는 앎을 識(식)이라 한다. 두뇌로 깨달아지는 경험을 가슴으로 느껴 감정이 밀착되면 움직임이 나타나고 그 행위와 함께 현상들이 창조되는 것이다. 가슴으로 느끼는 감정과 두뇌에서 자각된 깨달음과는 밀접한 관계다. 腦容量(뇌용량)에 따라 인간의 의식구조는 비례하여 나타난다.

이러한 영역을 애서 표현하여 만든 영화가 뤼크 베송(Luc Besson) 감독의 '루시(Lucy)'라는 영화다. 한국의 배우 최 민식 씨도 출연했고 모건 프리먼과 루시역을 맡아 잘 소화해낸 스칼렛 요한슨 주연의 이 영화는 近代史 영화중 내게 있어서는 큰 울림이었고 감동의 파장으로 세포를 활성화시켰다.

이 영화에서는 인간의 평균 뇌 사용량에 대한 내용인데 인간의 평균 腦 사용량은 10%정도이고 24% 사용량은 신체의 완벽을 통제, 40% 사용 시 모든 상황의 제어 가능, 62%를 사용 시 타인의 행동을 컨트롤 할 수 있으며 100%를 사용 시 한계를 뛰어넘는 액션의 진화가 시작된다. 주인공 루시는 극악무도한 일당들에게 납치되어 몸속에 강력한 합성 약물을 넣게 되어 끌려가면서 갑작스런 외부의 충격으로 인하여 몸속의 약물이 체내에 퍼지면

서 그녀의 모든 감각이 깨어나기 시작하여 초월상태에 이르게 된다.

주인공 루시는 극심한 고통을 감수하면서 각성제를 모두 흡수하여 오히려 뇌가 완전히 열리는 결말을 맞게 된다. 죽음을 두려워하던 평범한 여자에서부터 거대한 능력을 갖게 되어 냉철하게 변화된 여전사의 모습까지 팔색조의 매력을 보여준다. 죽어도 이상하지 않을 상황에서 그녀는 모든 감각이 깨어나고 腦科學 연구가 노먼박사(모건 프리먼)이 나와서 假說(가설)에 불과하던 자신의 이론을 직접 증명하게 된 루시를 도우며 과학자로서 절대 알 수 없었던 영역을 지켜본다. 뤼크 베송 감독이 어떠한 의도에서 이 영감 깊은 영화를 만들었는지는 모르지만 21세기의 정신세계와 영적인 파장을 잘 妙思(묘사)한 시대적 선물로 나는 생각한다. 텔레파시나 영적세계를 영화로 만들기는 매우 어려운 일이기 때문이다.

腦(뇌)와 意識 關契(의식관계)

과학자들과 의사들은 인간의 수많은 뇌세포가 아직 잠들어 있어서 보통 사람들은 자신이 갖고 있는 腦用量(뇌용량)을 아주 일부분만 사용한다고 입을 모아 말한다. 松科腺(송과선 : Pineal gland)주변에서 발견되는 뇌 영역은 직관과 관련된 영역이며 실제적인 직관적 知覺(지각)이 어떤 것이든 가능하기 위해서는 그 세포들이 일깨워져 활동해야 한다.

그런 직관적 지각이 일깨워졌을 때 영혼의 통제, 진정한 심리적 이해, 자신과 주변 앞에 목표로 제시된 진정한 祕義的(비의적) 의미의 발달이 이루어지는 계기가 될 것이다. 보병궁시대에 입문한 금세기에 들어와서 여러 가지 막연하던 명상 비법들이나 般若心經(반야심경), 창조과학, 기타 신비적인 추론들이 과학적으로 밝혀지고, 산화질소나 腦에서 생성되는 松科腺의 신비가 대중적으로 알려지는 시대가 되었다. 인간이 뇌를 직접 관찰하고 연구하기 시작한 것은 200여년에 불과하다. 그리고 정밀하게 뇌를 관찰할 수 있게 된 것은 다른 과학의 발달을 통해 유기적으로 이루어졌기 때문에 더욱 최근에야 가능해졌고 아직도 뇌 과학 분야는 비인기분야. 노벨상을 받은 유태계 미국인 폴그린 가드 박사를 통해 뇌 송과선에서 분비되는 '도파민'의 발견으로 학계는 비상한 관심과 反響(반향)을 불러일으켰으나 이 위대한 박사를 기억하는 사람은 별로 없다. 나도 그분과 함께 연구실에서 땀 흘리며 전 세계 10명의 젊은 과학자 상을 받은 서 지선 박사를 통해서 상세하게 들었다.

이러한 연구는 두 가지 방법이 있는데, 하나는 보다 정밀한 관측을 할 수 있는 장비, 새로운 물리화학적 발견, 컴퓨터의 활용이다. 아마 이 장비가 없었다면 이렇게 빠른 속도로 진보하지 못했을 것이다. 과학의 발달로 인하여 뇌를 직접적으로 관찰할 수 있게 되었다는 것은 진화적인 측면에서 인간의 혁명이다. 生理的(생리적) 기능을 지배함에 있어서 뇌의 역할은 絶對性(절대성)으로 중요하다. 이제야 뇌 과학을 통해서 조금씩 뇌의 비밀이 풀리는 중이다.

또 하나의 방법은 영적인 탐구에서 경험되어지는 프로그램이다. 나는 약초를 연구하다 소나무 장작과 무쇠 가마솥 하나로 아홉 번을 蒸熟(증숙) 가공하여 지구 역사 최초로 '흑삼'이라는 생소한 약초를 연금술로 만들었다. 여러 날이 걸리는 번거로운 일이지만 국내외 40여명의 이학 박사들이 연구하여 분석하고 연금술 과정에서 생성되는 그 성분들을 하나하나 이름을 붙여 학계에 비상한 관심을 끌었고 공중파 방송에서 40여 차례를 보도하였다. 내가 만들어 사람들에게 공급하여 실험하는 방식은 그 대상들이 건강이 회복되고 질병이 치유되는 것들을 관찰하며 연간 통계를 내어 100명 중 80명 이상이 건강이 회복되어 보통 영약이 아님을 확신하였고 자부심도 생겼다. 그러나 학술적인 분야에서는 증명할 길이 없었다.

그 분야는 현재 40여명의 박사들과 논객들이 논문을 발표하였다. 영화 루시는 몸으로 체험하여 초월 의식상태가 되었고 노먼박사는 가상적인 상상으로만 연구하다 루시의 경험을 통해서 자신의 연구가 빛난 것처럼 실제적 경험과 이론이 퍼즐이 맞아야 그때 비로소 진리가 되는 것이며, 타인으로부터 共感(공감)을 불러일으킨다. 그러나 다수이어야만이 진리는 아니다. 腦機能(뇌기능)을 10%정도로 평범하게 사는 사람과 20%를 사용하는 사람이나 40%를 사용하는 사람의 의식구조는 현저히 다르다.

2,000년 밀레니엄을 맞으며 100일간의 기도 명상을 해야 할 일이 있어서 일반인들이 이해 못할 혼자만의 시간을 대둔산자락에서 최소한의 물과 죽염으로 연명하며 내 방식대로 몰두하였다. 실로 비상식적일 수도 있으며 돈이 생기는 것도 아니고 몸이 건강해지는 것도 아니다. 명상을 시작한 뒤 60일되는 어느 날 오후에 찬란한 宇宙와 銀河系(은하계)를 나는 의식의 눈으로 보았다. 질서 있게 운행되는 웅대하고 광대한 우주의 무한함에 비해 미립자에 불과한 지구촌의 인류는 의식 수준이 매우 낮아 진돗개나 너구리 수준에 못 미친다. 하이에나들과 동급들이 지구촌 인구 절대 다수들이다. 비겁하게 남의 것 빼앗고 잡아먹고 떼 지어 다니며 으르렁대고 전쟁과 살인에 미치고 아름다운 지구촌을 파괴하고 종교는 장사용으로 장식하고 평화를 빼앗는다.

수백 광년을 떨어져 운행하는 별들이 네트워크로 인체의 세포처럼 연결되어 천체가 인드라 망으로 얽힌 우주는 한 몸이며 하나님의 몸이다. 이러한 신비를 깨달아 의식한 少數의 진화된 사람들에 의해서 오늘의 지구는 지탱되고 있으며 이들의 사랑으로 보존되고 있다. 이들은 박애와 사랑, 평등주의, 나눔의 법칙, 문맹퇴치, 질병퇴치, 기아, 가난, 인구문제, 등에 무력을 동원하지 않고 끝없이 계몽하여 보살의 길을 선택하여 십자가의 길을 가고 있다.

슈바이쳐, 버진스키, 링컨, 장 기려, 김 용기 장로, 루터 킹, 등 수많은 선구자들이 진화된 의식으로 참 삶에 대한 본을 보였다. 그러므로 진화란 아주 쉽게 이야기해서 이웃과 인류를 이롭게 이끌어주는 것이며, 평화를 공양하는 단계로 이끌어주는 이타의 삶과 빛을 전하는 루미나리(luminary)다.

意識觀察(의식관찰)

전통적으로 인간의 의식, 마음, 감정, 등의 연구는 경험의 뒷받침이 없는 그야말로 思辨的(사변적)이며 추론적인 방식으로 이루어졌고 철저하게 내관적인 방법에 의지하였다.

내관적 방법이란 일인칭적 관점에서 자신의 행동과 감정과 마음의 작용을 관찰하고 조사하면서 인간을 이해하는 방법이다. 이러한 관점으로 인간을 정의할 때, 일반적으로 인간은 五感(오감) 즉, 다섯 가지 감각을 소유하고 있는 영혼의 結合體(결합체)로 정의하고 있다. 불교 전통에서 인간의 의식을 집중적으로 연구했던 유식학파의 관점에서 보면 인간은 다섯 가지 감각 의식, 마음, 자의식으로서의 일곱 번째 의식 그리고 앞에 거론한 일곱 가지 의식들과 관련해서 근원적 의식의 역할을 하는 알라야식의 결합체로 존재한다.

여기서 인간의 육체적인 경험에 있어 빼 놓을 수 없는 중요한 腦에 대한 언급이 없다. 예수도 붓다도 마음문제는 언급했지만 腦에 대한 이야기는 없다. 그래서 이전의 모든 정신세계나 영적인 문제는 사변적이며 추론적이었다고 말하는 것이다. 필자는 명상을 통하여 의식의 눈으로 바라본 廣大(광대)한 우주의 인드라 망을 세밀하고도 구체적인 도표를 영화처럼 보고나서 존재의 실상을 깨달아 알게 되었고 나의 의식은 마치 오므렸던 부채 살을 펼치듯이 폭발적으로 진화되었고 따라서 모든 묵시가 풀렸고, 예전의 하늘들과 천국의 概念들이 큰 소리로 울며 두루마리 말리듯 내 의식의 시야에서 사라져 없어져버렸다. 기독교의 문자적인 천국론이나 불교 유식학파들의 분류는 명상적 요가행과 철학적 追論(추론)이라는 내관적인 방법을 통해 인간의 의식을 설명하고 있다. 다른 면에서 觀照(관조)해 보면 인간의 의식을 설명하기 위한 개념의 도구일 것이다. 불교적 개념은 眼耳鼻舌身意(안이비설신의) 六識(육식)에 끄달려 진화되지 못하고 오염되어 청정하지 못한 의식으로 인하여 인간은 육체적으로 윤회하는 것이기 때문에 청정한 의식을 회복하기 위하여 수행을 하며 중도에 머물러 의식을 확장시켜야 윤회가 終熄(종식)된다 한다.

불교적 輪回(윤회)가 종식되면 뇌를 비롯하여 육체의 모든 것들은 의미가 없어진다.

근본적으로 불교를 포함해서 동양의 영적인 전통은 모든 문제의 시작은 의식에 있고 모든 문제의 해결도 의식에서 찾아야 한다고 가르쳐왔다. 그런데 현대 生物學과 의학의 발달은 집중적으로 뇌를 관찰하고 연구함으로써, 인간을 철저하게 육체적인 존재로 규명하기 시작했다. 腦 神經系(뇌 신경계) 호르몬 등이 어떻게 작용하는지를 알아낸 과학자들은 인간의 감정 사고를 포함하는 모든 의식 경험이 단지 뇌와 神經系(신경계)와 호르몬 작용에 지나지 않는 것이라고 주장하게 되었다. 腦의 가장 특정한 부위는 松科腺이다. 이 특정한 부위는 특정한 감각, 감정, 思考(사고)와 관련되어 있는 것으로 발견되었다. 적은양의 호르몬 변화로도 육체적 생리적 작용뿐만 아니라 감정과 사고까지도 영향을 받는 것으로 발견되었다. 심지어 뇌의 특정부위에 어떤 자극을 주면 시간과 공간에 대한 인식마저 영향을 받는다는 것을 발견하였다.

과학자들은 인간의 사고와 감정, 어떤 영적인 에너지 현상들을 설명하는 데 있어서 육체를 초월하여 넘어선 어떤 특별한 존재나 실체, 神이나 영적인 원리를 尙正(상정)할 필요가 없고 유체와 별개의 세계가 존재하지 않는다고 주장하고 있다. 심지어 뇌의 특정한 부위에 물리적, 화학적 변화를 줌으로서 과거의 영적 수행자들이 경험했던 특별한 경험을 할 수 있다고 주장한다. 그러므로 모든 의식의 경험은 말 그대로 뇌 안에서 벌어지는 化學物質(화학물질)의 변화로 결론을 내리고 있다.

靈的(영적) 神祕主義者(신비주의자)들의 견해

뇌와 관련된 연구가 진행되던 초기 과학자들이 보였던 열의와 희망과 달리, 뇌에 대한 연구가 진행됨으로써 뇌를 통해 인간을 이해하기보다는 오히려 반대로 뇌를 알면 알수록 인간이란 존재가 더욱 신비하고 복잡한 존재임을 알게 되었고, 뇌의 특전부위가 손상되면 특정 감각기관에 문제가 생기는 것을 발견했다. 그러나 腦는 손상된 부위가 하던 일을 다른 부위에서 임무를 떠맡아 수행하는 놀라운 유기적 능력과 유연성과 자기 組織力(조직력)을 보여주었다.

심지어는 상당한 양의 뇌가 제 기능을 못하도록 종양을 앓고 있는 사람도 정상적인 생활을 하는데 큰 문제없다는 것을 증명하고 있다. 오늘날 영적인 사람들과 뉴에이지 정신세계에서는 과학자들의 이러한 견해와 그들의 발견을 높이 칭찬하고 인정한다.

그러나 과학이 전지전능은 아니다. 영 능력자들은 언어로 설명할 수 없는 영역에서 이미 영화 '루시'처럼 매순간 영역을 지켜왔고 지금도 진행 중이다. 영적인 세계에서는 이러한 神妙한 小宇宙體(소우주체)인 인간의 몸은 대우주 하나님 창조주의 능력을 힘입어 産出(산출)된 창조섭리로 자각한다. 이는 한계 지을 수 없는 신비에 쌓인 복잡 미묘한 인체의 신비는 반드시 이를 지으신 생명의 주인이 있다는 확신과 한편으로는 설명 할 수 없는 인간의 한계에 부딪칠 때 광대한 우주 어머니 앞에 歸意聯合(귀의연합) 하는 겸허한 자세로 돌아가는 것이다. 예수도 붓다도 이 사실을 다 알고 있었다.

오늘의 과학은 전자 기술과 더불어 장비와 도구가 만들어지면서 추상을 이론무장으로 발전시켰다. 예를 들면 예수께서 수천 년 동안 무자비한 율법으로 지친 유대인들의 위선을 부수고 돈 궤짝과 장사꾼들의 좌판을 뒤엎으면서 의식수준이 매우 낮은 바리새인들을 꾸짖으며 개혁의 바람을 일으켰으나 정치적으로는 성공하지 못했다.(고전2:7~8) 정치적으로는 패했으나 그 거짓 없는 순결한 박애정신은 병든 자들을 치유하고 일으켰는데 어떤 주사약도 아스피린도 아니며 17년 동안 경험을 통하여 터득한 영 능력의 에너지로 사람을 살려낸 사건을 복음서 전반적인 부분이 증명하고 있다. 오늘날 의학에서는 과학자들의 용어로 믿음직하고 카리스마 넘치는 영적인 지도자가 만져주거나 안아주거나 크게 용기를 주고 격려할 때 산화질소가 폭발하여 순식간에 인체가 화학적으로 변화하여 건강이 회복되고 면역기능이 살아나는 것이다.

좀 더 구체적으로는 뇌신경 세포와 밀접한 관계를 간과할 수 없는 것이 바로 松科腺에서 반응하는 기적의 신비다.

동양 한의학의 절정은 精氣神(정기신)인데 이 신비는 매우 유기적이다. 인간의 완성은 음식과 호흡이 매우 중요하고 그리고 맑은 정신을 유지하려면 쾌적한 분위기와 환경, 정신의 자양분 공급 등을 통하여 몸과 마음이 진화의 초석이 되기도 한다.

어떤 부모 밑에서 어떤 교육을 받느냐에 따라 성품이 변화되고 진화한다. 맹자의 모친은 아들을 교육자로 만들었고, 김 유신의 어머니는 아들을 명장으로 만들고, 링컨의 어머니는 아들을 성경으로 교육시켜 평등사상을 가르쳐 흑노를 해방시켰다. 퇴계 선생이나 황희 정승, 어사 박 문수, 강 감찬, 반 기문 총장 외에 많은 조선시대 선비들의 탄생 설화나 그들의 교육적 환경은 확연하게 현대인의 경쟁사회가 가르치는 치맛바람의 이기적인 방법이 아니었다.

物理學的進化(물리학적 진화)

모든 물질은 진동하면서 서로 반응을 주고받는다는 사실을 앞장에서 언급했듯 세상의 모든 사물은 의식을 가지고 있다. 그런데 우리는 生命體(생명체)를 자기 복제과정을 거쳐 종족을 지속적으로 유지하는 것이라 부르고,

바위나 모래 둔, 쇳덩어리한테는 생명체라 부르지 않는데 과연 이것이 타당하고 옳을까? 바위 속에도 분명히 원자가 있고 모래둔도 여러 영양소가 있고 식물을 길러 내고 이끼가 바위에서 자라나고 움직이며 반응하는 물체로서 우리 육체와 다를 바 없다. 인간의 몸은 호흡이 끊어지는 즉시 **地水火風** 광물질로 변하기 때문이다.

다만 그 반응 방식이 다르다. 그래서 바위도 의식이 있다고 표현해도 틀린 말은 아니다. 나의 아내가 방에 틀어박혀 밤 깊도록 독서에 전념하며 7년을 보내고 밖으로 나온 뒤 어느 날 바위와 대화를 한다는 것이다. 마을 뒤 안 강둑에는 거대한 빌딩 같은 바위가 있는데 그 바위가 인사를 한다는 것이다. 나는 나무와 산토끼와 대화해 본적이 있어 이 미친 아내를 이해하기로 하였다. 왜냐하면 일상적인 마인드가 건전하고 영특하고 예리하기 때문에 그의 정신세계를 이해하려는 것이며 또한 내가 의식의 확장을 말하는 입장으로서 이해 못할 일이 없어야 했다. 서양철학의 대부 탈레스는 동물, 식물, 광물을 구별하지 않고 모든 만물은 다 살아있는 한 몸이며 유기체로 보아 **物活論**(물활론)이라는 간결하고도 설득력 있는 이론을 설파하였으며 논문이나 책 한 권을 남기지 않았음에도 불구하고 시대를 초월한 철학의 **大夫**다.

생명을 복제 기준에 한정하지 않고 의식이 있느냐 없느냐를 기준으로 할 때는 바위 속에도 분명히 생명이 있다고 볼 수 있다. 바위와 자갈, 모래, 먼지는 그 굵기의 입자 차이일 뿐 모두가 살아있는 물질이다. 바위든 사람이든 그 재료는 원자라는 동일한 요소로 이루어져 있기 때문에 생명의 본질을 의식이라 보는 것이 타당할 것이다. 다만 우리가 통상적으로 말하는 생명체는 좀 더 복잡한 반응 체계를 가지고 있을 뿐이다. 원자를 움직이는 근원적인 힘을 무엇이라 표현해도 상관없다. 모든 물질은 정도의 차이는 있지만 의식 즉, 생명을 가지고 있다.

각 생명체는 저마다 고유한 의식의 양과 질로 특화되어 있으며 광물에서 식물, 동물, 인간으로 복잡한 반응 체계를 갖는다. 진화의 추진력에 의해 모든 존재는 점점 더 복잡한 조직 형태로 변형되어 점점 더 높은 의식 차원으로 나아가며 진화될수록 환경이나 다른 실체들과 상호 작용하는 능력이 증가하는 것이다. 이러한 진화 과정에서 일반 물질은 어떤 시점에 다다를 때 우리가 통상적으로 알고 있는 생명현상을 일으키는 존재가 되는 것이다.

그 중에 인간은 질과 양에 있어서 가장 진화된 모습을 보이고 있으며, 어떤 사물과도 깊이 상호작용을 할 수 있는 능력을 가지고 있다는 것이다. 사람도 개인에 따라 의식하는 영역이 다소 다르다는 것을 알 수 있다. 동일한 것을 바라보고 있어도 반응하는 내용이 각자 다르게 나타날 수가 있다.

그렇다면 의식이 어떻게 주어지는가? 명상가들과 영적 神祕主義者들간의 차이는 있지만 전통적인 이론을 설명하자면 원자 속에 근원적으로 내재되어있는 반응 체계를 순수의식이라 해두자. 생명이 태어날 때 근원적으로 가지고 있는 본래의 에너지가 특정 기능을 할 수 있도록 생명 현상으로 조합되어 나타난다. 이러한 생명의 씨앗(意識體)이 DNA에 함축되어 있다가 육체를 발현시키고 뇌의 기능이 생성되면서 하나의 독립체가 빅뱅 되어 인식 기능으로 자리 잡는다. 그 순수 의식 위에 점차적으로 경험이라는 물감으로 그림을 그리기 시작한다. 뇌신경 기능이 성장함에 따라 영역이 점차로 넓어진다. 태아가 점차 성장하면서 그 태아의 의식체는 근원적 존재계와 연결되어 있어 DNA에 내재되어 있는 카르마를 모두 기억하게 되는 것이다. 그 후 태아가 세상에 태어나 9개월까지는 세계와 연결되어 있다가 말을 배우기 시작하면서 자신을 세계와 분리시킴으로써 나 라는 自我가 발생하고 카르마의 기억들이 사라지는 것이다. 이때 百會(백회)의 숨구멍이 막혀 물렁하던 정수리 구멍이 막히고 송과선이 발달하기 시작한다. 의식이라는 것이 어떻게 진화되어 지는가를 살펴보면 인간의 의식을 더 명확하게 이해할 수 있는 명상의 시간이 될 것이다.

遺傳的 變異進化(유전적 변이진화)

　DNA가 후손에게 전달되는 과정을 말하는 것이다. 유전을 통해서 두 개 채의 DNA는 랜덤(random)하게 섞여서 후손에게 전달되는데 이를 재조합이라 한다. 정자가 난자를 만나러 진화하는 과정은 질서 정연하게 제식훈련이나 열병식처럼 움직이는 것이 아니며, 생명을 걸고 死生決斷(사생결단)으로 한 생을 경주하며 진행된다. 무수한 군중이 쓰러져 죽어가면서 말이다. 이를 통해서 개체간의 유전적 다양성을 극대화할 수 있다. 무슨 말인가 하면 같은 부모님 밑에서 태어났지만 형제들의 특성이 제각기 다른 것이 이러한 이유에서이다. 구체적으로 말하자면 두 생명체인 남녀 음양의 짝짓기를 통해서 유전자는 재조합 되는 것이다. 이제 조합의 비밀은 남녀 한 쌍을 통해서 생식세포인 정자 난자를 생성해서 만나게 될 때 이루어진다. 정자와 난자는 경쟁을 통해서 랜덤적으로 선택된다. 난자역시 수많은 卵子群衆(난자군중)이 랜덤하게 배란됨으로써 유전적인 재조합이 이루어진다. 이렇게 形而上(형이상)하고도 신비스러운 과정을 통해서 한 생명이 시작되어 모친의 前生 뱃속에서 한 생을 살게 되는데 소중하게 몸을 관리하고 이 생명체의 생성과정의 환경을 원만하게 만들어주지 않으면 突然變異(돌연변이)가 일어날 수 있는데 어떤 바이러스 침투로 인하여 유전자에 변화가 일어날 수 있다.

　다운증후군이나 지체 부자유, 장애아가 만들어지기도 하며 부모의 무지한 행위에 따라 이 생명체는 운명이 걸리게 된다. 동양의 선비들은 부인이 잉태되면 별거하며 부인은 태교에 힘쓰고 음식을 가려먹고 술을 마시지 않고 조용히 몸을 돌보며 준비하였다.

　아이를 만들기 위해 부부는 밤 11시쯤 마음을 가다듬고 飮食宮合(음식궁합)을 지키며 천둥이나 번개를 피하여 합궁하였는데 이는 귀인을 얻으려면 마음가짐과 우주의 산물인 음식까지도 유전자 진화의 有機體(유기체)가 된다는 것이다.

만일 천둥번개가 치는 날 술을 마시고 부인에게 반 강제로 달려들어 교접을 하여 아이를 잉태하면 그 아이는 뇌가 발달하지 못하고 정서불안, 意志薄弱(의지박약), 혹은 자폐나 저능아가 태어나고 메뚜기처럼 부산한 성격의 變異種(변이종) 아이가 태어난다.

옛적 사대부 아녀자들은 임신이 되면 배를 심하게 동여매지 않고 너무 매운 것이나 차가운 물이나 술을 마시지 않고 몸을 따듯하게 돌보며 뱃속의 아이가 형성되는데, 이때 부인은 심신을 잘 다스리고 과로하지 않고 걸음걸이도 천천히 하고 분노나 질투, 고성을 피하고 육체를 이완시키며 최선으로 환경을 만들어주었으며 이렇게 한 생명이 탄생되는 과정에는 온 우주와 여러 사람이 동원된다. 사람의 생명 기본이 되는 의식주도 그 기운과 性格形質(성격형질)의 영향을 미치는데, 상치 쌈을 많이 먹으면 졸음이 오고 술을 마시면 어지럽고 매운 고추를 먹으면 짜증이 나고 채식을 하면 성격이 온유해지고 피가 맑아지며 상처가 덧이 나지 않는다. 인간의 진화 과정의 신비는 이렇게 유기적이며 천지의 기운과 연결된 인드라 망이다.

남녀의 결합이 없을 때는 精으로 존재하다. 어떤 환경과 계기 혹은 기회로 인해 氣로 바뀌는데, 임신이 되면 정과 기가 합하여 神이 되어 精氣神(정기신)이라 한다. 이것은 육체라는 생명의 생성 진화 단계이고 사랑의 형상으로 태어난 인간의 종은 모든 有色人種(유색인종)을 통 털어 수 십 종이 지구촌에 거하며, 60억 명 이상이 아이큐 90이하, 의식지수 150정도로 생각 없이 살아가고 있고, 10억 명 정도가 아이큐 120 정도이고 의식지수 200 정도이며, 6억 명 정도가 아이큐 140정도에 의식지수 250~300정도이며, 약 1억 명 정도가 아이큐 150~180 정도이며 의식지수 400~500정도 이다. 그리고 약 5만 명 정도가 200의 아이큐에 의식지수 700~ 그리고 3,000여 명이 250아이큐에 의식지수 800정도로 그리고 100여 명이 300 아이큐에 의식지수 900~1,000으로 살아간다. 그리고 십사만 사천 명 쯤이 각 종족을 초월하여 아이큐나 의식지수를 초월하여 神靈體(신령체)로 살아간다. 사람이 태어나서 육체의 진화와 함께 의식세계도 천차유로의 길을 걸으며 천태만상으로 진화 혹은 퇴화된다. 아주 쉬운 예로 김 기창 화백은 좀 어눌하고 벙어리였으나, 어머니의 끝없는 사랑의 노력으로 결국은 인터뷰를 할 정도로 말을 배우고 수십 년 동안 연습하여 많은 사람에게 감동을 주고 화가로서도 유명세를 유지하던 사람이다.

이외에도 마이너스를 플러스로 바꾸며 의식과 지식을 확장시켜 나가는 사람들이 수만 명에 이른다. 맹인 마라토너, 맹인으로 히말라야를 오르고, 지리산 天王峯을 오르고, 귀신같이 혈 자리를 찾아 침을 놓는 맹인, 등은 그들이 재능이나 능력은 生而知之(생이지지)로 가지고 온 것이 아니고 노력으로 피나는 연습을 거듭하여 터득함이다. 이러한 육체의 기능이나 기술과 재주도 의식의 진화 일부분이다.

'라마나 마하리쉬'는 힌두교에서 신의 화신이라 할 정도의 위치에 존재하는 성자인데, 그는 학교를 다니지 못했어도 1864년 말 '토타프리'라는 수행자의 강론에 영혼이 깨어나 일생을 단벌옷으로 일체 무소유로 수많은 영혼들에게 산다는 것과 믿는다는 것의 다리를 놓아 인도 사람들에게 존재의 자신감을 고취시키는데 큰 역할을 담당하였으며 동시에 인류의 협동이상과 세계는 하나라는 이상을 설파하였다.

궁극적으로 의식진화는 빌딩이 높아 가는 것도 아니고 지구를 100번도 더 불태울 新核武器(신핵무기) 개발이 아니고, 인공지능을 만들어 터미네이터 세상을 만드는 일이 아니고 이 땅에 전쟁 없는 삶으로 지구 어머니를 공경하며 무지를 없애고 서로 사랑을 주고 받는 세상을 만드는 것이다.

意識의 進化와 汎心論(범심론)과의 연관

근대과학은 양자역학이 의식에 관련 되어있지 않을까 하고 연구를 하는 사람들이 있다. 이 분야가 주목되는 건 신경과학의 관점으로는 결국 腦는 미시적 세계의 물리법칙처럼 불확정성이 없는 컴퓨터처럼 작용한다는 결론이 나오기 때문이다. 일반인들이 가진 통념에서는 인간의 사고는 그런 식으로 작용하지 않는다고 여기는 것이 보통 상식이기 때문에 이에 대한 반감은 상당한 편이다.

그리고 이쪽에 대한 지지는 필연적으로 철학적 좀비와 강한 인공지능의 가능성에 대한 회의를 내포하게 된다. 단, 뇌 활동과 관련하여 불확정성이 있다고 하더라도 인간의 자유의지와 관련된 주제에 긍정적인 결론을 내릴 수 있다고 할 수는 없는 것이다. 주류 과학에서는 아직 싸늘한 편이지만 어쨌든 科學紙(과학지)에 논문들이 발표되고 연구하고 있는 부분과 이쪽을 지지하고 있는 과학자로 알려진 수학자이며 물리학자인 로저 펜 로즈(Roger Penrose), 그는 미국 애리조나 대학의 마취과와 심리학과 교수인 마취과 전문의 스튜어트 헤머로프(Stuart Hameroff)와 함께 양자단위에서 의식을 정의하는 조화 객관 환원 이론을 창시하였다.

의식이 量子力學(양자역학)에 미치는 영향에 대한 사고 실험으로는 위그너의 친구가 있다. 이 분야에 대한 문서들이 출간되어 서점가에 비치되어있다. 모든 물질에 의식이 있다는 말을 하면 대개의 보수적인 사람들은 汎心論(범심론)주의자 혹은 사이비 심리학의 異端兒(이단아)로 여긴다.

그러나 이상한 헛소리가 아니라, 모든 동식물 광물까지도 의식이 공명한다. 고양이와 풍산개와도 선인장과 風浪(풍랑)과 颱風(태풍)과도 바이러스 세균들과도 모두 공명하며, 논밭에 자라나는 곡식과도 의식이 공명된다.

심리 哲學者 중에도 진지하게 이런 주장을 펼친 사람이 있다. 의식문제를 두 가지로 분류한 데이비드 차머스(David John Chalmers)의 이론이다. 의식은 물질의 근본적인 속성이며, 따라서 물질과 에너지가 배열된 곳에는 언제나 의식이 존재한다고 주장하였다. 모든 물질에는 의식이 존재한다는 것이며, 바위를 구성하는 개개의 원자에는 원시의식이 있다고 주장하였다. 다시 말해서 우리 인간의 의식은 개별적인 입자들에 존재하는 미소한 의식이 腦라는 구조물 안에서 하나의 거대한 의식을 형성함으로써 나타나게 된 이론이다.

그러므로 汎心論(범신론)을 말하는 부류의 사람들은 서양철학의 대부 탈레스의 주장대로 세계를 하나의 살아있는 전체로 간주하고 어떤 세계영혼을 인정할 뿐만 아니라, 삼라만상이 모두 영혼과 생명과 의식을 갖고 있다는 주장이다. 이 주장에 의하면 어떤 물질도 영혼 없이 실재할 수 없으며 어떤 영혼도 물질 없이 실재하거나 작용할 수 있다는 것이다.

일반적으로 우리는 고도로 진화한 생명체의 腦만이 의식을 가졌다고 생각해왔다. 곧 그 의식은 우주의 역사에 있어서도 극히 최근에 등장했다는 것이다. 하지만 범신론은 우주 전체에 존재하며, 우주의 근본적 특성이라고 나는 생각한다. 필자는 이를 설명하기 위해 벽에 그림을 몇 장 그려 붙여두고 이를 명상한다. 탈레스, 중국의 사상가 陶淵明, 시인 칼릴 지브란, 슈바이쳐, 오쇼 라즈니쉬, 라마나 마하리쉬, 등이 이를 주장하였고 수많은 명상가들이 이를 주장하며 그들의 삶이 이를 보여준다. 그렇다고 하여 말 그대로 모든 것이 동일한 의식을 가지고 있다는 것은 아니다. 전자나 쿼크(quark) 입자와 같은 우주를 구성하는 기본 요소들은 극히 단순한 형태의 경험을 가질 것이다. 반대로 인간이나 동물의 腦는 매우 복잡한 경험을 가지지만 그 경험은 뇌의 기본적인 요소들이 겪는 경험으로부터 유도할 수 있는 것이다.

그러므로 내가 말하는 의식이 어떤 뜻인지를 명확히 인식해야할 것이다. 사실 이 이론은 다수의 인간들에게는 매우 모호한 용어들이며, 낯선 낱말들이다. 경험한 자와 경험하지 않은 자의 의식구조와 삶의 상식은 현저히 다르다. 어떤 이들은 이러한 용어들이 자각 능력이나 자신의 존재를 반추하는 것과 같은 고도의 정신 상태를 의미한다고 생각한다. 바로 이 점이 우리가 다른 동물이나 물질이 의식을 가지고 있다고 말하기 꺼려하는 이유다.

그러나 나는 의식이란 그저 즐거움, 고통, 시각적 경험, 청각적 경험, 등의 경험을 의미한다고 생각한다. 인간은 매우 다양하고 복잡한 경험을 하며 살아간다. 소나 말은 인간보다는 덜할 것이며 쥐나 고양이는 말보다도 덜할 것이다. 더 단순한 생명체일수록 더욱 단순한 경험을 한다. 아마 어떤 수준에 이르면 그저 불이 꺼지는 것만으로 의식은 사라질 것이다.

이러한 의식 축소의 연속성이 생명체를 넘어 물질수준으로 계속 이어질 것이라고 곧 근본 입자들까지도 자신의 극히 단순한 본질을 반영하는 극도로 단순한 경험을 가질 것이라고 가정한다면, 이는 적어도 어떤 일관성 있는 주장일 것이다. 우주 만물을 하나로 보는 사람들의 생각은 이렇다. 이를 구태여 명명한다면 한계를 지어 좀 어색하지만 '汎心論 주의자들이다.'라고 명명해본다. 腦에 대한 인간의 과학적 이해는 크게 발전했지만 인간은 여전히 복잡한 전기 화학적 신호가 어떻게 색깔, 소리, 냄새, 맛, 등 자신만이 아는 주관적 세상을 만들어 내는지를 전혀 설명하지 못하고 있다. 과학이 말하는 외면의 물질과 내면에서 바라보는 자신을 어떻게 연결시킬 것인가의 문제는 아직도 미지의 세계 문제이다.

과거 혁명의 가장 중요한 순간은 갈릴레오가 새로운 과학의 도구로 수학을 택했던 일이 주목되는데 새로운 과학은 순수하게 양적(量的)인 언어로 기술되어야 했다. 그러나 갈릴레오는 의식을 이런 방식으로는 설명할 수 없다는 것을 깨달았다. 의식은 質的(질적) 관계의 현상이기 때문이다.

붉은색에 대한 경험이나 꽃의 향기, 박하향이나 청양고추의 매운 맛, 등을 생각해보자. 이러한 느낌은 물리학에서 사용하는 양적 언어로는 설명할 수 없는 것이다. 결국 갈릴레오는 인간의 의식을 과학의 외부에 두기로 결정했던 것이다. 그 결정 이후로 모든 것은 수학으로 기술될 수 있었다.

意識 擴長(의식 확장)

그동안 우리는 문명의 발전과 그 반면의 모순 속에서 살아가며, 문명의 불편한 그늘에 대해 비판과 비관적인 눈으로 바라보는 兩極端(양극단)의 사이에 서있다. 플라스틱 문명을 몰고 온 과학은 핵무기와 생태계를 죽이는 독극물을 창조한 결과를 초래하였다. 강대국을 움직이는 상위 1%의 영혼 없는 재벌가들이 전 세계의 지하 경제와 정치인들, 종교계를 움직이고 있다.

하늘에 닿을 듯 높이 올라가는 빌딩들, 고속열차, 전기자동차, 인공지능, 음식을 만드는 로봇, 수명연장, 등 유전자변이로 슈퍼동물을 만들고 슈퍼 인간도 만들어낸다. 지난 100년 동안 인류는 두 부류로 남아있다. 아직도 맨발로 걸으며 옥수수 농사로 병아리를 키우며 살아가는 원시부족들과 아마존의 소수의 전사들, 중국오지의 문명을 모르며 전쟁도 모르고 살아가는 사람들과 이를 동경하는 평화주의자들과 틈만 나면 신무기를 개발하여 과시하고 약자를 겁주고 지배하려는 강대국들과 그들을 등에 업고 기생하는 마피아들과 그림자정부가 이 시대의 큰 위협이며 검은 안개 속에 감취어진 黑龍(흑룡)의 힘이다.

최근에는 유튜브 채널을 통해서 제법 용기 있는 이들이 더러 출현하여 이를 비판하고 폭로 비평하는 활동을 하기도 하지만 어느 날 갑자기 그들의 활동이 중지되는 것을 더러 본다.

또 다른 이면에서는 과학적 휴머니즘을 내세워 인류가 당면한 문제를 점차적으로 해결하고 진보의 희망을 논하는 학자들도 더러 있고, 명상가들과 民族主義者(민족주의자)들은 여전히 긍정적으로 이 세상을 관조한다. 비판과 어두운 절망보다는 희망을 심어주는 것이 복음이며 가치가 크다는 점을 인식하고 또 다른 의미로는 진정으로 인류가 앞으로 전진 할 수 있도록 방향을 제시하자는 주의주장이 소수의 영 능력자들의 확신이다.

도덕을 거세시키고 사이비 왕국을 꿈꾸다 뜻대로 안되니 희망을 버린 인디아나의 짐 존스는 900여 명의 신도들과 함께 음독으로 생을 마감했으나, 존 웨슬리(John Wesley)는 모라비안 형제들의 권면으로 크게 의식이 확장되고 변화 받은 뒤 해적이 우글거리고 타락한 광부들의 행패와 매춘부와 강간범이 우글거리는 영국을 신사의 나라로 변화시켰다.

18세의 나이로 靑孀寡婦(청상과부)가 된 임 숙제 씨는 삼단 같은 머리를 가위로 거울 앞에서 입술을 깨물고 잘라버리고 서울로 상경하여 식모를 살면서 주인에게 어렵게 허락을 받고 야간학교를 다니며 천신만고를 겪으며 일본으로 유학을 떠난 뒤 돌아와 숙명여대를 세우고 초대 학장이 되어 교육사업에 이바지하여 문맹퇴치 운동으로 여성들을 깨우쳐 계몽하였고 여성들도 배워야 2세들이 훌륭하게 되어 나라가 밝아진다는 신념으로 한국여성의 상록수가 되었다.

오늘을 사는 종교인들과 신앙인들이 기도 해야 될 숙제는 그들의 의식이 거듭나는 것이다.

일용할 양식을 구함이나 천국의 소망이나 잘 먹고 잘 입고 잘사는 이야기는 이미 옛날이야기인 것은 우리는 이미 너무나 잘 먹고 잘 살고 있다. 복을 받아보려고, 부자 되려고, 병을 치료하기 위해서 종교를 선택하는 등, 지금은 그런 기도를 드리는 것은 미개한 행동이다. 이제는 마음을 모아 심호흡을 한 뒤 맑은 정신으로 기운을 모아 과학자들의 안녕과 강대국을 이용하여 힘을 과시하는 붉은 龍들과 그림자 정부의 상위1%의 詭計(궤계)를 깨달아 의식하고 내가 지구의 한 구성원으로 과연 어떤 삶을 살아야 할 것인가에 대하여 아주 냉정하게 時代精神을 자각하여 스스로 답을 내려야 한다.

건전한 영혼들이 기운을 모으면 모든 일이 가능하다. 앞장에서도 말했듯 간디는 톨스토이의 〈신의 왕국〉이라는 글을 읽은 뒤 굳은 각오를 하고 영국 유학파였으나 고국으로 돌아가 게으르고 나태한 인도의 잠자는 군중들을 깨우기 시작하여 어렵게 하나둘 열 스물 100명 천명 1억 명이 맨발로 시위 저항하여 영국군을 몰아내어 지긋지긋한 식민지생활을 끝내고 지금은 강대국이 되었다.

그러나 여전히 인도는 100년 전의 원주민과 최첨단의 과학과 핵을 보유하고 컴퓨터를 수출하는 국력과 우리 돈 500원짜리 식사로 끼니를 해결하는 서민과 호텔 힌두스탄에서 한 끼 식사로 우리 돈 12만 원짜리 식사를 하며, 몸종을 50여명이나 두고 사는 왕족들과 구걸하는 사람들과 섞여 살고 있으나, 땅 덩어리와 인구비례로 비추어본다면 내란이나 폭동은 없는 편이다. 상당수의 자유를 갈망하는 보헤미안들과 히피들, 철새 명상 인들이 인도를 영적인 나라 혹은 영성이 깊은 나라라고 동경하며 여행한다. 그러면서 갠지스의 구정물 강을 어지간히도 동경한다. 살타는 냄새가 강 언덕을 뒤엎고, 타다 남은 시신을 물고 다니는 개들과 나신이 떠내려가는 강물을 어머니 품으로 생각한다.

10여명의 소문난 성자들이 의식 확장 운동을 시작하였다. 그런데 막상 현지인들보다 유럽인들과 일본, 이탈리아 사람들이 인도 철학과 명상에 관심이 많다.

그리고 인구를 계산해볼 때 결국 인도는 영적인 것은 인정하지만 최고의 메카는 아니다. 간디, 만델라, 암베드카, 등 평화주의자들이 있어 인성이 폭력적이지 않고 남의 나라를 침범하지 않고 영혼들이 유순한 것은 사실이며 고대 티베트가 인도를 공격했으나 인도인들은 달라이라마의 요구를 들어주고 그들을 수용하였다.

영적인 강력한 힘은 우리 한국의 단군족이다. 우리는 고조선 시대 이전부터 가장 위대한 우주의식을 지니며 〈천부경〉을 성경으로 준행하며 살아온 민족이다.

인구가 12억이나 넘는 중국은 춘추 전국시대에 10여명의 사상가들과 그들이 남긴 古典은 가치를 인정하지만 결코 지금의 중국 대륙은 성인의 나라가 아니며 모택동도 장개석도 성자는 아니며 이들은 변태 왕국을 꿈꾸는 붉은 용의 후예들이다. 여전히 대만의 목을 조이며 악어 같은 짓을 하는 것을 보아 오직 弱肉强食외에는 모르는 무서운 집단으로 우리나라 제주도와 서울을 삼키려 전국에 차이나타운을 60여개 세우고 점차적으로 먹어 들어간다.

시대상황으로 예견컨대 미국은 아나콘다요, 러시아는 표범, 중국은 악어, 일본은 하이에나들이다, 자체적으로 자주독립적인 기질로 밀어 붙여 우리 힘으로 지켜내지 못하면 맹수들의 밥이 되고 마는 것이다. 영적인 사상이든 시대정신이든 과학적인 진리이든 간에, 먹기 위해 사는 인생에게 귀를 열고 가슴을 열어 눈높이를 한다는 것은 바늘로 악어를 잡고자 애쓰는 바람 잡는 행위지만 그래도 알곡을 줍는 농부의 심정으로 靈性家(영성가)들은 잡혀 죽어가며 감옥을 가면서도 애를 써왔다. 요셉도 예레미야도 이사야도 세례자 요한도 사도 바울도 베드로도 폴리갑도 만델라도 수많은 독립투사들도 영적인 지도자들도 감옥을 살았다.

이들이 왜? 그렇게 귀한 목숨을 저당 잡혀가며 애썼는가? 인간답게 살아가는 道를 전하기 위함 아니었던가? 사람은 사람의 道理가 있다. 위로는 하나님과 아래로는 인류를 사랑하며 돕고 사는 博愛다. 이것이 인간답게 살아가는 구도의 길이다. 성경이나 불경 기타 경전들은 좀 더 구체적으로 이를 기록해놓은 것이므로 하늘 뜻을 깨달아 의식이 확장된 사람은 모든 책이 불타 없어져도 아무 문제없다. 그러므로 의식 확장이나 영적인 진화란 섭리적으로 四季節(사계절)처럼 무상으로 變化하는 것이다.

동양철학이나 학문에서는 이를 易의 巡還(순환)이라 한다. 의식 확장이나 영적 진화상승은 무한한 우주의 펼쳐진 공간에서 쉼 없이 느끼고 습득하고 학습하며 자양분을 맛보며 알아가는 것이다. 수행자들이 가장 중요하게 念願(염원)하는 화두는 의식성장과 함께 소위 말하는 깨달음이다. 많은 사람들이 그것을 수행이라는 보수적인 형용사를 붙인다. 그리고 특별하게 생각하며 회색 옷만 하나 걸치면 전부 승려로 보고 십자가 뱃지만 있으면 뭐가 되는 줄 알면 큰 착각이다. 오늘날의 종교 타락은 많은 헌금으로 사원이나 교회를 건축하고 오랜 시간 고행으로 참선하고 보시를 베풀다 보면 어느 날 저절로 영적인 단수가 높아진다고 여기는데 이 또한 착각이다.

이것은 궁극적인 깨달음의 비결과는 아무 상관없다. 내가 늘 말하듯 이 시대의 福音이란 수천 년 전에 당시 시대적 상황윤리를 적어놓은 율법서와 바울서신 베껴 밥벌이하는 것이 아니며, 복음이란 현 시대를 살아가는 일상에서 필요한 정보와 시대정신을 의식함이다. 다시 말해서 의식의 확장이란 지식의 정보가 내 것으로 일치하여 에너지로 축적된 동시에 그 정보량이 많아지고 상황에 부합됨과 동시, 보다 높은 振動數(진동수)로 옮겨 상승함을 의미한다.

따라서 의식의 확장은 마음공부라고 일컬어지는 행위뿐만 아니라 매순간 체험, 경험하는 모든 것을 통해서 유기적인 이미지를 만들어나가는 것이다. 다시 말해서 수행이란 깊은 산 동굴이나 피 말리는 금식기도나 10년 長者不臥(장자불와)도 아니다. 수행이란 삶 바로 그 자체인 것이며 매 순간들의 깨어있음의 경험들이 의식을 확장시킨다. 쉬운 예로 공주 천장사에서 불교 승려의 거장 鏡虛 대사께서 자기 형님 절에서 경전 강의를 하고 있었다. 그러던 어느 날 지방 군수 되는 사람이 자기 부친의 49제를 부탁하여 제를 지내게 되었다. 생활이 넉넉한 집이니 떡과 음식 과일을 큰 상에 수북하게 차려놓고 제사준비를 갖춘 뒤 경허대사 더러 〈사자의 서〉를 낭송하라며 제사를 맡기니 경허는 아주 기이한 행동을 하였다.

당시 절 마당에는 마을 사람들과 거지들, 호열자를 앓고 있는 갈 곳 없는 떠돌이들, 많은 사람이 뭘 좀 한쪽이라도 얻어먹을 수 없을까하여 수십 명이 침을 흘리며 구경하고 있었다. 염불을 두어 마디 하는가 싶더니, 鏡虛(경허)는 갑자기 바구니에다 음식을 몽땅 담아서 거지들과 굶주린 병자들과 구경꾼들에게 일일이 다 나누어 줘 버렸다. 이를 지켜보던 군수 祭主(제주)는 기가 막혀서 벼락같이 화를 내며 이런 미친 중놈이 있느냐며, 이성을 잃다시피 고래고래 육두문자로 욕을 하며 금방이라도 몽둥이질을 할 태세로 덤볐다. 키가 크고 체구가 큰 경허대사는 사자같이 소리를 지르고는 제주를 뚫어지게 바라보며 깨우쳤다.

"저! 제주는 잘 들으시오! 49제가 대관절 뭔지 아십니까? 알면 말해보시오! 나는 지금 제사를 지내고 있는 중이오, 49제란 죽은 망자가 생전에 얼마나 선행을 베풀고 살았으며 얼마나 이웃을 도우며 살았는가를 시황님에게 심판을 받는 계기인데 망자는 정신을 차리고 빛을 따라 가려면 뭔가 선행과 사람의 사람다움이 밑거름이 돼야하는데, 그것이 선배 高僧(고승)들이 저승 가는 길에 복을 빌어주며 제를 지내주는 거요. 오늘 여기 모인 가난하고 굶주린 사람들에게 음식을 나눠주는 것이야말로 망자의 길을 예비해주는 진정한 49제임을 분명히 알기 바라오!"

경허의 법문을 들은 제주는 크게 고개를 끄덕이며 머리를 숙여 사과하고 크게 깨달았고 돌아가서 곡식창고를 열어 사람들을 구제하고 선행에 크게 힘을 썼다고 전해진다. 이것이 의식의 변화이다. 따라서 의식의 확장이란 행위뿐만 아니라 매순간 체험하는 모든 일상이 다 포함된다.

엎드려 기도하는 일이나 신전에서 예배를 드리며 촛불을 밝히는 것이나 집에서 마당을 쓸고 설거지를 하고 부부가 사랑의 행위를 함과 아이를 낳고 기름이나 모두가 한결같이 귀한 시간이다.

어느 것이 더 성스럽고 어느 것이 속되거나 더럽거나 특별한 것은 없다. 의식이 확장되면 전체적인 삶의 가치가 바뀐다. 그리고 중요한 것은 어떠한 삶을 사느냐 혹은 어떤 인생관으로 사느냐가 아니라 매순간의 삶을 어떻게 보내느냐 하는 것이다. 삶의 매 순간을 깨어서 생활하다 보면 더욱 더 강한 체험을 하게 된다.

사람들은 수행이란 마음을 닦는 것이고 그것이 의식상승과 깨달음에 이르는 길이라고 단순히 생각한 채 어떻게 하면 끝없이 요동치는 마음을 편히 잠재울까 하는 것에 초점을 맞추기도 하고, 일부 수행자들은 자신의 모든 기억들을 지우는 훈련을 반복하기도 한다. 그러나 인간의 존재는 축적된 기억 그 자체라고 해도 과언이 아니다. 그런데 기억을 지운다는 것은 자신의 존재를 말살시킴을 의미한다. 도대체 얼마나 트라우마가 크고 무엇이 그리도 두려워 기억과 상념들의 스쳐가는 바람들을 지우려고 별짓을 다 하는가? 명상의 세계에서는 그런 노력은 바람직하지도 않으며 가능하지도 않다.

기억이란 잠시 잊는 듯 하다가도 어떤 사연에 의하여 불쑥 무단으로 성큼 침입자처럼 파고든다.

이를 정리하자면 그렇다. 사실 인간의 기억 중 정화되고 해원(解元)되는 것은 바람직하지만 기억의 핵심 즉, 체험을 통하여 얻은 귀중한 지식까지 지운다는 것은 인간의 존재 의미를 부인하는 下學的(하학적) 상식이다. 자신의 존재를 눈치 채지 못하고 비교적 낮은 의식 상태로 살아온 高次元 의식의 소유자가 일상적인 생활 속에서 혹은 앞에 언급한 예로 경허스님의 49제 법문으로 즉시 말귀를 알아듣고 깨우친 祭主(제주)같이 특별한 동기나 계기를 통해서 갑작스런 의식의 확장을 경험하기도 한다.

  이 일의 진행 과정은 그렇다. 귀로 듣고 가볍게 지나가는 말들은 큰 감동을 주지 못하고 울림이 없어 어떤 물리적 변화를 기대할 수 없으나, 힘 있는 파장은 몸에서 미세한 진동과 심장의 떨림이 일어나고 성스러운 감정이 일어나며 선의 기운이 온몸에 물결친다.

  노예상인이며 노예선 선장이었던 존 뉴턴(John Newton)은 가슴을 울리는 설교를 듣고 완전히 회심하여 노예해방 운동가가 되었다. 의식의 공명은 이와 같이 울림이 있어 사람의 가슴에 파고든다.(450년간) 16~19세기 동안 서구 식민지 기간 동안 서부 아프리카에서 남미와 카리비안 해안과 유럽으로 긴긴 항해를 했던 노예선들의 울부짖음, 피부가 검다는 이유로 이들을 동물로 취급하여 강제로 잡아 쇠고랑에 발목이 묶인 채로 끌고 다녀 항해 도중 이질과 천연두, 굶주림, 반항과 처벌, 살인, 바다에 산채로 던져지는 매장, 어떤 이는 스스로 뛰어들어 자살을 택하던 노예선, 2~3개월의 행해 기간 도중 5명 중 1명은 죽어갔다. 존 뉴턴(1725~18070)은 노예선의 선장으로 서부 아프리카에서 영국의 리버플로 처참한 노예들을 싣고 귀향할 때 대서양 가운데서 폭풍을 만나면서 배가 파산직전에 이르렀다. 그때 뉴턴은 선장실에서 '토마스 아퀌퍼스'의 〈그리스도를 본받아〉라는 책을 읽고 있었다. 책을 읽으며 그의 심령은 영적으로 불확실하며 부담스러웠고 신앙인으로서 해서는 안 될 짓을 하는 것 같아 큰 근심을 하는 중 때마침 〈잠언 1:24~28절〉을 읽으며 놀라움에 떨었고 참회를 시작하였다.

  "너희가 내 말을 듣기 싫어하였고

  내가 손을 펼치더라도 듣는 자가 없으며

  나의 책망을 받지 아니하였은즉

  너희가 재앙을 만날 때에 내가 비웃을 것이며

두려움이 임할 때에 내가 비웃으리라.

너희의 두려움이 광풍처럼 이를 것이며

너희의 재앙이 폭풍같이 이르겠고

너희에게 근심과 슬픔이 임하리니

그때에 너희가 나를 부를 것이라

그래도 내가 대답지 아니하겠고

부지런히 나를 찾아도 만나지 못하리라.(잠언1:24~28)

　이 성경을 읽는 중 무서운 풍랑이 배를 삼킬 듯이 소용돌이쳤다. 존 뉴턴은 무릎을 꿇고 기도하며 맹세하였다. 하나님께서 이 풍랑에서 살려주시면 돌아가서 다시는 이런 일을 하지 않고 살기로 작정하며 눈물로 참회했다. 얼마 뒤 무서운 狂風이 잠잠해지고 배는 무사히 영국에 귀향했다.

　그는 선장 직을 사직한 뒤 목사가 되어 노예 해방운동에 힘을 쓰는 사람이 되었다. 과거에 오만불손한 괴수 같은 자신의 죄를 참회하며 노예들에게 못된 짓을 한 쓰라림에 많은 날들을 참회하고 또 참회하며 기록한 일기문이 'Amazing Grace How Sweet the Sound' '나 같은 죄인 살리신 주 은혜 놀라워'를 남겨 세계적으로 명 가스펠이 되었다. 그 뒤 그는 〈아프리카 노예무역의 고찰〉이란 책을 저술하여 노예들의 영혼 속에 있는 하나님의 생명을 존중해야 한다고 주장하며 영국의 노예해방을 국회에서 가결케 하여 지대한 공을 세운 윌리엄 윌퍼포스 국회의원에게 큰 영향을 끼쳤다. 그 후로 노예무역 중지와 해방은 1863년 링컨대통령의 선언, 1883년 대영제국에서, 1888년 브라질에서 선언되었다. 아직도 백인우월주의가 남아있어 유색인종을 무시하는 자들은 뭔가 큰 착각을 하는 어리석은 인간들이다. 루터 킹 목사, 남아공의 만델라 등이 인류 평등사상을 외치고 끝없이 계몽하며 발자취를 남긴 힘이 시대정신을 크게 자극하여 지금은 흑인 大統領(대통령)에서 정치, 종교, 예술, 문화, 등 많이 좋아진 세상이다.

意識이란 무엇인가?

의식은 자각적인 개념으로 어떤 사물에 대한 인식과 사고를 의미한다. 그러나 의식의 정의로 결론 내리기에는 뭔가 부족하다. 왜냐하면 의식은 단순한 정보인식이나 판단 기능이 아니기 때문이다. 의식의 정의는 이보다 훨씬 범위가 크다. 조용히 명상하며 살펴보면 의식의 역할은 몇 가지로 분류 할 수 있는데 먼저 관찰하는 역할이다.

① 먼저 나 자신의 생각, 감정, 행동의 모든 활동으로 시작하여 내 주변에서 일어나는 모든 상황과 사건에 대해 객관적인 입장에서 지켜보는 역할을 한다. 남방불교의 비파사나 명상이 이에 해당된다.

② 그다음에는 식별하는 역할이다. 이는 단순히 사태를 지켜만 보는 관찰자의 역할을 넘어 일이 벌어지고 있는 상황에서 어떤 행동이 적절할지 또 부적절할 지에 대한 태도를 구분시켜주는 역할을 한다.

③ 다음으로는 지배하고 통제하는 역할이다. 나의 생각과 마음, 감정과 정서에 대한 통제는 물론, 내 주변에 일어나는 모든 상황에 침체되거나 억눌리지 않도록 환경을 통제하는 역할을 한다.

이것을 다시 요약하면 의식이란 관찰, 식별, 통제하는 역할자로서 내가 사용하고 있는 하나의 기능으로서의 존재가 아니라 그 기능과 역할을 명령하고 있는 주체자 바로 '나 자신'이라고 정의할 수 있다. 의식을 하나의 기능으로 보지 않고 내가 일으키는 모든 활동의 명령자요 주체자인 나 자신으로 받아들일 때 우리는 비로소 나의 노예가 아니라 주인으로서의 삶이 가능해진다. 따라서 우리는 내가 일으키는 생각이나 마음, 사고나 감정들 자체에 얽매이지 않도록 나를 통제하고 있는 의식을 찾아서 생각, 사고, 감정에 자신을 동일시하지 말고 의식적인 생각과 사고를 할 수 있어야 한다.

의식이란 나의 생각, 사고, 감정을 이끌어가는 주인이며, 나를 통제하고 있는 나 자신이다. 다음 상황으로 예를 들어보자.

"예수께서 배에 오르시매 제자들이 좇았더니 바다에 큰 풍랑이 일어나 물결이 배에 덮이게 되었더니 예수는 주무시는지라. 그 제자들이 나아와 깨우며 가로되 구원 하소서 우리가 지금 죽게 되었나이다. 예수께서 가라사대 어찌하여 무서워하느냐 믿음이 적은 자들아 하시고 곧 일어나서 바람과 물결을 꾸짖으시니 아주 잔잔하게 되거늘 사람들이 기이히 여겨 가로되 이 어떠한 사람이기에 바람과 바다도 순종 하는고 하더라."(마8:23~27)

제자들은 의식이 낮은 존재들이며 예수께서는 의식적인 존재였다. 제자들은 눈에 보이는 현상의 자극으로 감정이 일어나는 대로 반응하였고 예수님은 생각과 감정을 통제하는 의식 단계였다. 풍랑에 관한 역사적인 사건들이 기독교 역사에서는 굵직한 사건들이 있다.

미국으로 선교를 떠나던 영국의 존 웨슬리가 거대한 풍랑으로 침몰 직전에 있을 때 배 아래층에서는 평화로운 찬송을 부르는 사람들이 있었다. 웨슬리는 쫓아 내려갔다. 그리고는

"지금 우리는 풍랑을 만나 배가 기울고 있으니 이러고 있을 때가 아닙니다. 지금 우리는 위태합니다."

라고 웨슬리는 겁에 질린 소리로 찬송하며 예배를 무리를 향해 소리쳤다. 그때 그중에 머리가 허연 노인이 웨슬리를 달래며 안정시켰다.

"염려 마시오. 형제여! 마음의 풍랑을 잠재우시고 함께 하나님을 찬양합시다. 자 어서 이리 오시오!"

웨슬리는 놀라지 않을 수가 없었다. 그들은 모라비안 교도들이었으며 배가 기울고 있는데도 전혀 요동치 않을 뿐 아니라 태연하게 찬양을 하는 저 침착한 의식은 어디서 오는 것일까? 웨슬리가 그들과 동석하여 예배를 마칠 즈음 파도가 잔잔해지더니 바다는 이내 잔잔해졌다. 그 중 나이든 장로 한 사람이

"마음의 풍랑이 잠자면 바람도 파도도 잠재울 수 있소. 갈릴리 바다에서 주께서 가르쳐주신 비밀이오! 형제의 영혼이 평안했으면 해요."

존 웨슬리는 이를 계기로 심령의 변화를 받아 얼마동안 이 신비한 모임 모라비안 교도들과 지내다가 미국의 선교를 포기하고 고향으로 돌아와 영국을 변화시켜 신사의 나라를 만드는데 공신이 되었다.

또 한사람은 앞에 언급한 노예선장이었던 존 뉴턴이다. 그 역시 풍랑을 만나 침몰직전의 배안에서 잠언을 읽다가 회심하였다. 자기 안에서 일어나는 악독한 생활 문란한 도덕성 노예사냥은 그 누구에게도 용서받을 수 없는 행위다. 사람일진대 잠언 1장을 가책 없이 읽을 수 있으랴! 존 뉴턴이 굳은 결단으로 참회를 하자 풍랑이 잠잠 해졌고 그는 영국에 돌아가 마음에 원을 세운대로 선장 직을 사임하고 목사가 되어 흑노 해방운동에 힘을 썼으며, 자기와의 약속을 지켰다. 풍랑만난 배에는 두 종류의 사람이 함께 숨을 쉬고 있다. 겉모습은 모두가 완전한 사람의 인격체들인데 의식은 長廣高(장광고)가 일만 이천 스다디온의 차이가 있다.(루시 영화 참고) 의식적인 사람과 의식 없는 사람, 생각과 감정이 일렁이는 대로 행동하는 사람과 심호흡으로 생각과 감정이 일어나는 것을 조용히 내면에서 통제하는 사람이다.

우리는 여기서 결정해야 한다. 의식 없는 존재로 매일 풍랑을 만나 떠밀려 살 것인가 의식적인 사람으로 살 것인지 노예로 살 것인지 우주의 주인으로 살 것인지를 선 그어 결정해야 한다.

사람들은 보통의 상태에서 주변에 일어나는 상황이나 사건에 대해서는 쉽게 의식하면서 정작 그 사건과 상황에 반응하고 있는 자신에 대해서는 잘 의식하지 못한다. 방송인들이 몰래카메라를 설치하고는 편집할 때 보면 화를 내고 욕을 하며 행동하는 일들을 보며 나중에 놀라워하며 웃는 일들을 더러 봤을 것이다. 대부분 화가 나서 욕을 하면서도 대개 자신의 모습을 의식하지 못한다.

의식하지 못한 것은 전부 무의식이다. 잠을 잘 때 꿈을 꾼다, 만일 잠에서 깨어나지 않는다면 꿈속의 나를 자신인줄 알고 100% 착각하는 것이다. 그러나 꿈에서 깨어나면 그것이 현실이 아님을 알게 된다. 진실은 꿈이 아니며 바람과 파도처럼 시시각각 일어났다가 사라지는 나의 생각이나 감정 자체가 아니라, 그 생각과 감정에 동일시되어 반응하면서 노예로 살고 있는 나 자신의 모습을 보는 것이다. 꿈은 현실도 진실도 아니다. 자신을 의식하지 못하고 사는 사람들은 진실을 보면서 사는 게 아니라, 자신이 만들어낸 自己義(자기애)와 인위적인 불편한 진실 속에 갇혀 꿈을 꾸고 있는 사람과 같다.

헨리 트라콜은 이렇게 말했다.

"인간은 깨어날 때마다 자신이 항상 깨어있었다는 잘못된 생각에서 깨어나야 한다. 예수께서는 일상적으로 활동하는 사람들에게 무덤 속에서 잠자는 시체들로 묘사했다."(요5:28)

구제프(Gorge Gurdjieff)는 이렇게 말했다.

"인간은 잠자는 囚人(수인) 상태에서 머물고 있다. 수인은 자신이 감옥에 갇혔다는 것을 깨닫기 전에는 절대로 그 감옥을 빠져 나오려 하지 않는다."

잠시 동안 죽은 상태도 아니며, 잠을 자는 것도 아니며, 혼수상태도 아니면서 주변을 인식하지 못하는 상태에 있다고 가정해보자. 여기서 아무것도 생각할 수도 없고 기억할 수도 없으며 다른 사람의 말을 듣거나 이해할 수도 없다. 호흡을 조절하는 것과 같은 기본적인 두뇌의 기능은 겨우 작동하지만 높은 단계의 인식 능력이 얼마나 작동하고 있는지는 모르고 병원에서 기약 없이 시간을 보내는 사람이 주변에 많다. 이런 상태는 腦손상으로 인해 일어날 수 있는 최악의 상태인 植物人間이다.

간혹 눈을 뜨거나 신음소리를 겨우 내고 미소를 짓고 눈물을 보이기도 하며 살아있다는 신호를 보내기도 하지만 대개 의미 없는 반응이다. 식물인간에서 회복된 사람은 슬프지만 아직까지 거의 없다고 보면 된다.

지금까지는 의사의 사망선고 후에 17시간 혹은 25시간, 40시간 뒤에 살아난 사람은 있다. 그러나 장시간 식물인간으로 지내던 사람은 회복이 어렵다. 이렇듯 인간의 의식은 뇌의 작용에서 산출되는데 우리는 환자의 머릿속으로 들어가 확인할 방법이 없다. 그러므로 의식에 관한 핵심은 인간은 '어떻게 우리 마음, 우리 정신, 우리 자신 안으로 들어가 확인해 볼 것인가'라는 질문이다. 인간의 뇌는 무게가 1.3kg이며, 86억 개의 신경세포가 있다. 쥐의 뇌에 있는 신경세포보다 1,000배나 많은 수다.

그러나 이 수치가 신비하고 인상적이지만 의식이라는 말이 정확히 무엇을 뜻하는지 아직 설명할 수는 없다. 아직까지 인간의 의식은 만질 수도 없고 수술을 할 수도 없으며 정의하기도 어렵고 식물인간 상태의 사람들처럼 증명하기가 어렵다. 일부 신경학자들은 의식을 정의하기를 거부하기도 하였다. 古代 그리스인들은 의식이 心臟(심장)에 있다고 생각했고 마야 인들은 肝에 있다고 믿었고, 17세기 프랑스의 철학자 르네 데카르트(Rene Descartes)는 의식이 뇌의 가운데 부분에 있는 작은 솔방울 모양의 샘인 松科腺에 있다 생각하였다. 그러나 우리는 의식에 관하여는 영역이 따로 있는 게 아니라는 것을 알고 있다. 대신에 의식은 腦의 여러 부분들이 다른 정도로 또 다른 능력을 가지고 협동적으로 작용해서 나타난다.

의식적 또는 무의식적 사고를 하는 동안 뇌의 활동을 분석하여 뇌의 바깥쪽에 있는 주름살이 많은 피질의 영역이 의식 작용과 관련이 있다는 것은 과학자들은 알아냈다.

뇌의 앞쪽에 있으며 주의력, 계획, 언어작용을 관장하는 전두엽과 뇌의 뒤쪽과 옆쪽에서 감각 정보 처리, 시각과 청각 그리고 언어와 기억에 관하여는 두정엽, 후두엽, 측두엽이 신경망을 관장하고 있다. 그리고 의식 작용에서 핵심적인 것은 피질 아래 묻혀 있으면서 어떤 신호를 피질로 보낼 것인지를 결정하는, 문지기 역할을 하는 커다란 두 개의 엽으로 이루어진 枾霜(시상)이다. 이는 감나무에 서리가 하얗게 내린 듯한 모양이다. 수많은 가지와 잎들 열매의 개체들, 그 위에 덮인 하얀 서리 입자들의 유기체다. 이 시상은 신호를 전달하는 것만 담당하는 것이 아니라 의식의 수준을 조절하는 것을 돕기도 한다. 그러므로 뇌의 영역들이 손상을 입으면 의식을 잃기도 하고 영구적 혼수상태에 빠지기도 한다. 인간의 두개골 두께는 약 10mm정도 되는데 인체의 뼈 중에 가장 단단하여 웬만한 각목이나 쇠파이프로는 함몰이 되지 않으며, 낭떠러지에서 절벽으로 떨어져도 두개골은 다른 뼈에 비하여 덜 부서지며 망치로 타격하거나 고층빌딩에서 거꾸로 떨어지지 않으면 머리뼈는 잘 부서지지 않는다. 실제로 해부학 동영상을 보면 머리뼈를 전기톱으로 절단하는데 상당이 애를 먹는 것을 보았다. 腦는 인간의 의식과 정신세계를 주관하는 우주의 센터로 창조되어 웬만한 충격을 견뎌내도록 창조되었다.

머리를 맞거나 부딪치는 격투기나 복싱 같은 과격한 운동은 뇌기능을 떨어뜨리는 운동으로서 영적인 사람들은 피하는 게 좋다. 나는 16세쯤 되던 해에 금강변 빙판에서 아이들과 놀다 신발이 닳아 미끄러져 뒤로 세게 넘어졌는데 기억을 잃어버렸다. 눈을 떠보니 아이들이 내가 죽은 줄 알고 빙판에서 끌고 나와 잔디밭에 뉘어놓고 어른들을 부르러 갔던 모양이다.

남의 집에서 머슴을 살 때라 가족은 없었다. 정신을 차렸는데 구역질이 나고 뒤통수가 많이 부어있었다. 휘청거리며 넘어진 자리를 가보니 나의 머리가 부딪친 곳의 얼음장이 반경 20cm쯤 미세하게 여러 가닥으로 금이 가 있었고 오색 무지개가 햇볕을 받고 빛나고 있었다. 여러 날 머리가 무겁고 왼쪽 귀가 아팠다. 아마 지금 생각건대 100% 腦震蕩(뇌진탕)이였던 것이다. 왼쪽 고막이 파열되었으나 머리 아픈 증세는 한 달 쯤 지나자 회복이 되었다.

뇌 손상은 매우 위험하지만 뇌의 여러 부분이 어떻게 함께 작용하는지에 대하여 많은 것을 알려주고, 의식에 대한 연구에도 정보를 준다. 우리 뇌의 우측은 몸의 왼쪽 부분에서 오는 감각 신호만 받아들이고 통제한다는 것과 언어는 뇌의 좌측 부분에만 있는 영역에서 관장한다는 것이 과학의 발견이다. 그러나 뇌 과학은 아직도 진행 중이며 아직도 그 신비의 미스터리는 남아있다. 뇌신경의 반 이상을 포함하고 있는 소뇌를 포함하여 뇌의 많은 부분을 상실해도 의식이 진행되는 것은 설명할 수 없는 미스터리다. 아직도 과학은 뇌의 여러 부분이 어떻게 공동으로 작용하는지 충분히 알지 못하며 그러한 협동 작업이 어떻게 의식 경험과 의식수준을 결정하는 지에 대해서도 다 알지 못하고 있다. 인체의 五臟六腑(오장육부)에 대해서는 거울로 보는 듯 잘 알고 치료도 빠르나, 뇌에 관하여는 아직도 낱낱이 밝혀내지 못하고 있으며 지금도 과학자들은 연구 중이다. 그러므로 의식의 활동이나 지배는 뇌에서 주관한다는 결론에 이르게 된다. 그렇다면 뇌신경과 뇌 건강을 위해 세끼 밥을 챙겨 먹듯 매우 유념해할 것이며 뇌를 피곤케 말아야할 것이다.

의식 확장의 天敵(천적)

의식 확장의 天敵(천적)인 인간의 육체가 단순히 하나의 피지컬 바디(Physical Body : 본시 가지고 있는 몸의 세부요건 능력)라고 믿는 사람들에게 세 가지 육체와 그에 따른 의식의 통합을 현대 과학은 복잡한 헛소리로 들릴 수도 있을 것이다. 새로운 학설이나 새로운 사상을 각인시키는 일은 마천루를 세우는 일보다 시간이 걸리고 어렵다.

내가 전하는 '하나복음'과 신의 형상이나 창세기1:26 이나 穹蒼(궁창)이 인간의 뇌에 축소되어 있다는 말을 전하면 귀신 씨 나락 먹는 소리라 하며 내 입장에서는 가공하지 않은 原石(원석)을 동물농장에 던지는 꼴이 되어왔다. 그리하여 어쩔 수 없이 수천 년 된 성경을 빙자하여 이따금씩 숨통열린 사람을 보면 입에 거품을 물고 새벽을 열었다. 정신세계에서 외톨이라는 것은 왕따 당한 자의 黙示錄(묵시록)이니 우리에게는 비상을 꿈꾸게 하는 조나단 리빙스턴의 비행이었다. 이 얼마나 위대한 비상구이며, 형용하기 좋은 條例(조례)인가?

리빙스턴은 진화된 Ego의 신령체다. 3차원 에고와 4차원의 심령체 의식, 5차원의 이지체 의식을 개개인이 통합해야만 한다. 분열은 죽음이다. 로마서 7장과 8장 사이의 간격을 잇는 사닥다리는 에고의 죽음과 또 하나의 에고의 해방과 부활이며 동시에 통합이다.

부활의식은 바로 내가 살아야 하는 이유이고 살아있는 증거이고 타인에게는 증명이다. 자타가 인정하는 존재계에서 시공을 넘나들며 살아야하는 것은 생명의 본질이기 때문에 수행자는 최선으로 긴장하며 애를 썼지만 본 바탕이 건강한 에고를 가진(카르마 없는 크리스탈 붓다의식) 일반 사람들에게는 그다지 중요한 작업이 아니다. 또한 蕩子(탕자)처럼 되는대로 살다가 객사할 사람에게는 매우 불필요한 걸림돌이 마음 공부하는 멋없는 사람들일 것이다.

그들은 하루하루 무탈하게 배불리 먹고 살다가는 것이 부의 概念(개념)이기 때문에 그들에게는 그 길이 正道이며 삶의 정답이다. 예컨대 정신 세계의 의식 수준은 일반들과는 정반대로 보면 된다. 석가모니는 일반인들이 그토록 부러워하는 최고의 자리, 천국을 버리고 부귀영화, 존귀 영광, 명예를 다 버리고 일평생을 거리에서 탁발하며 살았다. 속인들의 눈에는 아마 미친 사람의 행동이며 복을 까불러 내어 차 버린 사람으로 보일 것이다.

그러나 에고를 버리고 바꾸어 새로 태어난 그분을 사람들은 부처님으로 칭송하지 않는가?

에고란 의식의 기본 성질을 완전히 간파한 사람의 경우는 필연적으로 에고의식을 다른 차원의 의식과 통합하려 시도하고 있는데 그 이유는, 무엇을 하던 에고의 방해가 너무 심하기 때문이다. 에고는 극심한 통증을 유발하면서 마음 가장자리에 더부살이를 하며 끈질기게 집착한다.

이 에고는 극심한 통증을 못 이겨 죽거나 가사상태에 빠지지 않는 한 절대 항복하는 일이 없기 때문이다. 때로는 직장을 잃고 격조 높은 인연을 잃으면서도 에고를 끌어안고 사는 것이 속아 사는 인생이다. 모든 다 차원 의식이 시도하는 육체의 기적을 가로막는 가장 큰 적은 언제나 외부에서 침입하는 것이 아니고 본인 자신 속에 착한체하며 도사리고 숨어 살다가 털끝 하나 때문에 황소를 잃어버리는 짓을 반복한다. 에고는 그 단단한 보수적인 경직성 때문에 자신의 통제를 벗어난 현상이나 조나단 갈매기들의 그 진화되어 궁창을 비행하는 高次(고차)의 의식을 받아들이려 하지 않는다. 이것은 認(인)을 배우는 아이들 즉, 에고가 막 형성되기 이전의 어린 아이들이 언어를 아무 노력 없이 쉽게 배우는 것에 비해 에고가 완전히 형성된 어른은 다른 나라 언어를 배우는 것이 어마어마하게 힘든 것을 보면 바로 알 수 있다.

EGO(에고)의 正體

에고는 나약하다. 그리하여 자신이라 하는 틀을 절대 벗어나지 않으려한다. 에고가 강할수록 자신의 언어 체계를 고수하여 낯선 외국어 습득은 쉽지 않으며, 자신의 눈에 보이지 않는 경직성이 강하여 어떤 기적도 받아들이지 못한다. 에고를 버린 사람들은 아이들처럼 자연스럽게 다른 문화나 학설이나 문명, 지식, 정보들을 쉽게 터득할 수 있다. 자기 지식과 자기 벽이 두꺼운 사람은 어떤 새로운 소식을 접하는 게 죽음처럼 어렵다. 이유는 자신의 강직한 보수성과 비우기 싫은 아까운 자기소유물이 腦와 마음 주머니에 가득 들어있기 때문이다.

이는 천적인 에고의 노예로서 우주적인 메카니즘과 담을 쌓은 고로 의식의 진화도 마찬가지로 더딜 수밖에 없다.

아무리 좋은 정보를 공유하려고 전해줘도 자기가 습득하여 구축된 에고의 틀에 自繩自縛(자승자박)된 사람은 하나님도 손을 쓸 수 없다. 에고를 버리지 않고 깨달음을 경험한 사람들의 공통점은 대개 黑魔術師(흑마술사)로 전락하여 수많은 시비와 돈과 異性의 시비에 걸려 생을 교도소에서 마감하는 것이 특별히 한국 교주들의 실상이다.

6. 의식의 진화란 무엇인가

後記(후기)

 지금 세계정세는 破滅(파멸)의 직전처럼 어지럽고 혼란스럽고 잔인하게 대 공황을 준비하고 있다. 맹수들의 지뢰밭에서 弱肉强食(약육강식)이 판을 치고 이성 없는 동물농장에는 서로 잡아먹는 전쟁 연습으로 분주하다. 한국은 政治的(정치적)으로 종교적으로 문화적으로 철학적으로 먹구름이 가득한 하늘같다. 스포츠, 영화, 트로트 천국, 성행하는 성문화, 젊은이들의 클럽들은 폼페이 그날처럼 분주한데 교육, 예절, 역사의식, 독서 문화, 哲學的(철학적) 사유는 遺傳子(유전자)가 죽어가고 있다.
 그러나 이 모든 사회 현상은 현대인들이 선택한 自由意志(자유의지)의 결과니 할 말은 없다. 어차피 이런 말을 하는 나는 보이는 세상에서 매우 뒤떨어진 사람이다. 그러나 豫知(예지)는 30년을 앞서가는 모순 같은 삶을 살아가고 있다. 아들 장 영도와 아내인 유 미경 자매가 하는 말이다.
 "근대 뉴에이지 정신세계 文書(문서)들을 보면 10여 년 전에 아버지가 하신 말이 다 들어있어요."
 "내가 읽은 책들 속에는 당신이 전에 언급한 말이 다 들어있어요."

 깨달음의 세계에서 논하는 그리스도 의식은 全世界(전 세계) 어느 누구라도 사물의 제도를 보고 느끼고 思惟(사유)하고 思考(사고)하는 개념이 우주적 공감을 자각하다보니 空觀意識(공관의식)을 느끼는 것이다. 예수의 제자들이 한 스승 아래에서 보고들은 분위기가 비슷하여 共觀福音(공관복음)이라 명명한다. 이 책은 비교적 쉽고 재미있게 풀어쓰는데 힘을 기울였다. 哲學書(철학서)도 아니고 隨筆集(수필집)도 아니고, 瞑想集(명상집)도 아니다.

한마디로 의식의 進化(진화)를 말하려다 보니 여러 개념들과 반복되는 言語(언어)들이 많을 것이다. 나의 뇌리와 가슴에 벅찬 에너지를 다 표출할 수 없는 문장의 한계가 개운치 않아 아쉽지만 독자들이 읽고 공감해 주는 이가 몇 사람이라도 있다면 감사할 일이다. 일부러 漢字(한자)를 섞어 기록한 것은 우리나라 언어는 한자 문화권이기에 다만 몇 자라도 복습하자는 의미에서 일부러 신경을 쓴 것이니 이해 바란다.

집필에 함께 동참하신 무명의 손길들에게 감사하며, 하나명상 센터 모임 식구들과 본향교회 손 목사님과 교회 가족들에게 감사를 전한다. 그리고 편집을 위해 애를 쓴 아내와 아들, 며느리에게 고마움을 전한다.

이 글을 읽는 독자들에게 의식의 進化(진화)를 빌며 腦(뇌) 송과선이 열리시길 기원하며 하나님의 도우심을 빈다.

하나명상 센터에서 좁은 길 가는 장 석열 合掌(합장)